I N V E S T I G A Ç Ã O

IMPRENSA DA UNIVERSIDADE DE COIMBRA
COIMBRA UNIVERSITY PRESS

EDIÇÃO
Imprensa da Universidade de Coimbra
Email: imprensa@uc.pt
URL: http//www.uc.pt/imprensa_uc
Vendas online: http://livrariadaimprensa.uc.pt

COORDENAÇÃO EDITORIAL
Imprensa da Universidade de Coimbra

CONCEÇÃO GRÁFICA
António Barros

IMAGEM DA CAPA
Retrato de um português
Índia, período mogol, ca. 1600
Museum of Fine Arts, Boston
Francis Bartlett Donation of 1912 and Picture Fund, 14.661
Fotografia © 2015 Museum of Fine Arts, Boston
Cortesia do Museum of Fine Arts, Boston

INFOGRAFIA
Mickael Silva

PRINT BY
CreateSpace

ISBN
978-989-26-0976-8

ISBN DIGITAL
978-989-26-0977-5

DOI
http://dx.doi.org/10.14195/978-989-26-0977-5

DEPÓSITO LEGAL
396059/15

© JULHO 2015, IMPRENSA DA UNIVERSIDADE DE COIMBRA

NAS MARGENS DO **HINDUSTÃO**

O Estado da Índia
e a expansão mogol
ca. 1570-1640

JORGE FLORES

IMPRENSA DA
UNIVERSIDADE
DE COIMBRA
COIMBRA
UNIVERSITY
PRESS

Ao Luís Filipe Thomaz

SUMÁRIO

Mapas e quadros 11

Siglas, abreviaturas e convenções 13

Agradecimentos 27

Capítulo 1 – Introdução:
na(s) fronteira(s) entre Hindustão e «Firangistão» 31
   Vizinhos indesejáveis 31
   A fronteira 38
   Plano do livro 47

Capítulo 2 – 1526-1570:
Esboço de uma fronteira e anatomia de uma relação 51
   Os «Mogores» 51
   Os Patanes 64
   Akbar, o imperador invisível 83
   Conclusão 98

Capítulo 3 – Fathpur Sikri e a conquista da «gema da Índia» (1571-1585) 101
   Dois palácios e duas janelas para o mar 101
   Os jesuítas e o mundo político-religioso de Akbar 118
   O Guzerate e o dossier «Agiscoca» 139
   A «casa da turbulência» 153
   Conclusão 158

Capítulo 4 – O «inimigo de longe» em Lahore (1585-1598) 161
   As «empresas de terra»: Akbar, 'Abdullah Khan, Shah 'Abbas 161
   O imperador profeta 172
   A «empresa por mar»: do Cinde para o Golfo Pérsico? 180
   Conclusão 190

Capítulo 5 – «Meter pé na Índia». de Agra para o Decão (1598-1605) 193
   Ahmadnagar num vórtice 193
   Os «regalos» do sultão Ibrahim II e a morte do príncipe Murad 212
   Akbar, «Rei do Balagate»? 226
   Conclusão 231

Capítulo 6 – «Jahangir mata Malik 'Ambar»:
a teia do Decão ocidental (1605-1627) 235
   «Melique Ambar» 235
   1605-1616 238
   A sombra safávida 250
   1616-1627 256
   Conclusão 270

Capítulo 7 – O «mar salgado» de Cambaia e os
«portugueses vadios» do Bengala (1605-1627) 273
   Uma imperatriz que quer ver o mar e
   um imperador que gosta de «bugiarias» 273
   Sob o signo de Muqarrab Khan:
   o Guzerate entre Goa e a capital mogol 278
   «Novas de Bengala» 307
   Conclusão 314

Capítulo 8 – O fantasma de Bulaqi (1627-1632) 317
   As sequelas da sucessão imperial 317
   A lenda de Bulaqi 330
   O sultão «Bolaquim»: de faquir a aliado de Goa 337
   Conclusão 353

Capítulo 9 – 1630-1632:
Religião, política e negócio nas fronteiras marítimas do Hindustão 355
   O enquadramento 355
   Surrate, 1630: a tomada das «duas naus mouriscas» 358
   Hughli, 1632: a «perdição do Bandel» 371
   Conclusão 404

Capítulo 10 – 1630-1636: O «muro» do Decão cede 407
   «Xajaão» em Burhanpur, «Canejão patane» em Ahmadnagar 407
   A quebra do «cadeado mourisco» 415
   Bijapur, 1634-1636: o fim do «osso na garganta» de Shahjahan? 440
   Conclusão 460

Capítulo 11 – Epílogo. «Partenza del Re Gran Mogor
della città d'Agra per la città di Laoor» (1638) 463
   De novo a Ásia Central 463
   O mar e o Sul 471
   Epílogo: o urso e a baleia 481

Apêndices 489
   A - Reinos e reinados 491
   B - Glossário 497

Bibliografia 501
   Fontes 503
   Estudos 516
   Obras de referência 539

Índice onomástico 545

Índice toponímico 559

MAPAS E QUADROS

Mapas

1. O império mogol em 1605 541
2. O Guzerate no século XVI 542
3. O Bengala no período mogol 542
4. O Decão setentrional no período dos sultanatos 543
5. O Decão meridional no período dos sultanatos 543

Quadros

I. Perfil político-militar da elite de Bijapur (1634) 449
II. Cadastro político-económico de Ahmadnagar (1634) 454

SIGLAS, ABREVIATURAS E CONVENÇÕES

As datas extremas de reinado dos soberanos cujos estados são relevantes para o nosso objecto podem conferir-se nas listas (não integrais) que damos no final do livro. Para os restantes casos, a indicação dos anos de reinado vai entre parêntesis logo na primeira ocorrência. A relação completa dos governadores mogóis das províncias do Guzerate, Bengala e Decão pode ver-se em Athar Ali, *Apparatus*, pp. xxxii-xl.

As palavras persas, árabes e em línguas da Índia que não sejam correntes em português vão em itálico e os seus plurais indicados com a letra *s* (em redondo). Quanto à transliteração, decidiu indicar-se apenas o *'ain* (') e o *hamza* ('). Para os topónimos, optámos quase sempre pela forma portuguesa, mas por vezes escolhemos a forma inglesa, internacionalmente mais difundida, ou a forma vernácula. No índice toponímico fornecemos, sempre que se justifique, a correspondência entre as três formas referidas. Na citação de excertos de crónicas indo-persas vertidas para inglês decidimos dar a respectiva tradução portuguesa, sempre de nossa autoria. Salvo indicação diversa, os excertos da documentação holandesa citada foram vertidos para português por Natália Tojo.

Incluímos um glossário sob a forma de apêndice que, não sendo exaustivo nem excessivamente desenvolvido, procura esclarecer o significado de termos menos comuns empregados ao longo da obra. Muitas outras palavras vão explicadas em nota de rodapé, ou simplesmente entre parêntesis, logo no corpo do texto.

Por forma a atenuar o peso do aparato crítico do livro, adoptou-se um sistema abreviado de citações bibliográficas conforme as listas que seguem.

Arquivos, Bibliotecas, Museus

AGOCD	Archivio Generale della Ordine dei Carmelitani Scalzi (Roma)
AGS	Archivo General de Simancas (Simancas, Valladolid)
AHCJPT	Archivo Histórico de la Compañia de Jesús de la Provincia de Toledo (Alcalá de Henares)
AHU	Arquivo Histórico Ultramarino (Lisboa)
ANTT	Arquivo Nacional da Torre do Tombo (Lisboa)
ARSI	Archivum Romanum Societatis Iesu (Roma)
ASCEP	Archivio della Sacra Congregazione per l'Evangelizzazione dei Popoli (*Propaganda Fide*) (Roma)
BA	Biblioteca da Ajuda (Lisboa)
BAV	Biblioteca Apostolica Vaticana (Vaticano)
BGUC	Biblioteca Geral da Universidade de Coimbra
BL	The British Library (Londres)
BM	The British Museum (Londres)
BnF	Bibliothèque nationale de France (Paris)
BNP	Biblioteca Nacional de Portugal (Lisboa)
BNE	Biblioteca Nacional de España (Madrid)
BPE	Biblioteca Pública de Évora
CBL	The Chester Beatty Library (Dublin)
HAG	Historical Archives of Goa (Panaji, Goa)
MCG	Museu Calouste Gulbenkian (Lisboa)
MNAA-Guimet	Musée national des Arts asiatiques – Guimet (Paris)
MNAA	Museu Nacional de Arte Antiga (Lisboa)
SOAS	School of Oriental and African Studies (Londres)
RAH	Real Academia de la Historia (Madrid)
V&A	Victoria and Albert Museum (Londres)

NÚCLEOS DOCUMENTAIS

Add. Ms.	*Additional Manuscripts* (BL)
CC	*Corpo Cronológico* (ANTT). Citado por parte-maço-documento
CSV	*Colecção de São Vicente* (ANTT)
Cons. Ult.	*Conselho Ultramarino* (AHU)
FP	*Fonds Portugais* (BnF)
Goa	*Goana* (ARSI)
JA	*Jesuítas na Ásia* (BA)
LM	*Livros das Monções* (ANTT)
MM	*Miscelâneas Manuscritas* (BA)
Graça	*Miscelâneas Manuscritas de Nossa Senhora da Graça de Lisboa* (ANTT)
MR	*Monções do Reino* (HAG)
Res.	*Reservados* (BNP, BGUC, etc.)
SOCG	*Scritture Originali Riferite nelle Congregazioni Generali* (ASCEP)
SP	*Secretarias Provinciales* (AGS)
Sup. Per.	*Supplémment Persan* (BnF)

CRÓNICAS, RELAÇÕES, COLECTÂNEAS DOCUMENTAIS

Fazl, Abu'l – *AN*   Fazl, Abu'l – *The Akbar Nama*. Trad. H. Beveridge, Nova Deli: LPP, 1993, 3 vols.

Fazl, Abu'l – *A'in-i Akbari*   Fazl, Abu'l – *The A'in-i Akbari*, trad. H. Blochmann. Nova Deli: LPP, 2001, 3 vols.

ACE   *Assentos do Conselho do Estado*, ed. P. Pissurlencar. Bastorá-Goa: Tipografia Rangel, 1953-1957, 5 vols.

Anónimo – *Partenza*   «Partenza del Re Gran Mogor della Città d'Agra per la Città di Laoor» [1638], BnF – *Dupuy*, vol. 587, fls. 300-312.

APO   *Archivo Portuguez Oriental*, ed. J. H. Cunha Rivara. Nova Deli: AES, 1992, 6 fascs.

Ali, Athar – *Apparatus*   Ali, M. Athar – *The Apparatus of Empire. Awards of ranks, offices and titles to the Mughal nobility (1574 1658)*. Nova Deli: OUP, 1985.

Badayuni – *MT*   Badayuni, 'Abdul Qadir – *Muntakhabu-t Tawarikh*. Trad. e ed. George S. A. Ranking *et al*. Nova Deli: Renaissance Publishing House, 1986, 3 vols..

Biker – *Tratados*   Biker, J. F. J. – *Collecção de Tratados e concertos de pazes que o Estado da Índia Portuguesa* [...]. Lisboa: Imprensa Nacional, 1881-1887, 14 tms.

Bocarro – *Década 13*   Bocarro, António – *Década 13 da Historia da India*. Lisboa: Academia Real das Ciências, 1876, 2 vols.

Botelho – *Relação*   Botelho, António – «Relação das cousas mais notaveis, que observei no Reino do Gram Mogor em perto de seis annos» [ca. 1670], BL – *Add. Ms.*, 9855, fls. 17-40v.

Cortesão e Albuquerque – *Obras*   Cortesão, A., Albuquerque, L. – *Obras completas de D. João de Castro*. Coimbra: Academia Internacional da Cultura Portuguesa, 1968-1981, 4 vols.

Couto – *Décadas*   Couto, Diogo do – *Da Ásia* [...]. Lisboa: Livraria Sam Carlos, 1974.

CSL   *Colecção de São Lourenço*, ed. E. Sanceau *et al*. Lisboa: CEHU, 1973-1983, 3 vols.

DI   *Documenta Indica*, eds. J. Wicki, J. Gomes. Roma: IHSI, 1948-1988, 18 vols.

Diário Linhares 1   Biblioteca da Ajuda – *MM*, cod. 51-VII-12. Primeira parte do diário do conde de Linhares (3.III.1630 a 6.II.1631).

Diário Linhares 2	Biblioteca Nacional de Portugal – *Res.*, cod. 939, fls. 1-110. Segunda parte do diário do conde de Linhares (9.II.1631 a 20.XII.1631).
Diário Linhares 3	Biblioteca Nacional de Portugal – *Res.*, cod. 939, fls. 1-117v. Terceira parte do diário do conde de Linhares (6.II.1634 a 21.I.1635). Publicado como *Diário do 3º conde de Linhares, vice-rei da Índia*. Lisboa: Biblioteca Nacional, 1937, 2 tms.
DRI	*Documentos Remetidos da Índia*, ed. R. A. Bulhão Pato *et al.* Lisboa: Academia Real das Ciências; INCM, 1880-1982, 10 tms.
DUP	*Documentação Ultramarina Portuguesa.* Lisboa: CEHU, 1960-1967, 5 vols.
EFI	*The English Factories in India, 1618-1669*, ed. W. Foster. Oxford: Clarendon Press, 1906-1927, 13 vols. (uma vez que os volumes desta colectânea não são numerados, citamo-los pelos anos extremos que cada um compreende).
Elliot e Dowson – *History*	Elliot, H. M. e Dowson, J. – *The History of India as told by its own Historians* [...]. Nova Deli: LPP, 1996, 8 vols.
FIRISHTA/BRIGGS	Briggs, J. – *History of the Rise of the Mahomedan Power in India till the year A.D. 1612 translated from the original Persian of Mahomed Kasim Ferishta.* Nova Deli: LPP, 1997, 2 vols.
Khan, 'Inayat – *SJN*	*The Shah Jahan Nama of 'Inayat Khan* [...], ed. e trad. A. R. Fuller, W. E. Begley e Z. A. Desai. Nova Deli: OUP, 1990.
Islam –	Calendar Islam, Riazul – *A Calendar of documents on Indo-Persian relations (1500-1750)*. Teerão; Carachi: Iranian Culture Foundation; Institute of Central & West Asian Studies, 1982, 2 vols..
Jahangirnama, ed. Thackston	*The Jahangirnama. Memoirs of Jahangir* [...]. Trad. e ed. W. Thackston. Washington D.C.; Nova Iorque: Smithsonian Institution, Freer Gallery of Art and Arthur Sackler Gallery; OUP, 1999.
Lahori – *BN*	Lahori, 'Abdul Hamid – *Badshah Nama*, in Elliot e Dowson – *History*, vol. VII, pp. 3-72.
LR	*Letters Received by the East India Company* [...], ed. W. Foster. Amesterdão: N. Israel, 1968, 6 vols.
MU	Khan, Shah Nawaz – *The Maathir-ul-Umara* [...]. Trad. H. Beveridge. Nova Deli: LPP, 1999, 2 vols.
Padshahnama/Windsor	*King of the World. The Padshahnama* [...], eds. M. C. Beach, E. Koch. Trad. de W. Thackston. Londres; Washington, D.C., 1997.
PMC	*Portugaliae Monumenta Cartographica*, eds. A. Cortesão, A. Teixeira da Mota. Lisboa, 1960, 6 vols.
Rego – *Documentação*	*Documentação para a História das Missões do Padroado Português do Oriente (Índia)*, ed. A. Silva Rego. Lisboa: FO; CNCDP, 1991-2000, 12 vols.

REVISTAS

AA	*Analecta Augustiniana*
ACCCG	*Arquivos do Centro Cultural Calouste Gulbenkian*
ACCP	*Arquivos do Centro Cultural Português*
AHAM	*Anais de História de Além-Mar*
BFUP	*Boletim da Filmoteca Ultramarina Portuguesa*
BIVG	*Boletim do Instituto Vasco da Gama*
BPP	*Bengal Past and Present*
IC	*Islamic Culture*
IESHR	*The Indian Economic and Social History Review*
JAH	*Journal of Asian History*
JAS	*Journal of Asian Studies*
JASB	*Journal of the Asiatic Society of Bengal*
JPASB	*Journal and Proceedings of the Asiatic Society of Bengal*
JPHS	*Journal of the Panjab Historical Society*
JPUHS	*Journal of the Panjab University Historical Society*
JESHO	*Journal of the Economic and Social History of the Orient*
JIH	*Journal of Indian History*
JRAS	*Journal of the Royal Asiatic Society*
MAS	*Modern Asian Studies*
ML	*Mare Liberum*
MO&OI	*Moyen Orient & Océan Indien*
PIHC	*Proceedings of the Indian History Congress*

EDITORAS

AES	Asian Educational Services
AGC	Agência Geral das Colónias
AGU	Agência Geral do Ultramar
CEDG	Centro de Estudos Damião de Góis
CEHU	Centro de Estudos Históricos Ultramarinos
CHAM	Centro de História de Além-Mar (UNL)
CNCDP	Comissão Nacional para as Comemorações dos Descobrimentos Portugueses
CUP	Cambridge University Press
EFEO	École Française d'Extrême Orient (Paris)
EHESS	École des Hautes Études en Sciences Sociales (Paris)
FCG	Fundação Calouste Gulbenkian
FCSH	Faculdade de Ciências Sociais e Humanas (UNL)
FO	Fundação Oriente
ICHR	Indian Council of Historical Research (Nova Deli)
IICT	Instituto de Investigação Científica Tropical
INCM	Imprensa Nacional-Casa da Moeda
IHSI	Institutum Historicum Societatis Iesu (Roma)
IPOR	Instituto Português do Oriente (Macau)
LPP	Low Price Publications (Nova Deli)
MM/MMP	Munshiram Manoharlal/ Munshiram Manoharlal Publishers (Nova Deli)
OUP	Oxford University Press
UNL	Universidade Nova de Lisboa

OUTRAS ABREVIATURAS

ap.	apêndice/appendix
art.	artigo
cap./caps.	capítulo/capítulos
col.	colecção
cod.	códice
cx^a	caixa
doc./docs.	documento/documentos
ed./eds.	edição, editor/editores
esp.	especialmente
fasc./fascs.	fascículo/fascículos
fl./fls.	fólio/fólios
fig./figs.	figura/figuras
il./ils.	ilustração/ilustrações
leg./legs.	legajo/legajos
liv.	livro
ms.	manuscrito
n.	nota
n.s.	nova série/new series
p./pp.	página/páginas
pt.	parte
reed.	reedição
reimp.	reimpressão
resp.	respectivamente
s.	série/series
s.d.	sem data
s.f.	sem foliação
s.l.	sem local
s.l.n.d.	sem local nem data
s.p.	sem paginação
ss	seguintes
t./tms	tomo/tomos
trad.	tradução
v.	verso
vol./vols.	volume/volumes

AGRADECIMENTOS

Considerado o volume e a dispersão da documentação em que vai escorado, assim como a necessidade de mergulhar a fundo na complexa história da Índia timúrida, este livro implicou um substancial investimento de tempo, trabalho e meios a que nem sempre as universidades portuguesas em que trabalhei puderam corresponder. Não obstante, foram muitos os lenitivos com que contei ao longo do caminho. Os directores e funcionários dos arquivos e bibliotecas que frequentei – em Portugal e no estrangeiro – constituíram um deles. Os amigos e colegas que me ajudaram de tantas formas são outro, assaz gratificante: Roderich Ptak, Kenneth McPherson (†), Dejanirah Couto, Anthony Disney, A. R. Kulkarni (†), Agnelo Fernandes, João Paulo Salvado, Ana Pinto, Maria Grazia Russo, Carlos Alonso, Rosa Maria Perez, Jurrien van Goor, João Paulo Costa, José Alberto Tavim, Helder Carita, Manuel Lobato, Natália Tojo, Paulo Pinto, e tantos mais que não é possível nomear aqui individualmente. A Artur Teodoro de Matos devo preciosas indicações de arquivo e não esqueço o modo como prontamente disponibilizou materiais inéditos. Em Roma (e em Lisboa), pude contar sempre com a Carmen Radulet (†), cuja amizade me abriu muitas portas, mas que infelizmente já não verá este livro. Uma palavra de reconhecimento é devida também a Monsenhor Agostinho Borges, Reitor do Instituto de Santo António em Roma, que me acolheu com enorme hospitalidade de todas as vezes que necessitei de trabalhar naquela cidade. Em termos institucionais, importa registar o suporte financeiro da Fundação Luso-Americana para o Desenvolvimento (FLAD) e, sobretudo, o apoio continuado da Fundação Oriente, nas pessoas do seu Presidente do Conselho de Administração, Dr. Carlos Monjardino, do Embaixador Dr. João de Deus Ramos e do Eng. João Calvão, estes últimos entretanto aposentados.

Um convite do Museu Calouste Gulbenkian para, há já uma década, co-comissariar a exposição "Goa e o Grão Mogol" constituiu uma oportunidade ímpar para entender a importância da dimensão visual da Índia mogol. Por esse facto, e pelas excelentes condições de trabalho proporcionadas, agradeço ao então Presidente do Conselho de Administração da Fundação, Dr. Rui Vilar, e ao então Director do Museu, Dr. João Castel--Branco Pereira. Para mais, pude assim tirar partido de um contacto estreito com alguns dos nomes cimeiros da história da arte mogol: Milo Beach, Susan Stronge, Gauvin Bailey, Michael Rogers. Entre os portugueses, Nuno Vassallo e Silva – com quem tive o gosto de partilhar o comissariado científico da exposição – e Pedro Moura Carvalho.

Discussões profícuas com António Vasconcelos de Saldanha, Maria Augusta Lima Cruz, Ebba Koch, Jos Gommans, Audrey Burton, João de Deus Ramos, Corinne Lefèvre, Ines Županov e Roberto Gulbenkian (†) alargaram substancialmente as minhas perspectivas iniciais e permitiram corrigir erros avulsos. Geneviève Bouchon e Jean Aubin (†), amigos tão presentes no início do meu trajecto científico, ofereceram-me os primeiros livros e as primeiras ideias para este projecto. Sempre disponível, malgrado a distância, Muzaffar Alam acompanhou as várias etapas porque passou a presente obra e impediu que eu escrevesse (demasiadas) asneiras sobre o império mogol. A Sanjay Subrahmanyam – o único que pode verdadeiramente cruzar as fronteiras entre «Firangistão» e Hindustão – devo mil e uma sugestões e ideias. Mais do que isso, deu-me frequentemente o *big picture*, ou seja, mostrou-me a floresta quando eu insistia em contar árvores. O José Pedro Paiva, um amigo português que fiz nos Estados Unidos e um grande especialista da história moderna de Portugal, foi incansável no estímulo à publicação deste trabalho. Ao Luís Cunha Pinheiro fico a dever um irrepreensível trabalho editorial, incluindo a preparação cuidada dos índices onomástico e toponímico. Aos dois anónimos *referees* do livro quero manifestar o meu agradecimento pela leitura atenta e pelas excelentes sugestões dadas. Contribuíram sobremaneira para um melhor resultado final, ainda que este só a mim me comprometa.

À Imprensa da Universidade de Coimbra, na pessoa da sua Directora-
-Adjunta, a Dr.ª Maria João Padez de Castro, agradeço o interesse, o empenho e o profissionalismo colocados na publicação deste livro. Agradeço igualmente às instituições que detêm os direitos sobre os mapas (Cambridge University Press e University of California Press) e a imagem da capa (Museum of Fine Arts, Boston) as autorizações concedidas para a sua reprodução neste livro.

Regressando aos lenitivos, a minha família fez o que se vê sem se ver. Sobretudo a minha Mãe, a Rita e o Martim, que diz que o pai é «professor de estórias». Por último, mas seguramente não em último, Luís Filipe Thomaz, a quem dedico *Nas Margens do Hindustão*. A ele, os agradecimentos de sempre: a amizade, a disponibilidade, o saber, a biblioteca. Atraído há trinta anos para o estudo da história da expansão portuguesa no Oriente graças às suas magníficas aulas, tenho procurado trilhar esse caminho seguindo o seu exemplo, ainda que a sua erudição não se adquira numa vida. Obrigado, Luís Filipe.

CAPÍTULO 1

INTRODUÇÃO: NA(S) FRONTEIRA(S) ENTRE HINDUSTÃO E «FIRANGISTÃO»

Vizinhos indesejáveis

O império mogol nasceu em 1526, quando um turco chagatai chamado Zahir-ud-din Muhammad Babur, *padshah* de Cabul, venceu os afegãos na batalha de Panipat, arredores de Deli. Durante os quase dois séculos que se seguiram até à morte, em 1707, do seu tetravô, o imperador Aurangzeb, o seu estado haveria de crescer paulatinamente em várias direcções geográficas e aglutinar diferentes zonas culturais da Índia. Não sem recuos e revezes, logrou alargar-se territorialmente até à Caxemira a norte, ao Cinde a oeste e a Chatigão (no Bengala oriental) para este. A sua dimensão máxima foi alcançada em 1689 quando, após a conquista do sultanato de Golconda, chegou a dominar Jinji, no extremo sul da península indiana. Nesse preciso momento, o espaço político do império quase se confundia com a própria geografia física do subcontinente[1].

No dealbar da década de 1530, em Lisboa, Garcia de Resende nunca ouvira o nome de Babur. Na sua *Miscelânea*, o poeta fala dos otomanos e dos safávidas, porém nada sabe acerca dos mogóis. Mas cerca de noventa anos volvidos, a situação era distinta. A procissão que atravessou a mesma cidade de Lisboa em Dezembro de 1620, comemorando a beatificação

---

[1] Para uma síntese, ver RICHARDS, John F. – *The Mughal Empire*, vol. I.5. *The New Cambridge History of India*. Nova Deli: CUP, 1995. A expressão cartográfica do domínio mogol pode ver-se no detalhe em HABIB, Irfan – *An Atlas of the Mughal Empire. Political and Economic Maps with Detailed Notes, Bibliography and Index*. Deli: OUP, 1982.

de Francisco Xavier no ano anterior, incluía uma alegórica representação da Índia. A figura, montada a cavalo e obviamente enquadrada pelos rios Indo e Ganges, envergava um manto de seda e empunhava uma «catana que foy do gram Mogor». Nessa altura, portanto, o império mogol já podia ser apresentado na capital do império português como símbolo da Índia[2]. No espaço de um século, o conhecimento português sobre aquela que se tornara entretanto a principal formação política do subcontinente indiano mudara radicalmente. Nos primeiros anos da década de 1630, como veremos no capítulo 10, era raro o dia em que o vice-rei do Estado da Índia D. Miguel de Noronha – que se entregou em Goa a um laborioso registo quotidiano dos principais acontecimentos do seu consulado – não incluísse no seu diário uma notícia ou uma reflexão acerca dos «mogores». Informações preciosas sobre, porventura, o mais indesejável dos «reis vizinhos» do Estado da Índia, que permitiam guiar a acção do vice-rei no terreno e, em simultâneo, se destinavam a ser lidas e avaliadas no Reino.

Não obstante, o encontro entre portugueses e mogóis constituía, à partida, uma clara improbabilidade. Os entusiastas da história contra-factual podem bem interrogar-se: o que teria acontecido se Babur não tivesse vencido a batalha de Panipat, trocando consequentemente Cabul por Agra? Teria existido império mogol se acaso Humayun não tivesse recuperado o poder em 1555, após um longo exílio de 15 anos na Pérsia? Como teria evoluído politicamente a Índia se Akbar e os seus sucessores tudo tivessem sacrificado em favor do domínio da Ásia Central? A verdade é que o império viveu durante muito tempo o dilema de uma escolha crucial: regressar a «casa» e ocupar o seu espaço «natural» ou, pelo contrário, estender-se para sul e fazer sua uma «pátria» que era a de muitos outros. Em qualquer uma das situações acima aventadas, mogóis e portugueses nunca se teriam encontrado e a presente obra seria meramente virtual. Mas, ao invés, o império mogol adquiriu uma inusitada dimensão marítima e meridional, que obrigou o Estado da Índia

---

[2] MARQUES, Diogo Salgueiro – *Relaçam das festas que a religiam da Companhia de Jesu fez em a cidade de Lisboa, na beatificaçam do Beato P. Francisco de Xauier ... 1620*. Lisboa: João Rodriguez, 1621. Ver o estudo de BROCKEY, Liam M. – «*Sympathy from the Devil*: Francisco Xavier, o Santo, 1600-1650». *Oriente*. Nº 13 (Dez. 2005), pp. 40-57.

a uma vigilância intermitente desde os anos de 1530, e assaz activa a partir do início da década de 1570.

Em 1572-1573, os mogóis conquistavam o sultanato do Guzerate. Akbar, que participou directamente na campanha, viu o oceano pela primeira vez, passeou de barco e observou o agitado mundo dos portos, bem diferente do das capitais imperiais do Norte que conhecia. Pouco tempo depois, em 1574-1576, o império expandia-se para o lado oriental do subcontinente, tomando o Bengala. De novo a omnipresença do mar. Um império que brotara como potentado continental e que parecia talhado para disputar território e autoridade a Bukhara e a Isfahan, adquiria subitamente uma dimensão marítima – reforçada vinte anos depois com a conquista do Cinde e de Orixá – que lhe alterou as prioridades estratégicas, a fisionomia política, a composição étnica e até a mentalidade. Subitamente, os imperadores passam a curar de viagens marítimas de peregrinos indianos para Meca e a ter de acudir aos desmandos dos piratas no delta do Ganges. De ora em diante, os funcionários mogóis das novas províncias começam a lidar com mercadores especializados no comércio marítimo e passam a ter acesso a produtos «exóticos» que nunca antes tinham visto. Os imperadores não tardariam a pensar no mar enquanto fonte de negócios e de raridades, dispondo eles próprios de navios para o comércio, num largo raio de acção que ia do mar Vermelho à Ásia do Sueste insular.

As relações externas do império também conheceram novas configurações em função das suas novas vizinhanças. A relação com os otomanos ganha então outros contornos. A leste, estão os «mogos» da baixa Birmânia, vizinhos mais do que improváveis ao tempo de Babur. E, doravante, sempre que o império se aproximar do mar, há-de inevitavelmente encontrar os portugueses, que mantinham interesses tanto no Guzerate como no Bengala desde o início do século XVI. Uma vez eliminados esses sultanatos, portugueses e mogóis ficaram frente a frente e as primevas relações entre ambos – encetadas nos anos de 1530 e analisadas no próximo capítulo – tornavam-se agora continuadas, adquirindo um significado inteiramente novo em função dessa dupla fronteira marítima da Índia timúrida.

À nova dimensão marítima, corporizada no domínio dos sultanatos do Guzerate e do Bengala, juntava-se, desde os últimos anos do século

XVI, a obsessão por uma fronteira continental, mas esta bem afastada da Ásia Central. Falamos do Decão e dos seus sultanatos, região para onde o império mogol se alargou decididamente desde então e que, até finais de Seiscentos, não deixaria de condicionar as suas estratégias políticas. A existência de um limite meridional – esdruxulamente meridional – do império colocava os herdeiros de Timur de novo na ombreira do Estado da Índia. Daí a importância de 1636, data que nos remete para cesuras significativas no Decão, sobretudo no Decão ocidental[3], enquanto espécie de biombo que até então separava a Índia mogol da Índia portuguesa. De facto, a extinção do sultanato de Ahmadnagar e a assumida subordinação de Bijapur e Golconda ao imperador Shahjahan nesse mesmo ano, traduziu-se numa substantiva transformação da fórmula que Goa vinha cerzindo desde há meio século para estabilizar a seu favor essa fronteira. Tal é o dado mais relevante de um conjunto de alterações que a transição para os anos de 1640 introduz nos padrões de relacionamento entre portugueses e mogóis a justificar o ponto de repouso deste livro.

A pergunta óbvia é, pois, a seguinte: O que significa tudo isto para a capital do Estado da Índia? Como é que, grosso modo entre 1570 e 1640, Goa lidou com a avassaladora progressão do império mogol para sul e em direcção ao mar? Tal é, considerado nas suas diversas vertentes, o ponto nevrálgico da presente obra: esmiuçar o modo como o «Firangistão» enfrentou o alargamento do Hindustão, estudar como – do lado português, mas também do lado mogol – se estabeleceu, imaginou e evoluiu a(s) fronteira(s) entre ambos. No pensamento de um qualquer membro da elite política mogol, o «Firangistão» é a Europa, a terra dos *firangis*. É nesse sentido que, pela voz de um missionário jesuíta, o príncipe Dara Shukoh (1615-1659) emprega o termo em 1652: «dizei agora aos padres que escrevão ao Ferengestão (idest a Europa) o que eu faço pelos padres»[4].

---

[3] Ocupámo-nos neste estudo dos sultanatos de Ahmadnagar e Bijapur, na sua relação com Goa e com as capitais imperiais. Até pela sua posição geográfica, o sultanato de Golconda esteve quase sempre fora desta equação ao longo do período estudado, pelo que aqui nos centramos sobretudo no Decão ocidental e nas suas formações politicas.

[4] Dara Shukoh, citado pelo padre António Botelho em carta ao padre Bento Ferreira, Agra, 20.I.1652, in *DUP*, vol. III, p. 208. (...) O termo vem do árabe *faranji*, «franco». Designava à época todos os cristãos ocidentais, e assim foram também denominados os portugueses

Na presente obra, atribuimos à palavra «Firangistão» um sentido mais estreito, significando tão-só as terras dos portugueses no subcontinente. Uma asserção que, aliás, o próprio imperador Akbar adoptou numa carta enviada ao sultão de Ahmadnagar em 1591[5]. Já o Hindustão corresponde, em larga medida, ao espaço político do novo império. É a Índia transformada em Índia mogol. Numa concepção mais restrita, é sabido que o termo Hindustão excluía o Decão (*Dakhin*, «o Sul»)[6]. Mas também é claro que a ideologia imperial, instrumento de legitimação do abraço mogol ao mundo, tendeu a diluir as distinções territoriais e culturais em presença. Com Akbar, Hindustão torna-se sinónimo de todo o subcontinente[7], enquanto que o seu filho Jahangir, como sublinha Corinne Lefèvre, vê o Hindustão como «the new centre of the early modern world – or at least of the Persianate ecumene – a transformation in which the dynasty took no small pride»[8].

Ora, a palavra *Hindustan* era estranha aos portugueses e à paisagem política da Índia, tal qual estes a conheceram até aos anos de 1570. Daí o padre Monserrate sublinhar, logo em 1579, que «en estas terras de la India citerior, cuyos pueblos aun agora se llaman Industán que es nombre que solamente estas gentes retienen»[9]. Tão estranha a palavra quanto os

---

pelos mogóis. O termo passou também ao malaio (*peringgi*) e ao chinês (*folangji*), entre outras línguas asiáticas. Cf. THOMAZ, Luís Filipe – «Frangues». In ALBUQUERQUE, Luís de, DOMINGUES, Francisco Contente (eds.) – *Dicionário de história dos descobrimentos portugueses*. Lisboa: Círculo de Leitores, 1994, vol. I, p. 435.

[5] 5.IX.1591, in HAIDAR, Mansura (ed.) – *Mukatabat-i-'Allami (insha'i Abu'l Fazl). Daftar I. Letters of the Emperor Akbar in English Translation* [...]. Nova Deli: MM; ICHR, 1998, doc. 10, pp. 64-67.

[6] Cf. ALI, M. Athar – «The perception of India in Akbar and Abu'l Fazl». In HABIB, I. (ed.) – *Akbar and his India*. Nova Deli: OUP, 1998, pp. 215-224. Na tradição iraniana, aduz-se o sufixo «stan» – utilizado para os nomes de territórios – ao termo «Hindu» (Índia). Para uma interessante análise da percepção chinesa do Hindustão no século XVIII (e nomeadamente a concepção do próprio imperador Qianlong, r. 1736-1795), ver MOSCA, Matthew W. – *From Frontier Policy to Foreign Policy. The Question of India and the Transformation of Geopolitics in Qing China*. Stanford (CA): Stanford University Press, 2013, cap. 2, pp. 69 ss, obra a que voltaremos adiante.

[7] Ver ANOOSHAHR, Ali – «Dialogism and Territorialism in a Mughal History of the Islamic Millenium». *JESHO*. Vol. 55/2-3 (Jun. 2012), pp. 220-254.

[8] LEFÈVRE, Corinne – «The *Majalis-i Jahangiri* (1608-11): Dialogue and Asiatic Otherness at the Mughal Court». *JESHO*. Vol. 55/2-3 (Jun. 2012), pp. 255-286 [282].

[9] Carta ao padre E. Mercuriano, Goa, 26.X.1579, in *DI*, vol. XI, doc. 89, p. 651.

próprios mogóis, a quem os portugueses – que haviam chegado primeiro à Índia – não se coíbem de chamar «estrangeiros» na década de 1530. Desde esse momento inicial, como veremos nos sucessivos capítulos deste livro, que o vocabulário predominante dos portugueses a propósito dos mogóis é de vizinhança. De vizinhança, mas simultaneamente de rejeição: os mogóis são invariavelmente considerados vizinhos indesejáveis do Estado da Índia, inimigos que se devem manter tanto quanto possível ao largo.

O império asiático português nunca dispôs de muito território, habituando-se a gerir desde cedo as suas relações com boa parte dos estados asiáticos em função da prevalência do horizonte marítimo[10]. Foi assim, por exemplo, com os reinos hindus do Malabar ou com os sultanatos da Ásia do Sueste insular. Num e noutro caso, reportamo-nos a formações políticas que em quase nada se assemelhavam ao império mogol: território diminuto, dimensão demográfica e militar limitada e uma geografia policêntrica do poder. Os portugueses raramente lidaram na Ásia com estados continentais, aparentemente centralizados e monolíticos, capazes de pôr em xeque a sobrevivência política do Estado da Índia. O mais significativo precedente do império mogol é, a este respeito, Vijayanagara, formação política hindu – mas, sabemo-lo hoje, assaz permeável à cultura indo-persa[11] – que logrou controlar boa parte da região meridional do subcontinente entre o meado do século XIV e o último terço do século XVI. Desagregado em 1565, na sequência da derrota imposta pelos sultões do Decão na batalha de Talikota, o império de «Bisnaga» (ou «Narsinga», corruptela portuguesa do nome de Narasimha II, r. 1496-1505) proporcionou ao Estado da Índia a sua primeira experiência substantiva de uma vizinhança continental[12].

---

[10] THOMAZ, Luís Filipe – «Estrutura política e administrativa do Estado da Índia no século XVI». In ID. – *De Ceuta a Timor*. Lisboa: Difel, 1994, pp. 207-243; SUBRAHMANYAM, Sanjay – «Written on water: designs and dynamics of the Portuguese *Estado da Índia*». In ALCOK, Susan, D'ALTROY, Terence N. *et al.* (eds.) – *Empires. Perspectives from Archaeology and History*. Cambridge: CUP, 2011, cap. 2, pp. 42-69.

[11] WAGONER, Phillip B. – «'Sultan among Hindu Kings': Dress, Titles, and the Islamicization of Hindu Culture at Vijayanagara». *The Journal of Asian Studies*. Vol. 55/4 (Novembro 1996), pp. 851-880.

[12] Sobre Vijayanagara, ver STEIN, Burton – *Vijayanagara*, vol. I.2 *The New Cambridge History of India*. Cambridge: Cambridge University Press, 1990. Não existe ainda um es-

Não obstante, o caso que melhor se assemelha ao da Índia mogol será porventura o da China dos Ming e dos Qing, e a esse sugestivo paralelo recorremos algumas vezes ao longo desta obra. As características dos dois impérios apresentam muitas semelhanças, sendo que o perigo que impende sobre Goa é grosso modo o mesmo que paira sobre Macau: recorrendo amiúde à *realpolitik*, uma e outra cidade tudo fazem para evitar que o gigante sopre[13]... São suficientemente expressivas, a este propósito, as palavras do padre Gomes Vaz em 1600, que retomaremos no capítulo 5 quando falarmos da expansão mogol no Decão. Surpreendido pelo fulminante avanço de Akbar na região, prevê o sacerdote que tal «será certa nossa perdição, que Deus não permita, porque não haverá refúgio, só Ceilão nos pode servir [....], e ficarmos nele como encastelados Senhores de todo este Oriente»[14].

A «perdição» nunca se chegou a consumar e para tal concorreram muitas circunstâncias, entre as quais avulta o modo como os portugueses enfrentaram o desafio. *Nas Margens do Hindustão* é um estudo que procura conjugar a análise das sucessivas configurações territoriais do império mogol entre 1570 e 1640 – e, bem assim, das muitas flutuações do seu universo cortesão ao longo desse período – com as reacções (ou antecipações) político-diplomáticas de Goa a esses mesmos movimentos. A presente obra pretende constituir uma investigação acerca das inesperadas relações de vizinhança entre mogóis e portugueses, no quadro das questões específicas que a problemática da geopolítica e dos estudos sobre a fronteira consagraram. Olhamos a história dessa vizinhança no contexto do alargamento da Índia timúrida, jogo em que intervêm vários protagonistas. A norte, os últimos grandes impérios islâmicos da Ásia: safávidas, uzbeques e otomanos. São potentados com os quais os mogóis partilham um sem-número de afinidades e semelhanças, justificando-se

---

tudo de conjunto sobre as relações entre o Estado da Índia e Vijayanagara, ainda que os primórdios dessas relações (e os textos que lhe servem de suporte, como seja a chamada «Crónica dos Reis de Bisnaga», de Fernão Nunes e Domingos Pais) tenham concitado a atenção de vários historiadores.

[13] Ver *inter alia*, ALVES, Jorge Santos – *Um porto entre dois impérios: Estudos sobre Macau e as relações luso-chinesas*. Macau: IPOR, 1999.

[14] Carta ao padre João Álvares, Cochim, 21.XII.1600, ARSI – *Goa*, vol. 15, fl. 18.

cada vez mais que o seu estudo se faça em termos de comparação, mas também de conexão[15]. Para este, o sultanato do Bengala, antecâmara das relações com o Arracão. Para sudoeste, os principados rajputes e o sultanato do Guzerate. A sul, a grande fronteira é o Decão e os seus sultanatos. Neste mosaico, o Estado da Índia é apenas mais um vizinho do império mogol. Estamos diante, pois, de um enorme e complexo *puzzle* em que, para os mogóis, os portugueses representam tão-só outra peça, quase nunca a mais difícil de encaixar. Já para Goa, o «Mogor» constituía um dos maiores desafios do Estado da Índia.

A fronteira

Nas suas múltiplas dimensões, o estudo da fronteira tem atraído a atenção de sociólogos, antropólogos, geógrafos e, há mais de um século, de historiadores. O ponto de partida, ao menos para os últimos, é «The Frontier in American History», ensaio de 1893 da autoria de Frederick Turner que haveria de moldar durante largas décadas a discussão relativa à identidade americana[16]. Quase meio século volvido, um outro autor americano – mas para uma área cultural totalmente diversa – voltaria a condicionar sobremaneira a reflexão sobre o tema. Falamos de Owen Lattimore e do seu *Inner Asian Frontiers of China*[17], livro de 1940 que marca o início de uma longa relação da sinologia ocidental com a questão da fronteira chinesa.

---

[15] Cf. SUBRAHMANYAM – «The Mughal State. Structure or process? Reflections on recent western historiography»; ROBINSON, Francis – «Ottomans-Safavids-Mughals: shared knowledge and connective systems». *Journal of Islamic Studies*. Vol. 8/2 (1997), pp. 151-184; KUNT, I. Metin – «The later Muslim Empires: Ottomans, Safavids, Mughals». In KELLY, Marjorie (ed.) – *Islam: The religious and political life of a world community*. Nova Iorque: Praeger, 1984, pp. 113-136; DALE, Stephen F. – *The Muslim Empires of the Ottomans, Safavids, and Mughals*. Cambridge: CUP, 2010.

[16] Publicado como artigo nesse ano, este trabalho foi posteriormente incluído na obra do mesmo autor intitulada *The Frontier in American History*. Nova Iorque: Henry Holt and Company, 1921, cap. 1.

[17] LATTIMORE, Owen – *Inner Frontiers of China*. Nova Iorque: American Geographical Society, 1940 (reed., Boston: Beacon, 1967). Ver também LATTIMORE – *Studies in Frontier History: Collected Papers, 1928-1958*. Londres; Nova Iorque: OUP, 1962.

Quando Lattimore publicou esta obra, já Georg Simmel reflectira em 1903 acerca do carácter sociológico da construção do espaço[18], Lord Curzon (vice-rei da Índia entre 1898-1905) proferira a Romanes Lecture de 1907 com o título *Frontiers* e Lucien Febvre esmiuçara em 1928 os nexos da palavra e do conceito de fronteira[19]. Vincava então o historiador dos *Annales* a estreita conexão entre fronteira e estado moderno, problematizando as relações entre periferia e centro, um tópico sobre o qual gerações de historiadores têm vindo a investigar sistematicamente[20].

A reflexão acerca dos termos e possíveis significados em presença – *frontier, boundary, border* – tem estado no centro desse trajecto científico, proliferando hoje centros de investigação e programas de doutoramento que, para uma variedade de contextos territoriais e culturais, põem decididamente o acento no seu estudo. Sabemos bem, graças a tantas décadas de trabalho no cruzamento da história com outras disciplinas[21], que a fronteira nunca é uma simples linha. A concepção do espaço, e as dinâmicas concretas e imaginárias da sua apropriação, variam de época para época e de sociedade para sociedade. A fronteira separa como une, inclui como exclui. Pode constituir, em simultâneo, zona de confronto

---

[18] SIMMEL, Georg – «The Sociology of Space», em *Simmel on Culture: Selected Writings*. Eds. David Frisby e Mike Featherstone. Londres: Sage, 1997, pp. 137-170.

[19] FEBVRE, Lucien – «Frontière: le mot et la notion». *Revue de Synthèse historique*. Vol. XLV (Jun. 1928), pp. 31-44, republicado em *Pour une histore à part entire*. Paris: S.E.V.P.E.N., 1962, pp. 11-24. Importantes reflexões globais sobre o problema por BAUD, Michiel, SCHENDEL, Willem van – «Toward a Comparative History of Borderlands». *JWH*. Vol. 8/2 (Outono 1997), pp. 211-242.

[20] Um bom exemplo é SAHLINS, Peter – *Boundaries: The making of France and Spain in the Pyrenees*. Berkeley; Los Angeles; Londres: University of California Press, 1989. Para a Península Ibérica nos finais da Idade Média, ver MARTINS, Rui Cunha – *A fronteira antes da sua metáfora: cinco teses sobre a fronteira hispano-portuguesa no séc. XV*. Coimbra: Universidade de Coimbra, 2005. Dissertação de Doutoramento.

[21] Entre algumas das mais relevantes contribuições oriundas das ciências sociais, ver ANDERSON, Malcom – *Frontiers. Territory and State Formation in the Modern World*. Cambridge: Polity Press, 1996; DONNAN, Hastings, WILSON, Thomas M. – *Borders: Frontiers of Identity, Nation and State*. Oxford; Nova Iorque: Berg, 1999; Cohen, Anthony (ed.) – *Signifying Identities: Anthropological perspectives on boundaries and contested values*. Londres: Routledge, 2000; EWING, Katherine Pratt – «Crossing Borders and Transgressing Boundaries: Metaphors for Negotiating Multiple Identities». *Ethos*. Vol. 26/2 (Jun. 1998), pp. 262-267. No plano da produção portuguesa, ver MARTINS, Rui Cunha – *O método da fronteira: radiografia histórica de um dispositivo contemporâneo (matrizes ibéricas e americanas)*. Coimbra: Almedina, 2008.

e de interacção, sendo quase sempre porosa e pouco linear. À antiga ideia de fronteira enquanto demarcação absoluta e rigída, contrapõe-se hoje a fronteira enquanto complexa arena de negociação: da fronteira americana de Turner – expansiva, vitoriosa, «abrasiva» até – passámos ao *middle ground* de Richard White[22] e às *contact zones* de Louise Pratt[23].

A fronteira, que pode ser marcadamente física e geográfica, encerra um inegável significado político e militar. Porém, é sempre social e psicologicamente construída. A fronteira remete-nos para os grandes nexos geográficos e civilizacionais, mas também para a comunidade e para a «produção de localidade»[24]. Na época do estado moderno, a fronteira constitui indubitavelmente um marco identitário nacional, definindo quem é estrangeiro ou, passando aos planos regional e local, quem se tem por «estranho». Não obstante, a crise do estado-nação haveria de acentuar a importância de dimensões divergentes da ideia de fronteira: lugar transcultural e transnacional, a fronteira é também território de múltiplas identidades étnicas e religiosas, entre outras, que são frequentemente contestadas e reconfiguradas. Falamos, pois, de demarcações territoriais, lado a lado com demarcações mentais.

Para o período de que trata esta obra, a Ásia oriental e as suas fronteiras têm concitado a atenção dos historiadores como talvez nenhuma outra região da Ásia. Uma das linhas de investigação mais dinâmicas da chamada «New Qing History» consiste justamente no estudo das fronteiras chinesas, conforme se infere dos trabalhos de James Millward[25], Peter

---

[22] WHITE, Richard – *The Middle Ground. Indians, Empires, and Republics in the Great Lakes Region, 1650-1815*. Cambridge: CUP, 2011 (1.ª ed., 1991).

[23] PRATT, Marie Louise – *Imperial Eyes: Travel Writing and Transculturation*. Londres: Routledge, 2007 (1.ª ed., 1992).

[24] TORRE, Angelo – *Luoghi. La produzione di località in èta moderna e contemporanea*. Roma: Donzelli, 2011.

[25] MILLWARD, James A. – *Beyond the Pass: Economy, Ethnicity and Empire in Qing Xinjiang, 1759-1864*. Stanford (CA): Stanford University Press, 1998. Importantes também alguns volumes colectivos como CROSSLEY, Pamela Kyle, SIU, Helen, SUTTON, Donald (eds.) – *Empire at the Margins: Culture, Ethnicity and Frontier in Early Modern China*. Berkeley: University of California Press, 2006; e DABRINGHAUS, Sabine, PTAK, Roderich (eds.) – *China and Her Neighbours. Borders, Visions of the Other, Foreign Policy, 10th to 19th Century*. Wiesbaden: Harrassowitz Verlag, 1997. Ver ainda LIEBERMAN, Victor – «The Qing Dynasty and Its Neighbors: Early Modern China in World History». *Social Science History*. Vol. 32/2 (Verão 2008), pp. 281-304.

Perdue[26] e, mais recentemente, Mathew Mosca[27]. As relações de fronteira entre o Japão e a Coreia na época também foram objecto de análise sob este prisma[28]. Já para oeste, e no que em concreto se refere aos impérios islâmicos da época[29], o império mogol é aquele que indubitavelmente menos atenção tem recebido. De particular interesse é o trabalho de Andrew Hess sobre a fronteira ibero-africana entre otomanos e habsburgos no século XVI[30], mas não existe um estudo comparável para a Índia timúrida na relação com os seus vizinhos europeus.

Como concebiam os mogóis as suas fronteiras? A escassa cartografia disponível para este período não permite visualizá-lo, mas o certo é que a retórica imperial fez do espaço político mogol um espaço ilimitado. Os instrumentos à disposição de tal desígnio eram variados, da persuasiva palavra escrita de um ideólogo tão hábil quanto Abu'l Fazl, no tempo de Akbar, à sofisticada manipulação visual que Jahangir e Shahjahan – os dois soberanos seus sucessores que se reclamavam senhores do mundo – fizeram do globo enquanto objecto e imagem[31]. Não será certamente por acaso que um jesuíta escreve o seguinte a propósito das mudanças

---

[26] PERDUE, Peter – *China Marches West. The Qing Conquest of Central Eurasia*. Cambridge (MA), Londres: The Belnak Press, Harvard University Press, 2005.

[27] MOSCA – *From Frontier Policy to Foreign Policy*.

[28] LEWIS, James B. – *Frontier Contact between Choson Korea and Tokugawa Japan*. Londres; Nova Iorque: Routledge, 2003. Importantes também os avanços relativos ao estudo da fronteira russa no período moderno. Ver KIVELSON, Valerie – *Cartographies of Tsardom. The Land and Its Meanings in Seventeenth-Century Russia*. Ithaca (NY): Cornell University Press, 2006; KHODARKOVSKY, Michael – *Russia's Steppe Frontier: The Making of a Colonial Empire*. Bloomington (IN): Indiana University Press, 2004.

[29] Para o Irão safávida dispomos de duas importantes obras colectivas: MAZZAOUI, Michel (ed.) – *Safavid Iran and Her Neighbors*. Salt Lake City (UT): The University of Utah Press, 2003; FLOOR, William, HERZIG, Edward (eds.) – *Iran and the World in the Safavid Age. International Contact and Political Development in Early Modern Persia*. Londres; Nova Iorque: I. B. Tauris, 2012. Para os otomanos, Heywood, C. – «The Frontier in Ottoman History: Old Ideas and New Myths». In POWER, D. e STANDEN, N. (eds.) – *Frontiers in Question: Eurasian Borderlands, 700-1700*. Londres: Macmillan Press, 1999, pp. 228-250; e PEACOCK, A. C. S. – «The Ottoman Empire and Its Frontiers». In PEACOCK, A. C. S. (ed.) – *The Frontiers of the Ottoman World*. Oxford: OUP, 2009, pp. 1-30. Relativamente às fronteiras entre safávidas e otomanos, MATTHEE, Rudi – «The Safavid-Ottoman Frontier: Iraq-i Arab as Seen by Safavids». *International Journal of Turkish Studies*. Vol. 9/1-2 (2003), pp. 157-173.

[30] HESS, Andrew C. – *The Forgotten Frontier: A History of Sixteenth-Century Ibero-African Frontier*. Chicago: University of Chicago Press, 2010 (1.ª ed., 1978).

[31] RAMASWAMY, Sumathi – «Conceit of Globe in Mughal Visual Practice». *Comparative Studies in Society and History*. Vol. 49/4 (2007), pp. 751-782: KOCH, Ebba – «The Symbolic

ocorridas com a ascensão de Jahangir ao trono: «Morreo el Rei Acabar sucedeo lhe este Jamguir, e fes todos seos portos, terras, e alfandegas livres e libertas, de todos direitos e tributos de todas as fazendas que viesem de todos os Reinos seos ou estranhos, *dizendo que como ade elle consentir que quem se chegua ao seu amparo sendo elle Senhor do mundo não seia liberto*»[32].

Todavia, passando da fronteira imaginada e representada aos desafios do terreno propriamente dito, há uma série de outros aspectos a considerar. Jos Gommans – um dos poucos historiadores a reflectir acerca da fronteira mogol – acentuou a importância de uma concepção que coloca o acento na identificação de zonas nucleares de poder, cuja conquista se lança e alcança a partir do centro do império graças a uma eficiente rede de comunicações. É o sistema de estradas da Índia timúrida que assegura a conexão dos diversos centros económicos e administrativos entre si e, bem assim, a ligação destes com os respectivos *hinterlands* agrários[33]. O exército, as caçadas imperiais e a mobilidade da corte constituiram instrumentos essenciais do processo de expansão do império mogol. Tratava-se de cunhar o espaço imperial, sendo que a consolidação das novas fronteiras e a estabilização das novas províncias passava em larga medida por mecanismos de reconhecimento da nova ordem política como o controlo da colecta de rendas, a imposição de moeda e a leitura da *khutba* em nome do soberano mogol.

Conceberiam os mogóis as suas fronteiras como um todo? Terão alguma vez tido os seus imperadores uma visão holística da fronteira, a ponto de adoptarem uma «política externa» coerente e unificada? Mathew Mosca colocou esse problema recentemente para a China Qing na sua relação com a Índia, defendendo – como o próprio título do seu livro sugere –

Posession of the World: European Cartography in Mughal Allegory and History Painting». *JESHO*. Vol. 55/2-3 (Jun. 2012), pp. 547-580.

[32] XAVIER, Jerónimo (ou PINHEIRO, Manuel) – «Tratado da Corte, e Caza de Iamguir Pachá rey dos Mogores» [1610-1611], ANTT – *Cartório da Casa Real*, maço 49-B, cxª. 7420, capilha 897, fl. 9v. Itálico nosso.

[33] GOMMANS, Jos – *Mughal Warfare. Indian Frontiers and High Roads to Empire, 1500--1700*. Londres; Nova Iorque: Routledge, 2002, esp. pp. 15 ss. Ver também GOMMANS, J. – *The Rise of the Indo-Afghan Frontier, c. 1710-1780*. Nova Deli: OUP, 1999 (1.ª ed., 1994).

que se trata de um processo evolutivo. De um momento inicial, em que prevalece a diversidade das políticas de gestão de fronteira, atenta às condições locais e variando consoante as muitas fronteiras em presença, passa-se ao estabelecimento de uma verdadeira política externa a partir dos anos de 1840, No primeiro estádio, gerem-se as fronteiras com base em informação fragmentada, de natureza assaz diversa e oriunda de uma pluralidade de fontes. No segundo, regista-se uma sistematização e codificação da informação no centro do império, por intermédio de novas instituições como o *Zongli Yamen*[34]. O panorama apresentado por Mosca para a China Qing não é de todo evidente no caso do império mogol. O que parece prevalecer na Índia timúrida é a política de fronteira(s), plasmada por uma ambição constante de alargamento do império, mas com oscilações quanto às prioridades segundo a agenda do momento e um reconhecimento tácito da impossibilidade de avançar simultaneamente em várias frentes. Disputar o domínio de Qandahar aos safávidas, por exemplo, implica aliviar a pressão sobre os sultanatos do Decão ocidental. Acresce que o império mogol já não chegou em «boa forma» aos anos de 1840, quando tais transformações estruturais terão ocorrido na China.

Não obstante, esta visão um tanto centralista da fronteira nem sempre permite entender o que se passa nas fronteiras elas próprias, e avaliar que noções de limite e diferença aí se desenvolveram. Manan Ahmed colocou o problema com acuidade, convidando a que nos situemos no espaço da fronteira do que é hoje o Afeganistão, o Paquistão e o norte da Índia, por forma a contemplarmos – adoptando uma perspectiva de tempo longo, que se prolonga do período medieval até à actualidade – o que «olho imperial» nunca conseguiu ver ao longo de tantos séculos[35]. A premissa é claramente válida, porquanto o império mogol visto das chamadas periferias, das províncias recém-conquistadas ou em processo de conquista e assimilação, parece certamente outro. Pense-se na fronteira mogol vista do Bengala, isto no contexto das várias fronteiras que o próprio Bengala

---

[34] MOSCA – *From Frontier Policy to Foreign Policy*, esp. pp. 271-311.

[35] AHMED, Manan – «Adam's Mirror: The Frontier in the Imperial Imagination». *Economic and Political Weekly*. Vol. XLVI/13 (26 Mar. 2011), pp. 60-65.

de então representa (política, agrária, islâmica, sanscrítica)[36]. Podemos fazê-lo, com resultados naturalmente diversos, quer pela pena de um oficial mogol como Mirza Nathan, protagonista da expansão do império na região ao tempo de Jahangir[37], quer a partir da rica literatura Bengali, conforme propõe Kumkum Chatterjee[38]. Enverede-se por idêntico exercício para o Assam, recorrendo por exemplo à crónica *Padshah-Buranji*[39]. Já na fronteira oeste do império, pode ler-se o que os Mertiyos de Merto (região oriental de Marvar, Rajastão) dizem dos mogóis[40], ou analisar o que um poeta como Keshavdas pensa da conquista imperial do Guzerate[41]. Sujeito a este jogo de simultânea contestação e acomodação, e visto de prismas culturais, étnicos e geográficos tão diversos, ainda será o império mogol o mesmo?

A fronteira portuguesa do império mogol é outra a considerar, e aquela que pretendemos esmiuçar neste estudo. Do ponto de vista do alargamento do seu império, como equacionaram os mogóis a fronteira portuguesa? Pensariam eles nos portugueses como um factor absolutamente autónomo, ou antes enquanto parcela dos problemas específicos com que tiveram de lidaram no Guzerate, no Decão e no Bengala? Veriam os mogóis o «Firangistão» como território seu, encarando-o como um *wilayat* sobre

---

[36] EATON, Richard M. – *The rise of Islam and the Bengal Frontier, 1204-1760*. Deli: OUP, 1997.

[37] NATHAN, Mirza – *Baharistan-i-Ghaybi: A History of the Mughal Wars in Assam, Cooch Behar, Bengal, Bihar and Orissa during the Reigns of Jahangir and Shah Jahan*. Trad. M. I. Borah. Gauhati (Assam): Narayani Handiqui Historical Institute, 1936, 2 vols..

[38] CHATTERJEE, K. – «Goddess encounters: Mughals, Monsters and the Goddess in Bengal». *MAS*. Vol. 47/5 (Set. 2013), pp. 1435-1487.

[39] BHUYAN, S. K. (ed.) – *Annals of the Delhi Badshahate, being a translation of the old Assamese chronicle 'Padshah-Buranji'*. Gauhati (Assam): Government of Assam, 1947.

[40] *The Mertiyo Rathors of Merto, Rajasthan: Select translations bearing on the History of a Rajput Family, 1462-1660*. Trad. e ed. Richard D. Saran e Norman Ziegler. Ann Arbor (MI): The University of Michigan-Centers for South and Southeast Asian Studies, 2001, 2 vols. Ver também a perspectiva do poeta e historiador Amrit Rai sobre a conquista mogol do Rajastão (BUSCH, Allison – «Portrait of a Raja in a Badshah's World: Amrit Rai's Biography of Man Singh (1585)». *JESHO*. Vol. 55/2-3 (Jun. 2012), pp. 287-328), ou então considerar a visão dos textos rajputes sobre a submissão de Rao Surjan a Akbar (TALBOT, Cynthia – «Justifying defeat: A Rajput perspective on the Age of Akbar». *JESHO*. Vol. 55/2-3 (Jun. 2012), pp. 329-368).

[41] BUSCH, Allison – «Literary Responses to the Mughal Imperium: The Historical Poems of Keshavdas». *South Asia Research*. Vol. 25/1 (2005), pp. 31-54.

o qual podiam exercer autoridade[42]? É impossível de dizer, sem que se considere extensivamente a documentação mogol disponível. Todavia, e invertendo o espelho, é possível saber como os portugueses encararam a vizinhança mogol e elaborar acerca do modo como viram a relação – inevitável desde os anos de 1570 – entre Hindustão e «Firangistão». Neste sentido, e se quisermos adoptar uma perspectiva de história da Ásia do sul, o que procuraremos fazer neste livro é colocar os portugueses num plano idêntico ao dos guzerates, bengalis, rajputes ou decanis, e analisar o modo como – a partir de Goa e de outras «cidades-fronteira»[43] sob seu domínio ou influência – incorporaram os mogóis na sua acção e no seu discurso.

Com raras excepções, a historiografia (portuguesa ou não) das relações entre o Estado da Índia e o império mogol não se ocupou da problemática da fronteira. Se avaliarmos a produção dos historiadores nacionais que – no último meio século e numa perspectiva de história económica e geopolítica – se dedicaram ao estudo do império português na sua relação com Ásia do Sul, verificamos que o acento é invariavelmente colocado na Índia meridional e marítima. Assim, e ainda que notoriamente datados, os primeiros avanços vieram da Goa colonial, sobretudo pela mão de Panduronga Pissurlencar[44]. Fora de Portugal, e mesmo se com limitações, é justo relevar a investigação pouco conhecida de Agnelo Fernandes[45]. O seu trabalho filia-se num ângulo de visão sobretudo económico, focado no «embate» entre portugueses e mogóis no Guzerate e em todo um conjunto de problemas que lhe andam associados: rivalidade

---

[42] Ver DIGBY, Simon – «Beyond the Ocean: Perceptions of overseas in Indo-Persian sources of the Mughal period». *Studies in History*. n.s., vol. 15/2 (1999), pp. 247-259, que explica a evolução do conceito de *wilayat* relativamente aos ingleses no século XVIII neste mesmo sentido.

[43] Sobre o conceito de cidade-fronteira, ver GITLIN, Jay, BERGLUND, Barbara, ARENSON, Adam (eds.) – *Frontier Cities: Encounters at the Crossroads of Empire*. Filadélfia: University of Pennsylvania Press, 2012, particularmente o estudo de GALLAY, Alan – «The European Frontier City in Early Modern Asia: Goa, Macau, and Manila», cap. 1, pp. 11-26.

[44] Os trabalhos de Pissurlencar que se revelaram de interesse para o nosso estudo vão citados na bibliografia. Ver também a bibliografia completa deste autor em SHASTRY, B. S., NAVELKAR, V. R. (eds.) – *Bibliography of Dr. Pissurlencar collection*, pt. I: *A descriptive bibliography of the writings of Dr. Pissurlencar*. Bambolim: University of Goa, 1989.

[45] *The Portuguese and the Mughals 1627-1707*. Bombaim: Universidade de Bombaim, 1987. Dissertação de Doutoramento. Agradeço ao autor o ter-me facultado a consulta deste trabalho.

entre as principais cidades costeiras da região, dinamismo e reacção das comunidades mercantis locais, controlo dos eixos de circulação marítima e comercial ligando as províncias do Guzerate e do Cinde a Ormuz e ao mar Vermelho. Nesta perspectiva, faz sentido privilegiar o estudo do impacto do sistema português de cartazes nas relações entre o Estado da Índia e o império mogol. Foi esse o caminho de Michael Pearson, desde o seu importante estudo sobre o Guzerate do século XVI até às suas incursões na problemática do *Hajj* e respectiva projecção no relacionamento entre mogóis e portugueses[46]. A verdadeira transformação ocorreu quando Sanjay Subrahmanyam, nos anos de 1990, começou a explorar a história do império mogol e, em concreto, a interessar-se pela relação entre a Índia timúrida e a Índia portuguesa. Subrahmanyam valoriza aqui e ali a questão da fronteira, mas o facto é que essa problemática não está explicitamente no centro das suas preocupações[47].

Finalmente, e numa caricatura algo pavloniana, a relação dos portugueses com o império mogol constitui de há muito sinónimo de missionários jesuítas na corte imperial. Tal identificação, redutora na sua essência, é agravada pelo facto de os historiadores do império mogol que não dominam a língua acederem às fontes portuguesas exclusivamente através dos textos jesuítas vertidos para inglês. De facto, as missões jesuítas na corte dos imperadores mogóis – a de 1580 e as duas outras que se lhe seguiram – são objecto de considerável atenção desde há mais de um século. A maioria destes estudos, especialmente os mais antigos, foram quase sempre escritos por historiadores da própria Companhia. Para além da publicação de textos importantes, punha-se a tónica nos sucessos e

---

[46] *Merchants and rulers in Gujarat. The response to the Portuguese in the sixteenth century*. Berkeley; Los Angeles; Nova Deli: University of California Press; MM, 1976; ID. – *Pious passengers. The Hajj in earlier times*. Nova Deli: Sterling Publishers, 1994. Ver também SOUZA, Teotónio R. de – «Hajj without spice? Politics of religions between Akbar and the Portuguese». In KHAN, I. Alam (ed.) – *Akbar and his Age*. Nova Deli: Northern Book Centre; ICHR, pp. 106-113. Deve ainda considerar-se a obra de MALEKANDATHIL, Pius – *The Mughals, the Portuguese and the Indian Ocean: Changing imageries of maritime India*. Deli: Primus Books, 2013, se bem que os mogóis estejam mais presentes no título do livro do que no seu contéudo propriamente dito.

[47] Para uma síntese recente em português da sua produção relativa a este assunto, ver SUBRAHMANYAM, Sanjay – *Impérios em concorrência. Histórias conectadas nos séculos XVI e XVII*. Lisboa: Instituto de Ciências Sociais, 2012.

insucessos das diferentes missões e, bem assim, no trajecto individual dos religiosos nelas envolvidos. Tais historiadores, portanto, fizeram-no de modo um tanto tradicional, não obstante terem sido muitas vezes os primeiros a sublinhar o interesse das fontes jesuítas para a história do próprio império mogol. É neste contexto que se reconhece o labor do prolífico Henry Hosten, a que se juntaram sucessivamente Edward Maclagan, Henry Heras, Arnulf Camps e John Correia-Afonso[48]. Hoje, e pelo menos de há duas décadas para cá, a relação entre os jesuítas e a Índia mogol é estudada de modo assaz diferente. Os debates que a presença de padres católicos no império e na sua corte suscitou são ricos e diversos, extravazando em muito a problemática da conversão. Por consequência, os historiadores tendem desde então a privilegiar o estudo das políticas religiosas e étnicas, das linguagens políticas e da ideologia imperial, da produção de imagens e da circulação de livros enquanto chave(s) para o conhecimento dessa complexa relação entre missionário e imperador[49]. Acresce que o(s) primeiro(s) acompanhava(m) amiúde o(s) segundo(s) nas suas constantes deambulações pelo império. Não lhe faltaram, por isso, oportunidades para ver e pensar as fronteiras do Hindustão.

Plano do livro

Após um recuo ao período de quase meio século que medeia entre a fundação do império mogol e a transformação do sultanato do Guzerate em província imperial, exercício que permite começar a entender os termos do problema (capítulo 2), este estudo centra-se na gestão portuguesa das suas três zonas de fronteira com a Índia mogol entre *ca.* 1570 e 1640:

---

[48] Ver respectivas entradas na bibliografia. Em Portugal, e para além da tradução portuguesa da obra de Maclagan em 1946, registe-se o trabalho de REGO, António Silva – «A primeira missão religiosa ao Grão-Mogol». In ID. – *Temas sociomissionológicos e históricos*. Lisboa: Junta de Investigações do Ultramar, 1962, pp. 63-93.

[49] Produção extensa sobre o tema, ressumando os nomes de Gauvin Bailey, Milo Beach, Susan Stronge, Ebba Koch e Sanjay Subrahmanyam, entre tantos outros. Como possível ponto de entrada, veja-se FLORES, Jorge, SILVA, Nuno Vassallo e (eds.) – *Goa e o Grão Mogol*. Lisboa: FCG, 2004.

fronteira marítima ocidental, no litoral do Guzerate e do Cinde; fronteira marítima oriental, correspondendo sobretudo ao Bengala; fronteira meridional terrestre, cunhada pelo Decão ocidental e pelos sultanatos de Ahmadnagar e Bijapur.

Apesar de assente numa estrutura cronológica, que providencia o fio condutor para o estudo da fronteira luso-mogol durante esses cerca de setenta anos, este livro vai em larga medida ancorado nas lógicas geopolíticas inerentes aos movimentos dos imperadores mogóis Akbar, Jahangir e Shahjahan e, bem assim, ao modo como os portugueses interpretaram e avaliaram tal fenómeno em função dos interesses do Estado da Índia. Movimentos sobretudo consubstanciados na frequente mudança de capital imperial, acto a que amiúde corresponde uma alteração das prioridades quanto às fronteiras a defender ou a alargar em cada momento. Tal opção permite-nos, para o período de Akbar, acompanhar a conquista do Guzerate e do Bengala desde a nova capital imperial de Fatephur Sikri em 1571 (capítulo 3), para depois assistir a um forte empenho na fronteira setentrional com a passagem da corte para Lahore em 1585 (capítulo 4). Finalmente, debruçamo-nos sobre a fase inicial da conquista do Decão a partir de Agra enquanto assento imperial desde 1598 (capítulo 5). Acentuámos igualmente, já no capítulo 10, a forma como o decisivo avanço mogol no Decão ocidental nos anos de 1630 se escorou na escolha de cidades meridionais – Burhanpur, Daulatabad – como capitais imperiais. Mas também sublinhámos, no capítulo 11, que tais capitais haveriam de ser negligenciadas no ocaso da mesma década, quando Shahjahan decidiu privilegiar Lahore enquanto centro de autoridade política mais adequado a um regresso à fronteira da Ásia Central. De outro modo, e já fora do objecto deste livro, torna-se claro que o investimento político e simbólico que Aurangzeb faria em Aurangbad, a partir de 1681, encontra plena correspondência na estreita relação do imperador com o sul do império.

Esta obra parte também da premissa que os desenvolvimentos políticos e ideológicos na corte mogol têm quase sempre um evidente impacto nos assuntos de fronteira, e essa é uma das razões pelas quais se devota integralmente o capítulo 8 ao problema da sucessão imperial: o episódio do sultão Bulaqi na transição para os anos de 1630, com tudo o que tem de cortesão e palaciano, mexeu com várias fronteiras do império mogol, com destaque para a portuguesa. Pela mesma razão, e sobretudo para o período fundacional do reinado de Akbar, decidiu-se colocar a tónica na relação dos missionários jesuítas com a corte mogol (capítulos 3 e 4). Não tanto no que respeita à dimensão religiosa e intelectual da presença dos padres católicos, mas sobretudo na ressonância que as tensões ideológicas e políticas vividas na capital imperial, e a que os missionários assistiram ou fizeram parte, alcançaram nas fronteiras do império.

A estrutura de *Nas Margens do Hindustão* autoriza ainda uma abordagem cruzada de temas e fronteiras. Assim, e enquanto que os capítulos 3, 7 e 9 permitem entender a evolução das fronteiras do Guzerate e do Bengala entre o momento da conquista imperial e os grandes embates com os portugueses nos anos de 1630, os capítulos 5, 6 e 10 revelam a metamorfose do Decão dos sultanatos em Decão mogol, sob o olhar atemorizado da vizinha Goa. O que se encontrava «longe» nos anos de 1580, transformara-se em perigosamente «perto» na década de 1630. A fronteira luso-mogol é uma fronteira de exclusão, mais do que de interacção. Mas, tal como veremos nas páginas seguintes, há muitos matizes a considerar.

CAPÍTULO 2
1526-1570: ESBOÇO DE UMA FRONTEIRA E ANATOMIA DE UMA RELAÇÃO

Os «Mogores»

Quando Zahiruddin Muhammad Babur, fundador da dinastia mogol, venceu os afegãos na batalha de Panipat em Abril de 1526, o Estado da Índia atravessava seguramente a fase mais crítica da sua ainda curta existência. O governador D. Henrique de Meneses (1524-1526) morrera em Fevereiro desse ano e os dois homens cujos nomes figuravam nas vias de sucessão – Pero Mascarenhas e Lopo Vaz de Sampaio – envolveram-se num aceso conflito pelo governo da Ásia portuguesa, uma polémica que adquiriu contornos de verdadeira guerra civil[1].

Por esta razão, e naturalmente por tantas outras que não interessa aqui convocar, os portugueses não seguiram os acontecimentos então ocorridos na Índia do Norte. Babur, por sua vez, também não se preocupou minimamente com os confins meridionais do subcontinente. A chave-mestra do seu poder consistia no domínio da estratégica Cabul, cidade que conquistara logo em 1504 e onde viria a assumir o título de *padshah* três anos depois. Interessava-lhe muito mais ganhar Samarcanda, pátria

---

[1] Este assunto foi tratado por MACEDO, Jorge Borges de – *Um caso de luta pelo poder e sua interpretação n'«Os Lusíadas»*. Lisboa: Academia Portuguesa da História, 1976; e MARTINS, António Coimbra – «Correia, Castanheda e as 'diferenças' da Índia». *Revista da Universidade de Coimbra*. N.º 29 (1983), pp. 1-86. Ver também THOMAZ, Luís Filipe – «O malogrado estabelecimento oficial dos Portugueses em Sunda». In THOMAZ, Luís Filipe (ed.) – *Aquém e Além da Taprobana. Estudos luso-orientais à memória de Jean Aubin e Denys Lombard*. Lisboa: CHAM, 2002, pp. 381-607.

do seu antepassado Timur, do que propriamente desalojar a dinastia Lodi (1451-1526) de Deli. De facto, as diversas equações da sua carreira tinham passado até aí pela gestão das relações com os vizinhos safávidas e uzbeques[2].

Escreveu o ideólogo de seu neto Akbar, o cronista Abu'l Fazl, que foi graças a uma secreta inspiração que Babur renunciou à Transoxania e decidiu conquistar o Hindustão, vindo assim a dissipar a escuridão em que vivia esta terra[3]. A «secreta inspiração» de um turco chaghatai, que começou por ser soberano do pequeno principado de Farghana, permitiria, afinal, o nascimento da mais importante formação política que o subcontinente conheceu nos dois séculos seguintes. Não obstante, a Índia, que Babur logrou descrever detalhadamente nas suas memórias, foi-lhe sempre estranha. E, como é de ver, não se vislumbra uma única referência aos portugueses no *Babur Nama*[4].

De outro modo, já o sublinhámos, as alterações políticas registadas em Deli não prenderam de imediato a atenção de Goa. É em vão que se procura nas fontes portuguesas uma referência coeva aos triunfos de Babur. Como veremos adiante, ao descreverem o conflito entre o primeiro imperador mogol e o sultão do Guzerate no meado do século, os cronistas portugueses glosam a questão das origens dos «mogores», deles traçam

---

[2] Sobre Babur e o contexto geopolítico da sua acção, ver DALE, Stephen F. – *The Garden of the Eight Paradises: Babur and the culture of Empire in Central Asia, Afghanistan and India (1433-1530)*. Leiden; Boston: Brill, 2004; HASAN, Mohibbul – *Babur. Founder of the Mughal Empire in India*. Nova Deli: Manohar, 1985; SUBTELNY, Maria Eva – «Babur's rival relations: A study of kinship and conflict in 15th-16th century Central Asia». *Der Islam*. Vol. LXVI/1 (1989), pp. 102-118; KHAN, Ahsan Raza – «Babur's settlement of his conquests in Hindustan». *PIHC*, 29ª sessão. Patiala, 1967: pt. I, p. 207-220.

[3] FAZL, Abu'l – *AN*, vol. I, pp. 234 e 247.

[4] *Le Livre de Babur. Mémoires de Zahiruddin Muhammad Babur de 1494 à 1529*. Trad. Jean-Louis Bacqué-Grammont, anot. Jean-Louis Bacqué-Grammont e Mohibbul Hasan. Paris: Publications Orientalistes de France, 1980, p. 303 ss. Existe uma edição inglesa preparada em 1921 por Annette Susannah Beveridge (*Babur Nama, Memoirs of Babur*. Reimp. Nova Deli: LPP, 1989) e uma outra, mais recente, por Wheeler M. Thackston (*The Baburnama. Memoirs of Babur, Prince and Emperor*, Washington; Nova Iorque; Oxford: Freer Gallery of Art & Arthur M. Sackler Gallery, Smithsonian Institution, 1996). Esta última circula amplamente graças a uma edição em *paperback* (Nova Iorque: Modern Library, 2002) que conta com uma sugestiva introdução de Salman Rushdie. Sobre o alcance desta obra, cf. DALE, Stephen F. – «Steppe Humanism: The Autobiographical Writings of Zahir al-Din Muhammad Babur, 1483-1530». *International Journal of Middle East Studies*. Vol. 22/1 (1990), pp. 37-58.

um primeiro esquisso etnográfico e dão conta dos passos iniciais do novo império sob a égide do seu fundador. Por ora, nem sequer foram notadas na capital do Estado da Índia as tentativas de aproximação dos diferentes soberanos do Decão a Babur, ainda que, é facto, este tenha liminarmente ignorado as propostas de aliança que lhe chegavam do sul: os problemas da fronteira setentrional do seu potentado constituíam a prioridade.

A presença portuguesa na Ásia do Sul tinha, então, pouco mais de um quarto de século e é sobretudo a franja marítima do subcontinente que interessa aos recém-chegados. Em 1543, o anónimo autor de um parecer dado a D. João III sobre os rumos da política ultramarina ainda escreve sobre os reinos da Índia: «Deixemos os do certão porque destes nem nós sabemos delles com clara notícia, nem lá podem chegar nossas conquistas»[5].

No «sertão», os anos seguintes corresponderiam a tempos turbulentos. Humayun ascendeu ao trono após a morte de seu pai em 1530 e haveria de enfrentar dificuldades consideráveis no que respeita à consolidação e alargamento do império[6]. Respeitando o princípio turco-mongol da soberania colectiva, o imperador partilhou com os seus irmãos a administração das províncias do potentado que acabara de herdar. Kamran, o mais novo, manteve o governo de Cabul e Qandahar e não tardaria a revoltar-se, tomando Lahore. Humayun acabou por reconhecer a sua autoridade sobre o Panjab, o que significava em simultâneo alienar o domínio da Ásia Central[7]. Alguns anos depois, já na segunda metade da década de 1530, o sucessor de Babur teria que lidar com o recrudescimento de uma outra ameaça à sua autoridade, esta situada a leste: os afegãos – agora sob a égide de Sher Khan (de nome próprio Farid),

---

[5] BA – *MM*, cod. 51-VI-36, fls. 174-204 [180v], pub. por CRUZ, Maria Leonor Garcia da – «As controvérsias ao tempo de D. João III sobre a política portuguesa no Norte de África». *ML*. Vol. 14 (Dez. 1997), p. 173.

[6] Como visões globais do reinado de Humayun, ver PRASAD, Ishwari – *The life and times of Humayun*. Reed. Allahabad: Central Book Depot, 1976; AVASTHY, Rama Shanker – *The Mughal Emperor Humayun*. Allahabad: University of Allahabad, 1967; e BANERJI, S. K. – *Humayun Badshah*. Londres; Lucknow: H. Milford; OUP, 1938-1941, 2 vols.

[7] Ver o trabalho de KHAN, Iqtidar Alam – *Mirza Kamran. A biographical study*. Bombaim; Nova Iorque: Asia Publishing House, 1964.

membro do não muito cotado clã Sur – ambicionavam restaurar a sua hegemonia na Índia.

O terceiro dos desafios a enfrentar localizava-se mais a sul. No mesmo ano da batalha de Panipat e da ascensão de Babur, Bahadur Shah tornava-se sultão do Guzerate após a morte de Muzaffar Shah II e do assassínio do seu sucessor Sikandar[8]. Com Bahadur Shah, assiste-se à mudança de estratégia do sultanato. Ao invés de continuar a privilegiar a sua condição de estado virado para o mar, tirando partido dos réditos dos seus pujantes portos, procurava agora aprofundar a sua dimensão continental, reclamando suserania sobre os sultanatos do Decão e cobiçando o reino de Malwa e os estados rajputes. No limite, o novo sultão almejava até a posse de Deli e Agra. A esta arrojada opção não era alheia a influência que sobre si exerciam muitos refugiados lodis (nomeadamente 'Alam Khan) e, bem assim, o apoio militar prestado por especialistas otomanos (Rumi Khan em particular). Porventura tão ou mais importante, Bahadur Shah revelara uma enorme capacidade para recrutar mão-de-obra militar de qualidade na região – os guerreiros rajputes do clã Purbiya são um caso modelar – e, assim, reforçar consideravelmente o seu poder[9].

---

[8] A principal história do Guzerate neste período é, ainda, a de COMMISSARIAT, M. S. – *History of Gujarat*. Bombaim: Orient Longmans, 1957, vol. II. Ver também SIDDIQUI, Iqtidar Husain – «Diplomatic relations between the rulers of Delhi and Gujarat during the sixteenth century». In *Medieval India – A miscellany*. Nova Iorque: Asia Publishing House, 1975, vol. III, pp. 113-126; e TIRMIZI, S. A. I. – *Some aspects of Medieval Gujarat* (Nova Deli: MM, 1968, esp. pp. 55 ss), que se ocupa em particular da tradição historiográfica do sultanato. Entre as fontes locais, avulta o texto persa *Mirat-i Sikandari*, de Sikandar ibn Muhammad (*The Mirror of Sikandar*. Trad. Fazlullah Lutfullah Faridi. Reimp., Gurgaon: Vintage Books, 1990) e a crónica árabe de Hajji Dabir, *Zafar-ul-Walih bi Muzaffar wa Ali* (*An Arabic History of Gujarat*. Trad. M. F. Lokhandawala. Baroda: Oriental Institute, 1970-1974, 2 vols.). Tanto Sikandar ibn Muhammad como Hajji Dabir são tributários do trabalho, entretanto desaparecido, de Husam Khan (*Tarikh-i BahadurShahi*). Sobre a relação triangular Bahadur Shah-Humayun-Nuno da Cunha, ver o artigo de ALAM, Muzaffar, SUBRAHMANYAM, Sanjay – «Letters from a sinking sultan» (In THOMAZ, Luís F. (ed.) – *Aquém e Além da Taprobana Estudos luso-orientais à memória de Jean Aubin e Denys Lombard*. Lisboa: CHAM, 2002, pp. 239-269), que elabora sobre a rivalidade entre Nuno da Cunha e Martim Afonso de Sousa a propósito da questão do Guzerate e publica – no original persa e em tradução inglesa – quatro cartas de Bahadur Shah de 1535-1536 (duas ao rei de Portugal, duas ao governador do Estado da Índia) guardadas nos 'documentos orientais' da Torre do Tombo. Uma versão mais longa e recente deste trabalho acha-se em ALAM, Muzaffar, SUBRAHMANYAM, Sanjay – *Writing the Mughal World: Studies on Culture and Politics*. Nova Iorque: Columbia University Press, 2012, cap. 1, pp. 33-87.

[9] Cf. KOLFF, Dirk H. A. – *Naukar, Rajput & Sepoy. The ethnohistory of the military labour market in Hindustan, 1450-1850*. Cambridge: CUP, 1990, esp. p. 91 ss.

Uma primeira ofensiva corporizou-se na tomada de Mandu em 1531[10] e num fracassado cerco a Chitor no ano seguinte. Humayun evita o conflito com Bahadur Shah e parece até aceitar a anexação de Malwa ao Guzerate desde que o sultão não acolha afegãos nos seus domínios. Mas Bahadur volta a marchar sobre Chitor, ao mesmo tempo que recebe na sua corte um indesejado primo e cunhado de Humayun, Mirza Muhammad Zaman. Mais, encorajado pelo levantamento de Shar Khan no Bihar, a quem chegou a enviar dinheiro para firmar uma aliança, o sultão do Guzerate planeia ataques a Agra, Kalinjar e Deli. Neste contexto, a reacção de Humayun era inevitável. Em finais de 1534, o imperador mogol preparava-se para uma campanha militar no Guzerate[11].

O Estado da Índia, com interesses na vida política e económica do sultanato desde o primeiro momento, não podia deixar de seguir com atenção todos estes desenvolvimentos. As crónicas portuguesas dão abundante notícia do conflito entre Humayun e Bahadur Shah[12], mas a

---

[10] Ver DAY, Upendra Nath – *Medieval Malwa. A political and cultural history, 1401--1562*. Nova Deli: MM, 1965, p. 305 ss.

[11] A perspectiva mogol do envolvimento de Humayun no Guzerate pode seguir-se em FAZL, Abu'l – *AN*, vol. I, pp. 293 ss; e BADAYUNI – *MT*, vol. I, pp. 451-456, 458. Ver também o *Humayun Nama*, escrito pela irmã do imperador, Gulbadan Begam (BEVERIDGE, Annette S. (trad. e ed.) – *The History of Humayun (Humayun Nama)*. Reimp. Nova Deli: LPP, 1990. p. 129 ss. Existe uma edição francesa preparada por Jean-Louis Bacqué Grammont, com tradução de Pierre Piffaretti – *Le Livre de Humayun*. Paris: Gallimard, 1996). Visão complementar, a partir de Bijapur, pelo persa Muhammad Qasim Hindu Shah ('Firishta'); Firishta/Briggs, vol. II, pp. 44 ss.

[12] CASTANHEDA, Fernão Lopes de – *História do descobrimento e conquista da Índia pelos Portugueses*, ed. Manuel Lopes de Almeida. Porto: Lello & Irmão, 1979, 2 vols. (doravante CASTANHEDA), liv. viii (publicado postumamente, em 1561), esp. caps. 83 e 84, 94 a 102, 107 e 108; CORREIA, Gaspar – *Lendas da Índia*, 1975 (inédito até ao século XIX, mas o manuscrito foi trazido para o Reino nos anos de 1580), ed. M. Lopes de Almeida. Porto: Lello & Irmão, 1975, 4 vols. (doravante CORREIA), vol. III, vários caps. relativos aos anos de 1533-1536 da lenda de Nuno da Cunha (cf. DESOULIÈRES, Alain – «Mughal diplomacy in Gujarat (1533-1534) in Correia's *Lendas da Índia*». *MAS*. Vol. 22/3 (1988), pp. 433-454); BARROS, João de – *Ásia. [...] Quarta Década* (publicada apenas em 1615 por João Baptista Lavanha, que teve intervenção extensa no texto). Eds. Hernâni Cidade e Manuel Múrias. Lisboa: AGC, 1946, liv. v, caps. 7 a 16 e liv. vi, caps. 1 a 13 e 15 a 17; COUTO, Diogo do – *Década Quarta da Ásia* (publicada em 1602), ed. Maria Augusta Lima Cruz. Lisboa: CNCDP, FO, INCM, 1999, 2 vols., liv. ix, caps. 1 a 3, 5, 7 a 10 e liv. x, caps. 1 e 2. Estes textos – tanto pelas informações que fornecem relativamente às origens e primórdios do império mogol, como pelas múltiplas imagens e representações que veiculam a propósito dos «mogores» – bem mereciam um estudo de conjunto que procurasse apurar também as respectivas fontes de informação. Sanjay Subrahmanyam ocupou-se parcialmente deste assunto num artigo incluído na sua colectânea de estudos *From the Tagus to the Ganges*. Nova Deli: OUP, 2004, cap. 6 («European chronicles and the Mughals»), pp. 138-179.

descrição mais antiga e detalhada é seguramente o «Capítulo das cousas que passarão no reyno de Guzarate depois da morte do Sultão Modafar», texto anónimo atribuído a um tal Diogo Mesquita Pimentel que acompanha os acontecimentos até 1535[13].

Preocupado com a anunciada ofensiva mogol, e não podendo manter dois conflitos em simultâneo – os portugueses vinham assolando sistematicamente os portos do sultanato desde o início da década –, o sultão cede Baçaim ao Estado da Índia. Tratava-se de meia vitória e meia derrota para ambas as partes já que, se os portugueses tinham ganho um estabelecimento marítimo, a verdade é que Bahadur os empurrara para um lugar relativamente periférico, não abdicando de nenhuma das verdadeiras portas marítimas do seu estado[14]. Humayun, por seu lado, avança paulatinamente para sul até conquistar Champaner em Agosto de 1535, entrando em Outubro na capital do sultanato, Ahmadabad. O sultão, refugiado em Diu e não podendo contar de imediato com o auxílio otomano, entende-se com o Estado da Índia e autoriza a construção de uma fortaleza nesse porto.

Os portugueses, em boa verdade, tinham optado por jogar em simultâneo nos dois lados do tabuleiro. Impressionado com o avanço do exército imperial, Nuno da Cunha escreveu «secretamente» a Humayun pedindo-lhe que, uma vez conquistado o sultanato, lhe cedesse Diu. O imperador respondeu-lhe, tudo indica que após a tomada de Champaner, sublinhando que os inimigos, «como virão a minha espada fugirão todos como gente roym e civel». Nesta interessante missiva, revelada em tradução portuguesa

---

[13] ANTT – *CSV*, vol. XI, fls. 91-111. Este texto, a partir de uma cópia posterior e menos fidedigna existente na BNP («Chronica geral dos sucessos do Reyno de Gusarate a quem chamão Cambaya», *Res.*, cod. 299, fls. 1-41v), foi editado em português por POPE, Ethel – *BIVG*. Vol. 22 (1934), pp. 61-88; Vol. 23 (1934), pp. 67-81; e em inglês por S. C. Misra e K. S. Mathew, com tradução de Francis A. Mendonça (Baroda: Maharaja Sayajirao University, 1981). Sobre a importância desta crónica, ver SUBRAHMANYAM, Sanjay – «A *Crónica dos Reis de Bisnaga* e a *Crónica do Guzerate*: dois textos indo-portugueses do século XVI», in FLORES, Jorge (ed.) – *Os Construtores do Oriente Português* (catálogo da exposição). Lisboa: CNCDP, 1998, pp. 131-154 [144-152]. Para uma biografia do eventual autor do texto, cf. COUTO, Dejanirah – «L'itinéraire d'un marginal: la deuxième vie de Diogo de Mesquista». *ACCCG*. Vol. XXXIX (2000), pp. 9-35.

[14] Sobre as condições e termos da cedência, ver COUTO, Dejanirah – «Em torno da concessão e da fortaleza de Baçaim (1529-1546)». *ML*. Vol. 9 (Jul. 1995), pp. 117-132. Relativamente ao assédio português aos portos do sultanato neste período, cf. ALAM, SUBRAHMANYAM, «Letters from a sinking sultan», pp. 245-246.

por Castanheda, Humayun dispõe-se a oferecer «os portos de mar» e as suas rendas aos portugueses caso estes tomassem o seu partido contra Bahadur. E remata: «as terras que esteverem perto de vos podereis tomar, e não cureys das de longe, que tempo virá que as tomarey»[15]. Esta abertura de Humayun é confirmada por uma curta frase escrita por Martim Afonso de Sousa em Novembro de 1535: «os moguores deseyavam muito a nosa lyamça»[16].

Os portugueses, contudo, optaram pela proposta de Bahadur Shah, enquanto que o vitorioso Humayun ponderava o que fazer ao sultanato que acabara de submeter. Os seus conselheiros dividiam-se entre a administração imperial do Guzerate e a devolução do reino a Bahadur, entretanto desapossado dos seus tesouros e sem capacidade militar para enfrentar de novo os mogóis. O imperador decidiu-se pela primeira opção, confiando o governo do território conquistado a seu irmão 'Askari e partindo de seguida para Mandu.

A autoridade dos conquistadores cedo se afundou, minada pelas suas assimetrias internas e pela manifestação de uma forte identidade regional. Bahadur Shah não tardaria a registar vitórias militares contra os mogóis, recobrando poder sobre boa parte do seu estado e voltando mesmo para Ahmadabad. Neste novo contexto, o sultão logo se arrepende da cedência de Diu aos portugueses e, de acordo com Sikandar ibn Muhammad, pensava noite e dia numa forma de se ver livre dos infiéis[17]. Acabaria por morrer afogado ao largo de Diu em Fevereiro de 1537, «acidente» em que os portugueses – dados invariavelmente como assassinos nos textos islâmicos que abordam este episódio – não parecem estar isentos de responsabilidade. O acontecimento perdurou na memória e foi considerado suficientemente relevante para que a sua ilustração fosse incluída num manuscrito do *Akbar Nama* composto nos primeiros anos do século XVII[18].

---

[15] CASTANHEDA, liv. viii, caps. 99 e 101 (vol. II, pp. 732-733, 736). Sobre a razoável fiabilidade das versões de documentos asiáticos de cariz diplomático dadas por este cronista, ver ALAM, SUBRAHMANYAM – «Letters from a sinking sultan», pp. 249-251.

[16] Carta ao rei, Lathi, 1.XI.1535, in *CSL*, vol. I, p. 98.

[17] *Mirat-i Sikandari*, p. 198.

[18] La'l, *ca.* 1603-1604, BL – Or. 12988, fl. 66a. Na sua *Crónica do vice-rei D. João de Castro*, D. Fernando de Castro afirma peremptoriamente que Nuno da Cunha matou Bahadur Shah

Desaparecido Bahadur, e alheado Humayun dos assuntos do Guzerate, os portugueses haveriam de patrocinar uma solução política que, apesar de inconsequente, só podia desagradar ao imperador mogol. Decidiram apostar em Mirza Muhammad Zaman, o cunhado de Humayun «que decendia dos Reis dos moguores». Com ele celebraram mesmo um acordo em Março de 1537, suficientemente vantajoso para lhes conferir privilégios como o domínio de todas as terras entre Damão e Baçaim[19]. Mas, tendo Mahmud II ascendido ao trono, o candidato apoiado por Nuno da Cunha «se foy caminho do cindy ffogindo» e o governador do Estado da Índia não mais escreveu a Humayun.

As primeiras relações diplomáticas entre mogóis e portugueses, corporizadas na troca de correspondência entre Humayun e Nuno da Cunha em 1535, constituiram, pois, uma sequela indirecta do aceso conflito que opôs, por esses anos, o império mogol ao sultanato do Guzerate. Começam então a desenhar-se as primitivas imagens portuguesas dos «mogores». Nesse processo, pejado de interrogações e de zonas nebulosas, encontramos homens especialmente bem colocados para observar e relatar.

Nas vésperas da tomada de Mandu por Humayun, a crer em Castanheda, um punhado de portugueses e de outros cristãos que se achavam do lado de Bahadur Shah passaram «ao campo do Mogor». Com eles seguia também um renegado português cujo nome original era António Gonçalves e que terá servido de intérprete. Humayun, que se levantou «a velos da porta de sua têda, & mostrou que folgava muyto de os ver», estranhou que o «língua» se tivesse convertido ao Islão, mudando até de nome, mas «a todos fez merce de dinheiro, vestidos, & armas, & lhes prometeo

---

em Diu (eds. Luís de Albuquerque e Teresa Matos. Tomar: Escola Superior de Tecnologia de Tomar, 1995, 1ª pt., cap. 31, p. 208).

[19] «Trellado do contrato que o gouernador Nuno da Cunha asentou com Nizamamede Zamom sobre Canbaya, o ano de 537», incluído no *Tombo do Estado da Índia*, de Simão Botelho (1554), pub. por FELNER, Rodrigo José de Lima – *Subsidios para a Historia da India Portugueza*. Lisboa: Academia Real das Ciências, 1868, pp. 224-228. Abu'l Fazl diz que Mirza Muhammad Zaman faz jogo duplo: de um lado enfrentava os portugueses mas, do outro, enviava-lhes secretamente dinheiro, pedindo-lhes que usassem a sua influência para o fazerem soberano (*AN*, vol. I, p. 325). Seria perdoado por Humayun e posteriormente enviado para o Bengala, onde acabaria por morrer em 1539, também afogado, nas águas do Ganges (*ibid.*, pp. 343-344).

muito grandes merces se quisessê jr coele a suas terras, & encomêdouos ao seu cõdestabre porque era christão: & agasalhauãose com sua gente, & fazialhes muyta hõrra». Já num capítulo anterior, ao recuar à ruptura entre Shah Isma'il I e Babur para explicar a conquista de Deli e a fundação do império mogol, o cronista português escuda-se no testemunho «dalgûs Portugueses que esteuerão no seu [i.e. de Humayun] arrayal»[20].

Do mesmo modo, testemunhos como o de Martim Afonso de Sousa adquirem crucial importância neste primeiro momento de mútua observação. Resultado do acordo que levou à cedência de Diu, o capitão mor do mar combateu ao lado de Bahadur Shah contra o exército imperial nos últimos meses de 1535. Ao contrário da generalidade dos portugueses seus contemporâneos na Índia, Martim Afonso de Sousa, acompanhado de um punhado de homens, conheceu uma experiência de guerra terrestre mais ou menos prolongada. De acordo com o seu próprio testemunho, Sousa ficava sempre nas casas do sultão e, como tal, experimentou as magníficas tendas de campanha características do mundo islâmico: uma das cartas que dirige ao conde da Castanheira é escrita «neste arrayal del rey de Quambaya em temdas forradas de seda» e é seguro que o capitão português chegou até a ver as suas armas gravadas numa delas[21].

Sabemos também que Martim Afonso de Sousa fazia de conselheiro de Bahadur, guiando-lhe os passos num conflito assaz difícil de travar, já que «a sua jemte amdava amedoremtada dos mogores». Dá conta de situações de enorme aperto[22] e esse clima de permanente sobressalto insinua-se até na sua correspondência: «escrevo amdando com el rey de Qambaya he amdamos hum pouco quentes», revela a dado passo ao

---

[20] CASTANHEDA, liv. viii, caps. 95 e 83, respectivamente (vol. II, pp. 726 e 706). O autor não refere explicitamente Babur.

[21] *CSL*, vol. I, p. 94. A tenda é hoje propriedade do Museo del Ejército de Madrid (inv. 40.651) e esteve exposta em 1992 na Exposição Universal de Sevilha. Tida durante muito tempo como tenda de campanha de Carlos I, esta belíssima peça foi convenientemente estudada por António Fernández Puertas e Cristina Partearroyo (*Art et Culture vers 1492* (catálogo da exposição). Sevilha: Electa, 1992, pp. 82-83).

[22] «[...] nam ouve tempo pera mays que pera nos armar he sayr por hũa porta he elles entrarem por outra»; Martim Afonso de Sousa ao conde de Castanheira, Diu, 12.XII.1535, in *CSL*, vol. I, p. 108.

conde da Castanheira[23]. Numa outra missiva, escrita na mesma ocasião, desculpa-se perante o próprio rei: «esta [carta] acabo hum pouquo depresa he com nova dos mogores estarem muy perto daquy»[24].

Por tudo isto, as suas considerações acerca dos mogóis revestem especial significado. Depois de louvar o «comquistador» sultão do Guzerate, admite que a sorte de Bahadur Shah tenha mudado com a chegada de Humayun: «veo hûa jemte sobre elle que se chamam moguores da jeraçam dos tartaros que todos sam hunns os quoaes a pouco tempo que eram sojeytos do xeque Ysmaell he sayram da sua terra he foram comquistar hum reyno que se chama ho Dely muy grande he muy ryquo domde agora he rey este que veo sobre estoutro de Cambaya he sam muy valemte jemte espycyallmemte pera estes outros que sam jemte fraqua he desbarataram este he tomaram lhe muyta imfymda terra de maneyra que se veo elle acolhemdo a Dyo». Na mesma ocasião, aconselha D. João III a «suster» o sultão do Guzerate, porquanto os mogóis «sam muyto pyores imyguos do que numqua qua tyvemos porque esta he outra jemte que nam ja ha da Imdya he isto se emtemde qua muy mall»[25].

Martim Afonso de Sousa faz uma súmula das origens do império mogol em tudo idêntica à de Castanheda. Não menciona o nome de Babur, mas sabe que este foi vassalo do fundador da dinastia safávida antes de tomar Deli. Sublinha o facto de os «mogores» serem estrangeiros na Índia e, à semelhança da generalidade dos autores portugueses do século XVI, identifica-os com os tártaros. Observação correcta, que retoma um termo que sedimentou no Ocidente medieval e cujo uso se haveria de prolongar nos círculos cultos da Europa até ao século XVIII[26].

---

[23] S.l. [Lathi] n.d. [1.XI.1535], *ibid.*, p. 93.

[24] Lathi, 1.XI.1535, *ibid.*, p. 103.

[25] *Ibid.*, respectivamente pp. 102 e 97. Para mais detalhes remete para as informações que o próprio governador haveria de enviar para o reino – «domde vem esta jemte que chamam moguores nam no escrevo a Vosa Alteza porque Nuno da Cunha creo que lho escrevera myudamemte» (pp. 97-98).

[26] Cf. a nota de João Pedro Marques a propósito da afirmação de Diogo do Couto, segundo a qual os «Magores» não eram «Tartaros» (*Década Quarta da Ásia*, ed. M. Augusta Lima Cruz. Lisboa: CNDP; FO; INCM, 1999, vol. II, n. 120, pp. 127-129). Ver também MESERVE, Margaret – *Empires of Islam in Renaissance Historical Thought*. Cambridge (MA); Londres: Harvard University Press, 2008, *passim*.

Por fim, detenhamo-nos nesta imagem de uma tão fácil quanto rápida conquista do Guzerate pelos mogóis, cujos soldados invariavelmente enfrentam homens aterrorizados, imagem que o próprio Humayun cultiva e que não tardou a ser incorporada nos primeiros filamentos do discurso português acerca do império mogol. Não falamos exclusivamente dos cronistas, antes recorremos aos testemunhos coevos da ofensiva mogol aquele sultanato. Em 1543, o desfecho do assalto ao Guzerate é um dos argumentos utilizados no parecer dado a D. João III a favor da conquista de Marrocos em detrimento da empresa asiática. A fim de demonstrar a fraqueza e vulnerabilidade dos potentados da Índia às forças estrangeiras, o anónimo autor desse texto exemplifica com o conflito entre Bahadur Shah e Humayun: «Donde procedeo isto tudo, se não da fraqueza em que os tem posto as delicias indianas que fasem que estando estes Reys em suas terras com muito mayor numero de gente e ventagens de citios e providos de todo o necessario, não ouzão esperar o inimigo em campo, ou quando o fazem perdem totalmente o Reyno? Pois a entrada dos Mogores em cambaya com tam pouca resistencia dos Guzarates a que se pode atribuhir senão a isto?»[27].

Um ano antes, um homem particularmente bem informado acerca do Guzerate e dos acontecimentos que temos vindo a acompanhar, traçara um quadro bastante sugestivo desta relação entre o sultanato do Guzerate, o império mogol e o Estado da Índia:

> Estando assi os portugueses com grande guerra com o dicto Soldão Badu vieram ali ter ûa grande quantidade de gente de cavalo e de pee, os quaes se chamam mogores, que nós cá lhe chamamos tartaros, da alta Tartaria, e entraram por os reinos deste soltão Badu, o qual então era rei e senhor daquelas terras, e lhe tomaram o reino de Mandou que é muito grande e rico.
>
> E, visto o dicto Badu que lhe faziam tanto mal, se fez prestes pera ir com eles pelejar, os quaes, como foram à vista dos dictos mogores, volveram as espadas e fogiram.

---

[27] BA – *MM*, cod. 51-VI-36, fls. 185v-186; pub. in CRUZ, M. Leonor Garcia da – «As controvérsias ao tempo de D. João III», p. 176.

Fez-se forte em o Guzerate e fez paz com o governador da India e lhe prometeo muitos dões e que lhe desse ajuda.

Veio então Martim Afonso de Sousa, por mandado do dicto governador, sendo ele capitão-mor do mar, com certos navios e alguns de cavalo e se foi pera el-rei e fez tanto com ele que fossem buscar os dictos mogores, o qual o fez assi.

Dizem que os dictos mogores eram 60.000 de cavalo, o qual não creo.

Este Soltão levava um mundo deles, e como foram à vista deles, a gente que o dicto Soldão levava volvia as espadas.

Enfim, que eles roubaram toda a terra que os mais que ficaram a pee porque os cavalos traziam todos carregados de ouro.

O rei Badu se veio pera [a] ilha de Dio, por ja não saber [onde] parar no reino, e mandou chamar a Numo da Cunha e dixe queria ser vassalo del-Rei de Portugal e lhe rogava que ali em aquela ilha o defendesse[28].

Este longo excerto, que naturalmente coloca o acento na cedência de Diu, retoma e consolida os principais *topoi* portugueses da época acerca dos mogóis. Aduz um outro, a que os cronistas também não foram insensíveis: o tesouro de Bahadur Shah. À vitória de Humayun seguiu-se o esbulhar do reino, como bem ilustra a sugestiva imagem dos cavalos «todos carregados de ouro» a caminho de Agra, e os portugueses também tiveram o seu quinhão do espólio. À morte de Bahadur Shah, o Estado da Índia confiscou tudo o «que se achou em sua casa na cidade e vila dos Rumes»: mais de oitenta mil pardaus, boa parte em ouro, jóias e objectos preciosos[29].

---

[28] ANTT – *Ms. Brasil* 25. Trata-se do Ms. B da edição crítica do *Livro de Duarte Barbosa*, preparada por Maria Augusta da Veiga e Sousa (Lisboa: IICT; CNCDP, 1996-2000, 2 vols.), vol. I, p. 250. Estamos perante uma cópia concluída por volta de 1542 por alguém cuja identidade não é possível deslindar, mas que sabemos ter sido feitor da coroa em Vijayanagara. Para mais, era irmão de Galaz Viegas e de Galvão Viegas, qualquer um deles muitíssimo bem informado acerca dos assuntos da «terra firme».

[29] A relação desses bens e respectiva avaliação acha-se numa certidão concluída em Goa dois anos volvidos (30.IX.1539); ANTT – *CC*, I-65-94. Ver SILVA, Nuno Vassallo e – «The treasury of Sultan Bahadur of Gujarat: Notes for the study of northern Indian jewellery in the sixteenth century». In CRILL, Rosemary *et al.* (eds.) – *Arts of Mughal*

Tal como os portugueses alinhavavam as suas mais recuadas impressões acerca dos «mogores», também estes tinham acesso – através do Guzerate, mas, estamos certos, igualmente via Decão – aos primeiros objectos e a primevas imagens dos *firangis*. A atestá-lo está a entrada de têxteis europeus nos domínios de Humayun, notada tanto por Khwandamir como por Gulbadan Begam, que por duas vezes regista a existência de peças de escarlate português em cenas de aparato da corte mogol[30]. Do mesmo modo, os europeus (isto é, portugueses) que os artistas imperiais representam nos primeiríssimos anos do reinado de Akbar – vêmo-los distintamente no *Hamza Nama* (*ca.* 1558-1572) e no *Tuti Nama* (*ca.* 1560-1565)[31] – remetem-nos, é bom de ver, para conexões estabelecidas antes da sua ascensão ao trono em 1556.

Falamos dos contactos, directos e indirectos, encetados na década de 1530: os homens que levaram a carta (e o presente que decerto foi enviado na ocasião, mas cuja composição desconhecemos) de Nuno da Cunha a Humayun em 1535; aqueles que, como o renegado António Gonçalves, haviam entretando passado ao serviço do imperador e andavam no seu arraial; os portugueses, Martim Afonso de Sousa à cabeça, que combateram os mogóis no Guzerate no final desse mesmo ano; os que privaram com o rebelde Mirza Muhammad Zaman e com ele negociaram um acordo em 1537. Tudo oportunidades para fazer circular objectos e perscrutar interlocutores.

Demais, as relações entre o Estado da Índia e a dinastia Sur podem ter intensificado muitas das trocas anteriores, projectando-as em simultâneo para os primeiros anos do restabelecimento da autoridade mogol na Índia.

India. Studies in honour of Robert Skelton. Londres; Ahmedabad: V&A; Mapin Publishing, 2004, pp. 168-175.

[30] Na recepção a Humayun em Agra após a sua vitória em Chunar e no casamento de Hindal; *Humayun Nama*, ed. A. S. Beveridge, pp. 113, 129.

[31] Sobre este assunto, ver BEACH, Milo C. – «Visões do Ocidente na arte mogol». In FLORES, Jorge, SILVA, Nuno Vassallo e (eds.) – *Goa e o Grão Mogol.* Lisboa: FCG, 2004, pp. 170-189; e STRONGE, Susan – *Painting for the Mughal Emperor. The Art of the Book, 1560-1660.* Londres: V&A Publications, 2002, pp. 18-19.

Os Patanes

À semelhança do que sucedera no Guzerate, quando Bahadur Shah acolheu nobres lodis que haveriam de conferir outro rumo à política do sultanato, também a história do Bihar nos anos de 1520-1530 não se entende sem a intervenção afegã. Figura-chave da sobrevivência da dinastia nuhani depois de 1526, Sher Khan tornou-se virtual soberano do reino e foi gerindo com habilidade a vaga relação de dependência devida tanto aos imperadores mogóis como aos sultões do Bengala, ao mesmo tempo que evitava comprometer-se com os que pretendiam o regresso dos Lodis ao poder. Sher Shah alargou assim, paulatina e substancialmente, a sua autoridade na região, num processo que não desagradava de todo ao sultão do Bengala Nusrat Shah, porquanto um Bihar afegão funcionava como útil biombo entre Gaur e Deli[32].

Todavia, Mahmud Shah, irmão mais novo e sucessor do sultão do Bengala, resolveu quebrar esse conveniente equilíbrio e, uma vez no poder, lançou duas campanhas militares contra o Bihar. Na resposta, Sher Khan avançou para o Bengala e, tomando a capital do sultanato em 1535, forçou Mahmud a pagar-lhe um tributo anual e a conceder-lhe todos os territórios a oeste de Rajmahal. Em simultâneo, muitos afegãos que haviam servido o agora humilhado Bahadur Shah, rumavam ao Bihar e, já sem esperança numa ressurreição da dinastia Lodi, reconheciam a supremacia do clã Sur e passavam a ter Sher Khan como seu único líder.

---

[32] Para além das obras que se ocupam da história do Bengala neste período (*maxime*, SARKAR, Jadunath – *The History of Bengal*. Reimp. Nova Deli: B. R. Publishing Corporation, 2003, vol. II, caps. VIII e IX, pp. 166 ss); ver SIDDIQUI, Iqtidar Husain – *History of Sher Shah Sur*. Aligarh: P.C. Dwadas Shreni, 1971; ID. – *Some aspects of Afghan despotism in India*. Aligarh: Three Men Publication, 1969; ID. – *Sher Shah Sur and his Dynasty*. Jaipur: Publication Scheme, 1995; QANUNGO, Kalika Ranjan – *Sher Shah and his times: An old story retold by the author after decades from a fresh standpoint*. Bombaim: Orient Longmans, 1965. Cf. também Kolff (*Naukar*, cap. 2, pp. 32 ss), que trata da ascensão de Sher Shah e a natureza do seu poderio militar seguindo de perto a obra de 'Abbas Khan Sarwani (*Ta'rikh- -i-Sher Shahi*. Trad. B. P. Ambashthya. Patna: K. P. Jayaswal Research Institute, 1974). A este texto, escrito *ca*. 1580, devem juntar-se outras crónicas afegãs, parcialmente vertidas para inglês por ELLIOT e DOWSON – *History*, vol. IV, vol. V, pp. 1 ss). Ver ainda AHMAD, Khwaja Nizamuddin – *The Tabaqat-i Akbari. A History of India from the early Musalman invasions to the thirty-eighth year of the reign of Akbar*. Trad. Brajendra Nath De e ed. Baini Prashad. Reed. Nova Deli: LPP, 1992, 3 vols.

Este manda então cunhar as suas primeiras moedas, ainda que sem assumir os títulos reais ou ver lida a *khutba* em seu nome nas mesquitas[33]. Em 1537, confrontado com a recusa de Mahmud em pagar o tributo acordado, conquistou o Bengala e, extinguindo a dinastia reinante, tomou o título de Sher Shah. Farid tornara-se um incontestado chefe militar, exímio no recrutamento e manutenção de uma multidão de soldados, invariavelmente afegãos, que deram corpo a um gigantesco e eficaz exército[34].

O deposto sultão do Bengala solicitou o apoio de Humayun, que marchou então para a Índia oriental por forma a neutralizar a ofensiva afegã[35]. Sher Shah, que começou por querer negociar a paz com os mogóis, recolheu-se no interior do Bihar e deixou que o imperador se instalasse em Gaur. Permanecendo no Bengala mais tempo do que seria razoável, Humayun regressa a Agra apenas no ano seguinte, alarmado por notícias de uma insurreição fomentada por seu irmão Hindal. Na viagem de regresso, em Junho de 1539, o imperador é vencido por Sher Shah na batalha de Chausa. Este, ambicionando agora dominar toda a Índia do Norte, voltou a derrotar Humayun na batalha de Kanauj, que teve lugar em Maio do ano seguinte. Os irmãos do imperador abandonam-no e, nestas circunstâncias, não foi difícil aos afegãos tomarem Deli no final de 1540, pondo assim provisoriamente fim ao domínio mogol. De acordo com uma interessante crónica do Assam – o *Padshah Buranji* – o triunfante Sher Shah terá então afirmado: «pela graça de Deus, tornei-me Padsha de Deli: nada, no destino de um mortal, pode considerar-se mais elevado e nada mais me resta alcançar. Bebo água da taça que me é dada pela mulher de Humayun Padshah: a consorte do imperador de Deli está ao meu serviço e tal representa o zénite da minha boa fortuna»[36]. Humayun, por seu lado, era forçado a um exílio

---

[33] MISRA, Satish Chandra – «The Sikka and the Khutba: A Sher Shahi experiment». In *Medieval India – A miscellany*. Vol. I, Nova Iorque: Asia Publishing House, 1969, pp. 39-47.

[34] KOLFF – *Naukar*, pp. 52-53.

[35] Os cronistas mogóis do tempo de Akbar dão basto destaque a Sher Khan e ao envolvimento de Humayun no Bengala, seguido de um longo exílio. Ver FAZL, Abu'l – *AN*, vol. I, pp. 326 ss; BADAYUNI – *MT*, vol. I, pp. 460 ss.

[36] *Annals of the Delhi Badshahate, being a translation of the old Assamese chronicle Padsdhah-Buranji*, ed. S. K. Bhuyan. Gauhati (Assam): Government of Assam, 1947, cap.

que se prolongaria por uma quinzena de anos, os dois primeiros no Cinde e os restantes passados no Irão de Shah Tahmasp.

No Bengala, os mogóis voltariam a cruzar-se com os portugueses, ainda que aqueles lhes não atribuam qualquer papel no confronto entre Humayun e Sher Shah. Não obstante, os *firangis* assistiram ao avolumar dos atritos entre os patanes[37] e Mahmud Shah. Um punhado de portugueses que se encontravam cativos em Gaur desde 1533, à cabeça dos quais estava Martim Afonso de Melo, acabaram por ajudar o sultão do Bengala na defesa da capital do seu estado. A eles se juntou Diogo Rebelo, que havia viajado de Goa para o Bengala em 1535 com o intuito de libertar os prisioneiros. Mesmo derrotado, e ainda antes de ser deposto, o sultão libertou os cativos e abriu aos portugueses os principais portos do Bengala (Chatigão e Satigão), confiando-lhes as respectivas alfândegas e permitindo o estabelecimento de feitorias. Estabelecimento nunca consumado, porquanto a expedição seguinte, comandada por Vasco Peres de Sampaio (1538), já encontraria Sher Shah como senhor do Bengala.

Castanheda, Correia, Barros e Couto conferem considerável relevo a 'Xercansur' e à crescente importância dos patanes na região, enfatizando naturalmente a intervenção portuguesa num Bengala dilacerado por sucessivos conflitos[38]. Chamou-lhes invariavelmente à atenção o tesouro do sultão local e a cobiça que o mesmo despertava tanto em Humayun como

---

III, pp. 86-87. Todo o capítulo é do maior interesse, fornecendo curiosos detalhes acerca do exílio de Humayun que valeria a pena comparar com as fontes mogóis e safávidas.

[37] O termo «patane» deriva do hindustani *pathan* e tem a sua origem mais remota em *pakhtana* (*pashtun* num outro dialecto), nome que os afegãos chamam a si próprios. Ver THOMAZ, Luís Filipe – «Patanes». In ALBUQUERQUE, Luís, DOMINGUES, Francisco Contente (eds.) – *Dicionário de história dos descobrimentos portugueses*. Lisboa: Círculo de Leitores, 1994, vol. II, pp. 866-867; e *Hobson-Jobson*, pp. 746-747.

[38] CASTANHEDA, liv. viii, caps. 77, 109-110, 127-128, 172, 173, 180 (vol. II, pp. 697-698, 747-749, 776-779, 854-855); CORREIA, vol. III, pp. 649-651, 719-722, 849-850; BARROS – *Quarta Década*, liv. ix, caps. 6-9; COUTO – *Década Quarta*, liv. x, cap. 3. Para uma síntese dos acontecimentos, ver CAMPOS, J. J. A. – *History of the Portuguese in Bengal*. Reimp. Nova Deli: Janaki Prakashan, 1979, cap. III, esp. pp. 33-43), que, muito justamente, destaca o interesse das fontes portuguesas para o estudo das campanhas de Sher Shah e Humayun no Bengala. À semelhança do que ficou dito para o Guzerate, era necessário analisar em detalhe este corpo documental, identificando a origem das informações que veiculam, avaliando o seu interesse para a história do Bengala nos últimos anos da dinastia husain--Shahi, interpretando o nascimento de certos *topoi* e a prevalência de determinadas imagens.

em Sher Shah. A sua percepção era correcta. Conhecemos hoje a importância que o tesouro do Bihar teve na afirmação de Sher Shah enquanto chefe político e militar na Índia oriental e também é sabido que, na decisão de avançar sobre Gaur, a perspectiva de apropriação do tesouro de Mahmud Shah terá pesado consideravelmente. O poder e o prestígio do senhor afegão repousava, em larga medida, na sua capacidade de capturar e repartir valiosos despojos de guerra. A clara hegemonia dos surs no norte da Índia nos anos de 1530-1540 não é dissociável do valor – financeiro e simbólico – do seu tesouro e os cronistas portugueses entenderam esse fenómeno[39].

E não foram apenas os cronistas. Recorremos de novo às interessantes interpolações do Ms. B do *Livro* de Duarte Barbosa, escritas *ca.* 1542. Ao falar do Bengala, o seu anónimo autor menciona a riqueza do tesouro de prata de Mahmud Shah e, narrando em detalhe o ataque de Humayun sobre Gaur, nota que os mogores roubaram o tesouro «assi como fizeram em o Guzerate». O mesmo autor, enxertando no *Livro* uma interessante descrição de Vijayanagara que ainda não foi objecto da atenção dos historiadores, dá conta da reacção de Achyutadevaraya (r. 1530-1542) ao saber o que Humayun tinha feito aos reinos e aos tesouros do Guzerate e do Bengala. Atemorizado, o imperador retirou o seu tesouro da capital e guardou-o em três fortalezas que tinha no sul do reino[40]. A captura dos tesouros de Bahadur Shah e Mahmud Shah terá seguramente constituído um assunto então muito discutido entre os portugueses. Numa carta de 1545 ao rei, Manuel Godinho nota que «prymeiro foy o tisouro del rei de Cambaya que tomarão os mogores, o segundo foy o tisouro de Bemgala que tomarão os patanes que era o mor que nenhû rei nestas partes tinha»[41]. E lamenta que o Estado da Índia tenha perdido este

---

[39] Cf. KOLFF (*Naukar*, pp. 43-54), que articula os testemunhos de Barros e Castanheda com os textos indo-persas.

[40] *Op. cit.*, vol. II, pp. 455, 435.

[41] Goa, 25.X.1545, pub. ALBUQUERQUE, Luís de, COSTA, José Pereira da – «Cartas de 'serviços' da Índia (1500-1550)». *ML.* Vol. 1 (1990), p. 359. De facto, uma parte do tesouro de Mahmud Shah, no valor de nove leques de rupias, foi capturada por Sher Shah em 1537. Mas, ao entrar em Gaur no ano seguinte, Humayun encontraria um outro tesouro, também muito valioso, que se apressou a enviar para Agra sobre o dorso de 500 mulas (KOLFF – *Naukar*, p. 50, citando o cronista Muhammad Kabir). Daí que alguns portugueses, como Manuel Godinho, digam que o tesouro foi confiscado pelos patanes, enquanto que outros atribuem a pilhagem aos mogóis.

último, «que se podera tomar com bem pouquo perygo». À semelhança de Sher Shah, que fez assentar a saúde financeira do seu império nas riquezas dos reinos que ia conquistando, também Goa sempre entendeu a apropriação de tesouros de soberanos asiáticos como uma forma de equilibrar as contas do Estado da Índia. Foi assim com o tesouro de Asad Khan[42] (cuja perda Manuel Godinho também lamenta) e com a tentativa de saque do riquíssimo complexo de templos de Tirumala-Tirupati (santuário dos reis de Vijayanagara), ambos ao tempo de Martim Afonso de Sousa[43]. Foi assim com o tesouro do rei de Kotte durante o vice--reinado de D. Afonso de Noronha[44], ou com uma parte do tesouro do rei do Pegu, que chegou a ser enviada para Lisboa no início do século XVII por intermédio de Filipe de Brito e Nicote[45].

Se, no Bengala, os portugueses apostaram nos adversários de Sher Shah, já no Guzerate haveriam de procurar obter o apoio do seu filho e sucessor Islam Shah[46]. Os primeiros anos do seu reinado coincidem com o governo de D. João de Castro em Goa, período particularmente bem documentado em que Diu volta a constituir uma preocupação nuclear do Estado da Índia. O Guzerate conhecia agora um período de acelerada fragmentação do poder e de permanente convulsão política, que só haveria de terminar com a própria extinção do sultanato às mãos de Akbar nos anos de 1570. Seguindo os passos do seu antecessor, o sultão Mahmud II procurou eliminar a fortaleza portuguesa de Diu, sujeitando-a a dois

---

[42] Cf. SCHURHAMMER, George – «O tesoiro do Asad Khan». In *Varia*. Lisboa: CEHU, 1965, pp. 31-45.

[43] Ver SUBRAHMANYAM, Sanjay – «An Eastern El Dorado: The Tirumala-Tirupati temple complex in early European views and ambitions, 1540-1660». in SHULMAN, David (ed.) – *Syllables of Sky. Studies in South Indian Civilization in Honour of Velcheru Narayana Rao*. Nova Deli: OUP, 1995, pp. 338-390.

[44] VITERBO, Sousa – *O Thesouro do Rei de Ceylão*. Lisboa: Academia das Ciências, 1904; e FLORES, Jorge – «Uma 'mercê da mão divina': A Ásia portuguesa e os tesouros de Ceilão». In TRNEK, Helmut, SILVA, Nuno Vassallo e (eds.) – *Exotica. Os descobrimentos portugueses e as câmaras de maravilhas do Renascimento* (catálogo da exposição, MCG). Lisboa: FCG, 2001, pp. 81-92 [86-87].

[45] Cf. GUEDES, Maria Ana Marques – *Interferência e integração dos portugueses na Birmânia, ca. 1580-1630*. Lisboa: FO, 1994, pp. 104-105 e 143-146.

[46] Sobre o reinado de Islam Shah, ver RAIM, M. A. – *History of the Afghans in India A.D. 1545-1631, with especial reference to their relations with the Mughals*. Carachi: Pakistan Publishing House, 1961, cap. IV, pp. 59 ss.

severos cercos. O primeiro (1538) conheceu um forte apoio naval otomano, sob o comando de Hadim Suleyman Pasha. O segundo (1546) mobilizou muitos «rumes» e teve como figura central Khwaja Safar («Coge Sofar») – um renegado italiano de origem albanesa que era capitão de Surat –, mas não contou já com o envolvimento oficial da Porta[47]. Os portugueses venceram ambos. Mas foi o segundo cerco de Diu – e com ele a imagem de D. João de Castro – que conheceu uma enorme projecção escrita e visual, tanto no país como na Europa[48].

É justamente a situação vivida no Guzerate, encontrando-se a fortaleza de Diu cercada desde Abril de 1546, que leva D. João de Castro a dirigir-se a «Salim Mixaa[49], rei potentissimo dos Patanes» em Julho desse ano, propondo-lhe uma aliança[50]. Corresponde-se, na mesma ocasião, com alguns nobres do Guzerate que, entretanto, se haviam afastado de Mahmud II, abandonando o reino para se juntarem a Sher Shah. Os portugueses sabiam dessa sedição e o vice-rei aproxima-se de Darya Khan e 'Alam Khan, figuras-chave da vida política do sultanato cujos perfis e trajectos

---

[47] Ver COUTO, Dejanirah – «Les Ottomans et l'Inde Portugaise». In *Vasco da Gama e a Índia* (actas da conferência, Paris). Lisboa: FCG, 1999, vol. I, pp. 181-200; CASALE, Giancarlo – *The Ottoman Age of Exploration*. Nova Iorque; Oxford: OUP, 2010, cap. III, pp. 53 ss.

[48] Escreveram-se várias crónicas de D. João de Castro, assim como muitos relatos e poemas sobre o cerco de 1546, obras sobejamente conhecidas dos historiadores portugueses e dos especialistas do humanismo português e europeu que não vem ao caso citar extensivamente. Limitamo-nos a relevar duas peças, justamente as que encerram um forte apelo visual: i) o sugestivo poema iluminado de CORTE REAL, Jerónimo – *Sucesso do Segundo Cerco de Diu* (Lisboa: António Gonçalves, 1574; ed. facsimilada, int. de Martim de Albuquerque. Lisboa: INAPA, 1991); ii) e a série de tapeçarias sobre o feito de Diu encomendadas por D. Álvaro de Castro, filho mais velho do vice-rei do Estado da Índia (*Tapeçarias de D. João de Castro* (catálogo da exposição, MNAA). Lisboa: MNAA, 1995).

[49] A Islam Shah os portugueses chamam Salim Shah, à semelhança do que fazem Abu'l Fazl e Firishta. A *Tarikh-i Daudi* regista que esse era o nome que as pessoas comuns lhe davam (ELLIOT e DOWSON – *History*, vol. IV, p. 479).

[50] Escreve-lhe então duas cartas («duas para el rey de Patane»; António de Sousa a D. João de Castro; Chaul, 19.VII.1546; *CSL*, vol. III, p. 250), embora se conheça apenas a versão portuguesa de uma delas, redigida a 4 de Julho. Esta foi incluída nas crónicas de NUNES, Leonardo – *Crónica de Dom João de Castro by Leonardo Nunes*, ed. J. D. M. Ford. Cambridge (MA): Harvard University Press, 1936, p. 63; e CASTRO, D. Fernando de – *Crónica do vice-rei D. João de Castro*, ed. Luís de Albuquerque et al.. Tomar: Escola Superior de Tecnologia de Tomar, 1995, pp. 209-211. Também publicada por SANCEAU, Elaine – *Cartas de D. João de Castro*. Lisboa: AGU, 1955, p. 141; e por CORTESÃO e ALBUQUERQUE – *Obras*, vol. III, pp. 197-199. Seguimos a versão dada por D. Fernando de Castro.

são traçados em detalhe por Sikandar ibn Muhammad[51]. Em simultâneo, dirige-se a outros personagens não menos importantes, como Ulugh Khan, antigo *vazir* do Guzerate.

Mogóis e afegãos tinham, para os portugueses, uma e a mesma utilidade no plano regional: representavam a existência de um poder forte no Norte da Índia, capaz de ajudar a controlar os irreflectidos sultões do Guzerate. Daí que os responsáveis do Estado da Índia se tenham correspondido, à vez, com Humayun e com Islam Shah. Curiosamente, ainda que por razões um tanto diferentes, é também esse o programa político de Ahmadnagar. Preocupado com a pressão que sobre si exercem os sultanatos vizinhos – Guzerate, Bijapur, Khandesh – após a sua conversão ao xiismo em 1537, Burhan Nizam Shah I, pragmaticamente, procura estabelecer boas relações com Humayun, primeiro, e Islam Shah, depois[52].

Regressemos a D. João de Castro e à sua estratégia. É bem provável que o seu gesto de aproximação aos afegãos e aos nobres rebeldes do Guzerate se encontrasse escorado em informações como as que, dias antes, lhe haviam chegado de Baçaim. Escrevia-lhe D. Jerónimo de Noronha a 17 de Junho, notando que «dous capitães que estam no reino do Mamdou hum deles se chama Diriecão e o outro Allemocão hos quaes ha dias que deixarom el rey de Cambaya cujos vasalos heram e se forom pera el rey dos patanes e com sua ajuda delles perdeo ell rey de Cambaya o reino do Mamdou homde elles aguora estão e que neste reino do Mamdou estavam dez mill de cavallo dos patanes e que este capitães e a gemte de cavallo com a outra da terra emtravão por Cambaya e que el rey de Cambaya tinha mamdado recado a Coge Çofar que se comcertase e fizese paaz com os portugueses [...] e que em todo Cambaya se avia gramde receo desta guerra dos patanes»[53].

Na mesma ocasião, um influente casado de Chaul – Diogo Lopes de Aguião – instava o vice-rei a escrever aos homens «que andam fora

---

[51] *Mirat-i Sikandari, passim*, esp. pp. 230-232, 236, 270-271.

[52] Cf. KHAN, Iqtidar Alam – «Ahmadnagar and the Sur Empire, 1537 to 1553 – a study of contemporary documents». *PIHC*, 44ª sessão. Burdwan: 1984, pp. 176-188.

[53] D. Jerónimo de Noronha a D. João de Castro, Baçaim, 17.VI.1546, in *CSL*, vol. III, pp. 142-145 [143]; o mesmo ao mesmo, Baçaim, 18.VI.1546, *ibid.*, pp. 145-146.

do reyno de Cambaya ha dyas porque se quyseram allevamtar comtra este rey de Cambaya e queryam fazer outro rey per omde se hacolheram e ate hagora amdaram com ho Patane e agora dyzem que estam no Mamdou poderosos de yemte pera vyrem sobre Cambaya com ajuda do filho do Patane [Islam Shah] que lhe pera isso da. El rey de Cambaya em vida do Patane [Sher Shah] nam se temya senam destes senhores que la amdavam por saberem qua ha terra e serem qua bemquystos he pode ser se eles vyrem cartas de Vosa Senhoria que aballaram sobre Cambaya muito mais azinha do que ho faram se has nam vyrem»[54].

Na carta que escreve a Islam Shah, D. João de Castro começa por revelar que já lhe havia tentado enviar muitos embaixadores, mas «os guzarates impediram sempre a passagem para essas partes». A solução de recurso consistiu em despachar um homem «em trajos desconhecidos e não convenientes para aparecerem diante de sua real presença». Castro sugere ao monarca afegão um acordo que lhe permitiria «ajuntar estes reinos de Cambaia com os seus e alargar seus senhorios tanto como sua fama e merecimentos de suas grandezas e singulares virtudes». O Guzerate é um reino «enfraquecido e gastado», governado por um sultão tirano que «está tão malquisto de todo o povo» e que, a cada momento, teme uma ofensiva afegã. Para mais, o vice-rei da Índia conseguira aliciar alguns notáveis do sultanato, pelo que «os reinos de Cambaia o estão esperando com as portas abertas». Esta liga, conjugando um ataque terrestre dos patanes com uma ofensiva marítima do Estado da Índia, permitiria «fazer guerra a Cambaia de fogo e sangue». «E por esta maneira – remata D. João de Castro – ficará Vossa Alteza logrando a melhor e maior parte de toda a terra e el-rei meu senhor possuindo o mar sem haver cousa no mundo que lhe possa fazer nojo e [servir] de estorvo, a gozar seus impérios».

Desconhecemos a identidade do portador da carta – D. Fernando de Castro menciona um «patamar cristão» – mas, em contrapartida, temos notícia do itinerário que percorreu até Agra. Graças às informações de Diogo Lopes de Aguião, sabemos que a carta seguiu por terra de Goa para Chaul, sendo depois entregue a dois peões da confiança do capitão

---

[54] Diogo Lopes de Aguião a D. João de Castro, Chaul, 16.VI.1546, *ibid.*, pp. 229-230.

da Fortaleza portuguesa. Estes partiram a 19 de Julho, via Daulatabad e Burhanpur, tendo Mandu por destino. Estima-se esta jornada em vinte dias de «caminho seguro» e, uma vez em Mandu, os enviados de António de Sousa deveriam entregar as cartas endereçadas aos «senhores de Cambaya». Aí era suposto que estes escolhessem «hum omem seu pera ir com eles ao rey que esta em Agarra que he avamte perto de duzemtas legoas»[55].

Ao contrário de Lopes de Aguião, o capitão português de Chaul não é um entusiasta desta aliança. No mesmo dia em que as cartas de D. João de Castro saíam de Chaul, António de Sousa escrevia ao vice-rei: «ho Patane estava no Dely caminho de quatro meses daquy e os outros senhores de Cambaia estam no Mandou *pobres e com pouco poder*. Ho Patane estaa aguora daquy trezentas legoas em hum lugar que chamão Agara dizem me que *estaa amigo del rey de Cambaia*»[56]. António de Sousa tinha recebido, escassos dias antes, importantes notícias pela mão de alguém que viera justamente «de demtro do arraall do Patane». Esse informador partira de Agra há quatro meses e fazia agora revelações quanto aos primórdios do reinado de Islam Shah: «diz que o filho do meio do rey que moreo [Sher Shah] e o que agora e rey e que he muito bemquysto de todo ho povo que prymeiro teve esta deferemça com o ho seu irmão mays velho e todavia que agora ha dyas que sam comcertados que lhe deu este que he rey certas terras pera sua comedya ao yrmão mais velho e que este que agora he rey matou dezoito capytães dos prymcypaes que fycaram de seu pai per alguma sospeyta que deles tynha e as terras deles e capytanyas de jemte que as deu a seus filhos dos que matou per omde fycou muyto quyeto»[57].

Na verdade, embora Sher Shah tivesse nomeado como seu sucessor o primogénito 'Adil Khan, os chefes afegãos escolheram Jalal Khan, seu irmão mais novo, a quem todos (incluindo o próprio monarca entretanto falecido) reconheciam maiores qualidades enquanto caudilho e soldado. Uma vez no trono, Islam Shah optou realmente por eliminar os homens mais próximos de seu pai. Já no que se refere às relações com o irmão, as

---

[55] O mesmo ao mesmo, Chaul, 19.VII.1546, *ibid*., pp. 247-249.
[56] António de Sousa a D. João de Castro, Chaul, 19.VII.1546, *ibid*., p. 250. Itálicos nossos.
[57] Diogo Lopes de Aguião a D. João de Castro, Chaul, 19.VII.1546, *ibid*., pp. 247-249.

notícias fornecidas aos portugueses não eram as mais fidedignas: é facto que, gerindo uma relação de permanente desconfiança relativamente a 'Adil Khan, Islam Shah foi alternando a cordialidade com a hostilidade. A ruptura definitiva deu-se em Outubro de 1545, quando os dois irmãos travaram uma decisiva batalha perto de Agra. 'Adil Khan foi derrotado e fugiu para Patna, mas o informador dos portugueses, que aparentemente ainda estava na capital dos Surs no início do ano seguinte, nada diz sobre o assunto e transmite notícias de todo desactualizadas[58].

As diligências de D. João de Castro conheceram uma reacção célere. Os nobres revoltosos do Guzerate respondem-lhe logo em Novembro e, das três cartas que o vice-rei terá recebido entretanto, conhecemos a tradução portuguesa da que foi escrita por Darya Khan. Uma longa missiva que vale a pena seguir com alguma minúcia. O seu autor, que trata Islam Shah por «el-rei meu senhor», descreve a Castro a relação de proximidade que manteve com Bahadur Shah e o papel que desempenhou na guerra contra Humayun. Conta-lhe, depois, o quanto se empenhou na subida ao trono de Mahmud II para, de seguida, dar nota do seu próprio declínio político, ditado por intrigas de corte em que o sultão terá feito fé. Dadas as circunstâncias, restava-lhe abandonar o reino e procurar acolhimento junto de Sher Shah, que lhe prometera ajudá-lo na guerra contra Mahmud II. Diz pretender ser «a principal cabeça» do Guzerate e sabe ter o apoio de muitos nobres do reino, assim como do sultão de Ahmadnagar. Neste contexto, a aliança entre Islam Shah e os portugueses, a quem são oferecidos os «portos marítimos», deveria concretizar-se em breve, mediante o envio de um embaixador de Goa a Agra[59].

Por sua vez, a resposta de Islam Shah a D. João de Castro chegou a Chaul no dia 13 de Janeiro de 1547[60]. Trata-se de uma missiva «escrita em pérsio, e com letras de ouro», redigida em Agra no mês Shawwal – «Xava (que responde ao mês de Outubro)» –, e que hoje conhecemos apenas

---

[58] RAHIM – *History of the Afghans*, pp. 59-72.

[59] Pub. por CASTRO, D. Fernando de – *Crónica*, pp. 213-216. O vice-rei recebeu, na mesma ocasião, cartas de 'Alam Khan e de Ulugh Khan (*ibid.*, p. 217).

[60] António de Sousa a D. João de Castro, Chaul, 13.I.1547, in CORTESÃO e ALBUQUERQUE – *Obras*, vol. IV, p. 45.

em tradução portuguesa[61]. Islam Shah diz-se escolhido por Deus para governar, «sombra em que todos se acolhem, e pastor de todo o povo». Quanto à situação no Guzerate, condena claramente esse «mau homem» que «revolveu as coisas que estavam quietas». No segundo e último parágrafo, o monarca afegão reafirma a amizade com o rei de Portugal e pede ao vice-rei que lhe envie um embaixador com um presente, garante de mútua amizade: «e isto fica de maneira que ficamos presos por uma cadeia deitada ao pescoço para nunca se esta amizade perder, a qual temos em conta de pedras preciosas».

D. João de Castro não demora a responder. No dia 8 de Fevereiro escreve a Darya Khan. Mostra-se solidário com ele quanto ao «maao tratamento que reçebeo do Mamude» e insta-o a «apertaar muyto o grande Rey de Patane pera que se venha tomar pose do Guuzeraate»[62]. No mesmo dia, e em termos idênticos, dirige-se de novo a Islam Shah[63]. A situação política do Guzerate já se alterara de todo, porquanto os portugueses haviam vencido o cerco à fortaleza de Diu, derrotando as forças de Mahmud Shah em Novembro do ano anterior. Uma vitória que terá impressionado vivamente os muçulmanos do Guzerate, a começar pelo principal mercador do reino (um tal Saiyid Ahmad), que «vay tam espantado da destruyção da cidade que diz que os mogores nam fizeram tal cousa em Cambaia»[64].

Ainda assim, o vice-rei continua a pretender firmar uma aliança com os afegãos, «com a qual espero em Nosso Senhor que os Reinos e senhorios

---

[61] Publicada por D. Fernando de Castro, *Crónica*, pp. 211-212; e em CORTESÃO e ALBUQUERQUE – *Obras*, vol. IV, nº 368a, pp. 37-38. O anónimo tradutor desta carta identifica Shawwal com Outubro certamente porque aquele mês corresponde ao décimo mês do calendário lunar islâmico.

[62] Incluída na *Crónica* de Leonardo Nunes (*op. cit.*, p. 65). Foi publicada por SANCEAU, E. – *Cartas de D. João de Castro*, p. 330; e por CORTESÃO e ALBUQUERQUE – *Obras*, vol. III, pp. 363-364.

[63] Incluída na *Crónica* de Leonardo Nunes (*op. cit.*, p. 72) e publicada por SANCEAU, E. – *Cartas de D. João de Castro*, p. 328. Seguimos a edição de CORTESÃO e ALBUQUERQUE – *Obras*, vol. III, pp. 361-362. Ao que parece, a missiva é levada por um certo Khwaja Mahmud («Coje Mamede»): recebe quarenta pardaus no dia anterior por levar «um recado ao rei de Mogores» (que não seria seguramente Humayun); BA – *MM*, cod. 51-VII-8, «Livro das mercês que fez [D. João de Castro] aos homens que serviram el-Rei N.S. no cerco de Dio», pub. por BAIÃO, António – *História Quinhentista (inédita) do segundo cêrco de Dio*. Coimbra: Imprensa da Universidade, 1927, pp. 296-333 [308].

[64] Pêro de Ataíde a D. Álvaro de Castro, Diu, 5.XII.1547, in *CSL*, vol. II, p. 26.

de ambos sejam mui acresçentados, e que per toda a redondeza da terra e mar os temam e conheçam por proprios e verdadeiros senhores». Em tom triunfalista, Castro relata a Islam Shah os últimos acontecimentos do Guzerate e revela-lhe que o ficara aguardando em Diu justamente para lhe entregar o reino. Compreende que, «por algumas justas ocupações», Islam Shah não tivesse vindo, mas afirma planear o regresso a Diu após a monção para lhe «entreguar estas terras do Guuzerate». Uma vez em Goa, o vice-rei pretende despachar para Agra dois embaixadores, cada um deles levando como presente «hum cavallo arabio muito fermosso». Um seguiria para a Índia do norte atravessando o sultanato de Ahmadnagar, «sem embarguo que pareçe cousa muy deficultosa poder pasar por tantos lugares nossos imiguos e contraryos». O outro entraria nos domínios do sultanato através do Bengala. Uma vez conquistada a cidade de Ahmadabad por Islam Shah, D. João de Castro promete enviar-lhe mil cavalos por ano, «com os quaes e com o seu grande esforço e saber, em muito poucos dias se pode fazer senhor de todollos Reynos do Oriente, e guanhar em toda a terra tamanha fama e nomeada que todo fique esquecida a memoria do grande Rei Temorlom». Curiosa esta referência a Timur, cuja fama era tão grande na Ásia como na Europa[65] e por cujos feitos D. João de Castro se interessava verdadeiramente[66]. No entanto, Timur era antepassado dos

---

[65] Tudo começa com a embaixada de Ruy González Clavijo, enviado de Henrique III de Castela à corte de Tamerlão em 1403 a fim de lhe propor uma aliança contra os turcos. Dentre os vários manuscritos quinhentistas do seu relato, um – hoje perdido – serviu de base à edição de 1582, publicada em Sevilha (*Historia del Gran Tamorlan e itinerario y narracion del viaje y relacion de la embajada que Rui González de Clavijo le hizo* [...]) que conheceu basta difusão na Península Ibérica. Diogo do Couto tinha um exemplar desta obra na sua biblioteca (cf. LOUREIRO, Rui – *A biblioteca de Diogo do Couto*. Macau: Instituto Cultural de Macau, 1998, p. 406) e, a crer em Gonzalo Argote de Molina (que preparou a edição de Sevilha), João de Barros teria planeado escrever uma história de Tamerlão. Assim, não é de estranhar que a popularidade de Tamerlão na Europa tenha crescido consideravelmente nos anos seguintes, tal qual comprova o anónimo manuscrito quinhentista *Vida y hechos del Tamerlan de uma fidedigna historia traduzida en bulgar Castellano* (BNE – Ms. 1752, fls. 192-205) e, sobretudo, a peça de teatro *Tamburlaine the Great*, escrita por Christopher Marlowe. Manteve-se o interesse ocidental pelos sucessores de Timur, particularmente pelo seu neto Ulugh Beg (1447-1449), como demonstra a viagem de J. Barbaro e A. Contarini, embaixadores de Veneza (*I viaggi in Persia degli ambasciatori veneti Barbaro e Contarini*, ed. L. Lockhart. Roma: Istituto Poligrafico dello Stato, 1973). Sobre o lugar de Timur na escrita renascentista, ver MESERVE – *Empires of Islam*, *passim*.

[66] Garcia de la Penha procurava obter para o vice-rei, em Ormuz, «a espritura dos feytos do grand'Aborlão» (Bastião Lopes Lobato a D. João de Castro, Ormuz, 3.II.1546, in

imperadores mogóis, não dos monarcas afegãos, pelo que a evocação do seu nome cairia certamente melhor numa carta a Humayun, que trazia sempre consigo o *Timur Nama* (ou melhor, o *Zafar Nama*), traduzido por Mulla Sultan 'Ali e ilustrado por Ustad Bihzad[67].

Em Agosto, o homem que levara as cartas de D. João de Castro a Mandu regressa a Chaul, informando que «ha jemte do Patane e Daria Quam vem sobre Cambaia e que os reisbutos [rajputes] tambem fazem muito dano na terra de Cambaia». Passando por Ahmadabad soubera que «avya por nova jeralmemte que Sua Senhoria tynha mamdados sete purtugueses ao Patane de que elles todos estam muito atemorizados». E prossegue, fornecendo um interessante quadro da caótica situação que se vivia na corte de Mahmud II[68].

Mas Islam Shah nunca tomou Ahmadabad e D. João de Castro nunca chegou a oferecer-lhe mil cavalos por ano. De facto, Islam Shah não enveredou pela política expansionista do pai, antes optou por administrar eficazmente o império que herdara. Por essa razão, com toda a probabilidade, não terá considerado a invasão do Guzerate. Ficou-se pelo reforço do dispositivo de defesa da fronteira noroeste do seu sultanato, ao mesmo tempo que assegurou satisfatoriamente a sua autoridade no Bengala.

A aliança entre o Estado da Índia e o sultanato afegão ficou, assim, por concretizar. E se, por via da diplomacia, o vice-rei não conseguiu atrair Islam Shah ao Guzerate, os problemas entretanto criados pelos «alevantados» portugueses no Bengala decerto não facilitariam uma aproximação entre os dois potentados. Diz Vasco da Cunha, em 1544,

---

CORTESÃO e ALBUQUERQUE – *Obras*, vol. IV, p. 25). Curiosamente, Garcia da Orta sublinha que, dos feitos de Sher Shah «se podia fazer huma cronica mais que a do gram Tamirham» (*Colóquios dos Simples e Drogas da Índia*. Reprodução facsimilada da ed. Conde de Ficalho de 1891. Lisboa: INCM, 1987, vol. I, p. 120).

[67] FAZL, Abu'l – *AN*, vol. I, pp. 309-310.

[68] Diogo Lopes de Aguião a D. João de Castro, Chaul, 27.VIII.1547, in *CSL*, vol. III, pp. 285-286. Notícias soltas em Maio-Junho, desde Baçaim, da vinda dos patanes sobre Ahmadabad (D. Jerónimo de Noronha a D. João de Castro, Baçaim, 18.V.1547, *ibid.*, pp. 524-525; o mesmo ao mesmo, Baçaim, 18.VI.1547, *ibid.*, pp. 527-528). Em Setembro do mesmo ano, escreve-se que «os patanes vierom ate o regno de Chitor que hera dell rey de Cambaya e o leyxarom procurador seu e dahi tornariom por amor do imverno» (António de Sousa a D. Álvaro de Castro, Chaul, 1.IX.1547, *ibid.*, vol. II, p. 158).

que «de Bemgala veyo nova do maal e desserviço de Vosa Alteza que os alevamtados naquela costa faziam». Para lá o enviara o governador com dois navios, «a qual achey destroida e em poder de patanes gemte muy belicosa E jnda que com muito trabalho asemtey paz e trato de Vosa Alteza e desarmey os aleuamtados e os deneffiquey»[69]. Em 1547, há notícia de cerca de vinte navios portugueses nos portos do Bengala, a maior parte sem licença[70]. Sabe-se, na mesma altura, que um vereador da câmara de Goa chamado Manuel Coutinho costumava vender armas no Bengala[71]. No início desse mesmo ano, Manuel da Gama não deixa de notar «quam maa esta terra estaua para nella se poder fazenda, por estar aleuantada por muitas guerras que nella haa». Os negócios têm de ser feitos com dinheiro à vista, pois ninguém aceita «fazendas» de difícil transporte, na eventualidade de ser necessário abandonar a terra. Acusa os patanes de terem deitado fogo à mercadoria que tinha no porto (Satigão, provavelmente) e remata sublinhando que o Bengala é «terra de tanto perigo». Entre outras alterações, o português terá seguramente assistido à rebelião de Sulaiman Khan, genro do sultão Mahmud Shah que se levantou no Bengala oriental entre 1546 e 1548 com o intuito de restaurar a dinastia Husainshahi. Por tudo isto, Manuel da Gama anuncia a D. João de Castro que o negócio português no Bengala se devia passar a fazer na «terra de Çundar», um porto identificado por D. Bernardo de Noronha como seguro e cujo senhor havia demonstrado abertura aos portugueses[72].

Por Sundar – topónimo que, por esta altura, faz a sua aparição nas fontes portuguesas – Gama deverá querer significar Sundarbans, região labiríntica de floresta e braços de rio situada no sul do delta do

---

[69] Vasco da Cunha ao rei, Goa. 6.XI.1544, in ALBUQUERQUE, COSTA – «Cartas de 'serviços' da Índia», p. 348.

[70] Gabriel de Ataíde para D. João de Castro, S. Tomé de Meliapor, 20.VIII.1547, in *CSL*, vol. III, p. 80.

[71] Rui Gonçalves de Caminha a D. João de Castro, Cochim, 18.XII.1547, *ibid.*, pp. 555-556.

[72] Manuel da Gama a D. João de Castro, 'Bengala', 5.I.1547, in CORTESÃO e ALBUQUERQUE – *Obras*, vol. III, p. 341. O *Livro das cidades e fortalezas* (*ca.* 1580) faz uma súmula da conturbada situação política na região desde a chegada dos patanes e mostra como, em consequência, o rendimento dos portos do Bengala terá decaído (ed. facsimilada, Francisco Mendes da Luz. Lisboa: CEHU, 1960, fls. 92-93).

Ganges que, dadas as suas características geográficas, lograra resistir à autoridade dos sultões de Gaur e, agora, iludia também a tutela dos Surs. A ligação de Sundar aos portugueses deverá ter medrado então, porquanto se sabe que, nesse mesmo ano, Jerónimo de Sousa «vay alevamtado» para o Bengala com 150 homens: carteara-se com o senhor de Sundar e acordara ajudá-lo «contra os patanes»[73]. Agora, como sucederia amiúde nas décadas seguintes, os portugueses foram capazes de engendrar soluções alternativas aos principais portos do Bengala[74], dos quais ciclicamente, por razões políticas e de política económica, eram rechaçados. Pouco mais de uma década passada sobre o episódio que acabámos de apresentar, logo ocorreu outro, em tudo idêntico. No ano de 1560, em Satigão, os portugueses foram supreendidos por um violento ataque, que se traduziu em 100 mortos e 300 cativos, 30 navios capturados ou destruídos e 300.000 pardaus de ouro perdidos[75]. Imagem assaz frequente.

As conturbadas relações entre «mogores» e patanes, que dominaram a vida e o reinado de Humayun, foram seguidas pelos *firangis* desde Goa. À semelhança do que fazem as crónicas mogóis, os textos portugueses centram-se na narração do confito – particularmente nos desenvolvimentos do Guzerate (em menor grau, do Rajastão) e do Bengala –, mas sem nunca prestarem atenção ao legado político e administrativo que a dinastia Sur deixou a Akbar e que este manifestamente aproveitou. Não constituiu nossa intenção esmiuçar o período e o assunto mas tão só, partindo do que ficou exposto, relevar algumas das conexões que, tecidas neste prelúdio, se projectarão no nosso objecto.

---

[73] Rui Gonçalves de Caminha a D. João de Castro, Goa, 7.XI.1547, in CORTESÃO e ALBUQUERQUE – *Obras*, vol. IV, pp. 61-62. Em 1546, já Miguel Ferreira anunciava que «hera muita gente pasada em nauios pera Maçulapatão e pera o Reino de Huruxa e pera hos portos de Bemguala e pera o porto do Sumdar e Aracão» (Miguel Ferreira a D. João de Castro, S. Tomé, 15.VIII.1546, pub. por SCHURHAMMER, G., VORETZSCH, E. A. – *Ceylon zur Zeit des Königs Bhuvaneka Bahu und Franz Xavers*, 1539-1552. Leipzig: Verlag der Asia Major, 1928, vol. II, p. 391).

[74] Em 1559, assinam um «contrato e assentamento de pazes e amizade» com «El Rey de Bacalá» (Bhakal), enquanto alternativa ao «porto grande» (Chatigão) para os negócios (in *APO*, fasc. 5, pt. 1, pp. 398-402).

[75] António Mendes de Castro à Rainha, navio São Vicente, 1.VIII.1563, ANTT – *CC*, I-106-80.

Quanto aos «mogores», as incursões de Humayun sobre o Guzerate e o Bengala representam, de algum modo, o regresso aos anos de apogeu do sultanato de Deli e, em simultâneo, anunciam uma orientação estratégica do império que Akbar haveria de retomar, consumar e ampliar. De outro modo, a campanha contra Bahadur Shah mostrou como era difícil submeter o Guzerate à administração imperial, enquanto que a ofensiva sobre Sher Shah pôs a claro as tremendas dificuldades para alcançar vitórias definitivas no Bengala. A hegemonia no subcontinente levou tempo a sedimentar e não era irreversível, tanto mais que, se acaso as campanhas do sucessor de Babur na Ásia Central durante os anos de exílio no Irão tivessem tido êxito, talvez este não tivesse regressado a Deli e a dinastia mogol da Índia nunca tivesse medrado[76].

Na perspectiva dos patanes, Babur e Humayun não significavam, com toda a probabilidade, mais do que um curto interregno de uma quinzena de anos num total de cerca de um século de hegemonia afegã no Norte da Índia. Conscientes do facto, os soberanos que se seguiram procuraram integrar os afegãos na nobreza imperial. E em momentos de ruptura, como sucedeu nos primórdios do reinado de Shahjahan, os mogóis não deixaram mesmo de temer o regresso dos afegãos ao poder.

Para os *firangis*, por último, os anos de 1530-1540 foram de muitas novidades. Registe-se, antes de tudo, a surpresa por verem chegar da Índia do Norte – de um horizonte geográfico sobre o qual ainda pouco sabiam – vagas de povos estrangeiros que invariavelmente caracterizam como guerreiros temíveis, capazes de rápidas e decisivas incursões. «Mogores» e patanes entram, assim, na cronística portuguesa e na correspondência do Estado da Índia. Discutem-se as suas origens e alinhavam-se as suas principais características, mas estas primeiras impressões portuguesas teimam em não passar da escrita à visualização: a cartografia portuguesa da época nada sabe sobre os impérios de Humayun ou Sher Shah e só um mapa de Bartolomeu Velho, feito em Lisboa no ano de 1561, logra quebrar este vazio. Esta carta, uma das quatro que compõem um planisfério hoje guardado em Florença, constitui um extraordinário avanço no

---

[76] FOLTZ, Richard C. – *Mughal India and Central Asia*. Carachi: OUP, 1998, p. 15.

que respeita à geografia continental da Ásia. Mesmo com erros, o cartógrafo preocupou-se em representar rios, montanhas, reinos e topónimos, evidenciando um conhecimento actualizado e realista que só de raro em raro é complementado com o recurso à utensilagem clássica. Na Índia do Norte, Velho desenha o território dos «mogores» e demarca a área de influência dos patanes, ao mesmo tempo que assinala vários topónimos, destacando-se «Candahar» e «o Deli»[77].

Se trocarmos a representação do espaço pela representação dos homens, é forçoso recorrer ao chamado códice Casanatense, espécie de roteiro pictórico do Oriente desde o cabo da Boa Esperança até à China. Trata-se, muito provavelmente, de obra executada *ca.* 1540 por pintores do Guzerate que introduziram elementos ao gosto europeu para satisfazer o encomendador[78]. Depois de uma ilustração do Cinde (nº XXII, fls. 37-38), há vários desenhos consagrados ao Guzerate e uma interessante imagem dos rajputes (nº XXXIII, fls. 59-60: «Esta jente chamão rresbutos abitão nos matos no Reyno de Cambaya. [...] Sam muito valentes homes he grandes caualguadores e frecheyros. Sua lei he de jintios»). Não encontramos um único desenho relativo aos «mogores» mas, em contrapartida, dispomos de duas representações de afegãos: «Jente que chamão patanes muito belicosa, porque has molheres tanbem vam com eles a guera a pelejar» (nº XXIII, fls. 39-40); e «patanas» (nº XXIV, fls. 41-42). À semelhança dos rajputes, os afegãos são aqui associados a um extraordinário desempenho enquanto guerreiros, ideia que quadra de todo com as fontes escritas.

É pelo Bengala, mas sobretudo pelo Guzerate, que os portugueses se habituam a observar e a contactar com mogóis e afegãos. A interferência nos assuntos do reino de Bahadur Shah valeu ao Estado da Índia a aquisição de Baçaim e Diu, lugares melhor posicionados do que Goa para seguir as movimentações políticas e militares ocorridas no norte da Índia.

---

[77] *PMC*, vol. II, est. 204 e pp. 95-101. Ver também BARBIERI, G. – «Il Mapppamondo di Bartholomeu Velho del 1561». *Rivista Geografica Italiana*. Vol. LVI (1949), pp. 55-58.

[78] O códice, que se guarda na Biblioteca Casanatense em Roma (Ms. 1889), foi editado por MATOS, Luís de – *Imagens do Oriente no século XVI. Reprodução do códice português da Biblioteca Casanatense*. Lisboa: INCM, 1985. Dossier de investigação sobre este códice in *AHAM*. Vol. XII (2012), pp. 9-218.

Já no Bengala, ficava desde cedo consagrada a impotência do Estado da Índia para aí controlar as actividades privadas dos portugueses. Estes, para mais lidando frequentemente com cenários regionais de assinalável turbulência política e social, não raro enveredaram por lógicas de sobrevivência que, no final, vinham a revelar-se auto-destrutivas. Uma verdadeira matriz de comportamento e acção que se reconhece bastas vezes num arco cronológico compreendido entre a conturbada embaixada de 1521 a Nusrat Shah[79] e, pelo menos, a queda de Hughli em 1632.

Ao Guzerate e ao Bengala é necessário juntar, logo neste período inicial, uma terceira porta de acesso de Goa à Índia Central e ao seu ambiente político, social e cultural. Falamos do Decão. Estamos ainda longe, naturalmente, dos anos em que os sultanatos sucessores do império bahmânida haveriam de ser sujeitos à pressão dos imperadores mogóis, fenómeno que obrigou Goa a uma constante vigilância dos «reis vizinhos». Não obstante, o conhecimento português dos sultanatos do Decão e, bem assim, das suas ramificações para o norte da Índia, é assaz consistente nas décadas de 1530-1550. Os «que uão pera ho Balagate e [se] espalhão pola terra firme não tcm comto», escreve alarmado D. João de Castro em 1540[80]. Lembre-se que a correspondência entre o vice-rei e Islam Shah viaja justamente por Daulatabad e Burhanpur e é por Ahmadnagar que Goa se propõe enviar a Agra um embaixador com um presente.

Neste contexto, Chaul parece constituir o nervo de uma importante rede de informações portuguesa que cobre boa parte do Decão nos anos de 1540 e que permite, directa ou indirectamente, ter acesso a notícias das regiões mais remotas do interior norte do subcontinente. Diogo Lopes de Aguião, um influente casado da cidade a cujo testemunho já aqui recorremos várias vezes, é figura-chave deste complexo sistema de circulação de notícias oriundas do Balagate e que, não dispensando a participação de vários agentes locais, tem na acção de homens como

---

[79] Cf. BOUCHON, Geneviève, THOMAZ, Luís Filipe – *Voyage dans les deltas du Gange et de l'Irraouaddy. Relation portugaise anonyme (1521)*. Paris: FCG, Centre Culturel Portugais, 1988.

[80] Carta ao Infante D. Luís, Diu, 30.X.1540, in CORTESÃO E ALBUQUERQUE – *Obras*, vol. III, p. 30.

João Rodrigues, Fernão Jorge, Gonçalo Fernandes, Baltasar Correia, Pero Neto e Sancho Pires um contributo crucial.

Trata-se de uma presença onde o oficial ombreia – e se confunde até – com o particular, em que o emissário do vice-rei às capitais de Bijapur ou Ahmadnagar trilha os mesmos caminhos e frequenta os mesmos círculos que qualquer anónimo comerciante de cavalos, não raro em ruptura com o Estado da Índia e, até, como sucede com Sancho Pires, em processo de afastamento do cristianismo.

É nas terras do Decão ocidental que os portugueses se habituam a ver a «gente branca», elite política e militar recrutada pelos sultanatos indianos e onde pontificam mogóis, afegãos, uzbeques, persas e turcos. Não mais de dois mil homens brancos de diversas nações que governam o Balagate, no dizer de D. João de Castro[81]. Em Bijapur e no Guzerate, Garcia da Orta travou conhecimento com uzbeques que serviam respectivamente Ibrahim 'Adil Shah I e Bahadur Shah e que lhe fornecem o mote para falar da «província de Uzbeque»[82]. E é no colóquio décimo, ao explicar a Ruano o que «quer dizer Nizamoxa», que o médico elabora sobre o «reino Dely», os «mogores» e o «Patane»[83]. São homens desses que dão forma ao exército com que o sultão de Ahmadnagar decide avançar sobre Chaul em 1570. Entre eles, contavam-se seguramente mogóis: um pelouro perdido, que acertou nas tendas de Murtaza Nizam Shah I, acabou por matar o «capitão dos mogores» que então jogava xadrez com o sultão, ambos «descuidados da morte»[84].

É sobretudo nas cortes de Bijapur e Ahmadnagar, por entre embaixadas, negociações e trocas de correspondência, que os portugueses tomam contacto com uma sofisticada cultura política de matriz persa que regula o exercício da autoridade interna e condiciona sobremaneira as relações

---

[81] Carta a D. João III, s.l. [Goa], n.d. [1547?], in CORTESÃO E ALBUQUERQUE – *Obras*, vol. III, p. 574.

[82] *Colóquios dos simples e drogas da Índia*, vol. II, pp. 91-93 (colóquio 33º). Na outra ocasião em que refere os uzbeques (colóquio 7º, vol. I, pp. 77-78), Orta recorre ao testemunho dos mercadores de Ormuz e às informações de Khwaja Pir Quli («Coge Perculim»).

[83] *Ibid.*, vol. I, pp. 118 ss.

[84] CASTILHO, Antonio de – *Comentario do Cerco de Goa e Chaul, no anno de MDLXX Viso Rey Dom Luis de Ataide*. Lisboa: Antonio Gonçalves, 1573, fls. 31v-32.

com os estados vizinhos. Útil aprendizagem esta para os contactos com o «Mogor», que não tardaria a confrontá-los com os mesmos gestos e com os mesmos símbolos.

Akbar, o imperador invisível

Humayun desaparecera em definitivo de cena. Aparentemente, o seu «calvário» depois de 1540, enxotado do Cinde[85] e refugiado no Irão de Shah Tahmasp[86], não prendeu a atenção de Goa. O mesmo se pode dizer do seu brevíssimo regresso ao poder entre a conquista de Lahore em 1555 e a morte, ocorrida em Janeiro do ano seguinte. Excepção feita a Barros[87], os cronistas portugueses de Quinhentos pouco ou nada dizem sobre o assunto. Mais informada estava a Porta que, por intermédio do embaixador uzbeque em Istambul, toma conhecimento das movimentações de Humayun na Ásia Central[88], enquanto que, anos mais tarde, o almirante otomano Sidi 'Ali Reïs testemunhava em Deli os últimos meses de Humayun no poder, assistindo inclusive à sua morte[89]. A Veneza também chegavam notícias da Índia mogol: a Sereníssima soube através do seu intérprete Michel Membré que Shah Tahmasp se preparava para enviar dois embaixadores a «uno imperador chiamato Hunus patichiach», justamente nas vésperas deste ser apeado do trono por Sher Shah[90].

---

[85] Num brevíssimo mas importante artigo, M. H. Siddiqi analisa a incómoda presença de Humayun no Cinde à luz dos interesses dos Arghuns e do panorama político da região («Humayun in Sind. An analysis of the Paradox of Moghul Sovereignty». In KHUHRO, Hamida (ed.) – *Sind through the centuries*. Carachi: OUP, 1981, pp. 159-160).

[86] RAY, Sukumar – *Humayun in Persia*. Reimp. Calcutá: The Asiatic Society, 2002.

[87] BARROS – *Quarta Década*, liv. ix, caps. 10 e 11.

[88] Cf. BACQUÉ-GRAMMONT, Jean-Louis – «Les affaires mogholes vues par un ambassadeur özbek a Istanbul vers 1550». In LEMERCIER-QUELQUEJAY, Ch. et al. (eds.) – *Passé Turco-Tatar, présent soviétique. Études offertes à Alexandre Bennigsen*. Paris: EHESS, 1986, pp. 165-173.

[89] Tradução inglesa do seu relato por VAMBÉRY, A. – *The Travels and Adventures of the Turkish Admiral Sidi Ali Reïs in India, Afghanistan, Central Asia, and Persia, during the years 1553-1556*. Londres: Luzac, 1899. Tradução francesa por BACQUÉ-GRAMMONT, J.-L. – *Le miroir des pays. Une anabase ottomane à travers l'Inde et l'Asie Centrale*. Paris: Sindbad-Actes Sud, 1999.

[90] MEMBRÉ, Michel – *Relazione di Persia (1542)*, ed. Gianroberto Scarcia. Nápoles: Istituto Universitario Orientale, 1969, p. 56.

Não obstante, ao testemunho de João de Barros há que juntar um precioso capítulo da *Década Quinta* de Diogo do Couto, se bem que apenas publicada em 1612[91]. Registando o carácter efémero do poder de Sher Shah («assim como se levantou de nada, assim desceo apressado»), Couto nunca refere os seus sucessores pelos respectivos nomes próprios ou títulos: fala genericamente do «Patane», ou então recorre ao termo «Xá Holão» (*Shah 'Alam*, «rei do mundo»), título que os soberanos da dinastia Sur passam a usar desde Sher Shah. Por outro lado, dá conta da permanência de Humayun na corte safávida, notando o facto de este ter abdicado de Qandahar em favor de Shah Tahmasp e de se ter tornado xiita («prometteo-lhe mais de tomar seu carapução, e de seguir sua seita, como fez»). Depois, detém-se nos anos da recuperação de Humayun, até voltar «a assentar sua Corte na Cidade do Deli».

A crer no cronista português, um tal Cosme Correia – casado de Chaul que, por ter espancado um feitor régio, fugiu para o Guzerate e daí para a «Corte do Magor» – terá jornadeado com Humayun neste seu fugaz regresso ao poder. Existiu de facto um Cosme Correia, cuja assinatura se encontra, por mais de uma vez, entre as dos cidadãos de Chaul que dirigem cartas a D. João de Castro[92]. O seu trajecto perde-se nos derradeiros anos de 1540 e não é improvável que tenha vindo a servir os mogóis. Couto, todavia, vai mais longe, sublinhando que Correia era homem próximo de Humayun e reproduzindo uma das suas muitas conversas. No limite, o cronista pretende provar que Humayun já conhecia a Bíblia e os Evangelistas e que seu pai Babur lhe dizia «que se a lei de Mafamede padecesse detrimento», que não recebesse nenhuma outra, senão aquella, que fora escrita por quatro homens[93]. A conversa decorre em torno do Livro de Horas do português:

---

[91] COUTO – *Década V*, liv. viii, cap. 11.

[92] Chaul, 22.V.1546, in *CSL*, vol. III, p. 205; Chaul, 3.IV.1547; *ibid.*, p. 270; Chaul, 25.XI.1547, *ibid.*, p. 295.

[93] Numa provável reminiscência da lenda do Preste João asiático, já Castanheda sugerira que «ho Mogor era de casta de Christãos» (liv. viii, cap. 95, vol. II, p. 726). Paralelo com um Shah Isma'il cripto-cristão, segundo vários observadores venezianos do início do século XVI (MESERVE – *Empires of Islam*, pp. 231 ss).

Que estando hum dia praticando com elle, lhe pedio, que lhe mostrasse o livro por onde rezava, que lhe elle mandou vir, que eram humas Horas de Nossa Senhora, daquellas antigas de quarto, illuminadas todas; abrindo-as ElRey, deo logo no começo dos sete Psalmos, onde estava a historia de David com Bersaeth, iluminada, e grande, que tomava todo o quarto.

Pode ser que estejamos diante de uma efabulação de Diogo do Couto, mas é impossível deixar de reconhecer consistência à figura de Cosme Correia e ao seu Livro de Horas: trata-se de mais um desses moradores de Chaul com ligações privilegiadas ao interior da Índia, onde nunca faltaram aventureiros desavindos com Goa. Depois, é bem sabido que os livros, particularmente os religiosos, constituiram sempre objectos privilegiados da relação entre os portugueses e os imperadores mogóis[94].

Durante trinta anos, entre 1540 e 1570, muito pouco se falará dos «mogores» em Goa. É que os portugueses também nada escrevem sobre Akbar, filho e sucessor de Humayun, antes do seu avanço sobre o Guzerate no início da década de 1570. E nenhum dos cronistas do século XVI notou o seu nascimento em 'Umarkot (Cinde) no ano de 1542. Diogo do Couto constitui, mais uma vez, a excepção tardia, mas dá do nascimento de Akbar uma versão de todo rocambolesca. Escora-se no que terá ouvido em Goa a um polaco chamado Gabriel, figura que só conhecemos pela breve e entusiasmada descrição do cronista. Este homem, que Couto compara a Marco Polo, vivera na corte de 'Abdullah Khan, rei dos uzbeques, conhecera por boa parte da Ásia Central e, durante os quinze anos que esteve ao serviço de Akbar, «correo todos os reynos dos Magores». Passou depois alguns anos em Goa e acabou por morrer no Guzerate.

A história que Couto narra tê-la-ia Abu'l Fazl por herética e nenhum artista da corte mogol ousaria pintar tal versão do nascimento do imperador. É como segue: tendo a rainha dado à luz uma rapariga e, antecipando o desgosto de Humayun por não se tratar de um rapaz, resolveu trocar

---

[94] Ver a análise deste episódio em SUBRAHMANYAM, Sanjay – *Courtly Encounters. Translating Courtliness and Violence in Early Modern Eurasia*. Cambridge (MA): Harvard University Press, 2012, pp. 160-161.

a filha pelo recém-nascido filho de um «cornaca» (i.e. um condutor de elefantes), cuja mulher nem chegou a dar pela troca. O imperador soube da paternidade por «hum criado seu»:

> [...] vendo que lhe nascia hum filho em tempo de tantas desaventuras, e trabalhos, olhando para o Ceo, disse: Alá Hacbar, que quer dizer, Deos grande, e poderoso, e ao filho puzerão-lhe nome Gelaldim; e depois que herdou os estados do pai, e outros reinos que conquistou, ficando mor senhor que elle, intitulou-se Hacbar, que quer dizer, Grande, e poderoso.
>
> E quanto á dúvida que delle se tem, segundo praticámos com algumas pessoas que o virão, e ainda naturaes seus, não parece em sua feição Magor, porque he homem pequeno de corpo, preto, bexigoso, e tão mal barbado, que parece Jáo, sendo todos os Magores por natureza muiyo alvos, grandes de corpo, rostos largos, e muito barbados. Algumas pessoas dizem, que era filho da Rainha, e do Cornacá, e que indo ella no alifante, emprenhára delle.

Em Fevereiro de 1556, menos de 14 anos depois do seu nascimento e perante a morte acidental de Humayun no mês anterior, Akbar era feito imperador com o título honorífico de Jalaluddin («Glória da Fé») Muhammad. Nestas circunstâncias, os primeiros anos do seu reinado não podiam revelar cunho próprio. Até 1560, a autoridade é exercida por Bairam Khan, um nobre proeminente do círculo do anterior imperador e cuja acção militar havia sido decisiva para o restabelecimento do império em 1555. Escassos dois meses antes de morrer, Humayun havia-o nomeado tutor (*ataliq*) de Akbar e, consequentemente, Bairam Khan assumiu de imediato a regência[95]. Entre 1560 e 1562, muito embora já se reconheça aqui e ali a intervenção directa de Akbar, os principais poderes estão

---

[95] Sobre este assunto, ver RAY, Sukumar – *Bairam Khan*, ed. M. H. A. Beg. Carachi: Institute of Central and West Asian Studies, University of Karachi, 1992; KHAN, Iqtidar Alam – «The Mughal Court politics during Bairam Khan's Regency». In *Medieval India*, vol. I, pp. 21-38; STREUSAND, Douglas E. – *The Formation of the Mughal Empire*. Nova Deli: OUP, 1989, pp. 82-88.

nas mãos de um grupo liderado pela ama do imperador, Maham Anaga, e onde se destacavam Adham Khan, seu irmão de leite, e Shihabuddin Ahmad Khan, um primo que era governador de Deli.

Olhemos de relance os anos da regência de Bairam Khan. No imediato, o que estava em causa era sobretudo consolidar o frágil poder timúrida no Hindustão, eliminando os que procuravam restaurar a monarquia afegã. Na verdade, havia ainda vários pretendentes oriundos do clã Sur com homens e meios suficientes para impedir a fixação definitiva dos mogóis na Índia. Daí a importância da derrota inflingida em Panipat nos finais de 1556 por Bairam Khan a Himu, general hindu ao serviço de Adali que havia marchado entretanto sobre Deli.

Entre 1557 e 1558, Bairam Khan logra colocar boa parte do Hindustão sob a autoridade mogol. Lahore, Multan, Ajmer, Jaunpur e Gwalior são sucessivamente tomadas. Daí que, do ponto de vista interno, esta primeira fase da regência seja aquela em que Bairam Khan alarga e consolida substancialmente a sua influência. A ameaça dos afegãos era real e a concentração de poderes no regente, corporizada na sua nomeação como primeiro-ministro (*vakil*), não sofreu grande contestação por parte dos nobres mais proeminentes. Todavia, é de crer que o seu poder tenha começado a declinar entre o meado de 1557 e o meado de 1559. A oposição ao regente estrutura-se progressivamente em torno da mãe de Akbar, Hamida Banu Begam, que regressara entretanto de Cabul, acelerando o isolamento político de Bairam Khan e desempenhando um papel não despiciendo nos jogos de poder da corte.

Mais afastado do jovem imperador, e concitando a oposição crescente de vários sectores da nobreza, nomeadamente dos chaghatais, o regente procurou recrutar nobres de outros grupos étnicos para o serviço imperial. Para equilibrar o balanço dos poderes, Bairam Khan enveredou por uma estratégia de aproximação aos chefes rajputes, que Akbar haveria de seguir e intensificar mais tarde. Todavia, o golpe de estado que ensaiou na segunda metade do ano de 1559, demitindo e condenando ao exílio Pir Muhammad Khan para concentrar na sua pessoa a totalidade dos poderes, revelar-se-ia decisivo. Em Março de 1560, Akbar anunciou o fim da regência de Bairam Khan e a este, como amiúde sucedia aos que caíam em desgraça, decidiu fazer a peregrinação a Meca. Um afegão assassiná-lo-ia no Guzerate, ainda antes de embarcar.

Durante estes anos, os portugueses revelam-se absolutamente alheados dos acontecimentos do Hindustão. É em vão que se procura os nomes de Akbar ou Bairam Khan nos textos da época. De facto, os desafios da menoridade do imperador e os movimentados anos da regência passaram de todo despercebidos em Goa. Não obstante, dois episódios há que importa assinalar. Falamos da expedição de Pero Barreto de Rolim ao Cinde em 1557 e da conquista de Damão pelo vice-rei D. Constantino de Bragança em 1559. Nem num caso nem noutro os portugueses tomaram contacto directo com Akbar, mas os dois episódios têm por palco áreas onde as relações entre o império mogol e o Estado da Índia haveriam de medrar num futuro não muito distante.

Região produtora de têxteis, nomeadamente de algodão e de seda, o Cinde mantinha relações de comércio privilegiadas com o Golfo Pérsico (via Ormuz) e com o Guzerate através dos seus principais portos: Thatta e Lahori Bandar. Os anos de 1550 correspondem a um período de clara agitação política na região. O baixo Cinde, região estratégica onde se situavam aqueles estabelecimentos marítimos, era dominado pela linhagem dos Tarkhans, que procuravam então sacudir a tutela dos Arghuns. Em 1555, Mirza 'Isa Tarkhan distancia-se de Shah Husain e de Sultan Mahmud Khan (seu irmão adoptivo) e manda ler a *khutba* em nome de Humayun, que havia recentemente restaurado o seu poder em Deli. A violenta reacção de Sultan Mahmud Khan, instigado pelos Arghuns, leva Mirza 'Isa a enviar um embaixador a Goa em finais de 1556, solicitando auxílio aos *firangi*s. Pero Barreto Rolim entrou no rio Indo e atacou Thatta no início de 1557, tomando e saqueando a cidade[96]. A descrição dada por Couto da entrada

---

[96] A principal fonte portuguesa para esta expedição é COUTO – *Década VII*, livro iii, caps. 9, 13 e 14. Ver os estudos de SUBRAHMANYAM, Sanjay – «The Portuguese, Thatta and the external trade of Sind, 1515-1635». *Revista de Cultura*. II s., vol. 13/14 (Jan.-Jun. 1991), pp. 48-58; e RAMOS, João de Deus – «Thatta and Lhari Bandar: Portuguese presence in two commercial entrepôts of Sind in the sixteenth and seventeenth centuries». In SPRENGARD, Karl Anton, PTAK, Roderich (eds.) – *Maritime Asia. Profit Maximization, ethics and trade structure*. Wiesbaden: Harrassowitz Verlag, 1994, pp. 115-124 (republicado in RAMOS, João de Deus – *Portugal e a Ásia Oriental*. Lisboa: FO, 2012, cap. XXIII, pp. 255-265). Existe um precedente da expedição de Rolim: a incursão de Vasco Pires de Sampaio na foz do Indo

na cidade e do violento ataque à mesquita quadra com o retrato fornecido pelas fontes locais, nomeadamente com o *Ta'rikh-i-Sind*, de Mir Ma'sum. Alarmado com a devastação causada pelos portugueses, Mirza 'Isa acabou por se reaproximar de Sultan Mahmud Khan e apressou-se a reforçar as defesas de Thatta e Lahori Bandar[97].

Contemporânea dos acontecimentos do Cinde é a instalação dos portugueses em Damão, praça controlada por abexins muçulmanos que deviam obediência ao sultão do Guzerate[98]. O fenómeno era recorrente no litoral do Concão, já que também os Siddis de Janjira, nos arredores de Chaul, eram feudatários do sultão de Ahmadnagar, enquanto que os de Danda se encontravam sob a alçada dos 'Adil Shahs de Bijapur.

O conflito com Bahadur Shah havia despertado a atenção do Estado da Índia para a importância de Damão e, tirando partindo da desagregação do Guzerate ao tempo de Mahmud II, Francisco Barreto logrou obter a cedência formal daquele território. A conquista viria a concretizar-se em 1559 mas, até 1562, os portugueses tiveram de enfrentar a reacção dos Siddis. E a pressão mogol também não tardaria.

Para o Estado da Índia, a conquista de Damão dava o desenho definitivo da «Província do Norte», formada pelo sucessivo estabelecimento dos portugueses em Chaul (1521), Baçaim (1534) e Diu (1535). A importância de qualquer um destes espaços é, a mais de um título, significativa. O porto, na sua relação com o comércio marítimo do Índico e com a rede de negócios oficiais tutelada por Goa; a cidade e as suas estruturas fortificadas, no plano específico da arquitectura e do urbanismo, mas com fortes implicações na sociedade local[99]; as terras que lhe estão adstrictas, nos casos

---

em 1535, tomando a fortaleza de «Varivene» aos mogóis (CASTANHEDA, liv. viii, cap. 107; BARROS – *Quarta década*, liv. vi, cap. 15; CORREIA, vol. III, pp. 673-676).

[97] SIDDIQI, Mahmudul Hasan (ed.) – *History of the Arghuns and Tarkhans of Sind (1507-1593). An annotated translation of the relevant parts of Mir Ma'sum's 'Ta'rikh-i-Sind'*. Cinde: Institute of Sindhology, University of Sind, 1972, pp. 132-133, 153. Siddiqi recorre ainda a outras crónicas locais (*Ta'rikh-i-Tahiri* e *Tuhfat al-Kiram*, sobretudo) que relatam as actividades dos portugueses na região.

[98] COUTO – *Década VII*, liv. vi, caps. 3 a 6.

[99] Cf. ROSSA, Walter – *Cidades indo-portuguesas. Contribuições para o estudo do urbanismo português no Hindustão occidental*. Lisboa: CNCDP, 1997; e MATOS, Artur Teodoro de (ed.) – *Os espaços de um império* (catálogo da exposição). Lisboa: CNCDP, 1999, 2 vols.

de Baçaim e Damão, desempenhando um papel não despiciendo na vida financeira, económica e social do Estado da Índia[100]. Mas não é nenhuma destas vertentes que nos ocupará aqui. Interessa-nos antes, e como já atrás se sugeriu, ponderar a importância das quatro cidades da «Província do Norte» enquanto lugares de fronteira, janelas debruçadas sobre vários sultanatos locais ameaçados pelo crescimento da Índia mogol desde os anos de 1570. Neste sentido, consideraremos Chaul, Baçaim, Damão e Diu enquanto postos de vigia e repositórios de informação. Lugares em que se observa, se descreve e se reporta.

Mais a norte, a entrada da década de 1560 corresponde ao arranque do processo de consolidação da autoridade de Akbar. No domínio restrito da corte imperial, os primeiros anos da década foram marcados por lutas entre diferentes facções que se projectaram na disputa pela importante posição de *vakil*. Após um período atribulado, o esvaziamento deste lugar a partir de 1562, e a sua extinção em 1564, são indicadores seguros do reforço do poder do imperador[101]. Ainda no plano interno, Akbar teve de haver-se com uma ameaçadora revolta dos nobres uzbeques, acontecimento que o levou a diversificar a composição étnica da nobreza do império. Persas, muçulmanos da Índia e rajputes foram engrossando um corpo regulado pelo tão eficaz quanto complexo sistema *mansabdari*. Este instrumento, agora engenhosamente sistematizado, permitiu a Akbar gerir uma nobreza assaz heterogénea e em acelerada expansão,

---

[100] A análise desta dimensão não pode dispensar o estudo dos tombos. Remontam todos ao final do século e suas edições mais recentes e rigorosas foram dirigidas por MATOS, Artur Teodoro de – *O Tombo de Diu – 1592*. Lisboa: CEDG CNCDP, 1999; *O Tombo de Chaul – 1591-1592*. Lisboa: CEDG, CNCDP, 2000; *O Tombo de Damão – 1592*. Lisboa: CEDG, CNCDP, 2001. Considere-se também a relevância da «Província do Norte» no deve e haver do Estado da Índia, através da consulta dos respectivos orçamentos (GODINHO, Vitorino Magalhães – *Les finances de l'État portugais des Indes Orientales (1517-1635). Matériaux pour une étude structurale et conjoncturelle*. Paris: FCG, Centro Cultural Português, 1982; MATOS, A. Teodoro de – *O Estado da Índia nos anos de 1581--1588. Estrutura administrativa e económica. Alguns elementos para o seu estudo*. Ponta Delgada: Universidade dos Açores, 1982).

[101] Sobre tudo isto, ver KHAN, Iqtidar Alam – *The political biography of a Mughal noble. Munim Khan Khan-i-Khanan, 1497-1575*. Nova Deli: MM, 1973. Mun'im Khan, antigo governador de Cabul que fora homem de confiança de Humayun, serviu como *vakil* entre Setembro de 1560 e Novembro de 1561. Voltou a exercer o cargo, já com menos poder, entre Julho de 1562 e o começo de 1564.

crescimento que vai de par com o alargamento das próprias fronteiras da Índia timúrida[102].

De facto, os atritos internos não retardaram a expansão do império mogol, fenómeno que conhece nos anos de 1560 o seu arranque decisivo. A leste, Chunar era tomada logo em 1561 enquanto que, para sul, a transformação de Malwa em província imperial teve lugar em 1562. Os estados rajputes constituiram o alvo seguinte. A sua importância estratégica parece ter ditado esta nova orientação geográfica da política expansionista de Akbar: o acesso ao Guzerate e ao mar implicavam o controlo do Rajastão. Em 1561, Akbar casa com a filha de Bharamal, chefe do clã Kachhwaha de Amber que assim entrou no serviço imperial, encetando uma longa ligação dos Kachhwahas aos mogóis[103]. Dois anos depois, o principado de Bhath, governado por Raja Ram Chand Baghela, torna-se uma parcela do império. Em 1567, Akbar dirige os seus exércitos contra Chitor, a capital de Mewar. A situação geográfica desta cidade fortificada, praticamente inexpugnável a mais de 200m de altitude, dificulta a conquista e determina um longo cerco de quase dois meses que culminaria num massacre de cerca de trinta mil pessoas e na vitória de Akbar em Fevereiro de 1568. Antes já Husain Quli Khan havia tomado Udaipur. A derrota de Udai Singh – soberano de Mewar e representante do clã Sisodia, que tinha o estatuto mais elevado entre os rajputes – confere a Akbar uma clara legitimidade aos olhos dos timúridas.

No ano seguinte, em Fevereiro de 1569, Akbar ataca a fortaleza de Ranthambor. Depois de um mês de cerco, Raja Surjan, vassalo de Udai Singh da linhagem Hada, rende-se e entra no serviço imperial. Seguiu-se Kalinjar: a Ram Chand chegaram entretanto as notícias relativas a

---

[102] Copiosa produção científica sobre este sistema, cujas raízes remontam aos mongóis e que perdurou no Norte da Índia entre Babur e Sher Shah. W. H. Moreland, Abdul Aziz, M. Athar Ali, Irfan Habib, S. Moosvi e A. J. Qaisar, para citar apenas os mais relevantes, ocuparam-se extensivamente do assunto (cf. bibliografia). Para os primeiros anos do reinado de Akbar, ver KHAN, Iqtidar Alam – «The Mughal assignment system during Akbar's early years, 1556-1575». In HABIB, Irfan (ed.) – *Medieval India 1. Researches in the history of India, 1200-1750*. Reed. Nova Deli: OUP, 1999, pp. 62-128.

[103] Cf. KHAN, Kunwar Refaqat Ali – *The Kachhwahas under Akbar and Jahangir*. Nova Deli: Kitab Pub. House, 1976; SRIVASTAVA, A. L. – «Amber's alliance with Akbar. An estimate of Raja Bharmal». *JIH*. Vol. XLVI/pt. I-3 (Abr. 1968), pp. 27-34.

Chitor e Ranthambor e não tardou a submeter-se a Akbar, entregando-lhe as chaves do forte em Agosto de 1569[104]. O domínio de Ranthambor e de Chitor significava também o controlo do corredor de acesso ao mar desde Ajmer, cidade conquistada por Bairam Khan e mandada fortificar por Akbar em 1570.

A afirmação do poder interno e externo do imperador Akbar coincide, no tempo, com a ocorrência de importantes transformações quanto à situação política da planície indo-gangética. A desagregação do sultanato bahmânida nos finais do século XV deu origem, na transição para o século seguinte, a cinco sultanatos. No centro do planalto do Decão, Berar e Bidar. Sendo aquele governado pela dinastia sunita dos Imad Shahs e este pela dinastia xiita dos Barid Shahs, eram os mais pequenos e menos importantes do conjunto. Pouco pesavam nos jogos políticos da região e acabaram conquistados pelos vizinhos mais poderosos. A oeste, Ahmadnagar e Bijapur. O primeiro albergava a dinastia dos Nizam Shahs (xiita depois de 1537) e logrou anexar Berar em 1574, enquanto que o segundo era governado pelos 'Adil Shahs, quase sempre seguidores do xiismo, e acabou por absorver Bidar em 1619. A leste, sob a égide dos Qutb Shahs, também xiitas, o sultanato de Golconda. Tradicionalmente desavindos, disputando entre si território e autoridade, estes sultanatos – ao que parece impulsionados pelo Irão safávida – lograram formar em 1565 uma coligação tendo em vista a conquista do império de Vijayanagara. A batalha de Talikota (1565) ditou a desagregação deste potentado hindu, que se arrastaria nominalmente até ao meado do século seguinte com capitais situadas mais a sul.

Os portugueses tiveram a percepção clara do novo mapa político da região. Por um lado, a queda desse império hindu permitiu a Goa a aquisição, por via militar, de um conjunto relevante de estabelecimentos da costa do Canará. Em 1568, dá-se o assalto a Mangalor. No ano seguinte, o vice-rei empreende a tomada de Honawar (Honor) e Basrur (Barcelor). Como bem nota Thomaz, «é esta a primeira vez em que o Estado da Índia

---

[104] Acerca dos aspectos técnicos destas três conquistas, nomeadamente enquanto exemplos da falência da classificação de «império da pólvora» (Marshall Hodgson) aplicada ao império mogol, ver STREUSAND – *The Formation of the Mughal Empire*, pp. 57-64.

se dilata fazendo conquistas em território hindu»[105]. Num outro sentido, a aliança dos sultanatos do Decão obriga a redobrados cuidados em Goa. Por esses anos, o Índico conhece uma verdadeira liga Islamica anti-portuguesa que, para além destes estados, envolve as comunidades muçulmanas do Malabar, prolonga-se para sueste até ao sultanato do Achém e às Molucas e, em última instância, remete-nos para Constantinopla e para o reavivar do comércio do mar Vermelho. É este o pano de fundo ideal para a escrita de Zainuddin, um muçulmano do Malabar que, nos finais da década de 1570, compõe um apelo à guerra santa contra os portugueses, obra sintomaticamente dedicada ao sultão de Bijapur[106].

Apresentado o panorama global, atente-se especificamente nos desafios territoriais enfrentados pela capital do Estado da Índia e pelas cidades da «Província do Norte». 1570 é o ano-chave: enquanto que, sem grande êxito, o sultão de Bijapur assediava Goa, o sultão de Ahmadnagar sitiaria Chaul durante mais de sete meses. A cidade carecia de fortificação apropriada mas, em contrapartida foi regularmente abastecida durante o longo cerco. Os embates decisivos traduziram-se na vitória portuguesa e o sultão foi obrigado a assinar um tratado com Goa em Julho de 1571[107]. A guerra aos infiéis fora tão importante para Ahmadnagar durante esse curto período que um poeta da corte de Murtaza Nizam Shah I – 'Ali ibn Amir Abarquhi (Haziri) –, copiando em Chaul, justamente no ano de 1570, o *Iskandar Nama* e o *Timur Nama*, entre outros textos, considerou relevante registar que o fizera no ano em que «o soberano islâmico

---

[105] THOMAZ, Luís Filipe Thomaz – «A crise de 1565-1575 na história do Estado da Índia». *ML*. Vol. 9 (Jul. 1995), pp. 481-519. Ver também VILA-SANTA, Nuno – «O vice-reinado de D. Antão de Noronha (1564-1568) no contexto da crise do Estado da Índia de 1565-1575». *AHAM*. Vol. 11 (2010), pp. 63-100.

[106] David Lopes traduziu e publicou o manuscrito que se guarda na British Library, confrontando-o com os três restantes textos (todos eles em bibliotecas de Londres); *História dos Portugueses no Malabar por Zinadim. Manuscrito árabe do século XVI*. Lisboa: Imprensa Nacional, 1898.

[107] Ver o interessante estudo de GOERTZ, R. O. W. – «Attack and defense techniques in the siege of Chaul, 1570-1571». In ALBUQUERQUE, Luís de, GUERREIRO, Inácio (eds.) – *Actas do II Seminário Internacional de História Indo-Portuguesa*. Lisboa: IICT, Centro de Estudos de História e Cartografia Antiga, 1985, pp. 265-287. A conjugar com GOMMANS, Jos (*Mughal warfare. Indian frontiers and high roads to empire, 1500-1700*. Londres; Nova Iorque: Routledge, 2002, pp. 141-145), que elabora sobre a tecnologia dos cercos na Índia e avalia o sentido dos respectivos resultados militares e políticos.

veio para conquistar o forte dos Francos». E, num outro lugar do mesmo volume, assinalou que o seu trabalho fora feito «no campo de batalha com os Francos»[108].

Do lado português, Chaul torna-se uma espécie de réplica de Diu. À retórica anti-portuguesa de Ahmadnagar, de que os apontamentos do poeta Haziri constituem bom exemplo, corresponde, do outro lado da barricada, a exaltação dos feitos portugueses e um discurso ideológico característico da chamada «literatura de cerco». É claramente o caso do texto de Antonio de Castilho, *Comentario do Cerco de Goa e Chaul, no anno de MDLXX Viso Rey Dom Luis de Ataide* (Lisboa, 1573), em tudo comparável ao texto de Diogo de Teive sobre o cerco de Diu de 1546. À semelhança do que sucedia ao tempo de D. Manuel e de D. João III, as vitórias portuguesas são anunciadas e celebradas no reino por iniciativa de D. Sebastião[109]. D. Luís de Ataíde, vice-rei entre 1568 e 1571, é um segundo D. João de Castro. Mereceu a atenção de autores portugueses[110] e conheceu uma considerável projecção europeia[111].

Interessa notar, todavia, que esta valorização dos assuntos do Decão no que às prioridades políticas do Estado da Índia diz respeito ainda não tem que ver com a situação que começará a germinar à roda de 1590 e que se manterá por um século. Na última década do século XVI, o Decão entra definitivamente nos objectivos de Akbar e, com avanços e recuos, o alargamento da fronteira meridional do império mogol constituirá

---

[108] BnF – *Sup. Per.*, 794; cf. RICHARD, Francis – «Some sixteenth-century Deccani Persian Manuscripts in the Bibliothèque nationale de France». In ALAM, Muzaffar *et al.* (eds.) – *The making of Indo-Persian Culture. Indian and French Studies*. Nova Deli: Manohar; Centre de Sciences Humaines, 2000, p. 247.

[109] Tome-se por exemplo a «Carta del Rey D. Sebastião para o Bispo de Coimbra para se darem graças a Nosso Senhor pelas vitorias da India», escrita a 30 de Julho de 1572 e acompanhada de um «Summario das victorias da India no anno de 70 e 71»; BnF – *FP*, 8, fls. 116-117v. No mesmo registo, «Brevi Sumario das Vitorias da India»; AGS – *Estado-Portugal*, 390-68.

[110] PEREIRA, António Pinto – *História da India, no tempo em que a governou o Viso-Rei D. Luis de Ataide*. Coimbra: Nicolau Carvalho, 1617; MACEDO, José Pereira de – *Vida del grande D. Luís de Atayde*. Madrid: Imprenta del Reino, 1633.

[111] D. Sebastião informa a cidade de Goa que mandara «fazer disso istoria pera se empremir e devulgar polo mundo» (Évora, 7.III.1573, in *APO*, fasc. 1, pt. I., doc. 49, p. 80). Cf. também PEREIRA, Belmiro Fernandes – «A fama portuguesa no ocaso do império: a divulgação europeia dos feitos de D. Luís de Ataíde». In *Actas do Congresso Internacional de Humanismo Português na época dos Descobrimentos*. Coimbra: Centro de Estudos Clássicos e Humanísticos, 1993, pp. 47-73.

projecto dos seus soberanos até à eliminação dos sultanatos de Bijapur e Golconda em 1686-1687. Muito embora seja aliciante procurar uma relação entre a ofensiva dos sultanatos do Decão sobre Vijayanagara e uma eventual interferência do imperador mogol, tal hipótese não encontra fundamento nem na documentação portuguesa nem nas crónicas indo-persas. Como vimos, as preocupações de Akbar nos anos de 1560 são outras, bem distintas.

Em simultâneo observadores e actores dos desenvolvimentos políticos do planalto do Decão, os portugueses descuraram de certo modo a paulatina construção de um estado mogol que se ia enraízando na Índia. Se consultarmos a correspondência trocada entre Goa e Lisboa nos anos de 1560, constatamos que o império de Akbar continua a não concitar qualquer interesse. Basta ler as cartas de D. Constantino de Bragança, D. Francisco Coutinho e D. Antão de Noronha à rainha D. Catarina e a D. Sebastião[112], ou então as duas relações anónimas de 1568 e 1569, publicadas por Wicki[113]. O perigo otomano e a necessidade de lhe fazer face é assunto recorrentemente glosado nos documentos que acabámos de referir: é que a ameaça de Soleimão I (1520-1566) e Selim II (1566--1574) pende sobre a Europa, mas tem fortes ramificações na Ásia, que deixam o Estado da Índia deveras alarmado. Do mesmo modo, as informações que circulam pela rota do Levante, e que chegam ao Reino via Roma, encontram-se demasiado concentradas nas notícias relativas a Constantinopla e ao seu espectro de acção[114].

Neste contexto, D. Sebastião corresponde-se com vários soberanos da região, buscando sobretudo o apoio do Preste João e procurando firmar

---

[112] PEREIRA, António dos Santos – «A Índia a preto e branco: uma carta oportuna escrita em Cochim por D. Constantino de Bragança à Rainha Dona Catarina». *AHAM.* Vol. IV (2003), pp. 449-484; WICKI, José, S.J. – «Duas cartas oficiais de vice-reis da Índia, escritas em 1561 e 1564». *Studia.* Vol. 3 (Jan. 1959), pp. 36-89; ID. – «Dokumente und Briefe aus der Zeit des indischen Vizekönigs D. Antão de Noronha (1563-1568)». *Aufsätze zur Portugiesischen Kulturgeschichte.* Vol. 1 (1960), pp. 225-315.

[113] WICKI, José, S.J. – «Duas relações sobre a situação da Índia portuguesa nos anos de 1568 e 1569». *Studia.* Vol. 8 (Jul. 1961), pp. 133-220. Também o regimento de D. Luís de Ataíde nada diz sobre o «Mogor» (Lisboa, 27.II.1568, in *APO*, fasc. 3, doc. 1, pp. 1-26).

[114] Sobre a política otomana para o oceano Índico neste período, ver CASALE – *The Ottoman Age of Exploration*, cap. V, pp. 117 ss.

uma aliança com o Irão safávida. Os arquivos europeus guardam bastos testemunhos desta linha de orientação, em particular da embaixada que então se planeava enviar a Shah Tahmasp por intermédio de Miguel de Abreu de Lima[115]. Mas nada sobre Akbar, a quem D. Sebastião nunca se dirige. Para Lisboa e Goa, o império mogol nada representa na conjuntura da transição da década de 1560 para a seguinte. Correntes na Península Ibérica nesta época, os apontamentos ou «manuais» que codificam títulos e formas de tratamento a dispensar aos soberanos orientais nunca mencionam o «Mogor»[116]. D. Sebastião, à entrada de 1570, pensaria seguramente como Garcia de Resende quarenta anos antes, ao escrever na sua *Miscelânea*: «ho gram poder do soldam/ e do grande Tamorlam/ vimos tomar para si/ ho turco e ho Sophi/ com poder e sem auçam»[117]. Os despojos do tempo antigo eram, assim, repartidos entre o «Grão Turco» e o «Grão Sofi». O «Grão Mogol», que ironicamente descendia do «grande Tamorlam», ainda não existia para os portugueses. Não existia para Resende, porque, em 1532, ainda no Reino se não tinha ouvido falar de Humayun, nem este se colocava ao mesmo nível dos dois soberanos seus vizinhos. Não existia para D. Sebastião, a quem, aparentemente, não chegaram ecos daquilo que, nos anos de 1530-1540, se sabia em Goa, mas também em Portugal acerca do sucessor de Babur. Quanto a Akbar, o processo de construção da sua ideologia imperial só se encetou já D. Sebastião tinha morrido. Será Filipe II, pois, o primeiro a lidar com o «Grão Mogol».

Se passarmos da correspondência aos textos narrativos, a conclusão é idêntica. Em 1563, António Galvão escreve que Cabul é a principal cidade dos «mogores»[118]. E no seu primeiro *Soldado prático*, escrito à roda de 1564-1565, Diogo do Couto não faz uma única referência a Akbar ou ao seu império em crescimento[119]. Defende a manutenção de Damão, praça

---

[115] Copiosa informação sobre tudo isto no AGS – *Estado-Portugal*, 390.

[116] Veja-se *inter alia* «Títulos que el Rey de Portugal pone a algunos Reyes Orientales», s.l. n.d. [seguramente da década de 1570], AGS – *Estado-Portugal*, 390-155.

[117] Garcia de Resende, *Miscelânea* (*ca.* 1532), pub. VERDELHO, Evelina – *Livro das obras de Garcia de Resende*. Lisboa: FCG, 1994, p. 561.

[118] *Tratado dos Descobrimentos*. 4ª ed.. Eds. Visconde de Lagoa e Elaine Sanceau. s.l. [Porto]: Livraria Civilização, 1987.

[119] *O primeiro soldado Prático*, ed. António Coimbra Martins. Lisboa: CNCDP, 2001.

essencial para estancar o assédio otomano, e preocupa-se com a hegemonia turca em Baçorá, problema maior da política ultramarina portuguesa no período das regências de D. Sebastião[120]. Mas não mais do que isso.

O último marco desta primeira fase da percepção portuguesa do império mogol é a *História da Índia no tempo em que a governou o Visorei Dom Luís de Ataíde*. Espécie de crónica do primeiro vice-reinado de Ataíde, a obra de António Pinto Pereira só haveria de ser publicada em 1617, muito embora tivesse sido redigida entre 1572 e 1575 e então dedicada a D. Sebastião[121]. Reflecte os conhecimentos de alguém que escreve em Portugal sem ter ido à Índia e dedica aos senhores do «grão reyno de Dely» (que nunca identifica pelo nome) um capítulo – «da gente dos Mogores, & de algûas cousas, & acontecimentos tocantes ao reyno de Cambaia» (liv. I, cap. 5º).

À semelhança de outros autores do seu tempo, como Fr. Gaspar da Cruz[122] e Diogo do Couto, Pereira escora-se na Bíblia para explicar as origens dos mogóis: liga-os a Magog, neto de Noé (a quem é atribuída a paternidade dos povos indo-europeus), e à «gente dos Schytas», os nómadas das estepes euro-asiáticas que representam a ameaça permanente dos que vêm do Norte, de onde «saio aquelle monstruoso conquistador Grão Tamerlão»[123]. Nas apreciações de carácter etnográfico, nada de novo relativamente aos cronistas cujo testemunho temos acompanhado. Em

---

[120] Cf. CRUZ, M. Rosário S. Themudo Barata A. – «A 'questão de Baçorá' na menoridade de D. Sebastião (1557-1568). A perspectiva das informações colhidas na Índia e as iniciativas do governo». *Revista da Faculdade de Letras de Lisboa*. 5ª s., vol. 6 (Dez. 1986), pp. 49-64; ID. – «Os diplomatas portugueses em Roma no século XVI e as informações acerca do Turco e da Índia». *Portugaliae Historica*. 2ª s., vol. I (1991), pp. 103-138.

[121] Coimbra: Nicolau Carvalho, 1617. Edição facsimilada com introdução de Manuel Marques Duarte. Lisboa: INCM, 1987.

[122] Este missionário dominicano, que havia trabalhado na Índia entre o final dos anos de 1540 e os primeiros anos da década seguinte, passou depois para Malaca e daí para o Camboja, até se instalar no sul da China. Viveu em Ormuz entre 1560 e 1563, antes de regressar a Portugal. O seu *Tratado* foi publicado em 1569-1570 e aquilo que escreve sobre os mogóis é mais marcado pela informação livresca do que por aquilo que terá eventualmente visto e ouvido na Índia e em Ormuz. Sabe que os patanes dominam o Bengala e que os «mogores» fizeram guerra ao Guzerate, mas assume que a sua capital é Samarcanda e nunca fala de Akbar (*Tractado em que se contam muito por estenso as cousas da China*. Évora: André de Burgos, 1569-1570, esp. cap. IV).

[123] Ver a erudita nota de THOMAZ, L F. – «Gog, Magog e Quinto Império». In *Década Quarta*, de Diogo do Couto, ed. M. Augusta Lima Cruz. Lisboa: CNCDP; FO; INCM, 1999, vol. II, n. 121, pp. 130-132. Também MESERVE – *Empires of Islam*.

contrapartida, Pinto Pereira revela-se muitíssimo bem informado acerca dos assuntos do Guzerate nos anos de 1560. O autor alonga-se na descrição do conflito entre I'timad Khan («Itimiticão») e o poderoso Changiz Khan («Chinguiscão»), assassinado em 1568 por dois abexins – Alif Khan («Lurcão») e Jhujhar Khan («Iusarcão) – durante um jogo de polo (*chaugan*, «choca»)[124]. A detalhada narrativa deste episódio, muito próxima daquilo que escreveu Sikandar ibn Muhammad[125], não é mais do que uma marca da decomposição da autoridade do sultão Muzaffar Shah III: «tudo era nesse tempo motins, & aleuantamentos em que cada hû se apoderava do que podia», regista a *História da India*.

Por esses anos, de facto, o Guzerate vivia uma situação de profunda anarquia política, um reino dilacerado pela luta entre facções e entre indivíduos e, bem assim, pela acção predatória de uma multidão de soldados da fortuna, onde, como bem assinala o autor, não faltam afegãos e vários milhares de mogóis. É este, precisamente, o pano de fundo da intervenção de Akbar no Guzerate em 1572-1573. Centrado no primeiro governo de D. Luís de Ataíde, António Pinto Pereira já não fala dessa campanha militar. Só que, surpreendidos pela presença de Akbar à porta das fortalezas do norte, os portugueses rapidamente redescobrem os mogóis e não demoram a aprender o nome do seu chefe: «Equebar».

Conclusão

Neste quase meio século, um tanto nebuloso, que vai da fundação do império mogol por Babur à conquista do sultanato do Guzerate por Akbar, a relação entre a Índia timúrida e a Índia portuguesa é assaz irregular, entrecortada, em muitos momentos episódica até. Mas o presente capítulo não procura constituir uma simples introdução estática ao nosso objecto, historiando os antecedentes e traçando o contexto. A verdade é que se trata de um período em que se começa verdadeiramente a delinear a fronteira

---

[124] PEREIRA, A. Pinto – *História da Índia*, liv. I, cap. 3.
[125] *Mirat-i Sikandari*, esp. pp. 296-302.

entre as duas Índias, ao mesmo tempo que se reconhecem já alguns dos princípios essenciais da relação futura entre portugueses e mogóis.

Chegados ao subcontinente um quarto de século antes, os *firangis* de algum modo reclamam precedência e não hesitam em considerar os «mogores» estrangeiros, como que querendo banir essa «outra gente», que saíra da «sua terra» (as expressões são de Martim Afonso de Sousa, em 1535), da paisagem étnica, política e social «natural» da Índia. Paisagem de que, aliás, os portugueses – que tinham igualmente saído da «sua terra» – também não faziam parte. Dados os acontecimentos deste período, particularmente os dos anos correspondentes ao chamado interregno Sur (1540-1555), a Índia portuguesa olha para a parte setentrional do subcontinente (incluindo o Guzerate e o Bengala) sobretudo enquanto lugar de disputa entre mogóis e afegãos. E é justamente do desenho das fronteiras entre os dois que se ocupa o mapa de Bartolomeu Velho (1561).

O carácter guerreiro destes novos «inimigos» (como são logo à partida definidos os «mogores»[126]), a par da facilidade e aparente irreversibilidade da sua progressão territorial, tornava inevitável a «convivência». Um primeiro exercício de estabelecimento de limites, e de construção de uma fronteira, passa pela assunção – aparentemente mútua – de dicotomias como «portos de mar» ou «terras de perto», de um lado, e «sertão» ou «terras de longe», do outro. É esta a linguagem que molda as relações de Humayun com o Estado da Índia a propósito do Gujarat, e é também esta a chave da correspondência trocada entre D. João de Castro e Islam Shah sobre uma possível partilha desse sultanato: ao soberano afegão caberia «a melhor e maior parte da terra», o rei de Portugal ficava «possuindo o mar», e ambos podiam «gozar seus impérios».

As zonas de tensão e potencial conflito vão-se definindo gradualmente. O Cinde, com as expedições portuguesas ao Indo de 1535 e 1557, é uma delas. O Decão, ainda que longe de constituir nesta altura o cerne da

---

[126] Os afegãos gozam, entre os portugueses, de «melhor imprensa» que os mogóis. Diz o anónimo autor de *Primor e honra da vida soldadesca no Estado da India* (Lisboa: Jorge Rodrigues, 1630, mas escrito no último quartel do século XVI) a propósito do Bengala, que «a terra é de Magores mui mais soberbos e cruéis do que eram os Patanes»; pt. III, cap. 10, ed. Laura Monteiro Pereira, rev. Maria Augusta Lima Cruz. Ericeira: Mar de Letras, 2003, p. 208.

guerra surda entre o Estado da Índia e o império mogol em que se tornaria na última década do século XVI, é já um espaço de recíproca observação. Quanto ao Bengala, os portugueses empenharam-se desde cedo em tirar partido das contradições locais, ora participando na resistência nativa à conquista, ora explorando a guerra entre mogóis e afegãos. Mas também ficou claro logo nesta primeira fase que Goa tinha muita dificuldade, quando não impossibilidade, em controlar os portugueses do Bengala. As acções destes são frequentemente disruptivas e o Bengala constitui de certo modo uma fronteira do próprio Estado da Índia. O Guzerate, por seu lado, representou neste momento embrionário o principal espaço de negociação e conflito entre portugueses e mogóis. Como veremos no próximo capítulo, a concepção e gestão dessa fronteira haveria de evoluir e maturar a partir de 1572-1573.

CAPÍTULO 3
FATHPUR SIKRI E A CONQUISTA DA
«GEMA DA ÍNDIA»
(1571-1585)

Dois palácios e duas janelas para o mar

O início da década de 1570 marca o arranque de uma nova etapa do longo reinado de Akbar. Uma vez dominado o Rajastão, o imperador transfere a capital de Agra para Sikri. Fê-lo em 1571, dois anos após ter ordenado o início da construção da nova cidade, cuja azáfama fazia questão de acompanhar de perto, como bem documenta uma pintura da época[1]. Revelando um cunho acentuadamente islâmico, consequência da ortodoxia que marca a primeira fase do reinado de Akbar, o tecido urbano de Fathpur Sikri escora-se na Grande Mesquita (a Jami' Masjid, subtilmente comparada à Ka'aba) e no túmulo de Shaikh Salim Chishti, o santo sufi falecido nesse mesmo ano de 1571 que influenciara sobremaneira o imperador e cujo pensamento ajudou a moldar a sua concepção de soberania[2].

No plano político, a nova capital – espécie de acampamento imperial concebido em pedra – ritualizava os espaços da rotina diária de Akbar e, deste modo, traduzia arquitectonicamente uma nova simbólica do

---

[1] Um dos manuscritos ilustrados do *Akbar Nama, ca.* 1590-1595 – aquele que se guarda no V&A e que é, muito provavelmente, o que foi apresentado ao imperador – inclui duas miniaturas que documentam a construção de Fathpur Sikri (IS 2-1896 91/117; IS 2-1896 86/117). A segunda representa a inspecção das obras pelo próprio imperador.

[2] Cf. RIZVI, Saiyid Athar Abbas – *A history of Sufism in India*. Reed. Nova Deli: MM, 1992, 2 vols. esp. vol. I, cap. 2 («The Chishtis»), pp. 114 ss; e vol. II, cap. 7 («The Sufi Conception of Kingship and Government»), pp. 348 ss.

poder. Ainda assim, Fathpur Sikri estava longe de ser autosuficiente. Em boa verdade, sendo primeiro que tudo uma capital cerimonial, desprovida de valor estratégico, Fathpur Sikri era claramente subsidiária da vizinha Agra no plano militar e, ao menos durante a primeira década, também no aspecto económico. Aliás, Akbar tinha feito de Agra assento imperial logo em 1558, e é nessa mesma cidade que voltará a fixar-se na fase final do seu reinado[3]. Uma e outra, Agra e Fathpur Sikri, foram promovidas por Akbar de modo a romper deliberadamente com a secular proeminência política de Deli e a libertar o imperador da pesada tutela da sua elite local[4].

Os jesuítas chegaram a Fathpur Sikri em 1580 e não deixaram de se surpreender com a nova cidade. É no extenso relato de Antonio de Monserrate (Antoni de Montserrat, 1536-1600) que se colhem as mais vivas impressões, descrição de alguém que não ficou alheio ao significado político da «Cidade da Vitória»[5]. Também Francisco Henriques, outro dos membros da primeira missão da Companhia ao império de quem voltaremos a falar adiante, intuiu a conexão entre o nascimento de Fathpur Sikri e a afirmação do imperador: «Esta cidade de Fatipur haverá dez annos que a fundou. Certo que pera tão pouco tempo bem mostra o seu grande poder e riquesas que teem, que certo que faz pasmar aos que teem visto muytas cousas boas»[6].

---

[3] Em 1565, o imperador ordenara a construção do forte de Agra (Jahangiri Mahal), tal qual ilustram duas magníficas páginas ilustradas do *Akbar Nama* (V&A, IS 2-1896 45/117; IS 2-1896 46/117). Sobre Agra enquanto capital imperial, ver GUPTA, I. P. – *Urban Glimpses of Mughal India. Agra, the Imperial Capital (16th & 17th centuries)*. Nova Deli: Discovery Publication House, 1986.

[4] Sobre Fathpur Sikri, cf. BRAND, Michael, LOWRY, Glenn D. (eds.) – *Fatehpur Sikri*. Bombaim: Marg Publications, 1987; RIZVI, Saiyid Athar Abbas, FLYNN, Vincent John Adams – *Fathpur Sikri*. Bombaim: D. B. Taraporevala Sons, 1975; PETRUCCIOLI, Attilio – *Fathpur Sikri: La città del sole e delle acque*. Roma: Carucci, 1988; ID. – «The city as an image of the King. Some notes on the Town-Planning of Mughal Capitals in the sixteenth and seventeenth centuries», in JONES, Dalu (ed.) – *A Mirror of Princes. The Mughals and the Medici*. Bombaim: Marg Publications, 1987, pp. 57-68; NATH, R. – «Mughal concept of Sovereignty in the inscriptions at Fatehpur Sikri, Agra and Delhi (1570-1654)». *Indica*. N.º 11/2 (Set. 1974), pp. 91-100. Vejam-se ainda as sínteses interpretativas de RICHARDS, John – *The Mughal Empire*. Reed. Nova Deli: CUP, 1995, pp. 29-31; e STREUSAND – *The Formation of the Mughal Empire*, pp. 92-94.

[5] *The Commentary of Father Monserrate S.J., on his Journey to the Court of Akbar*. Trad. de J. de S. Hoyland & anot. de S. N. Banerjee. Reimp. Nova Deli; Madrasta: AES, 1992, pp. 27 e ss. Edição castelhana por ALAY, Josep Lluís – *Embajador en la corte del Gran Mogol. Viajes de un jesuita catalán del siglo XVI por la India, Paquistán, Afganistán y el Himalaya*. Lleida: Editorial Milenio, 2006.

[6] Carta ao padre Lourenço Peres, Fathpur Sikri, 6.IV.1580, in *DI*, vol. XII, p. 6.

Expressão arquitectónica de um programa político novo e de uma ideologia imperial em construção, Fathpur Sikri constituiu também o trampolim para a fase seguinte de alargamento territorial do império: a conquista dos sultanatos do Guzerate[7] e do Bengala. Akbar ambiciona o domínio das duas principais janelas que abrem o Norte da Índia ao mar, procurando assim esbater a natureza exclusivamente continental do seu estado. Observava sugestivamente o jesuíta Duarte de Sande em 1579 que, «[...] às quaes duas partes do triangulo, Cambaya e Bengala, endereçou elle [Akbar] seus exercitos e se apoderou destes dous reinos, que são a gema da India»[8]. Muitíssimo relevantes, tanto do ponto de vista geoestratégico como no que respeita à vida económica, os sultanatos do Guzerate e do Bengala viviam um momento político conturbado à entrada dos anos de 1570. Akbar lograria conquistá-los rapidamente e com escassos anos de intervalo. Abu'l Fazl, historiador dilecto do imperador e artífice da ideologia do seu reinado, não podia deixar de apresentar a conquista mogol como instrumento de libertação da população local. No primeiro caso, o imperador terá considerado que «os oprimidos do Guzerate deveriam ser trazidos ao berço da graça». Quanto ao Bengala, Akbar pretendera libertar os camponeses locais do «domínio dos pérfidos afegãos»[9].

A formulação retórica de Abu'l Fazl esconde uma realidade bem mais complexa. Consideradas numa perspectiva económica, estas duas campanhas revelam interesses específicos. A conquista do Guzerate, prolongamento lógico da recente hegemonia mogol no Rajastão, facilitava a ligação dos grandes mercados da Índia central e do norte ao mar Arábico. Já o domínio do Bengala, em estreita ligação com Agra, representava a posse da mais rica zona agrária do Hindustão, para além

---

[7] A cidade está, aliás, estreitamente ligada à campanha do Guzerate. Inicialmente chamada Fathabad, transformou-se em Fathpur Sikri («cidade da vitória») depois da definitiva conquista do sultanato por Akbar em Junho de 1573. E a Buland Darwaza, a mais impressiva porta da capital, foi concluída em Abril de 1575 para comemorar a vitória imperial no Guzerate.

[8] Padre Duarte de Sande ao colégio de Coimbra, Goa, 7.XI.1579, in *DI*, vol. XI, p. 676.

[9] FAZL, Abu'l – *AN*, vol. III, resp. pp. 6 e 57.

de, idealmente, permitir o controlo de portos que constituíam o nervo de uma teia comercial-marítima à escala do golfo do Bengala[10]. No plano político, a incorporação destes dois sultanatos no império significava vencer as debilidades de Humayun e, fazendo uso de outra roupagem ideológica, regressar aos tempos áureos do sultanato de Deli sob a égide dos Khaljis (1290-1321) e dos Tughluqs (1321-1351). Porém, e malgrado a rápida conquista, resistências e revoltas locais perduraram por longo tempo. No Guzerate, ainda que mais mitigados, os levantamentos só se diluiriam em 1593, com o suicídio do sultão deposto. No Bengala, onde o domínio mogol foi sempre mais débil, registaram-se sublevações sérias até 1594 e, pelo menos antes de 1610, não se pode falar com rigor de autoridade imperial na província.

Embora de modo diverso, os portugueses tinham interesses próprios tanto no Guzerate como no Bengala. Num e noutro cenário, as campanhas de Akbar definiram um primeiro esboço de fronteira marítima do império e abriram caminho a uma relação prolongada entre a Índia mogol e o Estado da Índia. Mas, num como noutro caso também, os portugueses não deixaram de aparecer igualmente associados às revoltas locais que pretendiam sacudir a tutela timúrida sobre a «gema da Índia». Nos anos que se seguem, pois, o palácio do imperador mogol em Fathpur Sikri e o mais modesto «palácio da Fortaleza» do vice-rei de Goa estarão amiúde em contacto, justamente em função dos desenvolvimentos ocorridos nas duas janelas marítimas da Índia timúrida.

Olhemos o Guzerate em primeiro lugar, onde então se assistia ao esboroamento do poder de Muzaffar Shah III e à irreversível decadência do sultanato. Nas vésperas da conquista mogol do Guzerate, os *mirzas* – família descendente de Timur cujo patriarca, Muhammad Sultan Mirza, estava ao serviço dos imperadores mogóis desde Babur – dominavam a parte meridional do sultanato. Expressão de um conflito entre diferentes clãs da família timúrida, os filhos mais novos de Muhammad Sultan

---

[10] GOMMANS – *Mughal warfare*, pp. 25-27; SUBRAHMANYAM, Sanjay – *Improvising Empire. Portuguese trade and settlement in the Bay of Bengal, 1500-1700.* Nova Deli: OUP, 1990, cap. V («Notes on the sixteenth century Bengal trade»), pp. 96-127.

Mirza encetaram em finais da década de 1560 uma série de revoltas contra o imperador. Procuravam fazer valer o princípio da soberania colectiva dos turco-mongóis, que tanto debilitara a autoridade de Humayun, e pretendiam consequentemente forçar Akbar a com eles dividir o poder imperial. Entre todos, avulta Ibrahim Husain Mirza, que então controlava os importantes estabelecimentos marítimos de Surrate e Baroche[11]. É aos *mirzas* que António Pinto Pereira seguramente se refere quando fala dos muitos mogóis que, ainda antes da conquista de Akbar, deambulavam livremente pelo sultanato: «tres mil homens de cauallo soltos em coadrilhas como aventureiros, seruindo nas empresas alheas, espreitando azos de se fazerem Senhores, lançando sempre maõ do que podem sostentar, fora de toda sogeição, & obediençia se não de quem elles querem seguir, pella qual rezão o seu mesmo Rey, & Senhor natural, os quizera ja mandar conquistar». Em guerra com os portugueses, vivendo em «campos afrontados», estes homens fazem chegar aos adversários algumas das suas «trouas, & cantigas»[12], naquilo que parece constituir uma interessante contaminação da cultura do Rajastão: é bem sabido que os rajputes faziam das canções e das baladas um modo essencial de afirmação da sua identidade[13].

Já na região setentrional do sultanato, a força estava nas mãos de guzerates e abexins (*habshi*s). O extraordinário poder de I'timad Khan, um notável da vida política do reino capaz de fazer e desfazer sultões, assenta justamente nesta ligação[14]. A sua longa mas irregular carreira vinha sendo

---

[11] Sobre este assunto, ver STREUSAND – *The Formation of the Mughal Empire*, pp. 102--105; FAZL, Abu'l – *A'in-i Akbari*, pp. 513-516.

[12] *História da Índia*, liv. I, cap. 5, p. 26 (p. 168 da ed. 1987). Couto dá conta de alguns milhares de mogóis no sultanato, «vencendo o soldo de ElRey de Cambaya» (*Década VII*. Liv. ix, cap. 11, p. 389).

[13] Cf. KOLFF – *Naukar*, pp. 71 ss; GORDON, Stewart – *Marathas, Marauders, and State Formation in Eighteenth-century India*. Nova Deli: OUP, 1994, cap. 9 («Zones of military entrepreneurship in India, 1500-1700»), pp. 182 ss.

[14] O *Mirat-i Sikandari, passim*, dá larga notícia desta figura (especificamente para os acontecimentos dos anos de 1570, ver *ibid.*, pp. 303-317). Cf. também KHAN, Ali Muhammad – *Mirat-i Ahmadi*. Trad. M. F. Lokhandwala. Baroda: Oriental Institute, 1965, caps. 34 ss, pp. 91 ss; e DABIR, Hajji – *Zafar-ul-Walih*. Trad. M. F. Lokhandwala, vol. I, cap. XI, pp. 385 ss. Outras fontes menos glosadas a considerar são a curta história do sultanato do Guzerate por Mahmud Bukhari (TIRMIZI, A. A. – «Tarikh-i-Salatin-i-Gujarat». *Medieval India Quarterly*. Vol. V (1963), pp. 33-45) e um texto do poeta Faizi (NIZAMI, K. A. – «Faizi's Masnavi on Akbar's conquest of Ahmadabad». *Ibid.*, pp. 133-152).

seguida desde há quase trinta anos pelos portugueses. Em 1548, noticiam a sua deserção para as hostes de Islam Shah e a preocupação do sultão Mahmud II em assegurar o seu regresso ao Guzerate[15]. Nos anos de 1560, como vimos no capítulo anterior, dão conta do seu conflito com Changiz Khan. O desaparecimento deste veio reforçar ainda mais o poder de I'timad Khan que, manietando de todo Muzaffar Shah III – «não mandava cousa alguma, por ser como estatua muda sem poder fallar», sublinha sugestivamente Couto –, controlava Ahmadabad e procurava eliminar os *mirzas*. Daí ter solicitado a intervenção de Akbar, prostrando-se perante o imperador quando da sua entrada no sultanato, tal qual documenta uma pintura de Sur Das[16].

A campanha mogol do Guzerate teve lugar em 1572. À chegada do imperador a Patan, na expressiva imagem do *Fath Nama-i Gujarat*, os inimigos espalharam-se por toda a parte «como a constelação do Urso no céu»[17]. Akbar tomou depois Ahmadabad e, em Novembro, enquanto Muzaffar Shah III renunciava ao poder, o imperador mogol ouvia o seu nome ser proferido como soberano do Guzerate nas orações de sexta-feira. Akbar avançou então para o sul, tomando praticamente tudo o que restava do sultanato e forçando a fuga dos *mirzas* para o Decão. No mês seguinte, alcançando o porto de Cambaia, viu pela primeira vez o mar e deu um relaxante passeio de barco, que lhe permitiu, como conta 'Arif Qandahari, aliviar a tensão da mente[18].

Foi por pouco que mogóis e portugueses não disputaram a conquista do sultanato, dado que a fragmentação política do Guzerate ao tempo

---

[15] António Mendes de Castro a D. João de Castro, Diu, 13.III.1548, in CORTESÃO E ALBUQUERQUE – *Obras*, vol. III, p. 539.

[16] CBL – *Akbar Nama*, ca. 1603-1605. In LEACH, Linda York – *Mughal and other Indian paintings, from the Chester Beatty Library*. Londres: Scorpion Cavendish, 1995, 2 vols., vol. I, n°s 2128 e 2129, pp. 269-270 e 274-275.

[17] A tradução inglesa deste texto é dada por KHAN, Iqtidar Alam – *The political biography of a Mughal Noble. Munim Khan Khan-i-Khanan, 1497-1575*. Nova Deli: Orient Longman; Aligarh Muslim University, 1973, pp. 125-130 [126].

[18] QANDAHARI, Muhammad 'Arif – *Tarikh-i-Akbari*, ed. Tasneem Ahmad. Nova Deli: Pragati Publications, 1993, p. 193. Para uma análise logística da campanha, ver ZAMAN, M. K. – «Akbar's Gujarat campaigns – A military analysis». *PIHC*, 55ª sessão. Nova Deli: 1995, pp. 313-317.

de Muzaffar III chamou também a atenção do vice-rei de Goa. Não fora a guerra no Malabar – notava um jesuíta em 1569 – e D. Luís de Ataíde teria avançado, pois estava «Cambaia mui desposta para comquistar mais do que nunca esteve»[19]. Mais tarde, com o sultanato transformado em província imperial, serão muitas as ocasiões em que se aventa em Goa a possibilidade de conquistar Surrate. Obsessão antiga, porquanto já em 1560-1561 os portugueses tinham tentado tomar este porto[20].

O primeiro encontro directo entre os portugueses e o imperador mogol deverá ter ocorrido nessa ocasião. Os mercadores portugueses que se encontravam então em Cambaia «se foram offerecer ao Mogor», que assegurou protecção a pessoas e bens. De acordo com Couto, que dá destaque à incursão mogol no Guzerate, Akbar fez-lhes «grande gazalhado» e ficou de todo fascinado com a roupa que traziam: «parecendo-lhe bem aquelle trajo dos nossos, mandou fazer outros de capas de raxa, chamalotes, roupetas, calções, e botas, e pedio aos Portuguezes algumas gorras, que se então costumavam de Milão, e alguns chapeos, e vestio-se à Portugueza com espada, e adaga, pelo que os nossos lhe beijáram a mão»[21]. Não faltariam ocasiões para que o imperador voltasse a comportar-se do mesmo modo. Notavam os jesuítas em 1579 que Akbar «folga summamente com o trajo de Europa pera os homens e molheres»[22]. Três anos volvidos, Monserrate confirma que ao imperador «contenta-lhe muito o trajo espanhol e algumas vezes se veste dentro à portuguesa; veste e calça veludo preto muitas vezes»[23]. E assim se apresentou, vestindo os filhos da mesma maneira, para receber os padres jesuítas em Fathpur Sikri[24].

---

[19] Padre Gonçalo Álvares ao padre Francisco Borges, Goa, 5.XII.1569, in *DI*, vol. VIII, p. 120.

[20] COUTO – *Década VII*. Liv. ix, caps. 8-9 e 11-14.

[21] COUTO – *Década IX*. Cap. 13, pp. 66-67. Exemplos mais tardios deste fascínio, reportando-se ao reinado de Jahangir, em QAISAR, Ashan Jan – *The Indian response to the European technology and culture, 1498-1707*. Reed. Nova Deli: OUP, 1998, pp. 124-125.

[22] «Copia de huma da India pera a provincia de Portugal do anno de 1579», in REGO – *Documentação*, vol. XII, pp. 462-463.

[23] «Relaçam do Equebar, rei dos mogores» (1582), in *DI*, vol. XII, p. 648 (doravante citado como *Relação*).

[24] MONSERRATE – *The Commentary*, p. 28. No *A'in-i Akbari*, Abu'l Fazl escreve que o imperador tem muitas roupas europeias no seu guarda roupa (vol. I, p. 93).

Diz Monserrate que Akbar o terá feito para agradar aos seus hóspedes. Certo é que a moda do traje português tocou vários soberanos asiáticos no século XVI. Ao receber Michel Membré em 1539 – é o próprio que conta –, Shah Tahmasp «mi mandò vestimenti novi alla guisa di Portugalia e mi fece vestir»[25]. No outro extremo da Ásia, é bem sabido como Toyotomi Hideyoshi apreciava as calças à espanhola e a moda *namban*. Não raro, os seus súbditos vestiam à europeia, dando-lhe assim a ilusão de ser um monarca ocidental governando uma corte ocidental[26]. Tudo isto, evidentemente, tem em parte que ver com gosto, consumo e atracção pelo que é bizarro ou «exótico». Mas pode ser também uma forma de vincar a universalidade do imperador, capaz de governar reinos culturalmente distintos e de exercer autoridade sobre pessoas «diferentes». Uma «multiculturalidade» com propósito político assaz vincado, portanto, que parece explicar o gesto de Akbar. Na China Qing, em contexto de incorporação imperial do Tibete, alguns imperadores não hesitaram em apresentar-se como lamaistas diante dos tibetanos, podendo simultaneamente «fazer» de confucionistas perante os chineses[27].

Akbar entrou triunfalmente em Surrate no mês de Fevereiro de 1573 e regressou a Fathpur Sikri, deixando em Ahmadabad o seu irmão de leite, Mirza 'Aziz Koka, como governador da nova província. O imperador, contudo, não tardaria a regressar ao Guzerate. É que, após a sua partida para a corte, Ibrahim Husain Mirza recuperou os portos de Cambaia, Baroche e Surrate, enquanto que 'Aziz Koka era atacado em Ahmadabad por nobres afegãos apoiados pelo chefe rajpute de Idar. A rapidez e eficácia da segunda intervenção de Akbar no Guzerate – vencendo a distância entre Fathpur Sikri e Ahmadabad em menos de uma dúzia

---

[25] *Relazione di Persia*, p. 57.

[26] TOBY, Ronald – «Three realms/myriad countries: An "ethnography" of other and the re-bounding of Japan, 1550-1750», in CHOW, Kai-wing *et al*. (eds.) – *Constructing Nationhood in Modern East Asia*. Ann Arbor (MI): University of Michigan Press, 2001, pp. 15-45.

[27] DABRINGHAUS, Sabine – «Chinese Emperors and Tibetan Monks: Religion as an Instrument of Rule». In DABRINGHAUS, S., PTAK, Roderich (eds.) – *China and Her Neighbours. Borders, Visions of the Other, Foreign Policy, 10th to 19th century*. Wiesbaden: Harrassowitz, 1997, pp. 119-134. Ver, por exemplo, a pintura «The Qianlong Emperor as Manjusri, the Bodhisattva of Wisdom» (por Giuseppe Castiglione, meados do século XVIII), Washington, D.C.: Freer/Sackler Galleries, Smithsonian Institution, F 2000.4.

de dias e eliminando a resistência – teve um enorme eco na época e ajudou seguramente a consolidar a sua autoridade.

A tomada de Surrate deu azo a um segundo encontro entre os portugueses e Akbar. Temendo um ataque mogol a Baçaim e Damão, o vice-rei D. António de Noronha viajou para esta última cidade e recebeu um embaixador de Akbar a bordo da sua galé. No regresso, o dignitário mogol viaja na companhia de um enviado português, António Cabral, que o imperador recebe em Surrate. O entendimento entre as duas partes ficou selado com um mandado imperial, datado de 18 de Março de 1573 e aparentemente emitido em Baroche, de que Diogo do Couto dá a tradução portuguesa. É dirigido aos funcionários do império (particularmente aos da província do Guzerate) e, para além de estipular algumas regras de boa vizinhança entre o império mogol e o Estado da Índia, distinguindo entre «terras nossas» e «terras suas», assegurava aos portugueses a posse de Damão. Em contrapartida, estes concederiam um cartaz ao imperador para que, anualmente, uma nau sua fosse a Meca[28].

Este encontro de Surrate também teve eco nas crónicas do reinado de Akbar. Muhammad 'Arif Qandahari nota que os Portugueses que estavam em Damão vieram ao encontro do imperador em Surrate no dia 4 de Março, oferecendo vinho português e recebendo cavalos em troca. E discorre depois, longa e poeticamente, sobre os efeitos do vinho no imperador e nos que com ele beberam[29]. Abu'l Fazl nota que, após o desfecho do cerco de Surrate, os portugueses foram à presença de Akbar sendo «recompensados com o favor de um encontro». Aparentemente teriam vindo para socorrer os *mirzas* mas, confrontados com a vitória do exército imperial, logo mudaram de estratégia. Ofereceram várias raridades do seu país, enquanto que

---

[28] COUTO – *Década IX*. Cap. 13, pp. 82-84. Pub. em português e inglês por FLORES, Jorge, SALDANHA, António Vasconcelos de – *Os Firangis na chancelaria mogol. Cópias portuguesas de documentos de Akbar (1572-1604)*. Nova Deli: Embaixada de Portugal, 2003, doc. 2, pp. 65-66. Sobre os cartazes (do árabe *qirtas*, «papel», «documento»), salvo-condutos dados aos navios no Índico pelos portugueses, ver THOMAZ, Luís Filipe – «Precedents and parallels of the Portuguese Cartaz system». In MALEKANDATHIL, Pius, MOHAMMED, Jamal (eds.) – *The Portuguese, Indian Ocean and European Bridgeheads, 1500-1800. Festschrift in honour of K. S. Mathew*. Tellicherry (Kerala, Índia): Institute for Research in Social Sciences and Humaniyties of MESHAR, 2001, pp. 67-85.

[29] QANDAHARI, 'Arif – *Tarikh-i-Akbari*, p. 199.

Akbar, recebendo-os com particular deferência, inquiria acerca de Portugal e dos costumes da Europa. Abu'l Fazl nota, porém, que a curiosidade de Akbar sobre os *firangis* – tema tantas vezes glosado pelos missionários jesuítas que com o imperador privaram depois de 1580 – não correspondia apenas a uma simples busca de conhecimento. O cronista vê-a, antes, como instrumento para «civilizar esta raça selvagem»[30].

Os pintores da corte deram considerável relevo aos acontecimentos do Guzerate. A batalha de Sarnal – em que o imperador cerca Ibrahim Husain, forçando a sua fuga – valeu a atenção de vários artistas imperiais[31], enquanto que a entrada de Akbar em Surrate foi pintada por Farrukh Beg[32]. Uma outra miniatura, executada por Keshav 'o Velho' e Narsingh, representa Akbar recebendo os seus filhos em Fathpur Sikri após a vitoriosa campanha[33]. Por fim, a impressiva cena dos prisioneiros do Guzerate apresentados ao imperador por Husain Quli Khan[34]. Desafortunadamente, os artistas imperiais não se detiveram a pintar as cenas relativas aos primeiros contactos entre os portugueses e Akbar. Farrukh Beg integrou um português na multidão que assiste à entrada do imperador em Surrate. Mas não dispomos de representações pictóricas do encontro de Cambaia ou da embaixada de António Cabral.

Também não possuímos nenhuma imagem de um encontro preliminar entre portugueses e mogóis, ocorrido em Diu no mês de Dezembro de 1572. Facto ignorado pelas fontes de um e de outro lado usualmente evocadas, Akbar escrevia então ao capitão da fortaleza portuguesa, Aires Teles[35]. A carta, de que não se conhece o original ou qualquer cópia

---

[30] FAZL, Abu'l – *AN*, vol. III, p. 37.

[31] Pinturas de Banwari Khurd, *ca*. 1580 (*Timur Nama*, Patna, Khuda Bakhsh Oriental Public Library, Ms. 551, fl. 333b. In BEACH, *Early Mughal painting*, il. 86, p. 126); de La'l e Babu Naqqash, *ca*. 1590-1595 (*Akbar Nama*, V&A, IS 2-1896 107/117, IS 2-1896 106/117); e de Sur Das, *ca*. 1604 (*Akbar Nama*, CBL, Ms. 3, fl. 163).

[32] *Akbar Nama*, *ca*. 1590-1595, V&A, IS 2-1896 117/117.

[33] *Akbar Nama*, *ca*. 1590-1595, V&A, IS 2-1896 110/117.

[34] Miniatura ocupando duas páginas do *Akbar Nama* do V&A, *ca*. 1590-1595: do lado esquerdo, uma soberba pintura de Basawan sobre composição de Mansur; do lado direito, um trabalho de Naqqash e Kesu (resp. IS 2-1896 112/117, IS 2-1896 113/117).

[35] Uma cópia da época guarda-se actualmente na BNP – *Res*., cod. 3776, pp. 106-107, existindo uma outra cópia, sem variantes, na BGUC – *Res*., cod. 170, fls. 86-87. Foi publicado

persa, foi entregue em mão por um emissário mogol cuja identidade ignoramos. A crer na versão portuguesa, a missiva é escrita a 13 de Dezembro de 1572, logo terá sido enviada de Ahmadabad. É sabido que Akbar ainda se encontrava na capital do sultanato nessa data, abandonando a cidade três dias depois para se instalar a 23 de Dezembro em Cambaia.

Para além de, genericamente, querer assegurar a amizade dos portugueses – evocando para tal a mediação, entre outros, de um muçulmano guzerate (de origem persa?) chamado Khwaja Tajuddin («Coge Tasadim») –, o imperador pede que a *khutba* seja lida em seu nome nas mesquitas de Diu e espera que, doravante, seja a sua própria moeda a correr na cidade. Um e outro pedido correspondem à clara assunção de marcas da soberania mogol na novel província.

Aires Teles remete o documento para Goa a fim de ser apreciado pelo vice-rei e aduz-lhe um comentário que vem apenso à versão portuguesa do *farman* («Estas são as couzas que pede o Grão Mogor pello seu embaixador e cartas [...]»). A atitude do capitão da fortaleza portuguesa de Diu é claramente pragmática. No que respeitava ao primeiro pedido, a referência a Akbar nas mesquitas era absolutamente inofensiva. Aires Teles informara-se junto da comunidade islâmica de Diu e entendeu que se tratava apenas de substituir a referência aos sultões do Guzerate pelo nome do novo soberano nas orações de sexta-feira. Quanto à moeda, o capitão de Diu só vislumbrava vantagens. Não só as moedas de ouro e prata que saíam das oficinas de cunhagem do império eram de boa qualidade, como a moeda do extinto sultanato, que circulara até então, era quase sempre falsa. Estudos recentes sobre a história fiscal e monetária do império mogol mostram que Aires Teles tinha razão[36].

---

em português e em inglês por FLORES, SALDANHA – *Os Firangis na chancelaria mogol*, doc. 1, pp. 61-64.

[36] Cf. DEYELL, John S. – «The development of Akbar's currency system and monetary integration of the conquered kingdoms». In RICHARDS, John F. (ed.) – *The imperial monetary system of Mughal India*. Reed. Nova Deli: OUP, 2000, pp. 13-67, esp. pp. 25-28. De Agra, ao que parece, Akbar tinha trazido moedas de prata como se tivessem sido cunhadas em Ahmadabad para serem postas a circular logo depois da ocupação do sultanato (KHAN, I. Alam – *The political biography*, p. 127, n. 2).

Com o *farman* de Akbar, Teles terá recebido também uma missiva do agora «capitão e veador da fazenda de Cambaia». Trata-se seguramente de uma carta de Mirza 'Aziz Koka, que não chegou até nós nem em tradução portuguesa nem no original persa. Conhecemos, todavia, os pontos essenciais do seu conteúdo: 'Aziz Koka pede ao capitão português que mande arrestar as naus de I'timad Khan («Istimicão»), agora propriedade de Akbar. Nesta nova fase, I'timad Khan perdia a confiança de Akbar e acabaria mesmo por ser preso, ainda que viesse a ser reabilitado na década seguinte. A prisão deu-se em meados de Dezembro de 1572, justamente na altura em que Akbar e 'Aziz Koka se dirigem ao capitão português de Diu.

A rápida conquista do Guzerate por Akbar deixou nos portugueses uma marca profunda. Miguel de Abreu de Lima, que se encontrava em Goa pronto para partir para a Pérsia como embaixador de Portugal, já não o pôde fazer nesse ano de 1573. O seu relato mostra como a incursão mogol foi vivida na capital do Estado da Índia:

> [...] estando me aviando susedeo entrar pelo Reyno de Cambaya ho equebar grande Rey dos Moguores com exercito poderoso não somente ocupando todas as terras daquele Reyno mas tambem ameasando a dio e damão fortalezas que el Rey meu Sor pesui naquelle Reyno pelo quall e per outros movimentos que tambem ouve no estreito e mar da percia foi neçessario convertersse as armas deste estado todas a defensa de tão poderoso ymiguo que o Visorrey contodo o poder socorreo en pessoa a cuya causa se ouve de dilatar minha passada a persia athe se tomar conclusão cõ o equebar e dilatou se nisto quasi todo o verano que qua fenesse na entrada de mayo [...][37].

Akbar deixara de ser invisível para os portugueses e, em 1579, o padre Duarte de Sande já afirma que o «Mogor [...] hé quá nestas partes como lá o Turco em poder». Considera-o, porém, um «rey estrangeiro» na Índia, tal qual Martim Afonso de Sousa descrevera Humayun em 1535[38]. Um

---

[37] Miguel de Abreu de Lima ao Rei, Goa, 25.XII.1573, AGS – *Estado-Portugal*, 391-68 (tradução castelhana em 392-151).

[38] Sande ao colégio de Coimbra, in *DI*, vol. XI, p. 676. Sobre as impressões de Martim Afonso de Sousa acerca dos mogóis, cf. *supra*, cap. 2.

outro jesuíta dá conta, na mesma ocasião, das vitórias do «Grão Mogor» no Guzerate e no Bengala. Depois de discutir a proveniência desse soberano e de elaborar sobre as capacidades militares desses «homens brancos» até aí desconhecidos, Fernando de Meneses nota que «já confinão comnosco»[39]. Reacção idêntica ao poderio de Akbar é a dos europeus que viajam pela Índia, ou que sobre ela escrevem nessa altura. Espanto pela fulminante ocupação mogol do Guzerate, e admiração face ao poder do imperador e ao aparato da sua corte, é o que se colhe das palavras de Cesare Federici[40], Gasparo Balbi[41] e Filippo Sassetti[42]. Esta imagem, mercê sobretudo da circulação das cartas dos jesuítas, depressa se estende à Europa culta. Giovanni Lorenzo d'Anania fala impressionado, em 1582, do poder do «Imperatore de' Mogori»[43] e o termo «Grão Mogor» não tardaria a ombrear no Ocidente com as consagradas expressões «Grão Turco» e «Grão Sofi».

Os primeiros contactos de Diu, Cambaia e Surrate foram aprofundados mediante o envio de uma embaixada mogol a Goa. A escolha de Akbar recaiu sobre um persa chamado Haji Habibullah, que viajou para a capital do Estado da Índia em 1575[44]. Couto dá notícia breve da vinda, já ao tempo de António Moniz Barreto, de um «embaixador que o Grão Mogor mandava [...], que veio acompanhado, homem de muita pessoa, e gravidade, que por ser o primeiro que passou á India o recebeo com grande magestade e apparato»[45]. E Duarte de Sande desenvolve o assunto, sublinhando a importância cultural e artística dessa missão: Akbar «afeiçoou se tanto a nosso modo, que em tempo de Antonio Monis, mãodou

---

[39] Carta ao padre Everardo Mercuriano, [Goa], 15.XI.1579, in *DI*, vol. XI, pp. 732-733.

[40] *Viaggio*, ed. Olga Pinto – *Viaggi di C. Federici e G. Balbi alle Indie Orientali* (vol. IV. *Il Nuovo Ramusio*). Roma: Istituto Poligrafico dello Stato, 1962, p. 11.

[41] «Questo re si ha per più potente di gran lunga che non è hoggi il Turco o re di Spagna [...]»; *Viaggio*, ed. O. Pinto – *ibid.*, p. 132.

[42] Carta a Bernardo Davanzati (em Florença), Cochim, 22.I.1586, in *Lettere dall' India (1583-1588)*, ed. Adele Dei. Roma: Salerno, 1995, p. 167.

[43] *L'Universale Fabrica del Mondo, overo Cosmografia*. Veneza: presso il Muschio, ad instanza di Aniello San Vito di Napoli, 1582, pp. 250-251.

[44] Cf. RENICK, M. S. – «Akbar's first embassy to Goa. Its diplomatic and religious aspects». *Indica*. Vol. 7/1 (1970), pp. 33-47 (útil para os desenvolvimentos até 1582).

[45] COUTO – *Década IX*, cap. 19, pp. 137-138. Aires Teles, que em 1572 recebera o primeiro *farman* de Akbar enquanto capitão de Diu, é um dos que obsequeia o embaixador mogol em Goa com um banquete.

aqui hum embaixador com muitos mogores, os quaes detendo-sse aqui por espaço de hum anno, aprenderão quasi todos os nossos oficios e assi, elles como alguns portugueses que daqui levarão, entroduzirão lá nossos trajos e outros costumes portugueses»[46].

As informações dos cronistas de Akbar completam o panorama. Abu'l Fazl nota que, depois da conquista do Guzerate, artigos ocidentais começaram a afluir à corte. Haji Habibullah foi então encarregado de viajar para Goa, levando objectos da Índia e dinheiro para, em troca, adquirir raridades. Nada que Akbar não fizesse quando despachava embaixadores para os uzbeques, ou quando escolhia um responsável pelos peregrinos indianos que iam a Meca sob protecção imperial: a procura de «raridades» fazia parte das suas atribuições.

Com Haji Habibullah viajaram vários artífices, incumbidos de aprender artes e técnicas novas[47]. O embaixador regressaria quase dois anos depois a Fathpur Sikri, acompanhado de uma larga comitiva de homens vestidos como cristãos e tocando instrumentos musicais europeus. Diante de Akbar, o embaixador apresentou os objectos que adquirira em Goa, ao mesmo tempo que os artífices demonstravam os seus novos conhecimentos artísticos. Os músicos e os seus instrumentos deixaram marca em Abu'l Fazl, que destaca a vinda de um órgão capaz de provocar o deleite dos ouvidos, dos olhos e da mente[48]. O mesmo órgão, afinal, que haveria também de impressionar fortemente o ortodoxo Badayuni[49]. Este objecto,

---

[46] Sande ao colégio de Coimbra, in *DI*, vol. XI, pp. 676-677.

[47] FAZL, Abu'l – *AN*, vol. III, p. 207.

[48] *Ibid.*, vol. III, pp. 322-323. Efeito contrário da música e dos instrumentos ocidentais no Japão (cf. RUIZ-DE-MEDINA, Juan, S.J. – «The role of the blind Biwa Hoshi troubadours in the history of the Christian mission in Japan». *Bulletin of Portuguese and Japanese Studies*. Vol. 6 (Jun. 2003), pp. 107-145).

[49] BADAYUNI – *MT*, vol. II, p. 299. Shahjahan – o neto de Akbar que, enquanto imperador, cultivou a imagem de sunita ortodoxo pouco dado às novidades ocidentais e ao convívio com europeus – entusiasmou-se igualmente com um veneziano que deambulava pela Índia mogol nos primeiros anos do seu reinado: «el rey o mandou chamar porque lhe foi dito que elle sabia tanger hum monicordio que naquelles dias foy a el rey presentado. Veo e tanjeo muito bem, e el rey gostou muito delle e muito mais gostou de varios comeres que o ditto Angelo lhe fez guisados a costume de Europa que elle muito bem sabe, e por isso lhe fez varias merces e o recebeo por seu criado com dez ruppias de estipendio por cada dia» («Relação d'algumas coisas que passarão na Missão do Mogol, des do fim do anno 627 te ao dia presente 13 de Junho de anno 1628», in *DUP*, vol. III, p. 188). Jerónimo Xavier dá

ou porventura um segundo instrumento semelhante a entrar na corte mogol por esses anos, é representado em miniatura incluída numa cópia ilustrada do *Khamsa*, de Nizami, feita ao tempo de Akbar (*ca.* 1595)[50]. O próximo passo era a conquista do Bengala. Aliás, nobres havia na corte de Akbar que se tinham batido por uma expansão territorial para leste ainda antes da tomada do Guzerate. Abu'l Fazl dá conta da existência desta facção, criticando aqueles cujos «estreitos intelectos» não permitiam vislumbrar a prioridade da invasão do Guzerate. Todavia, não deixa de registar que o próprio imperador admitira que, se acaso não estivesse já a caminho de Ahmadabad, se teria dirigido antes para nordeste[51].

Na verdade, a situação política do Bengala havia conhecido transformações sensíveis nos últimos anos[52]. A *entente cordiale* existente entre Sulaiman Karrani e Akbar começou a esbater-se em 1568. O sultão morreria em 1572 e as dissenções internas quanto à sucessão não tardariam a traduzir-se numa catadupa de assassínios. Da'ud, filho mais novo de Sulaiman, acabou por ser ascender ao trono com o apoio de Lodi Khan, antigo primeiro-ministro de seu pai. Uma vez no poder, o sultão Da'ud, que não lograra pacificar internamente os seus domínios, renegou as marcas de suserania mogol cunhando moeda própria e mandando ler a *khutba* em seu nome nas orações de sexta-feira.

---

conta de dois cafres que eram criados de um nobre mogol, «hum delles sabia cantar musiqa portugues [*sic*] e tanger organos» (Lahore, 25.IX.1606, *ibid.*, vol. III, p. 86). Também Akbar tinha ao seu serviço, logo em 1580, um cozinheiro que sabia fazer «igoarias [...] guisadas ao nosso modo» («Treslado das cartas que vierão dos Padres que estão no Mogor», Fathpur Sikri, 29.IV.1580, in *DI*, vol. XII, p. 22). No domínio das transferências culturais, a comida, o vestuário e a música contam-se entre os mais eficazes instrumentos de aproximação entre portugueses e mogóis (QAISAR – *The India response*, pp. 117 ss).

[50] A pintura, de Madhu, mostra um órgão portátil decorado com vários desenhos coloridos, entre os quais o de um artista mogol desenhando um europeu; BL – Or. 12208, fl. 298a. Ver o que escreve Qaisar sobre a música (*The India response*, pp. 107-109), a conjugar com SUBRAHMANYAM, Sanjay – «A circulação de instrumentos musicais no mundo indiano, 1500-1800». *Oriente*, vol. 2 (Abr. 2002), pp. 76-83 (exemplos para os ingleses e Jahangir); e CARVALHO, Pedro Moura – «O papel pioneiro de Goa na difusão de tradições europeias nas cortes mogol e safávida». In TRNEK, H., SILVA, N. Vassallo e (eds.) – *Exotica*, pp. 69-79.

[51] FAZL, Abu'l – *AN*, vol. III, p. 5.

[52] Um resumo interpretativo dos acontecimentos pode ver-se em EATON, Richard – *The rise of Islam and the Bengal Frontier, 1204-1760*. Nova Deli: OUP, 1997, pp. 137 ss. Ver também SARKAR, Jadunath – *The history of Bengal*, vol. II (*Muslim period, 1200 A.D.-1757 A.D.*). Reed. Nova Deli: B. R. Publishing Corporation, 2003, pp. 181 ss.

A oportunidade para uma intervenção de Akbar era evidente e o imperador acompanharia de perto a campanha. O comando de um exército de vinte mil homens foi entregue a Mun'im Khan, que tomou a capital Tanda em Setembro de 1574 sem grande dificuldade[53]. A perseguição aos afegãos prolongou-se até à batalha de Turakoi (Março de 1575), quando o último sultão da dinastia Karrani foi formalmente deposto. Ao longo desse período, o exército mogol pilhou sistematicamente a terra, portando-se, de acordo com 'Arif Qandahari, «como um abutre faminto investindo sobre um bando de pombos ou como um lobo selvagem no meio de um rebanho de cabras»[54]. Uma pintura atribuída ao pintor Sanwlah, e executada *ca.* 1602-1604, representa a captura do sultão e mostra um submisso Da'ud Khan perante um triunfante Mun'im Khan[55]. Uma outra da mesma época, igualmente carregada de simbolismo, mostra Da'ud a vestir uma cabaia que lhe é dada pelo Khan-i Khanan[56].

Todavia, o poderio mogol no Bengala estava ainda longe de ter sedimentado. A transferência da capital de Tanda para Gaur logo depois da batalha de Turakoi coincidiu com uma alteração do delta do Ganges que tornaria insalubre o nervo da nova província imperial. Agora estagnadas, as águas provocaram uma epidemia que haveria de matar vários milhares de pessoas e forçar muitas outras à fuga. Um panorama desolador que, como bem viu Richard Eaton, ajudou a moldar a imagem negativa que os textos mogóis invariavelmente transmitem acerca do Bengala: terra estrangeira, de mau clima e em permanente sedição, espécie de desterro onde nobres e soldados não querem servir o imperador[57]. Para mais, a morte de Mun'im

---

[53] Sobre o seu desempenho na campanha do Bengala, ver KHAN, I. Alam – *The political biography*, cap. VII, pp. 131 ss.

[54] *Tarikh-i-Akbari*, p. 254. Eaton discute o propósito e os efeitos da publicitação da violência na campanha do Bengala (*The rise of Islam*, pp. 142-143).

[55] Paris, Fondation Custodia, n° 1973-T.5; cf. GAHLIN, Sven – *The Courts of India. Indian Miniatures from the Collection of the Fondation Custodia, Paris*. Zwolle: Waanders Publishers, 1991, il. 20, pp. 21-23.

[56] Fólio de um manuscrito do *Akbar Nama*, ca. 1604, Washington, D.C., Freer Gallery of Art, Smithsonian Institution, n° F 1952.31. Sobre o significado político e simbólico da cabaia, ver GORDON, Stewart (ed.) – *Robes of Honour. Khil'at in pre-colonial and colonial India*. Nova Deli: OUP, 2003.

[57] EATON – *The rise of Islam*, p. 144; GOMMANS – *Mughal warfare*, p. 27.

Khan em Outubro de 1575 levou Da'ud Khan a romper de novo com Akbar. Ressurreição efémera, porquanto viria a ser derrotado em Julho do ano seguinte pelo novo governador mogol do Bengala. Husain Quli Beg ordenou a decapitação de Da'ud e a sua cabeça foi depois enviada ao imperador.

Não sabemos se, como nos anos de 1530 e 1540, os portugueses do Bengala procuraram ter alguma intervenção na luta entre mogóis e afegãos. Certo é que, tirando partido quer da debilidade do poder imperial na província quer da fraca vigilância do Estado da Índia na região, os moradores portugueses não pagam direitos às autoridades provinciais e são os padres jesuítas quem, no terreno, os aconselha a restituir o «que furtavão ao rey da terra». Di-lo o padre Gil Eanes Pereira, primeiro religioso cristão a privar com o imperador mogol em Fathpur Sikri.

Como quer que fosse, a conquista do Bengala em 1574-1576 abriu uma segunda frente para as relações entre mogóis e portugueses. Em 1577, Pero Tavares, capitão de Satigão – o «porto pequeno de Bengala» –, é recebido por Akbar em Fathpur Sikri e, perante o interesse do imperador em acolher padres na sua corte, sugere-lhe Gil Eanes Pereira, o sacerdote que acompanhava espiritualmente os portugueses de Satigão. Abu'l Fazl também regista este primeiro encontro, mas nada refere acerca da sua componente religiosa: «Par Tabbar Feringi» chega acompanhado da mulher, integrado ao que parece numa comitiva vinda do Bengala que traz raridades da região ao imperador e, bem assim, tranquilizadores relatórios do governador local acerca da situação política da nova província[58]. Na prosa de Abu'l Fazl, Tavares assemelha-se mais a um bengali do que a um português. É nesses termos que volta a falar dele mais adiante, ao notar que, na sequência de um conflito local, Niyabat Khan, um dos contendores, procurou refúgio junto de «Par Tabbar Feringi»[59].

Da experiência de Pedro Tavares na corte de Akbar restam apenas testemunhos em segunda mão, para além da cópia de um capítulo da carta que o próprio capitão de Satigão terá escrito ao Provincial da Companhia de Jesus em 1578, anexando um *farman* dado pelo imperador aos

---

[58] FAZL, Abu'l – *AN*, vol. III, pp. 349-350.
[59] *Ibid.*, vol. III, p. 469.

jesuítas de Goa para que fossem à sua corte[60]. Não muito mais detalhado é o nosso conhecimento da ida de Gil Eanes Pereira à presença de Akbar no ano seguinte[61]. Sabe-se que viajou na companhia de um casado de Cochim e de João Garcês, um arménio casado em Satigão que, contrariado, fez de intérprete na capital imperial. Da viagem entre Tanda e Fathpur Sikri, itinerário vencido em cerca de 40 dias, o padre português compôs um «roteiro», hoje infelizmente desaparecido. Quanto ao seu quotidiano na corte de Akbar durante cerca de ano e meio, onde já encontrou portugueses, terá ficado registado num «caderno» que o padre tencionava apresentar ao Papa, mas tal volume também não chegou aos nossos dias[62].

Gil Eanes Pereira fora chamado à corte de Akbar por Isma'il Quli Khan («Ismael Colicão»), irmão do governador da província, Husain Quli Beg (ou Husain Quli Khan, o «Canaião» de Gil, corruptela do título *Khan-i Jahan*). Para obsequiar o imperador, foi-lhe pedido que levasse «algum livro nosso». O padre escolheu «hum *Vita Christi*, do tamanho de hum missal, com todos os paços, desde a encarnação ate a ascensão, iluminados, que lhe [a Isma'il Quli Khan] amostrei com muito acatamento, e em todos os paços pos a mão e beijou, e pos na cabeça». Iniciava-se aqui a complexa relação de Akbar com o cristianismo, os seus símbolos, os seus textos e as suas imagens.

Os Jesuítas e o mundo político-religioso de Akbar

Os encontros do imperador em Fathpur Sikri com Pero Tavares, em 1577, e com o padre Gil Eanes Pereira, no ano seguinte, estão na base

---

[60] *DI*, vol. XI, pp. 428-429.

[61] Conhecem-se duas cartas do próprio ao arcebispo de Goa, a primeira sem data e sem local, mas provavelmente escrita de Satigão em Dezembro de 1578 ou Janeiro do ano seguinte (in *DI*, vol. XI, doc. 48, pp. 423-426). A segunda foi redigida em Fathpur Sikri, 5.VI.1579 (*ibid.*, vol. XI, pp. 593-598).

[62] «[...] tudo que pasei na dita corte com o dito rei e seus mollás e cacizes está posto em hum compendio capitullado, que della troxe feito pera aprezentar a Sua Santidade»; Gil Eanes Pereira a Claudio Acquaviva, Cochim, 15.II.1584, in *DI*, vol. XIII, pp. 508-514 [512] (John Correia-Afonso dá a tradução inglesa desta carta em «More about Akbar and the Jesuits». *Indica*. Vol. 14/1 (Mar. 1977), pp. 57-62). Este «compêndio» deve corresponder ao «caderno» que menciona na carta de 5 de Junho de 1579, citada na nota anterior.

do envio de uma segunda embaixada de Akbar à capital do Estado da Índia. 'Abdullah («Ebadolá»), que participara na campanha do Guzerate, chegou a Goa em Setembro de 1579 ao lado de Domingues Pires, um cristão arménio que vivia na capital e que então lhe serviu de intérprete. O embaixador de Akbar entrega ao vice-rei D. Luís de Ataíde uma carta, solicitando a deslocação à corte imperial de dois «padres letrados», que com eles deveriam trazer «os livros da lei». Uma vez em Goa, o representante de Akbar haveria de ser interrogado acerca do poderio do seu senhor. As informações que prestou foram ordenadas de acordo com uma grelha que, com algumas variantes e maior ou menor desenvolvimento, se repetiria amiúde no futuro, sempre que portugueses e jesuítas descrevem o «Mogor» e a sua corte: reinos tributários e dimensão do império; cidade--capital, tesouro imperial e aparato de segurança do soberano; homens de cavalo e elefantes de guerra disponíveis; variedade e quantidade dos animais da «casa» do imperador[63].

O vice-rei pede conselho ao arcebispo de Goa e demais bispos da Ásia a propósito do envio dos missionários para o império mogol. A resposta é positiva, sustentada num argumentário que merece ponderação. Tendo sucesso a novel missão, as vantagens são evidentes aos olhos da hierarquia eclesiástica da Ásia portuguesa: «vindo a effeito a conversão de hum rei tam poderoso que, se se fizer christão e receber nossa lei com seus povos, tera a gloria de Deos nelle em Asia outro Constantino, pera total ruina da seita de Mafamede». De outro modo, ocorrendo um fracasso, os missionários-mártires «ganharão gloria para sempre». Quanto ao Estado da Índia, a quem cabe resgatá-los em caso de cativeiro, terá pretexto legal para castigar o imperador «e conquistar lhe juntamente seus portos, terras, embarquaçõens, que elle muito sentiria»[64].

---

[63] O *farman*, cuja tradução portuguesa Tavares incluiu na sua carta (*DI*, vol. XI, pp. 428--429), foi vertido para inglês por CORREIA-AFONSO, John – *Letters from the Mughal Court. The first Jesuit mission to Akbar (1580-1583)*. Bombaim: Heras Institute of Indian History and Culture, 1980, p. 1. Também as informações dadas por 'Abdullah («Estas cousas disse o embaxador [...]») vêm como apêndice à referida carta do capitão de Satigão.

[64] «Conselho do Arcebispo de Goa e mais bispos da India sobre o que se faria acerca da embaxada do Gram Mogor», Goa, 20.XI.1579, in REGO – *Documentação*, vol. XII, pp. 455-457.

A primeira missão jesuíta do «Mogor» – composta pelo italiano Rodolfo Acquaviva, pelo catalão Antonio de Monserrate e por Francisco Henriques, um persa educado em Ormuz – chegou a Fathpur Sikri em Fevereiro-Março de 1580. Atravessando vicissitudes várias, a missão prolongar-se-ia até ao início de 1583 e as suas implicações religiosas são conhecidas: as esperanças na conversão do imperador ao cristianismo, que levaram o Papa a escrever-lhe[65]; o entusiasmo com os muitos sinais de favor dados por Akbar; as disputas teológicas dos padres jesuítas com cacizes e mulás, a progressiva desilusão dos missionários – culminando no seu regresso definitivo a Goa – e a dura consciência de que não passavam de instrumentos ao serviço do imperador e da sua efervescência intelectual[66].

O impacto artístico da missão, deveras considerável, também é conhecido: a incorporação de imagens cristãs e de cenas alegóricas da Bíblia no trabalho dos principais pintores da corte de Akbar; as pinturas murais de temática cristã em Fathpur Sikri; a rápida difusão e adaptação das gravuras levadas pelos padres, nomeadamente das que foram incluídas na Bíblia poliglota então oferecida a Akbar; a produção de crucifixos em marfim e de pequenas placas de pedra esculpidas com cenas cristãs[67]. Os próprios agentes de todas estas novidades – os padres jesuítas – também não passaram despercebidos aos pintores da corte: entre algumas miniaturas, espalhadas por vários museus do mundo, retenha-se

---

[65] Gregório XII a Akbar, Roma, 18.II.1582, in *DI*, vol. XII, pp. 572-574. Publicada em tradução inglesa por CORREIA-AFONSO – *Letters from the Mughal court*, pp. 119-120. Badayuni diz que o 'Pâpâ' é «a cabeça infalível» dos padres vindos da Europa, a cuja autoridade os reis se devem submeter (*MT*, vol. II, p. 267).

[66] Extensa bibliografia sobre esta missão. Para além do clássico e datado estudo de MACLAGAN, Edward – *Os Jesuítas e o Grão Mogol* (Porto: Livraria Civilização, 1946, cap. II, pp. 29 ss), cf. CORREIA-AFONSO, John – «Documents of the first Jesuit mission from Goa to the Great Moghal». In ALBUQUERQUE, Luís de, GUERREIRO, Inácio (eds.) – *Actas do II Seminário Internacional de História Indo-Portuguesa*. Lisboa: IICT, 1985, pp. 293-299; e MARIOTTI, Adriano – «La prima missione dei Gesuiti all corte di Akbar (1580-1583)». In FASANA, Enriço, SORGE, Giuseppe (eds.) – *India tra Oriente e Occidente. L'apporto dei viaggiatori e missionari italiani nei secoli XVI-XVIII*. Milão: Jaca Book, 1991, pp. 75-100.

[67] BAILEY, Gauvin A. – *Counter reformation symbolism and allegory in Mughal painting*. Harvard: Harvard University, 1996, 2 vols. Dissertação de doutoramento. vol. I, pp. 47-54; ID. – *The Jesuits and the Grand Mogul: Renaissance Art at the Imperial Court of India, 1580-1630*. Washington, D.C.: Freer Gallery of Art & Arthur M. Sackler Gallery, Smithsonian Institution, Occasional Papers, 1998, pp. 19-26.

o missionário jesuíta pintado por Manohar *ca*. 1585-1590: longas vestes negras, óculos numa mão, um livro na outra[68].

De tudo isto, o que interessa relevar para o nosso objecto é que, durante estes três anos, os vice-reis de Goa tiveram acesso a uma quantidade apreciável de notícias sobre o «Mogor». Para lá das informações orais que terão corrido, dispomos hoje de mais de uma dezena de textos produzidos pelos três missionários[69], com dois escritos de Monserrate à cabeça: *a Relaçam do Equebar, rei dos mogores* (1582), texto que conheceu imediata e larga difusão manuscrita nos circuitos da Companhia[70]; e o *Comentário*, circunstanciado relato latino da missão jesuíta, de Akbar e do seu império que o padre só viria a concluir em 1591, sem lograr enviá-lo para Roma ou Lisboa[71]. A este texto, Monserrate juntou um precioso mapa do império mogol, hoje definitivamente perdido, mas que Hosten ainda viu e reproduziu no início do século XX[72]. Trata-se da primeira representação ocidental conhecida da Índia mogol, espécie de tradução pictórica da rota seguida pelo jesuíta entre Goa e Fathpur Sikri e das suas deambulações pelo império de Akbar até 1582. Como no *Comentário*, recorre ao latim para grafar a esmagadora maioria dos nomes que assinala.

Ao detalhe posto no desenho do Concão e das terras litorais do Guzerate, junta-se um minucioso retrato do trajecto até à província de Malwa ao

---

[68] MNAA-Guimet, 3619 Gc. Sobre este assunto, cf. OKADA, Amina – «A representação dos missionários jesuítas na pintura mogol». In FLORES, Jorge, SILVA, Nuno Vassallo e (eds.) – *Goa e o Grão Mogol*, pp. 190-199; ID. (ed.) – *Miniatures de l'Inde impériale. Les peintres d'Akbar (1556-1605)*, (catálogo da exposição, MNAA-Guimet). Paris: Éditions de la Réunoin des Musées Nationaux, 1989, pp. 198-199.

[69] Publicados no vol. XII da *DI*, e em REGO – *Documentação*, vol. XII.

[70] Deste texto guardam-se várias cópias – em português, latim ou italiano – no ARSI, tendo sido publicado na *DI*, vol. XII, pp. 645-652 (edição que seguimos). Para além destes manuscritos, existe outra cópia portuguesa na Torre do Tombo (publicada por REGO – *Documentação*, vol. XII, pp. 665-678) e uma derradeira, em latim, no AHCJPT – E-2: 104, 11. A *Relação* foi publicada em tradução inglesa (anotada) por HOSTEN, H. – «Fr. A. Monserrate's Account of Akbar». *JASB*. n.s., vol. VIII/5 (Mai. 1912), pp. 190-221.

[71] HOSTEN, H. – «Mongolicae Legationis Commentarius». *Memoirs of the Asiatic Society of Bengal*. Vol. III/9 (1914), pp. 513-704. Versão inglesa, *The Commentary of Father Monserrate S.J., on his Journey to the Court of Akbar*. Trad. J. S. Hoyland, anot. S. N. Banerjee. Londres; Bombaim: H. Milford; OUP, 1922.

[72] Ver MACFARLAND, J. – «Monserrate's Map of India». *The New Review*. Vol. X (1939), pp. 473-486; e ALAY, J. L. – *Ambaixador a la cort del Gran Mogol*, pp. 39-51.

longo do rio Narbada, que não descura a representação do relevo e a referência a uma multidão de topónimos. No nervo do Hindustão, Monserrate representa as capitais imperiais – Fathpur Sikri, Agra e Delhi –, para além de um conjunto de lugares emblemáticos da região: Dholpur e o rio Chambal, Panipat e Mathura. Depois, o jesuíta dispensa grande atenção às terras que se prolongam até Lahore e Caxemira, sendo que o rigor do desenho da região se estende até ao reino de Cabul, consequência óbvia da participação do autor da mapa na expedição de Akbar contra Mirza Muhammad Hakim em 1581.

Tudo o mais é um deserto. Com a excepção de uma tosca representação do delta do Indo e de uma referência a Thatta, ao Cinde e ao Rajastão corresponde um imenso espaço branco. A fronteira do império mogol com a Pérsia, e Qahandar enquanto sua chave-mestra, não mereceram o olhar do jesuíta. Talvez porque Akbar não planeasse ainda o seu domínio nesta altura. Finalmente, na extremidade oriental do império, vislumbra-se a ligação entre Agra e Tanda. Para sul, em direcção ao mar, Monserrate não representa o delta do Ganges na sua totalidade. Exclui da sua carta Chatigão e o Bengala Oriental («Bhati») e fica-se pelo corredor Bhagirathi-Hughli, o que corresponde, afinal, ao horizonte a cujo domínio o imperador poderia ainda almejar. Entre meia dúzia de topónimos, reconhece-se «Satagom», «Goli» e «Chandecan».

Este primeiro conjunto de textos sobre Akbar e o seu império, conjugado com o mapa de Monserrate, representa um assinalável manancial informativo que terá servido aos vice-reis do Estado da Índia para formular políticas no terreno e, bem assim, para informar Lisboa. De resto, os padres testemunharam e deram conta das profundas alterações e crises que haveriam de marcar a Índia mogol ao longo da década de 1580, assuntos que mereceram grande atenção em Goa. Em simultâneo, estamos perante as fundações daquilo que constitui a primeva descrição etnográfica do «Mogor» feita por europeus e a ser divulgada no Ocidente. Quadro precioso, porquanto não é composto à distância e do *studiolo*, deitando mão a modelos discursivos da Europa do Renascimento ou fazendo recurso de estereótipos medievais sobre os Tártaros e a Ásia Central. Antes, foi construído por homens que privaram quotidianamente com o imperador, experimentando não raro situações de enorme tensão. Conheceram Akbar em Fathpur Sikri, no contexto da corte, dos seus rituais e dos seus jogos de poder, universo em que progressivamente se movimentam com mais facilidade. Mas também observaram o imperador em campanha militar, como sucedeu com Monserrate, que acompanhou e descreveu a expedição de Cabul.

Sem esta «tarimba», os três missionários não teriam podido traçar com o mesmo rigor o retrato físico, e sobretudo psicológico, de Akbar. Qualquer um deles se deixa surpreender por um soberano portador de enriquecedores contrastes: analfabeto[73], mas em simultâneo apaixonado por livros e revelando uma enorme curiosidade; muçulmano, todavia interessado no cristianismo e religiosamente ecléctico, a raiar a heresia aos olhos dos seus; «cham e tratavel, porem grave»; um excelente guerreiro, amante da caça e de um jogo de polo; um bom administrador, justo na aplicação da justiça; pessoa com sentido de humor, que não guarda rancores. Um homem irrequieto como poucos, que despacha os assuntos do governo em pé e andando de um lado para o outro horas a fio. Alguém necessitado de permanente ocupação e inclinado a «obras de mãos»: os padres dizem-no «mecânico», capaz de manufacturar os seus próprios sapatos. Vêem-no frequentemente a «limar, serrar, trabucar» e chegam a dar com ele a fazer uma gaiola. Malgrado nunca se ter convertido ao cristianismo, como sonhavam, Akbar deixou claramente boa impressão nos padres jesuítas e essa imagem haveria de perdurar, já no contexto da terceira missão, até à sua morte em 1605[74].

À caracterização de Akbar como indivíduo, junta-se o seu retrato enquanto imperador, o primeiro a projectar uma imagem da sua dinastia

---

[73] Um interessante artigo de Ellen S. Smart demonstra que Akbar era disléxico, o que para ele representou mais um desafio do que propriamente uma limitação («Akbar, illiterate Genius». In LOHUIZEN-DE LEEUW, J. E. van (ed.) – *Studies in South Asian Culture*. Leiden: Brill, 1981, pp. 99-107).

[74] Veja-se o juízo favorável de Jerónimo Xavier, ao descrever a morte do imperador e a subida ao trono de Jahangir (carta ao Provincial da Companhia na Índia; Lahore, 25.IX.1606, in *DUP*, vol. III, pp. 62-91). Sobre este assunto, ver ALAM, Muzaffar, SUBRAHMANYAM, Sanjay – «Witnessing transition: Views on the end of the Akbari dispensation». In PANIKKAR, K. N. et al. (eds.) – *The making of history. Essays presented to Irfan Habib*. Nova Deli: Anthem Press, 2002, pp. 104-140.

tão forte quanto a dos seus vizinhos otomano e safávida. As palavras dos missionários jesuítas a este propósito mostram bem como os próprios foram «vítimas» fáceis de uma ideologia imperial que conheceu grande impulso justamente nos primeiros anos de 1580 e que se ancorava em larga medida na história, no discurso da ancestralidade e na prestigiante herança timúrida enquanto marcas identitárias[75]. Esta preocupação em fazer assentar a autoridade imperial e a projecção externa da dinastia numa sistemática osmose entre os diferentes soberanos mogóis e o seu antepassado Timur, estratégia que safávidas e uzbeques também praticavam, fez com que os senhores do Hindustão nunca deixassem de olhar para a sua retaguarda, ou seja, para a Transoxania.

Um programa político assim, feito de memória e apropriação, tinha de recorrer à pintura como um dos seus principais veículos. Basta atentar nas árvores genealógicas da dinastia timúrida, ou então contemplar esses imaginários «retratos de família», dispondo em círculo todos os imperadores mogóis e, ocupando o centro, Timur ele próprio[76]. Idêntica associação, tendo em vista a necessária legitimidade política de quem governa, é feita através dos selos genealógicos dos soberanos mogóis, que colocam no centro o nome do imperador reinante e à roda, vários pequenos círculos com os nomes dos seus antecessores até Timur[77].

---

[75] Analisando a mesma temática para a China Qing, Pamela Kyle Crossley fornece um sem número de pistas para um estudo comparativo deste fenómeno (*A Translucent Mirror. History and identity in Qing Imperial ideology*. Berkeley; Los Angeles; Londres: University of California Press, 1999).

[76] Entre as muitas miniaturas que vincam propagandisticamente a filiação timúrida da dinastia mogol, ver aquela que é executada *ca.* 1630 por Govardhan, mostrando Timur a entregar a coroa imperial a Babur (página do *Minto Album*, V&A, IM 8-1925). Vale também uma referência o episódio das celebrações do nascimento de Timur em 1336, pintado por Sur Das *ca.* 1604 (BL – *Akbar Nama*, Or. 12988, fl. 34b), estudado por Amina Okada, («La naissance de Timur: une illustration inédite de l'*Akbar-nâme*». *Arts Asiatiques*. Vol. 46 (1991), pp. 34-38). Num contexto diferente – o da luta de Aurangzeb pelo poder no período crítico da guerra da sucessão –, deve reter-se uma pintura *ca.* 1658 («Imperadores e príncipes mogóis sentados com o seu antepassado Amir Timur»), que se guarda na Fondation Custodia, Paris (nº 1970-T. 38). Ver BALABANLILAR, Lisa – *Imperial Identity in the Mughal Empire. Memory and Dynastic Politics in Early Modern South and Central Asia*. Londres: I. B. Tauris, 2012, pp. 49-51.

[77] Sobre o selo genealógico dos imperadores mogóis, ver GALLOP, Annabel Teh – «The Genealogical Seal of the Mughal Emperors of India». *JRAS*. 3a série, vol. 9/1 (Abr. 1999), pp. 77-140.

Tudo isto foi amadurecendo até Aurangzeb, mas é com Akbar que o fenómeno conhece o seu decisivo impulso. Como Timur, Akbar era bom guerreiro e bom caudilho, não hesitando em retomar as tácticas militares do seu antepassado. Como Timur, Akbar era simultaneamente iletrado e culto, tendo ambos entendido a ligação da escrita à história e à propaganda. Assim, o imperador não hesitou em patrocinar uma versão do *Timur Nama* (*ca.* 1584), em que a sua própria biografia se funde na de Timur[78]. Reconhece-se a mesma subtileza nas festividades do nascimento de Timur, representadas numa miniatura da cópia imperial do *Akbar Nama*. A disposição dessa cena no manuscrito é feita de modo a ser imediatamente associada à cena do nascimento do próprio Akbar[79].

Os padres da primeira missão deixaram-se contagiar por esta omnipresença de Timur na corte de Akbar e não deixaram de realçar a cada passo as «fundações» do império mogol, tanto mais que o Tamerlão era bem conhecido no Ocidente. De todos os textos, avulta naturalmente o longo excurso de Monserrate sobre Timur e as origens dos mogóis apenso ao seu *Comentário*[80]. Curioso notar que os textos portugueses e jesuítas anteriores a 1580 nada dizem acerca do parentesco natural e político entre Timur e os imperadores mogóis. Mesmo o padre Fernando de Meneses, meses antes da chegada dos primeiros missionários, ainda não sabe donde vem Akbar e não está certo da filiação timúrida da nova dinastia: «Deste Mogor há grandes sentenças: huns dizem que descende do Grão Tamorlao e que chama Tambirão ainda agora; outros dizem que hé rei dos massagitas; outros dos parthos; outros dizem que antigamente decerão seus antepassados do mar Caspio, que antiguamente forão os que puderão a Alexandre Magno em grande desesperação e perigo; outros que hé rei da Tartarea inferior»[81].

---

[78] Trata-se da primeira das histórias dinásticas patrocinadas por Akbar, obra composta *ca.* 1584 e incluindo 133 ilustrações. Um dos manuscritos guarda-se em Patna, Khuda Bakhsh Public Library (Ms. 551). Cf. BEACH, Milo Cleveland – *Early Mughal Painting*. Cambridge (MA); Londres: Harvard University Press, 1987, esp. pp. 84, 114-115.

[79] BL – *Akbar Nama*, Or. 12988, fls. 20b e 34b. Cf. *Padshahnama/Windsor*, pp. 159-160.

[80] *Commentary*, pp. i-xlii.

[81] Carta ao padre E. Mercuriano, [Goa], 15.XI.1579, in *DI*, vol. XI, p. 733.

Procuremos, agora, adoptar outro ângulo de observação para caracterizar a presença dos jesuítas na corte de Akbar. Por que insistiria o imperador em ter padres em Fathpur Sikri? No plano político, a presença de missionários católicos na sua corte constituía uma via aberta em direcção a Goa, um canal de informação relativamente aos portugueses e aos seus movimentos e interesses na fronteira meridional do império, particularmente no Guzerate. Já no plano religioso e no âmbito da ideologia política, tal insere-se claramente no rumo que o seu pensamento tomou a partir dos últimos anos de 1570 e, já sob influência de Abu'l Fazl, no início da década seguinte. O imperador alimenta sonhos messiânicos desde que promulgou o *mahzar* (decreto) em 1579[82] e vê-se como guia espiritual (*murshid*), ao ponto de criar em 1582 a *tauhid-i Ilahi*, espécie de ordem ou irmandade assente num estreito vínculo entre o imperador e os seus oficiais, que muitos identificaram com o nascimento de uma nova religião, mas que, em boa verdade, consistia numa forma de culto real. A Akbar interessa sobretudo a diversidade das religiões, ou melhor, a pluralidade das interpretações da lei sagrada, o que o afastava da ortodoxia islâmica. No quadro desse aprofundamento comparativo da teologia e da religião, o imperador promove desde 1575, e com a determinante acção de Abu'l Fazl, acesos debates no *'Ibadat Khana* («Casa do Culto» ou «Casa da Adoração»), particularmente interessantes depois de 1578, quando os assuntos debatidos e o perfil dos participantes se alarga consideravelmente[83]. Aos sunitas, juntam-se xiitas, hindus, jainas, zoroastrianos, católicos, arménios, sikhs e, com menor peso, budistas e judeus.

---

[82] Extensa bibliografia sobre este assunto e polémica considerável acerca do verdadeiro significado deste gesto de Akbar. Ver RIZVI, S. A. A. – *Religious and intellectual history of the Muslims in Akbar's reign, with special reference to Abu'l Fazl (1556-1605)*. Nova Deli: MMP, 1975, cap. 4, pp. 141 ss; STREUSAND – *The formation of the Mughal Empire*, pp. 114-119; ALI, M. Athar – «Akbar and Islam (1581-1605)». In ISRAEL, Milton, WAGLE, N. K. (eds.) – *Islamic Society and Culture. Essays in Honour of Professor Aziz Ahmad*. Nova Deli: Manohar, 1983, pp. 123-134.

[83] Sobre tudo o que precede, há abundante literatura. Ver sobretudo SHARMA, Sri Ram – *The religious policy of the Mughal emperors*. Reed. Nova Deli: MMP, 1988, pp. 13 ss; CHOUDHURY, Makhan Lal Roy – *The Din-i-Ilahi or the Religion of Akbar*. Reed. Nova Deli: MMP, 1997; RIZVI, S. A. A. – *Religious and intellectual history*; NIZAMI, Khaliq Ahmad – *Akbar and religion*. Nova Deli: Idarah-i Adabiyat-i Delli, 1989. Para uma análise sofisticada destes problemas, mas incidindo sobre reinado de Jahangir, ver ALAM, M., SUBRAHMANYAM,

Akbar faz da sua corte um laboratório de experiências religiosas, entregando-se ele próprio à prática combinada de rituais de várias religiões, fenómeno que os mulás sunitas interpretam como heresia e renúncia ao islão ortodoxo. Logo após a conquista do Guzerate, o imperador recebe em Fathpur Sikri um tal Shaikh Mustafa Gujarati. O «herege» mahdavi fora preso e interrogado em Ahmadabad por Mirza 'Aziz Koka. Uma vez na corte, e no decurso das sessões (*majalis*) de discussão, as posições de Shaikh Mustafa exasperam os mulás tanto quanto divertem Akbar. Outro sinal de perigosa dissonância[84]. Depois de 1579, Akbar não fará mais nenhuma peregrinação ao túmulo de Mu'inuddin Chishti, em Ajmer. Empreendera dez entre 1562 e 1579, jornadas que também tinham um escopo político-económico[85] e que levam o padre Duarte de Sande a afirmar, justamente em 1579, que Akbar era um rei «peregrino»[86]. Entretanto, o imperador rejeita a oração pública e autoriza os muçulmanos a cortar a barba. Passa a adorar o sol e o fogo, restringe o abate de animais no império. Ele próprio deixa de comer carne e jejua frequentemente.

É neste contexto que o imperador se interessa por ter padres católicos na sua corte. Uma vez em Fathpur Sikri, os jesuítas passaram a participar regularmente nas discussões religiosas que tinham lugar no *'Ibadat Khana*, conforme testemunham algumas pinturas da época[87] e como

---

S. – *Writing the Mughal World*, cap. 6 («Catholics and Muslims in the Court of Jahangir (1608-1611)», pp. 249-310.

[84] Cf. MACLEAN, Derryl N. – «Real men and false men at the Court of Akbar. The *Majalis* of Shaykh Mustafa Gujarati». In GILMARTIN, David, LAWRENCE, Bruce B. (eds.) – *Beyond Turk and Hindu. Rethinking religious identities in Islamicate South Asia*. Nova Deli: India Research Press, 2002, cap. 8, pp. 199-215.

[85] Serviam também para «relembrar» a tutela mogol sobre o Rajastão. Do ponto de vista económico, interessa notar que as peregrinações ocorriam em Setembro, coincidindo com a chegada a Ajmer das cáfilas de camelos vindas de Surrate e Ahmadabad (GOMMANS – *Mughal Warfare*, p. 26).

[86] Sande ao colégio de Coimbra, Goa, 7.XI.1579, in *DI*, vol. XI, p. 676.

[87] Veja-se a pintura executada por Narsingh *ca*. 1604 que representa o imperador presidindo a uma sessão do *'Ibadat Khana* e onde se vislumbram dois jesuítas – um é seguramente Acquaviva, o outro – com toda a probabilidade – Monserrate (CBL – Ms. 3, f. 263b). Uma outra miniatura – de um conjunto de três – encontrava-se em Pune (Bharata Itihasa Sanshodhaka) no início do século XX, mas não dispomos de indicações complementares (data? autor?). Representa uma cena de discussão religiosa ao tempo de Akbar (ainda que sem a presença do imperador) e aí se reconhece a figura de Acquaviva (cf. HERAS, H. – «Three Mughal Paintings on Akbar's religious discussions». *Journal of the Bombay*

referem os próprios cronistas de Akbar[88]. Os «livros da lei», que pede repetidas vezes aos missionários nos seus *farmans*, rapidamente foram traduzidos em persa. Assim vertida para a língua da corte, e sobretudo com a intervenção de Jerónimo Xavier depois de 1595, a literatura cristã tornar-se-ia o veio essencial da aproximação intelectual dos jesuítas ao imperador mogol[89].

Não obstante, e como é de ver, a leitura das cartas dos jesuítas supõe algumas cautelas. A crer nos três missionários, o imperador esteve sempre a um passo de se converter e nas sessões do *'Ibadat Khana* os que professavam o islão eram invariavelmente vencidos, apenas produzindo argumentos frágeis e contraditórios que não podiam opor-se à solidez da teologia cristã. Já quanto às outras religiões representadas nessas discussões, é como se não existissem para os padres. Um panorama deveras caricatural, que naturalmente encontra razão de ser nas técnicas discursivas dos jesuítas, mas que também pode radicar na própria natureza desses credos: não sendo proselitista a maior parte das religiões que na corte de Akbar «rivalizavam» com o cristianismo, é provável que as mesmas se diluíssem perante aquelas que ambicionavam expandir-se e ganhar fiéis.

Certo, a pintura mogol dá à temática cristã um destaque que porventura não confere a nenhum outro credo. Mas não é de supor que o entusiasmo de Akbar pelo cristianismo fosse de natureza diversa daquele que demonstrava pelo hinduísmo ou pelo jainismo. Se o imperador sonhava ter uma tradução persa da Bíblia – tarefa encetada por Abu'l Fazl, mas que só Jerónimo Xavier viria a concretizar –, não era menor o seu interesse pelos textos sagrados dos hindus ou pelos grandes poemas épicos[90]. E se

---

Branch of the Royal Asiatic Society. N.s., vol. III/1-2 (1927), pp. 191-202, esp. pp. 201-202; e CHOUDHURY – *The Din-i-Ilahi*, ap. B, pp. 71-73).

[88] FAZL, Abu'l – *AN*, vol. III, pp. 368-369; BADAYUNI – *MT*, vol. II, p. 267.

[89] Cf. CAMPS, Arnulf – *Jerome Xavier S.J. and the Muslims of the Mogul Empire*. Schöneck--Benchenried (Suíça): Nouvelle revue de Science Missionaire Suisse, 1957; *Mir'at al-quds (Mirror of Holiness): A Life of Christ for Emperor Akbar. A commentary on Father Jerome Xavier's Text and the Miniatures of Cleveland Art Museum of Art*, Acc. No. 2005.145, ed. Pedro Moura Carvalho, trad. Wheeler M. Thackston. Leiden; Boston: Brill, 2012.

[90] Cf. ALI, M. Athar – «Translations of Sanskrit Works at Akbar's Court». In KHAN, I. Alam (ed.) – *Akbar and his Age*, pp. 171-180, mas sobretudo os trabalhos de TRUSCHKE, Audrey – *Cosmopolitan encounters: Sanskrit and Persian at the Mughal Court*. Nova Iorque: Columbia

os padres católicos eram bem acolhidos nas cortes de Akbar e Jahangir, onde reside a diferença relativamente aos santos jainas[91]?

A implementação e maturação de todas estas transformações religiosas deu origem, como é de ver, a um ambiente de grande turbulência na corte. «El rei traz esta corte mui embaraçada de novidades», escreve Acquaviva em Setembro de 1582[92]. De facto, a pressão dos mulás sobre Akbar é atentamente observada pelos jesuítas em Fathpur Sikri: «Elle está emtalado, porque, se se inclina a nós, amotinão-se os mouros», afirma Monserrate dois meses depois[93]. Dois breves comentários entre tantos outros do mesmo quilate que foram registados entre 1580 e 1582.

A agitação alastrara da corte ao império, tocava até as relações com vizinhos como os uzbeques e os otomanos, e o fenómeno não era isento de sequelas políticas. Na verdade, as rebeliões internas, motivadas em larga medida pelas reformas então encetadas por Akbar, entretecem-se não raro com as polémicas religiosas do seu tempo. Por esses anos, o imperador teve de enfrentar sérios problemas no Bengala, em Cabul e no Guzerate, escolhos que geograficamente desenham um triângulo, assaz ameaçador da autoridade imperial.

Na parte oriental do império, Bihar e Bengala, assistiu-se no ano de 1579 a uma violenta revolta de oficiais mogóis, a maior parte deles turanis, a que logo se juntaram muitos afegãos. Em causa estava a reestruturação do sistema *mansabdari* e as reformas financeiras, medidas entretanto tomadas por Akbar que representavam um claro reforço da autoridade central sobre a nobreza do império. Baba Khan Qaqshal e Ma'sum Khan Kabuli ocuparam Tanda e em Abril de 1580 executaram o governador

---

University, 2012. Dissertação de Doutoramento. No domínio das épicas hindus, e para além da tradução do Ramayana, destaque-se a tradução persa do Mahabharata, magnífica obra ilustrada que recebeu o título de *Razm Nama* («Livro das Guerras»). O manuscrito que contou com o patrocínio imperial em 1582 é hoje propriedade do Maharaja de Jaipur; cf. STRONGE – *Painting for the Mughal Emperor*, pp. 93-99; BEACH – *Early Mughal Painting*, pp. 89-90; e CHAGATAI, M. A. – «An illustrated edition of the Razmnama at Akbar's court». Bulletin of the Deccani College Research Institute. Vol. 5 (1943-1944), pp. 281-329.

[91] GOPAL, Surendra – «The Jain community and Akbar». In KHAN, I. Alam (ed.) – *Akbar and his Age*, pp. 160-167.

[92] Carta ao Provincial da Índia, Fathpur Sikri, 27.IX.1582, in *DI*, vol. XII, p. 596.

[93] *Relação*, p. 660.

mogol, Muzaffar Khan Turbati. Doravante, a *khutba* é lida em nome de Mirza Muhammad Hakim, meio-irmão do imperador que governava Cabul[94]. A anarquia haveria de prolongar-se até 1582-1583 mas, como adiante veremos, as revoltas continuariam durante longos anos após o esmagamento desta sedição.

A ligação do Bengala a Cabul, postergando a autoridade de Fathpur Sikri, leva-nos a considerar o panorama político-religioso da Ásia Central à entrada da década de 1580. Em Agosto de 1581, e para debelar uma insurreição de Mirza Hakim, Akbar ocupa Cabul mas, sintomaticamente, devolve o poder ao irmão ao fim de uma semana. A breve e inconsequente revolta de Mirza Muhammad Hakim, fazendo recordar um episódio semelhante ocorrido em 1566-1567, encerra um sem número de motivações. Por esses anos, Cabul é um importante centro do sunismo ortodoxo, que cultiva relações privilegiadas com os uzbeques e que olha com muito desagrado as inovações religiosas de Akbar. Depois, a corte de Mirza Hakim está claramente conotada com a ordem Naqshbandi, enquanto que Akbar privilegiara os Chishti. Em suma, a insurreição de Mirza Hakim está longe de ser um acto irreflectido, levado a cabo por um príncipe ingrato e mal aconselhado. Trata-se, antes, de uma potencial alternativa a Akbar e à sua orientação político-religiosa, alternativa impulsionada por uma plêiade de nobres com fortes ligações ao mundo da Ásia Central e fundada no princípio turco-mongol da partilha de soberania entre membros da família imperial[95]. Com a legitimidade e o prestígio que lhe advém

---

[94] Abul Fath Gilani, nobre persa ao serviço de Akbar, estava no Bengala nesta altura e as suas cartas são um importante testemunho para o estudo deste e doutros assuntos que marcaram o império na transição da década de 1570 para a seguinte. Cf. HUSAIN, Afzal – «The letters of Hakim Abul Fateh Gilani – an unexplored source of Akbar's reign». *PIHC*, 44ª sessão. Nova Deli: 1984, pp. 189-197.

[95] Sobre tudo isto, ver SUBRAHMANYAM, S. – «A note on the Kabul kingdom under Muhammad Hakim Mirza (1554-1585)». *La transmission du savoir dans le monde musulman périphérique*, nº 14 (Jun. 1994), pp. 89-101; BURTON, Audrey – *The Bukharans. A dynastic, diplomatic and commercial history, 1550-1702*. Nova Iorque: St. Martin's Press, 1997, pp. 34-35; FARUQUI, Munis D. – «The Forgotten Prince: Mirza Hakim and the Formation of Mughal Empire in India». *JESHO*. Vol. 48/4 (2005), pp. 487-523. Para a questão dos Naqshbandi, ver RIZVI, S. A. A. – *A History of Sufism in India*. Nova Deli: MMP, 1983, vol. II, cap. IV, pp. 174-263; e NIZAMI, Khaliq Ahmad – «Naqshbandi influence on Mughal rulers and politics». *IC*. Vol. XXXIX/1 (Jan. 1965), pp. 41-52; FOLTZ, Richard – «The Naqshbandi connections of the Mughal emperors». *Journal of Islamic Studies*. Vol. 7/2 (Jul. 1996), pp. 229-239; e

de ser, também ele, filho de Humayun, Mirza Hakim encarna as genuínas origens dos mogóis, e não o seu «abastardamento», entretando provocado por Akbar. Não será certamente por acaso que Acquaviva afirma em Julho de 1581 que é em Cabul que estão «li veri mogori»[96].

Vistos de Fathpur Sikri, pelos olhos dos jesuítas, estes acontecimentos afiguram-se deveras graves. Os padres, que acompanharam durante três anos todos estes desafios, traçam de Akbar o retrato de um homem «cercado», sobre o qual pendem várias ameaças que, invariavelmente, o inibem de se aproximar mais do cristianismo. Registava Acquaviva, logo em Julho de 1580, que o imperador enfrentava então «a contrariedade dos seus, que crea V. R. que hé bem grande, e não falta a mãy, molheres e amigos que o estorvem, e por outra parte os que lhe querem mal com seus alevantamentos, como são os de Bengala, lhe põem medo, de maneira que [...] vai retrocedendo»[97]. Por essa altura, escrevem os três missionários, «vierão novas de andarem os alevantados em Bengala victoriosos e terem morto seu viso-rrey, e se levantarão rumores (que ainda durão) que el-rrey não cria en sua lei e se mostrava affeiçoado à nossa»[98]. Monserrate explica numa outra carta que os patanes rapidamente se juntaram aos rebeldes no Bengala e que Akbar não se atreve a sair da capital para os punir, porquanto teme que o seu irmão venha de Cabul e lhe tome o reino. Por essa razão, também não terá ido em peregrinação a Ajmer, tendo antes enviado o seu filho Daniyal[99].

Dois anos passados, o panorama não se alterara substancialmente: «O estado das cousas do Equebar, neste ano presente, hé estarem revoltas, em feiçam que antes se pode cuidar que vam pera mal que pera milhor, porque em Bemgala estam alevantados 10 mil mogores e vinte mil patanes»[100]. Monserrate continua a sua *Relação*, colocando a tónica

---

BUEHLER, A. F. – «The Naqsbandiyya in Timurid India: The Central Asian legacy». *ibid.* vol. 7/2 (Jul. 1996), pp. 208-228; DAMREL, David W. – «The 'Naqshbandi reaction' reconsidered». In GILMARTIN, LAWRENCE (eds.) – *Beyond Turk and Hindu*, cap. 7, pp. 176-198.

[96] Carta ao padre Mercuriano, Fathpur Sikri, 30.VII.1581, in *DI*, vol. XII, doc. 51, p. 293.

[97] Acquaviva ao Provincial da Índia, Fathpur Sikri, 20.VII.1580, in *DI*, vol. XII, p. 55.

[98] Acquaviva, Monserrate e Henriques ao mesmo, Agra, 13.VII.1580, in *DI*, vol. XII, p. 42.

[99] Monserrate ao mesmo, Fathpur Sikri, 9.IX.1580, in *DI*, vol. XII, pp. 70-71.

[100] *Relação*, pp. 655-656. Para uma visão global dos movimentos de insurgência que Akbar teve de enfrentar ao longo do seu reinado, ver NAQVI, Hamida Khatoon – «Incidents of

no último vértice deste triângulo de sedição: o Guzerate. Também aqui o problema era, em parte, religioso. A vitória de Akbar em 1572-1573 contra Muzaffar Shah foi conseguida com o apoio de alguns nobres do sultanato, como Saiyid Hamid Bukhari e Mir Abu Turab Wali. Estes homens esperavam que o domínio mogol significasse o regresso do Guzerate ao sunismo ortodoxo e desempenharam um papel político não despiciendo na região. O primeiro foi nomeado governador de Multan em 1577, enquanto que Abu Turab Wali aconselhava frequentemente Akbar sobre os assuntos do Guzerate, pronunciando-se inclusivamente sobre a nomeação dos governadores da província[101]. Assim, os primeiros rostos do Guzerate mogol – aqueles que ocuparam os principais lugares da província e que procuraram eliminar os movimentos de resistência à autoridade imperial na região nos anos de 1570-1580 – eram sobretudo nobres oriundos da Ásia Central. Qulij Khan Andijani (ou Qulij Muhammad Khan) é nomeado governador de Surrate depois em 1573 e chega a *subadar* do Guzerate em 1578-1579; Qutbuddin Muhammad Khan, tio de 'Aziz Koka, recebeu Baroche como *jagir*; Shihabuddin Ahmad Khan, persa e não turani, foi governador do Guzerate em 1577[102].

O jesuíta catalão percebeu naturalmente o relevo político destes funcionários imperiais – referindo-se aos dois primeiros, afirma serem «homens de grande importancia assi de geraçam, como de poder de gente, valor, esforço e experientia» – e di-los disponíveis para se juntarem a qualquer revolta contra Akbar. Ainda de acordo com Monserrate, todos punham grandes esperanças em Mirza Muhammad Hakim e, bem assim, ponderavam aliar-se a Amin Khan Ghuri («Amiqhan»), «pretenssor dos reinos de Cambaia»[103].

Para entender a complexa situação vivida no Guzerate à entrada dos anos de 1580, é necessário regressar a 1575 e à embaixada de Haji

---

rebellions during the reign of Emperor Akbar». In *Medieval India – A miscellany*. Bombaim: Asia Publishing House, 1972, vol. II, pp. 152-186.

[101] Cf. RIZVI – *Religious and intellectual history*, pp. 187-189.

[102] *MU*, vol. II, resp. pp. 534-539, 545-548, 846-849. As suas informações nem sempre coincidem com os dados apurados em ALI, Athar – *Apparatus*. Ver também FAZL, Abu'l – *A'in-i Akbari*, vol. I, resp. pp. 380-382, 353-354, 352-353.

[103] *Relação*, p. 656. Sobre Amin Khan Ghuri, ver *Mirat-i Sikandari*, pp. 313-314, 321, 323.

Habibullah a Goa. Apesar do evidente pendor artístico dessa missão, não restam dúvidas de que os seus objectivos eram bem mais amplos. Por um lado, as missões mogóis à capital do Estado da Índia ao tempo de Akbar constituíram sempre excelentes oportunidades para observar os *firangi*s e tentar prever os seus passos, tal qual a presença de missionários na corte mogol servia para que Goa antevisse os movimentos do seu gigantesco e perigoso vizinho. Não é certamente por acaso que, entre as qualidades de Haji Habibullah, Abu'l Fazl destaca os seus «poderes de observação».

Depois, o imperador está evidentemente interessado em assegurar a fortuna dos portos do Guzerate e sabe que a presença dos portugueses em Diu e Damão, conjugada com o domínio que exercem sobre o mar, pode afectar negócios, comerciantes e rotas. Ocupar-nos-emos adiante, nos capítulos 7 e 9, da estreita relação dos imperadores mogóis com o comércio marítimo. Sublinharemos também, nessa ocasião, o perfil de alguns dos funcionários imperiais colocados nos estabelecimentos marítimos do Guzerate, não raro comportando-se como verdadeiros mercadores. Por ora, relembre-se um facto a que já demos relevo: a pressa com que Akbar, por intermédio de Mirza 'Aziz Koka, manda apresar em 1573 as naus – e respectivos petrechos – pertencentes a I'timad Khan que estavam fundeadas no porto de Diu. Vem também a propósito fixar a sugestiva reflexão de Rodolfo Acquaviva em 1581 a propósito da relação de Akbar com Filipe II: «Non sapemo se è amico o innimico del re di Portugallo; habiamo notato tuttavia alcune cose que no ci contentano, porque pretende di ser lui il magior re di tutti, e pare que non pò soffrire que il re di Portugallo sia signor del mare, et que le sue navi paguino gabella alli porti del re di Portugallo; por questo temerno que alcun giorno haverà guerra»[104].

Finalmente, e em estreita articulação com o aspecto anterior, a «liberdade» dos portos do Guzerate era crucial para assegurar o tráfego religioso entre a Índia e o Mar Vermelho. Por esses anos, Akbar é ainda um fervoroso muçulmano, decidido até a fazer o *hajj*, não fora os seus conselheiros dissuadirem-no a empreender a viagem. Em alternativa,

---

[104] Carta a E. Mercuriano, Fathpur Sikri, 30.VII.1581, in *DI*, vol. XII, pp. 292-293.

o imperador patrocinará uma peregrinação anual a Meca entre 1576 e 1581. Cria então um departamento específico para o efeito (*daftar-i-hajj*) e nomeia um superintendente (*mir-i-hajj*) dos peregrinos indianos, que invariavelmente sai da Índia transportando riqueza suficiente para impressionar Meca e Medina com legados pios. Os primeiros peregrinos, partidos de Surrate em 1576, não poderiam ser mais notáveis: desde o ano anterior que se preparavam para partir para Meca algumas das mais ilustres senhoras da corte mogol, com a tia do imperador (Gulbadan Begam) à cabeça. No plano interno, o empenho de Akbar no *hajj* satisfazia seguramente os mais rígidos sunitas do império. Falamos de homens como Mir Abu Turab, a que já aludimos, que vai a Meca em 1577 enquanto *mir-i-hajj* e de lá regressa com uma pedra onde, alegadamente, estaria gravada a pegada do Profeta[105]. O *hajj* tornou-se, pois, um elemento importante da política doméstica do império mogol nos anos de 1570.

De facto, todos estes gestos se reconhecem na estrutura religiosa do *hajj* e, bem assim, nos seus reflexos políticos. Era frequente, por exemplo, os soberanos islâmicos enviarem a Meca as mulheres mais notáveis das suas cortes como peregrinas, prática que remonta pelo menos ao século XII e que encerra leituras várias. Constituía uma prova de confiança desse monarca nas autoridades de Meca e no sultão otomano (após 1517), uma vez que colocava à guarda destes algumas das mais proeminentes figuras do seu reino. Mas, de outro modo, era um excelente meio para a recolha de informação e o estabelecimento de contactos diplomáticos. Já no que se refere às ofertas pias, é bem sabido que a importância dos soberanos também se aferia pelo valor destas. As de Akbar sabemo-las generosas, e o imperador procurava informar-se acerca da forma como as suas dádivas eram aplicadas nos lugares santos do islão[106].

---

[105] FAZL, Abu'l – *AN*, vol. III, pp. 410-411; *Mirat-i Ahmadi*. trad. de Lokhandwala, cap. 44, pp. 119 ss.

[106] Cf. PEARSON, M. N. – *Pious passengers. The Hajj in earlier times*. Nova Deli: Sterling Publishers, 1994, cap. 5 («The Mughals and the *Hajj*»), pp. 113 ss (e fontes aí citadas).

Por tudo isto, e como bem viu Suraiya Faroqhi, a peregrinação a Meca é claramente um assunto de política externa[107]. Mercê do seu afastamento relativamente ao sunismo e às experiências religiosas que ia pondo em prática, Akbar deixou de patrocinar a ida de peregrinos indianos aos lugares santos do islão depois de 1581. Mas, enquanto se identificou com o *hajj*, o imperador mogol encarou-o naturalmente enquanto mecanismo regulador das suas relações com os soberanos sunitas seus vizinhos: o sultão otomano, claro está, e o rei dos uzbeques.

No caso dos otomanos, ironicamente, o empenho directo de Akbar nos assuntos do *hajj* acabou por deteriorar as relações entre os dois estados. As senhoras da corte mogol que foram em peregrinação a Meca em 1576 por lá ficaram quatro anos com toda a sua comitiva, e esta prolongadíssima estadia preocupou sobremaneira as autoridades locais, incapazes de responder às dificuldades de abastecimento em situações de excesso de peregrinos. Depois, as senhoras da família imperial não se comportam de acordo com os princípios da *Shari'a*, têm problemas com as autoridades de Hijaz e chegam a ser insultadas pelo governador de Adem no seu regresso à Índia em 1581. As informações colhem-se num precioso conjunto de *farman*s do sultão Murad, datados de 1578-1580[108]. Para mais, os últimos *mir-i-hajj* – Shaikh 'Abdul Nabi e Makhdumul Mulk – haviam sido banidos da corte de Akbar por se oporem à sua política religiosa e não é improvável que tenham propalado uma imagem assaz negativa do imperador mogol. Daí que a distribuição das ofertas pias feitas por Akbar tivesse sido suspensa em Meca e Medina.

A carta que Akbar envia aos xarifes de Meca em Fevereiro-Março de 1582, defendendo-se das acusações de desvio à ortodoxia e inquirindo acerca da distribuição dos seus presentes, constitui uma primeira

---

[107] *Pilgrims & Sultans. The Hajj under the Ottomans, 1517-1683*. Reed. Londres; Nova Iorque: St. Martin's, 1994, cap. 6, pp. 127 ss. Ver também PEARSON – *Pious passengers*, cap. 4, pp. 87 ss; e CASALE – *The Ottoman Age of Exploration*, pp. 153-154.

[108] Cf. FAROOQI, N. R. – «Six Ottoman documents on Mughal-Ottoman relations during the reign of Akbar». In KHAN, I. Alam (ed.) – *Akbar and his Age*, pp. 209-222. Ver, do mesmo autor, *Mughal-Ottoman relations,* pp. 18-22.

reacção[109]. Coincidindo no tempo com sedimentação das suas inovações religiosas, Akbar deixa de patrocinar o fluxo religioso entre a Índia e Meca e o suspeito Badayuni escreve que, desde então, o imperador nem queria ouvir falar do *hajj*, tratando como criminosos os que pretendiam fazer a peregrinação[110].

As relações entre Akbar e Murad III terão azedado ao longo da década e os portugueses fazem parte dessa equação. Ao regressar a Fathpur Sikri em Abril de 1582, os peregrinos mogóis garantem que os otomanos aprestavam vários navios no Mar Vermelho para a Índia, notícia que alarma Goa mas que não tarda a tomar-se por falsa[111]. Na mesma altura, ao descrever o modo como são recebidas as embaixadas de soberanos estrangeiros em Fathpur Sikri, Monserrate nota que a habitual cortesia de Akbar cedeu o passo, no caso do enviado do «vice-rei turco da Arábia Felix», a uma atitude muito dura. A embaixada «esvaiu-se numa nuvem de fumo» e o seu responsável foi posto a ferros e enviado para Lahore, enquanto que os que o acompanhavam lograram escapar a tempo. O jesuíta considera que a reacção de Akbar se ficou a dever à arrogância dos seus interlocutores e, bem assim, à inconcebível proposta que lhe haviam feito: «fazer guerra ao rei de Espanha e Portugal»[112]. A versão otomana deste episódio quadra com a de Monserrate: Koja Sinan Pasha – destacado membro da élite otomana, que advogava um projecto de expansão imperial no Índico – terá enviado à corte mogol uma delegação com o intuito de convidar Akbar a juntar-se a Murad numa guerra santa contra os Habsburgos, proposta que o imperador mogol rejeitou veementemente[113].

Parece ser verdadeira a sugestão de uma liga anti-portuguesa mas devemos duvidar que na base da atitude hostil de Akbar perante o embaixador otomano esteja uma incondicional amizade com os *firangis*.

---

[109] Detalhado resumo e comentário por HAIDAR, M. (ed.) – *Mukatabat-i-'Allami*, doc. 1, pp. 1-7.

[110] BADAYUNI – *MT*, vol. II, p. 246.

[111] «Novas que vierão da Índia Oriental o anno de 1582», in REGO – *Documentação*, vol. XII, pp. 779-780.

[112] *Commentary*, pp. 204-205.

[113] CASALE – *The Ottoman Age of Exploration*, pp. 158-159.

É mais sensato admitir uma reacção do imperador mogol às recentes afrontas de Murad e das autoridades dos lugares santos do islão e do Mar Vermelho. Como quer que seja, em Janeiro de 1588, e recorrendo a informações transmitidas pelos espiões que colocara na Índia, Murad está convencido de que existia uma aliança entre portugueses e mogóis tendo em vista a conquista dos portos do Yemen[114]. Esta asserção não encontra confirmação nas fontes portuguesas, mas é possível que a recorrente presença de enviados de Akbar em Goa ao longo dos anos de 1580 tivesse sido assim interpretada pelos observadores de Istambul.

As contradições de Akbar, apresentando-se como escrupuloso respeitador dos princípios da *Shari'a* ao mesmo tempo que criava comprometedoras cumplicidades com os *firangi*s, também se projectaram na sua relação com os uzbeques. Perante 'Abdullah Khan, Akbar vinca a sua firme oposição à presença portuguesa na Índia e, anuncia, em carta de 1586, a «destruição dos infiéis feringis»[115]. Mas, de Bukhara, bem no coração da Ásia Central, 'Abdullah Khan não podia avaliar com precisão o que se passava nas franjas marítimas do império mogol. Nos anos de 1576-1581, a partida dos peregrinos indianos para Meca esteve sempre fortemente condicionada pelos *firangi*s. O entendimento de 1573 entre Akbar e o Estado da Índia, relembremo-lo, previa a concessão anual de um cartaz para a ida de uma nau do imperador a Meca. Abu'l Fazl e Badayuni convergem na condenação dos portugueses pelos escolhos que levantam ao fluxo de pessoas e bens entre o Guzerate e o Mar Vermelho. O primeiro fala de um projectado ataque em 1580 aos «portos europeus» daquela província, ataque comandado por Qutbuddin Khan com o objectivo de «remover os faringis» e do qual os soberanos do Decão haviam sido informados previamente[116]. Mais longe vai Badayuni: sugere mesmo aos peregrinos que renunciem a

---

[114] FAROOQHI – «Six Mughal documents», pp. 215-216 e 218-219.

[115] Resumida em inglês e comentada por HAIDAR, M. (ed.) – *Mukatabat-i-'Allami*, doc. 7, pp. 42-51 (Haidar publica uma outra carta, que deverá constituir o esboço da que veio efectivamente a ser enviada (doc. 6, pp. 32-41). Também desta autora, ver «Relations of Abdullah Khan Uzbeg with Akbar». *Cahiers du Monde Russe et Sovietique*. Vol. XXIVI/3-4 (1982), pp. 313-331; e BURTON – *The Bukharans*, pp. 30-31, 54-56.

[116] *AN*, vol. III, pp. 409-410.

visitar Meca, evitando assim o ultraje de aceitar dos portugueses cartazes que tinham estampadas imagens de Jesus e Maria[117].

Esta intricada teia de interesses e acontecimentos, tendo o Guzerate por pano de fundo, explica em larga medida a complexa postura de Akbar perante os portugueses nos anos de 1570-1580. De um lado, pretende segurar os jesuítas na sua corte e haveria de resistir à partida de Acquaviva – «a quem o dito rei Mogor amava tanto como ao mais amado filho que tinha»[118] – para Goa em 1583[119]. Dois anos antes, por forma a devolver o entusiasmo aos jesuítas e evitar o termo da missão, mas também para obter informações acerca do que se passava entre os *firangis*, Akbar decide enviar dois emissários a Goa, acompanhados por Monserrate. Levavam uma carta do imperador para Filipe II, a ser entregue em mão por Saiyid Muzaffar, que depois devia seguir para Roma. O missionário jesuíta acompanharia a embaixada mogol ao rei de Portugal, enquanto que 'Abdullah, que já estivera em Goa três anos antes, tinha instruções para regressar a Fathpur Sikri.

Atendendo à substância e ao contexto em que é escrita, a carta é naturalmente dirigida a Filipe II, embora vá genericamente endereçada aos *Danayan-i Farang* («homens sábios da Cristandade»). Os testemunhos dos jesuítas confirmam-no: o pretexto para a embaixada é cumprimentar Filipe II pela ascensão ao trono de Portugal em 1580[120]. A carta foi redigida por Abu'l Fazl e constitui, pois, uma peça estilisticamente refinada, para além de conter elementos essenciais da ideologia de Akbar[121].

---

[117] *MT*, vol. II, p. 206.

[118] Di-lo Gil Eanes Pereira um ano depois do termo da missão (carta a C. Acquaviva, Cochim, 15.II.1584, Cochim, 15.II.1584, in *DI*, vol. XIII, p. 511). Este pioneiro das relações com os mogóis propunha-se então relançar a missão junto de Akbar, viajando desde Satigão e actuando com mais prudência pois, como sublinha, «não se fes Roma em um dia» (*ibid.*, p. 513).

[119] *Farman* de Akbar aos jesuítas, [Fathpur Sikri], [24].II.1583, in *DI*, vol. XII, pp. 732-733.

[120] Rodolfo Acquaviva a C. Acquaviva, Fathpur Sikri, 25.IV.1582, in *DI*, vol. XII, p. 583; Rui Vicente a C. Acquaviva, Goa, 21.X.1582, *ibid*, pp. 625-626.

[121] *Insha'i Abu'l Fazl*, vol. 1. Publicação em tradução inglesa por REHATSEK, E. – «A letter of the Emperor Akbar asking for the Christian Scriptures». *The Indian Antiquary*, vol. XVI (Abr. 1887), pp. 135-139. Resumo da carta e esclarecido comentário de HAIDAR, Mansura (ed.) – *Mukatabat-i-'Allami*, doc. 2, pp. 8-12. Tradução portuguesa em FLORES, SALDANHA – *Os Firangis*, ap. A, pp. 88-90.

Chegados a Surrate, em Agosto de 1582, Saiyid Muzaffar fugiu para o Decão. O facto não deve surpreender: nobre turani, estreitamente ligado a outros notáveis do império que viam com maus olhos a postura heterodoxa de Akbar em matéria de religião, Saiyid Muzaffar não se revia nos propósitos da embaixada que chefiava nem na atitude do imperador relativamente aos padres católicos. Monserrate e 'Abdullah, por seu turno, viajaram até Goa, mas a embaixada a Filipe II acabou por abortar. À falta de mais informações do lado mogol, o testemunho do próprio Monserrate é precioso. Começa por dizer que Saiyid Muzaffar fora obrigado por Akbar a encabeçar essa embaixada. Fizera-o contra vontade e, dada a interminável viagem que o esperava, considerou-a sua escolha como um castigo, uma forma subtil de ser banido da corte e do império. Para mais, soubera que o jesuíta levava uma carta selada do imperador, com ordens para só a abrir em Surrate. Saiyid Muzaffar teme que a carta contenha as ordens da sua própria execução, dado que havia estado do lado de Shah Mansur quando este, alegadamente, apoiou a rebelião de Mirza Hakim. Saiyid Muzaffar pede repetidas vezes a Monserrate para abrir a carta, mas este recusa sempre. Em alternativa, tenta convencer 'Abdullah a ajudá-lo a assassinar o padre, fazendo assim com que a embaixada abortasse logo ali. Sem sucesso também. Uma vez em Surrate, aconselha-se com Qutbuddin Khan sobre o que fazer. Este, apesar de crítico de Akbar, não quis certamente assumir o ónus de uma revolta alheia e, não só não lhe deu qualquer conselho, como – ainda que com frieza – acabou por receber Monserrate[122].

O Guzerate e o dossier «Agiscoca»

Conjugando as boas relações com os jesuítas e com o vice-rei de Goa, o imperador necessitava todavia de adoptar uma posição mais dura no que à presença dos portugueses no Guzerate diz respeito. Akbar parece ter

---

[122] *Commentary*, pp. 163-164 e 184-191.

feito jogo duplo[123]. De um lado, tenta convencer os portugueses de que as acções contra eles empreendidas – assaltos a Damão, planos de ataque a Diu, movimento de navios sem cartaz nos portos mogóis da província – são obra de nobres do império em que ele aparentemente não tem mão. Não obstante, afirma pretender puni-los e incita até os próprios portugueses a fazerem-no. Daí a diabolização, sobretudo em Couto, de figuras como Qutbuddin Muhammad Khan, Qulij Khan Andijani e Shihabuddin Ahmad Khan. Todavia, Akbar conhece esses ataques e estimula-os, como os próprios jesuítas na corte vão suspeitando. Com toda a probabilidade, nota Subrahmanyam, Akbar serviu-se dos portugueses para refrear os «capitães inimigos» que lhe faziam oposição, ao mesmo tempo que, para os apaziguar, se apresenta publicamente como protector do islão e primeiro inimigo dos *firangis*.

A crónica de Diogo do Couto está pejada de informações relativas a estes atritos. Os tópicos são os de sempre: projectados ataques mogóis a Damão e a Diu, naus que navegam dos portos imperiais para o Mar Vermelho sem cartaz[124]. Em 1587, D. Duarte de Meneses notava ao rei que «com os governadores de Cambaia tenho alguâs diferenças sobre o mao tratamento que fazem a algûs mercadores portugueses, e lhe tomarê arcabuzes e armas por forssa»[125]. Quase uma década depois, já ao tempo de Matias de Albuquerque, o risco de apreensão de mercadorias e de cativeiro de portugueses no Guzerate é tão elevado que o vice-rei advoga ser preferível fazer negócio recorrendo exclusivamente aos navios de baneanes[126].

---

[123] SUBRAHMAYNAM, Sanjay – «A matter of alignment: Mughal Gujarat and the Iberian World in the transition of 1580-81». *ML*, vol. 9 (Jul. 1995), pp. 461-479 (também in SUBRAHMANYAM – *Explorations in Connected History. Mughals and Franks*, cap. 3, pp. 42--70). Para uma perspectiva diversa, ver PEARSON, M. N. – *Merchants and rulers in Gujarat. The response to the Portuguese in the sixteenth century*. Berkeley; Los Angeles; Nova Deli: University of California Press; MM, 1976, *passim*.

[124] COUTO – *Década X*, pt. I, liv. ii, caps. 4 a 8, 15, liv. iii, caps. 4 e 5; pt. II, liv. viii, cap. 7.

[125] Vice-rei ao rei, Goa, 6.XII.1587, AGS – *SP*, liv. 1551, fl. 24.

[126] Vice rei ao rei, s.l. n.d [Goa, 1596], AHU – *Cons. Ult.*, cod. 281, fl. 376v. As instruções dadas a Matias de Albuquerque também versavam esta situação: O cap. 42 do seu regimento instava o vice-rei a «saber o estado das cousas de Cambaya e intentos do Mogor», enquanto que numa outra instrução o rei procurava «saber as razões porque he melhor correr o comercio de Cambaya por embarcações de Baneanes que de Portugueses» («Lembrança das cousas que se hão de tratar com Mathias d'Albuquerque», BNP – *Res.*, cod. 1973, fls. 56 e 55).

Década crucial, a de 1580. A pressão mogol sobre as posições portuguesas no Guzerate nos anos de 1581-1583 coincide com uma tentativa de recuperação do poder levada a cabo pelo sultão deposto em 1572. A revolta de Muzaffar Khan em 1583, que custou a vida a Qutbuddin Khan, obrigou a uma dura resposta de Akbar, muito ao jeito do que fizera em 1573. De outro modo, o levantamento do antigo sultão abriu outras perspectivas ao Estado da Índia no Guzerate. No reino, Filipe II pretende ser informado de «todas as cousas dos Mogores, e em especial nas que estão mouidas antre elles he o nouo Rey que se aleuantou em Cambaya»[127]. O «Reyzinho Mudafar», como lhe chama D. Duarte de Meneses, procurara, entretanto, o capitão de Diu e anunciara que escreveria em breve a Goa solicitando o auxílio português para recuperar o seu reino[128]. O vice-rei menciona nesta carta os aliados do sultão deposto, mas não os descrimina. É Couto que o faz: um deles é Jam («Jambo»), «que foi hum dos Capitães que nas revoltas de Cambaya se alevantou». O outro é Amin Khan, que oferece uma filha sua em casamento a Muzaffar Khan para selar a aliança. Com estes aliados, o antigo sultão logra cercar Qutbuddin Khan em Baroche e avança para Ahmadabad, onde 'Aziz Koka depende em absoluto de reforços vindos da capital imperial[129].

A intervenção portuguesa, decidida no conselho do vice-rei, consistiu na ida do próprio ao Norte e assentava na esperança de, tirando partido da agitação – «rio turvo, proveityo de pescadores», relembra Couto o provérbio –, poderem os Portugueses tomar Surrate[130]. Como sempre, a postura dos portugueses é pragmática e não hesitam em negociar em simultâneo com as duas partes. Foi assim com Nuno da Cunha, entendendo-se com Bahadur Shah ao mesmo tempo que se carteava com Humayun. Assim era agora também. O Estado da Índia dispõe-se a apoiar Muzaffar, ao mesmo tempo que oferece auxílio à viúva e filhos de Qutbuddin Khan,

---

[127] Rei ao vice-rei, Lisboa, 10.I.1587, in *APO*, fasc. 3, p. 74.
[128] Vice-rei ao rei; Goa, 6.XII.1587, AGS – *SP*, liv. 1551, fls. 23v-24.
[129] *Década X*, pt. I, liv. iv, cap. 6, pp. 428-433.
[130] *Ibid.*, p. 431. Concordância do rei quanto à oportunidade de uma eventual tomada de Surrate, «que de tantos tempos a esta parte se deseia e procura» (rei ao vice-rei, Lisboa, 6.II.1589, in *APO*, fasc. 3, p. 201).

cercados em Baroche. Estes, todavia, preferiram entregar-se a Muzaffar, que se apoderou dos muitos tesouros daquele nobre turani.

Por forma a esmagar a sedição, Akbar envia para o Guzerate 'Abdur Rahim, que derrotaria Muzaffar Khan no início de 1584. Na sequência desta vitoriosa campanha, o filho de Bairam Khan recebe o título de *Khan-i Khanan* que, esclarece Couto, «he como Condestable do reyno, o qual na sua lingua quer dizer senhor dos senhores»[131]. 'Abdur Rahim Khan-i Khanan, nascido em 1556 e falecido em 1627, é figura crucial do império mogol durante os reinados de Akbar e Jahangir. No que respeita ao alargamento das fronteiras do império, 'Abdur Rahim está estreitamente ligado ao Guzerate, ao Cinde e ao Decão ocidental[132], pelo que é natural que seja amiúde referido nas fontes portuguesas. Só que os *firangi*s não retiveram a dimensão cultural deste homem e, muito provavelmente, nunca souberam que estavam diante de um erudito, capaz de verter de turco para persa o *Babur Nama* ou de patrocinar uma versão persa ilustrada do *Ramayana*[133].

Todavia, a vitória mogol ainda não era a definitiva. Enquanto *subadar* do Guzerate entre 1584 e 1589, 'Abdur Rahim teve de enfrentar grupos de rajputes como os Jarecos, capazes até de atacar Ahmadabad: contam os rajputes de Marwar que só depois da morte de um tal Jago Jareco é que o Gujarat ficou sob controlo absoluto de Akbar[134]. Por outro lado, Muzaffar Khan continuava fugido e tentando, ainda que cada vez com mais dificuldade, arregimentar de novo homens para a guerra. Nesta nova

---

[131] *Década X*, pt. I, liv. iv, cap. 9, pp. 448-450; liv. v, cap. 1, pp. 481-486. Couto erra ao afirmar que Akbar participou, em pessoa, nesta campanha do Guzerate.

[132] Sobre o seu trajecto, ver *MU*, vol. I, pp. 50-65; FAZL, Abu'l – *A'in-i Akbari*, vol. I, pp. 354-361.

[133] Ver NAIK, C. K. – *'Abdu'r Rahim Khan-i Khanan and his literary circle*. Ahmadabad: Gujarat University, 1966; SCHIMMEL, Anne Marie – «A dervish in the guise of a prince: Khan-i Khanan 'Abdur Rahim as patron». In MILLER, Barbara Stoler (ed.) – *The power of art: Patronage in Indian Culture*. Nova Deli: OUP, 1992, pp. 202-223; SEYLLER, John – *Workshop and Patron in Mughal India. The Freer Ramayana and other illustrated manuscripts of 'Abd al-Rahim*. Zurique; Washington, D.C.: Artibus Asiae Publishers; Museum Rietberg; Freer Gallery of Art/Smithsonian Institution, 1999.

[134] *The Mertiyo Rathors of Merto, Rajasthan. Select translations bearing on the History of a Rajput Family, 1462-1660*. Trad. e ed. Richard D. Saran, Norman P. Ziegler. Ann Arbor (MI): University of Michigan, Centers for South and Southeast Asian Studies, 2001, 2 vols., vol. I, pp. 146-149.

fase, logrou manter alguns dos aliados anteriores (Jam), ainda que tenha perdido outros (Amin Khan). Neste caso, como em tantos outros exemplos paralelos, a sobrevivência política de Muzaffar Khan dependia em absoluto dessa capacidade de arregimentar soldados entre os muitos que erravam, disponíveis, pelo Hindustão. Em finais de 1589, o capitão de Diu informava Filipe II de que «o Rei Modafar rei natural do guzarate filho do soltão mamude estaa nestas terras vezinhas de Dio dezoito legoas emtre os Rexbutos omês rebustos dos matos que são naturais». Luís de Mendonça revela que seriam sete a oito mil homens de cavalo mas, infelizmente, não diz a que linhagem rajpute pertenceriam[135]. Seriam Purbiyas, que tinham estado na base da autoridade de Bahadur Shah e da sua agressiva política expansionista nos anos de 1530, e que haviam desempenhado um papel importante no jogo político do sultanato até à década de 1560? Tendo em conta a política de conciliação seguida por Akbar relativamente aos rajputes, integrando-os no império com sucesso[136], aqueles que estavam com Muzaffar Khan deveriam pertencer seguramente a um qualquer clã «espúrio». O *Mirat-i Sikandari*, que começa por sublinhar a impossibilidade do sultão do Guzerate voltar a reunir um exército após a derrota de 1584, refere adiante o auxílio dado a Muzaffar Khan por homens como Siva Vadhel e Sagram Wadhel[137]. Como quer que seja, não deixa de ser interessante a observação do capitão português de Diu em 1589, certamente conhecedor das regras do mercado militar da região, da sua extraordinária flexibilidade e dos seus reflexos nos domínios da política e da diplomacia[138].

Muzaffar Khan acabou por ser capturado em 1593 e suicidar-se-ia a caminho da corte mogol, mas os portugueses já não dão conta desse facto[139]. Não se pense, todavia, que a resistência aos mogóis terminava com o desaparecimento do último sultão. Aproveitando a morte de Akbar

---

[135] Luís de Mendonça ao rei; Diu, 26.XI.1589, AGS – SP, liv. 1551, fl. 664.

[136] Cf. CHANDRA, Satish – «Akbar's Rajput policy and its evolution – Some considerations». In KHAN, I. Alam (ed.) – *Akbar and his age*, pp. 61-69; ID. – *Mughal religious policies, the Rajputs and the Deccan*. Nova Deli: Vikas Pub. House, 1993.

[137] *Mirat-i Sikandari*, pp. 320-327.

[138] Ver KOLFF – *Naukar*, pp. 117 ss, que desenvolve o conceito de clã «espúrio».

[139] Akbar não resistiu a dar conta desta vitória a 'Abdullah Khan na carta que lhe enviou em Junho de 1596 (HAIDAR, M. (ed.) – *Mukatabat-i-'Allami*, doc. 16, p. 107).

em 1605 e as naturais incertezas inerentes à sucessão imperial, dizem os jesuítas «que os guzarates a quê por dereito pertençe este Reyno o qual o Mogor trazia tiranizado, se tê levantado, e fazê aos Mogores [...] guerra»[140]. Escrevendo uns anos antes, à roda de 1600, um anónimo português sublinha a ilegítima ocupação mogol do sultanato, uma verdadeira operação de saque que, a um tempo, afugentou e revoltou a população local: «[...] o Gran Mogor o conquistou de hum repentino asalto o anno de 1572 sem lhe custar ferida nem homem nenhum, donde levou muita riquesa, e artelharia e quatro mil escolhidas molheres *com que o reyno se acabou de despejar de gente pelebeia, que não pode sofrer a tirania dos vencedores*»[141].

Por um lado, o Estado da Índia teme que o Guzerate se torne um segundo Bengala, ou seja, outro horizonte de desordem social e de iniciativa privada que Goa não consiga controlar. Os últimos anos do século terão sido particularmente críticos a este propósito. D. Francisco da Gama dá conta da existência de mais de cem navios de remo pertencentes a portugueses e baneanes que, perigosamente, faziam comércio de monta em portos controlados pelos mogóis, «os quais pudera [Akbar] reprezar com muita facilidade»[142]. Na mesma altura, o vice-rei mostra-se de todo contrário ao estabelecimento de uma missão jesuíta em Cambaia. Akbar emitira um *farman* nesse sentido em Abril de 1598 e os padres da Companhia exultam, tanto mais que contam com a aprovação do arcebispo de Goa[143]. O entusiasmo dos missionários não pode dissociar-se

---

[140] Padre Gaspar Fernandes a C. Acquaviva, *Goa*, 6.XI.1606, ARSI – *Goa*, vol. 33 I, fl. 164. A turbulência política no Guzerate à morte de Akbar é confirmada por uma carta da cidade de Goa ao rei, também de 1606 (*APO*, fasc. 1, pt. II, p. 172).

[141] *DUP*, vol. II, p. 99. O itálico é nosso.

[142] Vice-rei ao rei, [Goa], 1599, BNP – *Res.*, cod. 1976, fl. 73. D. Francisco dá ordem aos capitães das fortalezas do norte para proibirem a ida de navios portugueses ao porto de Cambaia, por se temer a sua captura pelas autoridades imperiais (o mesmo ao mesmo, [Goa], 1599, *ibid.*, fl. 160v).

[143] Foi publicado em inglês pelo padre FELIX, O. C. – «Mughal Farmans, Parwanahs and Sanads issued in favour of the Jesuit Missionaries». *JPHS*. Vol. V/1 (1916), pp. 10-11 (trad. port. em FLORES, SALDANHA – *Os Firangis*, ap. B, p. 92). Encontra-se hoje (em muito mau estado) no arquivo da catedral de Agra, e esteve exposto nos Estados Unidos da América, integrado na exposição *Akbar's India: Art from the Mughal City of Victory*. Nova Iorque: The Asia Society Galleries, 1985, cat. 80, pp. 120-121, 156.

da imagem assaz positiva que retiveram da sua passagem pela cidade em 1595, a caminho de Lahore. Bem recebidos pela população, que dizem «sangrada» com os «petitorios» dos mogóis, os padres comparam Cambaia a Évora e antecipam êxitos no trabalho missionário[144].

Todavia, a decisão do vice-rei – escorada na opinião dos capitães e de outros oficiais das fortalezas do Norte – acabaria por ser contrária. D. Francisco da Gama teme que, à sombra da futura igreja dos jesuítas em Cambaia, se acolham muitos mercadores portugueses atraídos por uma terra fértil, e fértil em negócios, onde, «por nela faltar justiça e viveram os homês a sua vontade he çerto que deixarão as fortalezas do norte e se irão la a morar ficando inutteis para o serviço de V. Magestade, e cattivos do Equebar cada ues que lhe pareçer lançar mão delles e de suas fazendas»[145]. Mais até do que a sua inutilidade para o Estado da Índia, o vice-rei teme que esses homens, assim à mercê de Akbar, se transformem num problema político-
-diplomático no que toca às relações entre Goa e o império mogol. Já em 1593 havia cativos portugueses em Cambaia, entretanto libertados graças ao acordo firmado entre o capitão de Diu e 'Aziz Koka[146]. Uma década depois, dois navios deram à costa nas terras de Cambaia e cinquenta portugueses foram feitos prisioneiros para serem de imediato levados à presença do imperador em Agra. Foi Jerónimo Xavier– com Akbar, Salim e 'Aziz Koka – quem negociou a sua libertação, dando da sua presença na corte mogol um vivo relato[147]. Eram fundados, pois, os receios, de D. Francisco da Gama: os episódios que acabámos de descrever mais não foram do que ensaios do que viria a suceder, trinta anos volvidos, em Hughli.

Tornava-se imperativo, pois, acantonar os portugueses nas posições que o Estado da Índia detém na região. Mas, nas fortalezas, a situação

---

[144] Capítulo de uma carta de Manuel Pinheiro, incluído na ânua de 1595 (F. Cabral, Goa, 29.XI.1595, in *DI*, vol. XVII, pp. 368-377; M. Pinheiro a João Álvares, Lahore, 3.IX.1595, *ibid.*, pp. 73-75. Comparar com a também entusiástica descrição da cidade de Cambaia por um anónimo português *ca.* 1600 (*DUP*, vol. II, p. 99).

[145] D. Francisco da Gama ao rei, [Goa, Dez. 1599], BNP – *Res.*, cod. 1976, fls. 184-184v; Aires de Saldanha ao vice-rei, Lisboa, 22.I.1601, HAG – *MR*, liv. 7, fl. 27.

[146] Cf. *infra*, n. 148.

[147] Ânua de 1603 (padre Gaspar Fernandes, Goa, 2.XII.1603), ARSI – *Goa*, vol. 33 I, fls. 125v-126; Jerónimo Xavier ao Provincial da Índia, Agra, 6.IX.1604, in *DUP*, vol. III, pp. 9-12.

tendia a ser igualmente tensa, difícil de gerir pelos oficiais da coroa. Em Diu, há mogóis «das portas adentro» e, com os baneanes, é necessário usar também de todas as cautelas: se os portugueses introduzirem a mais pequena alteração nos hábitos da terra, os comerciantes locais de imediato «largarão casas e fazendas», provocando assim consideráveis quebras nos negócios[148]. Mais do que os atritos «domésticos» do quotidiano, ou até os problemas colocados à escala regional, os capitães das fortalezas do norte tinham de lidar com dificuldades bem mais sérias. Escolhos que se situam no domínio da alta política imperial e dos equilíbrios religiosos da corte mogol. Terreno movediço e de difícil aprendizagem para o capitão de uma fortaleza, obrigado a decidir no tempo curto, muitas vezes sem poder consultar o próprio vice-rei.

A ruptura entre Mirza 'Aziz Koka e Akbar constitui um bom exemplo, já que esse episódio tem justamente na fortaleza portuguesa de Diu um dos seus epicentros. Irmão colaço de Akbar, associado aos primeiros passos do domínio mogol do Guzerate, como vimos, Mirza 'Aziz Koka discordava profundamente da política religiosa do imperador. As razões são óbvias: estamos perante um poderoso nobre turani, muito próximo da ordem Naqshbandi e pouco agradado com a influência que os irmãos Abu'l Fazl e Faizi exercem sobre Akbar. Daí que 'Aziz Koka seja sensível aos argumentos dos que criticam o imperador por se afastar do islão, num crescendo de divergência que o leva, anos a fio, a evitar a corte. Nestas circunstâncias, 'Aziz Koka acaba por dar o passo que simbolicamente melhor representa a ruptura: decide exilar-se ele próprio, fazendo o *hajj* em Abril de 1593[149]. Nesse mesmo mês, Akbar escreve-lhe uma interessante carta, criticando-o por partir sem autorização mas instando-o a voltar à corte e assegurando-lhe o

---

[148] Vice-rei ao rei, [Goa], 1599, BNP – *Res.*, cod. 1976, fls. 56v, 58-58v.

[149] Como é de ver, as fontes mogóis deram enorme relevo a Mirza 'Aziz Koka, que só viria a morrer em 1625. Ver *MU*, vol. I, pp. 319-334; FAZL, Abu'l – *A'in-i Akbari*, vol. I, pp. 343-347. Pode seguir-se a progressão da sua carreira em ALI, Athar – *Apparatus*, não apenas ao tempo de Akbar (A37, 75, 129, 146, 257, 293, 336, 450, 487, 819, 913), mas também durante o reinado de Jahangir (J261, 271, 355, 435, 524, 664, 1266, 1334, 1392, 1400, 1446). Entre os seus retratos, atente-se num de Manohar *ca.* 1602-1604, que o representa justamente diante do imperador (Cincinnati Art Museum, nº 1950.289).

favor imperial[150]. O irmão colaço de Akbar regressou em Dezembro do ano seguinte.

Ora, a viagem para Meca, levando mulheres, filhos, criados e tesouros, dificilmente podia passar despercebida e supunha uma negociação com os oficiais da fortaleza de Diu. Em simultâneo, e por forma a evitar a suspeita de Akbar e das autoridades provinciais, era necessário simular um conflito público com os portugueses, ao mesmo tempo que com eles se procurava um entendimento secreto. Assim, 'Aziz Koka escreve «cartas muy arogãtes» ao capitão de Diu, «pedindo cousas muito extraordinarias», ao mesmo tempo que faz saber por um baneane da cidade que se prepara para tomar a fortaleza portuguesa. Pero de Anaia (ou Anhaia) não hesita em matar o baneane, o cordeiro de sacrifício deste episódio, recebendo logo depois um pedido de 'Aziz Koka «para poder na mesma fortaleza caregar hûa nao e se yr nella com sua molher e filhos pera mequa». Em troca, o irmão colaço de Akbar prometia libertar os portugueses que estavam cativos no porto de Cambaia[151].

Os cronistas de Akbar noticiam a partida de 'Aziz Koka para Meca, mas só Abu'l Fazl menciona o acordo então firmado com os portugueses[152]. A sua versão, porém, é assaz diferente daquela que chega a Lisboa: 'Aziz Koka terá anunciado que pretendia conquistar Diu e, proibindo os mercadores dos outros estabelecimentos do Guzerate de ali comerciarem, congelou efectivamente o movimento do porto dominado pelos *firangi*s. Estes viram-se assim obrigados a negociar, aceitando que a nau em que 'Aziz Koka se preparava para embarcar em direcção a Meca deixasse o Guzerate com um contrato de armação que em muito lesava o Estado da Índia.

Do lado português, e fosse qual fosse a substância do acordo, sabemos que o capitão de Diu aceitou a proposta de 'Aziz Koka, ainda que

---

[150] Abril 1593, in HAIDAR, M. (ed.) – *Mukatabat-i'Allami*, doc. 12, pp. 72-78.

[151] Rei ao vice-rei, Lisboa, 18.II.1595, in *APO*, fasc. 3, pp. 475-476 (também em AHU – *Cons. Ult.*, cod. 281, fls. 296-296v); o mesmo ao mesmo, Lisboa, 27.II.1595, in *APO*, fasc. 3, p. 513. Em erro, Cunha Rivara lê por vezes «bramane» em vez de «baneane».

[152] FAZL, Abu'l – *AN*, vol. III, pp. 979-982, 1006; BADAYUNI – *MT*, vol. II, pp. 400-401, 412-413.

essa decisão tenha suscitado um sem número de críticas. Anaia parece ter então vivido um dilema de difícil resolução. Se a ruptura entre 'Aziz Koka e Akbar era encenada – nada mais do que um expediente, capaz de fazer chegar ao império otomano um homem da absoluta confiança do imperador a fim de aí preparar uma força naval que viesse sobre as posições portuguesas no Guzerate, no Cinde e na boca do Golfo Pérsico –, então a viagem devia ter sido impedida a todo o custo. É essa, por exemplo, a versão de Rodrigues Silveira, que critica asperamente o capitão da fortaleza de Diu por deixar «embarcar naquelle porto pera mecca hum riquíssimo mouro, colaço do Grão Mogor e seu mayor e mais principal capitão. Este mouro, fingindo aver quebrado com seu senhor, se tem por cousa certa yr com disenho de passar a Constantinopla e fazer todo o possivel por trazer gallés, gente e outros petrechos navaes á India, e mestres práticos em fazer as ditas gallés, pera tomar a fortaleza de Dio e Damão, e fazer outras expedições contra aquele Estado»[153]. De outro modo, sendo verdadeira a ruptura entre 'Aziz Koka e Akbar, o Estado da Índia devia ter apreendido a nau, pois, sabendo da fuga do seu irmão de leite com a conivência dos *firangi*s, a retaliação do imperador não tardaria certamente: «desta licença que se deu a agescoça se resimta o Mogor e posa ser ocassiam de quebrar, com esse estado»[154].

É diversa, e provavelmente mais próxima da realidade, a versão de Jorge de Lemos, em finais de 1593. Segundo o escrivão da fazenda, Akbar terá a certa altura feito um ultimato a 'Aziz Koka: ou tomava Junagadh ou partia para Meca. 'Aziz Koka fez ambas as coisas. Começou por conquistar a «serra inexpugnável» de «Junaguer», contando para tal com o auxílio de soldados portugueses que andavam no seu serviço «por se lhes não pagarem quartéis nem mantimentos» na fortaleza de Diu. Homens que se alimentaram do arroz que o capitão Pedro de Anaia vendeu nessa ocasião a 'Aziz Koka, desviando-o da fortaleza e assim fazendo «passar o povo necessidades». Após a tomada de Junagadh, e «por intervenção dum portugues casado seu amigo», 'Aziz Koka acertou com Anaia a sua

---

[153] *Reformação da milícia*, pp. 59-60.
[154] Rei ao vice-rei, 1595, AHU – *Cons. Ult.*, cod. 281, fl. 296v.

passagem para Meca. Comprou o embarque, distribuindo dinheiro pelos portugueses que interessava subornar para o efeito – 10.000 pardaus para Anaia, 5.000 mil pardaus para o capitão da armada do Norte, 3.000 para o respectivo sogro, Francisco Pais, que por acaso era provedor da fazenda do Estado da Índia. Depois, embarcou discretamente num dos portos do Gujarat com a sua família e muita riqueza – «dez contos de ouro e infinitas perolas e pedraria riquíssima» – em direcção ao mar Vermelho. Jorge de Lemos continua a sua narrativa, notando como D. Francisco da Gama tinha reagido negativamente a este acontecimento. Temeu-se uma intervenção turca, porquanto alguém vindo a bordo de uma «nau de Meca» asseverava «que fora o fugitivo bem recebido do Baxá que regia essa província, assim por lhe presentar cinco formões do turco [i.e. Murad III] de letras de ouro como por lhe dar grandes presentes». Lemos termina a sua informação com um vatícinio: «Se ele ['Aziz Koka] voltar como o Aquebar deseja e tem prometido a sua mãe, cujo leite mamou que lhe dará licença com seguro e embarcação pera ela o ir buscar, tenho por sem duvida nos será cruel inimigo»[155].

A descrição do episódio «Agiscoca» por Jorge de Lemos é, a vários títulos, significativa. Lemos dá por certa, e não encenada, a ruptura entre 'Aziz Koka e Akbar, tendo igualmente por adquirido o «pacto» entre aquele e Pedro de Anaia. O irmão de leite de Akbar mantém, aliás, ligações várias aos portugueses: para além dos três homens que subornou e que o ajudaram a partir para Meca, 'Aziz Koka conta com soldados *firangis* ao seu serviço, sendo que um deles – o que mediou a sua negociação com o capitão de Diu – era mesmo «seu amigo». Finalmente, o escrivão da fazenda sublinha o «perigo turco» que a fuga de 'Aziz Koka representa e prevê o regresso do irmão de leite de Akbar à corte mogol e a sua reconciliação com o imperador.

O dossier «Agiscoca» teve grande impacto na época, quase tanto em Goa como conheceu em Lahore. Em 1599, já 'Aziz Koka tinha regressado

---

[155] Jorge de Lemos a Pedro Álvares Pereira (secretário do Conselho de Portugal), Goa, 8.XII.1593, pub. in *Instituto*. Vol. X (1862), pp. 65-69 [extracto citado a pp. 67], 92-94, 135-137; XI (1863), pp. 104-107, 131-134. Agradeço a Susana Münch Miranda a referência desta carta.

à corte mogol e se reconciliara com o imperador, o caso ainda se reveste de suficiente actualidade para que D. Francisco da Gama o apresente a Filipe III:

> A ida de Agiscoca se entende que foi grande culpa dexalo passar ao estreito e que se o turco estiuera mais folguado pudera lançar mão dos oferecimentos que lhe fez, porque leuou um grande thesouro que láa despendeo con que pudera obrigar muito ao turco dar lhe as guales que pedia e com não ignorarem isto os que lhe puderão impedir esta ida se ouverão contanto descuido que o deixarão embarcar em hũa nao a qual se pudera tomar, e nella muito ouro e prata com que este estado se pudera remedear de muitas necessidades sem por isso se quebrar a pâz he amisade cõ o Mogor pois hia fogindo e sem licença sua (ainda que se entendeo depois ser o contrario pelo bom acolhimento que lhe fez quando voltou) e por este modo se ficarão atalhando todos os males que cada dia se reçeão pelas instâncias que este agiscoca tem feito e en que inda agora continua[156].

O vice-rei, que tem manifesta má opinião de 'Aziz Koka, critica o capitão da fortaleza de Diu por o ter deixado embarcar para o mar Vermelho, mas não deixa de reconhecer que era difícil prever que os dois irmãos se acabariam por reaproximar. De facto, uma vez regressado à corte, 'Aziz Koka ascenderia a *vakil*, com o elevado *mansab* de 7.000 *zat*/7.000 *suwar*, ficando-lhe ainda cometida a guarda do selo real. Os jesuítas encontram-no em Lahore em 1596 e é justamente este seu irmão de leite que o imperador incumbe de ouvir as histórias portuguesas dos padres para depois lhas contar em persa, dado que «este capitão e hum seu filho despois que forão a Mequa, agora 4 annos, ficarão disto curiozos»[157].

Pela fronteira do Guzerate – turbulenta e cheia de imponderáveis, como acabámos de ver – terão passado certamente muitos dos enviados de Akbar a Goa. Não podendo contar, depois de 1583, com missionários jesuítas na sua corte, é bem provável que, alternativamente, o imperador tenha procurado

---

[156] Vice-rei ao rei, [Goa], 1599, BNP – *Res.*, cod. 1976, fls. 56v-57.
[157] J. Xavier a F. Cabral, Lahore, 8.IX.1596, in *DI*, vol. XVIII, pp. 571-572.

então intensificar as relações directas com a capital do Estado da Índia. Estava em causa a aquisição de «raridades» ocidentais e, em simultâneo, a vigilância da capital dos *firangis*, essencial para a gestão dos problemas dos confins marítimos e meridionais do império. Diz o padre Fernão Guerreiro, em 1603, que Akbar «manda muitas vezes algum seu, com nome de embaixador, a Goa, mas na realidade se entende mandá-lo por espia do que fazem e podem os portugueses, e sempre a tempo que possam alcançar a vinda das naus do reino, e notar o que nelas vem de fazenda e gente»[158].

Esta imagem dos enviados mogóis a Goa – suspensos, que nem simples comerciantes, da chegada dos navios da «carreira» – quadra, em certa medida, com o tom de desprezo com que D. Francisco da Gama se refere a um embaixador de Shah 'Abbas I entrado na capital do Estado da Índia em Maio de 1598: não é «pessoa de muita calidade», dado que homens como ele «costumão comprar estas embaixadas ao Xaa por fazerem seus proueitos»[159]. Avaliaria o vice-rei do mesmo modo os embaixadores de Akbar? Não o sabemos. Facto é que os representantes do imperador mogol, cuja presença em Goa nos anos de 1580 os textos europeus registam, se ajustam em parte a este perfil. Sassetti viu chegar um destes embaixadores a Goa em Janeiro de 1586, incumbido de adquirir «fantasias da China». O florentino não guardou dele grande impressão e diz mesmo tratar-se de um homem «baixo» (no sentido moral, ou social?) e avaro: «venne qui un mese fa un novo ambasciator di questo Mogor, ch'è ordinario mandare a visitar el nuovo viceré: è uomo basso e che se per via di mercanzia in questa sua ambasceria potesse avanzar le spese, se ne ingegnerebbe. Portò di presente, che si è veduto, al viceré mezza dozina di achinee [*equine*, cavalos] belle, delle quali abonda assai quel paese; porta danari assai del suo signore per spenderli in queste fantasie delle Cina, ma fino a qui si mostra meno giudizioso che avaro»[160]. Como em 1575, Akbar continua fascinado com as raridades ocidentais e, também,

---

[158] *Relação Anual das coisas que fizeram os Padres da Companhia de Jesus nas suas missões* [...], ed. Artur Viegas. Coimbra: Imprensa da Universidade, 1930, vol. I p. 10.

[159] BNP – *Res.*, cod. 1976, fls. 107-107v.

[160] Carta a Francesco dei Medici, Cochim, 10.II.1586, in *Lettere dall' India*, nº 25, p. 203. Mais de dez anos volvidos, Carletti diz ter visto em Goa um frande diamante trazido

com os objectos asiáticos que entravam na sua corte sempre pela mão dos portugueses[161].

Logo no início do governo de D. Francisco de Mascarenhas fala-se da presença de um «embaixador do rey dos mogores» em Goa, que requeria um cartaz para enviar uma nau de Goa a Judá. A pretensão – resultando em prejuízo claro da alfândega de Diu – foi levada a conselho pelo vice-rei e a decisão acabou por ser positiva, atendendo à segurança de Damão e ao poder de Akbar[162]. No final do seu consulado, antes da monção de 1584, volta a falar-se de um embaixador mogol em Goa que, no regresso a Fathpur Sikri, era suposto viajar na companhia do vice--rei até Chaul. Todavia, demorando-se na cidade «porque tinha muitas fazendas pera embarcar», acabou por sair mais tarde e sem protecção a bordo de um «fustarão». Assaltado no mar, foi-lhe roubada mercadoria no valor de trinta mil cruzados «que levavam empregados em cousas pera o Mogor»[163]. Um memorial de 1586 dá como certo que este embaixador traria consigo da capital mogol «mas de cien mil ducados de pedraria y otras joyas» e que, «pobre» e «desconsolado» depois do roubo, insistiu em Goa que o deixassem vir à corte de Filipe II como representante de «su rey»[164]. Seria este o representante de Akbar que D. Duarte de Meneses, sucessor de Francisco Mascarenhas, conheceu quando chegou a Goa em 1584? O vice-rei terá escrito sobre ele para o Reino e, em Janeiro de 1587, Filipe II responde o seguinte: «tiue contentamento de espedirdes ho embaixador do Equebar, que achastes

---

por um embaixador de Akbar (*Voyage autour du monde de Francesco Carletti (1594-1596)*, ed. Paolo Carile, trad. Frédérique Verrier. Paris: Chandeigne, 1999, p.245).

[161] Porém, o imperador começava a dispor de alternativas. Em 1585, Ralph Fitch esteve na corte mogol e lá deixou um joalheiro inglês: «I left William Leades the Jeweller in service with the king Zelabdim Echebar in Fatehpor, who did entertaine him very well, and gave him an house and five slaves, an horse, and everyday sixe S.S. in money» (FOSTER – *Early travels in India*, p. 18).

[162] COUTO – *Década X*, pt. 1, liv. ii, cap. 1, pp. 151-152.

[163] COUTO – *Década X*, pt. 1, liv. iv, cap. 7, pp. 437-438.

[164] «Memorial de las Filipinas y India de Portugal de cosas muy covinientes al real servicio de V.M. a xxiiij de Março de 1586»; Sevilha, Archivo General de Indias – *Patronato*, 53, R.I., fls. 39-39v. Devo a indicação deste documento a Paulo Pinto, a quem muito agradeço.

nessa cidade, e do bom tratamento que lhe fizestes, e de procurardes saber seus desenhos»[165].

Três ou quatro embaixadores mogóis em Goa nos anos de 1580, portanto, todos negociando em nome do imperador. Os principais cronistas de Akbar guardam silêncio a este respeito, mas, em contrapartida, dispomos de um precioso e pouco conhecido texto persa, a pedir análise demorada. Trata-se do *Rauzat ut-Tahirin*, escrito justamente por um enviado (*hajib*) de Akbar a Goa, um tal Khwaja Muhammad Tahir 'Imaduddin Hasan ibn Sultan 'Ali. Terá chegado a Goa em 1579-1580 e, demorando-se algum tempo recolhendo informação acerca de Portugal e dos *firangi*s, viajou depois para Cambaia, onde o seu pai – 'Imaduddin Hasan – ocupava o lugar de *mutasaddi*[166]. Seria Khwaja Muhammad Tahir o embaixador de Akbar que o vice-rei D. Francisco de Mascarenhas conheceu em Goa no ano de 1581? Não sabemos. Mas é bem provável que os portugueses o tenham visto como mais um «mercador».

A «casa da turbulência»

Regressemos, para concluir este capítulo, ao horizonte mais difuso do Bengala. A «casa da turbulência» (*Bulgha Khana*) – como lhe chama Abu'l Fazl[167] –, que deixámos em 1582, momento em que o antigo sultanato volta a conhecer um governador mogol. Não obstante, o poder de Akbar estava longe de ser reconhecido. Nos anos que se seguem, e até final do século, a figura-chave da resistência é um muçulmano bengali chamado 'Isa Khan. Viajando na região em 1586, Ralph Fitch dá um retrato do eclipse da autoridade imperial, impotente perante uma multidão de

---

[165] Rei ao vice-rei, Lisboa, 10.I.1587, in *APO*, fasc. 1, pt. II, p. 73.

[166] Uma das cópias desta obra guarda-se na Bodleian Library (Oxford) e dela se lê um brevíssimo resumo em ELLIOT E DOWSON – *History*, vol. VI, pp. 195-200. O autor diz ter estado em Goa no ano em que o rei de Portugal invadiu o território do «sultão do Magrebe» (isto é, provavelmente, quando a notícia de Alcácer-Quibir chegou à capital do Estado da Índia). Sobre Tahir Muhammad e a obra *Rauzat ut-Tahirin* («O jardim imaculado»), ver ALAM, Muzzafar, SUBRAHMANYAM, Sanjay – *Writing the Mughal World*, cap. 2, pp. 88-122.

[167] FAZL, Abu'l – *AN*, vol. III, p. 427.

«reis locais» orquestrados por 'Isacan' e que tiram partido das defesas naturais proporcionadas pela geografia do delta[168].

Desafortunadamente, não se conhece no detalhe a postura dos portugueses em todos os acontecimentos ocorridos no Bengala neste decénio crucial, que se prolonga da conquista mogol do sultanato em 1574-1576 à ascensão de 'Isa Khan em 1584. Duarte de Sande nota, em 1579, que Akbar não «estrovou» o comércio português no Bengala[169]. Mas, três anos depois, lê-se no *Livro das cidades e fortalezas que a coroa de Portugal tem nas partes da India* que as permanentes «guerras & mudanças destes Reynos» tinham provocado uma diminuição drástica dos negócios dos portugueses em Pipli, Satigão e Chatigão[170]. Nos finais do século, Goa e Lisboa reflectiam sobre o prejuízo que a implantação da autoridade mogol trouxera aos interesses comerciais portugueses no Bengala ocidental: «Tambem me dizeis que semdo sempre de muita importancia o comércio e trato do porto pequeno de bemgalla se vay perdendo por respeito dos Mogores serem senhores daquellas terras e por ter emtendido que as roupas que as naos trazem a este Reino sam quasy todas das que vem daquelle porto Vos emcomendo muito emcareçidamente que deys toda a ordem que for posivell pera se não perder este comerçio»[171].

Enquanto o comércio oficial na região declinava, o comportamento dos portugueses do Bengala ter-se-á seguramente tornado mais errático: a extrema pulverização política do delta – multiplicando potenciais inimigos e conflitos, mas oferecendo em simultâneo um sem número de opções de alianças e de portos de abrigo – era um convite à anarquia. Vimos já que os moradores de Satigão não pagavam direitos a Akbar nos anos imediatos à conquista mogol do sultanato. Nessa altura, quando o irmão do governador do Bengala «ameaça» ir a Satigão buscar Eanes Pereira para o enviar à corte imperial, a reacção dos portugueses daquele porto é bem reveladora: «os mercadores estavão medrosos e cuidavão

---

[168] FOSTER – *Early travels in India*, p. 28.
[169] Sande ao colégio de Coimbra, Goa, 7.XI.1579, in *DI*, vol. XI, p. 676.
[170] Ed. Francisco P. Mendes da Luz. Lisboa: CEHU, 1960, fls. 92-93.
[171] Rei ao vice-rei, 1595, AHU – *Cons. Ult.*, cod. 281, fl. 299, cap. 22.

que a vinda do dito Ismael Collicão não era couza, senão a fazer preza nos navios»[172]. Muitos, certamente, estariam até ligados às actividades de 'Isa Khan, que Fitch diz ser grande amigo dos cristãos[173]. Vinte anos volvidos, as fontes jesuítas registam frequentes escaramuças envolvendo portugueses: só a carta ânua de 1600 assinala um mercador bengali por eles morto e, em contrapartida, o assassínio do capitão português de Chandecan pelos «patanes» que aí viviam[174]. Por tudo isto, não é difícil de entender que, na carta que escreve a 'Abdullah Khan em 1586, Akbar anuncie a intenção de «exterminar» os *firangis* que lhe criavam problemas no Bengala[175].

Todavia, a proximidade de Tanda, capital da província, terá levado alguns portugueses e mestiços a aceitar naturalmente o domínio mogol. Quando António de Sousa Godinho fez uma incursão no delta no meado dos anos de 1580, encontrou portugueses de Satigão que pagavam impostos aos mogóis e a quem estes arrendavam terras. Tendo ordens do vice-rei para evacuar o bandel por estar «muyto pelo rio açima dentro das terras que senhoreão os Mogores», e decidindo transferir os seus moradores para Chatigão, Sousa Godinho teve de enfrentar a oposição armada dos portugueses da terra, que não hesitaram em aliar-se aos mogóis contra a intervenção do Estado da Índia na região[176].

De facto, António de Sousa Godinho havia saído de Goa, em data que não conhecemos com precisão, como «capitão mor da armada de Bengala». No lado oriental do delta, fez tributária a ilha de Sundiva (Sandwip), ao mesmo tempo que acordava com o rei de Tripura o estabelecimento de uma

---

[172] Padre Gil Eanes Pereira ao arcebispo de Goa, Fathpur Sikri, 5.VI.1579, *DI*, vol. XI, pp. 593-598.

[173] *Early travels in India*, p. 28.

[174] HOSTEN, H. – «Jesuit Letters from Bengal, Arakan and Burma». *BPP*. Vol. XXX/59-60 (Jul.-Dez. 1925), pp. 57-58.

[175] HAIDAR, M. (ed.) – *Mukatabat-i-'Allami*, doc. 7, p. 44.

[176] Os projectos de Goa para a eliminação de colónias mercantis portuguesas no golfo do Bengala nunca foram levados a bom termo. Veja-se a tentativa vã de D. Garcia de Noronha para evacuar São Tomé de Meliapor em 1540 (CORREIA, IV, p. 112), ou o ignorado apelo de D. Constantino de Bragança à população portuguesa do mesmo estabelecimento no sentido de se transferir para Jaffna, após a conquista de Nallur em 1560 (COUTO – *Década VII*, liv. ix, cap. 3).

alfândega em Chatigão, onde não tardou a tomar o forte local. O reforço da posição oficial portuguesa na região entusiasmou Goa, mas não teve grande eco no Reino, preocupado que estava Filipe II com a multiplicação de fortalezas, soldados e despesas[177]. O que interessa, para o nosso objecto, é notar que o capitão da armada viajou depois para o Bengala ocidental determinado a «recolher naquele forte [Chatigão] os portugueses que andavão derramados em diferentes lugares daquela costa». Importava sobretudo acabar com «as injurias que portugueses padeçem em algûas terras que estão senhoreadas pellos mogores»[178].

Foi com esse escopo que Sousa Godinho navegou para o Bhagirathi e, subindo o rio trinta léguas acima de Satigão em direcção de Tanda, queimou dezoito povoações de uma e de outra margem. Largou fogo aos celeiros que encontravam então cheios e cortou as pernas a oitocentos bois, preparados para transportar os mantimentos em cáfila. Abateu palmares e arecais, destruiu campos agrícolas, matou muita gente e fez quinhentos prisioneiros. Depois, em clara posição de força, tratou de assentar pazes com o governador mogol[179]. Cenas como esta ficaram seguramente na memória da população, que não tardou a incorporá-las na cultura local. Algures entre 1594 e 1624, um proprietário rural da região de Hughli chamado Mukundaram Chakravarti escreveu um poema que menciona recorrentemente os piratas portugueses, a quem chama 'harmada'[180]. E os templos do Bengala depressa se encheram de placas de terracota representando navios e marinheiros portugueses.

O ascendente de Sousa Godinho sobre as autoridades provinciais, e a forma apaziguadora como o governador do Bengala pretendeu resolver

---

[177] Sobre a acção de Sousa Godinho no Bengala oriental, considerando as suas implicações nas relacionamento com Arracão, ver Maria Ana Marques Guedes, *Interferência e integração*, pp. 107-108. Ver também a carta de Filipe II a Matias de Albuquerque, Lisboa, 12.I.1594, in *APO*, fasc. 3, pp. 257-258.

[178] Duarte Delgado Varejão ao rei, Goa, 1.XII.1588, AGS – *SP*, liv. 1551, fls. 514-514v; Manuel de Sousa Coutinho ao rei, Goa, 18.XII. 1588, *ibid.*, fls. 238-238v.

[179] Vice-rei ao rei, Goa, 4.XII.1589, AGS – *SP*, liv. 1551, fls. 779-780.

[180] Cf. RAY, Aniruddha – «Middle Bengali Literature: A source for the study of Bengal in the Age of Akbar». In HABIB, Irfan (ed.) – *Akbar and his India*. Reed. Nova Deli: OUP, 1998, pp. 225-242, esp. pp. 234-239.

a questão, não deixavam de contrastar com a experiência portuguesa do império de Akbar no lado ocidental da Índia. O que o próprio Sousa Godinho faz saber em Goa é que o «vice-rey de Tendá lhe mandou dizer que elle fora sempre muyto amigo dos portugueses & que não sabia a causa daquella guerra e que estava para dar satisfação a tudo. E prestes para remedear algûs erros se ahi os auia da sua parte & que quando não bastasse sua satisfação auysaria ao Equebar para ele me escrever e avisar que pois estava em pax cõ o estado não consentisse aos portugueses fazerê guerra a seus vassallos». Situação invulgar, estranhando o governador Manuel de Sousa Coutinho as «palavras brandas que os mogores não costumão ter por serê dotados de naturesa soberba, & cruel»[181].

Como não sabemos ao certo o ano desta expedição de António de Sousa Godinho, não conhecemos também quem foi o interlocutor do português: se Shahbaz Khan, governador entre 1583 e 1585, se Sadiq Khan, que lhe haveria de suceder no cargo até 1586. Como quer que seja, a facilidade com que os portugueses intimidaram o dignitário mogol tem seguramente a ver com a evidente debilidade da autoridade imperial na região. É que, para além de ter de defrontar 'Isa Khan, o poderoso rebelde que retardava a conquista mogol de Bhati, Shahbaz Khan enfrentara ainda uma secessão do exército imperial, encabeçada justamente por Sadiq Khan[182]. Entendem-se, nestas circunstâncias, as «palavras brandas» dos mogóis. Só que a política de Akbar para o Bengala não tardaria a ganhar novo fôlego. Durante o governo de Raja Man Singh como *subadar* da província (1594-1606), os avanços foram substantivos e em Janeiro de 1602, o padre Brás Nunes escrevia do Arracão, deveras assustado: «As novas de ca são estas: todo Bengala em perigo de ser do Mogor»[183].

---

[181] Vice-rei ao rei, Goa, 4.XII.1589, AGS – *SP*, liv. 1551, fl. 780.

[182] Sobre a longa e atribulada carreira de Shahbaz Khan, ver o estudo de QAISAR, A. Jan – «Shahbaz Khan Kambu». In *Medieval India – A miscellany*, vol. I, pp. 48-73, esp. pp. 65-70.

[183] Padre Brás Nunes ao padre Bernardo de Macedo, Arracão, 27.I.1602, ARSI – *Goa*, vol. 48, fl. 70v. Outros elementos importantes nas cartas dos missionários jesuítas escritas do Bengala na passagem para o século XVII (HOSTEN, H. – «Jesuit letters from Bengal», pp. 52-76).

Conclusão

A conquista da «gema da Índia» – os sultanatos do Guzerate e do Bengala – por Akbar na década de 1570 pôs face a face o império mogol e o Estado da Índia, forçando-os doravante a relações continuadas de fronteira e vizinhança. Os textos portugueses da época acentuam alguns dos tópicos do período anterior e dão conta da inexorável progressão desses «homens brancos que já confinam connosco», comandados por um «rei estrangeiro» que «cerca toda la Yndia con sus vasallos»[184]. Trata-se, portanto, de uma fronteira sobretudo política e militar, uma fronteira tensa e hostil. No Guzerate, onde os portugueses também tinham sonhos de conquista (Surrate, Cambaia) e de alargamento da «Província do Norte», o Estado da Índia apoia discretamente movimentos de rebelião como o do sultão deposto. Goa reconhece a identidade regional do sultanato, evocando «os Guzarates a quem por direito pertence este Reino», e consequentemente vinca a ilegitimidade da ocupação mogol, condenando a «tirania dos vencedores». Formulação assaz distante da de alguém como Abu'l Fazl que, como vimos no início deste capítulo, justificava a intervenção imperial no sultanato com a necessidade de libertar os «oprimidos do Guzerate».

Ao nível das percepções e concepções, os portugueses continuam a excluir os mogóis do panorama político da Índia. Todavia, a atitude mais pragmática consistia em reconhecer os sinais da suserania mogol (leitura da *khutba* e circulação de moeda) em lugares como Diu, não abdicando em simultâneo do domínio português sobre o mar. Tal domínio, cerne de muitas tensões e conflitos com os funcionários imperiais da nova província, haveria de consubstanciar-se na atribuição selectiva de cartazes aos navios mogóis. Uma política que, na medida do possível, se traduziu no escrutínio das relações de Akbar com o Mar Vermelho, restringindo a circulação de pessoas e mercadorias, vigiando jornadas de peregrinação a Meca e prevendo possíveis entendimentos com os

---

[184] As primeiras expressões, de 1579, são dos jesuítas Fernando de Meneses e Duarte de Sande, cit. *supra*, n. 38 e 39. A útima, em castelhano, vem incluída no «Memorial de las Filipinas y India de Portugal...», de Março de 1586, cit. *supra*, n. 164.

otomanos. Não constituirá o episódio «Agiscoca», considerado em todas as suas dimensões, um exemplo modelar desse novelo de desafios a enfrentar na fronteira do Guzerate?

Como bem viram os missionários jesuítas desde a capital imperial, os acontecimentos e os debates que entretanto ocorriam na corte mogol ligavam-se sobremaneira às questões da(s) fronteira(s). Fala-se amiúde dos patanes e das revoltas no Bengala, dos turanis e de Cabul. Por sua vez, o pensamento religioso de Akbar tinha implicações nas relações com os otomanos e com os uzebques, mas também com os oficiais colocados por estes anos no Guzerate, na sua maioria nobres oriundos da Ásia Central pouco dados às inovações religiosas introduzidas pelo imperador. Traçou-se, de algum modo, uma fronteira ideológica no seio do Guzerate mogol, correspondente a um «cisma» entre ortodoxia e heterodoxia. A essa subtil fronteira se juntou, do lado português, uma outra semelhante. Quase paradoxalmente, o projecto de estabelecimento de uma missão da Companhia de Jesus no Guzerate no final dos anos de 1590, que contava com o beneplácito de Akbar, não era desejada pelo vice-rei de Goa. À partida, a possibilidade de alargar a fronteira católica na nova província mogol ia de par com os projectos de conquista na região. Mas o que D. Francisco da Gama teme é que daí advenha um descontrolado «derrame» de mercadores e aventureiros portugueses no Guzerate, tornando essa fronteira um segundo Bengala e uma permanente fonte de problemas na relação entre o Estado da Índia e o império mogol.

O Bengala é, neste período, a «casa da turbulência». É-o para Akbar, que procura neutralizar a resistência local e eliminar revoltas como a de 'Isa Khan, mas também para os vice-reis portugueses, que viram o comércio na região diminuir em consequência da guerra. Ao mesmo tempo, falhava a tentativa de Goa de fazer de Chatigão uma espécie de colónia oficial portuguesa no Bengala, procurando traçar assim muito a leste, já no lado oriental do delta do Ganges, a linha divisória entre *firangi*s e mogóis. Os portugueses que vivem na região dificilmente se confinam a um porto ou a uma lógica política. Ora estão com o rebelde 'Isa Khan, ora se submetem à autoridade imperial.

Mas a fronteira luso-mogol foi também, neste período, um espaço de troca cultural e de interacção humana. A somar à presença de missionários jesuítas na capital imperial, os contactos diplomáticos dos portugueses com Akbar e com os seus enviados – no Guzerate, em Goa, e até a partir do Bengala – demonstram isso mesmo. É sabido, todavia, que padres católicos e *hajib*s mogóis são também observadores e informadores privilegiados acerca do que se passa do outro lado da fronteira. E o imperador trajando à portuguesa pode muito bem traduzir uma intenção subtil de controlar e «englobar» os novos «súbditos», embora os portugueses não tenham interpretado o gesto desse modo.

CAPÍTULO 4
O «INIMIGO DE LONGE» EM LAHORE (1585-1598)

As «empresas de terra»: Akbar, 'Abdullah Khan, Shah 'Abbas

Em 1585, Akbar transfere a sua capital para Lahore e, durante mais de uma década, o Panjab constituirá o nervo da acção imperial. A nova capital vive da sua relação com a Ásia Central, nomeadamente da articulação com Cabul a partir da passagem de Khaiber. Nos anos que decorrem até 1598, os principais desafios ao império de Akbar provêm justamente desse horizonte geográfico. Governando na charneira entre a Índia e a Ásia Central, o imperador concentra-se na fronteira noroeste do império e dá prioridade à herança recebida de seu avô[1].

Não significa isto, naturalmente, que Akbar descurasse a fronteira marítima do seu reino durante quase uma quinzena de anos, ou que, ao longo desse período, não tivesse começado a esboçar a conquista do Decão. Mas, depois das campanhas-relâmpago do Guzerate e do Bengala, esta nova orientação geoestratégica da política imperial de Akbar surge, aos olhos de Goa, como um oportuno compasso de espera. Nesta fase, Akbar é – de acordo com a expressão de Filipe II em 1587 – «um inimigo de longe»[2].

Uma ameaça agora distante, cujos movimentos convém, ainda assim, ir acompanhando com cautela. De facto, o Estado da Índia passaria os

---

[1] Sobre este assunto, ver ANSARI, A. A. – «The North-West frontier policy of the Mughals under Akbar». *Journal of the Pakistan Historical Society*. Vol. 4 (1956), pp. 36-63; FOLTZ, Richard C. – *Mughal India and Central Asia*. Carachi: OUP, 1998; HAIDAR, Mansura – *Central Asia in the sixteenth century*. Nova Deli: Manohar, 2002, caps. 12 e 13.

[2] Rei ao vice-rei, Lisboa, 10.I.1587, in *APO*, fasc. 3, p. 74.

anos seguintes a observar, interpretar e reportar movimentações e jogos de poder que ocorriam a milhares de quilómetros de Goa, envolvendo alguns dos principais potentados do mundo islâmico da época: mogóis, uzbeques, safávidas e otomanos. Uma relação quadrangular muito complexa, com implicações mais ou menos remotas na vida política da Índia meridional, mas em que os portugueses dificilmente teriam uma palavra.

Tudo assenta na evolução do relacionamento entre mogóis e uzbeques depois de 1585. Morria nesse ano o meio-irmão de Akbar que governava Cabul e, com o desaparecimento de Mirza Muhammad Hakim, era certo que 'Abdullah Khan não tardaria a movimentar-se. Na verdade, o soberano uzbeque vinha consolidando a sua autoridade interna e lograra implantar uma invulgar estabilidade política na Ásia Central a partir de Bukhara. Escrevia o padre Monserrate em 1582 que 'Abdullah Khan «hé tam grande senhor como o Aquebar»[3]. Juízo certeiro o do jesuíta, dado que longe iam os tempos em que 'Abdullah Khan não passava de um nobre ao serviço do imperador mogol[4]. Enquanto Akbar se ocupava da conquista do Guzerate, 'Abdullah Khan tomava o Balkh a Mirza Shahrukh. Uma década volvida, em 1583, era proclamado cã de Turan após a morte de seu pai. No ano seguinte, anexava o Badakhshan. Mogóis e uzbeques estavam agora frente a frente, sem nenhum território de permeio que pudesse funcionar como válvula de segurança entre o império e o canato. Para mais, 'Abdullah Khan incitava as tribos afegãs da região a sacudir o domínio mogol. Aproveitava assim o recrudescimento de uma contestação local ao mando de Akbar nos anos de 1580, largamente estruturada em torno da insurreição Raushania, esse movimento milenarista lançado por Bayazid Ansari (n.1525-m.1576?) e agora liderado por 'Jalala' (Jalaluddin Ansari)[5].

---

[3] *Relação*, p. 647.

[4] Serviu Akbar durante a primeira década do seu reinado, culminando como *hakim* de Malwa (ALI, Athar – *Apparatus*, AA 4, 10, 23, 40). Os artistas mogóis fixaram-no pela imagem e é sabido que Jahangir possuía uma miniatura com o seu retrato e outra com o de seu filho 'Abdul-Mu'min Khan (SAMARQANDI, Mutribi – *Conversations with Emperor Jahangir*. Trad. e ed. Richard C. Foltz. Costa Mesa (CA): Mazda Publishers, 1988, 8° encontro («corrigindo retratos, e uma impertinência»), p. 76).

[5] Cf. ARLINGHAUS, Joseph Theodore – *The transformation of Afghan tribal society: Tribal expansion, Mughal Imperialism and the Roshaniyya insurrection, 1450-1600*. Durham (NC): Duke University, 1988. Dissertação de Doutoramento, cap. VI, pp. 270 ss; BHANU, Dharma

Nas novas circunstâncias, a ameaça uzbeque sobre Cabul era real e Akbar tinha de agir com celeridade. Independentemente do seu significado geopolítico no que respeita ao equilíbrio de poder dos dois potentados, a região era de crucial importância para a circulação e o comércio terrestre entre a Índia e a Ásia Central[6]. Daí o imediato envio de um exército para assegurar a ocupação de Cabul sob o comando de Raja Man Singh. Este guerreiro rajpute, homem da confiança de Akbar, haveria de ser escolhido para *subadar* de Cabul, medida que rompia com o tradicional sistema turco-mongol de partilha de poder e, consequentemente, reforçava a autoridade imperial naquela conturbada fronteira[7].

É neste contexto – em que «a poeira do distúrbio» se levantava no *Qabulistan* (i.e. o Afeganistão), para retomar a fórmula de Abu'l Fazl – que Akbar decide instalar a sua capital em Lahore[8]. Iniciava-se então um período de estreita relação entre uzbeques e mogóis. Aos episódicos contactos dos anos de 1570 sobrepunham-se agora espaçadas – mas consistentes – trocas de embaixadores, cartas e presentes. Os anos de 1586-1587 constituem um primeiro momento a reter neste contexto. 'Abdullah Khan envia Mir Quraish à presença de Akbar e este responde com uma missão diplomática confiada a Hakim Hammam. Recorrendo a vários argumentos, exacerbando os de natureza religiosa, o soberano uzbeque insiste numa aliança com os mogóis contra a Pérsia. Akbar declina a constituição de uma liga e rebate a agressividade anti-xiita do seu interlocutor. Sabe, porém, que não pode ignorar o crescente poderio de 'Abdullah Khan: em boa verdade, simulando proximidade com os safávidas, o imperador mogol parece sobretudo interessado em marcar

---

– «The Raushania movement and the Mughals». *IC*. Vol. XXVI/2 (Abr. 1952), pp. 57-67; e RIZVI, Saiyid Athar Abbas – «Rawshaniyya Movement». *Abr-Nahrain*. Vol. VI (1965), pp. 62--91; Vol. VII (1967-1968), pp. 62-98.

[6] Cf. ALAM, Muzaffar – «Trade, state policy and regional change: aspects of Mughal-Uzbek commercial relations, c. 1550-1750». *JESHO*. Vol. XXXVII/2 (1994), pp. 202-227; BURTON – *The Bukharans*, pp. 402-404 e 443-452.

[7] Cf. SUBRAHMANYAM – «A note on the Kabul Kingdom», p. 98. O autor enfatiza a reacção negativa dos ortodoxos a esta nomeação, destacando como exemplo o desagrado de um sufi da ordem naqshbandi ao saber que um «cafre» (*kafir*) se preparava para governar a província de Cabul. Sobre Man Singh, ver *infra*, n. 62.

[8] FAZL, Abu'l – *AN*, vol. III, p. 703.

pontos numa inevitável negociação de «partilha» com os uzbeques. O que estava então em jogo era uma solução que, reduzindo as probabilidades de conflito entre o império e o canato, mas inevitavelmente afectando o vizinho Irão, acomodasse sem conflito declarado os projectos expansionistas dos dois potentados. 'Abdullah Khan necessitava de assegurar a neutralidade mogol quando avançasse para a projectada conquista do Khurasan. Akbar, por seu lado, pretendia recuperar Qandahar – perdida para Shah Tahmasp justamente no momento da sua ascensão ao trono em 1556 – sem ter de enfrentar a concorrência do monarca uzbeque[9].

De tão precária, a situação da Pérsia prestava-se por esses anos à cobiça dos seus vizinhos. A morte de Shah Tahmasp em 1576 abriu uma crise política que só a ascensão de Shah 'Abbas I ao trono em 1587 começaria a esbater. Uma década de lutas entre facções e de lutas de grupos Qïzïlbash. Uma década de soluções de poder transitórias e frágeis, como sucedeu com qualquer uma das quatro regências que o Irão conheceu entre Agosto de 1576 e Dezembro de 1587. Demais, a anarquia interna significava também vulnerabilidade externa. Um longo conflito com o império otomano, prolongando-se de 1576 a 1590, traduziu-se na perda de consideráveis parcelas das regiões setentrional e ocidental da Pérsia. Falamos da Geórgia, de quase todo o Azerbeijão e também da emblemática Tabriz, primeira capital safávida. O soberano de Bukhara, como é de ver, também tirou partido da situação: invadiu o Khurasan em 1587 e tomou Herat no ano seguinte.

A *entente cordiale* entre uzbeques e mogóis funcionou razoavelmente até ao ocaso do século. Os sucessos militares de 'Abdullah Khan no Irão safávida coincidiram no tempo com a aproximação diplomática a Akbar: é durante o longo cerco a Herat que o soberano de Bukhara recebe Hakim Hammam, encontro que fez do Hindu Kush a nova fronteira entre os dois estados. O imperador mogol, por seu lado, aproveitara a paz com os uzbeques para pacificar as tribos afegãs, nomeadamente os Yusufzai. Ao mesmo

---

[9] Bom enquadramento da questão por BURTON, Audrey – «Descendants et successeurs de Timour: la rivalité territoriale entre les régimes ouzbek, safavide et moghol». In SZUPPE, Maria (ed.) – *L'Héritage timouride. Iran – Asie Centrale – Inde, XVe-XVIIIe siècles*. Tachkent; Aix-en-Provence: Édisud, 1997, pp. 23-39.

tempo, conquista a Caxemira, que visitaria três anos depois, não tardando a submeter também o Ladakh e o Baltistan. Culminando esta fase expansionista na Ásia Central, os mogóis voltariam a ser senhores de Qandahar em 1595. Momento oportuno para a conquista daquela estatégica posição, porquanto nem Shah 'Abbas se encontrava suficientemente forte para se lhes opor nem 'Abdullah Khan tinha já a autoridade de outrora.

Vejamos agora como tudo isto é interpretado em Goa. Por estes anos, as fontes de informação do Estado da Índia são em menor quantidade e de pior qualidade. O eixo dos acontecimentos situa-se agora muito a norte, onde os portugueses não têm interesses substantivos nem informadores em abundância. Demais, não há padres jesuítas junto de Akbar durante quase todo o período em que Lahore foi capital imperial. Assim, as notícias, esparsas, fluem sobretudo através de Diu, do Cinde e de Ormuz. Esparsas e quantas vezes enganadoras, como admitem os próprios funcionários de Goa. Tentando desembaraçar os fios das complexas relações entre otomanos, safávidas, uzbeques e mogóis, o secretário do Estado admite em 1589 que quase todas as novas até então chegadas pela via de Ormuz «forão imçertas e de pouquo fundamento»[10].

A situação da Pérsia é acompanhada com cuidado. As investidas otomanas em território safávida constituem garante de que, desde que as vitórias alcançadas não fossem definitivas, Murad III não ousaria abrir uma segunda frente de guerra no Índico. O receio de uma ofensiva turca em Ormuz e na Índia, justificado pelo ataque a Mascate em 1581, alimenta-se em Goa das informações colhidas no Cairo por intermédio de um muçulmano «muy conhecido e amigo dos portugueses» e de um outro «mouro honrrado mercador d'Ormuz» chamado 'Benader'. A estas juntam-se as notícias trazidas pelas naus de Ahmadnagar que, com cartaz, haviam regressado entretanto do Mar Vermelho: corria em Chaul que os turcos pretendiam ter abrigo nos portos do sultanato por forma a expulsarem os portugueses da Índia[11].

---

[10] Duarte Delgado Varejão ao rei, Goa, 10.I.1589, AGS – SP, liv. 1551, fls. 741v-742.
[11] Manuel de Sousa Coutinho ao rei, Goa, 10.XII.1588, AGS – SP, liv. 1551, fl. 243v; o mesmo ao mesmo, Goa, 10.XII.1588, ibid., fls. 254v-255; Luís de Mendonça ao rei, Diu, 26.XI.1589, ibid., fl. 664v. Sobre a dinâmica política otomana para o oceano Índico neste

Nestas circunstâncias, a aproximação a Shah 'Abbas era crucial, tanto mais que uma hipotética aliança com a Pérsia servia os propósitos da política anti-otomana de Filipe II pensada para outros cenários, nomeadamente para o Mediterrâneo oriental[12]. Daí que, na esteira do que o seu antecessor fizera com Shah Tahmasp, o novo rei de Portugal escreva cartas e envie embaixadas ao novo monarca safávida. Embora de natureza diversa, as esperanças depositadas pelo portugueses na figura de Shah 'Abbas articulam-se com as expectativas que o soberano criou no Irão: a regeneração política e social do império depende de um homem tido como predestinado para o sucesso, premissa que a própria astrologia legitimava[13]. E Goa – apesar de não ter entendido por que razão Shah 'Abbas adoptou inicialmente a estratégia da coruja perante os otomanos, em vez de enveredar pela da águia[14] – não foi insensível a esta fórmula: «[...] temsse muyto conçeito delle, e os Parsios tem lançados muytos juizos pronosticando lhe boas venturas, que como hé gente que se leua destas supristições ajuntou se lhe muyta, ainda que a prinçipio ouve antre elles discordias e divisões»[15].

Mas os desafios setentrionais do Estado da Índia não se quedavam pela equação política entre safávidas e otomanos. Com ela relacionada, porém exibindo aspectos autónomos, estava a relação entre mogóis e uzbeques. «Do Equebar tenho novas que anda ocupado em guerras com os Tartaros, e Patanes, e fortificaçois que faz em çertos passos», escreve o vice-rei

---

período, e sua ressonância em Goa mas também na corte mogol, ver CASALE – *The Ottoman Age of Exploration*, cap. 6, pp. 152 ss.

[12] Cf. COSTA, João Paulo Oliveira e, RODRIGUES, Victor Luís Gaspar – *Portugal y Oriente: El proyecto indiano del rey Juan*. Madrid: Editorial MAPFRE, 1992, pp. 321-327.

[13] Cf. QUINN, Sholeh A. – *Historical writing during the reign of Shah 'Abbas. Ideology, imitation and legitimation in Safavid Chronicles*. Salt Lake City (UT): The University of Utah Press, 2000, pp. 57-58; SUBRAHMANYAM, Sanjay – «Du Tage ao Gange au XVIe siècle: une conjoncture millénariste à l'échelle eurasiatique». *Annales HSS*. Vol. 1 (Jan.-Fev. 2001), esp. pp. 64-65; BABAYAN, Kathryn – *Mystics, Monarchs, and Messiahs. Cultural landscapes of early modern Iran*. Cambridge (MA); Londres: Harvard University Press, 2002.

[14] «O Rey da Perçia he moço pouquo afeiçoado a guerra segundo dizem posto que de continuoo a tenha com os Usbeques e outros vizinhos»; vice-rei ao rei, [Goa, 1597?], BNP – Res., cod. 1976, fl. 8; rei ao vice-rei, s.d. [1599], AHU – *Cons. Ult.*, cod. 282, fl. 201. D. Francisco da Gama, porém, não tardaria a mudar de opinião (cf. *infra*, n. 88).

[15] Varejão ao rei, Goa, 1.XII.1588, AGS – *SP*, liv. 1551, fl. 517.

D. Duarte de Meneses em 1587[16]. «O Moguor esta em Laor acabamdo hûas fortallezas», diz o capitão de Chaul na mesma altura[17]. Os portugueses tiveram ecos da construção de cerca de uma dúzia de fortes ordenada por Akbar para suster os Yusufzai e outras tribos afegãs nos vales das montanhas e, assim, defender o território imperial e proteger o comércio caravaneiro na região[18]. A par das cautelas com os patanes, o temor dos «tártaros»: conta-se em Diu que «o Rei Acabar [...] he ido de sua côrte pera Casemir que são duzentas e setenta legoas que he a raia do seu Reino emtre ele e Abadalacan husbaque que he seu enemiguo e por esperar que venha sobre ele se foi pôr na emtrada do seu Reino e levou conssiguo nouenta e quatro mil homês de cavalo e vinte e dous mil alifantes»[19].

Na verdade, os portugueses dão de Akbar a imagem de um aliado pouco tranquilo perante o poderio de 'Abdullah Khan. Lendo os documentos que produzem por esses anos, entende-se que o imperador mogol tem o senhor de Bukhara como uma espécie de inimigo adormecido. O episódio que revelamos de seguida dá a exacta medida desse fenómeno:

> Andando o Equcbar muy inquieto e reçeoso da guerra que lhe moviya Abdulahão Rey dos osbeques e senhor de Tartaria, soçedeo ir este Tartaro em pessoa aos confins da Persia cõ detreminação de se fazer senhor della por causa de o Rey della estar embaraçado com a guerra dos Turcos, e tendo tomado hûa fortaleza se veio a afeiçoar a hûa molher que dentro achou, e estando cõ ella em hûs banhos lhe deu a beber em hû copo cantidade de peçonha por induzimento dos mesmos persas, e persumindo Abdulahão o que poderia ser, mandou que bebesse ella primeiro, o que fez cõ animo mais que varonil, e asegurado cõ isto este Rey bebeo tãobem e ambos acabarão juntamente, cõ cuja morte se

---

[16] D. Duarte de Meneses ao rei, Goa, 6.XII.1587, AGS – *SP*, liv. 1551, fl. 23v; Rei ao vice-rei, Lisboa, 6.II.1589, in *APO*, fasc. 3, p. 201; rei ao vice-rei, Lisboa, 6.II.1589, AHU – *Cons. Ult.*, cod. 281, fl. 8.

[17] Manuel de Lacerda Pereira ao rei, s.l. n.d. [Chaul, 1587], AGS – *SP*, liv. 1551, fl. 130v.

[18] ARLINGHAUS – *The transformation of Afghan tribal society*, pp. 319-321; RICHARDS – *The Mughal Empire*, pp. 50-51.

[19] Luís de Mendonça ao rei, Diu, 26.XI.1589, AGS – *SP*, liv. 1551, fl. 664.

desfez o exerçito, e a persia ficou livre daquelle imygo, e o Equebar fora dos seus reçeos, mandando fazer em seus Reynos grandes festas e dando grandes louvores a esta molher despendendo por sua alma a seu modo muyta cantidade de dinheiro[20].

São várias as questões interessantes suscitadas por este excerto de uma carta do secretário do Estado da Índia a Filipe II. Em primeiro lugar, é curioso notar que este rumor do assassínio de 'Abdullah Khan em 1588 não se encontra noutras fontes. Nada se lê sobre o assunto nas crónicas de Akbar ou nas crónicas safávidas. Do mesmo modo, os textos relativos à história do canato nesta época, como é o caso do *'Abdullah Nama*, omitem por completo qualquer tentativa de assassínio do soberano de Bukhara[21]. Resta saber se o boato correu mesmo na Índia mogol – uma outra carta de Duarte Varejão ao rei de Portugal sublinha que a notícia chegou «polla via dos Mogores nossos vizinhos»[22] –, provocando em Akbar a incontida alegria de que falam os textos portugueses. É estranho, nesse caso, que Abu'l Fazl, Badayuni ou Nizamuddin Ahmad ocultem de todo o assunto.

Por outro lado, e independentemente da forma como a notícia chegou a Goa, o episódio revela um Akbar amedrontado com o poder do seu vizinho uzbeque, impressão que recolhemos também noutros documentos portugueses da época. Uma outra missiva de Duarte Varejão, escrita duas semanas depois da primeira, enfatiza ainda mais a alegria do imperador mogol pelo desaparecimento de 'Abdullah Khan: «se fizerão grandes festas en todas as terras do Equebar Rey dos Mogores, pello grande temor que tinhão de lhe mover guerra». Em 1599, um ano depois da «verdadeira» morte do cã uzbeque, D. Francisco da Gama confirma essa mesma impressão: para o imperador, «foi grande ventura a sua morte, porque lhe

---

[20] Varejão ao rei, Goa, 1.XII.1588, AGS – *SP*, liv. 1551, fl. 516v.

[21] Referimo-nos à crónica persa de Hafiz Tanish Buhari, *Sharaf-nama-yi Shahi*, apenas disponível em tradução russa (ed. M. A. Salahetdinova. Moscovo: 1983-1989, 2 vols.). Estamos gratos a Audrey Burton por amavelmente se ter prestado a verificar se as fontes relativas ao canato faziam alguma menção ao hipotético envenamento de 'Abdullah.

[22] Varejão ao rei, Goa, 15.XII.1588, AGS – *SP*, liv. 1551, fl. 535v.

daua muito en que emtender»[23]. O Akbar vitorioso e arrogante – imagem que se fora tecendo na capital do Estado da Índia em função dos avanços imperiais no Guzerate, Bengala e, mais tarde, no Decão – cede o passo a um Akbar «inquieto e receoso» quando tem de enfrentar os escolhos da Ásia Central.

Donde, e ainda que dissimuladamente, o imperador mogol não tenha fechado em absoluto as portas do seu reino aos que fugiam de 'Abdullah Khan. Assim sucedeu com Mirza Shahrukh, príncipe de Badakhshan que em 1584 escapou para a Índia mogol. Cinco anos volvidos, um tal Muhammad Zaman Mirza, que se assume como filho de Mirza Shahrukh, resolve desafiar a autoridade do soberano uzbeque no Badakhshan. Trata-se de um impostor, a quem Akbar dá um secreto e encorajador apoio, ainda que o negue em carta a 'Abdullah Khan[24]. O falso filho de Mirza Shahrukh seria morto em Cabul em 1594, mas uma outra figura logo tomou o seu lugar. Reclamando ser Muhammad Zaman Mirza e ter deixado Cabul a tempo de evitar a execução, um outro impostor revolta-se em 1599, apoiado por um homem que pretende ser seu tio Humayun. Apostado em colher o apoio da Índia mogol, o falso herdeiro do Badakhshan cunha moeda em nome de Akbar e envia-lhe uma embaixada com um presente de cavalos[25]. A sua sombra causa apreensão entre os uzbeques, tanto mais que a morte de 'Abdullah Khan representa um verdadeiro vazio de poder no canato. A crer numa fonte agostinha, Muhammad Zaman Mirza viria a saber entretanto que três cabeças de duplos seus haviam sido exibidas em diferentes lugares: Desdenhosamente, o príncipe vangloria-se de ser «serpente de sete cabessas»[26].

---

[23] Vice-rei ao rei, Goa, 18.XII.1599, BL – *Add. Ms.*, 28432, fl. 16v.

[24] Akbar a 'Abdullah Khan, Junho 1596, in HAIDAR, Mansura (ed.) – *Mukatabat-i Allami*, doc. 16, pp. 102-114. Os jesuítas conheceram em 1596, na cidade de Lahore, um «filho d'El Rei de Bataxacão» (Jerónimo Xavier a Francisco Cabral, Lahore, 8.IX.1596, in *DI*, vol. XVIII, p. 576).

[25] Cf. BURTON – *The Bukharans*, pp. 47-48, 67, 78, 90, 105, 115.

[26] JESUS, Felix de, O.S.A. – *Primeira parte da crónica e relação do princípio que teve a congregação da Ordem de S. Augto. nas Índias Orientais* […], ANTT – *Manuscritos da Livraria*, nº 731, fls. 1-92, pub. por HARTMANN, Arnulf, O.S.A. – «The Augustinians in Golden Goa. A manuscript by Felix of Jesus, O.S.A.». *AA*. Vol. XXX (1967), cap. 8, pp. 77-78.

Este curioso episódio, que associa o complexo problema da identidade ao jogo da política, partilha claras semelhanças com vários outros casos ocorridos na Índia do Norte e na Ásia Central nos séculos XVI-XVII, a começar pelo «fantasma» de Bulaqi ao tempo de Shahjahan, que trataremos em detalhe no capítulo 8. Os fios que sustentam a narrativa são invariavelmente os mesmos: verdadeiros-falsos pretendentes que procuram retomar o poder e reparar injustiças, execuções de príncipes e soberanos legítimos evitadas na derradeira hora graças à intervenção de um qualquer fiel seguidor; errância e reaparições cíclicas.

É recorrendo a todos estes ingredientes que Diogo do Couto presta particular atenção ao episódio do «Principe de Abadaxam» nos derradeiros capítulos da sua *Ásia*[27], assunto que, ao contrário do caso de Bulaqi nos anos de 1630, não mereceu grande destaque na correspondência trocada entre Goa e Lisboa. A versão de Couto – pretexto para o cronista se alongar na descrição da região e elaborar sobre as origens dos respectivos soberanos – anda próxima da que se colhe em Badayuni[28], muito embora o desfecho do episódio seja totalmente diferente para os dois autores: Badayuni escreve que o impostor foi morto em Cabul, Couto acredita que a figura em questão é mesmo o «Infante de Badaxan» e não refere o seu desaparecimento. Ao invés, e é esse o motivo pelo qual traz o episódio à colação, explica que o príncipe foi convertido ao cristianismo pelos missionários agostinhos em Ormuz e depois trazido para o convento da mesma ordem em Goa, «onde o eu fui visitar muitas vezes, e me deo de sua vida, e peregrinação huma larga relação». Estaremos em presença de um terceiro falso Muhammad Zaman Mirza, um qualquer aventureiro que cultivou o equívoco na mira das sinecuras de Goa, onde aliás veio a casar com uma «mulher nobre»?

Como quer que fosse, o facto é que o príncipe foi sujeito a duros exames de identidade na capital do Estado da Índia. Da corte mogol, o padre Jerónimo Xavier enviara uma carta em que descrevia o verdadeiro

---

[27] COUTO – *Década XII*, liv. v, caps. 6 e 7, pp. 483-505. Também em GOUVEIA, António de – *Relaçam em que se tratam as guerras e grandes victorias que alcançou o grande rey da Persia Xá Abbas* [...]. Lisboa: Pedro Craesbeeck, 1611, liv. 1º, cap. III, p. 9.

[28] *MT*, vol. II, pp. 366-367, 408-409.

Muhammad Zaman Mirza, e assim «se soube ser o mesmo dando todos os sinaes e feições que se virão e averegoarão no corpo deste principe». Em simultâneo, tira-se partido da presença em Goa de um embaixador de Akbar (*infra*, cap. 5) para pôr o eventual impostor à prova uma segunda vez. Como o anterior, também este teste foi ultrapassado convincentemente: «o embaxador do Mogor o reconheceo por Principe e elle o recebeo cõ grande magestade e o embaxador lhe deo novas de seo filho e de seo pay»[29].

Sintetizemos agora a versão de Diogo do Couto. Diz o cronista que «Xaroc Xa» (Shahrukh Shah, ou Mirza Shahrukh), uma vez derrotado por «Abdulaxan», «deixou o Reyno nas mãos do inimigo, e elle se acolheo pera a Corte do Grão Mogor, onde então reinava Hecbar Paxa, que era tão parente, que cahiam ambos em quintos netos do Grão Tamerlão, que o agazalhou com o mandar prender». Após um longo cerco a Kulab, Muhammad Zaman Mirza caiu nas mãos de 'Abdullah Khan, que o deixou à guarda de um caciz chamado «Cojagilan». Dois anos e meio depois, o soberano uzbeque ordena a morte do príncipe de Badakhshan mas o caciz, tendo servido seu pai Mirza Shahrukh, resolveu esconder o príncipe «e em seo lugar deo hum moço, que se parecia muito com elle». Entretanto, um embaixador do sultão otomano a 'Abdullah Khan terá levado secretamente o «Infante de Badaxan» no regresso a Istambul. O príncipe pretendia ir enquanto peregrino a Meca e, uma vez cumprido o *hajj*, regressou disfarçado ao Badakhshan, decidido a recuperar o reino que fora de seu pai. Em pouco tempo arregimentou milhares de homens de cavalo em Kulab e, muito embora o soberano uzbeque lhe tivesse perdoado, o filho deste ('Abdul Mu'min Khan, «Abedul Monenchan») decidiu agir por conta própria e cercou aquela cidade. Muhammad Zaman Mirza passou então a Cabul e pediu a protecção do «Grão Mogol». Todavia, a situação em Cabul era periclitante e, «temendo-se que o matassem», o infante decidiu refugiar-se em Qazwin. Bem recebido nesta cidade persa, não tardou a conhecer muitos homens que haviam servido seu pai e que agora se encontravam sob a tutela dos safávidas. No entanto, e querendo passar à corte mogol,

---

[29] BPE – CXV/2-9, fls. 337-338. Com maior desenvolvimento em JESUS, Felix de – *Primeira parte da crónica*, cap. 8, p. 79.

onde o próprio Mirza Shahrukh se encontrava refugiado, viajou então para Ormuz, planeando seguir daí para o Cinde e, depois, para Lahore. Os restantes acontecimentos são já conhecidos: ganho para o cristianismo graças aos religiosos agostinhos de Ormuz, o príncipe desistiu da protecção de Akbar e optou antes pela capital do Estado da Índia.

Couto teve acesso a uma fonte muito próxima da das crónicas de Akbar. A sua versão, como já se sublinhou, é em tudo idêntica à de Badayuni, que identifica o homem que salvou o príncipe de Badakshan da morte como sendo o seu mestre e guia espiritual – o «Cojagilan» de Couto é Khwaja Kalan Beg, da ordem Naqshbandi. Diz ainda este autor que Akbar fez chegar dinheiro e armamento ao pretendente, mas Muhammad Zaman Mirza acabaria por morrer às mãos do filho do governador de Cabul. O cronista mogol remata aqui o episódio, enquanto que Couto o prolonga, fazendo o «infante de Badaxan» seguir para Qazwin.

O imperador profeta

Ao mesmo tempo que Akbar acompanhava de Lahore as movimentações de 'Abdullah Khan e a situação da Ásia Central, os padres católicos regressavam à sua corte. A possibilidade de uma segunda missão jesuíta ao «Grão Mogol» (1590-1591)[30] fora suscitada pela entrada na capital imperial, em Abril de 1590, de um diácono grego chamado Leon Grimon («Leão Grimão»). Viajara desde Goa na companhia de vários portugueses e outros tantos arménios, que com eles traziam diversos produtos chineses (tecidos, sobretudo), então muito admirados na corte mogol. A presença de um letrado grego na capital, conhecedor do persa e do turco, foi imediatamente aproveitada pelo imperador para ordenar a tradução de livros gregos cujos títulos desconhecemos[31]. Como anos antes,

---

[30] Ver CORREIA-AFONSO, J. – «The second Jesuit mission to Akbar (1591)». *Indica*. Vol. XXVIII/1 (1991), pp. 73-94.

[31] FAZL, Abu'l – *AN*, vol. III, pp. 873-874. Leão Grimão, que sabia o persa e o turco, ficou a viver na corte de Akbar e haveria de acompanhar Bento de Góis ao Cataio (ânua de 1603, Gaspar Fernandes, Goa, 2.XII.1603, ARSI – *Goa*, vol. 33 I, fls. 125-125v).

Akbar continuava fascinado por objectos raros e culturas outras. Como anos antes, Akbar continuava a buscar a verdade através do eclectismo religioso: Grimão regressou a Goa com uma carta dirigida aos jesuítas. Solicitava-lhes o imperador que regressassem à sua corte, «para que disputando com os meos letrados e tocando huns e outros na pedra da sabedoria, possa ver os quilates de hum e a vantagem que fazem os Padres dos christãos aos meus cacizes»[32]. Um documento emitido pouco depois instava os funcionários imperiais a assegurar protecção aos jesuítas no trajecto até à corte mogol, fornecendo-lhes mantimentos e isentando-os do pagamento de quaisquer taxas[33]. Tal como fazia nas cidades santas do Islão durante os anos em que se assumiu como protector do *hajj*, o imperador envia dinheiro para ser distribuído pelos pobres da cidade de Goa[34].

As esperanças dos missionários renascem. Uma carta do padre Pedro Martins, escrita em finais de 1590, faz eco daquilo que o diácono grego terá contado no regresso a Goa. A hora da conversão de Akbar ao cristianismo era chegada e do lado do imperador estavam o príncipe Salim e o influente 'Abdur Rahim *Khan-i Khanan*. Em Lahore, muitas mesquitas tinham sido transformadas em estábulos e os minaretes haviam sido destruídos. O imperador já só tinha uma mulher e as outras «matronas», entretanto recolhidas, eram dadas em casamento aos grandes senhores do império. Ninguém era circuncisado antes dos quinze anos para que, em maturidade, pudesse escolher a religião a seguir. Por outro lado, o poder temporal de Akbar havia crescido incomensuravelmente desde os relatórios de Monserrate[35].

Chegados a Lahore, os escolhidos para a nova missão – Duarte Leitão e Cristóbal de la Vega, acompanhados por um irmão leigo chamado Estêvão

---

[32] S.l. n.d. [Lahore, 2.VI.1590], in *DI*, vol. XV, pp. 509-512.

[33] S.l. n.d. [Lahore, Out. 1590], *ibid.*, pp. 514-517.

[34] Pero Martins a Claudio Acquaviva, Goa, 7.XII.1591, *ibid.*, p. 740; «Relatión del Mogor hecha en Madrid el mes de Hebrero 1592», *ibid.*, p. 779; Bartolomeu Ricci a C. Acquaviva, Messina, 14.VIII.1591, *ibid.*, p. 605.

[35] Carta ânua, Goa, 1590, *ibid*, pp. 526-528. Rodrigues Silveira diz que Akbar «por desprezo chama cameleiro» a Maomé (*Reformação da milícia*, p. 201).

Ribeiro – não tardaram a desiludir-se. Em lugar de se tornar católico, dizem os padres, o imperador serve-se deles para dar forma a um novo credo. O inesperado regresso dos missionários a Goa – primeiro Vega e Ribeiro, depois Leitão – provocou incómodo entre os jesuítas[36]. Neste contexto, a carta que o Papa escreve ao imperador mogol em Dezembro de 1592 não passa já de um anacrónico exercício de sedução[37].

À falta de informações detalhadas acerca desta fracassada missão-relâmpago, uma carta escrita por Cristóbal de la Vega nos finais de 1593 transforma-se na chave da questão. Motivos para o abandono da corte? «[...] el principal de todos fue llegar a tanto la soberbia deste bárbaro, que se haze propheta y legislador, diziendo que ya acaba el tiempo de la lei de Mahoma y queda el mundo sin lei verdadera, y así es necessario aia otro propheta que la instituia, y que él es más para esso que todos, y como tal se trata tanto a las claras que lo adoran em público como a propheta con loores tan insolentes que yo ay muchas vezes llamarle Dios, y esto em público»[38].

Veiga continua a sua explicação nos mesmos termos, dando conta dos milagres que Akbar reclama ter realizado, das bizarras práticas religiosas que, para escândalo dos muçulmanos, foi introduzindo, do novo calendário (era *ilahi* – divina, aqui no sentido de imperial) que instituiu. Não reservando uma palavra aos desafios da Ásia Central, o missionário releva sobretudo a frágil posição interna do imperador. Interpreta a segunda viagem de Akbar a Caxemira (1592) como uma fuga, capaz de alimentar rumores e de lhe minar a autoridade – «agora á pouco se escondió el rei por toda una luna, tanto que fue fama ser muerto, con que ia avía alteraciones em sus reinos y entre sus hijos». Considera o padre Vega que Akbar não realiza as consequências da sua política religiosa – «como él

---

[36] Pedro Martins (provincial) a C. Acquaviva (geral), Goa, 7.XII.1591, in *DI*, vol. XV, pp. 739-740; C. Acquaviva a Alberto Laerzio, Roma, 14.I.1595, *ibid.*, vol. XVII, p. 32.

[37] Roma, 17.XII.1592, *ibid.*, vol. XVI, pp. 27-30.

[38] Vega a C. Acquaviva; Chaul, 2.XII.1593, in *DI*, vol. XVI, pp. 478-484 [480-481]. Arnulf Camps foi o primeiro a dar relevo a esta carta, vertendo-a para inglês («An unpublished letter of Father Cristoval de Vega, S.J. Its importance for the history of the second mission to the Mughal Court and for the knowledge of the religion of the Emperor Akbar». *Studia et Documenta Orientalia*. Vol. 4 (1956), pp. 7-18, reed. in CAMPS, Arnulf – *Studies in Asian Mission History, 1956-1998*. Leiden: Brill, 2000, pp. 47-59).

está tan soberbio con esta grandeza de propheta que usurpa, no advierte a estes peligros» – e vaticina mesmo o fim da Índia mogol a breve trecho: «no puede durar su imperio, porque hé reino diviso».

A mal conhecida missão jesuíta de 1590-1591 a Lahore e o importante testemunho *a posteriori* de Cristóbal de la Vega, não foram nunca estudados no contexto do ambiente milenarista que marca claramente a corte de Akbar a partir do ano 990 da Hégira. O imperador caminha para a assunção do seu carácter divino, escorado nas agora amadurecidas formulações ideológicas de Abu'l Fazl, e os padres católicos chegaram a Lahore justamente nas vésperas do ano 1000 do calendário islâmico (1591-1592)[39]. Muito mais do que Acquaviva e Monserrate, Leitão e Ribeiro assistiram ao desenrolar de uma extraordinária metamorfose ideológica e social que, a um tempo, os surpreendeu e chocou. O imperador tem-se por «profeta e legislador», prepara-se para preencher o vazio religioso que inevitavelmente resultará do fim da «lei de Mahoma» e as pessoas não hesitam em chamar-lhe Deus em público.

Esta transformação de Akbar em figura divina é, escassos anos volvidos, acompanhada pelos jesuítas que integraram a terceira missão, instalada na corte mogol desde 1595[40]. À semelhança dos missionários que os antecederam, Jerónimo Xavier, Manuel Pinheiro e Bento de Góis não parecem prestar atenção à estratégia de Akbar para a fronteira noroeste do seu império. As cartas que enviam para Roma não mencionam 'Abdullah Khan e, quanto aos safávidas, limitam-se a registar a submissa entrada na corte do «rei de Candahar» (trata-se de Muzaffar Mirza, príncipe safávida então governador da cidade) após a vitória de Akbar em 1595[41]. Já a terceira visita imperial a Caxemira (1597),

---

[39] SUBRAHMANYAM – «Du Tage au Gange», pp. 72-75.

[40] Uma visão de conjunto desta missão pode ver-se em MACLAGAN – *Os jesuítas e o Grão Mogol*, cap. IV, pp. 61 ss. Abu'l Fazl viu do seguinte modo a chegada dos novos missionários a Lahore: «[...] do porto de Goa chegou uma grande caravana com variedade de produtos. Nela vinham vários eruditos ascetas cristãos, conhecidos pelo nome de 'Padre'. Por obséquio do Shahinshah [i.e. do imperador], os seus desejos foram satisfeitos» (FAZL, Abu'l – *AN*, vol. III, pp. 1026-1027).

[41] Padre Manuel Pinheiro ao padre João Álvares, Lahore, 3.IX.1595, in *DI*, vol. XVII, p. 78; padre Jerónimo Xavier ao padre Francisco Cabral, Lahore, 8.IX.1596, *ibid.*, vol. XVIII, p. 562.

acompanhada que foi pelos missionários, mereceu maior destaque na respectiva correspondência. Detêm-se nas vésperas da partida de Lahore, marcada por um grande incêndio que consumiu uma parte considerável do paço imperial e que descrevem com detalhe[42]. Depois, uma vez em Srinagar, Xavier faz o retrato de uma região assaz pobre e despovoada, claramente prejudicada pela *Pax Mogolica*, que lhe sugava os recursos[43]. Infelizmente, passou-lhe despercebida a aproximação diplomática de Akbar ao soberano de Kashgar com o intuito de alargar a rede mogol de alianças na região e, bem assim, de procurar estabelecer uma ligação com a China[44].

De outro modo, é seguro que os padres fizeram chegar ao vice-rei de Goa valiosas informações sobre a expedição de Akbar a Caxemira no contexto dos últimos desenvolvimentos políticos da Ásia Central. D. Francisco da Gama sabe pelos jesuítas que o imperador mogol viajou para Srinagar «por acodir as guerras com os coraçones e com outras gentes e por causa da grande peste que avia na çidade de Laor onde residia onde em poucos dias se achou que herão mortas 200.000 almas passou ao Reyno de Xamir»[45]. Numa outra carta, o vice-rei reafirma «que os Tartaros lhe entravão por suas fronteiras e que avião alcançado algũas vitorias contra seus capitães»[46]. De facto, os anos de 1595-1598 assistiram a uma enorme tensão fronteiriça envolvendo safávidas, uzbeques e mogóis, de que Goa não terá aprendido mais do que os rudimentos. De um lado, a ruptura entre 'Abdullah Khan e Shah 'Abbas, marcada pela declarada intenção deste último em recuperar o Khurasan. Do outro, o conflito entre o sultão uzbeque e o seu filho, capaz de desestabilizar a região e de pôr em causa a paz com os mogóis, que a importante ofensiva diplomática

---

[42] Xavier a Thomas de Iturén, Srinagar, 1.IX.1597, in *DI*, vol. XVIII, pp. 836-837; carta ânua 1597 (Simão de Sá, Goa, 1.I.1598), *ibid.*, p. 923. Ver FAZL, Abu'l – *AN*, vol. III, pp. 1074-1075.

[43] Xavier a Iturén, in *DI*, vol. XVIII, pp. 837-838.

[44] Carta de Akbar a Khan Muhammad Khan, 11.VIII.1597. A sua súmula comentada pode ver-se em HAIDAR – *Mukatabat-i 'Allami*, doc. 17, pp. 118-122.

[45] Vice-rei ao rei, [Goa, 1597?], BNP – *Res.*, cod. 1976, fls. 8v-9.

[46] Vice-rei ao rei, [Goa], 1599, *ibid.*, fls. 72v-73.

de Akbar do ano de 1596 havia logrado conservar[47]. Khwaja Ashraf e Shaikh Husain, os dois embaixadores mogóis enviados ao canato em Junho desse ano, foram testemunhas privilegiadas do explosivo ambiente político que aí se viveu até à morte de 'Abdullah Khan no início de Fevereiro de 1598[48].

Em contrapartida, as cartas escritas pelos jesuítas nos primeiros anos da terceira missão voltam a colocar o acento na observação da pessoa do imperador[49]. Retomando uma prática em que Monserrate se mostrara exímio, os recém-chegados padres demoram-se no retrato humano de Akbar. E a imagem que dele dão também se aproxima daquela que correra no início da década de 1580. Ao invés de vincarem a «soberba» do «bárbaro», como fizera Cristóbal de la Vega anos antes, Xavier e os seus companheiros gabam a familiaridade que com eles usa, a sua extraordinária memória, a simplicidade no trato, a insaciável curiosidade, o surpreendente interesse por Portugal – «couza de Portugal ou Goa ainda que seja area hé pera elle de estima»[50].

A missão de 1595 está, pois, indiscutivelmente mais próxima da de 1580 do que da de 1590. Logo pela relevância dos seus protagonistas: Xavier e Pinheiro são missionários do quilate de Acquaviva e Monserrate. Tal asserção, desde logo confirmada pela qualidade dos seus escritos, revela-se também na hábil gestão das relações com o imperador, no

---

[47] Envio de duas embaixadas a 'Abdullah, uma chefiada por Mir Muhammad Ma'sum em Março de 1596; a segunda, em Junho do mesmo ano, composta por Khwaja Ashraf e Shaikh Husain. A carta enviada por Akbar ao sultão uzbeque aquando desta segunda missão, escrita por Abu'l Fazl, foi sumariada e analisada por HAIDAR – *Mukatabat-i 'Allami*, doc. 16, pp. 102-114.

[48] Sobre tudo quanto precede, ver BURTON – *The Bukharans*, pp. 89-95.

[49] Os principais documentos relativos à terceira missão antes da corte voltar a fixar-se em Agra em 1598 são os seguintes: Jerónimo Xavier a Francisco Cabral, Lahore, 10.VII.1595, in *DI*, vol. XVII, pp. 61-66; O mesmo a C. Acquaviva, Lahore, 20.VIII.1595, *ibid.*, pp. 68--71; Manuel Pinheiro a João Álvares, Lahore, 3.IX.1595, *ibid.*, pp. 71-80; carta ânua de F. Cabral, Goa, 29.XI.1595, *ibid.*, pp. 367-378; J. Xavier a F. Cabral, Lahore, 8.IX.1596, *ibid.*, vol. XVIII, pp. 539-584 (seguramente o texto mais importante deste conjunto); J. Xavier a C. Acquaviva; Srinagar, 18.VIII.1597, *ibid.*, pp. 826-835; O mesmo a T. Iturén; Srinagar, 1.IX.1597, *ibid.*, pp. 836-840; carta ânua de Simão de Sá, Goa, 1.I.1598, *ibid*, pp. 922-925.

[50] Xavier a Cabral, Lahore, 8.IX.1596, in *DI*, vol. XVIII, p. 582; «[...] nos estuvo preguntando mill cosas de Europia y del Rey de Portugal» (Xavier a Cabral, Lahore, 10.VII.1595, in *DI*, vol. XVII, p. 62).

conhecimento dos meandros da corte e na capacidade de lidar com as profundas tensões aí geradas. A robustez psicológica e a capacidade de adaptação, condições necessárias para enfrentar contrariedades sérias, reconhecem-se nos protagonistas das primeira e terceira missões, mas não as identificamos em Leitão ou em Vega.

Depois, em 1595 emerge de novo a componente artística da presença dos padres na corte mogol. Os missionários – que encontraram em Lahore um ourives vindo de Goa e fazendo «continuamente obra» – chegaram à capital imperial acompanhados de um pintor, logo instado por Akbar e Salim a produzir imagens cristãs. «Tirão-nos os olhos pera imagens de Nossa Senhora», «que fome esta de imagens!» – sugestivas expressões de Jerónimo Xavier uma vez em Lahore. Sabemos que livros e mapas voltam a preencher os contactos entre o imperador e os padres[51]. Sabemos que a empatia entre um e outros se materializa nas longas conversas que decorrem madrugada dentro: «todalas noites contavamos nossas historias e elle com suas». Os jesuítas, de algum modo, engrossam o número dos cortesãos incumbidos de ler livros e contar histórias ao monarca antes do sono, ritual quotidiano cumprido por todos os imperadores mogóis que adquire com Akbar – incapaz de ler e de escrever, relembremo-lo – uma importância redobrada. Os padres chegam a ser instados a ler diante do imperador, durante mais de duas horas, um maço de cartas que lhes havia chegado entretanto de Goa[52].

Acresce que os missionários estiveram também particularmente atentos à dimensão política e simbólica da figura de Akbar: relações com os *amir*s e com o povo; rituais da corte e aparições quotidianas; descrição e significado dos diferentes espaços do palácio imperial. Num plano mais «subterrâneo», as cartas que temos vindo a seguir são preciosas no que à caracterização da política religiosa do imperador e da ideologia do seu reinado se refere. Neste particular, a conjuntura aproxima as segunda e

---

[51] Akbar mostra-lhes os livros ocidentais da sua biblioteca, trazidos anos antes por Rodolfo Acquaviva, enquanto que os padres lhe oferecem um mapa que haviam trazido de Goa, presente que o imperador faz questão de receber publicamente durante o *darbar* (Xavier a Cabral, Lahore, 8.IX.1596, in *DI*, vol. XVIII, pp. 570-571).

[52] *Ibid.*, pp. 581-582.

terceira missões. De facto, as impressões de Vega acerca de Akbar enquanto divindade, no contexto do ambiente milenarista que então se respirava, são retomadas e ampliadas por outros jesuítas poucos anos volvidos. Akbar cura enfermos e faz-se adorar como santo[53]. O termo «profeta» aplicado ao imperador repete-se vezes sem conta na correspondência jesuíta dessa época. A adoração do sol, prática diária encetada por Akbar no começo dos anos de 1580, resulta em «coisas notáveis», fenómenos sobrenaturais que os jesuítas assinalam: por duas vezes durante o «culto» veio fogo do céu, «corriendo el oro deretido como agua»[54].

No mais extenso e importante documento deste conjunto, Jerónimo Xavier produz observações muitíssimo relevantes a propósito da autoridade imperial e de um dos fenómenos que mais contribuiu para o seu robustecimento: a existência de discípulos (*murid*) do próprio imperador[55]. Como poucos, o jesuíta entendeu a estreita relação entre Akbar e um desses diversos grupos que lhe prestavam «culto». Falamos dos *darshaniyas* que, não devendo ser confundidos com os seguidores do *tauhid-i-Ilahi*, faziam voto de ver diariamente o imperador ainda em jejum[56]. Xavier estranha que estes homens tanto madruguem, simplesmente para verem Akbar, e descreve longamente a cerimónia[57]. Começa por apresentar o ritual da *jharoka-i-darshan*, a aparição diária de Akbar numa janela (*jharoka*) ao nascer do sol, para se mostrar aos seus súbditos (*darshan*) e para que estes, perante a figura imperial, praticassem a *sijda* (prostração). Depois, o missionário caracteriza os *darshaniyas* e fá-lo com conhecimento de causa, dado que, como seus «vizinhos», os observava quotidianamente. Deveras interessante o seu testemunho, logo porque discute as origens desse grupo de discípulos, relacionando-os geograficamente com o Irão safávida. Não é de surpreender, de facto, que a sua proveniência esteja

---

[53] Xavier a Cabral, Lahore, 10.VII.1595, in *DI*, vol. XVII, p. 65; O mesmo a C. Acquaviva, Lahore 20.VIII.1595, *ibid.*, p. 70.

[54] «Avisos del año de 96 de la India y Japon», ANTT – *Casa Cadaval*, liv. 26, fls. 357-357v.

[55] Sobre este assunto, cf. RICHARDS, J. F. – «The formulation of imperial authority under Akbar and Jahangir». In ALAM, SUBRAHMANYAM (eds.) – *The Mughal State*, pp. 126 ss.

[56] BADAYUNI – *MT*, vol. II, p. 405; FAZL, Abu'l – *A'in-i Akbari*, vol. I, p. 217; SHARMA, Sri Ram – *The religious policy of the Mughal emperors*, p. 43.

[57] Xavier a Cabral, in *DI*, vol. XVIII, pp. 545-547.

associada aos *nuqtavis* da Pérsia, grupo que tanta influência teve no reinado de Shah 'Abbas e que se sabe ter moldado sobremaneira as concepções religiosas de Akbar e Abu'l Fazl[58].

Por outro lado, enredando-se frequentemente em discussões teológicas com os «darsanins» – em particular com «hum dos mestres desta doctrina» –, o Xavier põe a claro a estreita ligação existente entre o respectivo pensamento e a divinização da figura de Akbar no contexto milenarista que então se vivia na corte imperial: os discípulos do imperador tomam-no «não somente por profeta mas por Deos. Assy que digo que muitos destes darsanins achamão a El-Rei em vos alta profeta e outros Deos. Elle já fas que os não ouve e dissimula, porventura que não stá elle muito longe desta opinião»[59]. Tal corresponde claramente aos caminhos trilhados por Abu'l Fazl na construção da imagem do soberano. De facto, a ideologia imperial faz de Akbar um ser superior, homem perfeito e infalível que se confunde com a divindade e que procura a Paz universal (*sulh-i kull*)[60].

A «empresa por mar»: do Cinde para o Golfo Pérsico?

Deixemos os desenvolvimentos político-ideológicos da corte de Akbar para nos centrarmos de novo nos desafios territoriais do império. Passamos do ambiente palaciano às opções geoestratégicas do estado mogol e, nesse particular, a última década do século é assaz rica. O arranque do decénio assiste ao alargamento das duas janelas marítimas do império.

---

[58] Cf. BABAYAN – *Mystics, Monarchs, and Messiahs*, pp. 60, 94; e ISLAM, Riazul – «Akbar's intellectual contacts with Iran (based on two rare Persian letters)». In ISRAEL, Milton, WAGLE, N. K. (eds.) – *Islamic Society and Culture. Essays in honour of Aziz Ahmad*. Nova Deli: Manohar, 1983, pp. 351-373.

[59] Xavier a Cabral, in *DI*, vol. XVIII, p. 548. Mais adiante, Xavier sublinha que «tem a El-Rei em tanta estima que o chamão 'sombra de Deos', e antre elles hé muito rara couza murmurarem d'El-Rei nem queixarem-se delle» (p. 565). Tal corresponde à ideia convencional de que o soberano indo-muçulmano é a sombra de Deus na terra, fórmula que encontramos, por exemplo, em alguns dos *farmans* emitidos por Akbar em favor dos jesuítas (cf. FLORES, SALDANHA – *Os Firangis*, docs. 3 e 9).

[60] Cf. RICHARDS – «The Formulation of imperial authority»; RIZVI, S. A. A. – «Dimensions of *Sulh-i kul* (Universal Peace)». In Akbar's reign and the Sufi theory of Perfect Man». In KHAN, I. Alam – *Akbar and his age*, pp. 3-22.

Em 1590, enceta-se a conquista mogol do Cinde, projecto conduzido por 'Abdur Rahim Khan-i Khanan e concluído dois anos depois. Do outro lado do império, a mesmíssima cronologia para a conquista de Orissa: em 1590, Raja Man Singh assina com Nasir Khan um tratado de submissão. Em 1593 dava-se a conquista final e Orissa era anexada à província mogol do Bengala, governada nos anos seguintes pelo próprio Man Singh[61].

A tomada de Orissa passa praticamente despercebida em Goa. Nada se encontra sobre o assunto na correspondência oficial, ainda que Couto dedique dois interessantes capítulos à empresa militar de «Manacinga», concluídos como uma descrição geográfica do delta do Ganges (as «Gangas de Bengala») e com uma breve apreciação daquele nobre rajpute: «e ainda hoje, que escrevemos isto, he vivo este Gentio, e tem de sua obrigação mais de trinta mil de cavallo, porque tem muitas, e ricas terras; e he tão grande Capitão, e tem tanta posse, que se suspeita que o Grão Mogor se arrecea delle em seu peito»[62].

É bem provável que os portos de Orissa fossem então pouco frequentados por navios de portugueses, dado que essas viagens, afectadas pela turbulência política da região, não eram consideradas rendíveis. As ligações comerciais entre o Estado da Índia e o porto de Pipli haviam começado nos anos de 1560 e, passados vinte anos, só há candidatos a concessionários da viagem de «Orixá» graças aos réditos que o cargo de provedor dos defuntos habitualmente proporciona[63].

Já a conquista mogol do Cinde teve outras implicações na política do Estado da Índia. As relações, tensas, dos mogóis com os soberanos do Cinde tinham a idade do próprio Akbar, mas é no meado dos anos de 1580 que tudo se precipita. Liberto da pressão uzbeque, o imperador mogol pondera agora a conquista da região. Para além da relevância

---

[61] RAY, B. C. – *Orissa under the Mughals. From Akbar to Alivardi, a fascinating study of the Socio Economic and Cultural history of Orissa*. Calcutá: Punthi Pustak, 1981, pp. 14-31.

[62] *Década XII*, liv. i, caps. 4 e 5, pp. 24-39 [36-39]. Sobre esta proeminente figura do círculo de Akbar, ver PRASAD, Rajiva Nain – *Raja Man Singh of Amber*. Calcutá: The World Press Private LTD., 1966; BUSCH, Allison – «Portrait of a Raja in a Badshah's World: Amrit Rai's Biography of Man Singh (1585)». *JESHO*. Vol. 55/2-3 (2012), pp. 287-328.

[63] Cf. S. SUBRAHMANYAM – *Improvising empire*, pp. 108-113 (e fontes aí citadas). Regista--se a concessão de duas viagens a Baltazar Carvalho ainda em 1598.

dos seus recursos económicos, avultando naturalmente os têxteis, o significado estratégico do Cinde no contexto do império é por demais evidente. Instalado em Lahore e cobiçando Qandahar, Akbar passaria, com a desejada conquista do Cinde, a controlar por inteiro a longa rota terrestre que liga o Panjab ao mar Arábico, um dos principais eixos de circulação do império[64].

Em 1586, Muhammad Sadiq Khan, então escolhido para governador de Multan, é incumbido de conquistar Thatta ao soberano Tarkhan. O objectivo não é plenamente alcançado, mas Mirza Jani Beg passa a prestar vassalagem a Akbar, cunhando moeda em seu nome e mandando ler a *khutba* também em nome do imperador mogol. Os portugueses, por seu lado, seguem atentamente os acontecimentos. Estão a par da loucura de Mirza Payanda, doença que o impedira de reinar depois de 1585, e sabem do reconhecimento da suserania mogol por seu filho, Mirza Jani Beg. Eis o sucinto retrato traçado em 1589, a partir de Diu: «O Rei do Sinde que he Mirizá Paindá de casta mogor de idade de sincoenta annos está doudo, alevantouçe por rei seu filho soltão Jani de idade de dezoito annos. Deu obediencia ao Equebar e nomeaçe por seu vassalo, não lhe toma athe o prezente trebuto, tem pouco poder e he gente fraqua»[65].

No ano seguinte, ocorriam os decisivos embates entre mogóis e tarkhans e, em 1592, o Cinde transformava-se numa nova província do império mogol. Um ano depois, Mirza Jani Beg chega à presença de Akbar em Lahore e ingressa na nobreza imperial com um *mansab* de 3.000. Durante este curto período de subjugação do Cinde, marcado pelo frente a frente entre 'Abdur Rahim Khan-i Khanan e Jani Beg, os portugueses haveriam de se envolver no conflito. Há *firangi*s entre as tropas de Jani Beg, lado a lado com turcos e malabares. Dizem-no as crónicas locais, mas também

---

[64] Cf. GOMMANS – *Mughal Warfare*, pp. 17-18. Sobre a conquista mogol do Cinde, ver os trabalhos de ZAIDI, Zunita – «Akbar's annexation of Sind – An interpretation»; e BILGRAMI, Fatima Zehra – «The Mughal annexation of Sind – A diplomatic and military history», ambos in HABIB, Irfan (ed.) – *Akbar and his India*, resp. pp. 25-32 e 33-54.

[65] Luís de Mendonça ao rei, Diu, 26.XI.1589, AGS – *SP*, liv. 1551, fl. 664v. Ao notar que o rei do Cinde é de «casta Mogor», Mendonça pretende sublinhar que, como os imperadores mogóis, se trata de um descendente de Timur.

as crónicas mogóis[66]: regista Abu'l Fazl que, entre os homens que seguiam a bordo de quatro *ghurabs* (galeras) capturadas pelo exército imperial, achava-se o «embaixador» de Ormuz. O cronista refere-se naturalmente a um feitor e acrescenta que há sempre um agente português de Ormuz em Thatta. Jani Beg trazia-o na guerra por forma a mostrar ao inimigo que tinha muitas «tribos» do seu lado...[67]

O assalto mogol ao Cinde é visto com muita preocupação em Lisboa: «De o Moguor ir crescendo em terras e poder como sinifficaes em uossa carta, que se uai senhoreando do sertão da costa da India, e ultimamente do Reino do Cinde que tem tomado, tenho por de muito inconveniente pera esse estado», escreve o rei, já fora de tempo, em 1594. A estratégia portuguesa passava por dar apoio à resistência de Mirza Jani Beg através da fortaleza de Ormuz – a informação coaduna-se com o testemunho das fontes mogóis –, mas também por intermédio de Diu e das restantes fortalezas do norte[68].

Ormuz constitui inequivocamente a chave das relações portuguesas com o Cinde, o que, claro está, decorre da estreita articulação entre as duas economias: os portos de Thatta e Lahori Bandar exportam quantidades apreciáveis de têxteis para o Golfo Pérsico e o comércio do Cinde sempre pesou consideravelmente nas receitas de Ormuz[69]. De outro modo, é necessário impedir que Akbar receba armas, cavalos e outras mercadorias «suspeitosas» através dos portos do Cinde, via Ormuz, ainda que os portugueses saibam que a corte mogol recebe esses produtos essenciais

---

[66] Falamos da *Ma'asir-i-Rahimi*, panegírio de 'Abdur Rahim Khan-i Khanan composto por Khwaja 'Abdur Baqi Nihavandi em 1616 (resumo in ELLIOT e DOWSON – *History*, vol. VI, pp. 237-243); e da *Tarikh-i-Tahiri*, de Tahir Nisyani (cf. BILGRAMI – «The Mughal anexation of Sind», pp. 42-44.) A *Tarikh-i-Sind*, de Mir Muhammad Ma'sum, não refere especificamente os *firangis* ao descrever a batalha (SIDDIQI – *History of the Arghuns and Tarkhans of Sind*, pp. 198-199).

[67] FAZL, Abu'l – *AN*, vol. III, p. 919. Algumas páginas antes, descrevendo os embates entre mogóis e tarkhans, Abu'l Fazl já tinha notado que Jani Beg aguardava a ajuda dos «soldados 'feringhi' de Ormuz» (*ibid.*, p. 972).

[68] Rei ao vice-rei, Lisboa, 1.III.1594, in *APO*, fasc. 3, pp. 419-435; e AHU – *Cons. Ult.*, cod. 281, fls. 249-250.

[69] Cf. SUBRAHMANYAM – «The Portuguese, Thatta and the external trade of Sind», que fornece números expressivos para a década de 1540 e para *ca*. 1620.

à guerra por via terrestre[70]. Demais é também nessa estratégica posição à entrada do Golfo Pérsico que se concentra boa parte dos temores de Goa perante o ameaçador crescimento do império mogol no começo da década de 1590. Os portugueses receiam que Akbar confira ao seu reino uma dimensão marítima capaz de curtocircuitar os interesses do Estado da Índia no Oceano Índico ocidental.

Na verdade, a permanente fricção entre portugueses e mogóis tendo a província do Guzerate por cenário ganha, por estes anos, uma outra fisionomia. Os atritos já não gravitam exclusivamente – como sucedera nas décadas de 1570-1580 – em torno do *hajj*, dos cartazes para as naus do imperador ou do permanente assédio a Damão. As questões são outras e, com elas, mudou também a orientação geográfica deste conflito velado. O que agora se discute é se Akbar pretende ou não conquistar Ormuz e construir navios para se aventurar no oceano. A fortaleza de Diu continua a ser a charneira dos interesses portugueses no Guzerate, mas a sua ligação crucial é agora aos portos do Cinde e da boca do Golfo Pérsico, mais do que a Damão e aos estabelecimentos marítimos do Concão.

Os sinais são por demais evidentes. Comecemos por uma carta que António de Azevedo, capitão de Ormuz, enviou por terra para o reino no início de 1597. Para além de registar o «mau tratamento» dado aos portugueses no Cinde[71], o então capitão de Ormuz veicula notícias preocupantes chegadas de Lahore: «imda que se não deue auer por certo que ele [Akbar] se resolva em empreza por mar, deuese crer que a desejará e procurará quanto lhe for possivel; e asy o mais seguro he preuenir pera tudo [...]», recomenda Filipe II ao tomar conhecimento da situação.

---

[70] «[...] sou imformado que algũas couzas destas vão ao Moguor por outro caminho que se tem aberto por via do Agaraa sem entraren en ormuz»; vice-rei ao rei, Goa, 21.XII.1599, BNP – *Res.*, cod. 1976, fl. 170v. Os portugueses referem-se seguramente às ligações directas entre os domínios mogol e safávida após a conquista do Cinde, o que é assinalado pelo próprio Akbar em carta endereçada a Shah 'Abbas (14.XII.1594, in HAIDAR, M. (ed.) – *Mukatabat-i 'Allami*, doc. 15, pp. 97-98; FAZL, Abu'l – *AN*, vol. III, p. 1013).

[71] Não vão neste sentido as informações prestadas um ano antes por Matias de Albuquerque: «e asy me diz que os Mogores possuem pacificamente o Reyno do Cinde, e que são bem tratados nele os Portugueses que vão fazer as suas veniagas [...]»; rei ao vice-rei, Lisboa, 5.II.1597, in *APO*, fasc. 3, p. 672: «[...] ele [Akbar] continua em mandar se fassa bom tratamento aos mercadores que vão ao Sinde» (D. Francisco da Gama ao rei, [Goa], 1599, BNP – *Res.*, cod. 1976, fl. 72).

A «empresa por mar» do imperador mogol anuncia-se sob a forma de rumores os mais diversos. Por um lado, fala-se da construção de uma enorme nau no Cinde para enviar ao mar Vermelho, «que seria total destroição das alfamdegas desse estado» e que, portanto, urgia atalhar[72]. Mais, comenta-se a constituição de uma verdadeira armada para o assalto ao mar Arábico: «sospira muito por ter entrada nas nossas terras da India, pera o que o anno de 98 mandou fazer muitas gales, e quinhentas galeotas e fustas, das quaes tem algumas no Sinde, outras em Laor [...]»[73].

É sabido que Akbar dispunha de estaleiros em Lahore e em Thatta e Abu'l Fazl – que confirma a construção da grande nau mencionada pelos textos portugueses[74] – fala com entusiasmo da estratégia naval do imperador, comparando os navios aos cavalos e aos dromedários enquanto instrumentos de conquista[75]. Um retrato que quadra de todo com a interessante observação de Jerónimo Xavier feita a partir de Lahore em 1596: diz o missionário jesuíta que «hé pera El-Rey muito gostosa muzica o salameiar dos marinheiros, cousa nunqua ouvida nem vista nesta terra»[76].

Assim, a política mogol de D. Francisco da Gama passou também por avaliar a real dimensão desta ameaça. Os informadores do vice-rei não tardam a constatar que a montanha pariu um rato: «a nao grande que o Equebar mandou do Sinde pera o estreito foi Deos seruido queimarsse na entrada della de que senão saluou nenhûa fazenda e mui pouqua gente»[77]. Quanto às fustas, o padre Jerónimo Xavier confirmava «que em tres rios que entrão muito pela terra dentro mandava [Akbar] aprestar grande cantidade de fustas, e tres naos grandes que se maginava ser

---

[72] O mesmo ao mesmo, Lisboa, 30.III.1598, in *APO*, fasc. 3, pp. 876-877.

[73] Anónimo, «Mogor» [*ca.* 1600], in *DUP*, vol. II, p. 102.

[74] *AN*, vol. III, p. 1066.

[75] *A'in-i Akbari*, vol. I, pp. 289-292.

[76] Xavier a F. Cabral, Lahore, 8.IX.1596, in *DI*, vol. XVIII, p. 545.

[77] Vice-rei ao rei, [Goa], 1599, BNP – *Res.*, cod. 1976, fl. 72. Jerónimo Xavier confirma a construção de uma grande nau em Lahore no ano de 1595 que, sem sucesso, tentou chegar ao oceano via Cinde. No ano seguinte, o imperador voltava a armar «huma nao que faz sobre huma fortissima barca que não demanda fundo, pera que sobre ella possa pasar por alguns lugares do rio de pouca aguoa por se ir exprayando, porque à mingoa deste artificio se alagou ou encalhou outra que o anno passado acabou de fazer» (carta citada na nota anterior, p. 545). A informação de Xavier é idêntica à de Abu'l Fazl (*supra*, n. 74).

seu intento ir sobre a fortaleza de ormus ou a de Diu». Mais tarde, os jesuítas informam que, preocupado com a pressão uzbeque a norte, o imperador estava agora «mais frio no apresto das fustas»[78]. Um ano depois, as embarcações estavam prontas, mas dificilmente poderiam representar perigo para o Estado da Índia: «estes navios não sairão antes depois de se acabarem ficarão muy desproporçionados e incapazes para navegar». Os mogóis, «inda que tenhão mui boas embarcações para isso não se sabem acomodar nellas». O padre Jerónimo Xavier chegou até a ser abordado por um «capitão do Equebar [...] para que lhe mandasse buscar hum offiçial que soubesse fazer fustas, ou hum modello dellas»[79].

A ameaça marítima de Akbar não tardaria a dissipar-se e, em finais de 1598, já se suspeitava em Lisboa que tudo aquilo tinha «pouco fundamento». As «empresas de terra» dos mogóis é que são de recear verdadeiramente[80]. Não obstante, o desejo de domínio sobre Ormuz – porventura mais numa perspectiva de expansão da autoridade de Akbar enquanto suserano do que na óptica de uma conquista territorial efectiva daquele reino, ou da aquisição de verdadeira hegemonia marítima na região – talvez fosse de levar a sério. Regressamos aqui ao testemunho do autor anónimo que escreve sobre o «Mogor» na viragem para o século XVII: Akbar «sospira muito por Ormus e Mascate que são suas vesinhas pello fin de lhe ficar muito perto». E logo acrescenta que o imperador colocou feitores na ilha para o manterem ao par do que se lá passa e, bem assim, do estado em que se encontra a fortaleza portuguesa. A rede de solidariedades de Akbar na região alarga-se, dado que o guazil de Ormuz se considera já seu vassalo – «lhe aceita cabaia que he sinal de vasalagem, e todos tremem delle»[81]. De Lahore, por intermédio dos jesuítas, chegavam também notícias pouco tranquilizadoras acerca das duas principais fortalezas portuguesas na região. Um milanês, que «não vivia como christão», mor-

---

[78] O mesmo ao mesmo, [Goa], Dez. 1598, *ibid.*, fl. 94v.
[79] O mesmo ao mesmo, [Goa, Dez. 1599], *ibid.*, fls. 160-160v.
[80] Rei ao vice-rei, Lisboa, 21.XI.1598, in *APO*, fasc. 3, p. 915.
[81] *DUP*, vol. II, p. 102.

reu na viagem entre Caxemira e a capital imperial. Recolhendo os seus bens, os padres encontraram «alguns livros de fundiçõens e machinas bellicas» e realizaram que pretendia «entregar ao Mogor a fortaleza de Dio e Hurmus»[82].

O domínio mogol do baixo Cinde desde o início dos anos de 1590, conjugado com a evolução favorável das relações entre Akbar e Shah 'Abbas ao longo da mesma década – malgrado a tomada de Qandahar em 1595 –, alarmam sobremaneira Goa[83]. Os portugueses assistem à passagem dos embaixadores mogóis e safávidas por Ormuz e, a bem da segurança e dos interesses do Estado da Índia na região, vêem--se forçados a corresponder aos seus desejos, não raro abdicando de receitas alfandegárias. Assim aconteceu ao tempo de D. Francisco da Gama, quando o capitão de Ormuz se viu confrontado com a necessidade de providenciar um navio para o transporte até ao Cinde do embaixador de Shah 'Abbas a Akbar. Sucede que Mirza 'Ali Beg Qurchi, viajando na companhia de Mirza Ziyauddin – o anterior embaixador mogol à Pérsia que regressava agora a Lahore –, trazia consigo mais de cinco mil pessoas e D. António Lima não pode autorizar mais do que o embarque dos dois embaixadores «e gente de serviço (por não auer comodidade para mais)». Recusando tal solução, estes «tomarão o caminho por terra passando por partes muy fraguozas per se temerem de Abdulacão Rey dos Usbeques» e chegaram a Lahore em Outubro de 1598[84].

De outro modo, assistindo em Ormuz a esse vaivém de emissários e presentes entre as capitais dos impérios safávida e mogol, os portugueses recolhiam notícias acerca do estado das relações entre os respectivos so-

---

[82] Carta ânua de 1597 (Simão de Sá, Goa, 1.I.1598), in *DI*, vol. XVIII, p. 924.

[83] Falamos do envio de Mirza Ziyauddin à corte do Shah como embaixador de Akbar em finais de 1594, entrado na corte persa em 1596-1597 na companhia de Yadgar Sultan Rumlu, o enviado do monarca safávida que ficara retido em Lahore durante mais de quatro anos. Depois deste passo, as relações entre os dois soberanos intensificaram-se sobremaneira (cf. ISLAM, Riazul – *Indo-Persian relations. A study of the political and diplomatic relations between the Mughul Empire and Iran*. Teerão: Iranian Culture Foundation, 1970, pp. 61 ss; ISLAM – *Calendar*, vol. I, nºs A 36, A 37, A 38, A 39, pp. 123-129).

[84] Vice-rei ao rei, Goa, 18.XII.1599, BL – *Add. Ms.*, 28432, fl. 16.

beranos, ao mesmo tempo que procuravam curto-circuitar aproximações excessivas. Preocupado com a embaixada de Mirza Ziyauddin à corte safávida, tanto mais que ouvira rumores de um casamento a ligar as duas casas, D. Francisco da Gama ordena ao capitão de Ormuz em 1597 que, «com todas suas forssas», procure impedir a «comunicação» entre Akbar e Shah 'Abbas[85]. E, em Janeiro de 1598, o rei exulta ao saber que o embaixador mogol fora mal recebido pelo soberano safávida[86]. Informação que chega a Lisboa provavelmente por terra, desajustada do testemunho das restantes fontes disponíveis.

Como quer que fosse, o crescimento da autoridade de Shah 'Abbas na região nos derradeiros dois anos do século XVI não passou despercebido aos portugueses e haveria até de jogar a seu favor. O império otomano, agora sob a égide de Mehmet III, cederá progressivamente diante dos safávidas. Por outro lado, a morte de 'Abdullah Khan no início de 1598, seguida da de seu filho 'Abdul Mu'min Khan no meado do mesmo ano, permitiu a Shah 'Abbas reconquistar Herat e estabilizar a fronteira oriental do seu império. Perante os novos desenvolvimentos, a visão portuguesa de Shah 'Abbas transforma-se de todo. De Lisboa, sabendo-se dos seus sucessos recentes contra os uzbeques, recomenda-se ao vice-rei que trabalhe «muito por comservar ha amizade deste rey»[87], enquanto que D. Francisco da Gama, de início muito céptico acerca das capacidades militares de Shah 'Abbas, haveria de rectificar essa opinião no final do seu governo: «El Rey da Persia depois da morte de Abdulacão, rey dos Uzbeques tem entrado naquele reino e senhoreado a mor parte, no que tem dado differentes mostras do que a principio se imaginava delle»[88].

---

[85] Vice-rei ao rei, [Goa, 1597], BNP – *Res.*, cod. 1976, fls. 8v-9; Rei ao vice-rei, Lisboa, 21.XI.1598, in *APO*, fasc. 3, p. 914; o mesmo ao mesmo, [Lisboa, 1599], AHU – *Cons. Ult.*, cod. 282, fl. 201. O «casamento de filhos» dos dois imperadores não é referido em nenhuma outra fonte.

[86] Rei ao vice-rei, Lisboa, 15.I.1598, in *APO*, fasc. 4, pp. 813-814.

[87] Rei ao vice-rei, Lisboa, 25.I.1601, HAG – *MR*, liv. 8, fl. 18.

[88] Vice-rei ao rei, Goa, 23.XII.1599, BNP – *Res.*, cod. 1976, fl. 141v.

O próximo alvo do monarca safávida era, na opinião do vice-rei de Goa, Akbar: «O Xaa se tem senhoreado da moor parte dos seus Reynos chegamdosse pera aquela parte tanto ao Equebar que o fez retirarsse de Laôr, e não são hoje tão amiguos como dantes porque estão encontrados nesta pretenção»[89]. Gama fala como se tivesse lido a carta que Shah 'Abbas escreveu a Akbar depois da tomada do Khurasan, dando-lhe conta da reconstituição das fronteiras «naturais» do império safávida e instando o imperador mogol a devolver Qandahar[90]. De facto, é provável que os dois imperadores fossem menos «amigos» doravante, mas a transferência da corte de Lahore para Agra nos finais de 1598 prova justamente o contrário do que o vice-rei português pensava: Akbar não considerava que os novos desenvolvimentos constituíssem uma ameaça para Qandahar, tanto que só viria a sofrer um ataque persa em 1605. Mas não deixou evidentemente de zelar pelas suas relações com Shah 'Abbas, como ilustra a bem documentada missão de Amir Muhammad Ma'sum al-Bhakkari à corte safávida em 1604[91].

Assim, uma vez neutralizada a principal ameaça na região, os uzbeques, o imperador mogol rumou a sul para se ocupar de um outro objectivo: a conquista do Decão. Aos olhos de Goa, essa era a pior das «empresas de terra» que Akbar poderia lembrar-se de prosseguir. Já em 1588, quando correu o boato da morte de 'Abdullah Khan, temeu-se na capital do Estado da Índia que Akbar se centrasse de imediato no alargamento da fronteira meridional do império: «por ficar desembarçado deste sobrosso, que na verdade hera grande, importa resistir-se-lhe para que não meta pee na India, porque como digo hé imygo muy pesado»[92].

---

[89] O mesmo ao mesmo, Goa, 18.XII, 1599, BL – *Add. Ms.* 28432, fl. 16v. Reforça a mesmo ideia numa outra carta ao rei: «[...] estando na sua corte de laor se retirou cõ dissimullação por se recear dell Rey da perçia que se lhe hia chegando muyto perto pelo Reino dos Uzbeques em que tinha entrado, agora esta em Agraa» (Goa, 23.XII.1599, BNP – *Res.*, cod 1976, fl. 141v).

[90] Islam – *Indo-Persian relations*, p. 64.

[91] Cf. CHOKSY, Jamsheed K., HASAN, M. Usman – «An emissary from Akbar to 'Abbas I: inscriptions, texts and the carrer of Amir Muhammad Ma'sum al-Bhakkari». *JRAS*. 3ª s., vol. I:1 (Abr. 1991), pp. 19-29.

[92] Varejão ao rei, Goa, 1.XII.1588, AGS – *SP*, liv. 1551, fl. 516v.

Conclusão

Na intricada teia de relações entre otomanos, safávidas, uzbeques e mogóis, os portugueses pouco ou nada significavam. Mas, seguindo a partir de Goa os desenvolvimentos dos dois últimos decénios do século XVI, estes não deixaram de sonhar com um bizarro equilíbrio de poderes na Ásia Central. Assim, para um homem como D. Francisco da Gama, os safávidas deviam ser suficientemente fortes para combaterem os otomanos, contribuindo para inviabilizar a expansão destes no Índico ocidental. Mas, em contrapartida, era suposto não se aproximarem dos mogóis, dado que uma aliança entre estes dois estados seria naturalmente catastrófica para o Estado da Índia. Finalmente, enquanto os uzbeques representassem um perigo para a linha setentrional do império mogol, Akbar não tinha condições para se expandir em direcção ao sul. A lógica aconselharia uma aliança entre uzbeques e portugueses, mas estes nunca trocaram embaixadas e é pouco provável que 'Abdullah Khan alguma vez tivesse ouvido falar de Goa.

O que aos portugueses revelavam estes anos, os anos em que Akbar fixou a sua corte em Lahore (1585-1598), era que o império mogol não podia expandir-se simultaneamente em todas as direcções. Enquanto «inimigo de longe» – absorto nas «empresas de terra», pensando em Cabul, Qandahar e Bukhara, lidando com «tártaros», patanes e com o «Persa» –, Akbar revelava-se bem mais frágil e tinha menos tempo e recursos para avançar sobre o Decão. A fim de salvaguardar a estabilidade do sul e os seus interesses no subcontinente, o Estado da Índia acompanhava o que se passa a norte, tanto através de Ormuz e do Guzerate como por intermédio dos missionários, que entretanto haviam regressado à corte mogol para assistirem a essa perigosa metamorfose do imperador em «profeta» e, consequentemente, vaticinarem a fragmentação do seu império.

O império acabou por não implodir, e Akbar soube mesmo conciliar a prioridade dada à fronteira setentrional com o alargamento das fronteiras da Índia mogol em direcção ao mar. A conquista de Orissa e do Cinde no início da década de 1590 reforçava a incorporação imperial do Bengala e do Guzerate, consumada quase vinte anos antes. Um Cinde mogol era particularmente ameaçador para os portugueses, e a essa conquista procuraram resistir como já haviam feito no Guzerate: apoiando a resistência local. Um Cinde mogol – considerava (ou efabulava?) Goa – constituía o trampolim para uma reconfiguração estrutural do império de Akbar e das suas fronteiras. Pensaria mesmo o imperador estender a sua autoridade a Ormuz, a Mascate e ao Golfo Pérsico, e fazer do seu estado uma potência do Oceano Índico ocidental?

Seja como for, a «empresa por mar» mogol desvaneceu-se das equações portuguesas por volta de 1598. Nessa altura, e se quisermos retomar a expressão utilizada dez anos antes por Duarte Delgado Varejão, Akbar preparava-se realmente para, avançando sobre o Decão, «meter pé na Índia». O «inimigo de longe» não tardaria a ser um «inimigo descuberto»[93].

---

[93] Expressão utilizada por Filipe III em carta a Aires de Saldanha, Lisboa, 25.I.1601, HAG – *MR*, liv. 8, fl. 15v.

CAPÍTULO 5
«METER PÉ NA ÍNDIA»:
DE AGRA PARA O DECÃO (1598-1605)

Ahmadnagar num vórtice

A mudança da capital para Agra corresponde ao propósito de Akbar investir na conquista do Decão e de, consequentemente, alargar a fronteira meridional do império. Não obstante, e ainda que nem sempre se tenham traduzido em tentativas firmes de anexação, as primeiras aproximações mogóis à região são assaz anteriores.

De Goa, em 1579, já um jesuíta anuncia que Akbar enviara uma embaixada a 'Ali 'Adil Shah I, sultão de Bijapur, «na qual dezia que, se elle se não emendasse de ser bebado e do vicio nefando, avia de vir sobre elle com todo seu poder e, se se emmendasse, que seria seu pai e o teria por filho e o defenderia de seus imigos»[1]. O padre Fernando de Meneses refere-se seguramente à missão de Hakim 'Ali, que viajara de Fathpur Sikri para Bijapur na companhia do embaixador do sultanato entretanto enviado à corte mogol com «raridades do país». Sintomaticamente, o testemunho deste jesuíta coincide com o de Abu'l Fazl, que, dependendo da atitude de 'Ali I, também não excluía a possibilidade dos exércitos imperiais avançarem sobre Bijapur[2]. Todavia, o sultão – de quem o ide-

---

[1] Padre Fernando de Meneses ao padre Everardo Mercuriano, [Goa], 15.XI.1579, *DI*, vol. XI, p. 741.

[2] FAZL, Abu'l – *AN*, vol. III, p. 388. Para os contactos entre Akbar e 'Ali I desde 1573, ver NAYEEM, M. A. – *External relations of the Bijapur Kingdom (1489-1686 A.D.). A study in diplomatic history*. Hyderabad: Bright Publishers, 1974, pp. 147-148.

ólogo de Akbar traça um retrato assaz negativo – seria assassinado por um eunuco justamente quando o enviado mogol se encontrava na sua corte[3]. Depois de 1580, já sob a égide de Ibrahim 'Adil Shah II, as relações entre Bijapur e o império mogol melhorariam significativamente[4]. Assim, e porventura mais preocupante aos olhos de Akbar, era a situação de Ahmadnagar, sultanato que entrara em acentuada fragmentação política ainda antes de 1588, ano em que Murtaza Nizam Shah I foi assassinado[5].

O sultão enlouquecera anos antes e, confinado à vida cortesã dos palácios e fortalezas reais, alienou a sua autoridade em prol de homens como Sahib Khan (ou Husain Khan) e, depois dele, Shah Quli. Este, entrado no sultanato como mero presente de Shah Tahmasp a Husain I, conheceu uma carreira notável que lhe valeu o título de Salabat Khan, tornando-se *vazir* e chefe da facção estrangeira (persa, sobretudo) da nobreza do sultanato. No entanto, a relação entre sultão e *vazir* acabaria por deteriorar-se em 1586. Nesse ano, Salabat Khan reclamou de Bijapur a cessão da fortaleza de Sholapur e, não tendo alcançado sucesso, decidiu retaliar. Reteve em Ahmadnagar a princesa Khadija – a irmã do sultão de Bijapur que se encontrava então na corte para casar com Miran Husain, filho de Murtaza I. Resultado da afronta, Ibrahim II invadiu Ahmadnagar em 1587 e Salabat Khan foi destituído do seu cargo, aceitando voluntariamente a prisão na fortaleza de Dandarajpuri[6].

Os testemunhos portugueses dão conta da crítica situação vivida em Ahmadnagar na segunda metade da década de 1580, acentuando a ideia de que a queda de Salabat Khan precipitou os acontecimentos no sultanato:

---

[3] FAZL, Abu'l – *AN*, vol. III, pp. 440-441.

[4] Sobre as relações de Bijapur com o império mogol e os restantes sultanatos do Decão na transição do século XVI para o seguinte, veja-se, para além de NAYEEM – *External Relations*; VERMA, D. C. – *History of Bijapur*. Nova Deli: Kumar Brothers, 1974, esp. caps. V, VI e IX.

[5] Para a história de Ahmadnagar neste período, na sua relação com o império mogol e com os outros reinos da região, ver SHYAM, Radhey – *The kingdom of Ahmadnagar*. Nova Deli: Motilal Banarsidass, 1966; e KHAN, Yar Muhammad – *The Deccan policy of the Mughuls*. Lahore: United Book Corporation, 1971, cap. IV, pp. 66 ss.

[6] Os principais textos locais que dão conta da situação em Ahmadnagar nesta época são as crónicas de Firishta, *Gulshan-i Ibrahimi* (ou *Tarikh-i Firishta*), FIRISHTA/BRIGGS, vol. III, pp. 158 ss; e de TABATABA, Saiyid 'Ali bin 'Azizullah – *Burhan-i Ma'asir*. Trad. inglesa parcial por T. Wolseley Haig – *The History of the Nizam Shahi Kings of Ahmadnagar*. Bombaim: British India Press, 1923.

As nouas destes Reinos [...] são estar perdido [sic], porque como o Rey ha quinze anos esta doudo em hûa fortalleza, e não o vê ninguém gouernanno capitaes que cada hum trata de sim [sic] e estes são pouquo duraueis porque como lhe vem outra manja faz os que quer. Salauatecão que governaua o anno passado e havia dous que o era soberano vaj em sete messes que esta presso nesta fortalleza de Damda. O Hidalcão mouido desta perdição e asim por casar os dias passados a irmam cõ o primçipe que he já de quimze annos mandou hû embaxador os dias passados aos gouermadores que amostrasem o Rey coamdo não que aleuantasem o prímçipe por Rey, tomou mal esta esta embaxada el Rey e fez os desatinos acostumados e havera sobre isto algûas diuissoes[7].

O retrato traçado pelo capitão de Chaul é de verdadeira anarquia política, marcada pela insanidade do sultão, pela fragilidade dos seus ministros e pela pressão de Ibrahim II, que pretendia acelerar a subida ao poder do cunhado. Ao vincar que Salabat Khan fora «soberano» nos dois anos anteriores à sua prisão, Lacerda Pereira estava certamente a referir-se a um conjunto de sucessos político-militares então alcançados pelo *vazir*, justamente no momento em que a erosão da figura do sultão se tornara irreversível: vitória sobre Saiyid Murtaza e nobres rebeldes de Berar, sultanato anexado por Ahmadnagar em 1574; prisão de Asad Khan, influente nobre persa de quem Salabat Khan fora amigo e com quem partilhara o poder; desmantelamento da conspiração contra Murtaza I, encabeçada por seu irmão Burhan.

A situação não tardaria a piorar depois da prisão de Salabat Khan, porquanto o sultão temia ser traído pelo próprio herdeiro, chegando até a tentar eliminá-lo. O príncipe logrou fugir para Daulatabad e, arregimentando um número considerável de seguidores, avançou para Ahmadnagar com o intuito de apear o pai do poder. O capitão português de Chaul é, de novo, um observador privilegiado dos acontecimentos da corte de Ahmadnagar e da subida ao trono de Husain II. Prevalece a imagem

---

[7] Manuel de Lacerda Pereira ao rei, s.l. n.d. [Chaul, finais de 1587], AGS – *SP*, liv. 1551, fl. 130v.

negativa de Murtaza I, mas a avaliação que faz do breve reinado de seu filho não é mais favorável:

> [...] averá quinze annos que o Mellique esteue enserrado sem ninguê o uer desapossado(?) do juizo não sabendo delle ninguem mais que o capitão que governava e gouernousse isto com tanta prudencia e segredo que não avia nhûa falta ate este Abril passado que o Rey mandou prender Salabatecan que então gouernava; como foi fazendo outros governadores e tantos cada dia. E o virão tam doudo cartearão se cõ o prinçipe que estava prezo em hûa fortaleza e o alevantarão por Rey cõ ajuda do Idalcan seu cunhado o qual tanto que tomou posse mandou matar o pay com peçonha e aueraa oito meses que gouerna cruelmente muito vicioso no beber, e outras sugidades suas pelo qual respeito mandou o mogor hum capitam seu cõ vinte mil homês a ver se podia meter de posse deste Reyno hum irmão do Mellique velho e tio deste que andava acolhido cõ elle estaa esta gente na araia destes reinos não sei o que farão [...][8].

Em carta anterior, escrita em Junho – justamente quando Murtaza I fora deposto pelo filho –, o capitão de Chaul é ainda mais prolixo, fornecendo detalhes significativos acerca da transição do «Mellique velho» para «Mirão Ussem Xaa». Começa Lacerda Pereira por sublinhar o claro desgoverno do sultanato, agravado pelo ascendente da dançarina Fath Shah sobre o sultão («procedendo em suas doudisses [...] por conselho de hûa molher solteira a que se ueio afeiçoar»). Depois, narra a ascensão do «nouo Mellique», fornecendo uma estimativa das suas forças – dezasseis mil homens de cavalo, somados a cerca de outros doze mil enviados pelo sultão de Bijapur. Por último, reconstitui o embate final entre pai e filho. Aquele, não dispondo de mais do que dois mil homens, «fez da necessidade vertude» e colocou-se nas mãos do príncipe: decidiu entregar-lhe o sombreiro real e as bandeiras e, reconhecendo-o por soberano, pediu

---

[8] O mesmo ao mesmo, Chaul, 1.XII.1588, *ibid.*, fls. 348-348v. Ver também COUTO – *Década X*, liv. vi, cap. 15, pp. 109-115.

ao filho que o poupasse. Mas o príncipe, não revelando compaixão, conduziu o pai a uma mesquita e envenenou-o[9], versão que não se ajusta totalmente à dos textos locais: tanto Firishta como Tabatabai escrevem que Murtaza I foi assassinado por sufocação.

Importa ainda reter outros dois aspectos que ressumam das notícias sobre Ahmadnagar chegadas a Goa, a partir de Chaul, no ano de 1588. Por um lado, a convicção de que a ausência física do sultão só teve reflexos na vida política do sultanato a partir do momento em que Salabat Khan é preso: até então, «não avia nhûa falta» e é depois disso que os seus o vêem «tam doudo». O sentimento veiculado pelos textos portugueses coaduna-se neste particular com a visão de Firishta, que dá o sultão como verdadeiramente louco apenas nos derradeiros anos do seu reinado[10]. Quadra também, em certa medida, com a de Abu'l Fazl, que transmite um retrato muito positivo de Salabat Khan[11].

Depois, é a constatação do carácter meramente transitório do reinado de Husain Nizam Shah II. O novo sultão começara a governar com siso – «regendosse pellos capitães mais velhos, e mandando ter conta particular cõ a gente da guerra e governo dos povos». Mas, meio ano depois, já «he dado muyto ao vinho e a outros vicios»[12]. Goa adivinha, pois, o seu apagamento precoce, tanto quanto Akbar percebe que a desordem política reinante no sultanato constitui uma espécie de senha para a intervenção imperial.

É justamente chegado o momento de, no contexto da conturbada situação do Decão ocidental no final dos anos de 1580, ponderar o interesse do império mogol nesse cenário. O nome de Akbar é referido mais de uma vez por Firishta no contexto da vida política dos sultanatos

---

[9] Temos conhecimento do conteúdo desta carta, ao que parece assinada também pelos vereadores de Chaul, graças ao longo resumo que dela faz seis meses depois o secretário do Estado da Índia (Duarte Delgado Varejão ao rei, Goa 1.XII.1588, AGS – SP, liv. 1551, fls. 515v-516v).

[10] É depois da inusitada reacção do sultão a uma desavença entre Fath Shah e Salabat Khan que o cronista persa o considera louco (FIRISHTA/BRIGGS, vol. III, p. 161).

[11] FAZL, Abu'l – AN, vol. III, p. 820.

[12] Duarte Delgado Varejão ao rei, AGS – SP, liv. 1551, fl. 516. Firishta, pelo contrário, escreve que o novo sultão se apressou a nomear jovens sem experiência para os mais altos lugares da administração do sultanato e que o seu reinado foi, desde o início, desastroso (FIRISHTA/BRIGGS, vol. III, p. 165).

na década anterior[13], mas é com o refúgio concedido na corte mogol a Burhan e a Saiyid Murtaza em 1585 que a intervenção imperial a partir da Índia do Norte se torna inevitável[14]. Os portugueses não atribuem grande relevo a uma primeira e infrutífera campanha mogol contra Ahmadnagar em 1586, comandada por Mirza 'Aziz Koka, então governador da província de Malwa[15]. Em contrapartida, Goa seguirá com atenção a probabilidade de uma segunda intervenção imperial no Decão já no contexto do frágil e efémero reinado de Husain. Confrontado com a possibilidade de 'Aziz Koka avançar de novo sobre Ahmadnagar, o governador Manuel de Sousa Coutinho «está detreminado mandar secretamente avisar o Idalxa para que se ajunte cõ o Milique seu cunhado, e de mão cumũ trate de defender suas terras, porque entradas as do Melique, ha pouco que fazer nas do Idalcão, e fica tendo este estado hum muy perjudiçial vezinho». Duarte Delgado Varejão, o secretário do Estado que já tinha lidado com o problema ao tempo de D. Duarte de Meneses, considera interessar «ao Estado [da Índia] ter alongado de sy gente tão soberba e detreminada, como são os Mogores»[16]. É essa também a opinião da câmara de Goa: «[...] o mogor que he huu imiguo muito poderozo e tem posto os olhos ê cõquistar estes Reinos do balaguate nosos vizinhos e tem se por verdade serta vir já cõquistando asy que tudo nos aviza que não durmamos»[17].

São estes os primeiros passos de uma estratégia adoptada por Goa durante todo o período que nos ocupa com o intuito de contrariar o avanço mogol no Decão: actuar nos bastidores, sem o conhecimento das autoridades imperiais, por forma a dirimir diferenças entre os sultanatos e a estimular a sua resistência em bloco aos exércitos oriundos da Índia timúrida.

De facto, os desenvolvimentos registados na viragem de década tornavam necessárias estas cautelas. A permanente convulsão política característica dos curtos reinados de Husain II e Isma'Il volta a ter eco

---

[13] FIRISHTA/BRIGGS, vol. III, pp. 157, 159.
[14] FAZL, Abu'l – *AN*, vol. III, pp. 603-605; BADAYUNI – *MT*, vol. II, pp. 334, 354.
[15] ID. – *ibid.*, vol. III, pp. 739-742; ID. – *ibid.*, vol. II, pp. 372-373. Couto faz-lhe uma referência (*Década X*, liv. vi, cap. 15, p. 113).
[16] Varejão ao rei, AGS – *SP*, liv. 1551, fl. 516v.
[17] Câmara de Goa ao rei, Goa, 16.XI.1588, AGS – *SP*, liv. 1551, fl. 526.

na corte mogol[18]. Também em Goa e nas praças do norte se seguem com atenção os acontecimentos do sultanato. Em Novembro de 1589, menos de oito meses depois do assassínio de Husain II e da sua substituição por Isma'Il, Luís de Mendonça dá conta da situação ao rei:

> estava no reino do equebar hû irmão de osen enasemuxá que sobre Chaul veo e por morte deste ficou seu filho que depois o rejedor do reino, que era parçio que se chamava mirzacan, matou que depois os daquenis e abexins do reino no mesmo dia matarã, e foi alevantado por rei hû primo do que matarã que se chama esmael e nazemuxá, de idade de doze annos, que he filho deste buranexâ que no reino do equebar estaa; este se fica fazendo prestes cõ asicocá capitão grande do equebar que he seu colaço pera o ir meter de posse do reino do daqueni[19].

O observador português não domina inteiramente os parentescos em presença e a violência dos massacres, que cunhou a luta pelo poder em Ahmadnagar no ano de 1589, também não se apreende inteiramente neste resumo feito a partir de Diu. Todavia, Mendonça foi sensível à sucessão de mortes então ocorrida e, bem assim, ao conflito entre nobres estrangeiros e nobres locais, que está na base dos acontecimentos: Mirza Khan é *vakil* («regedor») de Husain II e manda matar o sultão, causando a ira de decanins e abexins. Estes, comandados por Jamal Khan, executam várias centenas de estrangeiros, incluindo o próprio Mirza Khan. Isma'il Nizam Shah, primo do sultão deposto e filho de Burhan, subia ao trono em Abril desse ano. A eminência parda do seu curto reinado de dois anos seria justamente Jamal Khan, responsável pela propagação do movimento *mahdavi* no sultanato, num clima de intolerância religiosa que incluiu perseguições frequentes e implicou a abolição do xiismo enquanto religião de estado[20]. O capitão português de Diu não entendeu as implicações

---

[18] FAZL, Abu'l – *AN*, vol. III, pp. 819-821, 891-893.
[19] Luís de Mendonça ao rei, Diu, 26.XI.1589, AGS – *SP*, liv. 1551, fl. 664.
[20] Ver, sobre este assunto, RIZVI, S. A. A. – «The Mahdavi movement in India». *Medieval India Quarterly*. Vol. I/1 (1950), pp. 10-25; ID. – *Muslim revivalist movements in Northern India in the sixteenth and seventeenth centuries*. Agra: Agra University, 1965.

religiosas desta alteração política, mas intuiu que Akbar se preparava para fazer de Ahmadnagar um estado-satélite do império mogol.

A afirmação da tutela imperial sobre aquele sultanato do Decão ocidental passava naturalmente por colocar no trono Burhan, protegido dos mogóis desde 1585. Este, contudo, preferiu apoiar-se em Bijapur e Khandesh, ao mesmo tempo que evitava o envolvimento directo do império mogol no processo de tomada do poder. Depondo e prendendo o filho, Burhan Nizam Shah II torna-se finalmente sultão de Ahmadnagar em Maio de 1591. A distância com que o novo soberano trata Akbar, que lhe concedera asilo político e o fizera *mansabdar-jagirdar* do seu império, justificaria um juízo muito crítico de Abu'l Fazl[21]. Nas fontes portuguesas, todavia, a fidelidade de Burhan II a Akbar parece bem mais vincada. As informações chegadas a Goa e ao reino, à semelhança do que registam as crónicas mogóis[22], retiveram essa imagem de um Burhan que, deambulando sob a capa de homem penitente, procurava a todo o custo ascender ao poder em Ahmadnagar. No início do século, Filipe III sabe que o imperador mogol «yntentara averia 7 anos conquistar o decão tomando por ocasião sua promessa que bronexa lhe fizera amdamdo disfrassado a modo de peninntençia dizendo lhe que era senor do rejno do meliqe que fosse sobre ele, e lho entregaria»[23].

A *Vida e acções de Matias de Albuquerque*, texto da mesma época, a que voltaremos adiante, acentua igualmente essa submissão (incondicional aos olhos dos portugueses) do novo sultão a Akbar[24]. Aliás, e num plano mais largo, esta crónica anónima deve ser tida por instrumento precioso para o conhecimento do panorama do Decão nos últimos anos do século XVI e, bem assim, muito útil para avaliar a postura de Goa e de Lahore

---

[21] FAZL, Abu'l – *AN*, vol. III, p. 909.
[22] BADAYUNI – *MT*, vol. II, p. 334.
[23] Rei ao vice-rei, Lisboa, 7.II.1602, AHU – *Cons. Ult.*, cod. 282, fl. 82.
[24] Cf. *infra*, n. 35 e 42. Esta crónica foi publicada por Antonella Vignati, a partir do exemplar da BNP (existe uma outra cópia na BPE), in *ML*. Vol. 15 (Jun. 1998), pp. 139--245, vol. 17 (Jun. 1999), pp. 269-360, de que existe separata com paginação autónoma. A segunda parte da crónica (37 capítulos) é inteiramente dedicada à questão do Morro de Chaul. Citamo-la doravante como *Vida e acções*, a partir da paginação da referida separata e indicando previamente a parte (numeração romana) e o capítulo (algarismos).

no devir da situação²⁵. Concebido enquanto panegírico do vice-rei Matias de Albuquerque, o texto não podia deixar de atribuir ao governador anterior responsabilidades concretas na inconveniente ascensão ao poder de Burhan II: Manuel de Sousa Coutinho ter-se-ia encontrado por duas vezes com Asad Khan, proeminente nobre persa daquele sultanato a que já nos referimos, por forma a viabilizar a subida ao trono de «Burão Niza Muxá». Gesto comprometedor aos olhos do autor do texto, porquanto significava passar a contar com «a vizinhança de inimigo tão poderoso como o Mogor, com cujo braço o novo Melique havia de ser introduzido no Reino»²⁶.

Mas, mais do que as conversas com Asad Khan, Sousa Coutinho terá mesmo endereçado cartas aos sultões de Bidar e de Bijapur no sentido de apoiarem Burhan. Escreveu também «muito encarecidamente» a Akbar, tendo o imperador acertado com Burhan as condições do seu apoio: um exército mogol composto por cerca de seis mil homens tomaria o seu partido desde que este, uma vez sultão, mandasse ler a *khutba* em nome do imperador mogol e não no do monarca safávida. A alteração, que correspondia naturalmente ao reconhecimento da suserania mogol, era assaz perigosa. Demonstra-o um episódio registado pelo anónimo autor da crónica que temos vindo a seguir: um caciz que tentou substituir o nome de Shah 'Abbas pelo de Akbar na oração de sexta-feira feita na maior mesquita do reino foi assassinado à punhalada pelos persas que aí se encontravam²⁷.

---

²⁵ O assunto foi já posto em evidência por SUBRAHMANYAM, Sanjay – «The 'Life and Actions of Mathias de Albuquerque (1547-1609)': A Portuguese Source for Deccan history». *Portuguese Studies*. Vol. 11 (1995), pp. 62-77. Sobre este vice-rei, ver também WICKI, J. – «Matias de Albuquerque, 16º vice-rei da Índia – 1591-1597». *Studia*. Vol. 48 (1989), pp. 77-100.

²⁶ *Vida e acções*, II/2, p. 115. Para além da reacção «popular» dos muitos persas que viviam nos sultanatos, há que ponderar também a «vigilância» exercida pelo próprio monarca safávida sobre os soberanos do Decão, evitando o seu afastamento do xiismo: notícia de uma embaixada de Shah 'Abbas a Goa em 1594, que dá nota de uma outra enviada na mesma ocasião aos sultões de Bijapur e Ahmadnagar, «persuaimdo ao Idalcão que naõ largasse a ley que seus antepassados guardarão» (rei ao vice-rei, Lisboa, 28.I.1596, in *APO*, fasc 3, pp. 586-587). De facto, Ibrahim II era sunita e Shah 'Abbas teria eventualmente razões para se preocupar. Sobre o vínculo xiita entre Decão e Irão Safávida, e suas implicações políticas, ver MITCHELL, Colin – «Sister Shi'a States? Iran and the Deccan in the 16th Century». *Deccan Studies*. Vol. 2:2 (2004), pp. 44-72.

²⁷ *Vida e acções*, II/2, pp. 115-117. Interessante estabelecer aqui um paralelo com a situação de Ormuz no final do século. Ainda que sob domínio português, o visitador António

É neste contexto que ocorre a missão de Abu'l Faiz 'Faizi' – irmão de Abu'l Fazl, e também ele muito próximo do imperador – ao Decão em 1591-1593. A expedição, e os escritos que dela resultaram, têm vindo a merecer recentemente a atenção dos historiadores[28]. O seu escopo era observar a situação em Khandesh e pressionar Ahmadnagar a reconhecer a suserania mogol, sendo que Faizi era portador de cartas de Akbar para os dois soberanos que iam justamente nesse sentido[29]. Em simultâneo, Akbar despachava embaixadores para os restantes sultanatos do Decão, homens que não deixaram relatos das suas experiências, mas que, em contrapartida, obtiveram sucessos aparentes, levando os soberanos locais a declararem-se vassalos do imperador mogol.

Faizi enviou seis relatórios para a corte, textos onde revela aspectos importantes da vida política no Decão e, utilizando informações dos persas que enxameavam os sultanatos, da situação no Irão de Shah 'Abbas. Descreve Burhanpur no detalhe e horroriza-se com o ambiente político e social então vivido em Ahmadnagar. Mas pouca atenção presta aos por-

---

de Barros aconselha os maiores cuidados na cidade relativamente aos súbditos de Shah 'Abbas: «na çidade ha tres misquitas e hû Alcorão no meio della levantado, onde de dia e de noite se ouvem brados em louvor de Mafamede. [...]. Com os Mouros e judeus me pareçeo se devia dissimular e não innovar cousa algũa [...]. Porque este Alcorão de que o direito faz particular menção, estaa debaixo da proteição do Xá Rei da Persia, o qual por ser muito poderoso com qualquer novidade destas se tem por çerto que mandaria correr a terra e reino d'Ormuz» (carta ao vice-rei, Goa, 18.XII.1595, pub. in BAIÃO, António – *A Inquisição de Goa. Correspondência dos inquisidores da Índia (1569-1630)*. Coimbra: Imprensa da Universidade, 1930, vol. II, p. 234).

[28] Cf. SIDDIQUI, Iqtidar Husain – «*Insha'-i Faizi*: A source of information on Akbar´s reign». In KHAN, I. Alam (ed.) – *Akbar and his age*, pp. 198-208; ALAM, Muzaffar, SUBRAHMANYAM, Sanjay – «A place in the sun: Travels with Faizi in the Deccan, 1591--1593». In GRIMAL, François (ed.) – *Les sources et le temps/Sources and time: A colloquium*. Pondicherry: Institut Français de Pondicherry; EFEO, 2001, pp. 265-307; ID. – «The Deccan frontier and the Mughal Expansion, *ca*. 1600: Contemporary perspectives». In ID. – *Writing the Mughal World*, cap. 4, pp. 165-203. Os relatórios de Faizi para Akbar nunca foram publicados em inglês, ainda que tenham sido traduzidos por Prichard a pedido de H. M. Elliot. Contudo, os compiladores de *History* não consideraram Faizi um historiador, nem reconheceram interesse às suas cartas («they contain nothing of importance»), pelo que delas não incluem na referida colectânea mais do que um brevíssimo resumo (vol. VI, pp. 147-149). Estes textos foram publicados em persa por ARSHAD, A. D. – *Insha'-i Faizi*. Lahore: Majlis-e-Taraqqi ye Adab, 1973.

[29] Akbar a Raja 'Ali Khan; o mesmo a Burhan, ambas de 5.IX.1591, publicadas em tradução inglesa (com judiciosos comentários) por HAIDAR, M. – *Mukatabat-i 'Allami*, docs. 9 e 10, pp. 56-67. Ver ainda BADAYUNI – *MT*, vol. II, pp. 389-390.

tugueses: nesta ocasião, como em tantas outras no futuro, as manobras anti-mogóis levadas a cabo por Goa no Decão não parecem ter chegado ao conhecimento da corte imperial.

Todavia, a relação triangular envolvendo o Estado da Índia, Ahmadnagar e Lahore haveria de intensificar-se justamente nos anos do reinado de Burhan II. Em 1594, há notícia da presença de um embaixador de Akbar em Goa, ainda que não se conheça a razão da sua visita[30]. Nesse mesmo ano, o Reino inquieta-se ante a possibilidade do sultão de Ahmadnagar entregar o antigo reino de Berar ao imperador mogol, caminho pelo qual Matias de Albuquerque procura dissuadir Burhan II de enveredar[31]. Como quer que fosse, a crer num observador português, o governador de Berar recusava-se a ceder o seu território aos mogóis, «dizendo que aquilo era patrimonio real, que não podia ser desmembrado daquela forma». Reconhecia a suserania do império, aceitando que «os pesos, medidas, chapas e outras coisas do Reino corressem como no do Mogor», e comprometia-se perante o sultão de Ahmadnagar «a fazer guerra aos portugueses». Mas não mais do que isso[32].

As relações entre Goa e Ahmadnagar não tardariam a degradar-se. Rompendo com uma situação que vigorava desde o tratado firmado pelos dois estados em 1571, Burhan II decidiu construir uma fortaleza no topo da colina (Korlai) fronteira a Chaul, capaz de bloquear a entrada de navios portugueses no porto de Revdanda[33]. A explicação recorrente para esta mudança de estratégia, avançada tanto pelos textos portugueses como pelas crónicas locais, é a de que os portugueses se teriam apropriado das muitas riquezas transportadas numa nau pertencente ao sultão de Ahmadnagar que naufragara ao largo de Baçaim no regresso do Mar

---

[30] Carta ânua de Francisco Cabral, Goa, 7.XI.1594, in *DI*, vol. XVI, p. 715.

[31] Rei ao vice-rei, 1594, AHU – *Cons. Ult.*, cod. 281, fls. 263-264.

[32] *Vida e acções*, II/2, pp. 116-117.

[33] Está por apurar o papel desempenhado pelos «alevantados» e renegados portugueses que viviam na corte de Ahmadnagar nestas mudanças de «humor» entre os sultões locais e Goa. Homens como Francisco de Ulhoa, por exemplo, «que ha muitos annos vive nas terras de Isamaluco em trajos de mouro e tinha delle mais de cinquo mil pardaos de renda e muitos favores e liberdades» (inquisidores de Goa ao cardeal arquiduque, Goa, 15.XII.1586, pub. in BAIÃO – *A Inquisição de Goa*, vol. II, p. 113).

Vermelho[34]. A *Vida e acções de Matias de Albuquerque* acrescenta outra razão, esta de fundo: a ruptura de Ahmadnagar com o Estado da Índia é uma inevitável consequência da aliança entre Burhan II e Akbar – «havê-lo assim tratado com o Mogor, em cuja corte residira muitos anos»[35]. Vinte anos volvidos, em 1615, Filipe III estava convencido que houvera mão de Akbar no episódio do Morro: ao incitar o sultão de Ahmadnagar à guerra com os portugueses, o que o imperador mogol realmente pretendia era assegurar a diminuição do poder do sultanato, facilitando uma posterior intervenção mogol[36].

A determinação portuguesa em desmantelar a fortaleza do Morro está bem patente na troca de correspondência entre Goa e Lisboa. Escreve Filipe II em Fevereiro de 1595: «A fortaleza que o Melique tem feito no Morro de Chaul de que me daes conta sou informado que he tanto inconveniente e dano pera as fortalezas do norte que com rezão se deue procurar de desfazer ou tomar, e comfio de vós que quamdo estas náos cheguarem a essas partes a tenhaes já tomada, e não o temdo feito vos emcomemdo muito encarecidamente o procureis e façaes, pera que disto resulte ficar o estado com esta fortaleza e podela possuir com seguramça de todas as mais vezinhas a ela»[37]. Nessa altura, de facto,

---

[34] FIRISHTA/BRIGGS, vol. III, pp. 172-173. Do lado português, ver *Vida e acções*, II/2, p. 117. D. Francisco da Gama haveria de criticar asperamente o seu antecessor por ter autorizado o saque da nau *Husaini* e, antes dele, o mesmo fizera o inquisidor (Rui Sodrinho ao inquisidor geral, Goa, 2.XII.1593, pub. in BAIÃO – *A Inquisição de Goa*, vol. II, pp. 154-155). Todavia, o próprio Matias de Albuquerque ordenou um inquérito ao sucedido, medida que mereceu a aprovação de Filipe II (rei ao vice-rei, Lisboa, 1.III.1594, in *APO*, fasc. 3, p. 430) e que culminou no castigo de alguns dos envolvidos. Mais tarde, o próprio D. Francisco da Gama viria a considerar excessivas algumas das penas então aplicadas. A apreensão de naus (ou da respectiva carga) de Ahmadnagar vindas do Mar Vermelho era um meio de retaliação recorrente do Estado da Índia sobre o sultanato. Repetiram o gesto logo no ano seguinte e em 1597 o capitão de Chaul aprendeu uma nau, o que suscitou uma carta dos mercadores muçulmanos da cidade («Treslado de hûa carta que escreveu Sadola [Sa'dullah] Maliqe toyar [*malik al-tujjar*] e os mais mercadores de Chaul de cima a V.S.», Novembro 1595; ANTT – *Graça*, cxª 2, t. III, p. 237, documento já discutido por SUBRAHMANYAM, S. – «The viceroy as assassin: The Portuguese, the Mughals and Deccan politics, c. 1600». In SUBRAHMANYAM, S. (ed.) – *Sinners and Saints. The Successors of Vasco da Gama*. Nova Deli: OUP, 1998, pp. 162-203 [178-179] (artigo retomado in SUBRAHMANYAM – *Explorations in Connected History. Mughals and Franks*, cap. 4, pp. 71-103).

[35] *Vida e acções*, II/2, p. 116.

[36] Rei ao vice-rei, Lisboa, 14.II.1615, in *DRI*, t. III, pp. 234-235. Ver *infra*, cap. 6, n. 26.

[37] Rei ao vice-rei, Lisboa, 18.II.1595, *APO*, fasc. 3, p. 477. A mesma preocupação é expressa numa outra carta, escrita poucos dias volvidos (Lisboa, 26.II.1595, *ibid.*, pp. 502-503).

já tudo se resolvera: a vitória portuguesa, corporizada na ocupação do forte e no massacre das forças de Ahmadnagar, teve lugar no início de Setembro de 1594.

O episódio do Morro de Chaul serviu mais do que um propósito no que aos portugueses diz respeito. No plano imediato, a derrota de Burhan II permitiu recuperar o domínio do porto de Chaul e, em simultâneo, reforçar a posição política e militar do Estado da Índia nos assuntos do Decão. Em estreita ligação com este aspecto, está o impacto do feito de guerra na região e o seu valor enquanto instrumento de propaganda do poder de Goa e dos portugueses. À semelhança do que D. Sebastião fizera quando do cerco de Chaul de 1570-1571, Filipe II «ouve esta istoria por dina de se imprimir por ser materia de tanta substançia e tão importante pera a conseruação daquele estado da Imdia»[38]. Daí, também, que a correspondência entre o rei e o vice-rei não deixe de registar, com agrado, uma observação feita por Jerónimo Xavier a partir de Lahore: Akbar, Salim e os nobres da corte «mostrarão gramde admiração da tomada do Morro»[39]. O sultão derrotado havia sido protegido de Akbar e, consequentemente, a vitória portuguesa em Chaul não podia deixar de ter ressonância na corte mogol.

De outro modo, a vitória de Chaul constituiu a pedra de toque da carreira asiática de Matias de Albuquerque: um feito oportuno, bem à medida da necessidade de enriquecimento da sua biografia. A *Vida e acções de Mathias de Albuquerque*, texto encomendado pelo próprio, integra-se uma importante categoria de crónicas portuguesas da Ásia, em que a heroicização dos rostos mais relevantes do Estado da Índia se cruza com as estratégias de produção de memória de uma determinada família. Nestes casos, a biografia do herói é quase sempre construída em torno de um feito militar de grande relevância, como seja o triunfo num cerco[40]. Matias de Albuquerque tem, no morro de Chaul, o seu cerco de Diu. Um segundo relato português do assalto ao Morro haveria de ser produzido

---

[38] Rei ao vice-rei, Lisboa, 28.I.1596, *ibid.*, pp. 589-590. Sobre o caso de 1570-1571, ver *supra*, cap. 2.

[39] Rei ao vice-rei, Lisboa, 5.II.1597, *ibid.*, p. 674.

[40] Estamos gratos a Maria Augusta Lima Cruz por nos ter chamado à atenção para este facto.

quarenta anos depois do episódio. António Barbosa, nascido em Chaul e, muito provavelmente, tendo tomado ele próprio parte nos acontecimentos que narra, escreveu em 1635 o *Breve Tratado do Morro de Chaul*[41]. Fá-lo, sintomaticamente, no momento em que se joga a definitiva extinção do sultanato de Ahmadnagar e, também não sem sentido, dedica a sua prosa ao vice-rei conde de Linhares (*infra*, cap. 10).

Voltemos ao triângulo Goa-Ahmadnagar-Lahore nos anos de 1590. A *Vida e acções* dá conta de uma embaixada enviada por Akbar a Burhan II e aos restantes soberanos do Decão: «a resolução da embaixada era persuadi-los a que dessem obediência a seu filho, que determinava mandar, o que em todos causou muito grande alteração». Ainda que a crónica não faça menção da data desta embaixada, a referência ao filho de Akbar remete-nos claramente para os preparativos da campanha do Decão, entregue ao príncipe Daniyal e a 'Abdur Rahim Khan-i Khanan após o fracasso diplomático de Faizi em Ahmadnagar.

O vice-rei português procurou contrariar a ofensiva diplomática de Lahore, «mandando um embaixador por mar com presentes de preço, porque à falta deles não ficasse sua embaixada menos eficaz que a do Mogor, e a Coge Abrahão, judeu muito conhecido, prático, e de confiança, que fosse direito ao Hidalcão, e daí atravessando por suas terras, ao Melique, assim para espiar dissimuladamente e avisar do que sentisse nos ânimos dos reis, como para lhes persuadir o muito que importava unirem-se para resistir à entrada do filho do Mogor, e oferecer-lhes para isso secretamente toda a ajuda que o Estado lhes podesse dar [...], e particularmente mandou avisar ao Melique que lhe fizesse mercê de lhe mandar dizer qual era mais honroso e proveitoso: ser rei absoluto ou rei vassalo [...]». Burhan II terá mostrado ao enviado do vice-rei português uma carta que recebera de Akbar, exortando-o a fazer guerra aos portugueses, mas o sultão assegura ao seu interlocutor que «estava longe desse pensamento». Duvida, porém, o autor da crónica: «o que não era assim, antes como rei novo e criado entre os costumes dos Mogores lhe ficou outra cousa impressa no peito»[42].

---

[41] BPE – cod. CXVI/14.
[42] *Vida e acções*, II/3, pp. 118-119.

Procurando reagir ao esboroamento do poder no Decão ocidental e à ameaça mogol na região, Matias de Albuquerque empenhou-se sempre na aproximação entre os sultanatos de Bijapur e Ahmadnagar[43]. Tarefa difícil, marcada por vários escolhos. Por um lado, as relações do Estado da Índia com Burhan II eram muitíssimo frágeis, e não falamos apenas desse momento de absoluta ruptura marcado pelo episódio do Morro de Chaul em 1593-1594. Sabemos que a comunicação política entre Goa e Ahmadnagar era sistematicamente boicotada por um português de apelido Aguiar que vivia no sultanato e que era «grande privado do Melique, cujos meios pera o ser não forão outros que ardis e manhas, que lhe deu, e dá de presente para nos prejudicar»[44]. No que respeita a Bijapur, em guerra com Ahmadnagar desde 1592, era necessário convencer Ibrahim II a aproximar-se de Burhan II para juntos resistirem à pressão mogol. Foi esse seguramente o principal escopo da embaixada de António de Azeredo à corte de Bijapur[45]. Mas, em simultâneo, tornava-se forçoso evitar uma aliança entre os dois sultanatos contra Goa, ensaiada por Ahmadnagar em 1594[46].

A morte de Burhan Nizam Shah II em Abril de 1595 acelera significativamente o envolvimento de Akbar na região e, em proporção semelhante, aumenta os receios do Estado da Índia quanto à probabilidade de uma «avalanche» mogol às portas de Goa[47]. Uns meses antes, em Dezembro de 1594, os jesuítas tinham encontrado o príncipe Murad em Cambaia. Akbar encarregara o seu filho segundo da conquista do Decão e o testemunho dos missionários – que com ele falaram demoradamente antes da sua partida para Surat, «dizemdo ir sobre o Melique» – é precioso. O retrato que traçam de Murad está longe de ser favorável: os jesuítas não crêem no sucesso dessa empresa dado que o príncipe não tem qualidades de chefia e é facilmente moldável por aqueles que o rodeiam: «vai com

---

[43] Rei ao vice-rei, Lisboa, 1.III.1594, in *APO*, fasc. 3, p. 429; o mesmo ao mesmo, Lisboa, 8.I.1598, *ibid.*, pp. 801-802.

[44] Cidade de Goa ao rei, 1595, in *APO*, fasc. 1, pt. II, p. 16.

[45] Rei ao vice-rei, Lisboa, 28.I.1596, in *APO*, fasc. 3, p. 587 (também em AHU – *Cons. Ult.*, cod. 281, fl. 376).

[46] Rei ao vice-rei, Lisboa, 18.II.1595, *ibid*, p. 477; *Vida e acções*, II/3, p. 121.

[47] Esta questão foi tratada em detalhe por SUBRAHMANYAM, Sanjay – «The viceroy as assassin».

gramde brio de soyeitar todo o Decani, mas arreceo que lhe acomteça muito ao revés, por se governar por moços e não bem acostumados, que com elle ser brando de natureza e liberal, o trazem já mudado. Hé pouquo devoto das misquitas, não as vê nunqua, tudo é cassar e montear, e esta hé sua vida»[48].

Em Agosto de 1595, depois do brevíssimo reinado de Ibrahim Nizam Shah, Bahadur subiu ao trono de Ahmadnagar. Sucede, todavia, que o jovem filho de Ibrahim dependia em absoluto de Chand Bibi – irmã de Burhan e viúva de 'Ali 'Adil Shah – para se manter no poder. Demais, a própria posição de Chand Bibi só se consolidaria em 1596, pelo que a segunda metade do ano de 1595 assiste a uma absoluta fragmentação do poder político em Ahmadnagar. O fenómeno caracteriza-se, não apenas por permanentes lutas de facções, mas também por fundas dissenções no interior de uma mesma facção. Marca dessa total pulverização da autoridade é a existência de diversas figuras que disputam entre si a hegemonia política no sultanato, cada uma delas promovendo, para o efeito, o seu próprio candidato ao trono. Nestas circunstâncias, nenhuma aliança se podia reputar de suficiente sólida. Assim, a situação política no sultanato era, a meio da década de 1590, muito volátil e de todo imprevisível.

Foi seguramente este o panorama que Amaro da Rocha, então enviado por Matias de Albuquerque, encontrou na cidade de Ahmadnagar. No regresso, já de Chaul, o embaixador do Estado da Índia escreve ao vice-rei a fim de lhe dar conta de «como aquele reino do Melique estava muito revolto e imquieto, e que o mesmo soubera [o vice-rei] de outras pessoas dinas de fee, e dezião que auia nele tres Reys que contendião nesta pretenção, e porque com essa ocassião poderia o Mogor procurar de se apoderar daquele Reino como fez de outros, e se escreve que já o intenta»[49]. Amaro da Rocha e os restantes informadores de Matias de Albuquerque referem-se naturalmente a: i) Bahadur, protegido de Chand Bibi que viria a ascender ao trono; ii) Ahmad, escolhido para servir as ambições de Mian Manju; iii) e Miran Shah 'Ali, candidato promovido por Ikhlas Khan.

---

[48] Carta ânua, 1595 (F. Cabral, 29.XI.1595), in *DI*, vol. XVII, pp. 370-372.
[49] Rei ao vice-rei, Lisboa, 5.II.1597, in *APO*, fasc. 3, p. 691.

Ademais, e como bem perceberam os portugueses, tal conjuntura facilitava a intromissão de Akbar. É neste contexto que se deve entender o cerco mogol à cidade de Ahmadnagar em Dezembro de 1595, comandado pelo príncipe Murad e por 'Abdur Rahim Khan-i Khanan. A improbabilidade de uma vitória militar, acentuada pelas divisões internas das forças imperiais, abre caminho à negociação da paz em Fevereiro-Março do ano seguinte: os mogóis levantam então o cerco e reconhecem Bahadur como sultão. Em contrapartida, e para além de exigirem que o novo Nizam Shah se declare vassalo do imperador mogol, reclamam a cedência de Berar.

O cerco mogol à cidade de Ahmadnagar, assim como os acontecimentos subsequentes, foram minuciosamente descritos pela câmara de Goa:

> No principio de janeiro do anno passado entrou hum filho do Equebar as terras do Melique com cincoenta mil Mogores de cavallo, e muita gente de pé, e sem resistencia alguma chegou á cidade de Madabaguer, cabeça daquelle reino, á qual poz cerquo com grandes arteficios de guerra; mas Chande Beby, irmão [sic] do rei morto, por cujo falecimento o ficou governando, se defendeo animosamente, e se tivera nesta occasião ajuda do Idalxá, e do Cotta Maluquo, que procurou com instancia, sem duvida desbaratára os Mogores; porque alem de lhe faltarem os mantimentos, e os que lhe vinhão lhe serem tomados pela gente de Chande Beby, deu peste no arraial, no qual ouve grande mortandade, e obrigados desta necessidade cometerão pazes, que lhe forão com alguns partidos, dos quaes o principal foi recolherem-se á terras de Barar, que elles muito desejavão, assi por vir entrando o inverno, como por conseguirem suas pertenções, onde estiverão dando seguro aos corombis pera cultivarem as terras com grandes liberdades, que foi causa de se povoarem de muita gente natural e estrangeira, e edeficarão tres fortalezas pera lhes ficarem as costas seguras, e poderem acodir-lhe os socorros de gente e mantimentos com facilidade sem o dano que d'antes se lhes fez. Ao presente vierão novas que os Mogores detreminarão entrar neste verão as terras do Idalxá, pera cujo effecto manda o Equebar a seu filho muita gente e petrechos de guerra, prometendo--lhe mais, e tudo o necessario pera em todo caso se senhoriarem do

Dequão, com grandes ameaças se fizerem o contrario; e posto que tem muito poder, e estes Reis vizinhos não tenhão forças pera se poderem defender, mormente não se unindo, que he cousa em que raramente se concluem, todavia se entende lhes custará muito trabalho levarem agora avante esta pertenção, porque ouve falta de chuva no Balagate, tambem a de mantimentos e agoa, que pera caminho comprido e arrayal grande he muito empedimento; mas tudo he mais outro anno, se nosso Senhor por sua misericordia lhes não atalhar seus danados intentos, com que não careceremos de trabalhos, por quão ruins vezinhos são, e pelo seu muito poder, e nós tão esquecidos do que pode soceder, que movidos do zelo do serviço de V. Magestade e bem deste Estado, posto que este officio seja mais do Viso-Rey que nosso, nos pareceo muito necessario fazer lembrança a V. Magestade, pois esta he mal recebida dos Viso-Reis, se nella pomos o ponto com desejos de acertar[50].

Este longo excerto de uma carta dos cidadãos de Goa ao rei, onde não falta, em jeito de remate, um remoque à postura do vice-rei, levanta várias questões interessantes a propósito dos primórdios da ofensiva mogol sobre o Decão. Dá, por um lado, detalhes importantes acerca das condições concretas de um cerco mogol no Decão, assunto a que voltaremos no capítulo 10, ao tratarmos da política de Shahjahan para a região. Assim, e para além de destacarem os «grandes arteficios de guerra» utilizados pelas forças imperiais (decerto referindo-se às minas), os observadores portugueses notaram acertadamente como a doença e a falta de mantimentos e de água, tudo estreitamente ligado às condições climatéricas e às dificuldades de abastecimento dos exércitos em terras longínquas, pode ditar um impasse no cerco, ou impor até uma derrota.

Depois, é importante sublinhar que, aos olhos dos cidadãos de Goa, Chand Bibi é a heroína deste cerco: «se defendeo animosamente» e só não venceu os mogóis porque o auxílio militar de Bijapur e Golconda tardou a chegar. O sentimento que corre em Goa é, de facto, o mesmo

---

[50] Cidade de Goa ao rei, 1596, in *APO*, fasc. 1, pt. II, pp. 37-39. Voltam a falar ao rei da ofensiva mogol no Decão no ano seguinte (*ibid.*, p. 51).

que impera em Ahmadnagar e nos outros estados do Decão após o desfecho da primeira investida mogol. Chand Bibi, doravante merecedora do título de Chand Sultana, é uma espécie de padeira de Aljubarrota cuja autoridade interna se torna agora menos questionável[51].

Finalmente, os cidadãos de Goa dão destaque ao interesse de Murad por Berar e aos primórdios da colonização mogol desse antigo sultanato: fomento à agricultura e povoamento com «gente natural e estrangeira», construção de três fortalezas, capazes de assegurar a defesa daquela posição estratégica e de facilitar o acesso de homens e abastecimentos ao Decão. Não é por acaso que os portugueses temiam o que veio a suceder em 1596: entenderam sempre a importância estratégica de Berar e, apesar de não terem relações próximas e continuadas com aquele reino, não raro vincaram nos seus escritos o valor político da sua posição geográfica. O autor da biografia de Matias de Albuquerque chamara ao mais setentrional dos estados sucessores do sultanato bahmânida «a porta dos Reinos de Dacão» e notara que, uma vez conquistado este reino – que «como valo lhe tinha retardado o curso de sua glória» –, Akbar «podia espraiar as forças, e senhorear-se de toda a terra firme, até abarbar com os portugueses e lhe quebrantar seu poder e domínio»[52]. Francisco da Gama considera em 1597 que Berar «he principio e toda defensão do reino do Mellique»[53]. A cartografia portuguesa da época dá expressão visual às palavras de um e de outro: um mapa *ca.* 1615-1622, traçado por Manuel Godinho de Erédia, representa uma única passagem no maciço montanhoso que separa a planície indo-gangética da Índia setentrional (na zona de Khandesh), e apõe-lhe a seguinte legenda: «portas do dacan»[54].

Nos meses seguintes, Murad manter-se-á no Berar, sempre «vigiado» pelos portugueses, até que uma segunda incursão mogol contra Ahmadnagar

---

[51] Sobre Chand Bibi enquanto figura «forte» em contexto islâmico, ver FISCHEL, Roy – *Society, the Space, and the State in the Deccan Sultanates, 1656-1636*. Chicago: The University of Chicago, 2012. Dissertação de Doutoramento, pp. 130-133.

[52] *Vida e acções*, II/2, p. 116.

[53] «Cartas escrittas a S. Magestade por terra em Outubro de 97», BNP – *Res.*, cod. 1976, fl. 89.

[54] ANÓNIMO – Manuel Godinho de Erédia, Atlas-Miscelânea, *ca.* 1615-1622, in *PMC*, vol. IV, est. 415B.

é decidida no início de 1597. Como nota D. Francisco da Gama, a união, ainda que efémera, de Chand Bibi e Abhang Khan, «repremeo o orgulho com que entrarão os mogores»[55]. Apesar de ter criado sérios problemas a Ahmadnagar, o exército imperial retirou. Em Lahore, os padres jesuítas seguem em primeira mão as intenções e reacções do imperador relativamente ao Decão: atente-se no que diz Jerónimo Xavier, que acompanha Akbar a Caxemira no Verão de 1597, a propósito dos seus intentos quanto ao Decão e relações futuras com os portugueses: «Y embiónos a llamar a Goa en tiempo que começava una guerra con los decanis, que son moradores de una lengua de tierra que le falta para ser señor de toda la India, y en la orilla della están Chaul, Goa, y todas las fortalezas de los portuguesses, y esperava de aver victoria della y luego entender con los portuguesses como los suyos lo dézian claramente y el mismo nos lo dixo [...]. Despuès que perdió las esperanças de la victoria y los suyos fueron rebatidos de los decanis aflox con nosotros»[56]. O ano de 1599 seria desastroso para Akbar e os seus planos no Decão: à morte do seu filho, o príncipe Murad, juntou-se a derrota do exército imperial em Bir.

Os «regalos» do Sultão Ibrahim II e a morte do Princípe Murad

Goa, agora sob a égide de D. Francisco da Gama, tenta pressionar Bijapur a defender Ahmadnagar[57]. Mas, na capital do Estado da Índia, a opinião sobre Ibrahim 'Adil Shah II – que, de resto, não mandara visitar o novo vice-rei[58] – não é muito positiva. Curiosamente, a imagem do sultão enquanto patrono das artes e das letras, amante da música e da poesia (e ele próprio músico e poeta), que fez da sua corte um pólo assaz eclético de vida cultural, não impressiona favoravelmente Goa. Pelo contrário,

---

[55] Vice-rei ao rei, [Goa], Dez. 1598, BNP – *Res.*, cod. 1976, fls. 94v-95.

[56] Jerónimo Xavier a Claudio Acquaviva, [Srinagar], 18.VIII.1597, in *DI*, vol. XVIII, pp. 832-833.

[57] Vice-rei ao rei, [Goa], Dez. 1598; o mesmo ao mesmo, [Goa], Abr. 1599, BNP – *Res.*, cod. 1976, resp. fls. 95, 99-99v.

[58] Rei ao vice-rei, Lisboa, 21.XI.1598, in *APO*, fasc. 3, p. 916.

tudo isso é encarado como um exercício de ociosidade que tolhe o bom governo do sultanato[59]. D. frei Aleixo de Meneses, arcebispo de Goa, escreve em Dezembro de 1597 que o sultão «he Rey moço, fraco e deliciozo, e não se deixar aconselhar e por isso mal quisto dos seus, nem ate agora, acode como deve fazendo lhe o viso Rey passado, e o prezente, e eu por muitas vezes lembranças por cartas»[60]. De facto, e à semelhança do que fizera o seu antecessor, também D. Francisco da Gama procurava «persuadir ao Ydalcão quanto *lhe comuinha deixar os regualos e passatempos a que era afeiçoado e tratar do gouerno do seu Reyno* mostrandolhe cão certa estava sua ruina se não favorecesse as cousas do Melique»[61]. Um ano depois, o vice-rei está ainda mais descrente: confessa não conseguir «apartallo de seus viçios», chama-lhe miserável e realça o fosso existente entre Ibrahim 'Adil Shah II e os seus súbditos – «todos seus vassalos vivem descontentes delle e elle descõfiado de todos»[62].

De facto, e ainda que das investidas de Akbar no reino nizamshahi ainda não tivesse resultado a queda do sultanato, o facto é que a própria situação interna de Ahmadnagar acelerava inevitavelmente esse momento. A principal cisão era agora entre Chand Bibi e Abhang Khan, proeminente abexim que se distinguira na guerra contra os mogóis e que a regente promovera a *peshwa*. Os portugueses foram testemunhas dessas dificuldades. Francisco da Gama fizera saber no reino que o sultanato de Ahmadnagar

---

[59] A opinião de D. frei Aleixo de Meneses e de D. Francisco da Gama acerca de Ibrahim 'Adil Shah II quadra com o juízo feito, anos mais tarde, por Jacques de Coutre. Este comerciante flamengo, que frequentou a corte de Bijapur no início do século seguinte, classifica o sultão de cobarde, acusando-o de comprar a amizade de Akbar com presentes e subornos em vez de o enfrentar decisivamente (*Andanzas asiáticas*. Eds. Eddy Stols, B. N. Teensma, J. Werberckmoes. Madrid: Historia 16, 1990, liv. III, cap. 5, pp. 296-197). Sobre a dimensão cultural do longo reinado de Ibrahim 'Adil Shah II, ver EATON, Richard M. – *Sufis of Bijapur, 1300-1700. Social roles of Sufis in Medieval India*. Reed., Nova Deli: MMP, 1996, pp. 83-106; e JOSHI, P. M. – «The Reign of Ibrahim 'Adil Shah II of Bijapur». *Bharatiya Vidya*. Vol. IX (1949), pp. 284-309.

[60] Carta ao superior dos agostinhos, Goa, 9.XII.1597, in BEYLERIAN, Arthur, «Cinq lettres inédites de D. frei Aleixo de Meneses, Archevêque de Goa». *ACCP*. Vol. VIII (1974), pp. 573-604 [584].

[61] Rei ao vice-rei, Lisboa, 21.XI.1598, in *APO*, fasc. 3, p. 929. O itálico é nosso. Em carta do ano anterior, o vice-rei nota que Ibrahim II «he muito dado a vicios e regualos tão pouco cuidadoso do que lhe cumpre» (BNP – *Res.*, cod. 1976, fl. 9). Numa outra, de 1599, diz que o sultão é «mais dado a passatempos que a cousas de guerras» (*ibid.*, fl. 56).

[62] Vice-rei ao rei, Goa, 23.XII.1599, BNP – *Res.*, cod. 1976, fl. 142.

estava «muito enfraquecido», não apenas pelas guerras recentes, mas também pelas «inconstancias que se conhecem em Chamdebeby». E vaticina: «Não poderá ressistir ao Mogor muito tempo»[63]. O vice-rei conhecia bem o assunto, correspondia-se frequentemente com a regente do sultanato e não renunciava mesmo a interferir na política interna de Ahmadnagar. Conhecem-se, inclusivamente as cópias portuguesas de duas interessantes cartas de Chand Bibi a D. Francisco da Gama, escritas respectivamente em Agosto e Outubro de 1598. Pretendendo reforçar a amizade entre o sultanato e o Estado da Índia, a regente solicita o auxílio de Goa contra «Abancão» (Abhang Khan)[64].

O documento-chave para se entenderem os desenvolvimentos dos anos de 1597-1599 é uma carta de D. Francisco da Gama a Filipe III escrita nos derradeiros dias de 1599[65]. O vice-rei começa por sistematizar os desenvolvimentos ocorridos na região desde o episódio do Morro e está convencido que Burhan II «moreo de paixão» ao saber da conquista da sua fortaleza pelos portugueses. Conta depois a forma como Chand Bibi colocou Bahadur no trono – «se emserrou con ele en hũa fortaleza (receoza de algũs vassalos seus se apoderarem dele e o tiranizarem [...])» – e nota que a confusão interna que se seguiu franqueou as portas do sultanato a Akbar.

Gama faz, depois, uma súmula da sua estratégia perante os «reis vizinhos». Com Golconda estava em contacto. A Ibrahim 'Adil Shah II escrevia frequentemente, procurando convencê-lo a apoiar Ahmadnagar contra Akbar. Optara entretanto por lhe enviar um embaixador, tendo a escolha recaído sobre a mesma pessoa que Matias de Albuquerque para lá despachara antes: António de Azeredo. Este, uma vez na corte, reportara que Ibrahim II não tomava conselho de ninguém, governando sozinho sem ouvir outras opiniões. Não obstante, o sultão mostrava-se sensível aos argumentos do embaixador mogol que vivia na sua corte,

---

[63] Rei ao vice-rei, Lisboa, 21.XI.1598, in *APO*, fasc. 3, pp. 915-916; vice-rei ao rei, [Goa], 1597, BNP – *Res.*, cod. 1976, fls. 9-9v.

[64] ANTT – *Graça*, cxª 2, t. III, p. 295, publicadas por SUBRAHMANYAM – «The viceroy as assassin», pp. 194-195.

[65] Goa, 18.XII.1599, BL – *Add. Ms.*, 28432, fls. 13-16v; cópia na BNP – *Res.*, cod. 1976, fls. 117-121v. Publicada por SUBRAHMANYAM – *ibid.*, pp. 192-194.

lá colocado justamente com esse propósito pelo «solicito e arteficioso» Akbar. Conclui o vice-rei português numa outra carta que «só quando vjr os imigos em seu reino o medo o meterá a caminho»[66].

Ahmadnagar era, claro está, o caso mais complicado. O vice-rei carteia-se com a regente e assegura-lhe o apoio do Estado da Índia, mas põe em dúvida a sua capacidade para controlar a situação: «per ser molher he tão varia e inconstante[67] que fazemdo por vezes demostrações de se deixar perssuadir logo se muda principalmente por aver concebido tão grande odio contra algûs capitães seus vassalos que soo per se satisfazer deles se emtende que deseja e procura entregarsse con o Rey e tudo o mais aos mogores». Numa outra carta, escrita também 1599, o vice-rei sublinha que Chand Bibi governa «com pouca verdade» e denuncia a «pouca firmesa dos capitães parçeos que são os principaes do seu governo»[68]. D. Francisco da Gama está, assim, bem mais próximo da facção abexim, liderada por Abhang Khan, de quem tem uma opinião claramente positiva e que reputa de personificar a única oposição eficaz aos mogóis em Ahmadnagar. Ainda que dissimuladamente, por forma a evitar que Chand Bibi desconfie «e faça algum desatino que se não possa remedear», Francisco da Gama mantém contacto regular com o abexim e incita-o a entender-se com a regente:

> [...] e posto que se pratica foi occasionada esta morte pelo prinçipe Xécogi[69] seu irmão, *eu tiue pera efectuar muitas inteligençias gastáodo nisso hum pedaço, mas por tão ocultos modos que se não poderaa nunqua imputar a este Estado* ainda que ha alguâs openiões de peçoas a que pareçe que conviera mais a este estado não ser morto Xâmorad, porque pola maa vontade que se tinhão ele e este seu irmão mais velho ouverão

---

[66] Vice-rei ao rei, Goa, 23.XII.1599, BNP – *Res.*, cod. 1976, fl. 142.

[67] Em carta anterior o vice-rei vincara já as «inconstancias» da sua interlocutora (cf. *supra*, n. 62).

[68] «Resposta às cartas que vieram [do reino] em 1599», BNP – *Res.*, cod. 1976, fl. 56.

[69] Shaikhu-ji, nome pelo qual Akbar tratava o filho mais velho. O termo raramente aparece nas fontes portuguesas e, excepção feita a esta carta de Francisco da Gama, só com ele topámos na *Relação* de Monserrate (p. 653).

de teer tantas guerras entre sy e darsse tanto en que entender hun a outro depois da morte do pay que lhes não ficara luguar pera imquietarem este estado que he a principal pretenção desta gemte, e que este mesmo Respeito avia jaa sido occasião de não estar mais avante a comquista dos Reynos do Melique por Inteligemcias secretas que o principe tinha com Canacam general da gemte de guerra de Xaa morad que per ordem de seu pay asistia con ele nesta empreza, mas a estes respeitos que me não forão ocultos achei sempre conforme ao estado das couzas algûs inconvenientes de major importancia, por que avendosse de esperar pola morte do equebar pera estes dous irmãos se declararem en suas desavenças e sendo este termo tão incerto, *milhor foi com a morte deste atalharsse o mal que ameaçava de mais proximo a este estado* que fazer en tal tempo conssideração das guerras que depois do pay morto podiao ter con que se divertissem de nos Inquietar principalmente tendo o equebar chamado assi Canacan por respeito dos tratos que tinha con o principe com cuja auzencia não ficou couza que impidise a comclução desta conquista cõ hû exercito poderoso contra gente desordenada e impoçibilitada pera se defender, e a experiencia ten mostrado o muito que importou a morte de Xaa morad por que falecendo em principio de Mayo e fazendo o equebar grandes demostrações de vir con grande poder dar fim a esta empreza, não soo deixou de o fazer, mas de então pera qua se lhe ten diminuido a moor parte do exercito [...][70].

Esta passagem da carta de D. Francisco da Gama, extensa mas de crucial importância, requer um comentário igualmente alongado. Num trabalho já aqui citado, Sanjay Subrahmanyam aventou a possibilidade do vice-rei português, alarmado com o avanço mogol no Decão, ter mandando matar o príncipe Murad. Alicerçava o autor essa hipótese nos curtos excertos da carta de D. Francisco da Gama que vão acima indicados em itálico. Em nosso entender, as enigmáticas palavras do vice-rei são quase inequívocas. A elas se deve juntar uma expressão, ainda mais

---

[70] O itálico é nosso. Trata o vice-rei este mesmo assunto em uma outra carta ao rei, escrita em Abril de 1599 (BNP – *Res.*, cod. 1976, fl. 99).

nebulosa, que Gama usa numa outra carta, também escrita no final de 1599. Tentando vislumbrar uma saída para a difícil conjuntura política do Decão, o vice-rei considera estar «em estado esta materia que se não pode remediar pelos termos por onde se desemcaminhou»[71].

É certo que, considerando os reinados de Akbar, Jahangir e Shahjahan, foram muitas as jogadas obscuras e as linhas pragmáticas, de verdadeira *realpolitik*, adoptadas por Goa para enfrentar a ofensiva mogol no Decão e, bem assim, para lidar com a permanente turbulência interna dos sultanatos da região. Mas, é necessário admitir também, raramente o Estado da Índia ousou ir tão longe.

O ano de 1600 corresponde a um conjunto significativo de desenvolvimentos. A ofensiva mogol sobre o Decão é agora marcada pela participação directa do imperador. Abu'l Fazl pressionara Akbar nesse sentido e o imperador deixou Agra em Setembro de 1599, à frente de um exército que, até ao início de 1601, haveria de conquistar o reino de Khandesh e de submeter uma boa parte do sultanato de Ahmadnagar. Instalado durante esse período em Burhanpur – cidade cujas qualidades Faizi havia vincado escassos anos antes – Akbar volta depois a Agra. Com o regresso do imperador a Agra em Abril de 1601, o governo do Decão é cometido ao príncipe Daniyal, enquanto que a condução dos assuntos militares é de novo confiada a 'Abdur Rahim Khan-i Khanan.

Vejamos como, em Goa, se enfrenta este difícil período, tanto mais que tal incursão das forças mogóis no sul significava ter, pela primeira vez, o imperador em pessoa às portas do capital do Estado da Índia. O temor dessa proximidade está bem patente nas seguintes palavras do vice-rei, escritas em Abril de 1600:

> fui avisado por [...] espias que sempre trago no ballagate e iunto do mogor que elle se aballava para vir em pessoa aa conquista dos Reinos do Decão com grande exercito de gente de pee e de cavalo e muitos elephantes conforme aas demostraçõis que escrevi a V. Magestade nas vias deste anno que elle fizera com a nova da morte do infante Xamorad seu

---

[71] Vice-rei ao rei, [Goa] post. Out. 1599, *ibid.*, fl. 56.

filho, e por cartas dos capittais das fortalezas do norte e dos Religiosos da companhia que estão com o Equebar se confirmou este aviso, e tardou pouco o effeito delle porque em breves dias chegou o filho mais moço ao reino do Barar e CanaCana seu general e o mogor se pos em Braempur cidade principal do reino do mirão doze jornadas de Damão e attemorezou esta sua vezinhança de modo as cidades do norte que de todas e dos capittais dellas tive cartas de grandes receos, e por ser este enimigo tão poderoso e mal intencionado contra este estado e o haver de ser agora maes vendosse tão perto [...][72].

A morte de Murad, aparentemente encomendada pelo próprio vice-rei português, não produzira o efeito desejado. A vinda de Akbar à fronteira meridional do império encabeçando um poderoso exército não quadrava, ao que parece, com as previsões de D. Francisco da Gama. Para mais, a situação no sultanato de Ahmadnagar degradou-se ao extremo perante a investida mogol. Abhang Khan decide fugir, enquanto que Chand Bibi era assassinada pouco depois por uma multidão levada a crer, por acção do eunuco Hamid Khan, que a rainha-heroína de outros tempos estava agora mancomunada com os mogóis. Os receios do vice-rei português tinham, pois, fundamento. Em Agosto de 1600, escassos quatro meses depois da sua carta a Filipe III, o exército imperial entrava na cidade de Ahmadnagar[73]. Bahadur é preso e Murtaza Nizam Shah II ascende ao poder enquanto criação política de um homem que, nas três décadas seguintes, será figura-chave da vida política do Decão e das relações dos sultanatos locais com o império mogol e de quem falaremos no capítulo seguinte: Malik 'Ambar.

Uma vez conquistada a cidade de Ahmadnagar, o imperador mogol procura submeter o sultanato de Khandesh[74]. Renunciando antemão ao domínio da capital Burhanpur, Bahadur Shah recolhe-se na inexpugná-

---

[72] Vice-rei ao rei, Goa, Abr. 1600, *ibid.*, fl. 100v.
[73] FAZL, Abu'l – *AN*, vol. III, pp. 1157-1159.
[74] Sobre Khandesh, particularmente nas suas relações com o império mogol, ver SHYAM, Radhey – *The Kingdom of Khandesh*. Nova Deli: Idarah-i-Adabiyat-i Delli, 1981; MAHAJAN, T. T. – *Khandesh under the Mughals, 1601-1707*. Nova Deli: Galaxy Publications, 1991; QUDDUSI, Mohd Ilyas – *Khandesh under the Mughals, 1601-724 AD: mainly based on Persian sources*. Nova Deli: Islamic Wonders Bureau, 2002; JOSHI, P. M. – «Khandesh». In

vel fortaleza de Asir. É aí que, entre manobras diplomáticas e ofensivas militares, se joga o destino do seu reino entre Março de 1600 e o início do ano seguinte. Diz Abu'l Fazl – a quem Akbar cometera a tarefa de levar Bahadur Shah a reconhecer a suserania mogol – que se não podia imaginar que o soberano de Khandesh pudesse «fechar a sua porta na cara do rei do Mundo»[75]. Mas fê-lo, e a ruptura traduziu-se num prolongado cerco a Asirgah que, após uma sucessão de investidas, subornos e traições, culminou na capitulação em Janeiro de 1601[76].

Desafortunadamente, não vislumbramos na documentação do Estado da Índia reacções ao desaparecimento da dinastia Faruqi, tudo levando a crer que a delapidação do sultanato de Ahmadnagar era vista em Goa com maior preocupação. Em contrapartida, colhemos nas fontes jesuítas informações interessantes. Nicolau Pimenta envia para Roma um informado resumo da situação no início de Dezembro de 1600, ainda o cerco decorria. Ressuma a dificuldade física do avanço do exército imperial para sul, a situação no Decão ocidental e a eficaz resistência de Khandesh à ofensiva mogol. No «meio daquella Babylonia», os missionários continuavam o seu trabalho, valendo-se de uma «Igreja portatil»:

> Este Rei [Akbar] como se sabe, se vem chegando para estas partes da India cada dia mais cõ exercito de cem mil homês de pee, e de cavalo, e mais de mil elephantes, e veo atravessando o Gate per montanhas tão silvestres, e asperas, que en caminhar espaço de hum tiro de espinguarda gastava às vezes hum dia. Vem diante Chanacaná hum capitão geral seu cõ sincoenta mil homês, este tem ia tomado à forssa de armas a principal fortalesa do Melique, e tem em seu poder o mesmo Rei Melique, que he menino; e assi tendo pouco que fazer nos estados do Melique

---

SHERWANI, H. K., JOSHI, P. M. (eds.) – *History of Medieval Deccan (1295-1724)*. Hyderabad: The Government of Andhra Pradesh, 1973, vol. I, cap. IX.

[75] FAZL, Abu'l – *AN*, vol. III, p. 1165.

[76] A visão mogol da conquista de Khandesh colhe-se em FAZL, Abu'l – *AN*, vol. III, pp. 1168-1171; e no *Akbar Nama* de Shaikh Illahdad (ELLIOT E DOWSON – *History*, vol. VI, pp. 134 ss). Hajii Dabir dedica um capítulo da sua *Zafar-ul-Walih* à história de Khandesh, incidindo particularmente na descrição da queda de Asirgah (trad. M. F. Lokhandwala, cap. VI, esp. pp. 68-80).

começa o Mogor a entender cõ o Dialcão. Ainda elle por não deixar nas costas forssa nehûa inimigua não passou da cidade de Berampur, que está antes de Cambaya. O Rei da qual por nome o mirão[77] largando lhe esta cidade vasia se recolheu em hûa fortaleza inexpugnavel, assi por naturesa, porque he hûa serra de sinco legoas de roda, como por estar bem petrechada porque escreve o Irmão bento de Goes, que tem mais de tres mil peças de artelharia, e os mais groços, que tem visto que quando desparão parecem grandes trovões[78].

Pimenta evoca directamente o testemunho de Bento de Góis, mas é sabido que Jerónimo Xavier também acompanhou a expedição de Akbar ao Decão, assistindo igualmente à queda de Asirgah[79]. O missionário descreve a extraordinária situação geográfica da fortaleza que, conjugada com as suas excelentes condições militares e de abastecimento, permitia aos setenta mil homens que aí viviam resistir por «muitos anos». A defesa desse colosso estava nas mãos de um abexim, regedor do reino, chamado Malik Ya'qut Sultani. Quase tão importantes como esta figura – «a chave de toda aquela fortaleza» – eram «sete capitães, homens brancos, os quais ainda que moiros de seita, eram descendentes e netos de portugueses». Na sombra destes sete, existiam seguramente várias dezenas de outros, de ténue ou nula ligação ao Estado da Índia. Uma interessantíssima carta escrita de Burhanpur em 1600 por Jerónimo Xavier à Mesa do Santo Ofício de Goa revela como era sólida a rede informal portuguesa (e cristã--nova) de homens e negócios do interior da Índia. É a magnífica história de Manuel Serrão – cristão-novo de Beja – e do seu grupo que, com um

---

[77] Os textos portugueses referem-se amiúde a Bahadur Shah como «Mirão», seguramente referindo-se ao nome próprio do último sultão de Khandesh (Miran).

[78] N. Pimenta a C. Acquaviva, Goa, 1.XII.1600, ARSI – *Goa*, vol. 48, fl. 6, pub. por HOSTEN, H. – «Fr. N. Pimenta, S.J., on Mogor (Goa, 1 Dec., 1600)», *JASB*, n.s., XXIII (1927), pp. 67-82.

[79] GUERREIRO, Fernão – *Relação Anual*, vol. I, pp. 6-8. H. Heras publicou este excerto em tradução inglesa, com abundante anotação, logo em 1924 («The siege and conquest of the fort of Asirgah by the emperor Akbar (described by an eye-witness». *The Indian Antiquary*. Vol. 53 (1924), pp. 33-41. Reed. in *Indological Studies*. Eds. Bernard Anderson e John Correia-Afonso, S.J. Bombaim: Promilla & Company; Heras Institute of Indian History and Culture, 1990, cap. 10, pp. 125-139). Veja-se também HASSAN, M. M. – «The Fall of Asirgah – A critical study». *IC*. Vol. LI/3 (Jul. 1977), pp. 201-208.

olho na Turquia, deambulam entre Vijayanagara, os sultanatos do Decão ocidental, as principais cidades do Guzerate, Daulatabad e Burhanpur[80]. Após a vitória de Akbar, uns, sobretudo as crianças, foram trazidos para Goa por Bento de Góis. Os outros seguiram para Agra como cativos. O curioso destino destes últimos é-nos revelado por uma carta posterior de Xavier. Por sua influência, Akbar aceitou integrá-los no serviço imperial, quer com «estado e sostentação de bombardeiros» quer enquanto «soldados de dous cavalos cada hum com que passão com mais honra». Estes últimos foram feitos «ahidis» (*ahadis*), termo que designa os soldados que formavam um corpo de elite na dependência directa do imperador, não fazendo parte, pois, do contingente de qualquer *mansabdar*[81].

Após a queda de Asirgah, Akbar dirige-se ao vice-rei Aires de Saldanha. Escreve-lhe de Burhanpur nos últimos dias de Março, menos de duas semanas antes de regressar a Agra após uma vitoriosa campanha que parecia abrir as portas do Decão aos mogóis. Talvez por isso reclame altivamente o controlo de «todos os portos do Indostão, desde o Cinde até o Chatigão e Pegu»[82]. Manifesto exagero. Naturalmente que Akbar desejaria reinar sobre todo esse vasto espaço, mas estamos em presença de um claro exercício de propaganda imperial. Se é facto que o Cinde fora incorporado no império uma década antes, já o domínio mogol no Bengala, como sabemos, foi sempre mais problemático. Demais, a região oriental do delta do Ganges (Bhati) só sucumbiria no reinado de Aurangzeb (Chatigão é tomado em 1666) e o Pegu nunca esteve sujeito à autoridade da Índia timúrida.

Nesse *farman*, Akbar anuncia o envio de um embaixador seu a Goa, um tal «Cogequi sultão Samá» (Khwajgi Sultan Sama?), que o padre Fernão

---

[80] Burhanpur, 10.VIII.1600, in BAIÃO – *A Inquisição de Goa*, vol. II, pp. 288-294. Ver MARCOCCI, Giuseppe, PAIVA, José Pedro – *História da Inquisição Portuguesa, 1536-1821*. Lisboa: Esfera dos Livros, 2013, p. 124.

[81] Carta ânua, 1604 (Jerónimo Xavier, Agra, 6.XII.1604), in *DUP*, vol. III, esp. pp. 8-12. Sobre os *ahadis*, ver QURESHI, I. H. – *The administration of the Mughul Empire*. Nova Deli; Patna: Janaki Prakashan, s.d., pp. 118-119.

[82] *Farman* de Akbar a Aires de Saldanha, [Burhanpur], 29.III.1601, incluído na *Relação* de Guerreiro (vol. I, p. 11). Sobre este documento, ver FLORES, SALDANHA – *Os Firangis*, pp. 21-22. O *farman* vai publicado nesta obra em português e em tradução inglesa (doc. 7, pp. 77-79).

Guerreiro diz ser um «moiro guzarate de nação e muito poderoso em renda e estado no reino de Cambaia»[83]. Uma outra fonte jesuíta coeva assegura tratar-se de «hû Parsio que foy governador de Cambaya por nome Cogequi Soltão Amad» (Khwajgi Sultan Ahmad)[84]. Como quer que fosse, o enviado de Akbar, trazendo de presente a Aires de Saldanha tapetes e animais exóticos, vinha negociar «pazes fixas por mar e por terra».

Por um lado, e à semelhança de missões anteriores a Goa, nomeadamente a de Haji Habibullah em 1575, o imperador concebeu esta aproximação aos *firangi*s também enquanto missão artística. Viajando acompanhado do jesuíta Bento de Góis, o seu embaixador deveria informar-se acerca do «género de peças raras [...] estimadas em Portugal» e Akbar espera que, no regresso à corte imperial, para além de «fato, peças e pedraria e outras coisas semelhantes dignas de tesoiro», o embaixador possa trazer de Goa «alguns oficiais e artífices engenhosos».

Todavia, os propósitos da embaixada não se esgotam naturalmente nesta dimensão. Akbar – o *farman* é explícito neste particular – está preocupado com a liberdade de navegação, com a situação dos portos sob domínio imperial e com os negócios dos mercadores associados ao império. Problemas que já se tinham colocado na sequência da conquista mogol do Guzerate e que haviam implicado sérios atritos com os portugueses na transição dos anos de 1570 para a década seguinte. Por último, e embora o não mencione, é seguro que o embaixador visita Goa para se inteirar das movimentações dos *firangi*s. Para mais, era necessário tomar o pulso, do outro lado da barricada, às questões do Decão. Ainda que nada diga sobre esta missão imperial, Abu'l Fazl nota que, antes de regressar a Agra a 21 de Abril, Akbar aguardava informações dos embaixadores que enviara a Bijapur, Golconda e Bidar com o propósito de garantir a obediência dos respectivos soberanos[85]. A missão de 1601 a Goa insere-se seguramente nesta tentativa de, uma

---

[83] GUERREIRO – *Relação anual*, vol. I, p. 10.

[84] N. Pimenta a C. Acquaviva, Margão, 1.XII.1601, ARSI – *Goa*, vol. 9 I, fl. 10. Não lográmos identificar este personagem.

[85] FAZL, Abu'l – *AN*, vol. III, p. 1183.

vez conquistado Khandesh, assegurar a obediência dos restantes reinos da fronteira meridional do império.

Os termos do *farman* de Akbar, as circunstâncias da embaixada e as ilações que acabamos de tirar ajustam-se à informação que se colhe noutros documentos portugueses. No início de 1602, já Filipe III sabe, por intermédio de Aires de Saldanha, que, em Maio de 1601, «chegara a Goa hû embaixador do Mogor com demostração de amisade e que vos escrevera deçeis licença para me mandar outro e o avizaseis das coussas que podiao servir neste reino e deseis favor para o seu embaixador levar outras de Goa para seu serviço e que com elle viera hû religiosso da Companhia». Demais, Bento de Góis informara o vice-rei acerca da deslocação, a mando de Akbar, de milhares de homens a cavalo para Baçaim e Chaul, movimentações militares que vêm alimentar a apreensão portuguesa relativamente ao destino de Goa e das praças do Norte no caso da empresa mogol no Decão ser bem sucedida[86]. Como quer que seja, e pelo menos aos olhos dos portugueses, a embaixada terá corrido bem do ponto de vista formal e o enviado de Akbar regressou à corte mogol com um presente de «tres cavallos mea duzia de lanças e outras adargas»[87].

Eliminado o sultanato de Khandesh e domesticado o de Ahmadnagar, o imperador mogol começou-se, como notava Nicolau Pimenta em Dezembro de 1600, «a entender cõ o Dialcão». De facto, entrado o século XVII, os interesses mogóis na fronteira meridional do seu império passam pela clarificação das relações com o reino dos 'Adil Shahs. É esse o sentido da missão de Mir Jamaluddin à corte de Ibrahim II, decidida quando Akbar ainda se encontrava em Burhanpur e contemporânea, portanto, da de «Cogequi sultão Samá» a Goa. Este persa, um erudito natural de Shiraz, devia tratar do casamento do príncipe Daniyal com a filha do sultão de Bijapur. Mas Ibrahim II, aparentemente pouco interessado nessa ligação e recorrendo a subornos de monta, lograra distrair o enviado mogol na sua corte mais tempo do que seria razoável. Daí que Akbar tenha despachado um segundo

---

[86] Rei ao vice-rei, Lisboa, 15.II.1603, HAG – MR, liv. 7, fl. 150v (também em AHU – Cons. Ult., cod. 282, fl. 120).

[87] Rei ao vice-rei, 1603, AHU – Cons. Ult., cod. 282, fl. 121; Nuno Rodrigues a C. Acquaviva, Goa, 17.XII.1602, ARSI – Goa, vol. 33 I, fl. 27v.

emissário para Bijapur em 1603. A escolha recaiu sobre Asad Beg Qazwini, cuja viagem ao Decão é bem conhecida: o próprio deixou um interessante relato dessa expedição (*Waqa'i-i Asad Beg*[88]) e os historiadores têm vindo a esmiuçar o texto e o seu contexto[89].

A presença de Mir Jamaluddin na corte de Ibrahim II e o projecto de casamento de Daniyal e Sultana Begam coincidem no tempo com uma melhoria das relações de Goa com Bijapur. Ao contrário do que sucedera com D. Francisco da Gama, Ibrahim II apressa-se a saudar o vice-rei Aires de Saldanha em 1600, mandando-lhe um embaixador – «pessoa de autoridade» – e um elefante como presente. O vice-rei devolve a cortesia, despachando um embaixador para Bijapur que, para além de dever fazer eco do pesar do Estado da Índia pela recente morte de um filho do sultão, procuraria reforçar a necessidade de defesa daquele reino perante a ameaça mogol. O escolhido para essa missão é, uma vez mais, António de Azeredo.

Não dispomos, infelizmente, de muita informação acerca desta embaixada de Goa a Bijapur, dado que não chegaram até nós as cartas que o enviado português terá então remetido ao vice-rei. Desconhecemos, assim, o modo como Azeredo viu a missão de Mir Jamaluddin e as peripécias que envolveram a permanência do representante de Akbar na corte de Ibrahim II. Sabemos, porém, que o emissário português encarou a notícia da aliança matrimonial entre o império mogol e o sultanato de Bijapur como danosa para os interesses do Estado da Índia. De facto, uma vez transmitida a Aires de Saldanha, a notícia alarma Goa e Lisboa, e Filipe III não se coíbe de recomendar ao vice-rei que «procureis por todas as vias que vos forem possiveis de o desviar de maneira que se não possa entender que ho procuraeis e peretendeis»[90].

---

[88] Existem dois manuscritos deste texto, um em Londres e o outro em Aligarh. Trad. inglesa, parcial, por ELLIOT e DOWSON – *History*, vol. VI, pp. 150-174.

[89] JOSHI, P. M. – «Asad Beg's mission to Bijapur, 1603-1604». In SEN, S. N. (ed.) – *Mahamahopadhyaya Prof. D. V. Potdar Sixty-First Birthday Commemoration Volume*. Poona: D. K. Sathe, 1950, pp. 184-196; ALAM, SUBRAHMANYAM – «The Deccan Frontier», *op. cit.*, pp. 194-201.

[90] Rei ao vice-rei, Lisboa 15.II.1603, AHU – *Cons. Ult.*, cod. 282, fls. 137v-138.

De novo, a preocupação de actuar na sombra, de que nada se saiba na corte de Akbar acerca das manobras promovidas pelo Estado da Índia no Decão ocidental.

António de Azeredo regressaria entretanto a Goa, morrendo pouco depois. O vice-rei apressou-se a substituí-lo pelo filho, Baltazar de Azeredo, mas não é conhecida a data em que este terá entrado na capital do sultanato. E o casamento do príncipe Daniyal acabaria por se concretizar no início de 1604: apesar das múltiplas contrariedades – incluindo a oposição do próprio 'Abdur Rahim Khan-i Khanan, até ele suspeito de se deixar corromper por Ibrahim II –, a missão de Asad Beg tivera êxito e o imperador não deixou de o recompensar.

Todavia, nem os mogóis nem os portugueses contavam certamente com a enérgica reacção de Ahmadnagar à *Pax Mogolica* no Decão. A corte de Murtaza Nizam Shah II está agora em Daulatabad, cidade que constituirá o nervo do reino dos nizamshahi até à sua extinção quase quatro décadas depois. As primeiras notícias chegadas a Lisboa relativas à morte de Chand Bibi e à tomada da cidade de Ahmadnagar dão conta desse embrião de resistência: «por morer em seus dias Bebj ficara o menino emtrege a Salabatecão abexim que com quinze mil abexins passara a sua fortaleza com detreminação de morerem todos em sua defensão e que o Idalcão a ynstançia do conde almirante socorrera este menino com vinte mil homês que o ajudarão a fazer algûa resistençia ao mogor»[91]. Não muito depois, já os portugueses escrevem «que tanto que o mellique e seus vasallos virão que o Mogor desocupava aquella tera tomarão novas forças e formarão seus exerçitos». Atacaram a própria fortaleza de Ahmadnagar e os portugueses crêem «que por todo o verão ficarya o Mellique pasifiquo Sor de seus Reinos por ter ja juntos 10 mil homens de cavallo»[92]. Porém, escrevendo de Baçaim em Junho de 1602, um oficial do Estado da Índia faz notar a Aires de Saldanha que a probabilidade de Murtaza Nizam Shah II vingar politicamente é assaz remota:

---

[91] Rei ao vice-rei, Lisboa, 7.II.1602, *ibid.*, fls. 82-83. Não é muito clara a identidade deste «Salabatecão abexim». Sendo Salabat um título e não um nome próprio, estará Filipe III a referir-se a Malik 'Ambar?

[92] Rei ao vice-rei, 1603, *ibid.*, fl. 121.

Tambem quero fazer saber a V.S. do que disem por quaa os homêes que se tê por zellosos do seruiço del Rey, e o que parecê e o que dizê hé que o Melique que dizem ser Rey do Balagate não pode prevalecer por Rey porque he cousa notoria que os mais de seus capitais que o devião soccorrer o desemparão leuantandosse a maiores usurpando para sy tudo sem o ajudarê cõ nada gente nê dinheiro como gête que lhe parece iaa que não pode aleuantar cabeça para se defender do mogor que o tornou a entrar e vencer cõ a pouca gente que o seguia que foi a mais que elle pode aiuntar, e pelo verê oie em aperto parecendo lhe que he impossibile prevalecer por seu Rey, e por isso estes capitais se vingão agora o que podê parecendo lhe que os entraraa depressa o mogor e seraa Rey do Balagate[93].

Akbar, «Rei do Balagate»?

Do panorama acima traçado – marcado pela estranha ausência de uma menção a Malik 'Ambar, figura crucial que trataremos no capítulo seguinte –, ressuma a falta de autoridade do novo sultão, incapaz de se impor perante os seus «capitães» que fazem jogo duplo dando já por certa a vitória mogol. Numa palavra, era certo – também em Baçaim – que Akbar seria o próximo «Rei do Balagate». Não surpreende, portanto, o alarme com que os portugueses acompanham a incursão mogol no Decão no dealbar do século XVII. O padre Gomes Vaz escreve em finais do ano de 1600 que Akbar não tardará a estar às portas de Goa e que, nesse caso, não restará outra saída que não seja o exílio na ilha de Ceilão:

> A guerra que o Gram Mogor vay fazendo aos Reis do Decão por çima deste Ballagate vay por diante, tem tomado o Reino do Nisamaluquo que responde as nossas fortalezas de Chaul, e Bacaim, e o Idalcão visinho, e fronteiro da cidade de Goa, cõ temor de sua potencia, tem admitidos seus

---

[93] «Lembrança das cousas do norte para o senõr Visorrey Aires de Saldanha», Baçaim, 25.VI.1602, BNP – *Res.*, cod. 11410, fls. 73-81v [81-81v].

embaixadores, pera lhe dar vaçalajem e tememos que passando por seus reinos conquiste o Bisnagá atee Bengala e fiquemos cercados delle, e ainda que não lhe seia possivel entrar nossas cidades e fortalezas a forças d'armas, todavia tomando nos os lugares, donde nos vê os mantimentos será certa nossa perdição, que Deos não permitta, porque não averá refugio, soo Ceilão nos pode servir, mas não acabão os Visoreys de cõcluir cõ elle, pera de todo o senhorear, e ficarmos nelle como encastellados Senhores de todo este Oriente como ate agora fomos, e muito mais poderosos que dantes[94].

Vaz teme a formação de um colete de forças capaz de tolher a Índia portuguesa, um colete de forças que corresponde afinal ao desenho de uma Índia mogol ainda distante no tempo. O que o padre português pressente é a Índia de Aurangzeb quando, com o Decão tomado, se conquistou «o Bisnaga [Vijayanagar] até Bengala». Identifica-se idêntico temor nas palavras do seu contemporâneo Fernão Guerreiro: «É grande o desejo que sempre se viu neste tirano [Akbar] de ser senhor de Goa e das partes da Índia que possuem os portugueses ou vizinham com eles; e ainda em suas razões e práticas de recreação trata disto muitas vezes; e neste ano, estando ele em paço com os seus tratando desta matéria, lhes dizia com muita segurança, que acabando de tomar o Decanim, não haveria que fazer no de Idalcão, e que logo tomaria Goa e os portugueses»[95]. Este medo colectivo, para além de se fundar evidentemente em dados concretos, parece ter sido moldado – acentuado até – pela própria agenda de D. Francisco da Gama. É que o vice-rei construiu e alimentou uma visão claramente negativa de Akbar, o que, claro está, se reflectiu nas opções políticas do seu consulado: mandar assassinar o filho do imperador encarregado da conquista do Decão, como é provável que tenha sucedido, constitui um bom exemplo da articulação entre imagem e acção, entre representação e prática.

Senão vejamos. Gama quase nunca menciona, na sua correspondência, o interesse do imperador mogol pelo cristianismo. O vice-rei não se

---

[94] Padre Gomes Vaz ao padre João Álvares, Cochim, 21.XII.1600, ARSI – *Goa*, vol. 15, fl. 18.
[95] GUERREIRO – *Relação anual*, vol. I, p. 9.

interessa pelo significado religioso dessa atitude nem dá relevo às respectivas implicações. Antes, está convencido de que a proximidade que Akbar cultiva com os padres da Companhia corresponde a mero cálculo político. A emissão de um *farman* em 1598 autorizando o estabelecimento dos jesuítas no Guzerate, assunto que analisámos no capítulo 3, é chamado à colação pelo próprio Francisco da Gama para sustentar a sua tese: tudo o que Akbar faz, mesmo aquilo que na aparência constitui um benefício para Goa e para a religião cristã, não passa de uma armadilha que importa evitar.

Assim, para o vice-rei, Akbar é «sagax e artiffiçioso», sendo «insaçiauel o desejo que tem de se avisinhar a esta tera». Homem de «maginações e traças», «manhoso e cheo de artifiçio», o imperador cultiva uma pretensa amizade com os vice-reis para melhor dissimular os seus verdadeiros objectivos, dado que «todos seus pensamentos e desejos são encaminhados a ver se acha modo com que possa fazer dano a este estado». Mais, o vice-rei sabe pelos missionários que vivem na corte imperial que «de contino elle e o principe seu filho [Salim, futuro imperador Jahangir] fallão nesta ilha de Goa e perguntão pollas particularidades della cõ grandes sospiros e tem se entendido que he insaciauel o desejo que tem de chegar a ella»[96].

Interessante sublinhar aqui a existência de dois ângulos de visão diversos. A curiosidade de Akbar, que preenche amiúde os seus serões com os padres católicos a saber notícias do país e da Europa e a ouvir ler cartas vindas de Goa, é apresentada pelos missionários como genuíno interesse por terras e pessoas diferentes, senão mesmo «amor» por Portugal. Já o vice-rei não vislumbra aí mais do que um plano sistemático para a destruição do Estado da Índia. A dissonância de posições, mais vincada dados os «preconceitos» de D. Francisco da Gama relativamente a Akbar, pode ter outra razão de ser. É que, apesar de ser sistematicamente informado acerca dos desenvolvimentos na corte mogol pelos jesuítas, o vice-rei não prescindiu de diversificar as suas fontes de informação.

---

[96] D. Francisco da Gama ao rei, [Goa, 1599], BNP – *Res.*, cod. 1976, fls. 184v-185. Todas as expressões e citações que acima destacamos colhem-se nas muitas cartas de D. Francisco da Gama ao rei incluídas neste códice que temos vindo a seguir.

Em Outubro de 1597, escassos cinco meses depois de chegar a Goa, já Gama tem informadores laicos em Lahore que, certamente, lhe davam notícias nem sempre coincidentes com as dos jesuítas[97]. Um deles, muito provavelmente, chamava-se Duarte Borges. Antigo ouvidor de Malaca, refugiara-se no império mogol depois de matar a mulher e de lá enviava «algûs havissos do Equebar»[98].

A evocação da ameaça mogol, associada à imagem de um Akbar insaciável de poder e de conquistas não tardou a incrustar-se na literatura política portuguesa da época. De facto, o «Mogor» passou a recear muitos dos arbítrios dados sobre o Estado da Índia na viragem de século. Francisco Rodrigues Silveira adverte por esses anos que «não há pera que os Portugueses se enganem em cuidar que o Mogor não imbicará com elles; antes devem ter pera sy que nenhuma outra cousa traz mais a peito». Akbar é um bárbaro arrogante, altivo e soberbo que, «sem algum sangue», alargou tanto o seu império que «se persuade trazer ao mundo todo à sua obediência». Neste contexto, Goa corre perigos evidentes:

> [Quando] o Mogor tratar de passar os Alpes [i.e. os Gates] e fazer tributário ao Idalcão, como hé fama pública; não aguardem que lhes entrem dos muros adentro. [...] Ou que o Mogor, assim como conquistou dos Alpes adentro, venha a conquistar delles pera fora. Considerem que a guerra que hoje faz aos reys marítimos da Índia hé tanto en seu perjuizo como dos mais. Porque, se o Mogor senhorear também a fralda do mar, dónde se averão elles de prover de bastimentos? Não enxergam que a intenção deste tirano hé senhorear todos os reinos da Índia pera depois os pôr de cerco a elles, e, pois lhes não pode tirar o socorro do mar, determina tirar-lhes o da terra despois de se ver absoluto senhor della? Parece-lhe ventura que ficará seguro o Canaráa e o Malavar despois de roto o Idalcão e o Melique? De que sostentarão se este rey, vendo-se senhor de tudo, mandar por ley inviolável que com os Portugueses se

---

[97] Vice-rei ao rei, [Goa], Out. 1597, *ibid.*, fl. 89.
[98] Rei ao vice-rei, Lisboa, 15.II.1603, HAG – *MR*, liv. 7, fl. 193v.

não tenha comércio, nem lhes dê algum género de mantimento? Quem lhes levará então de comer a essas gayolas en que estão metidos?[99]

A prosa de Rodrigues Silveira está muito próxima da visão veiculada por um texto anónimo, escrito também nos anos da transição do século XVI para o seguinte. O mote é, de novo, a ingenuidade dos portugueses perante um Akbar manhoso que, anestesiando os vice-reis com presentes e embaixadas, planeia a conquista da Índia meridional. O imperador mogol «sospira pello [reino] de Decão, especialmente pellos dous nossos vezinhos Idalcão vesinho a Goa, e Nixa Maluco vesinho a Chaul que tremem delle pello que lhe aceitavão Cabaia que he sinal de vasalos a senhor, e lhe sairão à alguns annos a receber seu embaixador passante de huma legoa da cidade pello qual lhes mandou dizer, que o encomendassem primeiro Deus nas mesquitas, que a elles, e medissem pella sua medida e peso, e acunhassem sua moeda com sua chapa, e não bebessem vinho, nem levassem direitos dos portos maritimos e secos aos proprios mouros, como se faz em suas terras». Akbar «sospira muito por ter entrada nas nossas terras da India». Mas «os viso reys tão cegos com seus interesses, que não fazem nenhuma prevenção, fiando se do Mogor, como se fora amigo»[100].

Já o segundo *Soldado prático* vê a ofensiva mogol sobre o Decão de outro ângulo, assaz interessante. Pela boca do velho soldado que divide o diálogo «dos enganos e desenganos da Índia» com o fidalgo e o despachador, Diogo do Couto defende que a intervenção de Akbar no região é «higiénica», verdadeiramente reguladora dos excessos dos sultanatos locais o que, de forma indirecta, favorece os portugueses: «[...] mas, graças a Deus! Que os têm enfreados com o medo do Grão-Mogor, que deseja lhe tomar os Estados, e por cuja vida nos convém fazer orações, porque se ele morre, e estes bárbaros se vêem fora destes receios, medo hei que descarreguem sua potência contra nós, e que nos tomem às mãos»[101]. A mesma ideia está presente no *Primor e honra*, texto escrito no último quartel do século XVI

---

[99] *Reformação da milícia*, pp. 201-202.
[100] «Mogor», in *DUP*, vol. II, pp. 100-102.
[101] *O Soldado prático*, ed. M. Rodrigues Lapa. Reed. Lisboa: Sá da Costa, 1980, p. 107.

mas apenas publicado em 1630. De acordo com o seu anónimo autor, os sultões do Decão só não avançam decisivamente sobre as posições portuguesas «porque têm um grande peso que os atormenta, e este é a soberba do gram Magór, que deseja a destruição de todos»[102].

A rejeição da figura de Akbar, tanto por decisores políticos (D. Francisco da Gama) como por especialistas de alvitres (Rodrigues Silveira), é coetânea da plena maturidade da ideologia dinástica mogol. Abu'l Fazl vinha projectando habilmente a figura de um Akbar enquanto personificação do homem perfeito, emanando uma autoridade universal. Vista de Goa ou do Reino, contudo, a ideologia de Akbar confunde-se invariavelmente com soberba, arrogância, tirania e sede de poder. Em 1598, Filipe II considerava que «ao Mogor todo o mundo lhe parecia pouco, e que tudo o que nele ha cuida que he seu e que se lhe deue»[103]. Uns dias antes, igualmente com base nas informações que lhe chegavam da Índia, o rei havia escrito algo de muito idêntico: «o dito vissorrey me escreue como de muitos annos o Mogor trás pensamento de se fazer senhor universal dessas partes da India»[104].

Conclusão

Akbar morreu em 1605 e não chegou a ser «senhor universal» da Índia, ainda que o *farman* que enviou de Burhanpur ao vice-rei de Goa em Março de 1601, reclamando autoridade do Cinde ao Pegu quando não a tinha, constitui um texto de alguém que pretende sê-lo. Também não foi a tempo de, mais modestamente, tornar-se «rei do Balagate». Mas não restam dúvidas de que a última década do seu reinado correspondeu ao início de um processo de alargamento, e subsequente «mogolização», da fronteira meridional do império. Tal passou pelo controlo de Berar,

---

[102] *Primor e honra da vida soldadesca no Estado da Índia* (Lisboa: Jorge Rodrigues, 1630), pt. 3ª, cap. XIV, ed. Laura Monteiro Pereira. Ericeira: Mar de Letras, 2003, p. 222.
[103] Filipe II a D. Francisco da Gama, Lisboa, 15.I.1598, in *APO*, fasc. 3, pp. 814-815.
[104] O mesmo ao mesmo, Lisboa, 8.I.1598, *ibid.*, p. 801.

escorado na construção de fortalezas e no repovoamento da região com «muita gente natural e estrangeira». Corporizou-se igualmente na conquista de Khandesh, com a queda de Asirgah e a simbólica instalação da corte mogol na cidade de Burhanpur, doravante cidade imperial. Consubstanciou-se ainda na tomada da cidade de Ahmadnagar e na gradual imposição da suserania imperial no sul através da adopção local dos «pesos, medidas, chapas» mogóis.

A chave do Decão, consideram os portugueses, é antes de tudo geográfica: Berar abre (ou fecha) as «portas do dacan». Todavia, e como observaram igualmente então, esse processo de extensão da fronteira imperial haveria de ser muito condicionado pelo clima, pela orografia e pela distância. Há que enfrentar ora a seca, ora a chuva excessiva. Faltam mantimentos e enfrentam-se doenças. As montanhas a vencer (as montanhas Vindhya, certamente) são «silvestres e ásperas» e, para avançar o equivalente a um tiro de espingarda, é por vezes necessário gastar um dia inteiro. Acresce ainda que a «mogolização» do sul bulia com laços politicos e ideológicos pré-existentes e podia criar tensões difíceis de gerir. Ter a *khutba* lida em Ahmadnagar em nome do imperador mogol era transgredir o *statu quo*: no reino Nizam Shahi, reino xiita, a *khutba* lê-se em nome do soberano safávida.

Goa entendeu que a assimilação política do Decão, implicando a substituição de Shah 'Abbas por Akbar enquanto figura tutelar, podia trazer agitação religiosa à região. Não obstante, a paisagem cultural do Decão é largamente ignorada na capital do Estado da Índia. Os portugueses não se detiveram nas diferenças ou continuidades entre o norte e sul, nem curaram das formas de intersecção civilizacional dos dois espaços[105]. Desenvolveram uma visão assaz monolítica da relação entre Hindustão e Decão. Para eles, o norte corresponde a um bloco político e militar

---

[105] Sobre este assunto, ver WINK, Andre – «Islamic Society and Culture in the Deccan». In DALLAPICCOLA, A. L., LALLEMANT, S. Zingel-Avé (eds.) – *Islam and Indian Regions*. Estugarda: Franz Steiner Verlag, 1993, vol. I, pp. 217-227; ID. – «The Settlement of the Deccan, c. 1600-1680». *Bharat Itihas Samshodak Mandal Quarterly*. Vol. 60/1-4 (1981), pp. 47-65. Para o período anterior, vincando a permeabilidade do planalto do Decão ao *Islamicate world-system*, e por conseguinte rejeitando a existência de uma espécie de «linha Maginot» entre os dois mundos, ver EATON, Richard M. – *Essays on Islam and Indian History*. Nova Deli: OUP, 2000, cap. 6 («The Articulation of Islamic Space in the Medieval Deccan»), pp. 159-175.

unificado, avançando paulatinamente sobre uma região que representa o oposto. Não lhes interessa que, a uma certa homogeneidade mogol, o sul contraponha uma «saudável» diversidade étnica e amálgama cultural[106]. Têm do Decão ocidental a imagem simplista de um lugar em permanente convulsão, política e socialmente fragmentado. Visto de Goa, o Decão é um espaço de soberanos interna e externamente frágeis. No primeiro caso, porque constantemente envolvidos nas agendas conflituantes de diversos grupos étnicos e facções políticas, fenómeno que invariavelmente se traduz em assassínios e golpes palacianos. No segundo plano, porque incapazes de suster a progressão territorial mogol, algo que – no entender de qualquer vice-rei português da época – uma simples coligação dos sultanatos locais poderia evitar.

Mas, o que na capital do Estado da Índia se tomava invariavelmente por anarquia e descontrolo era, não raro, a manifestação de uma característica essencial do sistema político do Decão. O facto é que a região não enveredou por um processo de centralização e unificação semelhante ao que se verificou no Hindustão. A sul, a regra é a das formações políticas de pequena dimensão em constante (des)equilíbrio. Tal instabilidade pode atribuir-se à presença activa de uma diversidade de grupos e identidades que, um tanto simplisticamente, é passível de «arrumar-se» de acordo com a divisão (e tensão) entre «naturais» (decanins e abexins) e «estrangeiros» (sobretudo persas). Mesmo sujeitos a tal convulsão, e ao contrário do que indicia a percepção portuguesa, os sultanatos do Decão lograram manter fronteiras estáveis entre si. Algo que parece encontrar explicação na coerência das linhas de separação linguística e cultural, mais do que em (inexistentes) divisões geográficas profundas[107].

Convencido que lhe cabia concertar politicamente os sultões do Decão contra o império de Akbar, o Estado da Índia assume então um papel

---

[106] EATON, Richard M. – «A Social and Historical Introduction to the Deccan, 1323-1687». In HAIDAR, Navina Najay, SARDAR, Marika (eds.) – *Sultans of the South. Arts of India's Deccan Courts, 1323-1687*. Nova Iorque: The Metropolitan Museum of Art, 2011, pp. 2-9 [7-8].

[107] Este parágrafo segue de perto a argumentação de FISCHEL, Roy – *Society, the Space, and the State in the Deccan Sultanates, 1656-1636*, caps. 1 e 5, ainda que a visão do autor quanto a uma rigorosa oposição entre «naturais» e «estrangeiros» nos pareça um tanto excessiva.

um tanto paternalista. Doravante, na perspectiva de Goa, a evolução das fronteiras do Decão é determinada por este complexo triângulo (mogóis – Ahmadnagar e Bijapur – portugueses) e pelas imprevisíveis formas que o mesmo tomou ao longo do tempo. Para «encaminhar» os sultanatos do Decão, importa aos portugueses observar no detalhe a dinâmica das suas cortes, necessidade que molda claramente a produção dos longos relatórios – caracterizados pelo absoluto primado da etnografia política – que discutimos ao longo deste capítulo. O que para eles determina a estabilidade da fronteira, é o exercício da guerra e a prática da política (e da *realpolitik*), não a efervescência intelectual de uma dada corte. Um discurso que não deixa de encerrar uma curiosa dimensão de género. Chand Bibi é apresentada como um(a) guerreiro(a) corajoso(a), capaz de falar «de homem para homem» com o vice-rei D. Francisco da Gama, como se vê na tradução portuguesa das duas cartas que lhe dirigiu em Agosto de 1598. Já um patrono cultural como Ibrahim II, surge aos olhos dos portugueses enquanto soberano fraco e «delicioso», impreparado para exercer o poder. Durante algum tempo, na óptica de Goa, um Decão resistente depende de um «homem» como a rainha de Ahmadnagar, enquanto que um Decão vulnerável se identifica com uma «mulher» como o sultão de Bijapur.

CAPÍTULO 6
«JAHANGIR MATA MALIK 'AMBAR»:
A TEIA DO DECÃO OCIDENTAL
(1605-1627)

«Melique Ambar»

Em 1616, provavelmente, Abu'l Hasan – pintor dilecto do imperador Jahangir – executou uma miniatura em que o soberano mogol é representado em cima de um globo a trespassar com uma flecha a cabeça de Malik 'Ambar[1]. O considerável alcance simbólico da imagem, para mais completada por sugestivas inscrições em persa, requer algumas linhas de reflexão. Este notável abexim, que resistiu a várias tentativas de assassínio, só viria a morrer em 1626. Não obstante, Jahangir pretendeu antecipar e «decretar» a morte política do homem que, durante o primeiro quartel de Seiscentos, manobrou o essencial dos jogos de poder que tiveram o Decão ocidental por palco. E, sintomaticamente, Abu'l Hasan pinta a referida cena no momento em que os mogóis se preparam para averbar os primeiros duradouros e decisivos sucessos na região: de facto, a miniatura que temos entre mãos parece corresponder a uma dramatização da partida do príncipe Khurram para a campanha do Decão em 1616.

---

[1] Trata-se de uma página do *Minto Album*, CBL – Ms. 7, n° 15. Ver LEACH, Linda York – *Mughal and other Indian paintings, from the Chester Beatty Library*. Londres: Scorpion Cavendish, 1995, vol. I, n° 3.25, pp. 398-405; e SKELTON, Robert – «Imperial symbolism in Mughal painting». In SOUCEK, Priscilla P. (ed.) – *Content and context of visual arts in the Islamic world*. Londres; Nova Iorque: University Park; College Art Association of America; Pennsylvania State University Press, 1988, pp. 177-187 [177-183].

Controlando Ahmadnagar em absoluto, e influenciando sobremaneira a evolução política do vizinho reino de Bijapur, Malik 'Ambar constitui figura de inquestionável relevância nas relações entre o Estado da Índia, os sultanatos do Decão e o império mogol ao longo de todo o reinado de Jahangir. Assim, o presente capítulo é construído em torno deste personagem-charneira, a quem tanto as fontes indo-persas como os documentos europeus se referem amiúde[2]. Malik 'Ambar servia-se de um intérprete português[3] e é sabido que tinha vários renegados portugueses ao seu serviço: jesuítas e funcionários da EIC falam amiúde de um tal Mansur Khan, que se passa para o lado mogol em 1621[4]. Nos círculos oficiais portugueses, e como adiante veremos, a imagem de «Melique Ambar» foi melhorando a pouco e pouco. À entrada da terceira década do século XVII, talvez fruto das circunstâncias e da conjuntura, o abexim é invariavelmente referido na documentação do Estado da Índia em termos positivos, senão laudatórios. Goa ignora quase em absoluto os sultões de Ahmadnagar – Murtaza II até 1610, Burhan III depois dessa

---

[2] Para além dos estudos e autores adiante citados (n. 6), dessas fontes se servem TAMASKAR, B. G. – «Malik Ambar and the Portuguese». *Journal of the Bihar Research Society*. Vol. XXXIII (1947), pp. 25-44; e PISSURLENCAR, Panduronga – «A extinção do reino de Nizam Shah». *BIVG*. Vol. 27 (1935), pp. 97-124. Relativamente às fontes holandesas, cf. WADEKAR, R. D. – «Melick Ambar from the Dutch sources». *Bharat Itihas Samshodhak Mandala*. Vol. XI/1 (Mar.-Jun. 1930). Cf. também a imagem de Malik Ambar aos olhos do viajante alemão Heinrich von Poser (1599-1661), que se encontrava no Decão em 1622 e que considera dispor o abexim (a quem toma por muçulmano) «poder absoluto» em Ahmadnagar (DHARAMPAL, Gita – «Henrich von Poser's Travelogue of the Deccan (1622)». *Quarterly Journal of the Mythic Society*. Vol. LXXIII (1982), pp. 103-114).

[3] Trata-se de um anónimo, utilizado como intérprete num diferendo com os ingleses em 1621. Seria seguramente um homem «prático», experiente na palavra oral mas com dificuldades na tradução escrita: Robert Jeffries nota que, «like a schoole boy», se limita a soletrar a carta escrita em português que os ingleses lhe pedem então que leia a Malik 'Ambar (Robert Jeffries aos feitores de Surrate, Out.-Nov. 1621, in *EFI, 1618-1621*, p. 316).

[4] A sua história é contada aos agentes da EIC em Agra pelos feitores ingleses colocados em Burhanpur, que sublinham o facto de Khurram ter recebido o renegado português «with great honour» (William Biddulph e John Young, [Agra], [8].IX.1621, in *EFI, 1618-1621*, p. 267). O mesmo «Mounsier Can» é mencionado também por Robert Jeffries (carta aos feitores de Surrate, Out.-Nov. 1621, *ibid.*, p. 317). O padre António de Andrade identifica «Mansurcan» com «o Mulato de Coimbra» que, aquando da revolta de Khurram em 1622, passou para o serviço de Jahangir, «e foy del rei recebido com muitas honrras» (carta ao provincial da Índia, Agra, 14.VIII.1623, in *DUP*, vol. III, p. 162). Referência a outro renegado português ao serviço do abexim, chamado «Jasper Gomes» (Robert Jeffries aos feitores de Surrate, Out.-Nov. 1621, in *EFI, 1618-1621*, p. 316).

data – e faz de Malik 'Ambar o seu principal interlocutor no reino dos Nizam Shahs. Para o governador Fernão de Albuquerque, Malik 'Ambar «é [...] mui grande capitão [...] e se entende que se elle não fora ja tivera o Mogor occupado tudo»[5]. É por esse caminho que se explica igualmente a estratégia pensada por D. Francisco da Gama para um Decão que vivia então sob o espectro da conquista mogol.

A história de Malik 'Ambar é relativamente bem conhecida e, pela sua riqueza, não podia ter deixado de atrair muitos biógrafos[6]. Ainda que mais exuberante, o seu trajecto é, afinal, o de tantos outros abexins do seu tempo: nascido na Etiópia à roda de 1549 e várias vezes vendido como escravo, Malik 'Ambar logra construir uma significativa carreira política no Decão[7]. Na transição do século XVI para o seguinte, já adquirira relevância política e militar em Ahmadnagar. Firishta dá conta desse processo, fixando os contornos territoriais do seu poder, explicando a sua crescente influência política e fazendo coincidir as origens de todo esse processo com o retorno de Akbar a Agra depois da conquista de Asir em 1601[8]. Nesta altura, a imagem de Malik 'Ambar junto dos mogóis não é ainda decisivamente negativa. O abexim esteve a um passo de entrar no serviço de Abu'l Fazl e é sabido que Asad Beg – o enviado de Akbar a Bijapur em 1603, de quem falámos no capítulo anterior – dele guardou uma excelente

---

[5] Carta a Filipe IV, Goa, 18.II.1622, in *DRI*, t. VII, p. 380.

[6] SHYAM, Radhey – *Life and times of Malik Ambar*. Nova Deli: MM, 1968; TAMASKAR, B. G. – *The life and work of Malik Ambar*. Nova Deli: Idarah-i Adabiyat-i Delli, 1978. Ambos os autores, utilizando com evidente dificuldade as fontes portuguesas, identificam as referências feitas a «Melique» (i.e. Ahmadnagar) com Malik 'Ambar. Ver ainda os artigos de SETH, D. R. – «The life and times of Malik Ambar». *IC*. Vol. XXXI/2 (Abr. 1957), pp. 142-155; e SARKAR, Jadunath – «Malik Ambar. A new life». *Indian Historical Quarterly*. Vol. IX/3 (Set. 1933), pp. 629-644. Por todos, EATON, Richard M. – *A Social History of the Deccan, 1300-1761. Eight Indian Lives*. Vol. I.8 *The New Cambridge History of India*. Cambridge: CUP, 2005, cap. 5 («Malik Ambar (1548-1626): The rise and fall of military slavery»), pp. 105-128.

[7] Sobre esse considerável fluxo migratório entre a África oriental e a Ásia do Sul, e em particular acerca da importância dos abexins na vida política do Decão, ver ALI, Shanti Sadiq – *The Africal dispersal in the Deccan. From medieval to Modern times*. Hyderabad: Orient Blackswan, 1996; CHAUHAN, R. R. S. – *Africans in India. From slavery to royalty*. Nova Deli: Asian Publication Services, 1995; NAQVI, Sadiq – *The Iranian Afaquies Contribution to the Qutb Shahi and Adil Shahi Kingdoms*. Hyderabad: A. A. Hussain Book Shop, 2003.

[8] FIRISHTA/BRIGGS, vol. II, pp. 189-193.

impressão[9]. Com boa ou má imagem, Malik 'Ambar cedo ganha um lugar na produção escrita e visual do império mogol. No que se refere às crónicas, basta folhear o *Jahangir Nama* para se perceber a obsessão mogol com a sua figura[10]. Em contrapartida, e escrevendo a propósito da sua morte em 1626, Mu'tamad Khan compõe um epitáfio assaz lisonjeiro do abexim: reconhece-lhe qualidades ímpares, tanto na guerra como na administração, e admite que aquele adversário dos mogóis logrou terminar a sua carreira com honra[11]. No domínio da imagem, há que acrescentar à simbólica pintura de Abu'l Hasan, com que abrimos este capítulo, um retrato de corpo inteiro de Malik 'Ambar composto por Hashim *ca.* 1620-1630[12].

1605-1616

Na primeira década do reinado de Jahangir, a política mogol para o Decão esteve longe do sucesso[13]. Os factos são conhecidos. Logo nos primeiros anos, o imperador teve de haver-se com a revolta do príncipe Khusrau, ao mesmo tempo que enfrentava a ameaça safávida sobre Qandahar. Em Maio de 1606, já depois da captura do seu filho mais velho, Jahangir instala-se em Lahore, preocupado que estava com a situação da

---

[9] SAKSENA, B. P. – «A few unnoticed facts about the early life of Malik Ambar». In *PIHC*, 5ª sessão. Hyderabad, 1941, pp. 601-603; ALAM, Muzaffar, SUBRAHMANYAM, Sanjay – «The Deccan frontier and the Mughal Expansion, *ca.* 1600: Contemporary perspectives». In ID. – *Writing the Mughal World*. Nova Iorque: Columbia University Press, 2012, cap. 4, pp. 165- -203. As referências negativas que o *Akbar Nama* faz a «'Ambar Jiu» são já escritas após a morte de Abu'l Fazl (FAZL, Abu'l – *AN*, vol. III, pp. 1153, 1178, 1185, 1194-1190, 1209, 1229).

[10] *Jahangirnama*, ed. W. Thackson, pp. 135, 165, 187, 216, 231, 338, 364, 414, 418.

[11] *Ikbal Nama-i Jahangiri*, ed. ELLIOT e DOWSON – *History*, vol. VI, pp. 428-429.

[12] MNAA-Guimet, nº 7172. Exemplo paralelo, para Bijapur, é o de Ikhlas Khan, primeiro- -ministro de Muhammad 'Adil Shah que é representado montando um elefante juntamente com o sultão (por Haider 'Ali e Ibrahim Khan, *ca.* 1645, colecção Howard Hodgkin; cf. TOPSFIELD, Andrew & BEACH, Milo Cleveland – *Indian Paintings and drawings from the collection of Howard Hodgkin*. Reed. Londres: BM, 1994, nº 10, pp. 38-41). Para Golconda, ver o «eunuco africano» (seguramente um cortesão) pintado no terceiro quartel do século XVII e pertencente à mesma colecção (MICHELL, Georg, ZEBROWSKI, Mark – *Architecture and art of the Deccan sultanates*, nº 150, pp. 203, 200).

[13] Para uma visão global do assunto, ver KHAN, Yar Muhammad – *The Deccan policy of the Mughals*, pp. 110 ss; RICHARDS – *Mughal Empire*, pp. 112-114. Ver também SHYAM, Radhey – *The Kingdom of Ahmadnagar*, pp. 239 ss.

Ásia central. A prioridade que dá aos limites setentrionais do império leva-o a recusar o conselho daqueles que o incitam a regressar a Agra, «janela» debruçada sobre o Decão, o Guzerate e o Bengala[14].

Deste modo, e até à intervenção do príncipe Khurram nos assuntos do Decão em 1616-1617, os mogóis somam mais reveses do que êxitos perante Ahmadnagar, que aproveitara a nova conjuntura para recuperar parcelas de território do sultanato que haviam sido perdidas ao tempo de Akbar. As diversas soluções políticas e militares engendradas na corte mogol tendo em vista a consolidação da fronteira meridional do império não provaram. Falamos, nomeadamente, da conturbada acção de 'Abdur Rahim Khan-i Khanan como comandante-chefe da campanha do Decão desde finais de 1608 e de novo em Maio de 1612; da intervenção do príncipe Parwez nos assuntos do sul a partir de Março de 1610; e da entrada em cena de Khan-i Jahan Lodi em Outubro do mesmo ano. O próprio Jahangir não se escusa a dar conta, nas suas memórias, das derrotas que os exércitos imperiais sofrem no Decão, referências pontuadas por duras críticas à incompetência e à desunião dos seus *amirs*[15].

Neste contexto, a preocupação portuguesa com o avanço mogol para sul, tão evidente nos anos finais do reinado de Akbar, desvanece-se um tanto na primeira década de Jahangir. Mesmo assim, as cautelas de Lisboa e Goa não cessam de todo. A correspondência trocada entre Goa e o Reino em 1608-1609 denota ainda algum alarme, motivado, com toda a probabilidade, pelas notícias relativas aos preparativos da primeira campanha de Khan-i Khanan[16]: os monarcas «e todo o Decão estavão mui amedrontados» com os mogóis, o Estado da Índia devia estimular discretamente o entendimento entre os sultanatos e, «em caso que seja forçado declarardes-vos por huma das partes» – recomendava Filipe III ao seu representante em Goa – «ha de ser pelos reis visinhos»[17]. Reportando-se à ofensiva do príncipe Parwez, um documento *ca.* 1610-1611 confirma este estado de aflição: «solos en

---

[14] *Jahangirnama*, ed. Thackston, p. 58.

[15] *Ibid.*, pp. 115, 135.

[16] Sabe-se da presença de renegados portugueses nesse exército (Jerónimo Xavier ao provincial da Índia, Agra, 24.IX.1608, in *DUP*, vol. III, pp. 128-131).

[17] Filipe III a Rui Lourenço de Távora, Lisboa, 29.X.1609, in *DRI*, t. I, pp. 253-254.

los reynos del Decan trae cõtra el Melique agora al presête mas de ciê mil cavalos delos es general su hizo sultã Parvêz y assi es misericordia de Dios tener las manos a este Barbaro rey en no cõsuma a los portugueses que ay en el Oriente, lo qual pudera hazer (si Dios no le detiviera) cõ grã facilidad em menos de dos años»[18].

Dois anos, portanto, até o *Mogor* «consumir» os portugueses. Perante tal conjuntura, e seguindo instruções régias, Rui Lourenço de Távora cultivava publicamente as relações com Jahangir, ao mesmo tempo que «favorecia em segredo as partes do Melique». Sabendo da ascensão ao trono de Burhan Nizam Shah III em 1610 – que, erro sintomático, julga ser neto de Malik 'Ambar –, o vice-rei português logo o manda visitar, com ele mantendo «toda a boa correspondencia». E o estabelecimento de uma aliança entre Ahmadnagar, Bijapur e Golconda contra o império mogol também constituiria recomendação constante de Filipe III a D. Jerónimo de Azevedo[19].

Mas, sendo moderadas as probabilidades de sucesso mogol no Decão nestes primeiros anos do reinado de Jahangir – «O Mogor tê feito pouco ou nada na guerra que faz ao Melique, posto que tê seus capitães e gente nas fronteyras daquelle Reino», escreve o vice-rei em Dezembro de 1613 –, Goa tem até margem suficiente para se enredar num conflito com Ahmadnagar. Prova inequívoca de que, neste momento específico, a força dos exércitos imperiais no Decão não era muito temida em Goa, vemos D. Jerónimo de Azevedo simular inclusivamente uma aliança com os mogóis de modo a forçar Burhan Nizam Shah III a ceder perante o Estado da Índia[20].

A guerra entre Goa e Ahmadnagar é, todavia, limitada no tempo e circunscrita a questões meramente locais, quase sempre se cingindo a atritos

---

[18] «Breue Relaciõ de las tierras, poder y casa del Grã Mogor [...]»; RAH – 9/3716, s.f.

[19] Filipe III a D. Jerónimo de Azevedo, Lisboa, 1.III.1613, in *DRI*, t. II, p. 349; o mesmo ao mesmo, Lisboa, 13.II.1612, *ibid.*, pp. 159-160; o mesmo ao mesmo, Lisboa, 14.II.1615, *ibid.*, t. III, p. 229; o mesmo ao mesmo, Lisboa, 6.II.1616, *ibid.*, p. 383; o mesmo a Rui Lourenço de Távora, Lisboa, 11.III.1611, *ibid.*, t. II, p. 89.

[20] «[...] eu lhes enviey hû gentio de confiança chamado Azunaique [Ajju Nayak] cõ cartas e prezente offerecendo-lhes favor e ajuda naquella guerra, não porque entenda que convem dar-lho, nê o aja de fazer, mas para que tendo disso noticia o Melique se visse atalhado e viesse a me pedir pazes, e se pudessem fazer cõ credito do estado por me ver sem cabedal para o conseguir por outra via»; D. Jerónimo de Azevedo a Filipe III, Goa, 22.XII.1613, HAG – *MR*, liv. 12, fls. 47v-49v.

de «vizinhança» entre Chaul e Chaul de Cima que não chegam sequer a adquirir dimensão regional e que preenchem parte dos consulados de Rui Lourenço de Távora e de D. Jerónimo de Azevedo. Falamos de diferenças acerca da posse de certas aldeias, de disputas sobre hortas e palmares, de dúvidas sobre o pagamento de páreas e de outras rendas e de um sem--número de problemas de justiça local motivados pela permanente fricção entre moradores e autoridades de Chaul e de Revdanda[21]. Porventura mais relevantes seriam as pressões relativamente ao número de cartazes a atribuir pelo Estado da Índia a navios de Ahmadnagar, ou então a discussão em torno das sequelas políticas e económicas inerentes ao estabelecimento – não concretizado nesta altura – de uma alfândega portuguesa em Chaul. Eis os principais assuntos que alimentam «as guerras do Melique» e que povoam a documentação oficial da época. Não são muito relevantes para o nosso objecto, mas não deixaram de ter consequências assaz nefastas para Goa: um testemunho de 1614 nota que a guerra foi feita com o auxílio «de sucapa do Idalcão e do Mogor» e vaticina: dado que «nenhua arvore nem palmeira ficou nas aldeas em pe», o Estado da Índia terá que esperar uns bons vinte anos até poder voltar a cobrar rendas nessas terras[22].

Todavia, este feixe alargado de dissenções começou a ser resolvido logo em 1611-1613. Malik 'Ambar envia então uma proposta nesse sentido a Rui Lourenço de Távora, conjunto de condições com que Filipe III viria a concordar inteiramente[23]. A paz entre Goa e Ahmadnagar era alcançada em Outubro de 1615, graças à mediação de Bijapur e tendo por base um documento assinado pelas duas partes em Nauraspur[24].

---

[21] Tudo isto pode ter que ver com a agressiva estratégia seguida por Malik 'Ambar relativamente à posse e rendibilidade da terra (cf. KULKARNI, G. T. – «Land revenue settlement under the Nizam Shahis (1498-1636), with special reference to Malik Ambar. A preliminary study». In *PIHC*, 52ª sessão. Nova Deli: 1992, pp. 369-377).

[22] «Copias de cartas de ministros da India» – Brito Pedroso, [1614], AHU – *Índia*, cxª 3, doc. 149.

[23] «Apontamentos das cousas que pedem a vossa senhoria Melique Ambar, regedor mór del-rey Nizomoxá, e Coge Beirame, tanadar de Chaul de cima, por seu enviado e requerente Pandaroga Synay», s.l.n.d [1611], in *DRI*, t. II, pp. 286-291); Filipe III a D. Jerónimo de Azevedo, Lisboa, 14.I.1613, *ibid.*, pp. 283-285.

[24] «Assento e contrato de paz e amisade com El-Rey Nizamoxá, por intervenção de El--Rey Idalxá»; Nauraspur, 9.X.1615, in BIKER – *Tratados*, t. I, pp. 192-195. Os portugueses impuseram os termos das pazes de 1594, e não das de 1571, por aquelas lhes serem mais

Independentemente de outras desvantagens decorrentes da manutenção de um conflito com Ahmadnagar, os portugueses estão convencidos de que há uma sombra mogol nessa guerra e que, fosse qual fosse a sua evolução, o beneficiado seria sempre Jahangir. Jerónimo de Azevedo considera que, «posto que cõ differentes intentos», a guerra convém tanto a Malik 'Ambar como a Jahangir: «[...] o Melique a faz por entender que dá nisso satisfação, e grangea ao Mogor e elle folga que a guerra se nos faça com a mão alhea, e deve prosupor que se fica asi poupando, e cõ milhor partido para o que despois quiser emprender»[25]. Por seu lado, e evocando a memória recente das relações entre o Estado da Índia, o sultanato de Ahmadnagar e o império mogol, Filipe III vislumbra, no problema que tem em mãos, claras atinências com a situação vivida durante o episódio do Morro de Chaul, uma vintena de anos antes: «sendo assi que este rey [Jahangir] parece que usa com os decanins agora o que seu pae Equebar usou na guerra do morro de Chaul: porque pretendendo conquistar o reino do Melique, e temendo suas forças e os muitos capitães que então tinha, o incitou a fazer guerra a meus vassallos, para que n'ella se consumisse; e conseguindo este intento, vendo quebrantado com esta guerra ao dito Melique, o commetteu e lhe tomou a metade do reino, como se sabe; e assi he de presumir que o mesmo termo queira o Mogor usar n'esta conjunção, em que, como dizeis, se vos diz que elle o persuade a guerra»[26]. Facto é que, a crer de novo no testemunho dos portugueses, Jahangir não terá gostado de saber das pazes entre Goa e Malik 'Ambar: «emquanto ao Mogor eu tenho sabido que no principio não solicitou a guerra, porem que despois que lhe chegou que estava a paz feita o sentio e procurar que não viesse a effeito»[27].

É difícil apurar com exactidão até que ponto as ilações tiradas em Goa a este propósito correspondem à realidade. Teria Jahangir, lateralmente ou não, ponderado um «factor português» no que respeita à guerra no sul

---

favoráveis (D. Jerónimo de Azevedo a Filipe III, Goa, 28.XII.1616, HAG – *MR*, liv. 12, fls. 298-298v).

[25] D. Jerónimo de Azevedo a Filipe III, Goa, 8.I.1616, HAG – *MR*, liv. 12, fl. 220.

[26] Filipe III a D. Jerónimo de Azevedo, Lisboa, 14.II.1614, in *DRI*, t. III, pp. 234-235.

[27] D. Jerónimo de Azevedo a Filipe III, Goa, 8.I.1616, HAG – *MR*, liv. 12, fl. 220.

do império? Seriam os seus cálculos políticos acerca de Ahmadnagar e Bijapur condicionados pelo Estado da Índia? O facto de os textos mogóis invariavelmente omitirem os *firangis* quando abordam o «dossier Decão» sugere a necessidade de relativizar o testemunho dos portugueses.

Ponderemos agora a relação entre o Estado da Índia e Bijapur, sempre no contexto da proximidade dos exércitos de Jahangir. No plano local, situam-se os recorrentes atritos com o *havaldar* de Pondá e com o embaixador do sultanato residente em Goa[28]. É facto que tais conflitos tinham um impacto quase nulo nas relações entre os dois estados quando ambos se viam confrontados com a ameaça mogol vinda do norte. Não obstante, e particularmente no que concerne ao «capitão de Pondá», eram o suficiente para inquinar as relações entre Goa e a corte de Bijapur. Hiroshi Fukazawa definiu com rigor a importância da figura do *havaldar* na administração local do sultanato, destacando os contornos «feudais» do seu poder, a amplitude das suas funções e, bem assim, a relação de proximidade que normalmente mantinha com o sultão[29]. Os textos portugueses não cessam de vincar a importância deste último aspecto, notando que os homens colocados na fronteira da capital do Estado da Índia se mantinham nesses lugares graças aos apoios que cultivavam na corte de Bijapur: O homem que ocupava o cargo nos anos de 1610, filho de Agha Raza, era um «mouro [...] de malíssima natureza» que «peitava» o *peshwa* do sultanato, Shah Nawaz Khan[30]. No início da década seguinte, o *havaldar* de Pondá é Mir Muhammad Amin («Mir Mamede

---

[28] Neste caso, os conflitos cobrem toda a primeira metade do século XVII e prendem-se com o facto de os embaixadores de Bijapur no Estado da Índia insistirem em viver na «outra banda», longe da jurisdição e da vista dos portugueses. O assunto é insistentemente discutido na documentação portuguesa da época. Ver, a título de exemplo, a acta do Conselho do Estado «sobre a licença que o embaxador do Idalcão pedia para hir a outra banda» (Goa, 24.III.1624, in *ACE*, vol. I, pp. 196-197).

[29] FUKAZAWA, Hiroshi – *The Medieval Deccan. Peasants, Social systems and states, sixteenth to eighteenth centuries.* Nova Deli: OUP, 1991, cap. 1 («The local administration of the Adilshahi sultanate (1498-1686)»), esp. pp. 27-32, 39.

[30] Em 1613, o vice-rei português afirma que o «capitão de Pondá» se mantém «pellas grandes peitas que dá a hû Perça que he o que tem maes lugar do Idalcão» (carta ao rei, Goa, 22.XII.1613, HAG – *MR*, liv. 12, fl. 49v). Em 1609-1610, o cargo é ocupado por um tal Sharif Mulk («Xarife Maluco») (rei ao vice-rei, Lisboa, 11.III.1611, in *DRI*, t. I, p. 89), mas desconhecemos se ainda o era em 1613. Sobre Shah Nawaz Khan, ver *infra*, n. 44 a 49.

Amy») e, ao que parece, o seu poder deriva então dos estreitos laços que ligam o sogro – Mulla Muhammad («Mula Mamede») – ao próprio sultão[31].

Já no contexto regional, o papel desempenhado por Ibrahim 'Adil Shah II enquanto mediador do conflito entre o Estado da Índia e Ahmadnagar não é despiciendo. Tal intercessão explica parcialmente muita da actividade diplomática desenvolvida por estes anos entre Goa e a capital do sultanato. Em 1610 ou 1611, D. Diogo Lobo foi o rosto de uma missão diplomática do Estado da Índia à corte de Ibrahim. Não conhecemos em concreto os assuntos de que se ocupou, mas sabemos que voltou a Goa acompanhado de um embaixador de Bijapur e carregando vários presentes para Filipe III[32]. Em Setembro de 1614, é a vez de António Monteiro Corte Real se deslocar em missão a Bijapur[33]. O pretexto desta embaixada é felicitar Ibrahim II pelo casamento de uma filha sua com o sultão de Golconda. Mas, em boa verdade, a missão de Corte Real prende-se com a necessidade de os portugueses resolverem o conflito com Ahmadnagar evitando «perder a face» e aproveitando a mediação proposta por Bijapur[34], da qual, porém, desconfiavam[35].

Em simultâneo, e dadas as enormes dificuldades então experimentadas pelo Estado da Índia no Guzerate (*infra*, capítulo 7), discute-se em Goa a necessidade de promover Bijapur à condição de grande centro de produção e exportação de têxteis. O projecto – sugerido no Reino

---

[31] Goa, 27.VII.1623, in *ACE*, vol. I, pp. 179-180.

[32] Deste «saguate», de que existiu uma lista, não se sabe ao certo o destino: um documento refere a sua chegada a Lisboa dentro de um «caxon» e o seu imediato envio para a corte de Filipe III (Lisboa, 14.I.1612, AGS – *Estado-Portugal*, leg. 436, fls. 115, 116). Outro testemunho, e se é que estamos a falar do mesmo presente e da mesma embaixada, nota que os presentes foram vendidos em Goa a Ferdinand Cron («Reçeita do que se entregou [...] dos sagoates que per outro nome tem prezentes pera a Raynha Nossa Senhora», 10.VII.1612; AHU – *Índia*, cxª 2, doc. 67).

[33] Coutre instala-se em sua casa em 1615-1616 (*Andanzas asiáticas*, liv. III, cap. III, p. 280).

[34] D. Jerónimo de Azevedo a Filipe III, Ilhéus Queimados, 31.XII.1614, HAG – *MR*, liv. 12, fl. 164; BOCARRO – *Década 13*, cap. LXX, pp. 303-306, cap. LXXVIII, pp. 340-341 (o cronista não fala do casamento da filha de Ibrahim, antes refere a sua morte).

[35] Admite-se, em Goa como no Reino, que Ibrahim II não deseje verdadeiramente as pazes entre o Estado da Índia e Ahmadnagar, pois a continuação desse conflito traduzir--se-ia no crescimento dos réditos do porto de Dabul (Filipe III a D. Jerónimo de Azevedo, Lisboa, 6.II.1616, in *DRI*, t. II, pp. 382-383).

por D. frei Aleixo de Meneses, e que caberia a Corte Real desenvolver *in situ* – passava por estimular o sultão a desenvolver a produção de algodão e anil no seu reino e, bem assim, a atrair a Bijapur os que no Guzerate «lavravam roupas» para que ensinassem o ofício aos locais. As vantagens eram mútuas: o sultanato descobria uma nova fonte de rendimento, enquanto que o Estado da Índia atenuava os prejuízos materiais que a «guerra do Norte» lhe vinha provocando[36].

Não obstante, a imagem negativa que os portugueses tinham de Ibrahim 'Adil Shah II desde o início do seu reinado (*supra*, capítulo 5) não se desvaneceu nesta altura. Não crêem que o sultão constitua propriamente uma ameaça ao Estado da Índia, mas consideram-no mau governante. Fazem-no homem com pouco pulso para a política interna do sultanato e, no que respeita às relações com o império mogol, preocupam-se com o modo como Ibrahim II se enfeuda a Jahangir. Interessante carta de Diogo do Couto datada de 1608 mostra como esta imagem era consensual entre os portugueses de Goa e, bem assim, revela como o cronista aspirava a desempenhar um papel político de substância quanto à «educação» do sultão de Bijapur. Couto começa por vaticinar uma rápida conquista mogol de Ahmadnagar e, estando Jahangir na iminência de «levar tudo nas mãos», Ibrahim II é incapaz de reagir: «he hû soni, balhador, tangedor, e tão afiminado como hûa molher, por onde não ha que fazer cõ elle». Assim, o cronista decidira oferecer-se a D. frei Aleixo de Meneses para ir à corte de Bijapur disfarçado de comerciante de cavalos a fim de negociar vantagens para o Estado da Índia em caso de derrocada do sultanato:

> [...] para o persuadir [a Ibrahim II], quando o vise desesperado, a dar a cidade e fortaleza de Dabul a El Rey para o recolherê nella com sua molher e tisouro sendo necesçario, e trazer-lhe exemplo do soltão Badur de como nos deu a ilha e fortaleza de dio quando o avô deste mogor [Humayun] foi sobre elle e lhe tomou o Reinno, e dalli com o favor dos purtugueses o tornou a ganhar, como poderia tambê faser

---

[36] Carta a Filipe III, [Lisboa], 5.II.1615, AHU – *Índia*, cx^a 4, doc. 46. O projecto foi indeferido por indicação de Diogo Soares, que então servia no Conselho da Fazenda.

este Rei de Vizapor se no desse Dabul pela comodidade daquelle porto, com o que sua Magestade ficaua metendo pee para vir a ser Sñor de todo Quonquão[37].

Couto atribui a si próprio um papel crucial na definição da geopolítica do Concão, pois adverte o Conselho da Índia – fazendo de Francisco da Gama seu intermediário – para a possibilidade de Jahangir se abeirar de Goa caso a diligência a que se propõe não tenha vencimento. Porventura mais interessante é a fórmula encontrada pelo cronista para remediar o assalto mogol ao Decão ocidental: sugerir a Ibrahim II que faça as vezes de Bahadur Shah, transformar Dabul numa segunda de Diu. Uma Dabul portuguesa, conjugada com o domínio de Danda – que, como se verá adiante, vinha sendo sugerido desde 1610 em moldes idênticos aos propostos por Couto – e de Diu faria de Filipe III «Senhor de todo o Concão».

Mas a política mogol de Ibrahim 'Adil Shah II não se alterou e a primeira década do reinado de Jahangir é, a este propósito, bem significativa. De facto, desde a embaixada de Firishta, destinada a felicitar o novo imperador pela sua ascensão ao trono, à embaixada de Saiyid Kabir Khan à corte mogol em 1615, Bijapur dá passos decisivos no sentido de «comprar» a amizade do seu poderoso vizinho setentrional. Entre uma e outra missão diplomática, fica a reveladora correspondência trocada entre Ibrahim II e Mirza 'Aziz Koka, testemunho dessa vontade de agradar a Jahangir[38]. Como no passado recente – lembre-se o casamento de Daniyal com Sultana Begam no ocaso do reinado de Akbar (*supra*, capítulo 5) –, uma aliança matrimonial poderia constituir o cimento de uma aliança política. É nesse sentido que Mir Jamaluddin – embaixador mogol à corte de Bijapur e, por sinal, o mesmo que negociara o casamento de Daniyal em 1604 – chega a preparar o casamento da filha de Ibrahim II com o príncipe Parwez[39].

---

[37] Carta a D. Francisco da Gama, Goa, Natal 1608, in COUTO, Diogo do – *Décadas*, ed. António Baião. 2 vols. Lisboa: Sam Carlos, 1947, vol. I, pp. LXXVIII-LXXX.
[38] Cf. HASAN, K. N., HAIDER, Mansura – «Letters of Aziz Koka to Ibrahim Adil Shah II». In *PIHC*, 27ª sessão. Aligarh, 1967, pp. 161-167.
[39] Cf. M. A. Nayeem, *External Relations*, pp. 152-155. A embaixada de Bijapur de 1615 à corte mogol é assinalada no *Jahangirnama*, ed. Thackston, p. 181.

Como em 1604, a reacção portuguesa é assaz negativa. Os portugueses sabiam decerto que Ibrahim II fazia jogo duplo e que, enquanto se aproximava dos mogóis, não descurava as relações com Ahmadnagar. Mas não o tomavam por suficientemente corajoso para, sendo necessário, romper com Jahangir. «O Idalcão – escreve o vice-rei de Goa em finais de 1613 – por hû embaxador que eu la tinha me mandou dizer muitas cousas de palavra que por serê contra o Mogor pareçe que se não atreveo a mas escrever»[40]. Imperativo era, pois, evitar o estabelecimento de laços sólidos entre as duas partes. Daí que Filipe III recomende a D. Jerónimo de Azevedo em 1612, tal como já havia instruído Aires de Saldanha, que «trabalheis por impedir que não haja casamentos entre casas do Idalcão e do Mogor»[41].

Marca inequívoca da subserviência de Bijapur ao império mogol é a referida embaixada de 1615. Os jesuítas comentam espantados o verdadeiro «tesouro» que era o presente de Ibrahim II a Jahangir, levado à corte imperial por Saiyid Kabir Khan: «quatro bandejas da China e nellas muita pedraria perolas e ioias e alguas pesas douro lauradas e hum grande numeros [sic] de bandejas co borcados veludos melique, idest damaseres da persia, cincoenta cavalos arabios ajcasados de ouro, e prata antre elles tres que o visorey lhe tinha mandado e outros tantos eleffantes [...] cõ cobertores de borcado e veludo, e nos pes todos cadeas de prata muito groças»[42].

No plano interno, a fraqueza de Ibrahim II corporiza-se sobretudo, aos olhos de Goa, no ascendente alcançado pelos persas no governo do sultanato. São vários os lamentos neste sentido que se colhem na correspondência portuguesa da época: «O Idalcão tem fraco governo, e elle he para pouco, e vicioso, mas não mal intencionado para as cousas do Estado, nem elle por sy faria cousa que nos prejudique, mas governa se por algûs parçeos cobiçosos, que tiranizão tudo para se fazerê riquos»[43]. Três anos depois, em 1616, a situação era a mesma: o vice-rei

---

[40] D. Jerónimo de Azevedo a Filipe III, Goa, 22.XII.1613, HAG – MR, liv. 12, fl. 46v.

[41] Filipe III a D. Jerónimo de Azevedo, Lisboa, 13.II.1612, in DRI, t. II, p. 160. Em erro, Bulhão Pato leu «cousas» em vez de «casas».

[42] Manuel Pinheiro, Goa, 22.XII.1615, ARSI – Goa, vol. 33 II, fl. 461v.

[43] D. Jerónimo de Azevedo a Filipe III, Goa, 22.XII.1613, HAG – MR, liv. 12, fl. 49v.

continuava sem conseguir vencer a barreira dos conselheiros de Ibrahim II, todos eles persas[44].

Não podendo ignorar o ascendente destes homens sobre o sultão de Bijapur, a estratégia portuguesa passava por eleger um interlocutor e favorecer a sua relação com o Estado da Índia. As informações que chegam ao reino identificam com clareza o «alvo» – Shah Nawaz Khan:

> Pelo que me escreveis ácerca do Idalcão e do seu governo, entendo o muito a que o obrigam seus conselheiros; e para encaminhar as cousas d'aquelle rey como convem, me pareceu advertir-vos que procureis, por todas as intelligencias que puderdes ter com os seus validos, dissuasil-o dos intentos, em que os parseos, que me avisaes, o podem metter; para o que vos poderá ser de proveito usardes da intervenção de Xanadasquan, seu secretario, que tenho sabido que os annos atraz se mostrava amigo do Estado; porque, por via d'este, com dadivas e se lhe fazerem nas fazendas que enviava a Goa alguns favores, se divertiram alguns intentos que o dito Idalcão teve contra meu serviço [...][45].

Na verdade, o «secretário» Shah Nawaz Khan era primeiro-ministro de Bijapur e parece ter tido um enorme ascendente sobre Ibrahim II, a quem ensinara literatura persa logo no início do seu reinado. Arquitecto de formação, trata-se de mais um desses intelectuais estrangeiros que o sultão lograra atrair à sua cosmopolita corte, aí construindo uma longa carreira política[46]. Jacques de Coutre conhecera «Sanavazcán» em Bijapur nos anos de 1604-1605 e dá conta – juntando referências a outros homens, como «Costacarán», «Acoacán» e «Godeantcán» – do aparato e luxuoso modo de vida dos «privados» de Ibrahim II[47].

Os portugueses não curaram de todo da dimensão intelectual de Shah Nawaz Khan, mas conheceram-no bem como político. Goa escreve-lhe

---

[44] O mesmo ao mesmo, Goa, 8.I.1616, HAG – *MR*, liv. 12, fl. 220v.
[45] Filipe III a D. Jerónimo de Azevedo, Lisboa, 14.II.1615, in *DRI*, t. III, p. 236.
[46] NAYEEM – *External Relations*, p. 67; EATON – *Sufis of Bijapur*, p. 97.
[47] *Andanzas asiáticas*, liv. II, caps. II e IV, pp. 178-183 e 187-198.

regularmente e distingue-o amiúde com presentes[48] e é o mesmo «nababo Xanavascan» que, ao lado do sultão, assiste em Nauraspur à assinatura das pazes entre o Estado da Índia e Ahmadnagar em Outubro de 1615[49].

O extracto da carta de Filipe III que acima reproduzimos mostra claramente como o *peshwa* de Bijapur tinha interesses nos negócios que se faziam entre o sultanato e a capital do Estado da Índia. Vimos, já, como não era alheio à escolha dos *havaldar*s de Pondá, e sabemo-lo também «parente» do persa que governa o porto de Dabul em 1624[50].

Independentemente da natureza e do devir da relação entre Shah Nawaz Khan e o Estado da Índia, quem lê as fontes portuguesas deste período fica absolutamente convencido da hegemonia dos persas na condução dos negócios políticos de Bijapur. O sultão surge como uma figura inofensiva, paralisado por essa teia de estrangeiros que o isolam do mundo exterior. E, todavia, as investigações sobre a história de Bijapur nesta época mostram que, com habilidade, Ibrahim II terá estimulado desde cedo a ascensão de brâmanes locais no aparelho político-administrativo do reino por forma a diluir o excessivo poder dos persas[51].

Problema de difícil resolução, porquanto a documentação do Estado da Índia não releva a figura de nenhum nativo no quadro da elite política e do oficialato de Bijapur nesta época. É bem provável que, ocupando-se da gestão financeira e de outros aspectos da administração interna do reino, os brâmanes fossem quase «invisíveis» para os portugueses. Pelo contrário, e dado que os persas parecem ter sobretudo a seu cargo os domínios da comunicação política e da representação externa do sultanato[52], a sua hegemonia terá sido porventura agigantada em Goa. Para mais, é de crer que as boas relações entre Shah 'Abbas e Ibrahim II se traduzissem na entrada no reino dos 'Adil Shahs

---

[48] BOCARRO – *Década 13*, cap. LXX, pp. 305-306.

[49] Cf. *supra*, n. 24.

[50] Ver *infra*, n. 103.

[51] EATON – *Sufis of Bijapur*, pp. 90-91.

[52] Comunicação pessoal de Sanjay Subrahmanyam. Para um perfil dos «estrangeiros» nos sultanatos do Decão, ver FISCHEL, Roy – *Society, Space and the State in the Decan Sultanates, 1565-1636*. Chicago: Universidade de Chicago, 2012. Dissertação de Doutoramento, cap. IV, pp. 179 ss.

de mais persas – e de persas mais influentes – do que aquilo que é usual admitir. Teme-se até, em Goa como no Reino, que esse grupo que aparentemente domina a política do sultanato esteja ao serviço de uma estratégia de poder do soberano safávida na região – «pode o Xá por via destes parçeos ter algûa intelligençia para nos revolver por cá»[53].

A sombra Safávida

Mais do que a ameaça de Jahangir sobre os sultanatos do Decão occidental nessa altura, o Estado da Índia receava a excessiva cumplicidade entre eles e o Irão safávida. É um medo que atravessa as duas décadas que aqui nos ocupam e que, naturalmente, é indissociável da política de Shah 'Abbas e da perda de Ormuz em 1622. De facto, enviados de Ahmadnagar, Bijapur e Golconda haviam visitado a corte safávida logo em 1613. Shah 'Abbas retribuiu o gesto e, no ano seguinte, despachou embaixadores para os sultões do Decão: Husain Beg Tabrezi é enviado à presença de Muhammad Qutb Shah; Darwesh Beg (entretanto substituído por seu filho, Muhammad Beg) à corte de Murtaza Nizam Shah II; e Shah Quli Beg à de Ibrahim II. É esta ofensiva diplomática persa no Decão em 1614-1615 que atemoriza os portugueses. O primeiro incidente tem lugar ainda em Ormuz: transportando cavalos para oferecer a Ibrahim II, Shah Quli Beg é aí recebido pelo capitão da fortaleza que, sem ousar barrar-lhe o caminho da Índia, o forçou ainda assim a navegar directamente para Goa[54]. Filipe III não tarda a reagir a este dado novo. Em carta a D. Jerónimo de Azevedo, o rei disserta sobre as origens do fenómeno e respectivas causas, ao mesmo tempo que recomenda ao vice-rei que ponha termo a esse perigoso fluxo de embaixadores e emissários:

> [...] convem tratar-se de como se poderá impedir este modo de communicação do Xá com os reys da India, com o menos escandalo seu, que

---

[53] D. Jerónimo de Azevedo a Filipe III, Goa, 3.XII.1615, HAG – *MR*, liv. 12, fl. 221.
[54] Filipe III a D. Jerónimo de Azevedo, Lisboa, 3.I.1615, in *DRI*, t. III, p. 175.

puder ser; e eu tenho entendido que nunca os reys da Persia antepassados d'este fizeram outra demostração semelhente com os vizinhos d'esse Estado, e que a este respeito se póde presumir que esta novidade e do que se sabe de sua inquietação e pretensões, que tratará de os inquietar contra o Estado; sendo assi que isto se pode temer mais, por se saber que os reys mouros da India são da sua seita d'elle, e o teem por cabeça della, com hum modo de subordinação igual á que os catholicos teem ao Santo Padre, pelo qual o encommendam em suas orações, e guardam seus preceitos e conselhos, o que ainda terá mais logar, se os persuadir que os que lhe der, tocam á observancia de sua ley[55].

Arguto raciocínio o de Filipe III, embora comportando dois erros não despiciendos: i) Shah 'Abbas não era o primeiro a olhar a Índia como potencial área de influência do império safávida – Shah Isma'il I procurara estimular os laços com o Decão logo no início do século XVI[56], e o mesmo fizera Shah Tahmasp; ii) Ibrahim II era sunita e, portanto, não era da «seita» de Shah 'Abbas. Não obstante, Filipe III escreve como se tivesse lido a carta que o sultão de Bijapur escreveu a Shah 'Abbas em 1612-1613. Nela se declara seu «humilde escravo», não hesitando em afirmar que «os territórios do Decão constituem uma parcela do império safávida, tanto como o são as províncias do Iraque, Fars, Khurasan e Azerbeijão». Na mesma ocasião, Ibrahim II revela que, nas mesquitas do seu reino, a *khutba* é lida em nome de Shah 'Abbas e que a ele, sultão de Bijapur, mais não cabe do que governar esse território em nome do monarca safávida como um simples *mansabdar*[57].

---

[55] O mesmo ao mesmo, Lisboa, 14.II.1615, in *DRI*, t. III, pp. 239-240; o mesmo ao mesmo, Lisboa, 3.I.1615, *ibid.*, p. 175. O rei envia por terra uma carta no mesmo sentido ao capitão de Ormuz logo a 30.XI.1614 (*ibid.*, pp. 299-300).

[56] AUBIN, Jean – «L'avènement des Safavides reconsidéré (Études Safavides III)». *MO&OI*. Vol. V (1988), pp. 1-130.

[57] Resumo inglês e comentário em ISLAM – *Calendar*, vol. II, Dn. 298.1, pp. 131-135. Outra carta no mesmo sentido datável de 1613-1614 (*ibid.*, Dn. 298.2, pp. 136-137). Ver também HAMAD, Nazir – «Letters of the rulers of the Deccan to Shah Abbas of Iran». In *Medieval India – a miscellany*, vol. I, pp. 280-300 (documentos publicados em persa, mas com uma curta introdução em inglês que sumaria o respectivo conteúdo).

Sucede que, independentemente do vínculo xiita, os imperadores safávidas mantinham uma autoridade teórica e simbólica sobre os sultões do Decão, espécie de relação de suserania que faz de Shah 'Abbas conselheiro e protector daqueles soberanos. Assim, na missiva de 1612-1613, Ibrahim II pede explicitamente o auxílio do Irão safávida perante a ofensiva mogol. De seu lado, Shah 'Abbas não parece ter procurado constituir uma liga anti-mogol com os monarcas de Bijapur, Ahmadnagar e Golconda, embora lhe interessasse preservar a autonomia dos sultanatos do Decão. Coloca-se num plano mais elevado e, escrevendo mais do que uma vez a Jahangir sobre o assunto, assume-se como árbitro do conflito e tenta conciliar as duas posições em presença. Nessas cartas, em boa verdade, Shah 'Abbas desempenha o papel de pai responsável que pede desculpa pelos actos irreflectidos dos filhos. Reconhece a soberania de Jahangir no Decão e pede ao imperador que perdoe os soberanos locais[58]. Percebe-se claramente que Shah 'Abbas pretende evitar a conquista mogol do Decão sem romper com o imperador com quem, aliás, cultivou relações diplomáticas estreitas[59]. Basta recordar e sublinhar a troca de presentes altamente simbólicos entre ambos, com destaque para o famoso rubi de

---

[58] Sobre tudo quanto precede, ver NAQVI, Syed Muhammad Raza – «Shah Abbas and the conflict between Jahangir and the Deccan States». In *Medieval India – a Miscellany*, vol. I, pp. 272-279; NAYEEM – *External relations*, pp. 57-59 e 62-65. As posições dos dois autores não coincidem em aspectos substantivos: Naqvi crê que a relação entre Shah 'Abbas e os sultanatos indianos é mais teórica do que concreta e que o conflito do Decão não condicionou sobremaneira nem a relação do Irão safávida com Jahangir nem, em particular, a evolução do problema de Qandahar. Nayeem, ao invés, interpreta essa relação ente Shah 'Abbas e Ibrahim II como sendo mais activa e nela detecta claras ligações à turbulência da fronteira safávida-mogol na Ásia Central.

[59] A correspondência trocada entre ambos foi reunida por Islam (*Calendar*, vol. I, pp. 143 ss) e estudada pelo mesmo autor em *Indo-Persian relations*, cap. V, pp. 68 ss. Sobre a relação entre os dois soberanos, ver LEFÈVRE, Corinne – «Jahangir et son frère Sah Abbas: compétition et circulation entre deux puissances de l'Asie musulmane de la première modernité». In HERMANN, D., SPEZIALE, F. (eds.) – *Islam in the Indo-Iranian World during the Modern Epoch*. Berlim; Teerão: Klaus Schwarz; IFRI, 2010, pp. 23-56. Tal relação teve um importante reflexo na pintura mogol e na projecção da ideologia imperial. Lembre-se a miniatura «Jahangir recebendo Shah 'Abbas», de Abu'l Hasan, *ca*. 1618-1620 (Washington, D.C., Smithsonian Institution, Freer Gallery of Art, 42.16A), ou, de forma mais sugestiva, o «assassino» abraço de Jahangir a Shah 'Abbas, do mesmo pintor e período (também Freer Gallery of Art, F1945.9a). Sobre os possíveis significados deste gesto, ver COLE, Juan – «The imagine embrace: Gender, Identity, and Iranian Ethnicity in Jahangiri paintings». In MAZZAOUI, Michel M. (ed.) – *Safavid Iran and Her Neighbours*. Salt Lake City (UT): The University of Utah Press, 2003, pp. 49-61.

Ulugh Beg (r. 1411-1449), oferecido por Shah 'Abbas a Jahangir[60]. Daí que, numa carta escrita ao sultão de Golconda em 1620, Shah 'Abbas habilmente transfira para os «comandantes mogóis» o ónus dos ataques ao Decão, preservando assim a sua relação com Jahangir[61].

Regressemos à citada carta de 1615 de Filipe III por forma a enquadrar a reacção portuguesa a tudo isto. Observa judiciosamente o monarca que o vaivém de embaixadores entre as capitais do Decão e a corte safávida depende, em parte, da tolerância do Estado da Índia. É que as relações entre Jahangir e Shah 'Abbas eram então tensas devido à questão de Qandahar e era pouco provável que mercadores e diplomatas se aventurassem por terra. Assim, conclui Filipe III, uma vez «tapada a porta de Ormuz», o perigo persa na Índia diluir-se-ia. Sucede, contudo, que os contactos entre o Decão e o Irão haveriam de intensificar-se de modo considerável nos anos seguintes, sem que o Estado da Índia os pudesse contrariar verdadeiramente. As cartas trocadas entre Shah 'Abbas e o sultão de Ahmadnagar passavam às claras por Ormuz e a própria correspondência entre os agostinhos que viviam na corte safávida e o capitão português daquela fortaleza era, não raro, transportada por homens que integravam as embaixadas do Decão à Pérsia[62]. Em 1615, o vice-rei português ainda logra evitar a passagem por Ormuz de um embaixador

---

[60] Sobre tudo isto, ver o interessante trabalho de LITTLEFIELD, Sharon – *Safavid Iran and Her Neighbours The object in the gift: Embassies of Jahangir and Shah Abbas*; 2 vols. Minnesota: University of Minnesota, 1999. Dissertação de Doutoramento, vol. I, pp. 45-49, *passim*. O gesto do imperador safávida não passou despercebido aos jesuítas, como não lhes passou despercebido o seu significado mais profundo. O padre Gonçalo de Sousa nota que Shah 'Abbas prescinde desse precioso objecto, sabendo antemão que o mesmo conferia maior legitimidade política a Jahangir enquanto herdeiro de Timur na Índia («lhe mandava o dito balaio tantas vezes delle pedido, por ser peça que lhe competia»). Em contrapartida, espera que o imperador mogol lhe devolva Qandahar, «que a todos era notorio lhe vinha por direito sendo o berço em que se criarão seus primogenitores»). Diz ainda o missionário que Jahangir, festejando «o presente por ser delle muito desejado», recusou todavia abdicar de Qandahar, ainda que os nobres persas da sua corte lhe aconselhassem o inverso: «forão de parecer se largasse o dito Reino, por na conservação delle se gastar mais do que rendia» (padre Gonçalo de Sousa, «Relação do que aconteceo no reino do Mogor», BL – *Add. Ms.*, 9855, fl. 46v).

[61] Pub. em ISLAM – *Calendar*, vol. II, Dn. 300, pp. 144-145.

[62] Padre Sebastião de Jesus a D. Francisco de Sousa, Ispahan, 28.IX.1621, pub. por ALONSO, Carlos – «El convento agustiniano de Ispahan durante el período 1621-1671». *AA*. Vol. 36 (1973), p. 251.

de Bijapur a caminho de Ispahan[63]. Mas, desde essa data até à queda de Ormuz, a situação é progressivamente mais difícil. A vinda de mais três embaixadores safávidas à Índia em 1619 volta a alarmar os portugueses. O rei havia proibido a passagem de embaixadores de novo em Março de 1619[64]. Na prática, todavia, tal embargo revela-se impraticável. Em 1620, Burhan Nizam Shah III enviava um embaixador a Shah 'Abbas. Este viaja de Ahmadnagar para o Irão na companhia de Muhammad Beg, embaixador safávida que viera à corte dos Nizam Shahs no ano anterior. Falamos de Habsh Khan, que haveria de permanecer na Pérsia durante algum tempo, acompanhando inclusivamente Shah 'Abbas na expedição a Qandahar em 1622[65]. Uma vez em Ormuz, Habsh Khan e Muhammad Beg esperariam prosseguir viagem até à Pérsia sem que os portugueses fiscalizassem os bens que transportavam ou os obrigassem a pagar direitos. Tudo é negociado previamente em Goa entre o governador e um enviado do sultão de Ahmadnagar chamado Krishna Dalavay («Chrisma Dalvy»). Perante a intransigência de Fernão de Albuquerque, o emissário de Burhan III ameaça fazer viajar Habsh Khan e Muhammad Beg «polas terras do Mogor», o que faz retroceder os portugueses[66].

Outro episódio revelador, também ocorrido em 1620. Dois emissários safávidas vêm a Bijapur e passam por Ormuz sem pagar direitos dos cavalos que traziam[67]. Reconhecendo que não podia suster esses contactos, Filipe IV acaba por admitir a circulação dos embaixadores, mas procura disciplinar esse perigoso tráfego: deviam sempre pagar

---

[63] D. Jerónimo de Azevedo a Filipe III, Goa, 31.XII.1615, HAG – *MR*, liv. 12, fl. 221.

[64] Filipe III a D. João Coutinho, Madrid, 16.III.1619, in *DRI*, t. VI, pp. 62-63.

[65] NAQVI – «Shah Abbas and the conflict», p. 272.

[66] Fernão de Albuquerque ao rei, Goa, 8.II.1620, in *DRI*, t. VI, pp. 63-64. Este episódio reforça a tese de Naqvi, segundo o qual Jahangir conhecia, e não se opunha, aos contactos entre Shah 'Abbas e os sultões do Decão, pelo que a passagem destas comitivas por terras do império não constituiria problema. Mais, argumenta que Shah 'Abbas cultivou as relações com Jahangir até muito tarde e que a questão de Qandahar só se voltou a colocar verdadeiramente em 1619 (NAQVI – «Shah Abbas and the conflict», pp. 274-275, 278-279). O *nishan* de Jahangir ao mercador persa Kamran Beg – emitido no ano seguinte ao ataque safávida a Qandahar e facilitando-lhe a circulação e os negócios no império mogol, entrasse ele por terra ou por via marítima através de Lahori Bandar – é mais um dado a favor deste argumento (anterior a Jul. 1607, pub. in ISLAM – *Calendar*, vol. I, J. 51.1, pp. 152-153).

[67] Filipe IV ao vice-rei, Lisboa, 8.II.1622, in *DRI*, t. VIII, pp. 372-373.

direitos, viajando por Goa (e não por Dabul) os que se dirigem a Bijapur, enquanto que aqueles que se destinavam a Ahmadnagar entrariam por Chaul[68].

Preocupados com o ascendente safávida sobre os «reis da Índia» ao longo dos anos de 1610-1620, os portugueses nunca avaliaram, ao menos por escrito, a possibilidade de tirar partido dessa cumplicidade a fim procurar deter o avanço mogol para sul. É provável que, escrevendo na véspera ou no dia seguinte à perda de Ormuz, o medo do «Persa» se tenha sobreposto à capacidade de o olhar como um aliado, ainda que indirecto, noutros contextos e noutros palcos. Numa palavra, o Estado da Índia temia que a aliança entre safávidas e sultanatos do Decão fizesse de Goa uma segunda Ormuz. Tal receio parece ter impedido os portugueses de formular uma outra equação política, porventura mais sofisticada: uma aliança entre o «Persa» e os «reis da Índia» traduzia-se na existência de duas frentes de combate ao império mogol, o que só melhoraria a situação de Goa. A relação entre o que se passa na Ásia Central e o que se passa no Decão só é evocada tardiamente pelos portugueses, quando Shah 'Abbas se prepara para tomar Qandahar. Nota Fernão de Albuquerque, em Fevereiro de 1622, que «se foi o Mogor para Lahor para acudir dalli a guerra que lhe o Xá move sobre Candar *em que tambem pode ser que entre com pretenção de o divirtir da que elle* [Jahangir] *faz a estes reys vesinhos que professão a ley do Xá e oje conhecem e tem por cabeça nella*»[69]. Uns meses antes, desde Ispahan, o agostinho Sebastião de Jesus fazia notar que Shah 'Abbas pretende «que o Melique faça guerra a Xaseli [Shah Selim, i.e. Jahangir] para elle se poder negoçear com Candar»[70]. Porque não pensaram nisto antes os responsáveis do Estado da Índia? Será porque, como defendem alguns historiadores, não existia então, verdadeiramente, uma liga anti-mogol entre Shah 'Abbas e os sultões do Decão?

---

[68] O mesmo ao mesmo, Lisboa, 25.II.1622, *ibid*, p. 385.
[69] Carta ao rei, Goa, 18.II.1622, in *DRI*, t. VII, p. 380. É nosso o itálico.
[70] Carta a D. Francisco de Sousa, Ispahan, 28.IX.1621, in ALONSO – «El convento agustiniano de Ispahan», p. 251.

1616-1617

O panorama do Decão altera-se substancialmente com a entrada em cena do príncipe Khurram em 1616-1617. Resultado prático do ascendente que a imperatriz Nur Jahan exerce sobre Jahangir desde 1611[71], a Khurram é confiado, em Novembro de 1616, um exército de quarenta mil homens para o assalto ao Decão. O príncipe regressara vitorioso no ano anterior de uma campanha contra Karan Singh de Mewar, sucesso que lhe valera inequívocos sinais de reconhecimento do imperador[72]. Nota o padre Manuel Pinheiro que, «vendo o Rei a boaventura do filho lhe deu trimfo e lhe acresentou a rêda dando lhe parte do reino de gusurate»[73]. Esqueceu-se o jesuíta de registar o mais importante: gesto inédito, o príncipe usaria doravante o título de *Shah Jahan* («Rei do Mundo»).

Entretanto, o príncipe Parwez era instado a regressar à corte e a deixar o palco da guerra a Khurram. E, não obstante, a incursão mogol sobre Ahmadnagar no início desse ano de 1616, logrando conquistar a capital do sultanato (Khadki ou Khirki, depois Aurangabad), tinha sido tudo menos desastrosa: desbaratado numa batalha perto de Jalna, Malik 'Ambar havia sido forçado a fugir para Daulatabad[74]. Um impressivo relato feito da corte de Bijapur em Janeiro de 1616 dá conta do pânico causado no Decão pelos preparativos dessa ofensiva mogol. Trata-se do testemunho de Georg Krieger, um alemão que Henrich von Poser conheceu justamente na corte

---

[71] A questão da influência política de Nur Jahan e da sua família (o irmão Asaf Khan e o pai I'timad ud Daula) tem sido bastante glosada. Ver HABIB, Irfan – «The family of Nur Jahan during Jahangir's reign – a political study». In *Medieval India – A miscellany*, vol. I, pp. 74-95; HASAN, Nurul S. – «The Theory of the Nur Jahan 'Junta' – A critivcal examination». *PIHC*, 21ª sessão. Trivandrum: 1958, pp. 324-335; FINDLY, Ellison Banks – *Nur Jahan, Empress of Mughal India*. Nova Iorque; Oxford: OUP, 1993. Para uma revisão crítica da imagem de Jahangir enquanto imperador «fraco», maneitado por Nur Jahan, ver LEFÈVRE, Corinne – «Recovering a Missing Voice from Mughal India: The Imperial Discourse of Jahangir (r. 1605-1627) in his Memoirs». *JESHO*. Vol. 50/4 (2007), pp. 452-489; ID., «Comment un «conquérant du monde» devient l'esclave d'une femme. L'historiographie de l'empereur moghol Jahangir (r. 1605-1627)». In BENOIST, S. et al. (ed.) – *Mémoires partagées, mémoires disputées: écriture et réécriture de l'histoire*. Metz: CRUHL, 2010, pp. 93-118.

[72] *Jahangirnama*, ed. Thackston, pp. 154, 164-165, 174-175.

[73] Goa, 22.XII.1615, ARSI – *Goa*, vol. 33 II, fl. 460.

[74] *Jahangirnama*, ed. Thackston, pp. 187-188.

de Ibrahim II[75], e que remete notícias para um italiano residente em Goa a partir de Nauraspur. As palavras de Krieger permitem fazer uma ideia de, como no Decão, todos – sultões, elites e gente anónima – reagiam ao vislumbre de uma campanha militar mogol:

> Esta nueva de rrepente ha turvado toda esta tierra que paresçe que de supito todo se ha mudado. *El Rey [Ibrahim II] luego que supo esto embio todo du tesoro a Visapor a una fortaleza que tiene alli para su seguridad, y desde el dia que supo esta nueva hasta oy no se vee otra cossa que carros y elefantes cargados y ha dado orden de fortificar aquella cidade y fortaleza con toda la brevedad possible, adonde tambien la noche passada embió muchas mugeres suas. Sus intentos no se saven algundos dizen que el tambien se quiere rretirar a la fortaleza y otros que se esta prevueniendo para salir em campaña.* En summa ay tanto medo que no se puede dezír, y tanta confusion en el pueblo como si el enemígo estuviera en la puerta aunque esta lexos mas de veinte dias de camino[76].

As notícias deste ataque chegam rapidamente ao Reino e, em Março do ano seguinte, Filipe III já sabe que «os Mogores, [...] com grande golpe de gente haviam passado as portas de Varara». Volta a ser necessário, portanto, não romper com Ahmadnagar – um «muro» entre as fortalezas do Estado da Índia e o império de Jahangir – e procurar confederar os três sultanatos do Decão. Daí que – recomenda o rei – «todas as vezes que os reis de Deçan estiverem apertados convem que o Estado lhes assista de modo que, não rompendo as pazes com o Mogor, se não permitta que elle prevaleça de todo». De outro modo, e na eventualidade do sultanato de Ahmadnagar se extinguir como resultado da ofensiva mogol, Goa deveria antecipar-se a Jahangir e tomar a estratégica fortaleza de Danda[77].

---

[75] Cf. BEVERIDGE, H. – «Von Poser's Diary in Persia and India». *The Imperial and Asiatic Quarterly Review.* 3ª s., vol. XXIX/57 (Jan. 1910), pp. 99-100; DHARAMPAL – «Henrich von Poser's Travelogue», p. 108.

[76] Goa, 29.I.1616, AGS – *Estado-Portugal*, 145. Os itálicos são nossos. Ver também D. García de Silva y Figueroa ao rei, Goa, 12.II.1616, AGS – *Estado*, 437-144.

[77] Filipe III a D. João Coutinho, Madrid, 21.III.1617, in *DRI*, t. IV, pp. 131-132.

A ideia, que já fora aventada anos antes e que voltaria a sê-lo nos anos de 1620[78], fazia todo o sentido: Danda era um estabelecimento marítimo da maior importância, que importava articular com o domínio de Chaul. Desafortunadamente, não dispomos de testemunho semelhante ao de Krieger para a ofensiva de Khurram. O pânico terá sido certamente muito maior, dado o inequívoco sucesso da sua campanha de seis meses. Demais, e pela primeira vez, o próprio imperador aproxima-se do teatro de operações, instalando-se em Mandu no mês de Março de 1617. Ainda assim, desde a corte mogol, Thomas Roe não se deixa impressionar por essa ofensiva. Em Novembro de 1616 escreve que Khurram vai à frente de um «exército efeminado», decerto incapaz de inspirar terror aos inimigos[79]. Em finais de Janeiro do ano seguinte, regista notícias vindas do Decão, segundo as quais Khurram tem dificuldades em avançar, com medo do inimigo e de 'Abdur Rahim Khan-i Khanan. Os conselheiros sugerem-lhe que, não tendo a sua campanha suscitado a vaga de terror que esperavam, desista da guerra e converta a falhada ofensiva em simples caçada. Khurram recusa, alegando que é a sua honra que está em causa[80].

O príncipe mogol acabou por sair vitorioso, recebendo primeiro sinais de submissão de Bijapur e Golconda, e vergando depois Malik 'Ambar, que aceitou ceder importantes parcelas do território de Ahmadnagar aos mogóis. Khurram entra na corte em Outubro de 1617 e a sua recepção pelo imperador – à semelhança do que sucedera aquando do regresso de Mewar – não poderia, claro está, deixar de ser representada no *Padshahnama* do Windsor Castle[81]. A subordinação de Bijapur aos mogóis reforça-se sobremaneira depois dos acontecimentos de 1617[82]. Não deve

---

[78] Filipe III a Rui Lourenço de Távora, Lisboa, 17.II.1610, in *DRI*, t. I, p. 333; o mesmo a D. Jerónimo de Azevedo, Lisboa, 14.II.1615, *ibid.*, t. III, p. 235; Filipe IV a D. Francisco da Gama, Lisboa, 11.II.1622, *ibid.*, t. VIII, pp. 383-384.

[79] Carta a Sir Ralph Winwood, 30.XI.1616, in FOSTER, William (ed.) – *The embassy of Sir Thomas Roe to India, 1615-19*. Reed. Nova Deli: MM, 1990, p. 318.

[80] Carta a Sir Thomas Smith, 17.I.1617, *ibid.*, p. 340.

[81] *Padshahnama/Windsor*, n°s 8-9, pp. 35-37 e pp. 165-167. Para Mewar, ver as miniaturas n°s 5, 6-7, pp. 28-34 e 161-164.

[82] NAYEEM – *External relations*, pp. 155-156.

surpreender, pois, que, entre a multidão que aclama Khurram em Mandu a 10 de Outubro desse ano, se reconheçam os enviados de Ibrahim II. Para lá dos resultados militares e das consequências políticas, a campanha do Decão sob a égide de Khurram é, como tem vindo a ser sublinhado, uma emanação dos jogos de poder da corte. O príncipe pensa já no trono e, ao viajar para sul, não quer deixar o seu irmão Khusrau sem vigilância, exigindo ao imperador a sua guarda. Os jesuítas perceberam naturalmente o alcance político desse gesto. Diz António de Andrade que «nas guerras que ouve entre este rey [Jahangir] e o Decany avera tres annos [sic] foy mandado por capitão general Soltão Corrão terceiro genyto; elle porem não quis ir sem primeiro lhe entregarem a Soltão Cossoro seu irmão mais velho e erdeiro destes reynos»[83]. A «lenda negra» de Khurram entre os portugueses começava a desenhar-se justamente nesta altura. Anos antes, em 1615, já o padre Manuel Pinheiro denunciava que Khurram, «levado da ambição [...] machinou a morte ao pai» logo depois do regresso de Mewar. O jesuíta considera-o «o mais mal inclinado de todos os filhos do Rei e defensor acerrimo de Mahamed», tanto que já ameaçara, por mais de uma vez, matar Francesco Corsi[84].

A necessidade de evitar que os estados do Decão se diluíssem na Índia timúrida depois de 1617 leva os portugueses a procurar estabelecer melhores relações com Ahmadnagar e Bijapur. O volume de correspondência entre Goa e as capitais dos sultanatos do Decão ocidental parece intensificar-se por estes anos. D. João Coutinho e Fernão de Albuquerque carteiam-se amiúde com Malik 'Ambar e Ibrahim II[85]. É certo que muita desta correspondência tem que ver com problemas locais, de fronteira e de vizinhança, mais do que com exigências geopolíticas de espectro

---

[83] Padre António de Andrade ao Provincial da Índia, Agra, 14.VIII.1623, in *DUP*, vol. III, p. 159.

[84] Goa, 22.XII.1615, ARSI – *Goa*, vol. 33 II, fl. 460.

[85] D. João Coutinho a Malik 'Ambar, Goa, 22.III.1619, HAG – *Reis Vizinhos*, liv. 1, fl. 9. Correspondência trocada entre ambos em Setembro do mesmo ano, sendo o seu portador um tal Francisco Soares: D. João Coutinho a Malik 'Ambar, Goa, 3.IX.1619; o mesmo a Francisco Soares, *ibid.*, fls. 70-70v; Fernão de Albuquerque a Ibrahim II, Goa, 24.I.1620, HAG – *ibid.*, fl. 62; o mesmo ao mesmo, Goa, 8.V.1620, *ibid.*, fls. 116-117. Correspondência trocada com Malik 'Ambar em Julho de 1620 por intermédio do capitão português de Chaul (Goa, 11.VI.1620, *ibid.*, fls. 119 e 120).

largo. As muitas cartas trocadas por esses anos com os funcionários de Bijapur em Pondá e Dabul[86], ou com os de Ahmadnagar em Danda e Revdanda[87], mostram-no à saciedade. Em nenhuma delas se refere, aliás, o «Mogor». Ainda assim, é notória a vontade de não deixar transformar pequenas escaramuças em conflitos insanáveis. A concessão de cartazes e a navegação dos portos de Ahmadnagar (sobretudo para o Mar Vermelho) e Bijapur (também com interesses claros no comércio da Insulíndia) estão invariavelmente em cima da mesa por estes anos, com o Estado da Índia, não raro, a conceder salvo-condutos extraordinários ou, quando não, a justificar com prudência porque indefere certos pedidos[88]. E vem a propósito sublinhar que, logo em 1611, se admitia em Lisboa que, para conseguir a união dos sultanatos do Decão contra o império mogol, talvez fosse necessário atribuir cartazes suplementares a Ahmadnagar[89].

Os tempos que se seguem são de alguma acalmia nas relações entre os sultanatos e o império. Por isso o vice-rei português nota em Fevereiro de 1618 que «elle [o "Melique", i.e. Ahmadnagar] e o Mogor estam quietos»[90]. Mas, entre 1619 e 1621, Malik 'Ambar logra recuperar os territórios que antes havia cedido a Jahangir. Um jesuíta que atravessou o Decão a caminho de Agra em Fevereiro de 1620 deixou-nos um testemunho interessante dessa alteração de conjuntura: «foi este rompimento feito com tanto impeto e força que em menos de hum mes se perderão todas as cidades e

---

[86] Fernão de Albuquerque ao *havaldar* de Pondá, Goa, 17.XII.1619, HAG – *Reis Vizinhos*, liv. 1, fl. 58v; o mesmo ao mesmo, 1620, *ibid.*, fls. 87v-88.

[87] D. João Coutinho ao *thanadar* de Chaul de Cima, Goa, 15.IV.1619, HAG – *Reis Vizinhos*, liv. 1, fl. 15v; o mesmo ao mesmo, Abr. 1619, *ibid.*, fls. 16v-17; o mesmo ao mesmo, (data ilegível), *ibid.*, fls 38-38v; Fernão de Albuquerque ao *sarsamata* de Chaul de Cima, Goa, 17.XII.1619, *ibid.*, fls. 58-58v; o mesmo ao mesmo, Goa, 4.II.1620, *ibid.*, fl. 88; o mesmo ao capitão de Danda, Goa, 22.III.1620, *ibid.*, fl. 94; o mesmo ao *sarsamata* de Chaul de Cima, Goa, 1620), *ibid.*, fls. 94v-95; o mesmo ao capitão de Danda, Goa, 2.V.1620, *ibid.*, fl. 108; o mesmo ao *sarsamata* de Chaul de Cima, Goa, Maio 1620, *ibid.*, fls. 117-117v; o mesmo ao mesmo, Goa, 11.VII.1620, *ibid.*, fls. 120v-121. Documentação também emanada do Conselho da Fazenda em 1617 sobre estes assuntos (GUNE, V. T. – *Assentos do Conselho da Fazenda (Proceedings of the Revenue Council at Goa), 1613-1621)*, vol. I, pt. I *(1613-1617)*. Goa: Directorate of Historical Archives & Archaeology, 1979, docs. 64, 66, 67, pp. 68-70.

[88] Dezenas de cartazes passados ao «Idalxá» e ao Nizamoxá» nos anos de 1619-1622 (HAG – *Consultas dos serviços de partes*, liv. 1, *passim*; *Mercês gerais*, liv. 2, fl. 329).

[89] Filipe III a Rui Lourenço de Távora, Lisboa, 11.III.1611, in *DRI*, t. II, p. 89.

[90] D. João Coutinho a Filipe III, Goa, 3.II.1618, *ibid.*, t. IV, p. 131.

terras que naquella parte tinhão a voz do Mogor, ficando os decanins tão insolentes com o bom successo que passando com todo o campo avante puserão cerco a cidade real de Briampur, assento dos visorreis daquelles reinos»[91]. Os nobres mogóis colocados no Decão passam, pois, por momentos de grande aperto e só outra ofensiva de Khurram é capaz de reverter essa situação.

A segunda campanha de Khurram no Decão é marcada pela sua entrada em Burhanpur em Fevereiro de 1621. Nessa altura, os portugueses estão convencidos de que, como em 1617, Jahangir se prepara para descer aos confins meridionais do império e, desconfiado do comportamento dos *amir*s no terreno, assistir a nova investida do filho sobre Ahmadnagar:

> Quando daqui partio a caravela se entendia que o Mogor estava mui longe de Cambaya [...] mas naquelle tempo se vinha elle chegando para estas partes como despois tive aviso com intento de fomentar e assistir de mais perto a guerra do Decão, que tem encarregada a hum de seus filhos por haver sentido muito ter Melique Ambar capitão geral do Melique entrado as terras que nos concertos que se tinhão feito se lhe havião largado, e estar mui desconfiado de seus capitães não haverem acudido a isso e conforme a isto se prepara o Melique e lhe tem o Idalcão enviado grande socorro de gente e dinheiro e eu não perco nenhũa ocasião de os presuadir a esta união para que o Mogor não prevaleça contra elles[92].

Os pratos da balança voltam a pender para o lado de Khurram e Malik 'Ambar é forçado a um penoso e comprometedor entendimento com os mogóis. Mas a situação de Bijapur não é muito melhor. Ibrahim II, como de costume, recorre ao dinheiro para tentar persuadir Jahangir da sua lealdade. Os portugueses registam o pagamento de um tributo de «trezentos mil pagodes que são settecentos e tantos mil pardaos» e a

---

[91] Padre Gonçalo de Sousa, «Relação do que aconteceo no Reino do Mogor», fl. 46.
[92] Fernão de Albuquerque a Filipe III, Goa, 20.II.1621, in *DRI*, t. VII, doc. 50, p. 134; Filipe IV a Fernão de Albuquerque, Lisboa, 11.II.1622, *ibid.*, t. VIII, pp. 382-384.

imagem do sultão continua assaz comprometida em Goa: «O Idalcão he pouco aplicado a guerra [...] e foi ategora entretendo a do Mogor com grossos prezentes que lhe mandava com que esta consumido e vay agora tirando pollos vassallos», escreve D. Francisco da Gama em 1624[93]. O seu antecessor estava até convencido de que deliberadamente se provoca a guerra para, mais adiante e em termos vantajosos, se acertar a paz. Uma estratégia de Jahangir para ir sangrando financeiramente os sultanatos do Decão: «E entendo que estas pazes que o Mogor com estes reis faz tão amiúde tornando cada vez que lhe parece a se desavir he pollos ir consumindo com o muito que lhes leva nestas ocasiões e allem disso em presentes mui custosos que lhe mandão e nas grandes despesas que fazem com seus embaxadores mormente o Idalcão»[94].

Para mais, Ibrahim II lograra deitar mão, nessa mesma altura, a uma mina de pedras preciosas na fronteira com Golconda e Jahangir não tardará a cobiçá-la. Notam-no os portugueses, que também registam a ofensiva de Ibrahim II sobre Bidar em 1619 e acreditam que o imperador mogol não tardará a reclamar do sultão de Bijapur a posse de todos esses territórios[95]. Agentes da EIC em Burhanpur também assinalam, em Novembro de 1621, a chegada de um *farman* de Jahangir às mãos de Ibrahim II, lembrando-lhe o envio de tributo, ao mesmo tempo que, ameaçando o sultão de Bijapur com «open warr», lhe exige a entrega da mina de diamantes que ocupara entretanto[96].

Os acontecimentos de 1621 tiveram ainda outra sequela. A ruptura entre Ahmadnagar e Bijapur é agora clara e irreversível: «A gente que o Mogor tras na conquista do reino do Melique teve o anno passado varios

---

[93] D. Francisco da Gama a Filipe IV, Goa, Jan. 1624, in *DRI*, t. X, pp. 111-112. Jacques de Coutre dissera o mesmo vinte anos antes (ver *supra*, cap. 5).

[94] D. Francisco da Gama a Filipe IV, Goa, 18.II.1624, in *DRI*, t. VII, p. 380.

[95] Fernão de Albuquerque a Filipe IV, Goa, 18.II.1622, in *DRI*, t. VII, p. 381; «Relacion del estado, en que se quedavan las cosas de la India, sacada de las cartas de Fernando de Albuquerque [...]», Madrid, Dez. 1622, in *DUP*, vol. II, pp. 317-318. Fernão de Albuquerque faz referência na mesma carta a outras minas entretanto descobertas em Golconda e reclamadas por Jahangir, mas o sultão local «as fez tapar respondendo que lhe que as não havia». Quanto à incursão de Bijapur em Bidar, o governador menciona especificamente a tomada do «reino de Xarebeder», que deverá corresponder a «Shahr-i Bidar», ou seja, a cidade de Bidar.

[96] Nicholas Bangham *et al.*, Burhanpur, 18.XI.1621, in *EFI, 1618-1621*, p. 332.

recontros com os decanins e despois delles e de descontentamentos que ouve entre Melique Ambar que he governador daquelle reino e o Idalcão sobre desconfianças e outros respeitos»[97]. Perante a pressão mogol e a ruptura entre Bijapur e Ahmadnagar, o Estado da Índia desdobra-se em contactos com os dois sultanatos. O registo das contas do tesoureiro de Goa para o ano de 1625 (concretamente, de 6 de Janeiro desse ano a final de Fevereiro do ano seguinte) mostra-o claramente: para além das cartas e presentes que se trocam com os capitães de Pondá, Dabul e Chaul de Cima, registam-se pagamentos e presentes aos portadores de cartas de e para Malik 'Ambar e Ibrahim II.

Não obstante, o relacionamento de Goa com a corte de Bijapur torna-se cada vez mais difícil, processo em que o desempenho do *havaldar* é crucial. Mir Muhammad Amin nega-se a receber o enviado de Fernão de Albuquerque em 1620 – queixando-se de ter sido formalmente cumprimentado pelo Estado da Índia já fora de tempo – e humilha o representante do governador português. António Caldeira diz-se «mal agasalhado» pelo *havaldar* e vê serem recusados os presentes que lhe levava. É que Mir Muhammad Amin exige receber as mesmas ofertas que se haviam feito aos seus antecessores – uma lança, uma espada e uma adarga – e, a cada passo, confronta o Estado da Índia com a importância do protocolo nas relações entre os dois potentados: «porque lhe daria em culpa seu rey por quebrar costumes, e que disto tinha elle obrigação de auisar ao seu Rey»[98]. Dois anos volvidos, evocando de novo a necessidade de observar a forma, inquina a ida de João Álvares (morador de Goa com «muita pratica e conhecimento dos mouros por aver andado por lá muito tempo») à corte de Bijapur na qualidade de portador de uma carta de Fernão de Albuquerque a Ibrahim II. Mir Muhammad Amin não lhe aceita a carta e impede-o de ir à presença do sultão, argumentando que se trata de um mero correio – não é «dos que custumão ir por embaxadores ou inviados»[99].

---

[97] D. Francisco da Gama a Filipe IV, Goa, 18.II.1622, in *DRI*, t. VII, p. 380.

[98] «Assento sobre a visita do capitão e governador de Pondá e o que sobre ella se assentou», Goa, 14.VII.1620, in *ACE*, vol. I, pp. 116-119.

[99] Fernão de Albuquerque a Filipe IV, Goa, 15.II.1622, in *DRI*, t. IX, pp. 298-299.

Em contrapartida, o *havaldar* de Pondá tem um amigo português – Jorge de Sousa, ou Jorge da Costa, consoante as fontes – cuja mãe vivia na corte de Ibrahim II e que, debalde, pretende impor a Francisco da Gama como embaixador de Goa em Bijapur[100].

Vice-rei pela segunda vez depois de 1622, D. Francisco da Gama procura contornar estes escolhos e melhorar as relações com o sultão de Bijapur. Planeou desde logo enviar um embaixador a Nauraspur e, habilmente, pensou em D. Filipe Lobo, «como por este apellido ser mui açeito ao Idalcão desde a embaxada com que lhe foi enviado Dom Diogo Lobo»[101]. Mas as relações entre ambos os lados estão assaz deterioradas e o vice-rei, temendo pela vida do seu representante, resolve-se simplesmente a enviar uma carta a Ibrahim II. O escolhido para portador dessa missiva é Silvestre Gonçalves Pereira – «por ser homem pratico, e que falla a lingua Persiana» – e o vice-rei procura anular a habitual interferência do *havaldar* de Pondá recorrendo ao capitão de Dabul para fazer chegar o emissário do Estado da Índia à corte de Ibrahim II[102].

Com esta manobra, Gama demonstra possuir um conhecimento profundo do jogo de facções no seio do sultanato. É certo que tanto o capitão de Dabul como o de Pondá eram persas, não se tratando, por isso, de jogar com as habituais rivalidades decorrentes da diversificada composição étnica da elite política de Bijapur ou de outro sultanato do Decão. Alternativamente, o vice-rei português espera tirar partido da pública inimizade entre ambos, tanto mais que o seu novo interlocutor parece bem colocado em Nauraspur: Gama sabe que o responsável pelo principal estabelecimento marítimo do sultanato «he parente do secretario do Idalcão»[103]. Ainda assim, a ida de Silvestre Gonçalves Pereira à presença do sultão de Bijapur revela-se de todo infrutífera: Ibrahim II não dá

---

[100] O vice-rei e o seu conselho recusam, considerando que «nem a authoridade do estado, nem ao bem dos negoceos que se ouvessem de trattar conuinha fiallos do dito Jorge da Costa que era muito moço e sem nenhûa experiencia allem de ser isto grangeado por sua may que está com o mesmo Idalxá e sobre que elle escreveria por importunação sua, e por outros meyos que ella buscaria para isso» (Goa, 8.III.1623, in *ACE*, vol. I, p. 164).

[101] D. Francisco da Gama a Filipe IV, Goa, Jan. 1624, BNP – *Res.*, cod. 1817, fl. 141v.

[102] *Ibid.*, fls. 141-141v.

[103] D. Francisco da Gama a Filipe IV, Goa, Jan. 1624, in *DRI*, t. X, pp. 20-21.

mostras de querer melhorar o relacionamento com os portugueses e fala-se mesmo em corte de relações entre os dois estados[104].

Independentemente da turbulência dos canais de comunicação entre as duas capitais e do peso das questões regionais nesse relacionamento, não restam dúvidas de que a política mogol de Bijapur afasta decisivamente o sultanato do caminho do Estado da Índia. Doravante, Ibrahim II oferecerá apoio militar aos mogóis (falamos sobretudo do contingente de cinco mil homens de cavalo comandados por Mulla Muhammad Lari), ao mesmo tempo que repele todas as aproximações de Malik 'Ambar. Os portugueses atribuem a Bijapur duas tentativas de assassínio do abexim, a primeira por envenenamento e a segunda recorrendo a «hûas cutiladas»[105]. Os ingleses acrescentam uma outra, por afogamento, também encomendada por «Ebraim Idlshaw»[106].

A guerra entre Bijapur e Ahmadnagar intensifica-se e tem o seu desfecho, vitorioso para Malik 'Ambar, em Junho de 1625. Em Fevereiro do mesmo ano já D. Francisco da Gama adivinhava esse resultado e lamentava as más influências a que estava sujeito Ibrahim:

> O Idalcão está mui quebrado e desauthorisado pollos maus conselhos de hû Parsio seu valido [Shah Nawaz Khan], a que se entregou demasiadamente sobre que lhe escrevi muitas vezes advertindo o que atentasse por suas cousas, e tivesse boa correspondencia cõ o Melique Ambar capitão geral dos Reinos de Melique, que por ser Abexim, e este conselheiro do Idalcão Parseo, e haver entre os destas duas naçõis grandes odios, forão emcapellando as cousas de maneira, que o ditto capitão geral trazendo ao seu Rei consigo entrou pollas terras do Idalcão tomando lhe muita parte dellas, e chegou quatro legoas de Visapor onde o Idalcão se tinha recolhido, e lhe tomou hûa sua cidade nova feita por elle em que residia chamada Nauraspor, e lha destruio sem dexar mais

---

[104] Goa, 23.II.1624, in *ACE*, vol. I, pp. 195-196.

[105] D. Francisco da Gama a Filipe IV, Goa, 18.II.1622, in *DRI*, t. VII, pp. 380-381. Jahangir faz referência a uma emboscada a Malik 'Ambar preparada por rajputes em 1615 (*Jahangirnama*, ed. Thackston, p. 165).

[106] Robert Jeffries aos feitores de Surrate, Out.-Nov. 1621, in *EFI, 1618-1621*, p. 317.

em pé que os seus paços, demais disto lhe matou e cattivou os milhores capitaes que tinha, e entre elles ao mesmo seu conselheiro fautor deste odios e desavenças, e posto que tenho escrito algûas vezes ao Idalcão que será bom comporse e não dar lugar a se perder tudo, a nenhua cousa differe, porque sobre ser homem para pouco se me affirma que está tão obstinado que diz que antes se entregara aos Mogores (os quaes procura trazer em sua ajuda) que fazer nenhûm conçerto com o ditto Melique Ambar, que na verdade he grande capitão e está tão cego da paxão que não monta dizer se lhe e entender elle pollo procedimento que os Mogores custumão ter que entrados hûa vez no seu Reino os não hade poder botar fora, e se hade perder, e como o embaxador que aqui tem he de pouca sustancia montão estes officios menos do que puderão fazer se fora homem de differente capacidade, e porque eu tenho alcançado que o dito Melique Ambar deseja que haja conçerto por ser homê prudente, e que ve a perdição notorea, e o que fez foi obrigado dos maos officios que se lhe fazião trattando sua destruição e mattallo como duas veses se intentou, ficando mal ferido de hûa dellas, hey de apertar por hûa e outra parte por ver se os posso compor e pollo menos entretelos de maneira que se não effective a vinda dos Mogores que o Idalcão solicita, porque esta gente como está conforme logo entra em malicia, e não perdem occasião de nos inquietar ao menos em quererê do Estado cousas mui desordenadas com que dão trabalho[107].

Esta carta, que pela sua importância reproduzimos na íntegra, é interessante a mais de um título. Por um lado, é curioso notar que, governando por duas vezes o Estado da Índia com duas décadas de permeio, D. Francisco da Gama tivesse de lidar em ambas as ocasiões com momentos importantes da ofensiva mogol sobre o Decão. As apreciações que agora faz dos «Mogores» parecem, aliás, radicar na sua experiência de finais do século XVI e do imperador Akbar, de quem, como vimos no capítulo anterior,

---

[107] D. Francisco da Gama a Filipe IV, Goa, 20.II.1625, BNP – *Res.*, cod. 1817, fls. 220-220v. Mais desenvolvimentos numa outra missiva, escrita no final do ano (mesmo ao mesmo, Goa, 15.XII.1625, *ibid.*, fl. 253).

guardava má impressão. Em segundo lugar, é de notar como o vice-rei português identifica a guerra entre Bijapur e Ahmadnagar com um conflito entre dois grupos estrangeiros que condicionam os circuitos de decisão política do Decão ocidental: abexins do lado do «Melique», persas do lado do «Idalcão». Neste contexto, e dado o deteriorar das relações entre Goa e Bijapur, sublinhe-se que Shah Nawaz Khan – que nos anos de 1610 é tido como amigo do Estado da Índia – surge agora com péssima reputação. Em contrapartida, interessa relevar o modo como o vice-rei português valoriza o papel de Malik 'Ambar: o abexim é ponderado – Gama utiliza por duas vezes a palavra «prudente» – e constitui o garante do equilíbrio da região. Malik 'Ambar só faz a guerra porque a isso é obrigado, desafiado e perseguido que é por Ibrahim II. O sultão de Bijapur é, neste quadro, o irreflectido: mal aconselhado, desvairado até, caminha para a sua própria ruína, para ela arrastando o seu reino e toda a região.

Nesta fase, todavia, o império de Jahangir vê-se confrontado com problemas e desafios outros que, potencialmente, aliviavam a pressão mogol sobre a fronteira do Decão. No plano externo, deslocando de novo atenções para os limites setentrionais do império, a conquista de Qandahar pelos safávidas em 1622. O inegável ascendente de Shah 'Abbas sobre o império mogol e sobre as outras potências da Ásia Central – a tomada de Bagdad aos otomanos dá-se logo no início de 1624 – leva Jahangir a alterar a sua política para a região. Assim, mogóis e otomanos não tardam a reactivar relações[108], ao mesmo tempo que Jahangir investe decididamente na via diplomática para se aproximar dos uzbeques[109].

Ao contrário do que sucedera ao tempo de Akbar (*supra*, capítulo 4), portugueses e missionários católicos parecem agora pouco atentos aos desenvolvimentos político-militares da Ásia Central[110]. Não falam sequer dos uzbeques, mas lamentam que o «Turco» tenha sido derrotado pelo «Persa». Certo é que o conflito entre Shah 'Abbas e Jahangir

---

[108] Cf. FAROOQI – *Mughal-Ottoman relations*, pp. 24-25.
[109] Cf. BURTON – *The Bukharans*, pp. 162-164, 170-171.
[110] As cartas do padre José de Castro, que acompanhou Jahangir por Cabul e Caxemira nos anos de 1626 e 1627, nada dizem sobre o assunto. Ver HOSTEN, H. – «Three letters of Fr. Joseph de Castro, S.J., and the last year of Jahangir». *JASB*. N.s., vol. XXIII (1927), pp. 141-166.

constituía o seguro de vida de Goa. De facto, o Estado da Índia lucrava duplamente com o envolvimento mogol numa guerra de fronteira com o Irão safávida. Não só via atenuar-se a pressão de Ispahan sobre o Golfo Pérsico, como podia legitimamente esperar uma melhoria da situação do Decão. Daí que se peça aos jesuítas «que assistem na corte do Mogor, e são delle bem ouvidos» para instigarem Jahangir a fazer guerra a Shah 'Abbas[111]. Daí que, ainda antes da tomada de Ormuz, um missionário agostinho de Ispahan – depois de se aconselhar com a «gente de Laor que aqui está» – escreva ao vice-rei de Goa sugerindo-lhe que envie uma embaixada ao imperador mogol para que precipite um ataque a Qandahar[112].

A turbulência da fronteira setentrional da Índia timúrida depois de 1622 coincide no tempo com uma convulsão interna do império. Falamos, claro está, da revolta de Khurram contra Jahangir, algo que muito impressionou os agentes da VOC em Agra. Da «mais rica cidade do Hindustão», ironicamente «pilhada pelo próprio filho do rei», Wouter Heuten, Heijndrick Adriaens e Maerten Fredricx dão conta dos acontecimentos em Feverereiro de 1623. Depois de sublinharem a incerteza que pairava sobre o destino de Asaf Khan – uns diziam que fugira para junto de Jahangir, outros alvitravam que se havia passado para as hostes do genro, o príncipe Khurram –, os holandeses descrevem a desesperada situação de Agra: com o governador da cidade fechado no «castelo», os revoltosos entraram nos bairros desprotegidos, queimando casas e torturando moradores ricos até estes revelarem onde guardam os seus tesouros. O espólio de Agra foi levado a Khurram, então em Fathpur Sikri, «que se exibiu, triunfante, sentado num elefante sobre uma sege de prata». E rematam os feitores holandeses: «como irá reagir o rei a esta insolência só o tempo o dirá»[113].

---

[111] Filipe IV a D. Francisco da Gama, Madrid, 6.III.1623, in *DRI*, t. IX, pp. 310-311.

[112] Padre Sebastião de Jesus a D. Francisco de Sousa, Ispahan, 28.IX.1621, in ALONSO – «El convento agustiniano de Ispahan», p. 251.

[113] Haia, Algemeen Rijksarchief – *Overgekomen brieven en papieren*, VOC 1078, fls. 405, 407-408. Interessante descrição da revolta de Khurram pelo padre Gonçalo de Sousa («Relação do que aconteceo no Reino do Mogor», fls. 47 ss). Entre as fontes mogóis, ver o *Anfa-ul-Akhbar*, de Muhammad Amin bin Daulat Muhammad-al Husaini *ca*. 1626-1627; cf. ALAVI, Rafi Ahmad – *Studies in the history of Medieval Deccan*. Nova Deli: Idarah-I

Para mais, as duas ameaças à autoridade imperial – a interna e a externa – parecem ter conhecido uma qualquer articulação, tal qual sugerem os documentos portugueses da época. Uma vez recuperada Qandahar, afirma o padre Sebastião Barreto que Shah 'Abbas se preparava para atacar Cabul (certos rumores davam este reino já mesmo como perdido) justamente enquanto Khurram mantinha acesa a sua rebelião no Bengala[114]. Um ano antes, já o padre António de Andrade – que dá detalhada notícia da revolta de Khurram – dizia que o príncipe se carteava com o soberano safávida para que este fizesse guerra a Jahangir[115]. A recusa de Khurram em avançar sobre Qandahar poderia ser interpretado como um sinal de tal conluio, algo que o imperador mogol não deixou de jogar contra o filho: «eles [os safávidas] desonraram as moedas de teu pai, e o teu dever consiste em desonrar as moedas deles»[116].

D. Francisco da Gama, no entanto, vê o problema de outro modo. O vice-rei está firmemente convencido de que a revolta de Khurram é encenada, um hábil artifício acertado entre pai e filho para que o cerco mogol aos reinos do Decão se pudesse desenrolar simultaneamente em duas frentes. Ao contar a Filipe IV que Khurram atravessou as terras de Golconda e se apoderou de Masulipatão, Gama conclui que Jahangir «pretende que o filho [Khurram] aperte tambem por outra parte estes reys vizinhos para com isso os divirtir e facilitar esta conquista, e que são tudo traças emcaminhadas a este fim»[117]. Curiosamente, o vice-rei transfere a imagem que guardava de Akbar para o seu filho e sucessor Jahangir. Um bom exemplo de como as representações mentais influem na prática política: vendo estratagemas e ocultos sentidos em tudo o que respeita aos mogóis, D. Francisco da Gama não quer crer, quase dois anos depois da rebelião se declarar, que as intenções do «Soltam Corromo» eram verdadeiras.

Adabiyat-I Delli, 1977, cap. 2 («Evidence on the last years of Jahangir's reign in the *Anfa--ul-Akhbar*»), pp. 14-19.

[114] Padre Sebastião Barreto, Goa, 15.XII.1624, ARSI – *Goa*, vol. 33 II, fl. 771v.

[115] Carta ao provincial da Índia, Agra, 14.VIII.1623, in *DUP*, vol. III, p. 160.

[116] A crónica do Assam *Padshah-Buranji* dá o texto desta carta de Jahangir e, bem assim, da interessante resposta de Khurram (*Annals of the Delhi Badshahate*, cap. X, pp. 136-141 [137]).

[117] Vice-rei ao rei, Goa, Jan. 1624, in *DRI*, t. X, p. 112.

Conclusão

Ao longo deste período, que grosso modo quadra com o reinado de Jahangir, o abexim Malik 'Ambar representa para Goa o garante de uma fronteira do Decão estabilizada, por contraste com um sultão Ibrahim que, nas palavras do cronista Diogo do Couto, era «efeminado como uma mulher». No primeiro decénio, *ca.* 1605-1616, a ofensiva mogol é débil e o problema obviamente menos agudo. Mas os portugueses procuram reforçar a sua influência em Ahmadnagar e Bijapur, alinhavando um conjunto de projectos de expansão na região capazes de reverter a fronteira luso-mogol a seu favor. O possível estabelecimento de uma alfândega portuguesa em Chaul, ou o plano de D. frei Aleixo de Meneses para a produção de algodão e anil em Bijapur, idealmente «secando» o Guzerate mogol enquanto mercado de têxteis, inserem-se nesse contexto. E é também à luz de tal conjuntura que se deve avaliar o projecto de Diogo do Couto – a fazer lembrar os utópicos planos de conquista de diferentes partes da Ásia propostos a Filipe II e Filipe III, e que evocaremos no capítulo 9 a propósito do Bengala – para fazer do rei de Portugal «Senhor de todo o Concão». Uma hipotética cessação de Dabul ao Estado da Índia constituiria o trampolim para tal empresa.

As propostas de Meneses e Couto não foram por diante, e o decénio seguinte (*ca.* 1616-1627), já sob a égide de Khurram, corresponde a um recrudescimento da pressão imperial no Decão. A resposta de Goa volta a ancorar-se na tradicional ideia de uma liga dos sultanatos locais contra os exércitos mogóis. Mas, em caso de derrocada de Ahmadnagar, sugeria-se a tomada de Danda antes que o «Mogor» o fizesse, jogada de antecipação que não anda longe da tentativa de aquisição de Dabul anos antes. Como quer que fosse, os portugueses continuam a identificar uma linha vermelha do avanço mogol para sul: as «portas de Varara» que, conforme se nota num importante documento de 1610-1611 atribuído ao jesuíta Jerónimo Xavier (ou ao seu colega de missão Manuel Pinheiro), é a «chave dos Dequenis»[118]. Para Goa, é evidente que a esta separação geográfica

---

[118] ANTT – *Cartório da Casa Real*, maço 49-B, cxª 7420, capilha 897. Sobre este texto, ver FLORES, Jorge – «Dois retratos portugueses da Índia de Jahangir: Jerónimo Xavier e

«natural» devia corresponder uma fronteira política precisa, uma linha de demarcação que importava a todo o custo preservar.

Em simultâneo, o Irão safávida ocupa, aos olhos dos portugueses, um lugar crucial na definição do desenho político e territorial da Índia peninsular nas primeiras décadas do século XVII. Teme-se em Goa o poder das relações de suserania e os laços de afinidade religiosa que ligam os soberanos do Decão ao Irão, fenómenos que explicavam a omnipresença de persas nas cortes dos «reis vizinhos» e o vaivém constante de homens e mercadorias por mar e por terra entre as duas regiões. Assim, e para além de procurar combater uma esperada conquista mogol, seria igualmente necessário ao Estado da Índia prevenir uma possível «assimilação» safávida do Decão. Todavia, idêntica pressão safávida na fronteira setentrional do império mogol, que teve na conquista de Qandahar por Shah 'Abbas em 1622 um momento-chave, era considerada benéfica em Goa. Voltamos aqui ao difícil equilíbrio das múltiplas fronteiras da Índia timúrida, que analisámos em detalhe no capítulo 4: quanto mais agitada fosse a situação a norte, melhor para os «vizinhos» do sul, portugueses incluídos.

Manuel Godinho de Erédia». In FLORES, Jorge, SILVA, Nuno Vassallo e (eds.) – *Goa e o Grão Mogol*. Lisboa: FCG, 2004, pp. 44-67.

CAPÍTULO 7
O «MAR SALGADO» DE CAMBAIA E OS «PORTUGUESES VADIOS» DO BENGALA (1605-1627)

Uma imperatriz que quer ver o mar e um imperador que gosta de «bugiarias»

19 de Dezembro de 1617. Viajando desde Mandu na companhia de sua mulher Nur Jahan, Jahangir avista o «mar salgado» e instala-se no porto de Cambaia. O imperador narra este episódio nas suas memórias, explicando a importância económica daquele estabelecimento e discorrendo acerca da sua história. Três dias depois, repetindo o gesto do seu pai, de Dezembro de 1572 (*supra*, capítulo 3), Jahangir embarca num pequeno navio e dá um passeio de 4 km (1 *kos*) ao largo de Cambaia. Tratou-se, não obstante, de uma brevíssima permanência na costa ocidental do seu império: a 5 de Janeiro de 1618 já o imperador entrava em Ahmadabad, daí seguindo para Malwa logo no início do mês seguinte[1].

A visita de Jahangir ao Guzerate causou algum alarme entre os portugueses. Escreve o vice-rei a 3 de Fevereiro, quando o imperador mogol se aprestava já a deixar a capital da província: «de novo tive aviso, que se esperava por elle [Jahangir] em Surrate, e que vinha só a trazer a mulher a ver o mar, que lh'o pedira; mas não deixo de estar com todo o cuidado e vigilancia necessaria para o que pode resultar da sua vinda ali»[2]. Um ano depois, o jesuíta Francesco Corsi notava de Agra que o imperador ainda

---
[1] *Jahangirnama*, ed. Thackston, pp. 240-241.
[2] Vice-rei ao rei, Goa, 3.II.1618, in *DRI*, t. IV, p. 130.

estava «sentido dos portugueses por não o mandarem a visitar no Guzarat»[3]. Em boa verdade, conforme se verá neste capítulo, os acontecimentos dos últimos anos aconselhavam grande prudência nas relações com Jahangir. De algum modo, a sua visita ao Guzerate, e a tensão que tal deslocação gerou em Goa, é uma marca simbólica da extraordinária turbulência que essa fronteira marítima do império conheceu desde o início do reinado do sucessor de Akbar.

A província constitui, por estes anos, o lugar onde confluem e conflitualizam os interesses ocidentais. É que são muitas as faces deste verdadeiro «assalto» à Índia mogol, espécie de *Great Game* antes do tempo e em outro espaço. Europeus de várias nacionalidades e motivações, entre mercadores, aventureiros, embaixadores e missionários, acorrem ao império e à sua corte, quase sempre utilizando os portos do Guzerate e pressionando as autoridades provinciais. Os ingleses, interessados na Índia timúrida desde a viagem de Ralph Fitch na década de 1580, desdobram-se em contactos e avanços que culminam na abertura de uma feitoria da *East India Company* (EIC) em Surrate (1612-1613) e na embaixada de Thomas Roe à corte de Jahangir (1615-1619)[4]. A *Vereenigde Oost-Indische Compagnie* (VOC) logrou instalar também uma feitoria em Surrate (1618), nódulo de uma rede comercial holandesa que não tardou a alargar-se a outros portos do Guzerate (Cambaia, Baroche, Baroda), à capital da província (Ahmadabad) e a dois dos principais centros político-económicos do império mogol: Agra e Burhanpur. A figura de maior relevo desta primeira fase é Francisco Pelsaert, o feitor da companhia – em Surrate primeiro e em Agra depois – que redigiu um minucioso retrato do império mogol[5]. Perante as movimentações de ingleses e holandeses, houve igualmente em França quem

---

[3] Carta ao provincial da Índia, Agra, 28.X.1619, in *DUP*, vol. III, p. 158.

[4] *Early Travels in India, 1583-1619*, ed. William Foster. Reed. Nova Deli: Oriental Books Reprint Corporation, 1985; *The embassy of Sir Thomas Roe to India, 1615-19, as narrated in his journal and correspondence*, ed. William Foster. Reed. Nova Deli: MM, 1990; MITCHELL, Colin – *Sir Thomas Roe and the Mughal Empire*. Carachi: OUP, 2000.

[5] Publicado por KOLFF, D. H. A, SANTEN, H. W. van – *De geschriften van Francisco Pelsaert over Mughal Indië, 1627. Kroniek en Remonstrantie*. Haia: Martinus Nijhoff, 1979. Tradução inglesa MORELAND, W. H., GEYL, P. – *Jahangir's India. The Remonstrantie of Francisco Pelsaert*. Reed. Nova Deli: LLP, 2001.

esboçasse planos de intervenção na Índia de Jahangir. É sabido que não se pode falar propriamente de uma política comercial francesa para a Ásia antes de Luís XIV e Colbert. Mas indivíduos houve, como Augustin de Beaulieu em 1624, que não deixaram de esboçar projectos de comércio com o Grão Mogol[6]. Beaulieu evoca a figura do privado e do aventureiro europeu na Índia timúrida, onde por estes anos pontificam homens como o lapidário francês Augustin Hiriart, o inglês Thomas Coryat, o alemão Henrich von Poser ou o flamengo Jacques de Coutre.

Não surpreende, por isso, que seja nos estabelecimentos do Guzerate que se materializa, mais ainda que no período anterior, a ligação do império e do imperador ao comércio marítimo. Não falamos apenas de raridades e de produtos exóticos, algo que tem inegável importância na relação de Jahangir com os portugueses e com os outros europeus. Boa parte das poucas referências feitas aos *firangi*s nas memórias do imperador remetem justamente para os estranhos e curiosos objectos que estes traziam ao seu império. Lembrem-se os ananazes provenientes dos «portos dos firangis»[7], ou as raridades europeias que Muqarrab Khan e outros nobres mogóis colocados na província trazem ciclicamente à presença do imperador[8]. Também Mutribi, ao descrever o seu terceiro encontro com Jahangir, regista que os mercadores *firangi*s tinham trazido tributo ao imperador e descreve a sua entusiasmada reacção aos lápis introduzidos pelos europeus[9].

Não deve surpreender, por isso, que os artistas imperiais tenham amiúde incluído tais objectos vindos da Europa – e que também entravam na Índia mogol por terra, via Irão – em algumas das mais importantes pinturas da época. Paradigmática é a miniatura que representa o imaginário encontro

---

[6] Ver LOMBARD-JOURDAIN, Anne – «À propos d'Augustin de Beaulieu. Quelques documents inédits». *Archipel*. Vol. 56 (1998), pp. 145-156.

[7] *Jahangirnama*, ed. Thackston, p. 206.

[8] *Ibid.*, pp. 94, 106, 108, 133, 141 (para Muqarrab Khan). Jahangir Quli Khan – que foi *subadar* do Guzerate em 1608-1609 e que era filho de Mirza 'Aziz Koka – também trazia peças raras à presença do imperador, entre as quais um trono em prata (*ibid.*, pp. 106, 108, 121).

[9] «Some Marvels». In *Conversations of Jahangir, by «Mutribi» al- Asamm Samarqandi*. Trad. e ed. Richard Foltz. Costa Mesa (CA): Mazda Publishers, 1998, pp. 26-28. Existe uma edição persa por MIRZOYEF, Abdul Ghani – *Khatirat-i-Mutribi Samarqandi (being the Memoirs of Mutribi's sessions with Emperor Jahangir)*. Carachi: Institute of Central and West Asian Studies, 1977.

entre Jahangir e Shah 'Abbas, *ca*. 1618. Entre os objectos colocados diante dos dois soberanos, uma taça de porcelana chinesa convive com várias peças certamente manufacturadas em Itália. Por seu turno, Khan 'Alam – o embaixador mogol que Jahangir enviara em 1613 à corte safávida – segura uma figura de Diana montada sobre um veado, semelhante às que, em prata dourada, se produziam na mesma época em Augsburgo[10].

Os testemunhos ocidentais, claro está, vincam a cada passo esta dimensão do problema. Na generalidade dos textos portugueses e jesuítas, Jahangir assemelha-se a uma criança grande e mimada capaz de adquirir todas as novidades, entre objectos valiosos e coisas sem importância. De Agra, em 1623, notava o padre António de Andrade que «as pessas ricas e curiozas do mundo todas estão na mão deste rei, e parece que toda Europa se ocupa em faser pessas pera elle»[11]. Cerca de uma década antes, em 1611, o vice-rei Rui Lourenço de Távora escrevia que «quem tiver bugiarias, [...] bolsas d'ambre, e çeda, cadeas d'osso, e toda a immundiçia de capella, e as quiser mandar fara bom emprego, se o Mogor folgar ainda tanto cõ ellas, como mostra porque de presente só isto festeia»[12].

Coligindo o grosso das fontes europeias, decerto encontrariamos dezenas de frases tão expressivas quanto estas duas acerca do entusiasmo quase pueril de Jahangir pelos objectos ocidentais. O historiador hodierno, contudo, tem obrigação de ver mais longe. Podemos estar diante de mais uma marca da ambicionada universalidade de Jahangir, buscando e coleccionando objectos raros e estranhos como forma de sublinhar a sua relação tutelar com os países que estão para lá das fronteiras do seu império. Reconhece-se já essa tendência no príncipe Salim e no seu gosto por álbuns de miniaturas[13]. E estamos seguramente diante de uma manifestação da economia de consumo «global» de inícios

---

[10] «Jahangir recebendo Shah 'Abbas» (Abu'l Hasan, *ca*. 1618-1620), Washington, D.C., Freer Gallery of Art, Smithsonian Institution, nº 42.16A. Sobre este assunto, ver BEACH, Milo C. – *The Imperial Image. Paintings for the Mughal Court*. Washington, D.C.: Freer Gallery of Art, Smithsonian Institution, 1981, pp. 170-171.

[11] Carta ao provincial da Índia, Agra, 14.VIII.1623, in *DUP*, vol. III, p. 168.

[12] Carta a D. Francisco da Gama (seu genro), Goa, 9.II.1611, BNP – *Res.*, cod. 1975, fl. 210.

[13] Cf. Gauvin A. Bailey que, sobre este assunto, escreve: «His albums were microcosms, controlled universes in which the artisanship of the Seven Climes was juxtaposed to dem-

do século XVII, um campo de investigação que, ainda que muito centrado no Ocidente, tem vindo a ganhar popularidade crescente[14].

Facto é que Jahangir e outros membros da família imperial, assim como alguns dos mais destacados *mansabdars* do império, tinham fortes interesses no comércio marítimo do Guzerate com o Mar Vermelho e, ainda que em menor escala, com a Ásia do Sueste. Não raro, a documentação inglesa dá relevo a nomes de mercadores, agentes e tripulantes, descriminando navios, fretes e produtos[15]. E as fontes portuguesas, como se verá algumas páginas adiante, são também de alguma utilidade neste particular. Tais referências coadunam-se com as informações que os historiadores do império mogol têm vindo a colher nas fontes persas. Veja-se a colecção de documentos relativos a Surrate reunidos por um anónimo oficial mogol daquele porto nos últimos anos da década de 1640. Enquanto príncipe, Khurram possuía já o navio *Shahi* – construído em Surrate ainda antes de 1617 – que fazia frequentes viagens de comércio para os portos do mar Vermelho. Tornou-se navio imperial em 1628 e passou a rumar também ao litoral de Bijapur e ao Achém. Semelhante é a «biografia» de navios como o *Gunjawar* ou o *Sahebi*[16]. Outros documentos da mesma colecção permitem concluir que, ao contrário do que as fontes inglesas e holandesas fazem crer, as actividades comerciais europeias eram incentivadas pelos oficiais dos portos do Guzerate, dado que os diferentes estabelecimentos da região concorriam entre si nos negócios[17].

---

onstrate the might, knowledge and connoisseurship of their patron» (BAILEY – Counter Reformation, p. 160).

[14] Ver *inter alia*, BREWER, John, PORTER, Roy (eds.) – *Consumption and the World of Goods*. Londres; Nova Iorque: Routledge, 1993.

[15] Cf. CHANDRA, Satish – «Commercial activities of the Mughal Emperors during the seventeenth century». *BPP*. Vol. LXXXVII (Jul.-Dez. 1959), pp. 92-97, reed. in CHANDRA – *Essays on Medieval Indian History*. Nova Deli: OUP, 2003, cap. 10, pp. 227-234 [228-230].

[16] MOOSVI, Shireen – «Mughal Shipping at Surat in the first half of seventeenth century». In *PIHC*. Calcutá: 1990, pp. 308-320, fazendo uso do Ms. Blochet, *Sup. Per.*, 482 (BnF). Ver também QAISAR, A. J. – «Shipbuilding in the Mughal empire during the seventeenth century». *IESHR*. Vol. V/2 (Jun. 1968), pp. 149-170.

[17] HASAN, Farhat – *State and Locality in Mughal India: Power relations in Western India, c. 1572-1730*. Cambridge: CUP, 2004; ID. – «Mughal officials at Surat and their relations with the English and the Dutch merchants: Based on a collection of Persian documents of the reigns of Jahangir and Shahjahan». In *PIHC*. Gorakhpur: 1989-1990, pp. 284-293. Do mesmo autor, mas incidindo sobretudo na segunda metade do século XVII e dando ênfase

Em jeito de remate, deve sublinhar-se que a atitude dos soberanos mogóis, mas também dos funcionários das províncias marítimas e de muitos *amir*s do império, quadra com uma tendência global da época no que ao Oceano Índico ocidental e à Ásia do Sul respeita: os que governam sentem-se cada vez mais tentados pela riqueza gerada pelos negócios marítimos e, consequentemente, a distinção entre comércio (marítimo, em particular) e estado queda progressivamente mais mitigada[18]. O panorama não é, pois, tão simples quanto o pintam os portugueses: talvez Nur Jahan, que nascera na Pérsia, quisesse mesmo ver o mar pela primeira vez. Mas não era certamente de bugigangas que Jahangir gostava.

Sob o signo de Muqarrab Khan: o Guzerate entre Goa e a capital mogol

Não obstante a tensão provocada pela intromissão dos «inimigos da Europa», as relações do Estado da Índia com o império mogol conhecem um momento favorável nos primeiros anos do reinado de Jahangir. A possibilidade de uma embaixada do imperador mogol ao rei de Portugal é ventilada na corte, perante os jesuítas, logo em 1606[19]. Ao que parece, Jahangir pensou em Naqib Khan, escolha que os missionários viam como acertada, porquanto «he hum muito bom letrado dos mouros, e seu cronista, e não mal afeito aos portugeses»[20].

Do mesmo modo, pondera-se no reino – desde 1609, pelo menos – o envio de um embaixador português a Jahangir a fim de o felicitar pela

---

à consistência do sistema fiscal mogol no principal porto do Gujarat, «The Mughal Fiscal system in Surat and the English East India Company». *MAS.* Vol. 27/4 (1993), pp. 711-718. Ver ainda JHA, Murari Kumar – «The Mughals, merchants, and the European Companies in the 17th century Surat». *Asia Europe Journal.* Vol. 3 (2005), pp. 269-283.

[18] Cf. SUBRAHMANYAM, Sanjay – «Of *Imarat* and *Tijarat*: Asian merchants and state power in the Western Indian Ocean, 1400 to 1750». *Comparative Studies in Society and History.* Vol. 37/4 (Out. 1995), pp. 750-780. Se privilegiarmos antes a dimensão continental, logo concluímos que os soberanos uzbeques também não descuravam participar nos negócios da Ásia Central (BURTON, A. – *The Bukharans,* pp. 413 ss; e ALAM, Muzzafar – «Trade, State Policy and religious change: aspects of Mughal-Uzbek Commercial Relations, c. 1550-1750». *JESHO.* Vol. XXXVII/2 (1994), pp. 202-227).

[19] Ânua de 1606 (André de Nabais, Goa, 20.XI.1606), ARSI – *Goa,* vol. 33 I, fl. 188v.

[20] Jerónimo Xavier ao provincial da Índia, Lahore, 25.IX.1606, in *DUP,* vol. III, p. 82.

ascensão ao trono. Significativamente, Filipe III define o perfil daquele que deveria ser o seu representante: «que não seja religioso, nem leve fazenda por via de negociação»[21]. Trata-se de uma clara afirmação do poder e da imagem do estado que, evitando os erros dos ingleses, procura separar o aparato régio da prática da mercancia. Em simultâneo, pretende romper-se com o tradicional recurso à figura do missionário jesuíta enquanto espécie de embaixador residente, uma situação em que, para o bem e para o mal, política e religião sempre se confundiam.

Muqarrab Khan é a figura-chave deste período das relações entre os dois estados em que a diplomacia parece dominar. Sabe-se de uma primeira embaixada sua a Goa, planeada em 1607-1609[22], mas que haveria de abortar uma vez no Guzerate. A presença de William Hawkins na corte imperial e as concessões que lhe terá feito Jahangir levam André Furtado de Mendonça a recusar receber Muqarrab Khan em Goa, acusando o imperador de romper a amizade com os portugueses. Em simultâneo, o governador proíbe os negócios dos moradores da Índia portuguesa em Cambaia, enquanto que Damão – verdadeiro barómetro das relações entre Goa e o império mogol, quando centradas no Guzerate – se agita de imediato. O padre Manuel Pinheiro é encarregado por Furtado de Mendonça de negociar com Muqarrab Khan e Jahangir acaba por retroceder. Estas informações, que se colhem numa fonte até aqui pouco utilizada[23], quadram com o relato de Hawkins. O inglês descreve essa súbita mudança de atitude do imperador – justamente quando se encontrava «in the highest of my favours» – e acusa os jesuítas de gastarem mais tempo a tentar enfraquecer a sua posição na corte mogol do que em assuntos da Igreja propriamente ditos[24].

---

[21] Vice-rei ao rei, Lisboa, 11.III.1611, in *DRI*, t. II, p. 89.

[22] Em Dezembro de 1607, Jerónimo Xavier escreve que «El Rey Jahanguir .i. tomador do mūdo me dixe hū dia como mādava a Goa a Mucarreb Xhan seu grande privado» (carta a C. Acquaviva, Lahore, 13.XII.1607, ARSI – *Goa*, vol. 46 I, fl. 68).

[23] Falamos dos 14 capítulos do livro 3º («Da Missam do Mogor») de uma crónica jesuíta anónima inédita, incluídos num dos códices da colecção *Jesuítas na Ásia*, Biblioteca da Ajuda (cod. 49-V-18, fls. 330v-363v [330v-333]). A obra terá sido escrita em 1616 e os referidos capítulos documentam as relações do Estado da Índia e da Companhia de Jesus com o império mogol desde 1609, completando de algum modo a *Relação* de Guerreiro, cujo volume V da primeira edição (Lisboa, 1611) termina justamente nesse ano.

[24] *Early travels in India*, ed. Foster, pp. 83 ss.

O enviado mogol é chamado à corte – talvez o único momento verdadeiramente crítico da sua privilegiada relação com o imperador – e é já Rui Lourenço de Távora que, pela mão do padre Pinheiro, recebe a carta e o presente de Jahangir. O desejo do imperador ser presenteado com armaduras de aparato chega então ao conhecimento do vice-rei português, que se apressa a informar Filipe III. Nos anos que se seguem, o assunto será invariavelmente abordado na correspondência trocada entre o Reino e Goa. O monarca anuncia a Rui Lourenço de Távora, em Março de 1611, o envio dos «corpos d'armas que pedistes, hum d'elles para o mesmo Mogor e outro para o capitão de Surrate seu valido [Muqarrab Khan], os quaes mando que se vos enviem n'estas naus, gravados e dourados e hum d'elles com ventagem»[25].

Não dispomos, infelizmente, de mais detalhes acerca dos objectos em si, nomeadamente no que respeita à sua qualidade técnico-artística e à temática da respectiva decoração. Mas é muitíssimo provável que Filipe III se tivesse esmerado na escolha das peças a oferecer a Jahangir. Afinal, o rei era filho de alguém que muito apreciava armas de luxo e armaduras de aparato. Filipe II empenhou-se na aquisição da colecção de armas de seu pai Carlos V e, ao fundar a *Real Armería*, tornou os objectos de prestígio ligados à guerra parcela inalienável das colecções reais espanholas, alcandorando-os ao mesmo estatuto das tapeçarias[26]. Como o seu antecessor, Filipe III conhecia decerto o valor simbólico destes objectos, ofertas imprescindíveis para escorar o jogo diplomático entre estados. Demais, esta prática vinha dando frutos visíveis nas relações com os potentados orientais, como bem demonstra o caso do Japão. Já enquanto rei de Portugal, em 1584, Filipe II recebeu de Toyotomi Hideyoshi uma armadura japonesa de aparato[27]. O vice-rei D. Duarte de Meneses retribuiu o gesto e, em

---

[25] Rei ao vice-rei, Lisboa, 11.III.1611, in *DRI*, t. II, p. 89. Volta a mencionar o assunto no ano seguinte (Lisboa, 13.II.1612, *ibid.*, p. 161). Ver também BNP – *Res.*, cod. 1975, fl. 405v.

[26] Cf. o estudo de GODOY, J. A. – «La Real Armería». In *Tapices y armaduras del renacimiento. Joyas de las colecciones reales*. Madrid, Barcelona: Patrimonio Nacional, Ajuntament de Barcelona, 1992, pp. 99-193; alguns desses objectos, estiveram expostos nas exposições realizadas em 1998 para assinalar o quarto centenário da morte de Filipe II (*Felipe II. Un Monarca e su época. Un Príncipe del Renacimiento*. Madrid: Sociedad Estatal para la Commemoración de los Centenarios de Felipe II y Carlos V, 1998, cat. 72-74, pp. 370-373).

[27] Deu entrada na *Real Armería* em 1592 e foi apresentada, por exemplo, na exposição *Felipe II: Un Monarca e su época. Las tierras y los hombres del rey*. Valladolid: Sociedad

1588, Alexandre Valignano parte de Goa como embaixador do Estado da Índia ao *kanpaku*, levando-lhe, entre outras peças de cerimónia, «dous corpos d'armas brancas de Milão, guarnecidas de ouro mui lustrozas e ricas[28]. Hideyoshi, no entanto, teve mais sorte que Jahangir, uma vez que o imperador mogol nunca recebeu as prometidas armaduras. «Os corpos d'armas e maes cousas, que V. Magestade me escreve, que enviava para o Mogor, e o que tambem vinha para o seu embaixador, não vy nem sey se isto chegou cá, e que disso se fez»[29]. Palavras do vice-rei que mostram como as armaduras não chegaram a sair de Lisboa ou, então, foram desviadas logo à chegada a Goa.

Muqarrab Khan, por seu turno, chegou a Agra em Março de 1610, carregado de raridades e preciosidades que levou à presença de Jahangir. Aos muitos objectos europeus adquiridos no Guzerate, descritos pelo próprio imperador, juntavam-se mercadorias oriundas do Mar Vermelho cuja entrada nos portos do império estava proibida pelos portugueses, como é o caso de escravos abexins e de cavalos árabes[30]. Alguns meses depois, chegavam à corte os jesuítas Manuel Pinheiro e José de Castro e o espectáculo repetia-se: «Todo o fato da Cafila que veyo na em que os Padres vieram mandou El Rey levar diante de si, e se aproveitou mais das couzas coriosas que ricas, as quais, ou recebia liberalmente de seus donos, ou as tomava por seu justo preço. [...] Festejou muito o presente que lhe mandou o Viso Rey Ruy Lourenço de Tavora e muito

---

Estatal para la Conmemoración de los Centenarios de Felipe II y Carlos V, 1998, cat. nº 104, p. 104. Outros dois conjuntos japoneses da mesma época – que, com toda a probabilidade, terão pertencido respectivamente a Hideyoshi e a Tokugawa Ieyasu – guardam-se hoje no castelo de Ambras e poderão eventualmente corresponder às duas armaduras japonesas que integravam a colecção de arte do imperador Rudolfo II no início do século XVII (cf. TRNEK, H., SILVA, N. Vassallo e (eds.) – *Exotica. Os descobrimentos portugueses e as câmaras de maravilhas do Renascimento* (catálogo da exposição). Lisboa: FCG, 2001, cat. 109, pp. 232-233).

[28] FRÓIS, Pe. Luís S.J. – *Historia de Japam*, ed. J. Wicki. Lisboa: Biblioteca Nacional de Lisboa, 1984, vol. V, cap. 39, p. 299. Notícia da oferta feita por D. Francisco de Mascarenhas ao «Sophi» (Muhammad Khudabanda) de «humas armas brancas douradas, uma rodela da obra de Milão muyto boa» (Carta de 'José judeu' ao rei, s.l. n.d., [Ormuz, início 1583], pub. por ALONSO, Carlos – «Nueva documentación inédita sobre las misiones Agustinianas en la India y en Persia (1571-1609)». AA. Vol. 33 (1970), pp. 309-393 [319-320].

[29] Vice-rei ao rei, s.l. n.d. [Goa, 1613], HAG – *MR*, liv. 12, fl. 24.

[30] *Jahangirnama*, ed. Thackston, p. 108.

mais os chapeos, que o Padre lhe ofereceo, e lançando a touca fora pos hum delles na cabeça, e se deyxou ficar com elle por algumas horas e mandando vir hum espelho se vio nelle»[31]. Voltamos aqui a um assunto abordado no capítulo 3 a propósito de Akbar, e que ganha ainda maior expressão ao tempo de Jahangir: o da apropriação das marcas de identidade dos vizinhos e sua incorporação na imagética imperial.

Muqarrab Khan acabaria por ser recebido na capital do Estado da Índia em Fevereiro de 1611. Saíra de Agra em Setembro do ano anterior, acompanhado do padre Manuel Pinheiro, com o propósito de adquirir em nome do imperador «algumas peças das naos quando do reino chegassem». Talvez mais do que isso, deveria recolher informação acerca «da pessoa [...], policia, força e trato dos Portuguezes». O texto que temos vindo a seguir permite reconstituir com algum detalhe esta embaixada. O nobre mogol viaja com aparato, por mar, entre Cambaia e Goa. Acompanhado de trezentos homens de armas, dos quais setenta eram arcabuzeiros, entra na capital do Estado da Índia e instala-se nas casas do forte de Pangim[32].

Ainda Muqarrab Khan não tinha chegado a Goa e já Rui Lourenço de Távora informava o rei dos últimos desenvolvimentos. O embaixador mogol escrevera-lhe «do caminho», assim como o jesuíta Manuel Pinheiro, preocupado que estava com o modo como o vice-rei preparava a recepção ao enviado de Jahangir. O missionário insiste em vincar junto de Távora a diferença de estatuto entre os imperadores mogóis e os restantes soberanos asiáticos: «persuadindo me por aqui que lhe faça mais onra que a todos os embaixadores destes Reis vizinhos alegando tãobem a diferença que á deste aos outros assy na qualidade e valia com o seu Rey como na renda e fazenda». O vice-rei admite a necessidade da destrinça, mas recusa comprometer a dignidade do Estado: «algua resão tem nisto, mas não para se exceder o modo que se teia todo o respeito devido a autoridade do estado e ao serviço de V. Magestade». Ao mesmo tempo, prepara-se para, no regresso de Muqarrab Khan a Agra, enviar em sua companhia um embaixador português – «hum dos fidalgos mais honrados que ouver

---

[31] BA – *JA*, cod. 49-V-18, fl. 336.
[32] *Ibid.*, fls. 343v-344.

en Goa» – e pede a Filipe III que escreva a Jahangir[33]. Não esteve longe de existir um antecessor português de Roe.

Deixamos a embaixada mogol às portas de Goa para olharmos mais de perto o perfil do seu protagonista, Muqarrab Khan[34]. Pertencendo a uma família de muçulmanos da Índia, Shaikh Hasan era filho de um notável médico e cirurgião de Akbar (Shaikh Pahniya) e não tardou a aprender o ofício do pai. Aliás, haveriam ambos de tratar o imperador quando este foi gravemente ferido por um veado em 1596. Shaikh Hasan teve uma vida longa e cheia, que só terminaria aos noventa anos em Kairana (província de Deli), num magnífico palácio cujos pomares de mangueiras gozavam de enorme reputação em todo o império.

A sua notável carreira está associada desde o primeiro momento a Jahangir e à sua política de promoção dos muçulmanos da Índia (*Shaikhzadas*) no quadro da elite imperial. O imperador confere-lhe o título de *Muqarrab Khan* («confidente real») e chega a atribuir-lhe o elevadíssimo *mansab* de 5.000[35]. Portugueses e ingleses entenderam essa proximidade. Thomas Aldworth, por exemplo, considera-o «a great man with the King and a politic»[36], enquanto que jesuítas e funcionários do Estado da Índia realçam a cada passo a influência daquele grande «valido» e «privado» de Jahangir.

De facto, encontramos Muqarrab Khan ao lado do imperador no círculo mais privado da corte e nos momentos mais significativos do reinado. Jahangir não dispensou o seu conselho quando ponderou executar Mirza 'Aziz Koka[37]. Do mesmo modo, reconhecemo-lo facilmente em algumas

---

[33] Vice-rei ao rei, Goa, 29.XII.1610, ANTT – *Graça*, cxª 2, t. III, pp. 361-363.

[34] Sobre Muqarrab Khan, ver POWELL, Avril – «Artful Apostasy? A Mughal Mansabdar among the Jesuits». In ROBB, Peter (ed.) – *Society and ideology. Essays in South Asian history presented to Professor K. A. Ballhatchet*. Reed. Nova Deli: OUP, 1994, pp. 72-96; e REZAVI, Syed Ali Nadeem – «An aristocratic surgeon of Mughal India: Muqarrab Khan». in HABIB, Irfan (ed.) – *Medieval India 1. Researches in the History of India, 1200-1750*. Nova Deli: OUP, 1999, pp. 154-167.

[35] ALI, Athar – *Apparatus*, J43, 114, 317, 382, 391, 401, 417, 450, 530, 578, 605, 666, 814, 871, 944, 989, 1113, 1193, 1373, 1394, 1436; *MU*, vol. I, pp. 616-617.

[36] Thomas Aldworth à EIC, Ahmadabad, 9.XI.1613, in *LR*, vol. I, p. 307.

[37] Cf. HUSAIN, Afzal – *The nobility under Akbar and Jahangir. A study of family groups*. Nova Deli: Manohar, 1999, pp. 64-65, que remete para a *Zakhirat-ul Khwanin*, de Shaikh Farid Bhakkari.

das mais interessantes composições pictóricas da época. Está presente na restrita recepção imperial dispensada ao príncipe Khurram quando da sua partida para a campanha do Decão em 1616[38]. Abu'l Hasan representa-o entre os que, com o imperador, vêem dançar cinco mulheres afegãs em Cabul no ano de 1607[39]. Finalmente, uma miniatura atribuída ao mesmo artista mostra-o também no grupo dos que assistem à dança de um dervixe em êxtase perante Jahangir durante a visita imperial ao túmulo de Khwaja Mu'inuddin em 1615[40].

Muqarrab Khan repartiu o serviço imperial por várias províncias do império, mas as posições que ocupou no Guzerate foram seguramente as mais relevantes[41]. *Mutasaddi* dos portos de Surrate e Cambaia por mais de uma vez, tornou-se o rosto mogol das relações com os europeus ao tempo de Jahangir. Shah Nawaz Khan nota que o imperador o terá escolhido para essas funções tendo em conta os seus sólidos conhecimentos de joalharia e o facto de os referidos portos constituírem «uma mina de raridades e um centro de riqueza»[42]. Mas acrescenta também que o «confidente real» não foi capaz de governar a província ou de controlar o exército, o que levou o imperador a confiar o Guzerate ao príncipe Khurram em 1617. Os ingleses, que criticam sistematicamente Muqarrab

---

[38] Atribuído a 'Abid, *ca.* 1635 e incluído no *Padshahnama/Windsor*, n° 37, pp. 92-93 e 198-199. Muqarrab Khan também está presente no regresso de Khurram da campanha de Mewar no ano anterior (por Balchand, *ca.* 1635, *ibid.*, n° 5, pp. 28-29 e 161-162).

[39] Pertença da colecção Edwin Binney 3rd. Cf. DAS, Asok Kumar – *Mughal painting during Jahangir's time*. Calcutá: The Asiatic Society, 1978, pp. 142-143.

[40] Hoje guardado no Victoria Memorial Hall, Calcutá. Jahangir está sentado numa cadeira de influência europeia e, entre os que o rodeiam, reconhece-se um missionário jesuíta, presumivelmente o padre Corsi (DAS, A. Kumar – *Mughal Painting*, pp. 150-151 e il. 44).

[41] Athar Ali (*Apparatus*) reúne elementos que permitem reconstituir o seguinte trajecto: (J450) *hakim* de Surrate em 1613-1614; (J530) *hakim* de Cambaia em 1615-1616; (J605) superintendente das alfândegas de Surrate e Cambaia em 1615; (J814) *subadar* do Guzerate em 1617; (J989) governador do Guzerate em 1618-1619 (inverosímil, dado que o príncipe Khurram ocupou essa posição a partir de 1617); (J1394) governador de Surrate em 1623.

[42] A completar com a interessante observação de Thomas Kerridge. Diz o inglês que, à semelhança de todos os governadores de estabelecimentos marítimos do império, «Mocrob Chan» tem ordens para comprar as mercadorias mais importantes, especialmente jóias e toda a sorte de estranhos objectos. Muqarrab Khan é, assim, o primeiro a entender-se com os comerciantes: só depois de ver todos os produtos disponíveis é que os restantes interessados são autorizados a iniciar os seus negócios (Kerridge a Downton, Ajmer, 22.XI.1614, in *LR*, vol. II, p. 179)

Khan por acharem que este favorece os portugueses junto do imperador, dão dele uma imagem consonante, ainda que bem mais crua: pelo seu comportamento, o «Viceroy of Suratt» está mais próximo de uma criança do que de um homem, «being very vain and toyish in all his proceedings»[43].

Talvez Muqarrab Khan fosse realmente mau *subadar*: uma carta de Khurram aos portugueses já enquanto novo governador do Guzerate, documento que analisaremos mais adiante, não deixa de sublinhar que a sua escolha para aquele lugar tinha por objectivo melhorar a situação económica e social da província[44]. Mas, em contrapartida, o «confidente real» terá sido porventura o primeiro dos nobres mogóis a lidar habilmente com os europeus. Suporta as suas pressões, aprende a manipular as suas rivalidades e, mais do que isso, logra acomodá-las aos interesses do imperador e do império sem nunca descurar os seus próprios objectivos. Como outros do seu tempo, este proeminente *mansabdar* tinha navios próprios para o comércio da Ásia marítima: uma vez em Cambaia, já de regresso à corte após a conclusão da embaixada de 1611, Muqarrab Khan leva o padre Nicolau Pimenta «em seu elefante a ver lançar ao mar huma sua navetta»[45].

A província do Guzerate haveria de conhecer e gerar mais homens com este perfil. Não os vislumbramos ainda ao tempo de Akbar – Qulij Khan Andijani ou Qutbuddin Muhammad Khan representam o inverso desta tipologia (*supra*, capítulo 3) –, mas reconhecemo-los entre os homens de mão de Shahjahan: Mir Musa, a quem regressaremos no capítulo 9, é claramente outro Muqarrab Khan. Falamos de funcionários-mercadores que gozam de estreita ligação ao imperador e que articulam com destreza o mundo dos negócios marítimos com os círculos cortesãos. Não admira que tivessem suscitado sentimentos contraditórios entre ingleses e portugueses, ora gerando as expectativas mais entusiásticas, ora constituindo alvo das mais duras críticas. Assim sucedeu nas relações de Muqarrab Khan com o Estado da Índia na segunda década do século XVII.

---

[43] William Edwards à EIC, s.l.n.d [1614], in *LR*, vol. II, p. 149.

[44] Cf. *infra*, n. 102. As memórias do próprio imperador nada dizem a este respeito, limitando-se a registar a entrega do Guzerate como *jagir* a Khurram (*Jahangirnama*, ed. Thackston, p. 244).

[45] BA – *JA*, cod. 49-V-18, fl. 350.

Retomemos então a sua embaixada a Goa em 1611, que ocorre num momento de grande euforia no tocante às relações entre o Estado da Índia e o império mogol. É que no início de Setembro do ano anterior, vésperas da partida de Muqarrab Khan de Agra, Jahangir autorizara a conversão ao cristianismo de três sobrinhos seus. Assim, os filhos do sultão Daniyal – Tahmuras, Baysunghar e Hoshang – tornaram-se D. Filipe, D. Carlos e D. Henrique, decorando orações e passando a trajar à portuguesa.

O acontecimento teve enorme repercussão entre os jesuítas, assunto invariavelmente abordado na correspondência dos missionários para Roma e que não tardou a ser incluído nas colectâneas de cartas que a Companhia fazia sair dos prelos europeus[46]. As esperanças colocadas na conversão de Akbar décadas antes transferem-se agora, com renovado entusiasmo, para Jahangir.

É neste ambiente, pois, que Muqarrab Khan entra em Goa. O vice-rei Rui Lourenço de Távora recebe-o com magnificência na sala dos governadores, para depois lhe mandar servir uma ceia na sua residência que deixou «o embaixador e seus gusarates espantados». Na pessoa de Muqarrab Khan e na missão que encabeça, Lourenço de Távora assinala e festeja o baptismo dos príncipes mogóis. Com o vice-rei, cada um em sua janela debruçada sobre o terreiro do paço, Muqarrab Khan assiste a jogos de canas. Segue-se a troca de presentes. Não conhecemos ao certo o que o vice-rei e o embaixador deram um ao outro, mas é sabido que Muqarrab Khan distribuiu tapetes por nobres e religiosos de Goa, cabendo à casa professa dos jesuítas «duas alcatifas muito grandes e fermosas pera o altar mor». O padre Manuel Pinheiro, por seu lado, ofereceu-lhe um pano de armar com a representação de Cristo atado à coluna, «obra muito perfeita e muy semelhante aa que se costuma fazer em Frandes».

---

[46] *Raguagli d'Alcune Missioni fatte dalli Padri della Compagnia di Giesv nell'Indie Orientali* [...]. Roma: Bartolomeo Zannetti, 1615, pp. 5-38 («Relatione della Missione, & Residenza del Mogòr»), [14-33]; BA – *JA*, cod. 49-V-18, cap. 39, «De como entregou el Rey os tres infantes seus sobrinhos aos Padres pera os fazerem Christaos»), fls. 336v-337v; e cap. 40 («De como receberam o Sancto bautismo tres Infantes»), fls. 337v-340). O padre Manuel Pinheiro revela-se eufórico com o acontecimento num conjunto de cartas escritas da corte de Jahangir nos dias imediatos à conversão. Documentos em Bruxelas, na Bibliothèque Royale de Belgique (Ms. 4156, pp. 217-232).

O excerto da crónica da Biblioteca da Ajuda demora-se depois na descrição da secreta conversão de Muqarrab Khan ao cristianismo, sendo que a adesão escondida de alguém a outra religião é tópico bem presente na época moderna e em muito extravaza o contexto estrito das relações entre portugueses e mogóis. O baptismo do embaixador mogol, que doravante assumirá outra identidade para os portugueses, foi celebrado pelo padre Nicolau Pimenta e manteve-se discreto e privado o suficiente para não alvoroçar os muçulmanos mais ortodoxos do império. A metamorfose de Muqarrab Khan em D. João de Távora (tomando o apelido do seu anfitrião em Goa), fora precedida da conversão de um seu filho adoptivo e é, de algum modo, prenúncio da esperada conversão do próprio imperador. Os jesuítas recuperam, neste particular, o argumentário dos anos de 1580 relativamente a Akbar. Agora é Jahangir que, almejando dar esse passo mas temendo as suas consequências internas, vai testando a reacção da corte através do baptismo dos seus sobrinhos e de um dos seus homens mais próximos.

Da religião para o comércio. A embaixada de Muqarrab Khan permite assentar os termos das relações entre as duas partes nesta esfera, tendo em vista a «perpetua paz e amizade». A crer na versão portuguesa, Jahangir compromete-se – pela voz do seu representante em Goa – a proibir a navegação de ingleses e holandeses para os seus portos, ao mesmo tempo que concede autorização para o estabelecimento de uma feitoria portuguesa em Surrate. Do mesmo modo, aceitava que todos os seus navios com interesses no comércio do Sueste Asiático frequentassem exclusivamente o porto de Malaca já que por estes anos, não raro, rumavam a outros estabelecimentos da região[47]. Por último, o imperador mogol aceitava ainda vender ao Estado da Índia, em cada ano, quatro mil quintais de cobre ao preço da terra[48]. De sua parte, Muqarrab Khan intercedeu junto do vice-rei para que não punisse António Monteiro, «que foi por capitão

---

[47] BA – *JA*, cod. 49-V-18, cap. 43 («Da embaixada que mandou o gram Mogor ao Viso rey da India [...]»), fls. 343 ss. Notícia da captura de duas naus em Perak aujoujadas de estanho em 1613 (vice-rei ao rei, s.d. [1613], HAG – *LM*, liv. 12, fls.23v-24).

[48] Também Jerónimo Xavier dá nota destas condições em carta a Nicolau Pimenta, num parágrafo final acrescentado *a posteriori* (4.XII.1610); AHCJPT – E-2: 104, 17.

do galioto que dom estevão d'ataide mandou de moçambique a Cambaia carregado de fazendas sem pagar direitos»[49]. O embaixador mogol seria, porventura, cliente de Monteiro.

Já de partida, Muqarrab Khan compra objectos para levar ao imperador – Entre as «peças coriozas e de preço» que procura, deixou-se tentar por «hum escritorio todo de cristal marchetado de pao preto obra muy prima e de preço». O seu proprietário, de primeiro nome Fernão, pedia mais de trinta mil cruzados pelo objecto e Muqarrab Khan acabou por não o adquirir, «o que depois o Rey sabendo sentio muito por o seu embaixador por dinheiro deixar peça de seu gosto». Jahangir não fala desta peça em concreto nas suas memórias, mas dá conta da embaixada de Muqarrab Khan a Goa, com instruções «para comprar todas as raridades que lá pudesse adquirir para o tesouro real. [...] Sem olhar ao custo, ele pagou o preço que os *firangi*s lhe pediam por todas as raridades que encontrou». Entre o que o embaixador trouxe de regresso a Agra, contavam-se estranhos animais que o imperador descreveu: um peru – «mais largo de corpo que uma pavoa e significativamente mais pequeno que um pavão» – e um macaco[50].

O que Rui Lourenço de Távora ou Manuel Pinheiro vêem na embaixada de Muqarrab Khan não é seguramente o que Jahangir e os artistas da sua corte valorizam. Em vez de, por exemplo, representar o baptismo do nobre mogol, Mansur é instado pelo imperador a pintar o peru recém-chegado à corte[51]. Na mesma linha, uma miniatura de Bulaqi *ca.* 1625 mostra Muqarrab Khan a apresentar os animais exóticos que trouxera de Goa ao imperador[52]. Em contrapartida, o baptismo dos príncipes mogóis e a embaixada de Muqarrab Khan provocaram um verdadeiro frenesim no reino e em Goa. Filipe III escreve pessoalmente ao padre Manuel

---

[49] BA – *MM*, cod. 51-VIII-21, fl. 116.

[50] *Jahangirnama*, ed. Thackston, pp. 133-134.

[51] *Ca.* 1612. V&A – IM 135-1921. Muqarrab Khan pedira aos ingleses que trouxessem cães ao imperador. Resposta: «dogs hard to be carried» («Particulars desired to Mocrob Chan to be provided in England and sent by the next ships for Surat, for the Great Magore, 1614», in *LR*, vol. II, pp. 173-174).

[52] Encontra-se, em mau estado de conservação, na Raza Library, Rampur (Índia), álbum 1, fl. 7a (cf. *Padshahnama/Windsor*, pp. 120-121).

Pinheiro para lhe agradecer o desempenho e encoraja-o a continuar até que se consiga fazer «o Mogor christão»[53]. Ao mesmo tempo, discute com D. Jerónimo de Azevedo a probabilidade de se trazer o imperador mogol «ao gremio da egreja catholica». Recomenda ao vice-rei que «em caso que o Mogor, fazendo-se christão, queira enviar aos principes seus sobrinhos dar obediencia ao Papa, lhe não impedireis sua vinda»[54]. Na mesma ocasião, quiçá seguindo a sugestão de Rui Lourenço de Távora feita em 1610 («entendo que o que mais estimar sera ver a carta de V. Magestade»), Filipe III escreve a Jahangir. Pretende reforçar a amizade entre ambos, congratula-se com a presença de um seu embaixador em Goa, exulta com a conversão dos seus sobrinhos – agora seus afilhados – e pede-lhe que proteja os padres jesuítas[55].

No ano seguinte, novo vaivém entre Agra e Goa. Manuel Pinheiro parte da cidade imperial em Abril de 1613 com um *farman* que lhe asseguraria protecção e isenção de taxas até entrar a 5 de Julho na capital do Estado da Índia[56]. O jesuíta era portador de uma carta de Jahangir para o vice-rei, escrita a 24 de Março de 1613 e de que apenas conhecemos um breve resumo português. Nela, e para além de felicitar D. Jerónimo de Azevedo por ter sido escolhido para o governo da Índia, o imperador mogol pede segurança no mar, compromete-se a não admitir ingleses nos seus portos e espera que o comércio português nas terras do império se intensifique, dizendo-se disposto a fazer «merce, e favores aos mercadores que a sua corte fossem».

Todavia, as relações entre os dois potentados haviam começado a toldar-se logo no final de 1611. É que os navios ingleses continuavam a ser admitidos em Surrate e a imagem de um Muqarrab Khan cristão e aliado do Estado da Índia não resiste por muito tempo em Goa: afinal, depois de baptizado, o nobre mogol «hé mais mouro que antes». Jurara «polla

---

[53] Lisboa, 31.I.1612, ARSI – *Goa*, vol. 46 I, fl. 74.
[54] Lisboa, 13.II.1612, in *DRI*, t. II, pp. 160-161.
[55] Filipe III a Jahangir, Lisboa, 15.II.1612, in *DRI*, t. II, pp. 163-164.
[56] Conhece-se a tradução portuguesa do *farman* de Jahangir aos oficiais do império para que facilitassem a passagem do jesuíta «que mando a Goa sobre negocios meus» (incluído na carta de Manuel Pinheiro, Goa, 24.XII.1613, ARSI – *Goa*, vol. 46 I, fls. 80-80v).

cabeça do seu Rei» não fazer negócio com os ingleses, mas não cumpriu «este mouro tão velhaco», escreve então Rui Lourenço de Távora[57].

A fugaz e «imperfeita» conversão de Muqarrab Khan ao cristianismo é tão incompreendida quanto criticada por portugueses e jesuítas. Avril Powell, mais familiarizada com a Índia do século XIX, analisa o problema no tempo longo e integra-o no quadro mais amplo das significativas apostasias do Islão que ocorrem nessa época. Separa conversões em massa, mais estudadas, dos processos individuais de conversão, correntes no Noroeste da Índia entre as elites. Depois, já nesta segunda categoria, a autora distingue «conversão» de «adesão», a primeira correspondendo a verdadeira reorientação espiritual, a segunda representando um fenómeno de curiosidade por outra religião. A «adesão», potenciada por circunstâncias de conveniência política, económica ou social, corporiza-se na transferência de ritos e de signos e pode gerar identidades religiosas ambíguas. Escorada em Richard Eaton, Avril Powell defende que, nestes casos, pode haver baptismo sem se verificar propriamente uma conversão[58]. À sua maneira, António Bocarro não anda longe desta formulação, ao notar que a Muqarrab Khan faltava «aquella perfeição da fé, que faz desprezar todos os bens, honras, e riquezas do mundo, e ainda a propria vida, que este imperfeito christão não sabia trocar com as que podia receber entre portuguezes»[59].

De facto, a adesão de Muqarrab Khan ao cristianismo – menos efémera e vaga do que a julgaram inicialmente os portugueses, porquanto o nobre mogol continua a dar sinais da sua «fé» nos anos de 1620 em Patna[60] –

---

[57] Rui Lourenço de Távora a D. Francisco da Gama, Goa, 20.XII.1611, BNP – *Res.*, cod. 1975, fls. 208-209 [208v].

[58] POWELL, A. – «Artful apostasy», *passim*; EATON, R. – «Approaches to the study of conversion to Islam in India». In MARTIN, Richard (ed.) – *Approaches to Islam in religious studies*. Arizona: University of Arizona Press, 1985, pp. 106-123. Sobre o complexo binómio conversão-apropriação (i.e., adaptação da conversão à agenda do convertido), ver MILLS, Kenneth, GRAFTON, Anthony (eds.) – *Conversion: Old Worlds and New*. Rochester (NY): University of Rochester Press, 2003.

[59] BOCARRO – *Década 13*, cap. LXXXI, pp. 354-355.

[60] A carta ânua de 1621 dá conta dos muitos favores que Muqarrab Khan dispensa aos jesuítas em Patna, ainda que os missionários pensem que se trata de um estratagema para atrair os negócios portugueses à cidade («não he tanto pollo bem de sua alma como pella mercancia a que acodem muitos Portugueses, estando nos ahi»). De algum modo, e

não implicou uma ruptura total com o passado nem uma crise de valores espirituais. Na mesma categoria se inclui o seu filho adoptivo e, bem assim, os sobrinhos do imperador, que também não tardaram a apostatar. Nestas circunstâncias, a conversão de Jahangir ao cristianismo logo se transforma numa quimera vã: «Esta embaixada do Mogor, e todo o conçerto, e esperanças, que della se tinhão foi tudo fantastico, e o embaixador tanto que tornou para sua terra continuou em ser mouro como dantes com pouco credito da Christandade»[61]. Pouco depois, Filipe III reconhece a «pouca esperança que se pode ter da christandade e que elle [Jahangir] os annos passados tinha dado»[62]. O sonho de fazer cristão um imperador mogol esfumava-se de novo.

O esboroar das relações entre *firangi*s e mogóis, tendo a presença inglesa nos portos do Guzerate por pano de fundo, atinge o zénite em 1613-1615. O extraordinário volume da navegação entre aquela província e o Mar Vermelho que escapa ao controlo dos portugueses e, por consequência, às receitas da alfândega de Diu, alarma Goa. Acumulam-se lamentos sobre naus circulando sem cartaz, que os capitães da armada do norte deliberadamente não interceptam. De igual modo, denuncia-se a exagerada e ilegal concessão de salvo-condutos. Num caso e noutro, estamos perante sinais de falta de autoridade do Estado da Índia que importava atenuar. Há quem sugira, como o capitão de Diu, a conquista de Surrate[63]. Mas o vice-rei D. Jerónimo de Azevedo envereda por uma outra manifestação de força: a captura de uma «nau de Meca».

à semelhança do que sucedera em 1611, o nobre mogol continua a assumir-se como um cristão «oculto» («se não podia declarar por Xpão sem muito perigo de vida e risco seu»); «Casa e residencias dos Reinos de Bengala», Jacinto Pereira, Cochim, 27.XII.1621 (ânua de 1621), ARSI – *Goa*, vol. 33 II, fl. 667v. Dois anos depois, o quadro traçado pelos jesuítas é bem mais optimista: «O nababo D. João de Tavora quer fazer hûa famosa igreja em sua Patria, declarou se de todo por xpão, favoreçe muito aos Padres, não deixa passar lanço diante do Mogor em que não falle dos seus padres. Quer fazer hû hospital real em Agra ao modo do que elle vio o real de Goa» (carta ânua de 1623 («Missão do Mogor»), ARSI – *Goa*, vol. 33 II, fl. 725). Sendo médico, não é de estranhar que Muqarrab Khan se tivesse interessado pelo hospital de Goa.

[61] Vice-rei ao rei, s.l. n.d. [Goa, 1613], HAG – *MR*, liv. 12, fl. 23.
[62] Rei ao vice-rei, Lisboa, 14.II.1615, in *DRI*, t. III, p. 230.
[63] Rei ao vice-rei, Lisboa, 1.III.1613, in *DRI*, t. II, p. 350.

O acontecimento haveria de moldar as relações entre portugueses e mogóis nos anos imediatos. Em Agosto de 1613, Luís de Brito de Melo toma ao largo de Surrate uma grande e rica nau vinda do Mar Vermelho, onde havia permanecido três anos. Captura difícil, porquanto a dita nau «era mui alterosa, cheia de gente e bem artilhada»[64]. Após a vitória, o capitão português evitou o saque da sua presa, tanto mais que a sabia ajoujada de venezianos de ouro[65]. No entanto, e temendo uma reacção mogol, Luís de Brito de Melo optou por deitar fogo à nau «não fazendo caso do casco» e deixando a bordo muito coral. Tudo o mais foi levado para Goa, onde o capitão entrou em Outubro, sem conseguir evitar «desordens» no desembarque da carga: durante algum tempo, na capital do Estado da Índia, os soldados pagavam tudo com ducados de ouro «como quem não sabia as contas nem ganhára similhantes moedas»[66].

A captura da nau esteve longe de ser pacífica entre os portugueses e tanto D. Jerónimo de Azevedo como Luís de Brito de Melo estiveram debaixo de fogo durante algum tempo. O acontecimento perseguirá o vice-rei para lá do termo do seu consulado: uma vez no reino, já caído em desgraça, Azevedo vê-se confrontado com um violento interrogatório acerca dos seus actos durante os anos de governo da Índia e, entre os vinte e três quesitos que o compõem, dois – o segundo e o terceiro – dizem respeito a este assunto e aos seus desenvolvimentos[67].

Mas, mesmo duramente criticado em Lisboa, o vice-rei defenderá sempre a legitimidade desse acto. O primeiro argumento a seu favor radica no comportamento do próprio capitão do navio. Ainda em Judá, este procurava

---

[64] Sobre a realidade de um destes navios, com inúmeros detalhes acerca da vida a bordo, ver o interessante estudo de QAISAR, A. Jan – «From port to port: Life on Indian ships in the sixteenth and seventeenth centuries» (in GUPTA, Ashin Das, PEARSON, M. N. (eds.) – *India ant the Indian Ocean, 1500-1800*. Reed. Nova Deli: OUP, 1987, cap. 15, pp. 331-349). O estudo vai escorado na análise de um relato persa (*Anis-ul hujjaj*) escrito por Safi bin Wali Qazwini e relativo à sua viagem entre Surrate e Judá em 1669-1670 a bordo do *Salamat Ras*.

[65] Sobre a importância do ouro no comércio entre o Mediterrâneo oriental e os impérios safávida e mogol, ver MATTHEE, Rudi – «Between Venice and Surat: The trade in gold in late Safavid Iran». *MAS*. Vol. 34/1 (2000), pp. 223-255.

[66] BOCARRO – *Década 13*, cap. XLV, pp. 189-192.

[67] «Repostas que dá Dom Jeronimo de Azevedo Visorey que foi das Indias Orientais aos 23 cargos a que lhe mandarão responder»; BA – *MM*, cod. 51-VII-27, fls. 146-186 [148v-153].

persuadir os mercadores dos restantes navios que ali se encontravam com cartaz a passarem a mercadoria para a sua nau, assim evitando pagar direitos em Diu. Os mercadores hesitam por não quererem correr riscos, mas o capitão insiste: «que lhes não desse isso cuidado, porque os Portugueses erão galinhas»[68]. Demais, D. Jerónimo de Azevedo levou o assunto à Relação e a resposta foi inequívoca – «a nao fora justamente tomada».

Ainda no ano de 1613, o vice-rei reafirma a sua estratégia para o Guzerate e autoriza um ataque a Porbandar. Diz o vice-rei português que, resultado da guerra entre portugueses e mogóis em Surrate, o comércio externo de Ahmadabad se fazia agora por portos alternativos, estabelecimentos mais «discretos» da província do Guzerate que não estavam na tutela directa do império de Jahangir. Tal mutação era gravosa para ambas as partes, mas especialmente prejudicial para os rendimentos da alfândega de Diu. Destes surgidouros, haviam saído recentemente vinte e sete navios entre cem e duzentas toneladas com destino ao Mar Vermelho. O ataque português conduzido por Gaspar de Melo de Sampaio traduziu-se na destruição daquele estabelecimento e de doze naus avaliadas em 600.000 cruzados[69].

Jahangir reage a tudo isto com dureza. A correspondência portuguesa da época mostra como não se conseguiam prever em Goa os passos imediatos do imperador mogol. Ouvindo os mercadores baneanes de Diu, o vice-rei acredita que, não sendo do imperador a nau capturada, a reacção seria branda e o comércio logo se reanimaria[70]. Mas essa primeira impressão rapidamente se dissipa. Bem ao invés, o episódio é talvez o único de natureza política, envolvendo os portugueses, que Jahangir regista nas suas memórias. Ouçamo-lo na primeira pessoa: «Durante esse mesmo mês, recebi notícias de que os francos de Goa,

---

[68] «Resposta da carta que tratta dos Reis Vesinhos», s.l. n.d. [Goa, 1613], HAG – *MR*, liv. 12, fl. 23v.

[69] Vice-rei ao rei, Goa, 8.I.1616, HAG – *MR*, liv. 12, fl. 220v; o mesmo ao mesmo, 22.XII.1613, *ibid.*, fls. 47-47v; BOCARRO – *Década 13*, cap. XLIV, pp. 207-211. Esta clara ascensão de estabelecimentos alternativos da província perante o bloqueio dos portos dominados por portugueses e mogóis vem ao encontro das conclusões a que chegou Farhat Hasan nos seus estudos sobre Surrate (cf. *supra*, n. 17).

[70] «Resposta da carta que tratta dos Reis Vesinhos», s.l. n.d. [Goa, 1613], HAG – *MR*, liv. 12, fl. 23v.

quebrando a sua palavra, tinham pilhado quatro navios estrangeiros ao largo de Surrate. Levaram também muitos muçulmanos como cativos e apropriaram-se dos bens que estavam dentro dos navios. Isto foi muito desagradável para mim. Dei a Muqarrab Khan, responsável por aquele porto, um cavalo, um elefante e uma cabaia para ir resolver o assunto e despachei-o a 18 de Azar [29 de Novembro de 1613]»[71].

A correspondência portuguesa confirma que Jahangir procurou negociar logo em 1613. Em Dezembro diz-se que o imperador se preparava para enviar Muqarrab Khan a fim de tratar do assunto em Goa e que este estava «muy interessado»[72]. No ano seguinte, ainda antes da monção, Jahangir despacha dois novos emissários para Goa. A confiança entre as duas partes é praticamente nula nesta ocasião, porquanto se exige aos portugueses que entreguem dois moradores de Damão como reféns enquanto decorressem as negociações. Mas também esta aproximação haveria de fracassar: «elles vinhão já caminhando para aquella fortaleza todavia por hu delles faleçer no caminho não quis o companheiro passar adiante e se desfez a embaxada». Jahangir opta então por confiar a gestão do conflito a Jerónimo Xavier que, deslocando-se a Surrate antes de chegar a Goa, encontrou em Muqarrab Khan um interlocutor, flexível o suficiente para procurar o restabelecimento da paz[73]. As negociações processam-se a um nível cada vez mais discreto, passando pela intervenção de intermediários cuja identidade nem sempre é clara. Ao mesmo tempo que Xavier discutia os termos da paz com Muqarrab Khan em Surrate, um morador de Damão chamado Luís de Sequeira escreve a D. Jerónimo de Azevedo informando-o de «que avia tido cartas de hũ mouro que estava na fronteira daquellas terras por cabeça da gente da guerra, e lhe pedia fosse medianeiro para o negoçio da paz, porque elles cõnosco a querião»[74].

---

[71] *Jahangirnama*, ed. Thackston, p. 154.

[72] Vice-rei ao rei, Goa, 22.XII.1613, HAG – *MR*, liv. 12, fl. 47.

[73] O padre José de Castro nota em Abril de 1615 que a negociação entre portugueses e mogóis estava entregue a Manuel Pinheiro (em Surrate) e a Jerónimo Xavier (em Damão); carta a C. Acquaviva, Ajmer, 10.IV.1615, cit. *supra*, fl. 112v.

[74] Vice-rei ao rei, ilhéus Queimados, 31.XII.1614, HAG – *MR*, liv. 12, fls. 164v, 166-166v.

Os testemunhos ingleses, porém, fornecem um quadro bem diverso. Dão de Jahangir uma imagem de inflexibilidade, absolutamente determinado a expulsar os portugueses da Índia, ou então a fazê-los pagar bem caro o gesto de 1613. Veja-se o que, de Ahmadabad, escreve William Edwards em Dezembro de 1614: «Great means is made by the Portingals for a reconciliation, offering restitution of the aforesaid ship and goods, but no acceptance will be had. The Mogore his answer is: he will have his country under his own subjection, and will be no more subject to them as heretofore. No Portingals are suffered to remain here or elsehwere within the command of the Mogore, except two Jesuits, who are here imprisoned»[75]. Kerridge, por seu lado, suspeita que a aproximação de Jahangir aos ingleses nesse momento particular tem por objectivo vender caro um eventual acordo futuro com os portugueses[76].

A retaliação não tardou, de facto. Os missionários vêem-se privados das esmolas imperiais que se tinham habituado a receber, ao mesmo tempo que assistem ao encerramento das igrejas de Agra e Lahore[77]. De outro modo, os mogóis preparam-se para atacar Damão[78], tarefa cometida a Muqarrab Khan que, a crer em Nicholas Downton, teria escrito aos holandeses de Masulipatão oferecendo-lhes aquele porto em troca de auxílio naval contra os portugueses[79]. Depois, Jahangir manda prender

---

[75] William Edwards à EIC, Ahmadabad, 20.XII.1614, in *LR*, vol. II, p. 150 (também p. 155).

[76] T. Kerridge a N. Downton, Ajmer, 22.XI.1614, in *LR*, vol. II, p. 179.

[77] Veja-se o negro retrato da situação traçado pelos missionários no terreno: Francesco Corsi a C. Acquaviva, Ajmer, 26.II.1615, BL – *Cotton Charter*, XXIV.33, fls. 1-2; o mesmo ao pai (Raffaello Corsi, em Florença), Ajmer, 6.III.1615, *ibid.*, fl. 7v; António Machado a C. Acquaviva, Agra, 9.IV.1615, BL – *Cotton Ms*, Titus B. VII, fl. 118; José de Castro a C. Acquaviva, Agra, 10.IV.1615, *ibid.*, fl. 112. Ver também a carta de Jerónimo Xavier (Chaul, 4.XII.1615), em que o missionário revela ter sido preso à chegada a Surrate e afirma que Jahangir estava tão irritado com a captura da nau em 1613 que ordenou aos seus sobrinhos que apostatassem (pub. por HOSTEN – «Eulogy of Father Jerome Xavier, S.J., a missionary in Mogor (1549-1617)». *JASB*. n.s., vol. XXIII (1927), pp. 124-125).

[78] Rei ao vice-rei, Lisboa, 31.I.1615, in *DRI*, t. III, pp. 181-184. O mesmo ao mesmo, Madrid, 5.III.1615, *ibid.*, doc. 577 (leva apensa uma «Relação do que Sua Magestade he informado do que se passa em Damão»), pp. 296-299. Em caso de conflito aberto, a situação de Diu era dramática. Contam-se apenas catorze soldados residentes para uma população de vinte mil que certamente não penderia para o lado português (rei ao vice-rei, Lisboa, 7.II.1615, *ibid.*, pp. 193-198).

[79] T. Aldworth e W. Biddulph à EIC, Surrate, 19.VIII.1614, in *LR*, vol. II, p. 96; N. Downton à EIC, Swally, 20.XI.1614, *ibid.*, pp. 168, 171.

os *firangi*s que se encontrassem nas suas terras, apresando-lhes os bens no Cinde, na cidade de Ahmadabad e no porto de Cambaia. D. Jerónimo de Azevedo emite um alvará logo em Outubro desse ano a proibir – sob ameaça de uma pena de degredo de dez anos em Ceilão – a ida de portugueses do Cinde a Lahore[80]. Em simultâneo, pensa arrestar a fazenda dos vassalos do «Mogor» que se encontrassem em Goa, mas o seu conselho é mais prudente e o vice-rei acaba por mandar «compor o escandalo e agravvo com que os mogores haviam de estar dos portuguezes». Assim, D. Jerónimo de Azevedo dispõe-se a devolver os bens apreendidos[81] e prepara-se para, encenando uma situação de normalidade, conceder a uma nau mogol o cartaz relativo ao ano de 1614[82].

Para mais, as reacções que chegam do Reino são severas. Filipe III escrevera antes a Jahangir e tinha o imperador mogol por amigo. Tanto no plano dos princípios como no da oportunidade, o rei considera o conflito escusado e condena não só a captura da nau como o ataque a Por. Não admira, pois, que considere a guerra do norte como «a mais penosa e molesta» que o Estado da Índia enfrenta[83]. Em diferentes cartas escritas do Reino nos primeiros meses de 1615, Filipe III haveria de insistir na necessidade de se obter uma rápida reconciliação entre portugueses e mogóis. Encontra culpas no procedimento de Luís de Brito de Melo, pede «mais tento e consideração» nas relações com Jahangir e considera que o imperador foi provocado, sendo agora necessário «socegar os movimentos d'aquelle rey»[84]. Um ano volvido, a mesma preocupação: «considerando [...] a grande perda que da suspensão do commercio de Cambaia tem resultado ao rendimento das minhas alfandegas [...]; os damnos que sou informado que em o Cinde e em outras partes dos reinos do Mogor teem padecido meus vassallos, na prisão de

---

[80] Alvará de D. Jerónimo de Azevedo, Goa, 20.X.1613, in *APO*, fasc. 6, supl. 1, pp. 988-989.
[81] BOCARRO – *Década 13*, cap. XLVIII, pp. 200-201, cap. XLIX, pp. 203-205.
[82] *Ibid.*, cap. LII, p. 221.
[83] Rei ao vice-rei, Lisboa, 14.II.1615, in *DRI*, t. III, pp. 234, 236.
[84] O mesmo ao mesmo, Madrid, 4.III.1615, *ibid.*, t. III, pp. 288-289.

suas pessoas e na confiscação de seus bens, [...] vos torno a encarregar apertadamente que por todos os meios convenientes procureis a paz com o dito Mogor»[85].

A situação económica da Índia portuguesa parece ter-se ressentido realmente com este episódio. Aos testemunhos portugueses, podem juntar-se as impressões de García de Silva y Figueroa que, de Goa e em mais de uma ocasião, reverbera os efeitos da guerra entre o Estado da Índia e o império mogol no comércio do Guzerate, do Cinde e de Ormuz[86]. Havia, pois, que ensaiar alternativas. Uma consiste em favorecer os negócios dos arménios na Índia – «os mercadores mais ricos e de maior e mais continuo trato que ha na Asia» –, procurando revitalizar assim o comércio de Ormuz e do Cinde, «por o Mogor estar resentido»[87].

O episódio da nau de Surrate viria a compor-se em 1615, mediante a assinatura de «capitulos de pazes» entre portugueses e mogóis. Muqarrab Khan representa Jahangir, enquanto o rosto do Estado da Índia na negociação deste acordo é o seu chanceler, Gonçalo Pinto da Fonseca, apoiado pelo imprescindível Jerónimo Xavier[88]. O articulado, composto por sete pontos, tinha por objectivo fazer tábua rasa dos acontecimentos recentes, comprometendo-se ambas as partes a esquecer «os desgostos, perdas, e damnos, que por mar e terra recebêrão Mogoles e Portuguezes, e outrosim os vassallos de parte a parte por causa da guerra que até agora durou» (§2). Nenhum dos lados podia exigir compensações para lá das que o próprio tratado estipulava e os prisioneiros mútuos – se acaso não tivessem mudado

---

[85] Rei ao vice-rei, Lisboa, 11.II.1616, in *ibid.*, t. III, p. 389.

[86] García de Silva y Figueroa ao rei, Goa, 19.XII.1614; o mesmo ao mesmo, Goa, 3.XI.1615, ambas publicadas por GIL, Luis – *Epistolario diplomatico*, resp. docs. 16 e 20, pp. 188-189 e 201.

[87] Rei ao vice-rei, Lisboa, 31.I.1615, in *DRI*, t. III, pp. 185-187. Alvará de D. Jerónimo (Goa, 27.XI.1613) autorizando a circulação e os negócios de mercadores arménios entre Ormuz e o Cinde (in *APO*, fasc. 6, supl. 1, p. 995).

[88] «Capitulos das pazes que se fizeram entre os vassalos de El-Rey Jahanguir e os Portuguezes, por Nauabo Mucarreb-Xhan e Gonçalo Pinto da Fonseca», 7.VI.1615. Publicado in BIKER – *Tratados*, t. I, pp. 189-192. Cf. também HERAS, H. – «Jahangir and the Portuguese». In *Indological Studies*, cap. 11, pp. 140-151 (dando a versão portuguesa e a tradução inglesa do tratado). Encontram-se cópias deste documento em vários arquivos (*inter alia*, BNP – Res., cod. 257 (*Tratados de Pazes antigos e modernos*), fls. 1-1v; resumo em BNP – Res., cod. 11410, fl. 68).

entretanto de religião – deviam ser libertados então (§3). Sendo doravante «verdadeiros amigos», o rei de Portugal e o imperador mogol renunciavam a ter comércio ou qualquer espécie de relação com ingleses e holandeses, nações que cobiçavam a Índia por «viverem na Europa apertados e pobres» (§1). Ainda no capítulo dos inimigos comuns, o idêntico princípio se aplicava aos *mappilla*s do Malabar, «que vivem de furtar» (§4), algo que o *farman* de Akbar de 1573 também já estipulava (*supra*, capítulo 3).

Aceitando dar algumas contrapartidas aos mogóis, os portugueses reconheciam implicitamente as suas culpas no episódio de 1613 e cediam perante Jahangir. Assim, o ponto 4 fixa o pagamento de uma indemnização de setenta mil xerafins «em satisfação do coral que se tomou na nao que vinha de Mequa». Detecta-se a mesma atitude na alínea seguinte, que regula as condições da navegação mogol para o mar Vermelho: para além de manter a concessão de «hum cartaz cada anno para huma nao ir de Surrate a Mequa forra de direitos», o Estado da Índia aceitava atribuir quatro cartazes extraordinários em dois anos: dois salvo-condutos destinavam-se a viagens do Guzerate para o Mar Vermelho, os outros para naus que fossem de Surrate a Ormuz, muito embora pagando direitos nesta alfândega. Goa comprometia-se ainda, a título de compensações pelo ataque de 1613, a dar «hum casco de huma nao vasio em satisfação d'outro que os soldados lhe queimárão em Goga» (§5).

É certo que as fontes mogóis nada nos dizem acerca da negociação deste acordo. Do lado português, e se lermos o texto das pazes usando os óculos dos altos funcionários do Estado da Índia, tudo parece correr bem. Jerónimo de Azevedo deslocara-se ao Guzerate para atacar algumas naus inglesas entradas em Surrate, enquanto que o chanceler do Estado da Índia devia tratar do acordo com os mogóis. Mas há vozes críticas da pessoa e da actuação do vice-rei que mostram como tudo parece ter sido diferente. Um interessante documento de Fevereiro de 1615 – uma carta fictícia, supostamente trocada entre dois irmãos – descreve os meandros da negociação e a difícil posição de Gonçalo Pinto da Fonseca nesse contexto. Muqarrab Khan dá-se a ver com o aparato de um rei e, ao contrário da imagem veiculada por muitas outras fontes portuguesas, o «confidente real» é retratado aqui como cultivando a sobranceria e a distância. O *subadar* manda receber a comitiva portuguesa fora de Surrate, obrigando os *firangis* a permanecerem vários dias numa tenda, período durante o qual nada mais puderam fazer do que pedir explicações e ouvir escusas. A intervenção de Manuel Pinheiro terá acelerado a resposta de Muqarrab Khan que, em nome de Jahangir, pede secamente uma indemnização de oitocentos mil cruzados, «que a nao valia, e com isso os despedio». Alguns dias depois, o nobre mogol manda a Jerónimo de Azevedo dois cestos vazios, pedindo-lhe que os enchesse com «hum pouco de vinho de Portugal, azeitonas, e alcaparras». Um gesto desafiador, que leva o vice-rei português a ameaçar com a guerra. Mas o autor da carta que temos vindo a seguir, crítico mordaz de Azevedo, reputa essa reacção de inconsequente: segundo ele, o vice-rei «não presta mais que para falar, e ainda isto o faz com tanto vagar que primeiro que falle passão muitas horas»[89].

Sem levar a melhor contra os navios ingleses em Surrate, Jerónimo de Azevedo deixa o Guzerate, enquanto o chanceler do Estado da Índia se recolhia a Damão sem ter obtido qualquer acordo. É interessante, a este propósito, comparar o relato que acabámos de glosar com as palavras de Bocarro. Sem aludir a nada do que acima ficou dito, o cronista publica uma das muitas cartas – todas supostamente encimadas com o nome de Jesus e com o sinal da cruz – que diz terem então sido endereçadas por Muqarrab Khan a Gonçalo Pinto da Fonseca. Trata-se da versão portuguesa de uma missiva escrita de Surrate no início de Abril de 1615 e a pedra de toque de todo este processo consiste na fiabilidade (ou falta dela) dessa tradução.

Muqarrab Khan escreve no rescaldo dos incidentes de Fevereiro e procura, ao que parece em articulação com os missionários jesuítas, compor a situação. Assume uma postura humilde e afirma-se desconcertado por não ter podido «cumprir meus desejos e obrigações como era razão». Compreende até que, «em negocio tão grave», ao chanceler lhe pudesse «parecer que não acudo como devo». Afirma não o ter recebido

---

[89] «Copia de hũa carta que hum official do secretario, escreveo a hũ irmão seu da Barra de Surrate em Fevereiro de 615»; BNP – *Res.*, cod. 11410, fls. 71-71v.

em Surrate pelo facto de a sua mulher se encontrar à morte depois de um difícil parto e a sua presença – médico que era (médico que tinha sido do imperador Akbar) – ser indispensável: «sem mim não se lhe dará nenhum remedio para sua cura». Diz-se agora disposto a encontrar-se com o seu interlocutor em qualquer lugar e, enviando-lhe vários presentes, faz votos de que as «amizades» entre ambos «nunca se desfaçam nem com a morte». Quem leva esta carta e os referidos presentes a Gonçalo Pinto da Fonseca é o padre João Borges. Mas o jesuíta também era o portador de outro importante documento que, desafortunadamente, não chegou até nós: falamos dos «apontamentos do nababo [...] sobre as pazes»[90]. De facto, é impossível saber quão longe andaria a proposta de Muqarrab Khan da versão que se encontra nos arquivos portugueses.

Como interpretar tudo isto? Será que, ainda que tensa, a curta permanência de Gonçalo Pinto da Fonseca em Surrate não foi tão catastrófica quanto quer fazer crer o anónimo que escreve da barra desse porto logo em Fevereiro[91]? Alternativamente, ter-se-á servido Bocarro de uma tradução «fiel» da carta de Muqarrab Khan ou, antes, de uma adaptação capaz de conferir ao texto original um tom excessivamente cortês, de submissão até?

A segunda hipótese parece bem mais verosímil, tanto que o testemunho dos críticos de D. Jerónimo de Azevedo está muito próximo do do próprio Jahangir. O imperador regista que, deslocando-se o vice-rei ao Norte com o objectivo de tomar Surrate, foi derrotado pelos ingleses e fugiu, limitando-se depois a enviar um mensageiro a Muqarrab Khan a fim de negociar a paz[92]. Uma história geral da Índia composta já no início do século XIX por Muhabbat Khan dá, ao narrar a autorização para o estabelecimento de uma feitoria inglesa em Surrate em 1612-1613, uma imagem interessante

---

[90] BOCARRO – *Década 13*, cap. LXXXI, pp. 355-357.

[91] O testemunho de Jerónimo Xavier parece apontar para um meio termo. Reconhece que Jahangir não aceitou a primeira proposta portuguesa, mas não deixa de sublinhar que, sabendo da chegada de Jerónimo de Azevedo a Surrate, os mogóis se apressaram a libertar o jesuíta para que mediasse com os portugueses na obtenção da paz (Chaul, 4.XII.1615, in HOSTEN – «Eulogy of Father Jerome Xavier», p. 124).

[92] *Jahangirnama*, ed. Thackston, p. 165.

da postura de Jahangir neste contexto. O autor começa por relembrar os atritos entre portugueses e mogóis no Guzerate ao tempo de Akbar, notando que foi então «considerado abaixo da dignidade real entrar em ajustes com os franges». Todavia, muitos nobres do império – entre eles, avulta 'Abdur Rahim Khan-i Khanan – entraram em acordo com os portugueses e «trataram de enviar os seus próprios navios». Uma vez no trono, Jahangir deparou com uma «grande desarmonia e animosidade entre os cristãos» na região e actuou como uma espécie de mediador entre homens que «liam todos pelo mesmo mau livro da inimizade e malevolencia» e que tinham «sede do sangue uns dos outros»[93].

É seguro, aliás, que Jahangir não quis aceitar o que Muqarrab Khan havia negociado com os portugueses. Ao invés, o imperador dispensa receber os cartazes, exige ao Estado da Índia o pagamento de duzentos mil cruzados e não admite fechar os seus portos ao comércio inglês[94]. Não sabemos ao certo quando terá Jahangir ratificado o acordo de 1615 e se o fez nos exactos termos que o texto português dos «capitulos de pazes» consagra. De uma relação de 1617 infere-se que o conflito já estaria sanado nessa altura: «Que las pazes con el Mogor van por delante, que en el Çinde se restituyeron muchas haziendas que estauan detenidas a los portugueses, y hauían venido a las aduanas de Vuestra Magestade muchas haziendas de aquel puerto y que la de Dío empeçava ya a vender»[95].

Facto é que, no imediato, a situação não se alterou. A actividade comercial de Diu permanece congelada e, na sugestiva expressão de um português – outro que era assumidamente avesso a D. Jerónimo de Azevedo –, os navios ingleses continuam a entrar em Surrate como se estivessem no Tamisa[96]. Este panorama é confirmado por García de Silva y Figueroa

---

[93] *Akhbar-i Muhabbat*, in ELLIOT E DOWSON – *History*, vol. VIII, pp. 376 ss. Seguimos a tradução portuguesa de LOPES, David – *História dos Portugueses no Malabar por Zinadim*. Lisboa: Imprensa Nacional, 1898, pp. 102-103.
[94] ANÓNIMO, «Tratado do que sucedeo na Jornada do Vrey [...]», s.d. [1615], BNP – *Res.*, cod. 11410, fls. 67-69 [68-68v].
[95] «Relaçion sobre la India» (Jul. 1617), AGS – *Estado*, 437, pub. por L. Gil, *Epistolario diplomatico*, doc. 61, p. 268.
[96] «[...] chegarão a Surrate 4 naos ingresas que se meterão logo de restinga pera dentro onde estão carregando a sua vontade, e em esta corte se trata tanto dellas como se estiuerê

que, em Novembro de 1615, de Goa, refere ter escrito «el Mogor al Virrey estos últimos días sobre no querer açeptar las pazes, si no es teniendo los yngleses en Çurrate y otras yntolerables condiçiones, le dezía que, coçedéndoselas él tomaría el estado de la Yndia en proteçión sua»[97].

Assim, e ao contrário do que pretendiam os portugueses com o tratado de 1615, os agentes da EIC e da VOC não foram expulsos dos portos do Guzerate, continuando até a frequentar a capital imperial e outras cidades da Índia mogol. Mas, apesar dos jesuítas e dos funcionários do Estado da Índia tudo fazerem para inquinar as relações dos «inimigos da Europa» com Jahangir, o facto é que Goa evita medir forças com o imperador mogol[98]. A crise de 1613-1615 não conheceria nenhuma réplica durante o resto do reinado de Jahangir.

O pequeno núcleo documental a que recorremos de seguida permite acompanhar esta nova fase das relações entre o Estado da Índia e o império mogol, marcada pela extrema prudência de Goa. Embora em más condições de conservação, chegou até nós o registo de, pelo menos, seis cartazes passados entre 1618 e 1622 a naus de Jahangir para viagens aos portos do Mar Vermelho. Documentos interessantes, porquanto revelam o nome dos navios e dos seus capitães, fornecendo uma estimativa global da tripulação (setenta a cem homens) e uma relação dos meios de defesa existentes a bordo (entre dez e vinte peças de artelharia). O primeiro destes cartazes, emitido em Agosto de 1618, foi pedido por Asaf Khan em nome do imperador. Reporta-se à viagem que o navio «Jahanguiry» (*Jahangiri*) deveria empreender em Outubro do mesmo ano e, excepcionalmente, o vice-rei português autoriza a nau a partir de Gogha (e não de Surrate) para Judá[99].

Tal concessão não significava, contudo, que um segundo cartaz fosse emitido para uma nau a largar de Surrate na mesma ocasião. Corria o ano

---

no Rio de Londres»; «Tratado do que sucedeo na Jornada do Vrey [...]», BNP – *Res.*, cod. 11410, fl. 68v.

[97] Carta a Filipe II, Goa, 3.XI.1615, AGS, *Estado*, 437, pub. por GIL, L. – *Epistolario diplomatico*, doc. 20, p. 209.

[98] Rei ao vice-rei, Madrid, Goa, 21.III.1617, in *DRI*, t. IV, pp. 130-131; rei ao vice-rei, Madrid, 15.III.1619, *ibid.*, t. VI, p. 242; vice-rei ao rei, Goa, 7.II.1620, *ibid.*, pp. 243-244.

[99] «Cartaz a nau Jahanguiry del Rey Jahanguir», Goa, 21.VIII.1618, HAG – *Consultas de serviços de partes*, liv. 3, fls. 107v-109.

de 1618 e as excepções em termos de direitos alfandegários fixadas no tratado de 1615 já haviam expirado. Não era essa, todavia, o entendimento de Jahangir, que «se enojou muito, e mandou que ninguem de seu Reino tiuessê comercio cõ os Portuguezes, nẽ os Portuguezes cõ os de seu»[100]. O jesuíta Manuel Pinheiro, que lhe levara o cartaz de Gogha, tenta compor a situação, sugerindo ao imperador que escreva ao rei de Portugal para ter direito ao «cartaz acostumado da nao de surrate». O assunto, porém, caiu nas mãos de Khurram, que logo adoptou uma estratégia mais dura. Enquanto *subadar* do Guzerate, o príncipe envia Manuel Pinheiro a Goa na companhia de um baneane chamado Kishan Das, a fim de obter um cartaz para a sua própria nau (a *Shahi*), que deveria desaferrar de Surrate.

A carta que envia ao vice-rei sobre o assunto, datada do início de Outubro de 1618, é da maior importância. No documento, que conhecemos apenas na sua versão portuguesa, colhem-se já elementos sobre a personalidade política do futuro imperador Shahjahan, a par dos primeiros traços da imagem que dele se vai construindo em Goa. Os portugueses chamam-lhe «Rey de Cambaya e mais terras do Guzarate» e «Cooromoxá» (Khurram Shah). No referido documento – ao menos de acordo com a tradução portuguesa de que dispomos –, o príncipe intitula-se «Rey», ainda que se refira sempre ao imperador como «El Rey meu senhor» ou «El Rey meu pay». Trata-se, naturalmente, de uma consequência da sua campanha no Decão em 1616-1617, cujo sucesso levara Jahangir a distinguir o filho com o título de «Shah» (*supra*, capítulo 6).

Responsável pelo Guzerate desde 1617, o príncipe sublinha que o imperador lhe confiara o governo daquela província esperando que «ficasse todo pouo contente, e quieto, e cõ mayor proveito que dantes». Melhorar a situação económica da província e apaziguar a população, portanto. O remoque está conforme as razões adiantadas por Shah Nawaz Khan para que o imperador tivesse retirado o cargo de *subadar* do Guzerate a Muqarrab Khan em 1617. Na mente de Khurram, o incremento do comércio

---

[100] Corsi nota em Outubro de 1619 que Jahangir estava «sentido» com os portugueses por não lhe terem concedido cartaz para a «nau de Goga» e sublinha que tal facto levou também a uma mudança das suas relações com os missionários (Francesco Corsi ao provincial da Índia, Agra, 28.X.1619, in *DUP*, vol. III, p. 158).

marítimo do Guzerate e, claro está, também dos seus próprios interesses nos negócios de Surrate e até de Goa[101], supõem o aumento da navegação imperial livre do pagamento de direitos aos portugueses. Daí ameaçar o vice-rei de Goa com a guerra caso Kishan Das regressasse a Ahmadabad sem o esperado cartaz. O príncipe reinvindica, pois, a concessão de dois cartazes no mesmo ano – um para o navio do pai, que deveria partir de Gogha; o outro para a sua própria nau, a largar de Surrate – e recusa-se a esperar um ano e meio pela resposta de Lisboa, conforme sugerira Manuel Pinheiro ao imperador. Regressado dois anos antes do Decão, onde tinha obtido resultados assinaláveis, Khurram podia ameaçar os *firangis* com a constituição de uma liga anti-portuguesa na região, brandindo em particular a aliança com Bijapur, o mais enfeudado dos sultanatos da região:

> [...] não fazendo assy, faremos guerras cõ este estado fazendo todo o mal que podermos as terras dos Portuguezes por mar e terra, dando lugar e favor aos olandeses. E escreverey aos reis do Decão, principalmemte a ElRey Idalcão, que todos juntos me obedeção, fazendo todo o mal a esse estado, e que nenhum tenha amizade cõ os Portugueses.[102]

De acordo com a estratégia que vinha seguindo desde 1615, o Estado da Índia cede diante de Khurram. O Conselho de Estado lamenta a «ruim linguagem da carta do dito Principe» e aconselha o vice-rei a não lhe responder sequer. Não obstante, assenta-se na concessão do cartaz de Surrate como cartaz ordinário, enquanto que o de Gogha «se daua hûa vez somente por comprazer a ElRey Jahanguir». Assim, o «cartaz a hua nao del Rey Salemoxá», emitido em Janeiro de 1619, diz antes respeito à nau «xahy» (*Shahi*), propriedade de Khurram[103]. Fora pedido em nome

---

[101] Enquanto *subadar* do Guzerate, Khurram terá aproveitado para obter objectos preciosos na capital do Estado da Índia. Tome-se por exemplo o rubi comprado em Goa, valendo duzentas mil rupias, que ofereceu ao pai em Outubro de 1617 e que Jahangir admite ser o mais pesado e valioso da sua colecção (*Jahangirnama*, ed. Thackston, p. 231).

[102] 4.X.1618 (último dia do mês Shawwal), in *ACE*, vol. I, pp. 24-26.

[103] Goa, 26.I.1619, HAG – *Consultas de serviços de partes*, liv. 3, fls. 119v-120v. Os ingleses também se referem a esta nau; *EFI, 1622-1623*, p. 271.

do próprio por um enviado do *mutasaddi* de Surrate chamado Bhimji Parekh e levava um persa por comandante[104].

Dez meses depois, em Outubro, Goa emite novo cartaz[105], desta vez para uma nau da mãe do imperador. Tudo indica, contudo, que Jahangir esperava de novo receber dois cartazes no mesmo ano e, nesse sentido, é bem provável que a tensa situação do ano anterior tivesse estado então a um passo de se repetir. Tomando posse do governo do Estado da Índia, Fernão de Albuquerque apressa-se a informar os oficiais de Surrate que o cartaz daquele ano já fora passado à «rainha Begami» pelo seu antecessor[106]. Em simultâneo, dirige-se ao capitão de Damão para que esclareça o assunto de uma vez por todas com as autoridades daquele porto[107], enquanto escreve uma carta de cortesia a Hakim Khushhal, «embaixador» que Jahangir parece ter enviado a Goa no final do consulado do conde do Redondo[108]. Quatro cartas em quatro dias, todas sobre o mesmo assunto e dirigidas a diferentes personagens: a intenção de evitar novo conflito é clara.

O cartaz de Novembro de 1620 é pedido pelo mesmo Bhimji Parekh – que trouxera de Goa o de Janeiro de 1619, também em nome do «capitão e vedor da fazenda de surrate» – e reporta-se à nau «Mumbarcaxahy» (*Mubarak Shahi*). Esta levava por capitão um homem do Khurasan chamado «Mahamedina» ('Imaduddin?) e deveria deixar Surrate em Janeiro ou Fevereiro do ano seguinte com destino a Judá, sem contudo poder transportar mercadorias defesas à ida ou ao regresso[109]. O salvo-conduto de Novembro de 1621 é de difícil leitura[110], mas já o cartaz passado em 1622, pedido por Kaneji Parekh – também ele enviado do *mutasaddi* de Surrate

---

[104] «Sobre o cartaz de Surrate», in *ACE*, vol. I, pp. 22-24.

[105] Goa, 23.X.1619, HAG – *Consultas de serviços de partes*, liv. 3, fls. 129-129v.

[106] Fernão de Albuquerque a Mirza 'Isa, «capitão e vedor da fazenda» de Surrate, Goa, 17.XII.1619, HAG – *Reis Vizinhos*, liv. 1, fls. 58v-59; o mesmo a «Viematecam» (Diyanat Khan?), «capitão-mor do campo de Surrate», Goa, 17.XII.1619, *ibid.*, fl. 59.

[107] Carta a Gaspar Carvalho de Meneses, Goa, 20.XII.1619, *ibid.*, fl. 59v.

[108] Carta a Hakim Khushhal, Goa, 19.XII.1619, *ibid.*, fls. 59-59v.

[109] Goa, 18.XI.1620, HAG – *Consultas de serviços de partes*, liv. 3, fls. 50-50v. As mercadorias proibidas eram «Rumes, Turcos, Abexins», para além de diferentes especiarias e produtos utilizados na construção naval e na guerra.

[110] Goa, 21.X.1621, *ibid.*, fls. 71v-72.

–, reporta-se à nau «Ganzarear» (*Gunjawar?*), que planeava deixar Surrate em Fevereiro-Março de 1623 sob comando do mesmo «Mahamedina»[111].

A cautela dos portugueses no Guzerate, prevendo crises e atalhando conflitos, traduziu-se na melhoria das relações com Jahangir até final do seu reinado. «O Mogor corre bem com [o] Estado», escreve Fernão de Albuquerque em 1622[112]. No ano seguinte, D. Francisco da Gama considera que está fora de questão tentar expulsar os ingleses de Surrate, pois tal significaria «cobrar por enemigo o Mogor cujo aquelle porto he, que he couza que de nhûa maneira convem»[113]. E, à distância de mais de uma década, até o comportamento sinuoso de Muqarrab Khan parece esquecido: «O Mogor e seus capitães que vizinhão com as fortalezas de Diu e Damam, correm bem com as cousas do Estado, e o porto de Surrate esta hora dado a Mocarrecam que aqui veyo em tempo do viso rey Ruy Lourenço de Tavora e se mostrou sempre afeto a nossas cousas»[114].

Todavia, a paz tem um preço. Em boa verdade, as relações dos portugueses com Jahangir melhoram à custa das finanças do Estado da Índia: queixa-se o rei em 1622 de que «a fortaleza de Dio estava muy demenuida em rendimentos pella falta que tinha de comercio nascida dos muitos cartazes que se forão dando ás naos do Mogor com o que minha Alfandega estava quasy accabada»[115]. Três anos depois, os mercadores de Diu – baneanes como muçulmanos – tinham visto os seus negócios reduzirem-se drasticamente e, outrora ricos, encontravam-se agora «desbaratados e descaidos». Se não forem «aliviados» e «alentados», considera

---

[111] «Cartaz del Rey Selemoxá» [Goa, Out.-Nov. 1622], *ibid.*, fls. 82-83; Pede também o cartaz de 1625 (AHU – *Índia*, cxª 14, doc. 38).

[112] Carta ao rei, Goa, 18.II.1622, in *DRI*, t. VII, p. 380.

[113] Rei ao vice-rei, Goa, 15.III.1623, *ibid.*, t. IX, p. 16.

[114] Vice-rei ao rei, Goa, Jan. 1624, *ibid*, t. X, p. 112. Na verdade, Muqarrab Khan havia sido feito governador de Surrate em 1623.

[115] Rei ao vice-rei, Lisboa, 12.II.1622, *ibid.*, t. VIII, pp. 3-4. Já em 1617 se haviam registado queixas dos contratadores da alfândega de Diu relativamente aos elevados prejuízos da exploração, tendo então acordado com a coroa a renúncia ao contrato «Transação que os contratadores d'alfandega de Dio Paulo Carneiro e Papalete Sinay fizerão com a fazenda real», Goa, 31.V.1617, in *Assentos do Conselho da Fazenda (Proceedings of the Revenue Council at Goa), 1613-1621*, ed. V. T. Gune, vol. I, pt. I (1613-1617). Goa: Directorate of Historical Archives & Archaeology, 1979, doc. 68, pp. 70 ss.

D. Francisco da Gama, mudar-se-ão seguramente para outro porto[116]. As rupturas entre o Estado da Índia e o império mogol no Guzerate – fenómeno cíclico, tal qual as crises sísmicas em qualquer zona de risco – não tardariam a eclodir de novo. A seguinte, que tratamos no capítulo 9, ocorreu logo nos primórdios do reinado de Shahjahan.

«Novas de Bengala»

Jahangir alcançou sucessos consideráveis no lado nordeste do império logo nos primeiros anos do seu reinado. Islam Khan, irmão de leite do imperador e governador do Bengala entre 1608 e 1613, é o principal artífice da pacificação de um espaço até então demasiado vulnerável a cisões e revoltas. 'Abdul Latif, que viajou pela região justamente nas vésperas da chegada do novo governador, ainda fala das depredações a que as alagadas terras do lado ocidental do delta eram sujeitas sempre que a monção terminava. Só a capital – Rajmahal, ou Akbarnagar – parecia resguardada da acção das flotilhas inimigas[117]. A situação melhoraria consideravelmente nos anos seguintes, dado que Islam Khan logrou submeter os «doze boiões» (*bhuyans*) e muitos outros *zamindar*s do Bengala oriental durante o seu governo. Mais longe das terras deltaicas, e ainda que com muitas resistências, o mando de Jahangir estende-se para o interior, através de sucessivas campanhas militares no Kuch Bihar, em Kamrup e no Assam. Símbolo desta nova fase, em que o domínio mogol se estende com firmeza ao *bhati* e a boa parte do Bengala oriental, a cidade de Dhaka – ou Jahangirnagar – torna-se o nódulo da autoridade imperial na região[118]. Doravante, a política mogol interferirá não raro no

---

[116] D. Francisco da Gama ao rei, Goa, 21.I.1625, BNP – *Res.*, cod. 1817, fl. 194v.

[117] Excertos do seu relato em tradução inglesa por SARKAR, Jadunath – «Travels in Bihar, 1608 A.D.». *Journal of the Bihar and Orissa Research Society*. Vol. V/4 (1919), pp. 597-603; ID. – «A description of North Bengal in 1609 A.D.». *BPP*. Vol. XXXV/69-70 (Jan.-Jun. 1928), pp. 143-146.

[118] Cf. KARIM, Abdul – *Dacca, The Mughal capital*. Dhaka: Asian Society of Pakistan, 1964; EATON, *The rise of Islam and the Bengal frontier*, pp. 150-157, 186-191; SARKAR, Jadunath (ed.) – *The history of Bengal*, vol. II, caps. XIII a XVI, pp. 234 ss; RAYCHAUDHURI,

devir da Baixa Birmânia e, consequentemente, colidirá com os interesses portugueses no Arracão.

Ao Estado da Índia, claro está, interessa deter esta ofensiva mogol, que se estende perigosamente para leste:

> tive informação que o Mogor mandou hum seu capitão com grande exercito a Bengala e tomou todo Siripur junto a Sundiva, onde se fortificou e lhe deram obediencia os doze Boiões, e determinava ir sobre Chatigão e passar a Arracão; e que no mesmo tempo que o Mogor estava sobre Siripur, desceo o Mogo a Bengala com toda sua armada e, determinando ir dar no rei de Tupará [Tripura], seu visinho, se recolheu para Arracão, deixando a maior parte da armada e artilheria em Catigão, o que a huns parecia que fôra para se reforçar e ir sobre Sundiva, e a outros que era para se fortificar contra o poder do Mogor; de que vos quiz advertir e encomendar-vos, como faço, que [...] trabalheis por atalhar ao que se diz do Mogor, pelos meios mais convenientes, que entendenderdes necessario, sem quebrar com elle, attento que aquella gente de Bengala anda como levantada[119].

Num espaço claramente marcado pela pujança da iniciativa privada e pela fortuna de homens com o trajecto de Sebastião Gonçalves Tibau ou de Filipe de Brito e Nicote, a coroa procura, à distancia, marcar o seu território e assegurar a resistência aos mogóis[120]. Daí que Filipe III tenha recomendado que, uma vez esbatidas as «diferenças» entre esses dois poderosos moradores da região, se levantassem fortalezas em Sundiva e Chatigão. Desse modo, pensava o rei, «se sujeitará toda a costa de Bengala e resistirá ao Mogor fazer-se senhor d'ella»[121]. O reino de Bhallua é, por

---

Tapan – *Bengal under Akbar and Jahangir. An introductory study in social History.* Reed. Nova Deli: MM, 1969; BHATTASALI, N. K. – «Bengal's chief's struggle for independence in the reign of Akbar and Jahangir». *BPP.* Vol. XXXV/69-70 (Jan.-Jun. 1928), pp. 25-39 e 135-142.

[119] Rei ao vice-rei, Lisboa, 19.III.1612, in *DRI*, t. II, p. 226.

[120] Para tudo isto – privilegiando embora a perspectiva da história da Baixa Birmânia e do envolvimento português na região, que aqui não nos interessa directamente –, ver GUEDES, Maria Ana Marques – *Interferência e integração dos Portugueses na Birmânia, ca. 1580-1630.* Lisboa: FO, 1994, pp. 149 ss.

[121] Rei ao vice-rei, Lisboa, 15.III.1613, in *DRI*, t. II, pp. 392-393.

estes anos, o lugar de todas as tensões entre a autoridade imperial e o Arracão e, nesse contexto, a estratégia do Estado da Índia é – assegurando o concurso do maior número possível de rebeldes[122] – lutar ao lado do «Mogo» contra o «Mogor»[123].

Os textos portugueses coevos não permitem maior detalhe quanto a estes recontros com os mogóis. Mais focados na Baixa Birmânia, estes documentos não se alargam quanto à caracterização deste processo de consolidação da autoridade imperial no Bengala oriental. Em contrapartida, dispomos de um admirável testemunho mogol sobre o assunto, preciosa fonte narrativa onde, para mais, abundam as referências aos *firangis*. Falamos da autobiografia de 'Alau'ddin Isfahani, um nobre persa conhecido por Mirza Nathan que era *Khanazad* de Jahangir. Filho do comandante da flotilha mogol na fronteira oriental do império (Ihtimam Khan), Mirza Nathan dá interessantes detalhes acerca da submissão do Bengala oriental à autoridade de Jahangir durante os governos de Islam Khan (1608-1613), Qasim Khan (1613-1617) e Ibrahim Khan (1617-1624), processo em que também participou[124].

No *Baharistan-i Ghaybi*, os portugueses são claramente retratados como fazendo parte do mosaico político, militar e social da região. Não há, ao contrário do que sucede no Guzerate, referências a vice-reis e a missionários, a embaixadores e a «saguates». E a única menção desse género é, como veremos adiante, mais interessante pela deturpação que encerra do que propriamente pelo seu rigor: o nosso autor faz do capitão português de Hughli um vice-rei de Portugal na região, o equivalente a um *subadar* do império. Para Mirza Nathan, os *firangi*s são, pois, mais um elemento do conturbado mundo deltaico. Mestres da navegação

---

[122] Daí os perdões aos que andam «lançados» no Bengala (Filipe III a D. João Coutinho, Lisboa, 17.I.1618, in *APO*, fasc. 6, sup. 1, p. 1131.

[123] BOCARRO – *Década 13*, caps. XCVIII-XCIX, esp. pp. 440-444.

[124] NATHAN, Mirza – *Baharistan-i Ghaybi. A history of the Mughal Wars in Assam, Cooch Behar, Bengal, Bihar and Orissa during the reigns of Jahangir and Shahjahan*, ed. e trad. M. I. Borah. Gauhati (Assam): Government of Assam, Dept. of Historical and Antiquarian Studies, Narayani Handiqui Historical Institute, 1936, 2 vols. J. Richards ocupa-se deste texto e do seu autor em «The formulation of Imperial authority», pp. 155-167. Elementos interessantes também na crónica *Padshah Buranji. Annals of the Delhi Badshahate*, caps. iv-vi, pp. 91 ss.

naquela área, conhecem como poucos as vias de circulação e sabem tirar partido dessa mestria. Lembre-se o episódio de uma expedição punitiva na região de Jessore levada a cabo por Ibrahim Khan. O governador mogol do Bengala acaba perdido e sem mantimentos, errando durante cinco dias por uma região que nem os *zamindar*s experientes que o guiam conhecem verdadeiramente. Durante esse período, o *subadar* mais não faz do que deambular por labirínticos canais (*nalabs*) «com que muito poucos homens eram familiares, excepto os Mags e os Firingis»[125].

Os *firangi*s aparecem invariavelmente associados a *zamindar*s revoltosos e aos «mogos». Como tal, constituem sinónimo de sedição, o inverso da autoridade imperial e do triunfo do islão. É este, por exemplo, o mote de um azedo diálogo entre Ibrahim Khan e Mirza Nathan, que mostra como se devem relativizar os sucessos dos anos de 1608-1617. A conversa degradara-se a tal ponto que Nathan, decidido a matar o novo *subadar* do Bengala para se suicidar logo de seguida, não hesita em desafiar o seu interlocutor. Diz-lhe que esperava que fizesse do Bengala uma terra do islão, mas que, afinal, o novo *subadar* parecia seguir o caminho dos seus antecessores[126] e, assim, era de concluir que «o reinado dos Firingis e dos Mags» ainda não terminara[127].

Homens sem fidelidades e de actos nem sempre consequentes. Nathan relata ataques dos portugueses aos «mogos», ainda que a cronologia nem sempre coincida: Domingos Carvalho – poderoso morador português do Bengala que se destacou na tomada da ilha de Sundiva em 1602 e que morreu não muito depois – é seguramente o «Durmish Carbalu» que comanda uma flotilha ainda ao tempo de Qasim Khan[128]. Perante a sistemática delapidação das forças rebeldes no Bengala, os *farangian-i-harmad*s («europeus da armada», i.e. piratas portugueses) são apresentados como verdadeiros abutres, capazes de aproveitar a ofen-

---

[125] Id., *ibid.*, vol. II, p. 635.

[126] De notar que o governo de Qasim Khan foi particularmente criticado e que também Nathan não se coibiu de o atacar (id, *ibid.*, vol. I, p. 309).

[127] Id., *ibid.*, vol. II, pp. 500-501.

[128] Id., *ibid.*, vol. I, pp. 334-335.

siva imperial na região para tirarem partido das derrotas dos rebeldes. É assim que assassinam Da'ud Khan, irmão de Musa Khan e filho do célebre 'Isa Khan[129]. O mesmo sucede quando da queda de Raja Pratapaditya. Mirza Nathan põe na boca do rajá de Jessore o seguinte lamento, uma vez cercado pelo exército imperial e antes de se submeter a Islam Khan: «os firingis da Harmad, que não cessam nunca – mesmo em tempo de paz – de atacar e pilhar o território de Jessore, tornar-se-ão audaciosos agora e farão mais tentativas do que antes para arruinar o nosso território»[130]. E, uma vez sob a autoridade mogol, Jessore, como se viu, também não conheceria a paz: o governador Ibrahim Khan fala das incursões diárias dos *firangis*, capazes de fazerem 1.500 cativos entre homens e mulheres[131].

Mas, malgrado tudo isto, há várias centenas de *firangis* que integram o exército imperial ao tempo de Ibrahim Khan, informação que se colhe em vários passos do *Baharistan-i Ghaybi*[132] e que as fontes jesuítas confirmam. Procurando fazer uma estimativa do número de cristãos do Bengala, a carta ânua de 1621 fala justamente de «600 da infantaria do Nauabo capitão do Mogor e conquistador das terras do Arracão»[133].

A revolta de Khurram e o domínio que o príncipe exerceu sobre o Bengala durante alguns meses em 1624-1625 constitui o assunto fulcral das últimas páginas do relato de Nathan. Vindo do Decão, devastando todos os lugares por onde passava, Khurram chega a Cuttack e aí instala a sua corte. Testemunho importante no que diz respeito à presença portuguesa na região, porquanto o nosso autor mostra como certos *firangis* se colocam do lado do príncipe revoltoso. Em Hughli, os portugueses decidem-se por uma aproximação a Khurram, descrita como um acto de verdadeira vassalagem:

---

[129] Id., *ibid.*, vol. I, pp. 85-86.
[130] Id., *ibid.*, vol. I, pp. 136-137. Sobre a queda do senhor de Jessore, ver RAY, A. – *Adventurers, Landowners and Rebels*, cap. 8 («Fall of Pratapaditya»), pp. 65-82.
[131] Id., *ibid.*, vol. II, p. 635.
[132] Id., *ibid.*, vol. II, pp. 643, 656, 693, 696, 734, 736, 745-746.
[133] Ânua de 1621 (padre Jacinto Pereira, Cochim, 27.XII.1621), ARSI – *Goa*, vol. 33 II, fl. 667. O *Padshah Buranji* também fala de 500 *firangis* ao serviço das tropas imperiais (*Annals of the Delhi Badsahahate*, pp. 112-114).

A notícia do seu [Khurram] vitorioso avanço produziu comoção entre os *Zamindars* daquela região. Um dos parentes do rei de Portugal, chamado capitão Chanika, i.e., um sardar firingi, que ocupava um posto equivalente ao de um subadar imperial e era o vice-rei do rei de Portugal em Hugli, Pipli e outras partes da província de Orissa, pensou que os seus interesses seriam defendidos beijando os pés do príncipe. Assim, veio com cinco elefantes do mar e raros presentes de jóias e de joalharia, no valor de 100.000 rupias e obteve a honra eterna de beijar o chão[134].

Este excerto do *Baharistan-i Ghaybi* é, a vários títulos, interessante. Por um lado, é clara a «bengalização» dos portugueses, contados entre os *zamindar*s da região e praticando com à vontade rituais de submissão próprios do vocabulário político-simbólico mogol. Depois, é curioso notar como Nathan se apercebe da existência de uma estrutura político-administrativa portuguesa mínima na região, procurando dar a respectiva equivalência na administração provincial do império. Finalmente, e relacionado com a primeira observação, mostra como a origem dos portugueses é, no Bengala mogol, assaz nebulosa. O capitão de Hughli é apresentado como vice-rei de Portugal e parente do próprio monarca. Com toda a probabilidade, Nathan pensaria – como pensavam os malaios em Malaca[135] – que os portugueses vinham de Goa e que essa era a capital do seu país. Com toda a probabilidade, o persa não via os *firangis* como europeus[136].

Nathan refere, depois, os ataques dos *firangis* ao exército imperial, lado a lado com os homens de Khurram[137]. Mas também relata como

---

[134] NATHAN, Mirza – *Baharistan-i Ghaybi*, vol. II, p. 688.

[135] Num dos relatos malaios que narra a tomada de Malaca por Afonso de Abuquerque em 1511 (manuscrito Raffles 22 da Royal Asiatic Society, Londres [de 1806, mas seguramente cópia de um outro mais antigo]), «é em Goa que [os portugueses] têm a capital, onde habita o Grande Rei que lhes dá ordens». Cf. THOMAZ, Luís Filipe – «Os Frangues na terra de Malaca». In DOMINGUES, Francisco Contente, BARRETO, Luís Filipe (eds.) – *Abertura do mundo. Estudos de história dos descobrimentos portugueses*. Lisboa: Presença, 1987, vol. II, pp. 209-217 [210].

[136] FLORES, Jorge – «Floating Franks: The Portuguese and their empire as seen from early modern Asia». In ALDRICH, Robert, MCKENZIE, Kirsten (eds.) – *The Routledge History of Western Empires*. Londres; Nova Iorque: Routledge, 2013, pp. 33-45.

[137] NATHAN, Mirza – *Baharistan-i Ghaybi*, vol. II, pp. 745-746, 748.

«Manmil, Durzisuz e outros Firingis» desertaram entretanto, passando-se para os «imperialistas»[138]. O persa encerra a sua narrativa justamente com a derrota de Khurram. Porém, uma interessante fonte jesuíta permite-nos acompanhar a relação dos portugueses do Bengala com a autoridade mogol entretanto restaurada, nomeadamente com os governadores Mahabat Khan (1625-1626, assistido pelo filho Khanazad Khan) e Mukarram Khan (1626-1627).

As «Nouas de Bengalla», de Janeiro de 1626, traçam um cenário apocalíptico do lado ocidental do delta, zona fustigada pela peste, pela falta de arroz e por uma praga de gafanhotos[139]. A sorte dos moradores portugueses do Bandel – que o autor insiste em identificar com Satigão, sem nunca mencionar Hughli – quadra de todo com este panorama. Demais, e bem ao jeito da época, o anónimo autor desta relação vai colhendo sinais divinos que são profeticamente apresentados como prenúncio de outras «desaventuras» e de um castigo maior que há-de vir. Como que adivinhando o que se passou em Hughli no ano de 1632.

Contam as «Novas de Bengalla» que muitos portugueses do Bandel se juntaram a Khurram[140], para depois desertarem quando o príncipe já se aproximava de Agra, «roubando tudo quando puderão». Este episódio é narrado em muitas fontes portuguesas, sobretudo no contexto dos acontecimentos de 1632, que analisaremos no capítulo 9. Mas o anónimo jesuíta cujo relato vimos seguindo vai bem mais longe. Apelida esses homens de «portugueses vadios», distinguindo-os claramente dos moradores de Hughli que não haviam tomado parte na revolta e que não tardaram a ser atacados («avexando os tiranicamente») pelos primeiros. Os «portugueses pobres» do Bandel decidiram então solicitar o auxílio do «Capitão Mogor», que não pode ser senão Khanazad Khan. Este avançou então sobre o Bandel, exigindo não apenas a entrega dos «delinquentes» e daquilo que tinham roubado a Khurram, mas cercando o estabelecimento para se apropriar

---

[138] Id., *ibid.*, pp. 749-750.
[139] «Novas de Bengalla, escritas por hũ Padre nosso em Janeiro de 1626», RAH – 9/7236, fls. 564-573v.
[140] O padre Sebastião Barreto fala em «quatrosento portugezes desses que andão em Bengal» (Goa, 15.XII.1624, ARSI – *Goa*, vol. 33 II, fl. 771).

dos navios que aí se encontravam e, bem assim, dos que iam chegando. Entre as presas, contava-se um navio rico entretanto chegado da China.

Os portugueses pedem então ao padre Simão de Figueiredo que, furando o cerco do «tyrano rico», vá à corte queixar-se a Jahangir. Este jesuíta, depois de caminhar alguns dias, encontrou no caminho Mukarram Khan – o *subadar* que o imperador mogol enviara entretanto para suceder a Khanazad Khan – e com ele regressou a Hughli. O «mouro tyrano» foi então à presença do novo governador «com hum rico presente das couzas da China» que roubara aos portugueses, mas o recém-chegado prendeu-o, levantou o cerco ao bandel e mandou fazer devassa do sucedido.

De todos estes acontecimentos não há notícia nas fontes mogóis, tanto mais que a actividade dos últimos governadores do Bengala nomeados por Jahangir é mal conhecida. Mas, independentemente do rigor da narrativa do anónimo jesuíta, este curioso incidente dos anos de 1625-1626 pode servir de mote a uma avaliação do lugar dos portugueses no Bengala mogol antes da entrada em cena de Shahjahan. Presença feita de uma grande diversidade, de portugueses «maus» e «bons» que nem a coroa nem os missionários controlam. Presença feita de uma permanente tensão com as autoridades provinciais, como já se verificara nos anos de 1580 (*supra*, capítulo 3) e como Jerónimo Xavier confirma logo no início do reinado de Jahangir. O jesuíta conta, em 1608, ter recebido cartas dos moradores de Hughli, queixando-se de «como os mouros fazião forças aos christãos e lhes tomavão direitos injustamente»[141]. Neste sentido, a até aqui desconhecida crise de 1625-1626 não é mais do que um ensaio da crise de 1632. Analisados os antecedentes próximos e remotos, o cerco de Hughli desse ano pouco tem de extraordinário.

Conclusão

Nesta fase, vista de Goa, a fronteira do Guzerate já não tem que ver com sultões depostos, guerreiros rajputes e resistência local à *Pax Mogolica*.

---

[141] Jerónimo Xavier ao provincial da Índia, Agra, 24.IX.1608, in *DUP*, vol. III, pp. 127-128.

Esta é dada por adquirida pelos portugueses e o Guzerate representa agora para eles, em exclusivo, portos, rendas alfandegárias, mercadorias e acesso a mercados da Ásia marítima. É isso que, para o Estado da Índia, importa regular e disputar. Com outros europeus, ingleses e holandeses sobretudo, de todo ausentes no período anterior mas doravante impossíveis de arredar das equações políticas e comerciais da região. E com os mogóis, que procuram habilmente colher benefícios desta diversidade europeia, e cuja relação com o mar e com o comércio marítimo se intensificou e sofisticou sobremaneira neste período. Imperador, príncipes e nobres têm interesses declarados em mercados que se estendem do Mar Vermelho ao Mar do Sul da China e confrontam-se, a cada passo, com a pressão portuguesa sobre a fronteira marítima e respectivas formas de legitimação.

A crise de 1613-1615, em torno da captura portuguesa ao largo de Surrate de uma nau mogol vinda do Mar Vermelho, ilustra bem esta nova conjuntura. O mesmo se pode dizer da bem documentada concessão, pelo Estado da Índia, de cartazes a navios mogóis nos anos imediatamente seguintes à crise. Tudo isto tem impacto económico, não apenas no Guzerate e na «província do Norte», mas também no Cinde e em Ormuz. E, talvez mais importante e sugestivo, é ancorar esta discussão na figura de um Muqarrab Khan. O «privado» de Jahangir consubstancia um perfil que não vislumbramos nos anos anteriores. Articula com à-vontade lugares diversos (corte imperial, Surat, Goa), transgride fronteiras entre religiões, manipula portugueses, ingleses e holandeses, é embaixador e médico, *subadar* e mercador, tem conhecimentos de joalharia e sabe escolher presentes.

Enquanto fronteira do Hindustão com o «Firangistão», o Guzerate encerra duas dimensões distintas por estes anos. Trata-se indubitavelmente de um lugar de atrito e conflito, como os acontecimentos que discutimos e interpretámos ao longo do capítulo demonstram. Do lado mogol, pressente-se até a preocupação de Jahangir em evitar que os portos da província se tornem uma «bagunça europeia», problema a que, como veremos adiante, o seu sucessor Shahjahan foi particularmente sensível sobretudo quanto ao Bengala. Mas o Guzerate dos portos constitui também, muito mais do que no período anterior, plataforma de relações interculturais intensas, assentes na rica circulação de objectos, no cruzamento dos seus múltiplos significados e na relação complexa entre quem os oferece e quem os recebe, entre quem os compra e quem os vende.

A excessiva concentração – e confrontação – europeia na fronteira marítima ocidental do império de Jahangir contrasta claramente com o panorama da fronteira marítima oriental. No Bengala, as relações entre portugueses e mogóis não conhecem qualquer interferência europeia antes dos anos 30 do século XVII, decorrendo até então como se de um assunto puramente regional se tratasse. Ao alargamento da autoridade mogol ao Bengala oriental, os moradores portugueses resistem associando-se a *zamindar*s rebeldes e aos «mogos» da baixa Birmânia. Aos olhos dos mogóis, os *feringi*s fazem indubitavelmente parte desse horizonte de revolta e destruição. Em textos como o de Mirza Nathan, os portugueses conhecem um interessante processo de transformação identitária, que os «bengaliza». Homens que não conhecem fidelidades, como se infere do caso da revolta de Khurram, o que curiosamente quadra bem com a sua imagem em Goa: «portugueses vadios», dificilmente controláveis.

CAPÍTULO 8

O FANTASMA DE BULAQI (1627-1632)

As sequelas da sucessão imperial

No dia 28 de Outubro de 1627, quando o imperador Jahangir expirou nos arredores da cidade de Lahore, existiam já vários pretendentes ao trono mogol[1]. Os problemas não tardariam a eclodir. Nos diversos períodos de sucessão que o império atravessou entre a morte de Babur em 1530 e a ascensão de Aurangzeb em 1658, sempre se temeram, e não raro se materializaram, crises políticas mais ou menos agudas[2]. A ausência física de uma figura tutelar tida como a sombra de Deus na terra resultava inevitavelmente em vazio de poder e poderia originar lutas de facções, tumultos sociais e pilhagens. Assim, os cortesãos que tiveram de lidar com situações de transição política recorreram amiúde a subterfúgios

---

[1] Este capítulo assenta no cruzamento de materiais e argumentos utilizados em dois artigos anteriores, a saber: FLORES, Jorge, SUBRAHMANYAM, Sanjay – «The Shadow Sultan: Succession and Imposture in the Mughal Empire, 1628-1640». *JESHO*. Vol. 47/1 (2004), pp. 80-121; FLORES, Jorge – «*I will do as my father did*: Portuguese and other European views of Mughal succession crisis». *E-Journal of Portuguese History*. Vol. 3/2 (Inverno 2005). O primeiro destes trabalhos foi entretanto publicado autonomamente (com a minha concordância) por SUBRAHMANYAM, Sanjay – «The Legend of Sultan Bulaqi and the *Estado da Índia*, 1628-40». In SUBRAHMANYAM, Sanjay – *Explorations in Connected History. Mughals and Franks*. Nova Deli: OUP, 2005. cap. 5, pp. 104-142, e conheceu uma tradução portuguesa recente em SUBRAHMANYAM, Sanjay – *Impérios em concorrência – Histórias conectadas nos séculos XVI e XVII*. Lisboa: Imprensa de Ciências Sociais, 2012, pp. 295-336.

[2] Sobre este assunto, ver sobretudo FARUQUI, Munis D. – *The Princes of the Mughal Empire, 1504-1719*. Cambridge: CUP, 2012. O trabalho de MISRA, Neeru – *Succession and imperial leadership among the Mughals, 1526-1707*. Nova Deli: Konark Publishers, 1993, raramente ultrapassa o registo narrativo.

que permitissem ganhar tempo e evitar a desagregação do império. Foi o que sucedeu à morte de Babur, de acordo com o interessante relato da sua filha, Gulbadan Begam:

> Este acontecimento foi mantido secreto. Finalmente, um *amir* da Índia chamado Araish Khan propôs: «não é bom manter este assunto em segredo, dado que no Hindustão, quando tais infortúnios sucedem aos imperadores, é usual as pessoas do bazar roubarem. Oxalá, sabendo desta notícia, os Mogóis não venham pilhar as casas. Conveniente seria cobrir alguém com um manto vermelho, colocá-lo sobre um elefante e fazê-lo proclamar que o Senhor Imperador Babur se tornara um dervixe e que confiara a soberania ao Imperador Humayun.
>
> O Senhor Imperador Humayun ordenou que assim se procedesse. Logo que se fez este anúncio, o povo ficou tranquilo e todos fizeram orações pela sua fortuna[3].

Quando da morte de Humayun, em Janeiro de 1556, a situação vivida foi em tudo idêntica. O almirante otomano Siddi 'Ali Reïs, que se encontrava em Deli nessa altura, afirma que teve de se lançar mão de um estratagema para ocultar o falecimento do imperador durante algum tempo, até que Akbar regressasse do Panjab. Com a entrada do novo imperador em Deli, a impostura pôde então ser desfeita e o desaparecimento de Humayun finalmente anunciado:

> Entre os familiares do imperador [Humayun], contava-se um personagem chamado Munla Bi-Kesi que tinha uma certa semelhança física com ele, ainda que fosse mais baixo. Finalmente, na terça-feira, instalaram-no no trono que havia sido colocado num arco dominando o rio. Cobriram-no com as roupas do imperador e ocultaram-lhe a face e os olhos com um pano. Khushhal Beg manteve-se próximo dele e Mir Munshi em frente. Todos os sultões, os *mirza*s, os súbditos

---

[3] GULBADAN, Begam – *The History of Humayun (Humayun-Nama)*, ed. e trad. Annette S. Beveridge. Nova Deli: Atlantic Publishers, 1990, pp. 109-110.

e o povo chegaram, viram o imperador a partir da margem do rio e oraram por ele[4].

Muito embora os mogóis se inclinassem para a sucessão com base na primogenitura, não existiam regras estritas a este propósito e o leque de opções era vasto. A situação dos primeiros soberanos era tanto mais delicada quanto, à maneira dos timúridas, o imperador deveria respeitar o princípio da soberania colectiva, dividindo a administração das províncias entre os seus irmãos[5]. Assim procedeu Humayun em 1530. Todavia, o resultado foi desastroso, porquanto não tardou a enfrentar a revolta dos irmãos e, em particular, de Mirza Kamran[6]. Akbar rejeitou essa concepção de soberania mas, ainda assim, como vimos atrás, não conseguiu evitar dissenções sérias com o seu meio-irmão Mirza Muhammad Hakim.

A morte de Akbar e a proclamação do seu sucessor não deu lugar a subterfúgios. Jahangir, que assistiu à morte sucessiva dos seus irmãos e potenciais rivais, Daniyal e Murad, conheceu um processo de transição relativamente suave, o que constituía um bom augúrio para o futuro[7]. Não obstante, os processos de transição seguintes não podiam ter sido mais atribulados. A doença de Shahjahan é o ponto de partida de uma acesa guerra pela sucessão que se iniciou nos últimos meses de 1657 e que haveria de prolongar-se por mais de um ano[8]. Shahjahan designara Dara

---

[4] RE'IS, Seyyidi 'Ali – *Le miroir des pays. Une anabase ottomane à travers l'Inde et l'Asie centrale*, ed. e trad. Jean-Louis Bacqué-Grammont. Paris: Sindbad-Actes Sud, 1999, pp. 90-91.

[5] Cf. HAIDAR, Mansura – «The sovereign in the Timurid State (XIV-XV centuries)». *Turcica. Revue d'Etudes Turques*, Vol. VIII/2 (1976), pp. 61-82; KHAN, Iqtidar Alam – «The Turko-Mongol theory of kingship». In *Medieval India – a miscellany*, vol. II, pp. 8-18; TRIPATHI, Ram Prasad – «The Turko-Mongol Theory of Kingship». In ALAM, Muzaffar, SUBRAHMANYAM, Sanjay (eds.) – *The Mughal State*. Nova Deli: OUP, 1998, pp. 115-125; SARKAR, Jagadish Narayan – *Mughal Polity*. Nova Deli: Idarah-i Adabiyat-i Delli, 1984, pp. 31 ss.

[6] Sobre este assunto, ver KHAN, Iqdtidar Alam – *Mirza Kamran*. Bombaim: Asian Publishers House, 1964.

[7] Cf. ALAM, Muzaffar, SUBRAHMANYAM, Sanjay – «Witnessing transition: Views on the end of the Akbari Dispensation». In PANIKKAR, Kandiyur Narayanan, BYRES, Terence James, PATNAIK, Utsa (eds.) – *The Making of History. Essays presented to Irfan Habib*. Nova Deli: Tulika, 2000, pp. 104-140.

[8] A bibliografia disponível sobre a guerra da sucessão, assunto de que não nos ocupamos em concreto neste trabalho, é muito extensa. Cf. o clássico de SARKAR, Jadunath – *History of Aurangzib (mainly based on Persian sources)*. Nova Deli: Orient Longman Ltd,

Shukoh para lhe suceder, mas os restantes filhos resolveram disputar o poder, cada um proclamando-se imperador nas províncias que governavam: Aurangzeb no Decão, Shah Shuja' no Bengala e Murad Bakhsh no Guzerate. O xadrez político-militar acaba por ser favorável a Aurangzeb, que faz executar Dara Shukoh por heresia, em 1659, e Murad Bakhsh dois anos depois. Shahjahan é encarcerado no forte de Agra e é aí que viverá os seus últimos anos (m. 1666). Shah Shuja', por seu lado, logrou fugir para o Arracão, onde viria a morrer[9].

A revolta de Aurangzeb, em boa verdade, pouco tem de novo. É, afinal, a história dos príncipes mogóis que lutam pelo poder logo que pressentem que a autoridade do pai, imperador, se desgasta. Salim viveu em revolta aberta contra Akbar entre 1600 e 1604. Uma vez imperador, em 1605, teve logo de se haver com a reacção de Khusrau para, nos derradeiros anos do seu reinado (1622-1627), enfrentar a rebelião de Khurram. Escrevendo no início do reinado de Aurangzeb, o jesuíta António Botelho disserta longamente sobre este fenómeno na sua «Rellação das cousas [...] do Gram Mogol». Dá conta das revoltas no seio da família imperial desde o tempo de Akbar, acentua que os príncipes mogóis não se sentem verdadeiramente irmãos porque crescem e vivem afastados uns dos outros e

---

1973, vol. I-II, pp. 165 ss; a conjugar com GHAURI, Iftikhar Ahmad – *War of Succession between the sons of Shah Jahan, 1657-58*. Lahore: Publishers United, 1964; e SHARMA, S. R. – «Aurangzeb's rebellion against Shah Jahan». *JIH*. Vol. 44 (1966), pp. 109-124. Ver ainda a síntese de RICHARDS, John F. – *The Mughal Empire*. Cambridge: CUP, 1995, cap. 7, pp. 151 ss. O diferendo religioso entre Aurangzeb e Dara Shukoh foi tratado por ALI, M. Athar – «The religious issue in the War of the Succession, 1658-1659». *Medieval India Quarterly*. Vol. V (1963), pp. 80-87; e por AHMAD, Aziz – «Darah Shikoh and Aurangzeb», in AHMAD, Aziz (ed.) – *Studies in Islamic Culture in the Indian Environment*. Oxford: Clarendon Press, 1964, pp. 191-200. Sobre a projecção intelectual de Dara Shukoh e o alcance do seu ecletismo religioso, ver HASRAT, Bikrama Jit – *Dara Shikuh: Life and Works*. Calcutá: Visvabharati, 1953. Para uma reponderação da figura de Dara Shukoh no contexto da sucessão imperial, ver FARUQUI, Munis – *The Princes of the Mughal Empire, 1504-1719*. Cambridge: CUP, 2012, *passim*.

[9] Os observadores ocidentais foram particularmente sensíveis ao tema da guerra da sucessão. Atente-se no testemunho de Nicolò Manuzzi (*Storia do Mogor or Mogul India*. Trad. William Irvine. Nova Deli: Oriental Books Reprint, 1981, vol. I, esp. pp. 213 ss), e no relato de François Bernier, médico francês chegado à Índia mogol justamente em 1658 e que, no vol. I das suas *Voyages*, se ocupou com detalhe do assunto, ao ponto de o consagrar no próprio título da obra (*Histoire de la dernière Revolution des estats du Grand Mogol* (Paris: Barbin, 1671); trad. inglesa, *The History of the Late Revolution of the Empire of the Great Mogul*. Londres: M. Pitt, 1671).

revela a conversa que Shahjahan, já doente, teria tido com os seus filhos. Questionado Aurangzeb sobre o que faria aos irmãos em caso de morte do imperador, o príncipe respondeu: «eu farei o que fez meu Pay»[10].

Ao contrário do que possa parecer, estas situações críticas, marcadas por lutas fratricidas e por grande agitação nas cidades imperiais, eram fenómenos acarinhados pelos portugueses. De facto, o cenário de um império colossal que, para além de ter de enfrentar poderosos inimigos externos, era ciclicamente fustigado por dissenções internas, interessava sobremaneira a Goa. Consequentemente, e na justa medida das suas possibilidades, o Estado da Índia não desdenhava explorar e aprofundar essas brechas.

Consideremos um punhado de exemplos. Dada a debilidade física de Akbar nos últimos tempos do seu reinado, conjugada com a revolta do príncipe Salim, o assunto da previsível sucessão imperial era amplamente discutido entre Goa e o Reino nos primeiros anos do século XVII[11]. Mais de dois séculos volvidos, outro momento crítico na sequência da morte de Aurangzeb (1707). E os portugueses não deixaram então de acompanhar com atenção a turbulência que se seguiu, corporizada na disputa entre os irmãos Mu'azzam – o primogénito, que subiria ao trono como Shah 'Alam I (ou Bahadur Shah I, r. 1707-1712) – e A'zam Shah, filho segundo que haveria de perecer em batalha[12].

Como é de ver, a reacção portuguesa às sequelas da guerra da sucessão (1657-1658) só poderia ser intensa. Num texto de frei Nicolau da Conceição, escrito por volta de 1659, diz-se a dado passo: «o Mogor [Shahjahan] é homem de mais de sessenta anos, tem 4 filhos homens, cada qual em parte diversa de seu Império, ajuntão dinheiro e gente, estão com armas em punho para que tanto que seu pai morrer ponha

---

[10] BOTELHO – *Relação*, fl. 34v.

[11] Jerónimo Xavier a Francisco Cabral, Lahore, 8.IX.1596, in *DI*, vol. XVIII, p. 580; D. frei Aleixo de Meneses ao superior dos agostinhos, Goa, 9.XII.1597, in BEYLERIAN, Arthur – «Cinq lettres inédites de D. frei Aleixo de Meneses, Archevêque de Goa». *ACCP*. Vol. VIII (1974), pp. 573-604 [584-585]; rei ao vice-rei, Valladolid, 23.III.1604, AHU – *Cons. Ult.*, cod. 282, fl. 207.

[12] «Resumo da relação da batalha que ouve entre Xamálá primogenito de El Rey Mogor, e Axamoxá seu irmão segundo», s.d., BNP – *Res.*, cod. 11358, pp. 532-537.

cada um coroa. E por sua morte se acabará sem dúvida o grande império Mogor»[13]. Para mais, a figura de Aurangzeb – em larga medida graças à sua política religiosa – suscitou desde cedo, entre os portugueses, os temores mais fundos e as imagens mais críticas. Mas, de novo, o espectro das guerras intestinas e da implosão política do império abria excelentes perspectivas ao Estado da Índia. Escrevia o vice-rei para Lisboa em 1666: «Os irmãos filhos do Mogor andão em [...] guerras, e o mais velho se foi para a parte da Perçia, e não se sabe com certeza delle, por haver cido desbaratado; os mais irmãos tem tido varios encontros o que se intitula Rey Auranzeb e esta de posse do reino dizem ser tirano e cruel e não muito afeiçoado aos christãos»[14]. O perfil negativo de Aurangzeb levava, pois, a que se apoiasse uma solução alternativa. É esse o sentido das instruções dadas a Gregório Pereira Fidalgo quando da sua embaixada à Pérsia em 1696-1697. Dada a já avançada idade de Aurangzeb nessa altura, o embaixador deveria promover um contacto com o príncipe Akbar, o filho de Aurangzeb então refugiado na corte safávida que se declarara imperador em 1681 e que apoiara a rebelião rajpute liderada por Durga Das: «Para o levares a este fim lhe mostrareis as grandes utilidades que se lhe seguirão da nossa amizade para as pretenções que elle tiver no Industão como filho do Mogor, achando-se este tão velho, he força tenha pouca duração a sua vida»[15].

Serviu este excurso para que se fixem as principais constantes dos períodos de sucessão no império mogol e, em simultâneo, para se entender o padrão de reacção do Estado da Índia a esse fenómeno. Como é de ver, a ascensão ao trono de Shahjahan não constituiu excepção. Não o

---

[13] «Relação que dá o Pe. Fr. Niculao da Conceição a El-rei Nosso Senhor que Deos guarde das couzas de Bengala», AHU – *Índia*, cx ª 26, doc. 67; transcrito por GUEDES, Maria Ana Marques – *A história birmano-portuguesa para além das relações oficiais. Assimilação e aculturação nos séculos XVII e XVIII*. Lisboa: UNL, 1999. Dissertação de Doutoramento.

[14] Vice-rei ao rei, Goa, 22.III.1666, HAG – *MR*, liv. 26 B, fl. 535.

[15] AUBIN, Jean – *L'Ambassade de Gregório Pereira Fidalgo à la cour de Châh Soltân--Hosseyn, 1696-1697*. Lisboa: FCG, 1971, pp. 99-128 (115). Ver ainda PISSURLENCAR, Pandurunga S. S. – «Prince Akbar and the Portuguese». *BPP*. Vol. XXXV (1928), pp. 163-169. Sobre a relação entre o príncipe Akbar e a revolta rajpute, ver HALLISSEY, Robert C. – *The Rajput Rebellion against Aurangzeb. A study of the Mughal Empire in seventeenth century India*. Columbia; Londres: University of Missouri Press, 1997, cap. 8, pp. 67-74.

foi no que respeita ao comportamento da elite política do império nem no que se refere à postura de Goa.

A morte de Jahangir encetava um curto período de três meses dominado pela instabilidade política. O príncipe Parwez, filho mais velho de Jahangir e principal candidato ao trono, morrera um ano antes. O príncipe Khusrau, que disputara o poder a seu pai quando do desaparecimento de Akbar, morrera na prisão em 1622. Assim, a contenda decidir-se-ia entre o príncipe Shahryar, filho mais novo de Jahangir, casado com uma filha da imperatriz Nur Jahan, e o príncipe Khurram, que se havia rebelado contra seu pai em 1622 e sobre quem impendiam suspeitas quanto à morte de ambos os irmãos.

Todos estes acontecimentos foram acompanhados com a maior preocupação pelos observadores ocidentais. Não tanto os portugueses, cuja reacção foi um pouco mais tardia, mas sobretudo os agentes das companhias comerciais inglesa e holandesa. Ainda Jahangir reinava e já os ingleses em Surrate adivinhavam a tomada do poder por parte de Khurram. Estava-se em Novembro de 1626 e o príncipe Parwez havia morrido há pouco mais de um mês. «Caromes», que era agora o mais velho dos filhos de Jahangir, tinha naturalmente vantagem numa eventual sucessão. Ainda assim, era necessário tomar em consideração as aspirações de Shahryar e de Dawar Bakhsh, «a hopefull gentleman and indubitate heire», também conhecido por sultão Bulaqi[16].

Os holandeses estabelecidos em Surrate tomaram conhecimento da notícia da morte de Jahangir no início de Dezembro. Teme-se a pilhagem da cidade e o comissário Dirck van der Lee, que se encontrava então em viagem de inspecção aos estabelecimentos holandeses do Guzerate, decide colocar guardas à porta da feitoria. Por seu turno, os agentes da VOC em Agra ainda não sabiam, a 19 de Novembro, se o imperador se encontrava doente, se estaria a morrer ou, mesmo, se já tinha perecido. Mal se soube do desaparecimento de Jahangir, ainda de acordo com o testemunho de van

---

[16] Presidente de Surrate *et al.* à Companhia, Surat, 29.XI.1626, in *EFI, 1624-1629*, p. 153. Bulaqi, escrito por vezes nos textos safávidas como «Bulaghi», parece ser um nome turco e não de origem persa.

der Lee, alguns notáveis abandonaram a cidade levando consigo as suas riquezas, enquanto que outros optaram por reforçar a vigilância das suas casas. As estradas tornaram-se inseguras e os mantimentos muitíssimo caros[17].

Do lado dos ingleses, o sentimento não era muito diferente. A mercadoria não se vende porque não se sabe quem vai reinar, lamentam-se os agentes da feitoria de Agra em finais de Dezembro. Embora a ascensão de Khurram constituísse a possibilidade mais forte, rumores e notícias desencontradas chegavam diariamente de Lahore[18]. Uma vez em Surrate, o retrato traçado pela EIC coincide com o da VOC: «a suddaine rumour overspread the land with the Kingts death, which filled all men with feare and expectation, except only rebells and theeves, that make itt their harvest. This newes was first wispered here the 19th November, but within two dayes after publikly divulged». As pessoas discutem acesamente a sucessão e manifestam a sua preferência por este ou aquele candidato. Os homens mais proeminentes da cidade, quase todos de origem persa, decidem-se por Khurram[19]. É também essa a escolha do governador da cidade, ao ponto de, mesmo sem autorização, ter cunhado moeda em nome de Shahjahan[20].

No processo de sucessão de Jahangir, o papel central coube a Asaf Khan, irmão de Nur Jahan e *vazir* do império[21]. Enquanto que Nur Jahan preferia Shahryar, Asaf Khan bater-se-ia por Khurram. Dado que este, como governador do Decão, se encontrava muito longe de Lahore e era necessário neutralizar Shahryar entretanto, Asaf Khan engendrou uma solução alternativa que lhe permitiria ganhar algum tempo. Com o apoio de uma parcela considerável da nobreza mogol, proclamou imperador Dawar Bakhsh, o filho de Khusrau, que entretanto tinha sido feito pri-

---

[17] Om Prakash sumariou em inglês o diário deste comissário em «Archival source material in the Netherlands on the history of Gujarat in the early modern period». In CARREIRA, Ernestine (ed.) – *Sources Européennes sur le Gujarat* (*MO&OI*, 10). Paris: L'Harmattan, 1998, pp. 141-151 [145].

[18] Gregory Clement *et al.* ao presidente e conselho de Surrate, Agra, 31.XII.1627, in *EFI, 1624-1629*, p. 189.

[19] Presidente de Surrate à Companhia, Surat, 4.I.1628, in *EFI, 1624-1629*, pp. 202-203.

[20] Joseph Hopkinson *et al.* ao presidente e ao conselho de Surrate; Ahmadabad, 31.I.1628, in *EFI, 1624-1629*, p. 232.

[21] Sobre esta importante figura do império, a única visão de conjunto é a de KUMAR, Anil – *Asaf Khan and his times*. Patna: Kashi Prasad Jayaswal Research Institute, 1986.

sioneiro e se encontrava à guarda de Iradat Khan. Segundo o cronista Muhammad Hadi:

> Asaf Khan, leal apoiante de Shahjahan, conspirou com Iradat Khan no sentido de libertar Dawar Bakhsh – filho de Khusrau – da prisão, e de lhe dar a boa nova relativa ao seu governo-fantasma. Contudo, ele não acreditou até que eles aceitassem jurar solenemente que era realmente assim. Então, Asaf Khan e Iradat Khan colocaram Dawar Bakhsh em cima de um cavalo, ergueram o sombreiro real e seguiram para a paragem seguinte. Apesar das muitas mensagens que Nur Jahan Begam enviou com o propósito de intimar o seu irmão, Asaf Khan desculpou-se e não foi nunca ao seu encontro[22].

Deste modo, Shahryar, que já se proclamara imperador e se apropriara do tesouro imperial em Lahore, era obrigado a reagir e a combater o usurpador. O embate ocorreu nos arredores desta cidade e Asaf Khan logrou capturar Shahryar vivo, obrigando-o a submeter-se formalmente a Dawar Bakhsh. Este capitalizava o carisma do pai e, com toda a probabilidade, também tirava partido do facto de ser neto do influente Mirza 'Aziz Koka, irmão colaço de Akbar. Não surpreende, pois, que Bulaqi viesse ganhando o favor de Jahangir nos últimos anos do reinado[23]. De facto, tinha sido nomeado governador do Guzerate em 1623, no mesmo ano em que lhe foi atribuído o *mansab*, elevado, de 8.000 *zat*/3.000 *suwar*[24]. Quando da revolta de Khurram contra o imperador, Jahangir confiara a Bulaqi um exército de 20.000 de cavalos por forma a anular a subversão no Guzerate. Sem se referir a Bulaqi pelo nome, D. Francisco da Gama dá conta deste facto e mostra claramente como Khurram o temia: «[...] o filho do Mogor chamado Soltam Corromo que assistia na conquista destes

---

[22] *Jahangirnama*, ed. Thackston, pp. 456-457. Também no *Padshahnama* de Lahori (ELLIOT E DOWSON – *History*, vol. VII, pp. 5-6).

[23] No *darbar* de Jahangir (atribuído a Manohar, *ca*. 1620; Boston, Museum of Fine Arts, 14.654), Bulaqi figura imediatamente à direita do imperador. Devo esta informação a Milo Beach, a quem agradeço.

[24] *Jahangirnama*, ed. Thackston, p. 397. Ver ALI, Athar – *Apparatus*, J1252, 1290, 1333, 1443.

reinos [Decão], e por haver morto o irmão mais velho estava levantado contra o pai, se tem ido dalli com receyo de seu sobrinho [Bulaqi] filho do príncipe morto [Shahryar] que o Mogor mandou com grande poder contra elle, e ocupa o mesmo lugar em que o Corromo estava [*subadar* do Guzerate]»[25]. Enquanto governador da província, e em particular nesta acção contra Khurram, o jovem sultão gozara da significativa protecção de Mirza 'Aziz Koka, seu avô[26].

Mais uma vez os agentes da EIC registaram os acontecimentos nos seus relatórios. Narram correctamente o conflito entre Shahryar e Bulaqi e, bem assim, o papel desempenhado por Asaf Khan. Bulaqi teria sido proclamado imperador em Lahore mas, tanto quanto sabiam, fora-o apenas aí. Tudo parecia estar guardado para Khurram, «whom the souldiers in generall doe love, and whose best age, warlike disposicion, travaile, and exeeperience in the highest and dejected fortunes hath made him fittest for the rule and government of so many nacions and countryes»[27].

No início de Janeiro, de Swally, James Slade nota que o assunto da sucessão ainda não está resolvido e que, para um império com aquela dimensão, é de admirar que as principais cidades estejam tão calmas. Asaf Khan apoiava o neto de Jahangir, «being indubitate heire according to the customes of most nations». Mas também este inglês suspeita de que tudo não passe de um estratagema: manter Bulaqi em Lahore com o título de rei, para que Khurram pudesse entrar pacificamente em Agra,

---

[25] D. Francisco da Gama a Filipe IV, Goa, Jan. 1624, in *DRI*, t. X, p. 112.

[26] Carta ânua, António de Andrade, Agra, 14.VIII.1623; *DUP*, vol. III, p. 162. A mãe de Bulaqi era filha de 'Aziz Koka. Quando Bulaqi foi nomeado governador do Guzerate, o avô acompanhou-o na qualidade de guardião e guia. O relato de von Poser («Von Poser's diary in Persia and India». *The Imperial and Asiatic Quarterly Review*. 3ª s. Vol. XXIX/57 (Jan. 1910), p. 100) e as fontes holandesas confirmam as informações dos jesuítas. Pieter van den Broecke refere que Surat capitulou perante Khan A'zam e que Bulaqi dispunha então de um exército de 18.000 cavalos e 20.000 homens de pé (*Pieter van den Broecke in Azië*, ed. W. Ph. Coolhaas. 'S-Gravenhage: Martinus Nijhoff, 1963, vol. II, p. 286). Por sua vez, Pelsaert nota que Jahangir terá pedido a Mirza 'Aziz Koka que protegesse Bulaqi (seu neto e não seu primo, como pretende o feitor holandês), senhor de 5.000 cavalos (*De geschriften van Francisco Pelsaert over Mughal Indië, 1627. Kroniek en Remonstrantie*, eds. D. H. A. Kolff, H. W. van Santen. 'S-Gravenhage: Martinus Nijhoff, 1979, p. 159). Agradeço a Jurrien van Goor a tradução inglesa destes dois excertos.

[27] Presidência de Surrate para a Companhia, Surrate, 4.I.1628, in *EFI, 1624-1629*, pp. 206-207.

apropriando-se do tesouro imperial[28]. Sabendo da iminente coroação de Shahjahan, os agentes da EIC em Agra antecipam-se, procurando assim assegurar negócios futuros. Vão ao encontro do sucessor de Jahangir nos arredores da cidade e, conseguindo ser recebidos («the first Christians that saluted him or mett him»), oferecem-lhe um presente que, para mais, logrou ser aceite[29].

De facto, na estatégia do *vazir*, Bulaqi era uma figura tão crucial quanto decorativa, descrita pelos cronistas mogóis como um simples «carneiro de sacrifício»[30]. Revelador, a este propósito, o discurso de Hanafi: «Os políticos sabem que o trono da realeza não pode ficar vago por um momento que seja, pelo que os ministros, o governo e os principais funcionários da corte consideraram um bom expediente colocar Sultan Dawar Bakhsh – o neto do imperador Jahangir – no trono durante alguns dias, e assim evitar motins e distúrbios que, de outra forma, poderiam ocorrer»[31]. Dawar Bakshsh é apenas um subterfúgio para evitar que o trono fique vago e que o poder caia na rua. Um mero expediente, em tudo comparável às encenações montadas quando da morte de Babur ou de Humayun.

Pouco mais de 20 dias volvidos sobre o desaparecimento de Jahangir, o príncipe Khurram recebia no Decão a notícia da morte do pai. Dirigiu-se de imediato a Agra, não sem antes enviar um *farman* ordenando a Asaf Khan que eliminasse Shahryar, Dawar Bakhsh e, bem assim, outros possíveis e legítimos candidatos ao trono. A 19 de Janeiro de 1628, Bulaqi é feito prisioneiro, ao mesmo tempo que as orações de sexta-feira passam a ser lidas em nome de Khurram, proclamado imperador com o título de Shahjahan. Dois dias depois dá-se a execução de Shahryar, de Dawar Bahksh e do irmão Gurshasp, e ainda de dois filhos do príncipe Daniyal (Tahmurs e Hoshang), irmão de Jahangir[32]. Shahjahan aguarda nos arredores de Agra o momento ideal para fazer a sua aparição. A 3

---

[28] James Slade para a Companhia, Swally, 8.I.1628, in *EFI, 1624-1639*, p. 226.

[29] Gregory Clement *et al.* ao presidente e ao conselho de Surrate, Agra, 21.I.1628, in *EFI, 1624-1629*, pp. 228-229.

[30] *MU*, vol. I, p. 290.

[31] HANAFI, Muhammad Sharif – *Majalisu-s Salatin*. In ELLIOT e DOWSON, vol. VII, p. 137.

[32] *Jahangirnama*, ed. Thackston, p. 460.

de Fevereiro (7 Jumada II), seguindo escrupulosamente as indicações dos astrólogos quanto ao dia e à hora para entrar na cidade, era coroado imperador em Agra[33].

No último dia do mês de Janeiro – já depois da morte de Bulaqi (facto que ainda desconheciam), mas ainda antes da coroação de Shahjahan – os agentes da EIC em Ahmadabad veiculam para Surrate notícias assaz inexactas. De acordo com algumas cartas recebidas de Ajmer, Khurram já teria entretanto entrado em Agra e reconciliara-se até com Bulaqi. Dera-lhe a filha em casamento e confiara-lhe o governo da província de Bhakkhar, à frente de um exército de 40.000 cavalos. Em contrapartida, os mesmos ingleses referem que muitos rajputes se tinham afastado de Mahabat Khan e estavam agora do lado de Khurram. E dão conta de um interessante diálogo entre Asaf Khan e Amanullah Khan-i Zaman, filho de Mahabat Khan. Este, vendo o *vazir* com Shahjahan, acusou-o de não ter guardado a promessa que todos tinham feito ainda em vida de Jahangir: fazer de Bulaqi imperador. Asaf Khan defende-se, argumentando que o fizera rei, mas que Bulaqi logo desbaratou 32 leques de rupias e que era muito novo para governar tamanho império. O filho de Mahabat Khan terá então ido ao encontro de Bulaqi. Achando-o muito abatido («much dejected and caste down»), perguntou-lhe se realizava o perigo que corria e revelou-lhe que não tardariam a pô-lo a ferros. Para evitar o pior, Bulaqi deveria colocar-se sob a sua protecção permanente («hee should alwaies goe three course behinde Caun Conna»). Aconselhou-o ainda a ser mais frugal nas despesas e nos presentes[34].

Os ingleses não tardaram a saber da morte de Bulaqi e dos outros príncipes. Relatam-no os agentes de Agra a 17 de Fevereiro: Shahjahan «crullie murthered all othe princes of blood». Acrescentam que Asaf Khan terá sido o mentor do golpe e o responsável por este «lamentable massacre».

---

[33] Para um resumo dos acontecimentos, ver SAKSENA, Banarsi Prasad – *History of Shahjahan of Dihli*. Allahabad: Central Book Depot, 1968, pp. 56-65; PRASAD, Beni – «The accession of Shah Jahan». *JIH*. Vol. 2 (1923), pp. 1-19; RICHARDS, J. – *The Mughal Empire*, pp. 116-118.

[34] Joseph Hopkinson *et al.* ao presidente e ao conselho de Surrate, Ahmadabad, 31.I.1628, in *EFI, 1624-1629*, pp. 231-233.

Tê-lo-ia feito, suspeitam, para assegurar a subida ao trono, um dia, de Shah Shuja'[35]. No dia seguinte, 18 de Fevereiro, são os agentes de Ahmadabad que informam Surrate. Dão conta da «bloodie accion» de Asaf Khan que, por ordem de Khurram e aproveitando a ausência do filho de Mahabat Khan, encomendou o assassínio de Bulaqi e dos restantes príncipes a um tal «Meea Ruzzake»[36]. Os agentes da VOC em Agra também notam que o desaparecimento de Bulaqi tinha causado «a certain resentment among both the big and the small»[37].

Não é possível avaliar, com precisão, a consternação popular causada pela morte de Bulaqi. Todavia, o sultão parece ter tido seguidores e não restam dúvidas de que se terá convencido de que era realmente o imperador. Assumiu o título de Sher Shah e utilizou-o num *farman* que então enviou a Raja Jai Singh[38], ao mesmo tempo que emitia um outro *farman* – entretanto disseminado por todo império – em que dava conta da morte de Jahangir e da sua ascensão ao trono[39]. Sabe-se que a *khutba* chegou a ser lida em seu nome em muitos locais da província do Guzerate, de que havia sido *subadar*[40]. Cunhou moeda, em Lahore como *padshah*[41] e, tal como convém a quem acaba de ascender ao trono, para mais nestas circunstâncias, distribuiu presentes com liberalidade (demasiada liberalidade, segundo Asaf Khan), por forma a assegurar fidelidades e a satisfazer clientelas[42].

---

[35] Gregory Clement *et al.* aos mesmos, Agra, 17.II.1628, in *EFI, 1624-1629*, p. 240.

[36] J. Hopkinson *et al.* aos mesmos, Ahmadabad, 18.II.1628, in *EFI, 1624-1629*, pp. 241-242.

[37] Diário de van der Lee, in PRAKASH, Om – «Archival source material in the Netherlands», p. 150.

[38] Este documento é referido por ALI, M. Athar – «Towards an interpretation of the Mughal Empire». *JRAS*. Vol. 1 (1978), p. 39 e n. 9. Ver documentos citados na nota seguinte.

[39] *Nishan* de Dawar Bakhsh a Rai Suraj Singh, 2.XI.1627; *nishan* de Dawar Bakhsh a Mirza Raja Jai Singh, 6.XI.1627; resumo inglês de ambos os documentos in TIRMIZI, S. A. I. – *Mughal Documents (1526-1627)*. Nova Deli: Manohar, 1989, pp. 136-137.

[40] J. Hopkinson *et al.* ao presidente e ao conselho de Surrate, Ahmadabad, 31.I.1628, in *EFI, 1624-1629*, p. 233.

[41] Cf. FLORES, Jorge, SUBRAHMANYAM, Sanjay – «The Shadow Sultan», n. 47 e apêndice, que consiste na reprodução fotográfica de uma moeda de Dawar Bakhsh cunhada em Lahore 1037 H e pertença, hoje, do Ashmolean Museum (Oxford).

[42] No dia da sua coroação, Shahjahan gastou nesse «ritual» 72 leques de rupias ('Inayat Khan, *SJN*, p. 19).

A lenda de Bulaqi

Bulaqi desaparece então das crónicas e das miniaturas mogóis. Conhecedor das virtualidades políticas da historiografia e da pintura, Shahjahan utilizou ambos os instrumentos para plasmar a projecção pública da sua figura[43] e é natural que tenha votado ao oblívio um sobrinho que o havia perseguido enquanto príncipe e que ousara desafiá-lo aquando da sucessão imperial. O próprio Jahangir, seu pai, não se acha entre os personagens a que o novo imperador pretendia ver a sua imagem associada. Shahjahan considera-se o «Segundo Timur» e, como tal, é ao prestígio e ao poder do fundador da dinastia timúrida que procura colar-se. Por isso o *Padshahnama* do Windsor Castle abre com a imagem de Shahjahan recebendo das mãos de Timur a coroa imperial. A outra figura tutelar é a do avô, na companhia do qual se faz representar frequentemente. Talvez a miniatura mais significativa seja a que Bichitr pintou em 1631 – colocado ao centro, Akbar entrega a coroa imperial a Shahjahan, sentado à sua esquerda, ignorando em absoluto o personagem que se encontra à sua direita: Jahangir[44].

Não obstante esta habilidade para conferir claridade a certas figuras e colocar outras na penumbra, o novo imperador mogol teve de haver-se durante algum tempo com a sombra de Dawar Bakhsh. Na verdade, e logo após a morte dos cinco príncipes em Janeiro de 1628, difundiu-se o rumor de que o sultão Bulaqi teria sido poupado e de que, como legítimo herdeiro de Jahangir, preparava um exército revoltoso para disputar o poder ao usurpador Shahjahan. A sua fuga teria contado com a conivência de Asaf Khan, que sacrificara uma outra pessoa no lugar do príncipe. A colaboração de Mahabat Khan, importante nobre de origem persa que havia sido muito próximo de Khusrau, fora igualmente decisiva.

O caso de Bulaqi encerra evidentes paralelos com um conjunto de episódios que marcaram a história da Índia neste período. Um dos mais

---

[43] *Padshahnama/Windsor*, pp. 130-143; e 'Inayat Khan, *SJN*, pp. XIII-XXXVII.

[44] Página do *Minto Album*; CBL – ms. 7, n° 19. O assunto é tratado por OKADA, Amina – *Indian Miniatures of the Mughal Court*. Nova Iorque: Harry N. Abrams, Inc., Publishers, 1992, pp. 31-34.

próximos é, seguramente, o de Shah Shuja': o filho de Shahjahan, tudo indica, fora morto no reino de Arracão nos anos de 1660, mas aparecia periodicamente em diferentes partes do império[45]. A forma como, na sequência da conquista mogol do seu reino, a morte do último sultão de Golconda, foi encarada pela população do sultanato é igualmente significativa. Foram muitos os que então acreditaram que Abu'l Hasan (d. 1687) lograra escapar do forte de Daulatabad, onde estava preso, para se refugiar na casa do embaixador inglês a Aurangzeb, que nessa altura se encontrava em Masulipatão. Dado que Sir William Norris pouco saía de casa, houve mesmo quem achasse que este era o sultão de Golconda «in disguise of European Habit»[46].

A história de Burhan Nizam Shah II, narrada tanto por Abu'l Fazl como por Badayuni, não se afasta do guião dos casos dos anos de 1660 que acabámos de evocar. Ambos os cronistas dão conta de um falso Burhan que aparecera na corte de Akbar, mas que – incapaz de fazer prova da identidade que reclamava – fugiu, misturando-se com *yogis*[47]. E há ainda o caso de Shah Sahib, o filho do sultão Ibrahim Qutb Shah morto *ca.* 1580. Vinte anos depois da sua morte, um impostor que reclamava ser Shah Sahib aparece em Bidar para, uma vez desmascarado, se refugiar em Vijayanagar e daí promover uma falhada rebelião contra o sultão de Golconda[48]. Mais interessante ainda é o caso de Bahadur Shah, relatado por Abu'l Fazl em termos muito próximos do episódio Bulaqi. O ideólogo de Akbar nota que havia quem acreditasse que o sultão não chegara a morrer afogado em 1537, antes viera à superfície e lograra atingir a costa em segurança. Desde então, circulavam notícias no Guzerate e no Decão dando por certo ter-se visto Bahadur Shah vivo, algo em que Abu'l Fazl não descrê em absoluto: «não pode dizer-se que, no vasto reino do poder de Deus, estas coisas sejam

---

[45] KARIM, M. Nurul – «Fate of Shah Shuja'– his flight to Arakan and death». *Journal of the Pakistan Historical Society.* Vol. I/IV (Out. 1953), pp. 392-397.

[46] DAS, Harihar, *The Norris Embassy to Aurangzib (1699-1702)*, ed. S. C. Sarkar. Calcutá: Firma K. L. Mukhopadhyay, 1959, pp. 160-161.

[47] BADAYUNI – *MT*, vol. II, p. 335; FAZL, Abu'l – *AN*, vol. III, p. 605.

[48] Episódio discutido por FISCHEL, Roy, com base na fonte anónima *Tarīkh-i Sulṭan Muḥammad Quṭb Shah*, em *Society, Space, and the State in the Deccan Sultanates, 1656-1636*. Chicago: The University of Chicago, 2012. Dissertação de Doutoramento, pp. 44-46.

impossíveis». O sultão de Ahmadnagar chegou a jogar pólo com um desses impostores mas, ao ver que uma multidão se reunia em seu redor, resolveu mandar matá-lo. O antigo preceptor de Bahadur Shah, que falara com o estranho, asseverava tratar-se do verdadeiro sultão do Guzerate, já que o mesmo lhe respondera acertadamente acerca de assuntos que só mestre e aluno conheciam. Como quer que fosse, a execução não chegou a realizar-se, porquanto o suspeito desapareceu da sua tenda nessa mesma noite[49].

O fantasma de Bulaqi não estava, pois, só. De resto, propagou-se na mesma ocasião o boato de que Baisunghar – um outro filho do príncipe Daniyal que tomara o partido de Shahryar aquando da controversa sucessão de Jahangir – teria sobrevivido depois da derrota inflingida em Lahore por Asaf Khan. De facto, este primo de Bulaqi logrou escapar para o Badakhshan, onde viria a morrer. No entanto, alguém fazendo-se passar pelo príncipe, viajou até Balkh, e daí para a Pérsia, acabando por se instalar em Istambul. Pretendia desapossar Shahjahan do trono mogol com o apoio do sultão Murad IV. Todavia, e tendo deixado uma péssima impressão na corte otomana, este homem não tardou a ser identificado como impostor. Enviado para a Índia a pedido de Shahjahan, seria executado em 1636[50].

Os observadores ocidentais, excepção feita aos portugueses por razões que adiante se explicitarão, não deram grande relevo ao episódio de Baisunghar. Contudo, foram assaz sensíveis à lenda de Bulaqi e dela fizeram amplo eco nos seus escritos. Nos finais do século XVII, Manuzzi, enredando-se em detalhes mais ou menos fantasiosos e confundindo em absoluto os parentescos dos protagonistas, dá conta da entrada triunfal de Shahjahan em Agra e da queda de Bulaqi a quem, desde então, nada mais restava senão viver fugindo[51]. O texto de Manuzzi vai acompanhado de um retrato (ao estilo mogol) de Bulaqi, com o seguinte título:

---

[49] FAZL, Abu'l – *AN*, vol. I, p. 324.

[50] FAROOQI, Naimur Rehman – *Mughal-Ottoman Relations*, pp. 6, 26, 46-48. Farooqi apoia-se na crónica de Mustafa Na'ima (1655-1716), *Tarikh-i Na'ima*, ou *Rauzat al-Husayn fī Khulasat Akhbar al-Khafiqayn*. Para uma tradução parcial deste texto, veja-se FRASER, Charles – *Annals of the Turkish Empire, from 1591 to 1659*. Londres: Oriental Translation Fund, 1832.

[51] *Storia do Mogor*, trad. Irvine, vol. I, pp. 172-175.

È questo il ritratto dell'infelice principe sultan Bolaqui, figlio maggiore di Djehanguir; per aver voluto vivere fra i sollazzi come suo padre, diede modo a suo fratello di usurpare il trono; per questo che nelle cronache egli non ha mai il titolo di re; per salvarsi fuggì presso il re di Persia, e là restò fino alla morte[52].

Para além de breves referências a Bulaqi nos textos de Johannes De Laet[53] e Peter Mundy[54], há a registar um punhado de interessantes versões sobre este episódio. O alemão Mandelslo, notando que Shahjahan usurpara o trono ao sobrinho, diz que encontrou o príncipe 'Polago' em Qazwin, na Pérsia[55]. Já Thomas Herbert é mais prolixo. Explica que Jahangir chegou a nomear Bulaqi seu sucessor mas que este, muito novo e sem experiência, se viu desde logo condicionado por Nur Jahan e também por Asaf Khan, que ordenou a um tal «Radgy Bandor» que o matasse em Deli. E remata a história do «pobre príncipe» que reinou apenas três meses, sublinhando que não tardaram a aparecer dois falsos Bulaqis, cada um deles suficientemente carismático para arregimentar seguidores[56].

No relato de 1638 de um anónimo italiano, natural do Piemonte, Asaf Khan desempenha o mesmo papel nuclear: «Il Re morto li [i.e. a Asaf Khan] fece giurare che farebbe Re un nominato Sultan Bolaschi a causa che questo che vive haveva fatto la guerra al Padre anni 25 circha, ma non ha atteso la promessa, li fece tutti prigione cioe mettere le

---

[52] *Storia del Mogol di Nicolò Manuzzi veneziano*, ed. Piero Falchetta. Milão: Franco Maria Ricci, 1986, vol. I, p. 98.

[53] *De Imperio Magni Mogolis* (1631), trad. e ed. J.S. Hoyland, S.N. Banerjee, *The Empire of the Great Mogol. De Laet's Description of India and Fragmment of India History*. Nova Deli: MMP, 1974, p. 238.

[54] *The Travels of Peter Mundy in Europe and Asia, 1608-1667*, ed. Richard C. Temple. Londres: The Hakluyt Society, 1914, vol. II (*Travels in Asia, 1628-1634*), pp. 105, 107, 206. O inglês nota que Jahangir escolhera Bulaqi para lhe suceder.

[55] HERBERT, Thomas – *Relation du Voyage de Perse et des Indes Orientales*. Paris: Jean du Puis, 1663, pp. 175-179. A edição de William Foster não inclui a parte relativa ao império Mogol (*Travels in Persia, 1627-29*. Nova Iorque: R. M. McBride & Co., 1929).

[56] *Relation du voyage D'Adam Olearius en Moscovie, Tartarie, et Perse, augmentée en cette nouvelle edition de plus d'un tiers, particulierement d'une seconde voyage de Mandelslo aux Indes Orientales*. Trad. francesa a partir do alemão por A. de Wicquefort. 2ª ed.. Paris: Antoine Dezallier, 1679, t. 2, p. 179.

guardie e quando hebbe creato questo Re mandò a far morire li altri fra li quali due erano christianj et il Bolachi fugii in Persia doue si retrova presentemente»[57].

O excurso de Jean-Baptiste Tavernier sobre Bulaqi, cuja fuga para a Pérsia também dá como certa, é igualmente interessante. Este viajante francês refere-se ao sultão a propósito da guerra de sucessão (1657-1658), estabelecendo uma curiosa associação entre crime e castigo. Para Tavernier, a prisão de Shahjahan pelo próprio filho, Aurangzeb, não era mais do que o pagamento da injustiça que o próprio havia cometido três décadas antes, ao mandar matar o sobrinho Bulaqi[58]. Encontra-se a mesma ideia no texto de Gemelli Careri. Segundo este viajante italiano, Shahjahan «fu castigato da Dio com quell' istessa pena, ch'avea fatta sofrire al nipote Bulaki, usurpandogli la Corona». E narra a luta pela sucessão depois da morte de Jahangir, terminando com o episódio da fuga de Bulaqi com a ajuda de Asaf Khan, que teria jurado ao imperador, antes deste morrer, «di non avere a permettere mai che si facesse morire Bulaki». Careri conclui a sua narrativa, notando:

> Bulaki udita per istrada sì crudel novella, tutta la sua salute ripose sbigottito nella fuga: ciò che gli fu facile, perche non istimarono I suoi nemici a proposito il perseguitarlo. Andò egli molto spazio ramingo per l'Indie, menando vita da Fachir; ma in fine stracco di far più si penoso mestieri, titirossi in Persia, dove fu magnificamente ricevuto, e sostentato da Scia Sofi[59].

Significativa esta ideia do príncipe transformado em *qalandar* ou em faquir. Na verdade, o tópico do exilado real que renuncia e que deambula incógnito está muito presente na história da Índia. É recorrendo a esta imagem, como já vimos, que a morte de Babur foi ocultada durante

---

[57] ANÓNIMO – *Partenza*, fls. 310v-311.

[58] *Travels in India by Jean-Baptiste Tavernier*, eds. V. Ball e William Crooke. Nova Deli: MMP, 1995, vol. I, liv. II, cap. III, pp. 267 ss.

[59] CARERI, Francesco Gemelli – *Giro del Mondo* [...]. Nápoles: Giuseppi Roselli, 1700, pt. III (*Nell Indostan*), pp. 189, 191, 193.

algum tempo ao povo. E diz Manuzzi que, enquanto príncipe, o próprio Aurangzeb pensou tornar-se faquir e renunciar a tudo, incluindo à possibilidade de suceder a Shahjahan[60].

Os textos portugueses também não foram insensíveis ao fenómeno. Diogo do Couto elabora nas suas *Décadas* acerca da forma como o sultão Bahadur do Guzerate se havia tornado *qalandar* e relata outros casos ocorridos na Índia do Norte[61]. Antes do cronista, já o autor de uma interessante interpolação ao *Livro* de Duarte Barbosa narra a história de Bahadur Shah em moldes idênticos: «mao rei e soldão que do tempo que era moço não quis nunca obedecer aos que o governavam, e se fez jogue [...]. E assi andando pelo mundo havia aprendido a ser feiticeiro, dos maiores que havia naquele reino [...]»[62].

Como adiante se verá, a presença na corte safávida de um homem que todos tomam pelo verdadeiro Bulaqi, tem pleno acolhimento na generalidade dos textos escritos por viajantes europeus, mas também nas fontes portuguesas. Todavia, desconhecemos em que medida o recorrente boato da «ressurreição» de Bulaqi, conjugado com a oposição movida pelo falso Baisunghar, incomodou Shahjahan. Era necessário saber até que ponto estes episódios condicionaram a sua acção, tanto ao nível da autoridade interna como no plano externo, nomeadamente no que se refere às sempre delicadas relações com a Pérsia. O *Shah Jahan Nama* fala do episódio de Baisunghar, mas nem uma palavra acerca de Bulaqi. É natural: no primeiro caso, Shahjahan tem um corpo para apresentar publicamente[63], no segundo caso apenas um fantasma que aparece aqui e ali. Careri sublinha que «Sciah-gehan rimaso senza competitore, pure

---

[60] MANUCCI, Nicolò – *Storia do Mogor*, trad. Irvine, vol. I, p. 220.

[61] FLORES, Jorge, SUBRAHMANYAM, Sanjay – «The Shadow Sultan», pp. 83-85. Em 1547, o próprio D. João de Castro prometia derrotar Mahmud II (sucessor de Bahadur Shah), «e o forçaremos a se entreguar, ou em trajos de jogue fogir por ese mundo» (Diu, 8.II.1547, CORTESÃO E ALBUQUERQUE – *Obras*, vol. III, p. 364).

[62] ANTT – *Ms. Brasil 25*, pub. *Livro de Duarte Barbosa*, ed. Maria Augusta da Veiga e Sousa. Lisboa: IICT; CNCDP, 1996, vol. I, pp. 249-261 [256]. Esta importante interpolação relativa a Diu pode atribuir-se a Galaz Viegas e estamos perante uma cópia concluída por volta de 1542 (*ibid.*, vol. I, pp. 22-26).

[63] KHAN, 'Inayat – *SJN*, p. 191.

temendo delle fazioni, che poteano suscitarsi a favore del legitimo Re, fece a poco a poco morire tutti i bene affetti ao nipote; rendendo per la crudeltà i primi anni del suo governo»[64].

Contudo, não dispomos de informação suficiente para estabelecer um paralelo, por exemplo, com a enérgica e bem documentada reacção do imperador chinês Yongzheng (r. 1723-1735) a um rumor de revolta, contra si e contra o domínio manchu da China, que grassou em 1728[65]. Ainda assim, vale a pena recuperar o tão interessante quanto corrompido eco da lenda de Bulaqi – aparentemente mesclado com a lenda de Baisunghar – veiculado por uma crónica do Assam. Diz o *Padsha Buranji* que Shahjahan chegou ao trono depois de assassinar dois dos seus irmãos, mas um dos dois restantes logrou fugir, disfarçando-se de faquir e acabando por casar com a viúva do sultão otomano. Uma vez imperador, Shahjahan terá reconhecido num dos escravos de Sa'dullah Khan – um tal Muhammad Saiyid – as marcas do futuro imperador. Preocupado, mostrou interesse em tê-lo por escravo e Sa'dullah Khan, forçado a anuir, só teve de tempo de avisar Muhammad Saiyid do perigo que corria: «O imperador quere-te, dado que em ti reconheceu os sinais próprios de um soberano. Ele vai matar-te. Faz por teres sucesso na fuga, de um ou de outro modo». O escravo fugiu, encontrando abrigo junto de Shah Bhramara (o «príncipe dos errantes»), que lhe deu muito dinheiro e disse: «Vai e torna-te Padshah». O escravo levantou um exército e tomou o trono mogol, obrigando o derrotado Shahjahan a refugiar-se junto do imperador otomano. A história prolonga-se, fantasiosa, e Shahjahan viria a mesmo a recuperar o poder[66]. Mas o que ressuma em primeiro lugar

---

[64] CARERI, Francesco Gemelli – *Giro del Mondo*, pt. III, pp. 193-194.

[65] Um tal Zhang Xi, mensageiro de um professor do Hunan chamado Zeng Jing, procurara aliciar para essa causa o governador-geral das províncias de Shaanxi e Sichuan, o general Yue Zhongqi. Este informou de imediato Pequim do sucedido, dando origem a um processo verdadeiramente kafkiano de investigação promovido pelo próprio imperador e que foi recentemente estudado de forma admirável por Jonathan D. Spence (*Treason by the Book*. Nova Iorque: Penguin Books, 2002). Também relativamente a um dos intervenientes nesta intricada história – um homem chamado Wang Shu, que fornece subversivas informações a Zeng Jing acerca da corte e do imperador –, se coloca o problema da identidade e da ambiguidade falso-verdadeiro.

[66] *Annals of The Delhi Badshahate, being a translation of the old Assamese chronicle 'Padshah--Buranji'*, ed. S. K. Bhuyan. Gauhati: Government of Assam, 1947, cap. VII, nº 66, pp. 114-116.

não é a sua falta de rigor. Antes, interessa realçar dois outros aspectos: i) a manifesta precariedade do poder de Shahjahan; ii) a extraordinária circulação da lenda de Bulaqi, glosada tanto na Pérsia como no Assam. É assim que chega também a Goa.

O sultão «Bolaquim»: de faquir a aliado de Goa

A lenda de Bulaqi alcançou alguma notoriedade na documentação portuguesa da época. Ao contrário do que se verifica com os restantes registos ocidentais, não são os viajantes a falar do assunto. Estranhamente, os missionários jesuítas, que viveram na corte mogol este agitado período de finais de 1627 e inícios do ano seguinte, não falam praticamente do processo de sucessão e não mencionam Bulaqi[67]. Ao invés, as informações devem colher-se na documentação de estado, tanto na correspondência trocada entre Goa e Lisboa, como nas reflexões do vice-rei de então e nas actas das reuniões formais que promoveu na capital do Estado da Índia para a discussão do problema.

Como é de ver, a emergência da figura de Shahjahan foi seguida em Goa, e também em Lisboa, com particular preocupação. Os primeiros passos do «rei do mundo» prenunciavam uma difícil relação com os portugueses e com o cristianismo. De facto, o ecletismo religioso de Akbar e de Jahangir, origem de sonhos e desilusões quanto a uma possível conversão da corte mogol, era substituído por uma cultura política islâmica de carácter mais ortodoxo, prosseguida e intensificada por Aurangzeb. Não admira, pois, que a imagem de Shahjahan nos textos portugueses da época seja bem pior que a do seu pai ou a do seu avô. Voltaremos a esta questão nos capítulos seguintes, porquanto há matizes vários a

---

[67] Exemplo paradigmático é a «Relação d'algumas cousas que passarão na Missão do Mogol, des do fim do anno 627 te ao dia presente 13 de Junho de anno 1628»; *DUP*, vol. III, pp. 187-198. A carta revela que os missionários que então se encontravam na corte mogol estavam por completo absorvidos por problemas internos da missão, ao ponto de nada registarem acerca do império em que viviam. A atitude contrasta com a intensa «cobertura» que fizeram da morte de Akbar e ascensão de Jahangir (cf. ALAM, Muzaffar, SUBRAHMANYAM, Sanjay – «Witnessing Transition»).

ponderar. Mas, de acordo com os jesuítas que vivem em Agra por esses anos, o imperador tem «aos padres e aos frangis todos naturalmente asco»[68]. «Tirano» e «cruel» são alguns dos adjectivos mais comuns entre os portugueses para caracterizar aquele que continuam a designar amiúde, em tom um tanto pejorativo, como o «sultão Corromo».

Por tudo isto, os rumores que, de quando em vez dão conta do desaparecimento do imperador, são recebidos em Goa com entusiasmo. Em pouco mais de um ano, o vice-rei regista esse rumor por três vezes. 11 de Outubro de 1630: «reçebi cartas de que entendo posto que confuzamente que he morto o Mogor porque dizem os baneanes que he acabada a sua hera grande, por onde se collige que he assim, porque já coando morreo o Mogor velho [Jahangir] uzarão de semelhante lingoagem, se for assim sera de grande bem para este estado»[69]. Uma semana depois, a 19: «tive oje hua carta em que me dizem que o mogor estava doentee de hua enfermidade tam perigoza que se tinha por çerto não escaparia»[70]. Finalmente, a 18 de Dezembro de 1631, o embaixador de Ahmadnagar em Bijapur informa que «o mogor era morto, não o tenho por serto porque se fora assim já eu aqui ouvera de ter recado da serteza»[71].

A ascensão de Shahjahan e os primeiros passos da sua política enquanto imperador coincidiram, grosso modo, com o início do mandato do 3º conde de Linhares como vice-rei da Índia. D. Miguel de Noronha começa a governar em Outubro de 1629, justamente no momento em que Khan-i Jahan Lodi, um nobre afegão que fora próximo de Jahangir, abandona Agra em ruptura com o novo imperador para se refugiar em Ahmadnagar. A investida de Shahjahan sobre o Decão, bem como a deserção de Khan-i Jahan e a morte de Bulaqi, são assuntos com considerável projecção na documentação portuguesa da época. Para mais, o consulado do conde de Linhares encontra-se particularmente bem documentado, dado que, seguindo instruções régias, D. Miguel

---

[68] *DUP*, vol. III, p. 188.

[69] *Diário Linhares 1*, fl. 97. Shahjahan, nascido no ano 1.000 da Hégira, possuía uma aura de tipo milenarista. Todavia, esta profecia parece ser de origem vaishnava ou jaina.

[70] *Ibid.*, fl. 99.

[71] *Diário Linhares 2*, fl. 109v.

de Noronha preparou um diário do seu governo[72]. E é esse admirável texto, conjugado com a informação veiculada nos «livros das monções» e com os assentos do Conselho do Estado, que permite reconstituir o modo como os portugueses lidaram com a lenda do «sultão Bolaquim» a partir de Goa.

A primeira notícia sobre Bulaqi registada nas fontes portuguesas data de finais de 1629. A «Relação dos Reis Visinhos [...]», enviada para o reino nessa ocasião, dá conta da conturbada situação política após a morte de Jahangir e do direito ao trono do seu «neto morgado por nome Sultão Bulaqui de idade de 23 annos pera sima». De acordo com esta relação, Jahangir confiou o neto aos cuidados de Asaf Khan mas este, logo após a morte do imperador, apressou-se a chamar Khurram à corte dizendo que tinha Bulaqi «seguro abaixo de suas mãos». Khurram ascende ao trono «e o Bulaqi anda para fora nos extremos do reino do Xaa, e athe este tempo dizião que he morto, ou matarão, e agora avera dous mezes para câ dizem que he vivo, e que o Xaa lhe palavrou huma filha sua legitima, e lhe tem dado grande socorro, e dizem que he vindo ao Reino de Dely»[73]. Pormenor não despiciendo, o autor deste relatório sublinha que Bulaqi tem consigo os filhos de 'Aziz Koka (seus tios), Raja Man Singh e 'Abdur Rahim Khan-i Khanan. Três apoios de peso que, coincidência ou talvez não, tinham apoiado seu pai em 1605. Aos seus olhos, portanto, a legitimidade de Khusrau para governar o império transferia-se para Bulaqi, o «neto morgado» de Jahangir.

A informação seguinte data de 15 de Março de 1630 e, em parte, coaduna-se com a que acabámos de analisar. Informado por um espião seu colocado no «campo do Mogor», o vice-rei Linhares regista no seu diário o avanço de Shahjahan em direcção ao Decão e nota que o imperador deixara Agra, «que he çidade aberta e sem defenssa», por temer a reac-

---

[72] Todavia, o diário de Linhares não se encontra completo e dele existem actualmente três partes distintas, adiante citadas de acordo com a chave de abreviaturas apresentada no início desta obra.

[73] HAG – *MR*, liv. 13, fls. 447-449v, pub. por PISSURLENCAR, Panduronga – «A Índia em 1629. Relação dos Reis Visinhos do que por ora passa e contão». *BIVG*. Vol. 7 (1930), pp. 52-61 [esp. pp. 52, 54-55]. Doravante *Relação dos Reis Vizinhos*.

ção de Bulaqi, mais do que para conquistar o sultanato de Ahmadnagar. Descreve de seguida a sangrenta tomada do poder por Shahjahan e defende a legitimidade do filho de Khusrau ao trono. Segundo a versão que chegara a Goa, tinha sido a mulher de Mahabat Khan a salvar Bulaqi, «pondo em seu lugar outro morto». O verdadeiro Bulaqi fugiu para Deli e, sob a protecção de Mahabat Khan, acabou por casar com uma filha deste. Linhares exulta ainda com uma possível aliança entre Khan-i Jahan e o sultão de Ahmadnagar e remata notando que, se Bulaqi chegar ao poder, os holandeses serão expulsos de Surrate[74].

Dois meses volvidos, mais notícias sobre Bulaqi. A 12 de Maio, Linhares dá conta da chegada a Goa de cartas do Bengala. Dizem-lhe «que o bolaquim hé vivo, e que esta muy amado e querido de todos, e que o segue muita gente e vay ajuntando muito grosso exerssito, e que o nababo de Bengala com hum genrro seu se metera em quatro naos, e fogira cõ medo para Massulapatão e que esta aquilo por aquela parte muito bem posto»[75].

A 28 de Agosto, o vice-rei recebe cartas de Diogo Saraiva, seu informador na corte de Ahmadnagar. Corria em Daulatabad «que he vivo o bulaquim rei do Mogor, de que atras faço menssão que se tinha por morto, e que esta fazendo hum exerçito de vinte mil homês para vir sobre o Idalcão»[76]. Após o cruzamento de informações algo confusas, Linhares passa o resto da monção em Goa sem outros detalhes acerca das estranhas movimentações de Bulaqi. Mas em Outubro, o vice-rei recebe uma avalanche de notícias que o levam a actuar. Sigamos a cronologia dos eventos.

No dia 14, «reçebi cartas de Vizapor do primeiro deste mes em que me dizem que Bulaquim rey mogor que andava auzente e se tinha por morto estava ja em companhia do Mellique posto que tinha somente coatro mil cavalos e tinha ja seus embaxadores 40 legoas de Vizapor, e he

---

[74] *Diário Linhares 1*, fls. 13v-14.

[75] *Ibid.*, fl. 36v. À data, o governador mogol do Bengala era Qasim Khan e este rumor não é registado em nenhuma outra fonte.

[76] *Ibid.*, fl. 87.

o que os baneanes dizião que se lhe acabara a sua hera grande porque esteoutro vem para tomar posse do reino ainda que dizem se trata com grande aperto a paz entre o Mogor e o Mellique, mas para o estado sera de muito effeito que o Bulaquim tome posse do reino»[77].

Entretanto, também Diogo Saraiva lhe escrevera de Daulatabad por cinco vezes durante o mês de Outubro, dando conta, entre outros assuntos, das andanças de Bulaqi. De posse dessas informações, o vice-rei envia para o reino uma primeira reflexão sobre esta delicada questão. Fá-lo em duas cartas, a primeira datada de 4 de Novembro 1630[78] e a segunda escrita a 6 de Dezembro[79].

Neste preciso momento, Linhares passa do simples registo de possíveis boatos e da recolha de informações esparsas à necessidade de se informar sistematicamente, por forma a poder formular uma política consistente em articulação com Lisboa. Daí o sentido da sua resposta a Diogo Saraiva, redigida a 6 de Novembro:

> Com o que me dizeis sobre o sultam Bulaquim me não ey por satisfeito, e convem que vos alargueis em fazer hûa rellassão larga do tempo em que escapou da morte e como e para onde se foi e esteve escondido, e como se manifestou e em que tempo, e porque cauza e de quem se valleo e o ajuda, e onde esta e con que gente e o que determina fazer, e se vem ahi valersse e ajudarsse delrrey Mellique e de Canajão, e do que se entende farão con sua vinda os capitães do mogor xaajahan, e se o dezeyão e aclamarão por seu Rey verdadeiro como he, e tambem do que seu embaxador vos disse do dezejo que trazia em tratar comigo muitas couzas declarandoas se as puderes alcanssar, e esta rellassão me manday mui bem feita por menos com todas as declarações necessarias e ma enviay para eu a enviar a Sua Magestade[80].

---

[77] *Ibid.*, fl. 98.

[78] HAG – no ano seguinte sob o título «Sobre o netto del Rey Jahamguir, que escapou, e estado em que fica» («Lista de todas as cartas que vierão na via da nao Almiranta deste governo, anno de 1631»; BNP – *Res.*, cod. 11410, fl. 150).

[79] *Ibid.*, fls. 178-178v, pub. in *ACE*, vol. I, pp. 523-525.

[80] *Diário Linhares 1*, fl. 107.

Na verdade, era necessário avaliar o rigor das informações entretanto recebidas e esboçar uma linha coerente de actuação. Em menos de um ano, a presença de Bulaqi tinha sido assinalada na fronteira com o Irão, em Deli, no Bengala e em vários locais do Decão, sendo-lhe atribuídos os mais díspares projectos de aliança. Para aumentar o desnorte, Linhares recebe notícias de Bijapur a 16 de Novembro, de cuja veracidade duvida claramente, segundo as quais Bulaqi preparava uma aliança com 'Abdullah Qutb Shah, sultão de Golconda[81]. Uns dias depois, mais informações desencontradas, que o vice-rei haveria de levar ao conhecimento do Conselho de Estado, reunido a 1 de Dezembro: Bulaqi, dizia-se, estava «cõ Ramarrajo Rey gentio alem de Golconda»[82].

O projecto de Linhares passava pelo estabelecimento de uma liga anti-Shahjahan formada por Bulaqi, o sultão de Ahmadnagar e Khan-i Jahan Lodi, que sintomaticamente apoiara a candidatura de Dawar Bakhsh ao trono mogol. O Estado da Índia daria um apoio discreto a este movimento, facilitando a utilização dos portos do subcontinente sob o seu domínio. Daí que Linhares escreva a Bulaqi no dia 2 de Dezembro, «dizendo-lhe que escolhesse a parte aonde queria vir ou para o norte, ou para o sul que ay o mandaria buscar cõ armadas em que elle viesse seguro, e que me avizasse com toda pressa»[83]. Era necessário, antes do mais, fazer entrar o sultão nas terras de Ahmadnagar[84].

As vantagens desta aliança eram óbvias para Goa, tanto do ponto de vista político como no plano económico. Por um lado, o Estado da Índia arredava do poder um imperador manifestamente hostil aos portugueses, tomando o partido do aparentemente consensual neto de Jahangir. Ao longo de todo este processo, Linhares não se cansa de realçar a sua

---

[81] *Ibid.*, fl. 110v.

[82] «Conselho sobre Soltão Bolaquim que veyo a Chaul de Cima», Goa, 7.XII.1630, in *ACE*, vol. I, p. 331.

[83] *Diário Linhares 1*, fl. 121v; HAG – MR, liv. 14, fls. 178-178v.

[84] *Diário Linhares 1*, fls. 120v, 121. Também aqui se pode estabelecer um paralelo com a projectada aliança do Estado da Índia com o príncipe Akbar em finais do século. O vice-rei faz notar a Gregório Pereira Fidalgo que o filho de Aurangzeb deve ser instado a tomar o trono servindo-se dos portos controlados pelos Portugueses, «que temos tantas portas para elle, quantas são de Dio até Goa» (AUBIN, Jean – *L'ambassade de Gregório Pereira Fidalgo*, p. 115).

legitimidade. Trata-o por «verdadeiro Rei Mogor», vinca a empatia do povo com o sultão e, tão ou mais importante, nota a adesão da mais influente nobreza mogol à causa de Bulaqi. Num outro plano, e em caso de vitória, era certo que «as terras e alfandega de Surrate, Cambaja, e Baroche» passariam para a tutela de Goa. Aparentemente, os embaixadores de Khan-i Jahan já se tinham entendido com Bulaqi a este propósito[85].

O mês de Dezembro de 1630 é absolutamente decisivo. A 6 desse mês, o vice-rei recebe cartas de Chaul que seriam determinantes para o desfecho do caso Bulaqi. Para além do capitão da fortaleza portuguesa, escreve-lhe Manuel de Azevedo, dando conta do facto de Bulaqi se encontrar em Chaul de Cima (Revdanda). Viajara desde Gogha de forma discreta, numa embarcação pequena e acompanhado de um número restrito de criados. Azevedo enviara-lhe alguns baneanes da sua confiança com dinheiro e presentes, homens que o conheciam bem e que garantiam tratar-se do verdadeiro Bulaqi. O capitão da fortaleza de Chaul também tinha oferecido assistência ao herdeiro de Jahangir, nomeadamente para que este abandonasse Chaul de Cima em segurança[86]. O problema, de facto, é que o governador («sarsamata») de Chaul isolara o faquir Bulaqi do exterior e submetia-o a uma verdadeira campanha anti-portuguesa. Instalara-o numa fortaleza que distava algumas léguas da cidade, procurando convencê-lo de que os portugueses eram seus inimigos e que planeavam matá-lo[87].

A importância das notícias vindas de Chaul levam o vice-rei a reunir o Conselho do Estado logo no dia seguinte para debater o assunto[88]. Os vários passos da sucessão, desde a morte de Jahangir, são apresentados aos conselheiros. Uma vez no poder, Bulaqi terá dito a Asaf Khan que sabia bem o perigo que corria, ao mesmo tempo que o *vazir* jurava que não o mataria nem o mandaria cegar. De facto, Asaf Khan tê-lo-á poupado aquando do assassínio dos príncipes «e matara outra pessoa em seu lugar, e que sendo levadas as cinco cabeças ao Corromo conhecendo

---

[85] *Diário Linhares 1*, fl. 122v.
[86] *Ibid.*, fl. 122v.
[87] *Ibid.*, fls. 122v, 123v, 126.
[88] *Ibid.*, fl. 122v; «Conselho sobre Soltão Bolaquim que veyo a Chaul de Cima»; Goa, 7.XII.1630, in *ACE*, vol. I, pp. 331-333.

as quatro dos quatro Principes, desconheçera a do soltão Bolaquim, e sobre isto estivera ariscado o dito Açefacão, e que por correr logo voz que o dito soltão não hera morto, forão logo algûs mogores a casa da may do ditto Bolaquim para ver se havia nella choro, e como achaçem que o não havia, tiverão por vivo, e que esta fama corria sempre».

Curioso notar que, nesta versão, o «salvador» de Bulaqi já não é Mahabat Khan, mas antes Asaf Khan, cujo retrato é, aqui, bem mais positivo do que em outros textos europeus, facto tanto mais de realçar quanto é sabido que Francisco Leão nem sequer tinha boas relações com o *vazir* do império. Interessante sublinhar também a serenidade de Bulaqi – enfrentando Asaf Khan e dizendo-lhe que sabia que estava em perigo –, atitude que contrasta com a imagem que dele dão os agentes da EIC no império mogol mas que, em contrapartida, se articula bem com o testemunho de alguns textos mogóis. Estando Bulaqi a jogar xadrez com o irmão, e dando pela chegada de Riza Bahadur, o carrasco de ambos, disse a Gurshap: «A virtude não veio, é o teu e o meu destino que chegou»[89].

A narrativa dos acontecimentos ocorridos na capital imperial é construída a partir de uma relação feita ao vice-rei pelo padre Francisco Leão, que havia sido o superior da missão entre 1627 e 1628. Na corte, acompanhara a transição para Shahjahan e conhecia bem Bulaqi[90]. Daí que tenha ficado decidido solicitar de imediato ao jesuíta que partisse de Goa para Chaul a fim de identificar o neto de Jahangir.

O sonho da aliança do Estado da Índia com o presumível herdeiro do trono mogol esfumava-se ainda antes da entrada do ano de 1631. A 27 de Dezembro, o vice-rei recebia uma carta do padre Francisco Leão, anunciando a sua chegada a Chaul. O jesuíta apurara já que Bulaqi se carteava com Khan-i Jahan Lodi e contava encetar no dia seguinte a viagem até à fortaleza onde o neto de Jahangir se encontrava retido[91]. Dois dias volvidos, nova missiva. O homem que acabara de visitar não era o

---

[89] *MU*, vol. I, pp. 811-812.

[90] É destituído dessa função em 1628, por se ter deixado imprudentemente envolver num conflito com três venezianos que viviam na corte mogol, incompatibilizando-se em simultâneo com o influente Asaf Khan.

[91] *Diário Linhares 1*, fl. 129.

mesmo que conhecera anos antes na corte mogol. Assevera o missionário ao vice-rei que o Bulaqi de Chaul de Cima não passava de um impostor[92].

O conceito de prova da identidade a que se recorreu neste caso era, pois, simples e directo: o testemunho de uma testemunha credível, neste caso um jesuíta, é visto como suficiente para descredibilizar as alegações de um homem que se denominava ele próprio Bulaqi[93].

Poucos dias depois, a 12 de Janeiro de 1631, o vice-rei relata a Filipe IV o sucedido: «em vinte de Novembro do anno passado chegou por mar a Chaul hum homê embussado, com voz que era o dito Bolaquim, e persuadio a todos os Mouros, e ainda christãos que aly assistem que era verdadeiro Rey do Mogor, e posto que o Morro de Chaul aonde elle em desembarcando se foi com adorações, e venerarão, e segurarão em hua fortaleza que está naquela serra a que chamão o Drugo me avizarão com toda diligência para que eu o mandasse parar na fortaleza de Chaul, e como eu sou considerado em crer materias semelhantes tão depressa me pareçeo mandar primeiro a hum padre da Companhia a que chamão Francisco de Leão que assistio muitos annos em doutrinar este Prinçipe, fez Francisco de Leão esta diligência muy bem feita posto que com risco de sua pessoa entrou na fortaleza do Drugo e em carta de 24 de Dezembro me escreve que não hé aquelle o Bolaquim»[94].

O conde de Linhares desinteressa-se imediatamente do assunto. Nos anos que se seguem, o vice-rei aposta numa delicada estratégia de concertação entre Bijapur, Ahmadnagar e Golconda com o escopo de suster o avanço de Shahjahan no Decão e, desse modo, salvaguardar Goa e as fortalezas do Norte. Uma anónima relação italiana de 1632 faz um resumo do caso Bulaqi e dá conta, logo para o mês de Janeiro desse ano, da inflexão da política portuguesa: «Il Bolachino legittimo, et vero Re

---

[92] *Ibid.*, fl. 129v; HAG – *MR*, liv. 14, fl. 202v.

[93] O mesmo método utilizado por Shahjahan para identificar o impostor que se fazia passar por Baisunghar. É um tal Waqqas Haji que lhe assegura tratar-se do mesmo homem que havia visto no Balkh. Mesmo assim, e para ter a absoluta certeza, o imperador só manda executar o impostor depois do próprio confirmar que também conhecia Waqqas Haji.

[94] Rei ao vice-rei, Goa, 12.I.1631; HAG – *MR*, liv. 14, fl. 202v. Em erro, a carta vai datada de 12 de Dezembro de 1630.

dell'Imperio di Mogor, perseguitato da Corumbre, che hora regna, giunse fino a Carapatan 18 leghe da Goa, e dicevano, che venia qua, ma si ne andò verso Persia, che a lui fu buono, e a noi favore perché oltre a non gli poter giurare dava da dire al Mogor, che viene ad esser nostro vicino»[95].

Na mesma lógica de actuação que se reconhece no caso de Bulaqi, D. Miguel de Noronha passa a dar algum crédito ao «duplo» de Baisunghar e a miragem de uma aliança do Estado da Índia com um legítimo herdeiro do trono deslocava-se agora da fronteira meridional do império para a fronteira setentrional. Para mais, Baisunghar é um dos três filhos de Daniyal que haviam sido baptizados pelos jesuítas em Agra no ano de 1610, episódio que já tratámos e que teve enorme ressonância da época.

Em Junho de 1631, Linhares sabe que Shahjahan está preocupado com esta sublevação: «viera nova ao mogor como dom Carlos hum dos principes netto de Acabar que Sanguir avia mandado aos padres da Companhia fizecem Christão, e que era geeral do campo de Xarca [Shahryar] irmão deste Rey Mogor que se levantou cõ o Reino era vivo que escapou da batalha em que este vençeo ao irmão Xarca, e que o dito general dom Carlos fugira para o Vizubeque, o coal casara cõ hua sua sobirnha e que cõ muita cavalaria vem decendo sobre cabul nova com que o mogor não está muito contente»[96]. O testemunho de outros observadores ocidentais corrobora este acontecimento. Um mês antes, em Maio, a presidência de Surrate informa os agentes da EIC na Pérsia de que Baisunghar pretendia tomar Cabul, Multan e demais terras até Lahore. Shahjahan não tencionava desistir da conquista do Decão mas, perante estes desenvolvimentos, era bem provável que aceitasse a paz com os sultanatos de Bijapur e Golconda[97].

No Conselho do Estado reunido por Linhares a 6 de Novembro de 1632 deliberou-se, pois, dar apoio à luta do apóstata: « [...] neste meo tempo que

---

[95] «Relatione di alcune cose che succedereno in India nell'anno 1632»; Biblioteca Casanatense – Ms. 2681, fls. 142-159 [142v].

[96] *Diário Linhares 2*, fl. 36v.

[97] Presidente Rastell (Surrate) para o agente e feitores na Pérsia; 13.V.1631, in *EFI, 1630--1633*, p. 160. O mesmo diz o lapidário francês Augustin Hiriart (ou Augustin de Bordeaux), na carta que escreveu de Chaul em Março de 1632, in (artigo anónimo, mas atribuído a E. Maclagan) – «Four letters by Austin of Bourdeaux». *JPHS*. Vol. I/1 (1916), pp. 3-17 [14-17].

era o em que o exercito do Mogor estaua destroindo o Reino do Idalcão se levantou no Reino de Cabul que he do Mogor hum primo seu que ja foy baptizado pello Pes da Companhia e se chamou Dom Carlos, e depois tornou a retroceder a fee, e se apoderou do ditto Reino, trazendo em seu favor a gente dos vsbeques, que ha a mais temida e valente de todas estas terras porque casou o dito Dom Carlos com hûa filha daquelle Rey com que o Mogor se achou necessitado a acudir a Cabul, porque daquella parte lhe vem todos os cauallos com que forma seus exercitos, allem de que temeo que Dom Carlos se apoderasse facilmente do Reino de Laor que auisinha com o de Cabul e entendese que o fará cõ facilidade porque o ditto Mogor he tirano e malquisto [...] e Dom Carlos valente e liberal»[98].

De outro modo, as referências a Bulaqi nas fontes portuguesas passam a rarear. A 2 Dezembro de 1631, o vice-rei ainda recebe ecos da lenda de Bulaqi: «dizem que em Dabul pareçeo hûa pessoa real do mogor escondida, e desconhecida, mas não o tenho por çerto»[99]. Também é verdade que os anos de 1632-1633 estão menos documentados, dado que não chegaram até nós os diários do vice-rei relativos a esse período. Mas não restam dúvidas de que o assunto perde acuidade em Goa. Para Linhares, o projecto de aliança com Bulaqi esfumava-se ao mesmo tempo que se diluía a ideia de tirar partido da revolta de Khan-i Jahan Lodi contra Shahjahan. O nobre afegão fora capturado e executado em Janeiro de 1631. Acresce que a destruição da colónia portuguesa de Hughli em 1632 colocara ao vice-rei desafios quase tão importantes quanto os que enfrentava no Decão, obrigando-o a equacionar de outro modo os interesses portugueses no lado oriental do império mogol.

Em carta datada de 28 de Fevereiro de 1632, o rei reage às informações redigidas em Goa nos meses de Novembro-Dezembro de 1630. A resposta de Lisboa é, claro está, anacrónica, porquanto não leva em linha de conta os desenvolvimentos de Chaul. Ainda assim, há um par de pormenores curiosos a ressaltar. O rei aconselha prudência e que o «Estado ande

---

[98] «Sobre a guerra do Mogor suas detreminações e retirada entra aqui a carta sobre as cousas do Melique e tambem a retirada do Turco de Babilonia», Goa, 6.XII.1632, in *ACE*, vol. I, pp. 556-557 [557].

[99] *Diário Linhares 2,* fl. 104v.

sempre em paz com o Mogor», dado o seu enorme poderio. A cautela recomendada ao conde de Linhares para que evitasse um conflito com Shahjahan é idêntica àquela que o conde de Vila Verde manifesta meio século depois, ao mandatar Gregório Pereira Fidalgo para estabelecer uma aliança com o príncipe Akbar, filho rebelde do imperador Aurangzeb[100]. Assim, qualquer negociação com Bulaqi deveria ser o mais discreta possível, por forma a que Shahjahan nunca suspeitasse e viesse a fazer guerra ao Estado da Índia.

De sublinhar ainda a postura pragmática do monarca quanto ao possível acordo com Bulaqi. A Filipe IV não lhe repugna a possibilidade de o Estado da Índia estar, eventualmente, a promover uma aliança com um impostor, ou seja, com um «homê que debaxo de seu nome pretende o reino do Mogor». Um «bom» falso Bulaqi era tão útil quanto o verdadeiro[101]. Idêntica manobra de *realpolitik* havia praticado o governador Nuno da Cunha um século antes, a propósito do já referido Bahadur Shah e da situação política no sultanato do Guzerate. Krishna – um brâmane de Goa que foi intérprete do Estado da Índia – critica o governador português por, ao saber que um irmão revoltoso daquele sultão (será Chand Khan?) havia fugido para Ahmadnagar, mandar «trazer de Dabul huum negro dyzendo que era irmão del Rey de Canbaya e lhe fez muyta honra com grandes gastos»[102].

Na resposta a Filipe IV, redigida no final de 1632, D. Miguel de Noronha informa o rei acerca da sua decisão de não mais favorecer Bulaqi, um Bulaqi que o padre Francisco Leão lhe asseverara haver-se refugiado na

---

[100] «Em todas estas negociações que tocarem ao Principe Acabar vos havereis com duas cautellas, (...) a segunda em procurar saber se o pae o Grão Mogol tem na côrte alguns parciaes, que lhe sirvão de espias para observar o trato de seu filho, vos prevenireis muito destas, antes conhecendo-as lhe mostrareis a fidelidade que usamos com o Mogor, porque se não escandalise este, que como he tão vizinho nosso, e o seu poder abraça as nossas terras, poderá escandalisado romper comnosco em grande damno do Estado, que não está em tempo de resisitir a tão grande inimigo»; AUBIN, Jean – *L'ambassade de Gregório Pereira Fidalgo*, p. 116.

[101] ANTT – *LM*, liv. 30, fl. 7. Também em HAG – *MR*, liv. 16 A, fl. 3.

[102] Sumário de uma carta de Krishna a D. João III («Sumario das cartas que vieram este anno de 1534 na armada da India...»), in *As Gavetas da Torre do Tombo*. Lisboa: CEHU, 1974, vol. X, pp. 193-94). Sobre os irmãos de Bahadur, a que alude igualmente Diogo do Couto, ver a nota de Sanjay Subrahmanyam «Irmão de Bahadur (Badur) que viveu em Goa», incluída na edição crítica da *Década Quarta da Ásia*, coord. Maria Augusta Lima Cruz. Lisboa: CNCDP; FO; INCM, 1999, vol. II, pp. 88-89.

Pérsia. De facto, após este «momento» português, o «fantasma» de Bulaqi viajou para norte, passando a alimentar sonhos de aliança na corte safávida. Segundo as fontes portuguesas, Shah Safi cobri-lo-ia de mercês, confiando-lhe o comando de um exército e o próprio governo de Qandahar, a província que os safávidas haviam conquistado aos mogóis em 1622. Ainda que não arrisque um novo envolvimento directo, Linhares não deixa de se regozijar com esta notícia: «se isto he assy nehûa couza nos pode ter mais cõveniente»[103].

É facto que um Bulaqi se terá exilado na Pérsia e, com o apoio de Shah Safi, procurou organizar um movimento de tomada do poder a Shahjahan. O inglês William Pitt afirma mesmo ter emprestado dinheiro ao «Mogulls brother wich fledd into Persia», temendo por isso uma reacção violenta de Shahjahan[104]. A sucessão de Jahangir, as atribulações de Bulaqi e a sua permanência na corte de Shah Safi são assuntos bastante referidos nas crónicas safavidas, ainda que as informações que aí se colhem nem sempre coincidam com as portuguesas[105]. Não restam dúvidas de que os safavidas o tomaram por genuíno e que contavam com ele para uma solução alternativa a Shahjahan. É o que se infere da correspondência trocada entre Bulaqi e Shah Safi.

A «carreira» de Bulaqi no Irão interessou menos os portugueses. Sebastião Manrique di-lo vivo em 1640, «en la Ciudad de Casmin de baxo de la protection del Rey de Persia»[106]. Nesse mesmo ano, uma fonte agostiniana relativa ao Irão dá conta de uma questiúncula entre os missionários da

---

[103] ANTT – *LM*, liv. 30, fl. 7. Filipe IV haveria de tomar conhecimento deste novo facto em Novembro do ano seguinte, concordando com a estratégia seguida por Linhares. Não percebeu o rei, todavia, que Shah Safi teria atribuído a administração de Qandahar a Bulaqi. Interpretou, antes, que lhe confiara o mesmo exército com que Shah 'Abbas I havia conquistado Qandahar em 1622 (Lisboa, 12.XI.1633, *ibid.*, liv. 31, fl. 65).

[104] Carta a William Methold (em Surrate), Dabul, 19.V.1636, in *EFI, 1634-1636*, p. 259.

[105] Desenvolvemos este assunto em FLORES, Jorge, SUBRAHMANYAM, Sanjay – «The Shadow Sultan», pp. 105-113. Os principais textos são a crónica oficial de Shah 'Abbas, escrita por Iskandar Beg Munshi (*Tarikh-i 'Alamara-ye 'Abbasi*) e uma outra crónica posterior, que constitui a continuação desta, composta pelo mesmo autor de parceria com um tal Muhammad Yusuf (*Zail-i Tarikh-i 'Alamara-yi 'Abbasi*). A *Zail* inclui um interessantíssimo relato dos acontecimentos e das peripécias de Bulaqi, feito na primeira pessoa perante o governador da província de Fars.

[106] MANRIQUE – *Itinerário*, II, cap. LXXIX, p. 348.

Congregação e o «secretário» de Bulaqi, sendo que o príncipe mogol é aí retratado como um fervoroso muçulmano[107]. Mas são apenas ecos veiculados pelos agostinhos, já que o inequívoco interesse inicial do Estado da Índia por Bulaqi não logrou sobreviver ao desapontamento que se seguiu ao encontro com o padre Leão em Dezembro de 1630.

Todavia, o «fantasma» de Bulaqi voltaria ainda a cruzar-se com o conde de Linhares. A 10 de Maio de 1634, o vice-rei anota no seu diário uma notícia que lhe havia chegado de Bijapur: Bulaqi encontrava-se em Caxemira «cõ dez mil cavallos e para cazar cõ a filha do xá rey d'Ormuz, e por amor disso he que faz guerra ao Mogor, e estava para mandar embaxada a El Rey Jdalxá para ajuntar com Bulaquim e fazer cruel guerra ao Mogor»[108]. O casamento com a filha de Shah Safi, mencionado numa outra fonte portuguesa de 1629, não confere com as fontes safávidas. Todavia, a concretizar-se, este projecto de aliança entre os safávidas, um candidato ao trono mogol e o sultão de Bijapur só poderia trazer vantagens a Goa.

Dois meses volvidos, no dia 18 de Julho, o vice-rei é informado a partir de Surrate de «que o Rei Mogor estava em Laor para responder ao Perssa sobre as couzas do Bulaquim, a quem avião passado muitos fidalgos mogores como o fizera Mirzamadafar[109] que com capa de se hir para Meca se embarcara com muita riqueza nûa nao em Surrate e tanto que se vio no mar lanssou os romeiros de Meca em hûs bateis e os que ficarão lanssou ao mar, e se foi na volta da Perssia ajuntar com o Bulaquim»[110].

Uma semana depois, no dia 25, Linhares volta a ter notícias de Surrate pela pena do padre Reimão. Shahjahan estava em Lahore a caminho de Cachemira, onde esperava defrontar Bulaqi. Desta vez, o filho de Khusrau resolvera desafiar claramente o tio, enviando-lhe uma embaixada, «e de

---

[107] ALONSO, Carlos – «Stato delle missioni agostiniane nelle Indie Orientali secondo uma relazione inedita del 1640». *AA*. Vol. 25 (1962), pp. 291-325 (319).

[108] *Diário Linhares 3*, p. 106.

[109] Trata-se, provavelmente, de Mirza Muzaffar Kirmani, um persa que tinha um *mansab* de 3000/1022. *Faujdar* de Ajmer entre 1630-1633, desaparece das fontes mogóis depois dessa data (cf. ALI, M. Athar – *Apparatus, s.v.*).

[110] *Diário Linhares 3*, pp. 146-47.

prezente hûa espada e hum catre de ouro, e dizia a embaixada escolhesse qual fosse de mais seu gosto ou o catre para descansar entregandolhe o reino, ou a espada com a qual o podia esperar, o Mogor sentio muito isto e quizera matar os embaixadores, mas desprezouos, e sem reposta se aparelhava para a guerra porque tem o Perssa dado grande poder e ajuda ao Bolaqui»[111].

A 19 de Janeiro de 1635, registamos o último sinal da lenda de Bulaqi nas fontes portuguesas. Nessa tarde, o vice-rei leu atentamente uma carta que lhe havia chegado de Bijapur. Entre outros assuntos, nela se dava conta da proposta de Bulaqi para uma aliança com o Estado da Índia:

> Pede soltão Bolaquim a sua Exª seguro real, e em nome de S. Magestade para poder estar seguramente em goa para dahy se conssertar cõ os capitães do reino do Mogor, e escrever outro sy a seu Irmão que tambem escapou[112], e esta com o Rey da Perssia, e depois disto conssertado darlhe o sõr vizoRey passagem por hum dos portos que elle apontar, e que para isso fará todo o consserto e partidos que o sõr vizzorey quizer fazendo logo esta diligençia despida VM este patamar porque assim o tenho assentado cõ o soltão Bolaquim, e não escrevo a Sua ex^a por não saber se lanssra mão deste negoçio, e me encomendou muito que por via de VM o desse saber ao sõr vizorrey, e querendo fazer isto avizasse logo com resposta do sõr Vizorrey para escrever em forma; vm. com brevidade faça este negocio[113].

Mas as circunstâncias não eram mais as do final do ano de 1630. Nessa altura, o conde de Linhares acreditava na possibilidade de uma aliança e, conjugando várias informações de diferentes proveniências, preocupou-se em avaliar a veracidade do personagem e, bem assim, a exequibilidade

---

[111] *Ibid.*, pp. 149-150.

[112] Bulaqi já não tinha irmãos nesta altura, dado que Buland Akhtar morrera novo e Gurshap fora um dos príncipes assassinados em Janeiro de 1628 a mando de Shahjahan. Linhares poderá referir-se aqui a Mirza Nabdi, que a *Zail* dá como irmão de Bulaqi (cf. FLORES, Jorge, SUBRAHMANYAM, Sanjay – «The Shadow Sultan», p. 114, n. 55).

[113] *Diário Linhares 3*, p. 265.

de uma manobra conducente à destituição de Shahjahan. Agora, no início de 1635, Linhares está absolutamente descrente. O seu governo está na fase final e o vice-rei limita-se a registar um último pensamento sobre o assunto, dois dias antes de terminar o diário relativo a esse ano e de o enviar para o reino: «Tenho isto por fabula e pareçe hé este Bolaquim cõ os mogores, outro Rey Sebastião cõ os Portuguezes».

Não era a primeira vez que a história do *Encoberto* se cruzava com a história dos imperadores mogóis. A crer nos jesuítas que viviam na corte de Akbar, ao avô de Shahjahan impressionara vivamente a figura de D. Sebastião: «e do caso d'el-rey Dom Sebastião tem muito sentimento, e quando falla daquelle caso louva o animo esforçado d'el-rey Dom Sebastião». Meio século volvido, temos esta interessante comparação de D. Miguel de Noronha. Na verdade, há pontos de contacto entre os vários Bulaqi e os vários (e falsos) D. Sebastião do ocaso do século XVI, do Rei de Penamacor e do Rei da Ericeira ao pasteleiro do Madrigal e ao Calabrês[114]. A omnipresença da lenda e o lugar central do rumor, alimentado pela errante presença física de um embuçado. A componente trágica de ambas as histórias e de ambos os personagens, que comove o observador estrangeiro, tanto quanto os Portugueses se comoveram com o infortúnio de Bulaqi ou Akbar com o drama de D. Sebastião[115]. Num e noutro caso, a mesma legitimidade e a mesma impreparação para governar, a mesma adesão popular, a mesma inquietação de quem usurpara o poder e o exerce em sobressalto.

---

[114] A bibliografia relativa a este assunto é extensa. Ver PIRES, António Machado – *D. Sebastião e o Encoberto*. reed. Lisboa: FCG, 1982, esp. pp. 59-64; HERMANN, Jacqueline – *No reino do Desejado: A construção do Sebastianismo em Portugal, séculos XVI e XVII*. São Paulo: Companhia das Letras, 1998, D'ANTAS, Miguel – *Les faux Don Sébastien. Étude sur l'histoire de Portugal*. Paris: A. Durand, 1866; OLSEN, H. Eric R. – *The Calabrian Charlatan, 1598-1603: Messianic Nationalism in Early Modern Europe*. Nova Iorque: Palgrave Macmillan, 2003; e MACKAY, Ruth – *The Baker who Pretended to be King of Portugal*. Chicago: The University of Chicago Press, 2012. Sobre o fenómeno da impostura na Europa moderna, ELIAV-FELDON, Miriam – *Renaissance Impostors and Proofs of Identity*. Nova Iorque: Palgrave Macmillan, 2012.

[115] Há outros exemplos contemporâneos a convocar, como o do eremita Gregorio López no México, que se dizia ser o príncipe Carlos (1545-1568), o débil filho de Filipe II que o monarca enclausurou e que (corria o rumor) fora mandado matar pelo próprio pai. Ver LOSA, Francisco – *La vida que hizo el siervo de Dios Gregorio López, en algunos lugares de esta Nueva España*. Madrid: Imprenta Real, 1642 (1ª ed. México, 1613).

Conclusão

O interesse da lenda do sultão Bulaqi projecta-se para lá do simples fio dos acontecimentos. O episódio, que encerra muito de revelador acerca do exercício do poder nos alvores da época moderna, permite também retirar um conjunto impressivo de ilações acerca da prática política na Índia timúrida e, bem assim, das relações entre portugueses e mogóis. A importância do rumor e do boato e a sua célere e ampla difusão; o bazar como palco da política; o valor político e social das identidades incertas; a ténue fronteira entre poder e renúncia. Tudo fenómenos que se manifestam sobremaneira em momentos de transição e agitação, como foi o da passagem do reinado de Jahangir ao de Shahjahan. E, enquanto aos portugueses agrada o ambiente de sedição, garante da sobrevivência política de Goa, aos restantes europeus interessam as soluções estáveis de governo, indispensáveis à saúde financeira das feitorias. Enquanto o candidato de Goa é Bulaqi, o preferido da presidência inglesa de Surrate é, malgrado a repulsa que a execução dos príncipes mogóis lhe causa, Khurram. Os negócios a isso obrigam.

A lenda de Bulaqi – um Bulaqi que deambula incessantemente e se desdobra em vários – mostra como um golpe palaciano e um acontecimento de corte acabam por mexer com várias zonas do império, com as suas fronteiras e com muitos dos seus vizinhos. Bulaqi aparece e desaparece em Deli e na Caxemira, no Bengala e em Golconda, em Bijapur e em Ahmadnagar. Vive no Irão safávida e torna-se governador de Qandahar, é falado no Assam e desejado em Goa. Esta potencial transformação do *statu quo* provocada pelo fantasma de Bulaqi vai de par com a entrada em cena de outros dois «mitos» da resistência a Shahjahan, seus contemporâneos: Khan-i-Jahan, cuja rebelião trataremos no capítulo 10, e Baisunghar, primo de Bulaqi e «fantasma» como ele. O primeiro fez tremer o Guzerate e quase todo o império, enquanto que o segundo soube agitar Cabul e Istambul. Os dois «mitos» lograram envolver afegãos e uzbeques, históricos adversários do império mogol, na equação política do subcontinente indiano.

Goa, onde tudo isto foi acompanhado com enorme atenção, recorreu como habitualmente à *realpolitik* e sonhou durante algum tempo com a possibilidade de intervir no processo de sucessão imperial. O que se desejava era o fim da Índia de Shahjahan e a sua reconfiguração política e religiosa por intermédio de Bulaqi. Se este D. Sebastião mogol aparecesse e triunfasse, então o desenho das fronteiras entre o Estado da Índia e a Índia timúrida seria outro. Acreditavam os portugueses que, sendo Bulaqi imperador, não teriam de enfrentar o assédio mogol ao Decão, ao mesmo tempo que obteriam consideráveis vantagens territoriais e comerciais no Guzerate e no Concão. Mas Shahjahan manteve-se como imperador e, ver-se-á nos dois próximos capítulos, haveria de pressionar fortemente tais fronteiras nos anos de 1630.

CAPÍTULO 9
1630-1632: RELIGIÃO, POLÍTICA E NEGÓCIO NAS FRONTEIRAS MARÍTIMAS DO HINDUSTÃO

O enquadramento

Em 1623, quando mais não era ainda do que um príncipe em revolta, Khurram fugiu para o Bengala e deteve-se no porto de Masulipatão, território do sultão de Golconda. O príncipe rebelde «parou alli e pouco despois de chegado se apoderou do dito porto, fazendo bom tratamento a gente da terra, e lançando mão das fazendas dos olandezes e ingrezes que alli assistião as quaes publicou que lhas tomava por elles serem causa de seus feitores não poderem cobrar as fazendas das naos que lhe vinhão do estreito de Meca»[1].

Dois aspectos dignos de relevo neste episódio. Por um lado, o ataque aos europeus justifica-se pela sua interferência nos interesses mercantis que o príncipe mantém no Mar Vermelho. Receitas que importava assegurar, tanto mais que, por essa altura, já Jahangir havia arrestado todos os seus bens, incluindo os navios e os produtos que neles costuma transportar e mercadejar[2]. A ligação do príncipe ao negócio é por demais evidente, como inequívoca é a relevância que o lucro gerado pelo comércio marítimo adquire na própria política interna do império mogol.

Segunda «lição» a retirar deste ataque de Khurram a Masulipatão. Porventura mais do que os seus antecessores, o futuro imperador parece

---

[1] D. Francisco da Gama a Filipe IV, Goa, Jan. 1624, in *DRI*, t. X, p. 112.
[2] Nicholas Bangham à feitoria de Surrate, Ahmadabad, 23.V.1623, in *EFI, 1622-1623*, p. 233.

encarar os europeus que enxameiam o seu império como concorrentes comerciais. As suas actividades podiam ser úteis aos interesses económicos da corte mogol e das províncias marítimas do império, mas são homens um tanto perigosos. Homens capazes de causar distúrbios e que é necessário disciplinar pela força. O conflito que, quando era *subadar* do Guzerate em 1618, quis forçar com os portugueses a propósito da concessão de cartazes (*supra*, capítulo 7), não anda longe deste ataque a Masulipatão que, por sua vez, encerra claras semelhanças com os acontecimentos de Hughli em 1632.

Nessa altura, o «príncipe-mercador» dera já lugar ao «imperador-mercador». Em capítulos anteriores, acentuámos a importância que tanto o avô como o pai de Shahjahan conferiram ao comércio e às «janelas» marítimas do império. Também vimos como, ainda príncipe, e sobretudo como *subadar* do Guzerate, Khurram tinha navios e interesses comerciais próprios. A sua relação com o negócio marítimo tende a aprofundar-se depois de 1628 e os exemplos são inúmeros: Shahjahan, que dispunha de meia dúzia de navios imperiais para viagens de comércio, tratou de lançar monopólios sobre certos produtos, ao mesmo tempo que concedia empréstimos a mercadores indianos e europeus[3]. Em 1653, o imperador mogol pede aos holandeses que se comprometam a não atacar os seus navios que vão comerciar ao Achém e, nas palavras dos holandeses, Sa'dullah Khan ter-se-á supreendido ao ver Shahjahan – «um rei que sempre se mostrou tão altivo» – preocupado com insignificâncias, como sejam a concessão de um simples passe[4]. Finalmente, são de considerar também as relações do imperador com Shantidas, proeminente mercador e joalheiro jaina de Ahmadabad que já fornecia a corte mogol de jóias e raridades ao tempo de Jahangir[5].

---

[3] Cf. CHANDRA, Satish – «Commercial activities of Mughal Emperors during the Seventeenth Century». In Id. – *Essays on Medieval History*. Nova Deli: OUP, 2003, cap. 10, esp. pp. 230-232.

[4] Diário de Joan Berckout e Joan Tack da viagem entre Agra e Deli (Dez. 1652 a Mar. 1653), Algemeen Rikjksarchief – *Overgekomen Briefen en Papieren*, VOC 1201, fl. 768v. Diário de Joan Tack em Deli (1 Jun. a 1 Ago. 1648), *ibid.* – VOC 1168, fl. 626v.

[5] MAHMUD, S. Hasan – «The Mughals and a merchant-jeweller of Ahmedabad». In *PIHC*, 46ª sessão. Amritsar: 1986, pp. 300-307.

Os príncipes haveriam de seguir as pisadas do pai. São conhecidos os negócios de Dara Shukoh e é sabido como, já imperador, Aurangzeb se empenhou decisivamente no comércio com os portos do Mar Vermelho. Mas o caso mais curioso é, sem qualquer dúvida, o de Jahanara. Proprietária do navio *Sahebi* – activo, entre 1643 e 1663, no comércio e no transporte de peregrinos entre Surrate e o Mar Vermelho –, a princesa é uma verdadeira mulher de negócios capaz de influenciar o rumo dos negócios das companhias comerciais europeias. Os holandeses que vão passando pela corte mogol tratam-na com reverência, disputando as suas audiências como disputavam as do próprio imperador, seu irmão, ou dos grandes do império. Enchendo-a de presentes que, não raro, viam recusados. Cedendo aos seus caprichos, como quando são forçados a comprar vinho espanhol aos ingleses em Surrate para satisfazer um desejo seu[6]...

Não andaremos longe da verdade se afirmarmos que, à medida que o século XVII avança, o pendor mercantil da elite imperial adquire um desenho mais definido. A documentação portuguesa, por exemplo, revela um Asaf Khan claramente comprometido no negócio marítimo. Veja-se o que um anónimo escreveu em 1636: «agora estão os Padres [i.e. os jesuítas da missão do «Mogor«] mais apertados que nunca, por o Asefacão os desfavoreçer, favorecendo os dantes muito com o Rey, de que he sogro; o motivo que teve foi que no estreito, segundo dis, que Portugueses lhe tomarão huma sua embarcação de Meca, que vinha muito rica; que cuidou que por via dos Padres lhe seria outra ves dada com seu recheo»[7]. Ao que parece, a sorte dos jesuítas na corte mogol dependia um tanto do papel que estes estivessem dispostos a desempenhar em Goa no sentido de desbloquear os investimentos de Asaf Khan.

O fenómeno vai de par com uma aparente intensificação da vida mercantil das províncias marítimas do império, sendo cada vez mais frequentes as parcerias entre mercadores locais e negociantes europeus, tantas vezes ao arrepio das lógicas políticas imaginadas em Goa ou

---

[6] *Ibid.* – VOC 1201, fls. 760-760v, 761v-762, 763v-765.

[7] «Treslado de huma carta dum cidadão de Goa para outro de Lisboa do soçedido na India depois de partirem as naos do Reino aos 24 de Fevereiro de 635», Goa, 29.II.1636 (AHCJPT, E-2: 104,8). Doravante citado como *Carta anónima 1636.*

nos quartéis-generais das companhias comerciais europeias na Índia. Em carta ao agente da VOC em Agra, o mesmo Asaf Khan admite em 1639 que os mercadores do Cinde transportam mercadorias em navios portugueses e que, consequentemente, os holandeses se devem abster de os capturar[8]. Em sentido inverso, nas naus holandesas e inglesas que eram esperadas em Surrate no ano de 1630, os «mercadores del--Rey Mogol» tinham mais de quinhentos mil cruzados empatados em mercadorias[9].

Neste contexto, não deve surpreender que as oportunidades de conflito entre Shahjahan e o Estado da Índia envolvendo portos, navios e mercadorias se sucedessem. Nos primórdios do seu reinado, e no curto espaço de dois anos, o imperador mogol trava duas sérias batalhas com os portugueses nas fronteiras marítimas do seu império. A primeira ocorre no Guzerate em 1630. A segunda dá-se no Bengala em 1632. Naquela, a mescla entre política e negócio explica boa parte do sucedido. Nesta, a conjugação de factores é porventura mais complexa: com o lucro e com as estratégias de poder, entrelaça-se a religião, sendo por vezes difícil traçar as fronteiras dos diversos domínios e motivações em presença.

Surrate, 1630: a tomada das «duas naus mouriscas»

Esta nova crise entre o Estado da Índia e o império mogol, tendo o Guzerate e o comércio marítimo da província por cenário, foi aguda mas não muito prolongada: começou em Março de 1630 e estava resolvida antes do final do ano. Ao contrário do que havia sucedido em situações paralelas, como é o caso de 1613-1615, os dois lados procuraram, desta vez, sanar o conflito com celeridade.

---

[8] Ver as traduções neerlandesas das cartas de Asaf Khan ao feitor da VOC em Agra, Cabul, 13.V.1639; e a Hakim Muhammad Salih (em Agra), Lahore, 7.III.1639; Algemeen Rikjksarchief – *Geleynssen de Jonghe*, 100, resp. nºs 16 e 14. Resumo inglês em GOMMANS et al. – *Dutch sources on South Asia*, p. 380.

[9] «Copia do assento que o Pe. Antonio de Andrade Provincial da Companhia fez cõ Mirmuza capitão de Surrate, Cambaya e Baroche», Damão, 13.IX.1630, in *ACE*, vol. I, p. 285.

Revisitemos o episódio em si. Em finais de Março de 1630, D. Francisco Coutinho de Ocem, capitão da armada do Norte, capturou dois navios muçulmanos no porto de Surrate. A tomada das «duas naus mouriscas» – que ocorreu com alguns dias de diferença e sendo uma delas propriedade do próprio imperador – justifica-se, aos olhos do capitão português, pelas razões de sempre: navegação sem cartaz e conluio com holandeses e ingleses, que continuavam a comerciar livremente nos portos do Guzerate[10]. Na verdade, um *farman* de Dezembro de 1627, quando Shahjahan ainda lutava para se sentar no trono mogol, confirmava os privilégios imperiais concedidos aos rivais europeus do Estado da Índia[11].

Repetia-se, assim, a situação vivida ao tempo do governo de D. Jerónimo de Azevedo, de novo com consequências imprevisíveis para todos. Em Surrate, a mando de Shahjahan, o *mutasaddi* local não tardou a decidir-se pela prisão dos portugueses e pelo arresto das suas mercadorias. Cativou ainda três missionários jesuítas, sendo que um deles, o padre António de Andrade, era o próprio provincial da Companhia. Outro, o padre António Pereira, viria a revelar-se o principal rosto da primeira fase das negociações conducentes à resolução do conflito. Mais, Mir Musa fez também prisioneiro um tal Manuel Velho, homem que o vice-rei se apressara a enviar à sua presença com uma oferta – «panos de Portugal» – a fim de resolver o diferendo. Manuel Velho é um veterano do Guzerate, homem «de verdade, prattico e inteligente», a quem o vice-rei conde de Linhares recorre em 1631 para obter notícias fidedignas da situação em Surrate[12].

---

[10] «Treslado do inventario que se fes da fazenda das duas naos mouriscas que tomou em Surratte Dom Francisquo Coutinho Deosem», Goa, 31.I.1631, HAG – MR, liv. 14, fls. 249-323. Cf. MATOS, Artur Teodoro de, MATOS, Paulo Lopes – «Cristãos contra muçulmanos no mar de Surrate. Navios, mercadorias e valores de um assalto em 1630». *Memórias da Academia de Marinha*. N° XI, 1999, pp. 3-39. Agradecemos penhoradamente ao Prof. Artur Teodoro de Matos o ter-nos facultado a transcrição integral deste documento. Situação paralela à de Surrate é a da tomada de uma grande «nao mourisca» ao largo de Ceilão em 1640, propriedade de Muhammad Sa'id, mercador persa de Masulipatnam. O assunto foi estudado por SUBRAHMANYAM, Sanjay – «Persians, Pilgrims and Portuguese: The travails of Masulipatnam shipping in the Western Indian Ocean, 1590-1665». *MAS*. Vol. 22/3 (1988), pp. 503-530.

[11] Emitido a 9 Rabi-us-sani 1037 (19.XII.1627) e publicado por AKHTAR, M. Jawaid – «Shahjahan's Farmans to the Dutch». In *PIHC*, 48ª sessão. Goa: 1988, pp. 251-260 [257].

[12] «Rellação que hum homẽ que veo de Surratte», 21.XI.1631, in *Diário Linhares 2*, fls. 102-103, 100.

Linhares, porém, antecipara a retaliação mogol e preocupara-se em prevenir as fortalezas do Norte. E, após ter tomado conhecimento do gesto do governador de Surrate, não hesitou em apresar os bens e os comerciantes do Guzerate que então se encontravam em Goa, fixando-lhes uma fiança de 200 mil xerafins e avaliando em outro tanto os homens e as mercadorias oriundas da mesma província do império que então se encontrassem nas cidades portuguesas do Norte[13].

Os ingleses seguem com atenção o desenrolar dos acontecimentos. Logo a 13 de Abril, a presidência de Surrate da EIC comunica a Londres: «How the King will resent these affronts, one of the juncks being his owne wee daily expect. In all apperance a great breach is like to insue». E acrescenta que, encontrando-se o imperador mogol tão perto do Guzerate (a corte está em Burhanpur entre Março de 1630 e Março de 1632), para mais dispondo de um poderoso exército, é bem provável que decida tomar Diu e Damão. A companhia inglesa está atenta aos desenvolvimentos da situação, até porque nela vislumbra um oportuna repetição do que sucedera em Ormuz menos de uma década antes: desejavam os agentes da EIC que Shahjahan imitasse Shah 'Abbas I e, a troco de apoio marítimo, lhes concedesse um quinhão na previsível tomada das posições portuguesas da costa ocidental da Índia[14].

A carga das «duas naus mouriscas» começava, entretanto, a ser desembarcada em Goa, tarefa que preencheu uma parte do mês de Abril. O respectivo leilão prolongou-se por dois meses, entre 23 de Abril e 26 de Junho. As duas naus – Muhammadi e Ja'fari[15] – foram arrematadas pela fazenda real por 3.270 xerafins, valor que inclui os «seus petrechos de mareação» e as poucas peças de artilharia então apreendidas («8 falcois de ferros grandes e 2 peças de culher»). E foi também a fazenda real a comprar quatro dos cavalos que vinham a bordo – os que haviam ficado em Damão à guarda dos jesuítas, justamente para servirem de base à negociação –, assim como cobre, ferro e outros produtos estratégicos

---

[13] *Diário Linhares 1*, fls. 21v, 22v-23v.
[14] Presidência de Surrate à Companhia, 13.IV.1630, in *EFI, 1630-1633*, p. 37.
[15] Não encontramos menção a estas naus noutras fontes.

para a guerra que as naus transportavam. Certo de que um entendimento com os mogóis passaria igualmente pela entrega da tripulação capturada, o conde de Linhares tratou de a «reservar» para o Estado da Índia. Não mais de quarenta homens, entre «mouros» e «gentios», que as autoridades portuguesas descrevem com minúcia no inventário então preparado, fornecendo o nome e a religião de cada um, mas atentando também na idade, na estatura e nos seus traços distintivos: cor dos olhos, sinais e verrugas no rosto e no corpo.

Sucede, todavia, que as naus não transportavam carga particularmente valiosa e de nada adiantou vasculhar a Muhammadi em busca de ouro, prata e dinheiro. Menos de uma dezena de cavalos, duas mulheres, cerca de quatro dezenas de tapetes persas (quase metade eram «alcatifas de palanquim») e muitas sedas constituem as mercadorias de maior valia, cobiçadas por alguns dos mais influentes moradores portugueses de Goa, como é o caso dos cristãos-novos João Rodrigues de Lisboa ou Vicente Ribeiro. Para além destas, regista-se uma multitude de produtos menos valiosos, entre água rosada, vinho, passas, nozes e amêndoas, que cerca de três centenas de compradores – metade hindus, a outra metade repartida entre portugueses e a fazenda real – foram arrematando ao longo do demorado leilão.

Entrementes, o padre António Pereira viera a Goa, encarregado por Mir Musa de negociar a restituição das naus (incluindo artilharia e tripulação) e dos cavalos que vinham a bordo. O assunto vai a Conselho do Estado, que se pronuncia favoravelmente. Numa primeira fase, e uma vez libertada «toda a cafila e gente» que estava nas mãos do governador de Surrate, o Estado da Índia devolveria os cavalos que se encontravam em Damão, a nau imperial e o valor da respectiva artelharia. Numa outra etapa, negociar-se-ia o resgate da tripulação[16].

Mir Musa, governador de Surrate em 1630, é o interlocutor do Estado da Índia na resolução do conflito e, como tal, o seu nome enche a documentação portuguesa desse ano. Em boa verdade, Mir Musa faz a sua

---

[16] «Conselho sobre as naos, cavallos e artilheria que se tomarão aos mouros», in *ACE*, vol. I, pp. 275-276.

entrada nas fontes europeias antes de o vermos referido nas fontes mogóis. Os ingleses dão-no como *jagirdar* de Cambaia em 1623[17]. No final da década anterior, a crer em Jacques de Coutre, «Mir Mosa Moluco» teria vindo a Goa como embaixador de Jahangir. Na capital do Estado da Índia, adquiriu uma quantidade considerável de jóias e de pérolas aos irmãos Coutre e ao alemão Ferdinand Cron, mas abandonou a cidade sem pagar muitas dessas compras. Assim, Jacques de Coutre gasta quatro capítulos da sua *Vida* a relatar a «perseguição» que, passando pela corte de Bijapur, moveu a Mir Musa até Agra. Detalhe relevante, o flamengo afirma que Mir Musa é «criado» do príncipe Khurram e, a cada passo, mostra a estreita relação entre os dois homens. Coutre regressou a Goa sem conseguir reaver o seu dinheiro e, como é de ver, o retrato que dá de Mir Musa está longe de ser lisonjeiro[18].

A imagem que Mir Musa deixou entre os ingleses foi igualmente negativa. Em 1630 fazem-no «inclined more to the Portugall then to us, as wee gather by some passages betweene them». E acrescentam: «certaine wee are hee is more their friend then ours, yett firme to none, being a most falsehearted dissembling fellow as lives in India»[19]. Mas quase uma década depois, quiçá impressionada pela calorosa recepção dispensada pelos habitantes de Surrate a Mir Musa quando este recuperou o governo da cidade, a presidência inglesa não deixa de registar as boas relações com o seu interlocutor[20].

Mir Musa é mais um dos muitos persas que se vão incrustando, por estes anos, nos negócios e na política de muitas das sociedades da

---

[17] John Leachland ao presidente Rastell (em Surrate), Ahmadabad, 29.XI.1623, in *EFI, 1622-1623*, p. 329.

[18] *Andanzas asiáticas*, liv. III, caps. V-VIII, pp. 293-317.

[19] Presidência de Surrate à Companhia, 13.IV.1630, in *EFI, 1630-1633*, pp. 33, 36. Também a EIC teria razão de queixa de Mir Musa no que aos negócios respeita, responsabilizando-o em 1634 por uma pesada dívida de 31.000 *mahmudis*. Nesse mesmo ano, «Mezer Mulck» compra aos ingleses uma tapeçaria «with the story of Vulcan and Venus» por 1.600 *mahmudis*, mas haveria de a devolver por duas vezes, alegando que à peça faltam cores garridas, como o verde, o vermelho ou o amarelo (*EFI, 1634-1636*, resp. pp. 83 e 64).

[20] FOSTER, William – «President Fremlen's Journal, 1638-39». *JIH*. Vol. IV/1 (1926), pp. 307-316.

Ásia, sendo que a Índia mogol não constituiu excepção[21]. Ainda que ocupando posições de destaque ao tempo de Jahangir, o *mutasaddi* de Surrate parece ter procurado, sobretudo, tirar partido de uma relação indiscutivelmente próxima com Shahjahan. Em 1653, dando conta de um encontro entre os dois em Lahore, Joan Berckout e Joan Tack não deixam de registar no seu diário o optimismo e a confiança do persa, absolutamente convicto de que o imperador lhe concederia, uma vez mais, o governo de Surrate[22]. É de crer, na verdade, que a carreira de Mir Musa tenha conhecido progressos decisivos durante o reinado de Shahjahan. Sabemo-lo detentor de um *mansab* de 1.500/300 em 1628 – haveria de descer posteriormente para 1.000/100 – e as referências à sua pessoa nas fontes mogóis e inglesas prolongam-se justamente até à entrada em cena de Aurangzeb[23]. Três décadas de visibilidade, quase sempre ligado a cargos no Guzerate e, nomeadamente, controlando os mais importantes estabelecimentos marítimos da província[24].

Mir Musa parece estar, para Shahjahan, como Muqarrab Khan estivera para Jahangir, ainda que a sua má relação com Asaf Khan[25] lhe pudesse ter eventualmente prejudicado a carreira e, aqui e ali, minado a confiança do imperador. *Mansabdar* de relativa importância, Mir Musa tem navios

---

[21] Sobre este assunto, ver SUBRAHMANYAM, Sanjay – «Iranians abroad: Intra-Asian elite migration and early state formation». *JAS*. Vol. LI/2 (192), pp. 340-363; CALMARD, Jean – «Safavid Persia in Indo-Persian sources and in Timurid-Mughal Perception». In ALAM, Muzaffar *et al.* (eds.) – *The making of Indo-Persian culture. Indian and French Studies*. Nova Deli: Manohar, Centre de Sciences Humaines, 2000, pp. 351-391.

[22] Diário de Joan Berckhout e Joan Tack da viagem entre Agra e Deli, 26.XII.1652 a 31.III.1653, Entradas relativas aos dias 7 e 17 de Fevereiro de 1653; Algemeen Rikjksarchief – *Overgekomen Brieven en Papieren*, VOC 1201, fls. 759-775 [764]. De Mandu, em 1636, John Drake dava conta à presidência e conselho de Surrate de idêntico nervosismo de Mir Musa a propósito da recuperação do lugar de Surrate (7.IX.1636, in *EFI, 1634-1636*, p. 288).

[23] Ainda assim, William Fremlen regista em 1639 que os portugueses tinham rogado a Mir Musa que intercedesse junto de Aurangzeb – então governador do Decão – para que não procurasse tomar Damão (FOSTER – «President Fremlen's Journal», pp. 310-311).

[24] ALI, Athar – *Apparatus*, S274, 287, 359, 582, 847, 1064, 1106, 1134, 1487, 1701, 2242, 2310, 2664, 2777, 2856, 3501, 3708, 3812, 4023, 4316, 4344, 4347, 4362, 4521, 5202, 5473, 6925, 7713.

[25] É, pelo menos, o que os ingleses anunciam: «[...] the two are deadly enemies, and Asaph Ckaune [...] would then contrary whatsoever Meere Moza should prosecute»; John Drake à presidência e conselho de Surrate, Kirki, 4.VI.1636, in *EFI, 1634-1636*, pp. 262-263.

próprios para o comércio[26] e usufrui de ligações estreitas a mercadores do Guzerate tão proeminentes como Hari Vaisya. Com Virji Vora, Hari Vaisya era o mais rico dos comerciantes de Surrate do tempo, sendo classificado nos círculos da EIC como informador dos portugueses[27]. Sabemos que acompanhou Mir Musa na negociação do acordo de Balsar com o Estado da Índia em Novembro de 1630[28], e é bem provável que se trate do mesmo «Andregissá» que os textos portugueses dão como «feitor e procurador» do governador de Surrate em Goa[29]. Demais, Mir Musa parece ter querido favorecer o estabelecimento dos jesuítas em Cambaia, ideia que tinha já algumas décadas e que seguramente se traduziria por uma maior animação comercial do porto[30].

Como vimos noutro lugar, governo e comércio estavam longe de constituir antónimos nesta época e nesta região. Os que, entrementes, exerceram o cargo de *mutasaddi* de Surrate tinham um perfil de todo idêntico ao de Mir Musa[31]. Lembra falar de Mir 'Ali Akbar, governador daquele porto em 1646, mercador especialista em cavalos e em pedras preciosas e, tal como o seu antecessor, persa de origem. As fontes portuguesas permitem apurar que já exercera o cargo em 1634 e em 1640, ano em que negoceia com o vice-rei português a ida de uma nau sua de Surrate à China. Dispõe-se a solver direitos nas alfândegas portuguesas e a pagar, bem, a um piloto português que se encarregasse da longa viagem. Mais, Mir

---

[26] Notícia de um navio seu que parte para o Bengala, registada no diário do presidente Methwold, [Surrate], 13.VI.1636, *ibid.*, p. 255.

[27] «[...] Herevassee, a man of secret intelligence with the Portingalls» (Rastell aos comandantes em Swally, Surrate, 23.XI.1630, pub. in MALONI, Ruby – *European merchant capital and the Indian economy. Surat factory records 1630-1668*. Nova Deli: Manohar, 1992, doc. 34, p. 235).

[28] Para além do documento citado na nota anterior, ver Thomas Rastell a Mounteney (em Ahmadabad), Surrate, 8.XI.1630, *ibid.*, doc. 22, p. 196. Sobre este acordo, cf. *infra*, n. 49.

[29] AHU – *Cons. Ult.*, cod. 218, fl. 197v; *Diário Linhares 1*, fl. 42; *Diário Linhares 3*, p. 256.

[30] Diz um tal Manuel da Silva, que privou com Mir Musa, em finais de 1629: «este nababo que agora veo a Surrate he tãobem governador de Cambaya e Baroche athe Balçar elle disse diante de mym que elle escrevia ao Vizorrey que mandaçe padres para Cambaya a fazer ygreja que elle o sostentaria e queria que as suas terras fossem frequentadas» («Das cousas que soube delRey Mogor», Surrate, 27.X.1629», in *ACE*, vol. I, p. 284).

[31] Cf. REZAVI, Syed Nadeem Ali – «The Mutasaddis of Surat in the seventeenth century». In *PIHC*, 44ª sessão. Burdwan: 1984, pp. 214-221.

'Ali Akbar diz-se vassalo do rei de Portugal e sugere que se escolha um baneane para embarcar na qualidade de procurador da coroa portuguesa. Em Goa, tendo o «mouro Ali acabar» por «amigo do estado», o Conselho da Fazenda concorda com a proposta e, em boa verdade, aquilo que parece ser um simples processo de autorização administrativa de uma viagem marítima transforma-se numa promissora parceria comercial entre o Estado da Índia e um funcionário do império mogol[32].

Os portugueses percebem a sedução que o negócio marítimo exerce sobre a elite imperial e lidaram com Mir Musa levando em conta essa tradição persa (agora também mogol) de combinação de *imarat* e *tijarat*[33]. Para o conde de Linhares, o governador de Surrate é, até, «mais mercador que cavaleiro», pelo que não deixaria de procurar o favor do Estado da Índia[34]. De facto, a correspondência trocada entre o vice-rei português e Mir Musa durante este breve lapso de tempo, para lá de nos revelar outros detalhes acerca da crise que aqui nos ocupa, ajuda a melhor desenhar o perfil do *mutasaddi* de Surrate. Mir Musa escreve duas cartas ao vice-rei em Abril de 1630, o mais tardar nos primeiros dias de Maio, mas Linhares só registou uma delas no seu diário[35]. O persa – que aí louva Shahjahan por lhe ter confiado os portos de Cambaia, Surrate e Baroche – começa por notar que «avera vinte annos que sou amiguo e corro cõ muita amizade cõ os portuguezes», cronologia que, *grosso modo*, quadra com o testemunho de Coutre. Mir Musa dá então a sua versão dos acontecimentos, desde a captura das naus à prisão dos portugueses e não deixa de reproduzir a irada reacção de Shahjahan perante o acto do capitão português da armada do Norte. Sabe o *mutasaddi*

---

[32] «Assento tomado sobre hũa nao de Aly acabar hir a China e partir de Surrate», Goa, 22.II.1640, HAG – *Conselho da Fazenda*, liv. 5, fls. 85v-87, 89. Junta-se cópia da tradução portuguesa da carta de Mir 'Ali Akbar, «Cambaia», 15.I.1640, *ibid.*, fls. 87v-88v. Mais contactos entre os portugueses e 'Ali Akbar em 1647 (*ibid.*, liv. 6, fls. 243v-244).

[33] Cf. S. SUBRAHMANYAM – «Of *Imarat* and *Tijarat*: Asian merchants and state power in the Western Indian Ocean, 1400 to 1750». *Comparative Studies in Society and History*. Vol. 37/4 (Out. 1995), pp. 750-780.

[34] «Sobre as cousas de Surrate», Goa, 3.VIII.1630, in *ACE*, vol. I, pp. 283-286. O vice-rei dá cópia do assento no seu diário (*Diário Linhares 1*, fl. 78).

[35] *Diário Linhares 1*, fls. 41-41v.

«que os costumes dos portuguezes hé tomarem as naus que não tem cartás», mas, compreendendo que assim seja no mar alto, não aceita que o façam na barra de Surrate. Por consequência, e evocando a boa relação do vice-rei com um tal «Quessuadossy» (Keshava Doshi?) – com quem Mir Musa falara entretanto em Surrate a propósito das qualidades de Linhares –, o persa sugere que se encerre o conflito mediante a troca de pessoas e bens arrestados de um e de outro lado.

A carta de Mir Musa (ou, pelo menos, a sua tradução portuguesa) encontra-se eivada de expressões de afectividade – «amigo», «amizade», «amor», «coração» –, mas nem por isso Linhares deixou de a tomar por ofensiva. O vice-rei considerou o seu interlocutor «demaziadamente afouto» e a sua resposta, que sai de Goa já vertida para persa, é um tanto dura, «porque a estes mouros não se ade conssentir demazias, porque se sobirão asima da cabessa»[36]. Nessa missiva, o conde de Linhares faz eco da versão portuguesa da captura das «naus mouriscas» e diz-se disposto a negociar através da intervenção do padre António Pereira, ainda que se diga preparado para enfrentar, e vencer, a guerra que Shahjahan pretendia mover-lhe em Diu e em Damão.

A correspondência que, na mesma altura, o vice-rei troca com o embaixador mogol em Bijapur também merece menção. No primeiro dia de Junho de 1630, Linhares recebe uma carta de Shaikh Mu'inuddin, acusando-o de desfazer a amizade, antiga, «de tempo ymmemorauel», com os mogóis. Pede-lhe que devolva as naus e a sua tripulação, ameaçando com uma aliança com os outros europeus. A rematar, e como prova de boa vontade, Shaikh Mu'inuddin anuncia que, com a intervenção do próprio imperador, lograra libertar Fernão Lopes, um dos principais informadores de Linhares na corte de Bijapur[37]. Na resposta, o vice-rei português ridiculariza a aliança com ingleses e holandeses, acusa os governadores de Surrate de não cumprirem ordens imperiais, historia a concessão de cartazes aos mogóis e nota que, sendo o mar «delrrey meu senhor», é necessário que as naus mogóis vão à alfândega de Diu pagar direitos. Conclui pedindo-lhe que encaminhe os

---

[36] *Ibid.*, fls. 41v-42v.
[37] *Ibid.*, fls. 48v-49.

assuntos dos portugueses junto do imperador e de Asaf Khan[38]. Mas o embaixador mogol em Bijapur terá ficado «sentido» com a carta de Linhares e é sabido que se desentendeu na mesma ocasião com o representante do Estado da Índia na corte dos 'Adil Shahs, Baltazar de Azeredo[39].

Dois aspectos interessantes a sublinhar nestas cartas de Linhares a Mir Musa e a Shaikh Mu'inuddin. Por um lado, tal como fará ao longo de toda crise, o vice-rei remete para a letra do tratado assinado entre portugueses e mogóis em 1615, procurando forçar Shahjahan à observância dos compromissos então assumidos por Jahangir e enviando até ao imperador cópia das principais cláusulas desse acordo. Assim, Linhares sublinha a cada passo que quem rompeu a paz foram os mogóis, dado que continuavam a aceitar a presença de ingleses e holandeses nos portos do império. Curioso notar como a memória da crise de 1613-1615 sobreviveu nos circuitos políticos do Estado da Índia e como, uma quinzena de anos volvida, se recupera o acordo então alcançado para resolver nova crise. Não sabemos se a burocracia mogol preservou esse texto e também ignoramos o que terá pensado Shahjahan acerca da respectiva cópia que o vice-rei português lhe fez chegar via Bijapur em Agosto de 1630. Mas é bem provável que não lhe tenha dado qualquer atenção, tanto mais que, como vimos noutro lugar (*supra*, capítulo 7), é altamente incerto que o próprio Jahangir tenha alguma vez concordado com a única versão do texto – a portuguesa – que hoje conhecemos.

Por outro lado, e apesar de estarmos perante um claro exercício de retórica, não deixa de ser revelador o modo como Linhares enfrenta decididamente Shahjahan, parecendo até mais inclinado ao confronto do que à concertação de posições. Tal atitude poderá ficar a dever-se à avaliação que o vice-rei faz da situação política e militar do inimigo. Crê-se em Goa que a revolta de Khan-i Jahan Lodi e a guerra do Decão (*infra*, capítulo 10) absorvem de todo o imperador mogol, desviando-lhe homens e recursos de outros cenários e, em concreto, do Guzerate. É esse o sentido das informações que chegam às mãos do vice-rei através de uma pluralidade

---

[38] *Ibid.*, fls. 49v-50.
[39] *Ibid.*, fls. 59-59v.

de canais. Entre elas, avultam as notícias chegadas a Goa pela mão do padre António de Andrade que, no início de Agosto de 1630, «faz relação do que alcançara dos Mogores». Diz o provincial que, apesar do extraordinário poder militar do inimigo, conjugado com a aversão que Shahjahan nutre pelos portugueses («tem animo muito oposto as couzas dos Portuguezes»), a conjuntura que então se vivia era a melhor para enfrentar os mogóis: «havendo Sua Exª de fazer guerra ao Mogor nao ha tempo mais acomodado que este por estar muy implicado com o Decany, e ter os seus portos sem gente, e Surrate cheo de grandes riquezas, allem de quatro naos que de Meca se esperão, entrando nellas a do cartaz»[40]. Não surpreeende, portanto, o tom de Linhares perante Shahjahan e o modo como se prepara para a guerra: «estamos chegados a tempo que ja a dissimulassão da prudenssia poderia ser senão covardia», regista em carta enviada ao padre António de Andrade nos primeiros dias de Agosto. E mais adiante: «nenhum reçeo nem temor tenho da guerra que me pode fazer o Mogor»[41]. Não admira também que, no caso de «se desconssertar a paz» que então se negociava, o vice-rei pondere a hipótese de «tomar a todas as embarcações e naos dos vassalos do Mogor»[42].

Mir Musa voltara, entretanto, a escrever a Linhares por duas vezes. A primeira carta, que chegou às mãos do vice-rei já em português, é mais breve e data de 31 de Maio[43], logo que o *mutasaddi* soube pelo padre António de Andrade da devolução da nau do imperador. A segunda missiva é escrita em persa cerca de um mês depois[44]. Linhares responde-lhe através de uma única e longa carta, escrita a 5 de Julho[45]. A relação entre os dois distende-se um tanto, já que o *mutasaddi* se apressa a informar o vice-rei que acabara de libertar todos os portugueses, incluindo os mis-

---

[40] «Sobre as cousas de Surrate», Goa, 3.VIII.1630, in *ACE*, vol. I, pp. 285-286.
[41] *Diário Linhares 1*, fls. 79v-80.
[42] Carta a D. Francisco Coutinho de Ocem, Goa, 3.VIII.1630, *ibid.*, fl. 79.
[43] *Ibid.*, fls. 61v-62
[44] *Ibid.*, fls. 62-63.
[45] *Ibid.*, fls. 63-64. Uma cópia desta carta chegou às mãos dos holandeses, porquanto se guarda na documentação da VOC a respectiva tradução neerlandesa (Algemeen Rijksarchief – *Overgekomen Brieven en Papieren*, VOC 1099, fls. 324-325).

sionários e Manuel Velho. Evoca a amizade entre ambos e insta Linhares a «mandar neste Surrate, e em Cambaja e Barocha e em todos os mais portos como couza sua». Manuel Velho, a quem Mir Musa oferece um cavalo e por quem envia um anel de diamante ao vice-rei[46], é a figura--chave desta reaproximação. O *mutasaddi* trata com ele «de palavras» e pretende claramente ter sucesso na sua relação com os portugueses como forma de melhorar a sua relação com Shahjahan: «tanto que elrrey meu senhor souber que V. Ex.ª largou os mouros todos ficara muy contente, *e entendera que posso algûa couza cõ V. Ex.ª*».

A paz é negociada entre António de Andrade no início de Setembro em Damão[47]. Mir Musa compromete-se a restringir de imediato as actividades de holandeses e ingleses nos portos que tutela, mas a expulsão total e definitiva cabe a Shahjahan decidir, instando os portugueses, para esse efeito, a enviar um embaixador à corte imperial. Por outro lado, ficava assente que as naus mogóis que deixavam o Guzerate passavam a obter cartazes em Damão. Uma vez mais, só dispomos da versão portuguesa dos acontecimentos e não é seguro que tudo se tenha passado exactamente como Andrade descreve a Linhares. A tradução portuguesa de um *farman* de Shahjahan aos oficiais do império, e ao que parece emitido em meados de Julho de 1631, induz o vice-rei em erro[48]. Esse documento limita-se a garantir livre circulação, aos portugueses e às mercadorias que transportam, entre os portos imperiais e os seus estabelecimentos, ao mesmo tempo que assegura que os *firangis* renunciam a impedir as

---

[46] O anel haveria de ser avaliado e vendido em Goa por 66 xerafins (AHU – *Cons. Ult.*, cod. 218, fl. 122). Na mesma ocasião, Mir Musa enviou vários têxteis de presente a Linhares, entre os quais se contava uma «alcatifa de seda de palanquim» (*ibid.*, fl. 121v). Linhares corresponder-se-ia com o *mutasaddi* de Surrate até final do seu consulado, dele recebendo presentes tão significativos como uma «tenda de campo» (*Diário Linhares 3*, pp. 254-256).

[47] «Copia do assento que o Pe. Antonio d'Andrade Provincial da Companhia fez cõ Mirmuza capitão de Surrate, Cambaya e Baroche», Damão, 13.IX.1630, HAG – *MR*, liv. 14, fl. 361, pub. in *ACE*, vol. I, pp. 285-287. Linhares inclui este texto no seu diário (*Diário Linhares 1*, fls. 94-94v).

[48] «Copia do formão do mogor e confirmação das pazes», 17.VII.1631, in *Diário Linhares 2*, fl. 91v. A datação do documento é duvidosa. O seu original deveria estar datado de acordo com o calendário persa e a versão portuguesa regista que foi «feito aos vinte e sinco do mez bahamany» (Bahman, que começa a 10 de Janeiro), equivalendo ao mês Azar (que se inicia a 12 de Outubro). Para além de serem meses distintos, nenhum deles coincide com o mês de Julho do calendário gregoriano.

viagens marítimas dos mogóis. Linhares entende que o *farman* não é exactamente o documento que esperava, dado que não se trata de uma carta a ele endossada, mas antes de uma ordem dirigida aos funcionários do império («posto que elle no formão fala com os seus capitaens de suas fortalezas e terras»). Admite, não obstante, que «esta matteria fica bem concertada». Análise precipitada a do vice-rei: é que o presente *farman* de Shahjahan não tem uma palavra acerca de eventuais proibições à presença de holandeses e ingleses no império, assunto que dominara as discussões entre António de Andrade e Mir Musa e que tem basto destaque no acordo que o Estado da Índia diz ter assinado.

Como numa crise sísmica, o episódio das «duas naus mouriscas» conheceu réplicas. Poucos dias depois da assinatura do tratado, a 19 de Setembro, o mesmo Francisco Coutinho de Ocem toma indevidamente, e de novo em Surrate, uma nau que vinha de Judá. Gesto irreflectido, que o vice-rei se apressa a corrigir por forma a evitar uma crise desnecessária nas relações com Shahjahan. O assunto resolveu-se através de novo acordo, negociado em Novembro pelo vedor da fazenda do Estado da Índia e pelo jesuíta António de Andrade com Mir Musa[49].

Em simultâneo, o conde de Linhares procura cultivar as suas relações com o todo-poderoso Asaf Khan. Não terá pesado em exclusivo a crise do Guzerate, mas também, certamente, o panorama do Decão e o seu previsível impacto no Estado da Índia. Uma carta para o «grande valido do Rei Mogor» é escrita de Goa a 24 de Dezembro de 1630 e terá chegado às mãos do destinatário por intermédio do embaixador mogol em Bijapur. Nela, o vice-rei procura responder a uma sugestão de Mir Musa, no sentido de Goa enviar um embaixador à corte mogol. O problema já se havia colocado ao tempo de Jahangir e agora, como nessa altura, os portugueses não logram encontrar uma solução satisfatória. É que, neste particular, os vice-reis haviam vivido quase sempre da mediação dos

---

[49] «Assento feito com o capitam de Surrate», Balsar, 28.XI.1630, pub. in *ACE*, vol. I, pp. 292-294 e por BIKER – *Tratados*, vol. I, p. 237; «Conselho que o Senhor Conde VisoRey fez em quatro de Outubro sobre as novas que teve por cartas do Pe. Provincial Antonio de Andrade e Dom Francisco Coutinho de haver tomado hûa nao de Mequa», in *ACE*, vol. I, pp. 291 ss; *Diário Linhares 1*, fls. 103, 105, 113v, 125-125v.

missionários jesuítas. Assim, e para ganhar tempo perante o seu interlocutor, Linhares afirma não ter ainda enviado um emissário a Shahjahan porque, «como elle hera tam grande Senhor, esperava que el rey meu senhor lho mandasse de Espanha»[50]. Saída hábil, mas de circunstância, para um problema que urgia enfrentar. É que, na mesma altura, os ingleses procuravam reeditar o sucesso de Thomas Roe e faziam entrar Lord Denbigh na corte imperial[51].

Como quer que fosse, as fontes portuguesas revelam um significativo movimento de emissários, missivas e presentes entre Goa e a corte mogol durante, *grosso modo*, o período em que Shahjahan residiu em Burhanpur. Em Fevereiro de 1631, por exemplo, Linhares anunciava a Filipe IV: «para que se confirme por ElRey Mogor o conçerto que fiz cõ o capitam de Surrate determino mãdar a corte do dito Mogor hũ enviado practico, e inteligente e que leve algũas peças de prezente porque sem elles nê admitê, nê fazê negoçio os Reis da India»[52]. Os principais «alvos» desse vaivém são o embaixador mogol em Bijapur e, claro está, Asaf Khan.

Hughli, 1632: A «perdição do Bandel»

O segundo conflito entre Shahjahan e o Estado da Índia nas fronteiras marítimas do império mogol ocorre em 1632 e tem Hughli por cenário. No âmbito da navegação e comércio do delta do Ganges e do golfo do Bengala, este porto ter-se-á afirmado à roda de 1580, em detrimento do vizinho estabelecimento de Satigão. A ascensão do novo pólo comercial, coincidindo com a conquista mogol do Bengala, não tardaria a atrair os portugueses, que lhe atribuem o mesmo nome que davam ao seu antecessor: «porto pequeno de Bengala». Presença frágil, por vezes quase imperceptível, mas que lograria prolongar-se por mais de dois séculos

---

[50] Resumo da carta em *Diário Linhares 1*, fl. 128v.

[51] *EFI, 1630-1633*, pp. 181, 216, 218. Trata-se de William Feilding, 1º conde de Denbigh (*ca.* 1582-1643), que Sir Anthony Van Dyck pintou *ca.* 1633-1634 em traje «indiano» junto com um jovem criado nativo (quadro na National Gallery, Londres).

[52] Goa, 1.II.1631, in *ACE*, vol. I, p. 535.

e haveria de suscitar até, como no final deste capítulo se verá, quimeras de colonização na transição do século XVIII para o seguinte.

Meio século após o seu nascimento, e de acordo com diversas fontes da época, Hughli era um porto muitíssimo pujante, seguramente o mais importante de todos os «bandéis»[53] portugueses do Bengala. E é nessa altura, tendo portugueses e mogóis por actores principais, que o estabelecimento haveria de conhecer um marco fundamental da sua história. Falamos, está bem de ver, do ataque ao porto ordenado pelo imperador Shahjahan em 1632[54]. O cerco ao bandel, que se prolongou por três meses (de finais de Junho a finais de Setembro) e que terminou com a morte, cativeiro ou fuga da população portuguesa e cristã do estabelecimento, é relatado tanto nos documentos portugueses como nas fontes persas[55].

Na verdade, e ao contrário do que sucedera relativamente ao episódio de Surrate dois anos antes, os textos mogóis deram basto relevo à conquista de Hughli. Para lá do que 'Inayat Khan escreveu no *Shah Jahan Nama* e do que, já no século XVIII, Khafi Khan registou no *Muntakhab-al Lubab*, há sobretudo que dar relevo ao *Padshahnama* de Lahori[56]. Segundo estas crónicas, o que estava em jogo era o crescimento desmesurado, roçando

---

[53] Do persa *bandar*, porto. O termo entrou no português da época enquanto sinónimo de porto e, em simultâneo, de colónia portuguesa num determinado estabelecimento da Ásia marítima.

[54] Sobre a política de Shahjahan para o Bengala, ver KARIM, Khondkar Mahbubul – *The Provinces of Bihar and Bengal under Shahjahan*. Dacca: Asiatic Society of Bangladesh, 1974.

[55] Estudo comparado desses testemunhos por SUBRAHMANYAM, Sanjay – «Through the Looking Glass: some comments on Asian views of the Portuguese in Asia, 1500-1700». In MATOS, A. Teodoro de, THOMAZ, L. F. (eds.) – *As relações entre a Índia portuguesa, a Ásia do Sueste e o Extremo Oriente. Actas do VI Seminário Internacional de História Indo-Portuguesa*. Macau; Lisboa: s.n., 1993, esp. pp. 396-401.

[56] As crónicas de Khafi Khan e Lahori foram publicadas em persa, mas não conhecem traduções inglesas integrais. Já a obra de 'Inayat Khan foi objecto de uma versão inglesa por A. R. Fuller, completada e editada por BEGLEY, W. E., DESAI, Z. A., *The Shah Jahan Nama of 'Inayat Khan. An abridged history of the Mughal Emperor Shah Jahan, compiled by his Royal Librarian*. Nova Deli: OUP, 1990, pp. XV-XXIX (panorama global das crónicas relativas ao reinado de Shahjahan traçado pelos editores), e pp. 84-87 (captura de Hughli vista por 'Inayat Khan). A estas fontes, conviria juntar o *Chahar Chaman*, de Chandar Bhan, cujo manuscrito se mantém inédito na BL (cf. SHARMA, Sri Ram – *A bibliography of Mughal India (1526-1707 A.D.)*. Reed. Filadélfia: Porcupine Press, 1977, p. 92). O *Padshah Buranji* não faz referência ao cerco de Hughli, ainda que mencione a captura de alguns *firangis* no Bengala oriental (distrito de Sylhet) ao tempo do governador 'Azam Khan (1632-1635) e entretanto trazidos para Dhaka, onde existia o «bazar dos *firangis*» (*Annals of the Delhi Badshahate*, ed. S. K. Bhuyan, p. 122).

a irreversibilidade, de uma colónia de *firangi*s nas fertéis terras do delta do Ganges. Esse corpo estranho, que se alimentava do tráfico de escravos e insistia em «infectar» a população local com o cristianismo, havia ditado a ruína do porto de Satigão e, logo, a secundarização do império no que se refere ao rico comércio do golfo do Bengala. O argumentário é assaz curioso, porquanto se aproxima em muito do discurso de vários funcionários chineses acerca de Macau e do estabelecimento português[57]. Num caso e noutro, falamos de bandéis de «bárbaros» que, aos olhos dos seus gigantescos vizinhos, crescem fora de controlo, «contaminando» a região.

Sobre os motivos que levam o imperador mogol a arrasar o estabelecimento português de Hughli não podemos senão especular, ainda que qualquer análise rigorosa neste domínio deva forçosamente considerar o pendor mercantil da estratégia de Shahjahan, seguramente preocupado com o desaparecimento de Satigão e com a diminuição de receitas no Bengala. Também não é improvável que, analisando acontecimentos como os de Surrate dois anos antes, o imperador quisesse proceder a uma espécie de depuração dos limites marítimos do seu estado. Na verdade, essas províncias, que frequentemente serviam de berço a desafios internos à autoridade imperial, tornavam-se ainda mais perigosas dada a afluência crescente de *firangi*s. Interessante, a este propósito, o que escreve Joan Tack em 1648: as autoridades de Ahmadabad haviam informado o imperador

---

[57] Nos anos de 1520, três décadas antes da fundação de Macau, os *Folangji* são, aos olhos dos chineses, bandidos sem escrúpulos, raptores de mulheres e crianças, canibais cuja natureza humana é mesmo posta em causa (FOK, Kai Cheong – «Early Ming images of the Portuguese». In PTAK, Roderich (ed.) – *Portuguese Asia. Aspects in history and economic history (sixteenth and seventeenth centuries)*. Estugarda: Franz Steiner Verlag, 1987, pp. 143-155 [144-149]). Já nos primeiros tempos da Macau portuguesa, há funcionários chineses «conservadores» preparados para mandar deitar fogo à cidade (FOK – «The Ming debate on how to accommodate the Portuguese and the emergence of the Macao formula. The Portuguese settlement and early Chinese reactions». *Revista de Cultura*. n.s., nº 13/14 (Jan.-Jun. 1991), pp. 328-344). Os argumentos engrossam e repetem-se século XIX adentro. Em 1809, Bai Ling, vice-rei dos dois Guangs, ainda escreve o seguinte: «Acontece que Macau não possui muito terreno, vivendo os bárbaros e os chineses misturados. Caso não se estabeleçam algumas restrições, a situação agravar-se-á. É preciso elaborar um inventário das casas bárbaras existentes, especificando o número das unidades e das famílias. As casas novas, uma vez declaradas, não estão sujeitas a demolição, mas é rigorosamente proibido qualquer acrescentamento, nem que seja uma ripa» (Memorial ao Trono, pub por SALDANHA, António Vasconcelos de, PING, Jin Guo – *Para a vista do Imperador. Memoriais da dinastia Qing sobre o estabelecimento dos Portugueses em Macau (1808-1887)*. Macau: IPOR, 2000, p. 44).

que a província se transformara num antro de piratas e de ladrões e Shahjahan, reconhecendo que o Guzerate estava «podre e corrompido», promete devolver-lhe a sua antiga prosperidade[58]. Talvez o imperador considerasse também que o Bengala estava podre e corrompido em 1632, o que se aproxima, aliás, da tese dos cronistas mogóis. E, uma vez mais, lembra retomar o paralelo com o caso chinês. A difícil situação da China marítima nos primeiros anos de Kangxi (r. 1662-1722) – fustigada pela revolta dos Três Feudatários e pela acção de Zheng Chenggong («Coxinga») – levou à adopção de políticas extremas, como a da evacuação do litoral. Macau não esteve longe de conhecer sorte idêntica à de Hughli[59].

Na perspectiva dos derrotados, os motivos mais glosados para o ataque a Hughli são aqueles que se afiguram mais frágeis, senão inverosímeis. De acordo com a generalidade dos testemunhos portugueses, Shahjahan nunca teria perdoado aos *firangi*s do Bengala o terem-no atraiçoado quando se rebelou contra seu pai em 1623. Por outro lado, é usual relacionar-se o ataque de 1632 com a política religiosa do novo imperador, assunto a que voltaremos adiante. Por ora, basta notar que a generalizada convicção de que – ao contrário de seu pai e de seu avô – Shahjahan não é «amigo» dos cristãos, seria suficiente para justificar a destruição de Hughli. Ainda assim, Goa não deixa de reconhecer que a usual rebeldia dos portugueses do Bengala justifica em parte a atitude do imperador mogol. Não raro, como veremos, o cerco e o respectivo desfecho aparecem como um justo castigo para gente sem lei, tanto mais que o exército imperial contou com a colaboração de um morador português chamado Martim Afonso de Melo.

Como temos vindo a acentuar, a presença portuguesa no Bengala após a transformação do sultanato em província mogol suscitou ciclicamente momentos de grande tensão, tendo a ruptura com as autoridades locais estado iminente por mais de uma vez. A tendência perdurou e é de crer até que, logo no dealbar do reinado de Shahjahan, o ambiente se tivesse

---

[58] Diário de Joan Tack (1 Jun. a 1 Ago. 1648), Algemeen Rijksarchief – *Overgekomen Briefen en Papieren*, VOC 1168, fls. 628v-629.

[59] Síntese desta conjuntura em FLORES, Jorge, «Macau: os eventos políticos 1», in MARQUES, A. H. de Oliveira (ed.) – *História dos Portugueses no Extremo Oriente*. Lisboa: FO, 2001, vol. II, pp. 71 ss.

deteriorado. É particularmente significativa – e enigmática, na medida em que nada mais sabemos sobre o assunto – a frase incluída num relatório de 1629 enviado de Surrate ao conde de Linhares. De acordo com o seu autor, Manuel da Silva, Shahjahan «mãdara aos portuguezes de Bengala que não trouxesem armas e os portuguezes lhe romcarão mas não pasou daquy e não ha tal que os mandara matar»[60]. Os acontecimentos de Hughli no ano de 1632 têm, como se vê, precedentes imediatos e não despiciendos.

Independentemente das razões, Shahjahan tirou claro partido da sua vitória em Hughli, tanto no que diz respeito à sua política externa como no que se refere à definição da sua imagem imperial. Não é por acaso que o imperador dá conta ao soberano safávida, numa carta escrita em Abril de 1633, da tomada de Hughli aos *firangi*s, colocando o acontecimento lado a lado com a supressão de outras ameaças sérias à sua autoridade, fosse a revolta de Khan-i Jahan Lodi ou os sucessos obtidos contra os sultanatos do Decão[61]. No plano interno, a inclusão do episódio nas principais crónicas do seu reinado não deixa dúvidas quanto à importância que o imperador lhe atribui. Mais, o acontecimento foi considerado relevante o suficiente para ser representado pelos artistas imperiais que ilustraram o *Padshahnama* que se guarda hoje na *Royal Library*, Windsor Castle.

Das 44 magníficas ilustrações aí incluídas, duas dizem respeito à derrota dos portugueses em 1632: o fl. 117a, pintado *ca.* 1634, representa o ataque mogol a Hughli, enquanto que o fl. 116b, executado *ca.* 1650, mostra a recepção dos cativos portugueses em Agra por Shahjahan. Duas miniaturas cujo rico programa iconológico foi estudado em detalhe por Milo Beach e Ebba Koch, merecendo que as encaremos como mais do que simples adornos de um livro de aparato[62].

A miniatura que ilustra a captura do porto de Hughli – colocada fora de sequência, porquanto é antecedida pela que representa a recepção

---

[60] Manuel da Silva, «Das cousas que soube delRey mogor», Surrate, 27.X.1629, in *ACE*, vol. I, p. 284.

[61] Shahjahan a Shah Safi, Agra, 25.IV.1633 (25 Shawwal 1042), in ISLAM – *Calendar*, vol. I, Sh. 114, pp. 249-250.

[62] *Padshahnama/Windsor*, nºs 19 e 20. pp. 56-59 e 179-180. Seguimos de perto a leitura proposta por estes dois autores.

imperial dos prisioneiros em Agra – parece inspirar-se em fontes iconográficas europeias. Os navios e a paisagem denunciam essa matriz. As ruas e o porto de Hughli estão pejados de portugueses que, cercados por mar e por terra, procuram fugir e defender-se a um tempo. Os traços distintivos mais fortes dos estrangeiros são a fisionomia, o traje e, em particular, os chapéus, dois deles colocados a boiar placidamente no rio. A representação da explosão de um dos edifícios quadra com uma passagem do *Padshahnama* e a proeminência dada a uma igreja de duas torres corresponde também à descrição dos cronistas mogóis, se é que não pretende igualmente transmitir e reforçar, pela imagem, o invólucro religioso do ataque. Representando a fuga dos forasteiros, o anónimo pintor desta miniatura mostra os portugueses a carregarem os seus navios com várias caixas. Aquela a que conferiu maior relevo – uma caixa de laca que parece ser *namban*[63], embora se tenha recentemente admitido que possa constituir um exemplo de produção do Bengala[64] – funciona enquanto elemento de ligação entre esta miniatura e a anterior. Na verdade, um dos presentes que os cativos de Hughli apresentam a Shahjahan é uma caixa de características similares.

Mas a miniatura que ilustra a recepção dos portugueses em Agra encerra outros motivos de interesse. O imperador recebe-os durante o *darbar* no

---

[63] É essa a opinião de Oliver Impey, veiculada por Milo Beach (*Padshanama/Windsor*, p. 179). Especial ligação dos mercados do Extremo Oriente, via Macau, ao comércio do Bengala neste época (fazendo uso de documentação da misericórdia de Macau, ver FLORES, Jorge – «Macau: No fio da navalha». In MARQUES, A. H. de Oliveira (ed.) – *História dos Portugueses no Extremo Oriente*, vol. I, t. II (*De Macau à periferia*), Lisboa: FO, 2000, p. 216). Depois do fim do comércio português do Japão em 1639-1640, são sobretudo os holandeses que trazem caixas e outras peças de laca japonesas à corte de Shahjahan (Algemeen Rijksarchief – *Overgekomen Briefen en Papieren*, VOC 1201, fl. 760v; VOC 1210, fl. 1050). De outro modo, são os holandeses quem, através das *fusetsugaki* – «notícias do mundo», que os agentes da VOC estavam obrigados a dar à chegada a Nagasaki depois de 1641 – quem dá novidades sobre a Índia mogol aos Tokugawa. É por esta via que, em 1681, os japoneses ficam a saber da revolta do príncipe Akbar contra Aurangzeb, ou, anos mais tarde, da luta pela sucessão imperial de 1707 (KONDO, Osamu – «Japan and the Indian Ocean at the time of the Mughal Empire, with special reference to Gujarat». In CHANDRA, Satish (ed.) – *The Indian Ocean. Explorations in History, commerce & politics*. Nova Deli: Sage Publications, 1987, pp. 174-190 [189]).

[64] Cf. CARVALHO, Pedro Moura – «Um conjunto de lacas quinhentistas para o mercado português e a sua atribuição à região de Bengala e costa de Coromandel». In CARVALHO, P. Moura (ed.) – *O mundo da Laca. 2000 anos de história* (catálogo da exposição, MCG). Lisboa: FCG, 2001, pp. 127-141 [134].

Diwan-i 'Amm e é de notar que os estrangeiros, malgrado o exotismo das roupas que envergam e das ofertas que carregam, estão longe de ocupar um lugar central na cena. Foi-lhes reservado o canto inferior esquerdo, afastados de Shahjahan e fora da zona de maior prestígio da praça. Mais, são mesmo vigiados por homens que empunham ameaçadoras maças, figuras e posturas que normalmente não vemos em cenas de *darbar*. Numa palavra, os *firangis* são mesmo prisioneiros, ainda que não os vejamos maltrapilhos ou fisicamente desgastados pela longa caminhada entre Hughli e Agra. Como bem notou Ebba Koch, na representação do *darbar* imperial não há lugar para a miséria e para a decadência[65].

Do lado português, a «perda do Golim» teve uma enorme repercussão. Antes do mais, deixou sequelas económicas de monta. O Bengala era habitual fornecedor de salitre ao Estado da Índia, negócio que se desenvolvia em estreita articulação com o comércio de Ceilão. De outro modo, os estabelecimentos marítimos do Bengala eram indispensáveis ao abastecimento de Malaca, tanto mais que esta cidade vinha sendo crescentemente ameaçada pelo sultanato do Achém. Assim, a crer num documento de 1636, «nos dous portos de Orixa e Uguly que os mouros mogores nos tomarão e destruirão em bengala orçaçe a perda em hum milhão e oitocentos mil xerafins que nos tomarão em dinheiro e mercadorias e matarão trezentos portuguezes e tomarão seis galiotas e outras embarquaçoens pequenas». É, de longe, o maior revés económico do governo de Linhares, dado que as três perdas mais onerosas depois da de Hughli só se lhe equiparam uma vez somadas. E mesmo a derrota de Constantino de Sá de Noronha em Ceilão, no ano de 1630 (derrota pesada no plano político, militar, psicológico e humano), não terá custado mais do que 220 mil xerafins[66].

---

[65] *Padshahnama/Windsor*, p. 179. Akbar ficara furioso em 1573 com Husain Qulij Khan por este ter trazido à corte os prisioneiros do Guzerate como verdadeiros mendigos, vestidos apenas com peles de animais (OKADA – *Indian miniatures*, p. 86).

[66] Padre frei Diogo de Santa Ana, «Resenha das perdas que teue o estado da India Oriental, em tempo em que foi Vizorrey delle Dom Miguel de Noronha conde de Linhares [...]», Goa, 12.III.1636, ANTT – *Manuscritos da Livraria*, 816, fls. 257-263v, incluído em BLANCO, Maria Manuel Sobral – *O Estado Português da Índia. Da rendição de Ormuz à perda de Cochim (1622-1663)*. Lisboa: Universidade de Lisboa, 1992. Dissertação de Doutoramento, vol. II, doc. LXXX, p. 328.

Politicamente, o gesto de Shahjahan teve também grande impacto no Estado da Índia e o que se escreve, diz e planeia na sua sequência do ataque mostra-o à saciedade. Todavia, e apesar do assunto ocupar um lugar considerável na correspondência entre Goa e Lisboa nos anos seguintes, o facto é que a queda de Hughli não mereceu a atenção da escrita do Estado, excepção feita a uma breve observação de Faria e Sousa[67] e a um comentário de António Bocarro no seu *Livro das Plantas* (1635)[68]. O «sucesso do Golim» viu-se arredado da tipografia e andou muito longe de alcançar eco semelhante ao da expulsão de mercadores e missionários do Japão uma década depois ou, um decénio antes, da queda de Ormuz. Também não chegaram até nós cartas dos próprios prisioneiros de Hughli, género de testemunho extraordinariamente rico, como bem o demonstram, para o caso da China um século antes, as célebres cartas dos cativos de Cantão[69].

Ao invés, a Igreja tirou manifestamente partido do acontecimento. No que se refere aos jesuítas, o assunto foi tratado através dos canais internos da Companhia mas, que saibamos, não chegou a letra de forma. O único testemunho directo da queda de Hughli por um jesuíta é, também, a principal fonte ocidental para o estudo do sucedido. Falamos da «Segunda parte desta relação em que se trata da perdição do Bandel de Ogoly», do padre João Cabral[70]. Nos anos imediatos, multiplicam-se, na correspondência jesuíta, episódios e pequenas histórias acerca do acontecimento e das suas consequências humanas e espirituais: a longa caminhada entre o Bengala e a capital imperial, o duro cativeiro em Agra, as pressões de Shahjahan para que os cristãos se tornem muçulmanos,

---

[67] *Ásia Portuguesa*, publicada em três tomos entre 1666 e 1675. Seguimos a edição do Porto, 1945-1947, em 6 volumes; VI, p. 433 (t. III, pt. IV, cap. XIV).

[68] *Livro das Plantas de todas as Fortalezas, Cidades e Povoações do Estado da Índia Oriental*, ed. Isabel Cid, 3 vols. Lisboa: INCM, 1992, vol. II, p. 80.

[69] Falamos das cartas de Cristóvão Vieira e Vasco Calvo, ao que parece escritas nos anos de 1530. Objecto de várias edições, estes dois textos foram estudados no detalhe por LOUREIRO, Rui – *Fidalgos, missionários e mandarins. Portugal e a China no século XVI*. Lisboa: FO, 2000, pp. 337 ss.

[70] Ceilão, 12.XI.1633; ARSI – *Goa*, vol. 49, fls. 48-57. Publicado em tradução inglesa (com erros de leitura) por E. Huard e H. Hosten enquanto apêndice ao *Itinerário* de Manrique (*Travels of Fray Sebastien Manrique, 1629-1643*. Londres: The Hakluyt Society, 1927, vol. II, pp. 391-424).

a divisão das famílias e a venda de cativos à nobreza mogol, a entrada das mulheres cristãs nos seus haréns e no do próprio imperador.

Os missionários agostinhos, cuja missão no Bengala havia sido fundada nos finais do século XVI e que contavam com membros da congregação entre os mortos e os cativos, são os principais responsáveis pela fixação da memória do evento. Para além, do *Itinerário* de Sebastião Manrique[71], há que registar o *Livro segundo da origem, extenção, e propagaçam da Religião dos Eremitas de N. P. S. Aug°, pellas terras destas partes orientaes* (1669)[72]. E, claro está, as acções desses padres agostinhos não poderiam deixar de figurar nas crónicas posteriores da ordem, como sejam as *Memórias da Congregação Agostiniana da Índia Oriental*, ou o *Manual Eremítico da Congregação da Índia Oriental*, de frei Manuel da Ave Maria[73].

Na perspectiva da construção do discurso ideológico e da manipulação da memória, os textos dos agostinhos sobre o «calvário» que os sobreviventes, e em particular os missionários da Congregação, cumpriram após a destruição do estabelecimento português são deveras interessantes. Os heróis são frei Gregório dos Anjos, morto às frechadas ainda em Hughli, e frei João da Cruz, milagrosamente salvo por «uma mulher jamais vista», que o curou de uma funda catanada nas costas. Uma vez recuperado, Cruz caminhou ao lado dos restantes sobreviventes até Agra, facto que um breve mas informado estudo de Hosten põe em causa[74]. Heróis são também frei António de Cristo e frei Francisco da Encarnação que, acompanhando os prisioneiros na viagem para a capital imperial, enfrentaram Shahjahan e impediram casos de apostasia. Novo milagre quando o imperador, decidido a supliciá-los através do esmagamento por elefantes, vê os animais recuarem e, ao invés de despedaçarem os missionários, adoram-nos com reverência.

---

[71] Publicado em Roma (1649 e 1653) em língua castelhana, ed. Luís da Silveira (a partir da ed. 1653), 2 vols., Lisboa: AGC, 1946, vol. II, caps. LXXVIII-LXXXI, pp. 337 ss (tradução inglesa por LUARD E HOSTEN, *op. cit.*).

[72] ANTT – *Manuscritos da Livraria*, n° 1699, sobretudo caps. 13-15, fls. 38v-49v.

[73] Publicados por REGO – *Documentação*, resp. vol. XII, pp. 3 ss, vol. XI, pp. 95 ss.

[74] Cf. HOSTEN, H. – «Frey João da Cruz, O.S.A. (+ 1638)». *JPASB*. Vol. VII/3 (Mar. 1911), pp. 53-56.

Em Goa, frei Manuel da Cruz registava entretanto os «Portentos pronosticos milagrosos e divinos obrados e vistos na cidade de Goa» entre 1619 e 1654, a fim de os enviar a D. João IV. Entre sinais divinos e profecias sobre o fim do império asiático português, o dominicano alinhava a queda de Hughli justamente entre a perda de Malaca e a expulsão do Japão[75].

As histórias multiplicam-se, portanto. O martírio é um fracasso, mas um fracasso que se transforma em triunfo. Afinal, o martírio representa a perfeição cristã. Os missionários repetem o martírio de Cristo e os espinhos que agostinhos e jesuítas encontram na missão do «Grão Mogol» são os espinhos dos alvores do cristianismo perante o império romano[76]. Os trabalhos dos missionários são, afinal, os de todos os cristãos em território muçulmano. Nos *Trabalhos de Jesus*, de frei Tomé de Jesus, os padecimentos dos cativos do Norte de África são, a cada passo, comparados aos de Cristo[77]. À semelhança de Cristo, o mártir é um exemplo. E o exemplo do mártir reforça a fé e permite superar os escolhos. Os milagres ocorridos após a queda de Hughli também se entendem no mesmo contexto. Como bem viu Ines Zupanov a propósito da missão jesuíta do Madurai, os milagres constituem casos de edificação e são sinónimo de espectáculo. E, também aqui, os vencidos são transformados em vencedores[78].

---

[75] BPE – CXV/2-8, 7ª peça, cap. 2, ponto 2º. Sobre a problemática da profecia na Ásia portuguesa, ver BIEDERMANN, Zoltán – «Um outro Vieira? Pedro de Basto, Fernão de Queiroz e a profecia jesuítica na Índia portuguesa». In SABATINI, Gaetano, CARDIM, Pedro (eds.) – *António Vieira, Roma e o Universalismo das Monarquias Portuguesa e Espanhola*. Lisboa: CHAM, 2011, pp. 145-173.

[76] Cf. CAMERON, Averil – *Christianity and the Rethoric of Empire. The development of Christian discourse*. Berkeley: The University of California Press, 1994, esp. pp. 50-51. Para o período moderno, ver GREGORY, Brad Stephen – *Salvation at stake. Christian martyrdom in early modern Europe*. Cambridge (MA): Harvard University Press, 2001.

[77] Em especial, a «Carta dirigida à Nação Portugueza», escrita a 8 de Novembro de 1581. O agostinho frei Tomé de Jesus acompanhou D. Sebastião a Marrocos em 1578 e, como tantos outros, aí ficou cativo (*Trabalhos de Jesus*, 4ª ed. Lisboa: Regia Officina Typographica, 1781, 2 vols.). Sobre a questão do cativeiro no contexto dos impérios ibéricos, ver VOIGT, Lisa – *Writing captivity in the early modern Atlantic. Circulations of knowledge and authority in the Iberian and English Imperial Worlds*. Chapel Hill (NC): University of North Carolina Press, 2009, esp. cap. 1.

[78] ZUPANOV – *Disputed mission*, pp. 170-171, *passim*. Bom tratamento da questão do martírio jesuítico através da análise do martírio de Cuncolim por XAVIER, Ângela Barreto – *A invenção de Goa. Poder imperial e conversões culturais nos séculos XVI e XVII*. Lisboa: Imprensa de Ciências Sociais, 2008, cap. 6, pp. 333-379.

Perante este quadro, é natural que o ataque mogol a Hughli fosse determinante no que à representação portuguesa de Shahjahan diz respeito. Imagem muito negativa, como é de ver, tanto mais que o ponto de partida não era bom. Vimos atrás como as opiniões severas acerca do príncipe Khurram eram já correntes, entre missionários e políticos, nos anos de 1610. Em Thatta, na outra extremidade marítima do império, ainda o ataque a Hughli não tinha ocorrido e já um carmelita afirmava: «As novas deste reyno são termos hû Rey muito enimigo dos Christãos»[79]. E na sequência do ataque a Hughli, como veremos, Francesco Corsi chama amiúde «cão mouro» ao imperador mogol.

Tal retrato, porém, não é exclusivo da linguagem dos missionários. Reconhecemo-lo igualmente na escrita secular, seja numa interessante carta de 1636 de um anónimo morador português de Goa[80], ou em documentos administrativos do Estado da Índia. É o caso do regimento de 1639 dado a António Teles, capitão da armada do Norte, em que o vice-rei Pero da Silva adverte o nomeado: «Hão vos de ser muy presentes as astucias, e enganos, cõ que os mogores custumão proceder em suas guerras, e conquistas, tendo por ardil faltarem cõ a palavra dando cõ a [singelesa] para que debaxo della fiquem traçados outros meyos acomodados à mesma traição, e outras veses pedindo e concedendo tregoas pera mais a seu salvo poderem caminhar em dano daquelles a quem querem ofender, cujo negocio se vio no Bengala na povoação de Ugolim como aqui o referem pessoas que forão presentes a seus enganos»[81].

Ainda assim, será mais sensato falar de representações portuguesas de Shahjahan no plural. É que não faltam também retratos coevos um tanto dissonantes: mesmo sem sairmos do âmbito a escrita missionária, é possível notar que a imagem religiosa do imperador mogol, longe de

---

[79] José Aleixo de Jesus, Thatta, 30.III.1630, AGOCD – plut. 268 n[10].

[80] *Carta anónima 1636*.

[81] «Regimento que levou Antonio Telles capitam geral da armada d'alto bordo e das fortalezas do Norte com poderes do Vice Rey», Goa, 1.V.1639, HAG – *Regimentos e Instruções*, liv. 3. fl. 151v. Curiosamente, 'Inayat Khan apontara os mesmíssimos defeitos aos *firangis* aquando do cerco de Hughli. Durante os meses em que estiveram sitiados, pediram pazes aos mogóis apenas para ganharem tempo e, hipócritas, quiseram simular um entendimento pacífico com o exército imperial enquanto esperavam por reforços (*SJN*, p. 86).

ser um quadro a preto e branco, apresenta vários matizes. Tal diversidade, roçando nalguns casos a contradição, entender-se-ia melhor se conhecessemos a fundo a política religiosa de Shahjahan o que, desafortunadamente, não sucede[82]. É fora de dúvida, no entanto, que o seu reinado introduziu rupturas significativas a este propósito. Shahjahan assume-se como o «Segundo Timur» (*Sahib-Qiran-i Sani*, «Segundo Senhor da Auspiciosa Conjunção Planetária») e preconiza o regresso a uma cultura política de matriz verdadeiramente islâmica. O imperador enverada pelo sunismo ortodoxo, num momento em que se assiste a um rejuvenescimento de várias ordens sufis, nomeadamente dos naqshbandis. Shahjahan recupera festivais muçulmanos, dá novo fôlego às ligações com Meca e Medina e, consequentemente, relança as relações da Índia mogol com o império otomano[83]. Não, surpreende, pois, que a arte mogol de inspiração cristã tivesse estiolado durante o seu reinado. As múltiplas inovações registadas a este propósito nos dois reinados anteriores não têm seguimento e não mais se vai além da utilização superficial da imagética católica e europeia[84].

Tudo isto quadra, bem entendido, com os lamentos portugueses que temos vindo a seguir. Mas, como interpretar então os outros testemunhos, divergentes destes? Recenseemo-los primeiro que tudo. Em 1631, ainda antes do episódio de Hughli, o padre José de Castro não hesita em notar que o imperador, apesar de se mostrar «averso alla nostra Santa Fede», autorizava a presença dos missionários no seu império desde que não tentassem converter muçulmanos[85]. A afirmação de Castro ajusta-se à de Manuel da Silva, feita logo em 1629. Segundo este informador de Linhares, «el Rey Mogor mandara chamar os nossos padres e os olandezes e yngrezes e disse aos padres que não fizeçem mais cristãos nas suas terras e os que

---

[82] Dispomos tão-só do estudo de conjunto de SHARMA, Sri Ram – *The religious policy of the Mughal emperors*. Reed. Nova Deli: MMP, 1988, cap. V, pp. 79 ss. Ver também a síntese de RICHARDS – *The Mughal empire*, pp. 121-123.

[83] FAROOQI – *Mughal-Ottoman relations*, pp. 26 ss.

[84] BAILEY – *The Jesuits and the Grand Mogul*, p. 40.

[85] José de Castro, 8.VIII.1632, ARSI – *Goa*, vol. 46 II, fl. 121; o mesmo, 20.XI.1631, ibid., fl. 119.

estavão feitos athe o prezente ficaçem e não fizeçem mais, dizem todos que o disera cõ paixão»[86].

A destruição da igreja dos jesuítas em Agra em 1635 também fornece matéria de reflexão a este propósito. O anónimo morador de Goa dá conta do sucedido na carta que envia para o reino no início de 1636 e, apesar de muito crítico, não deixa de notar que a profanação da igreja é ordenada pelo governador de Agra, aproveitando a ausência de Shahjahan em Lahore. O protagonismo dos que representam a lei do islão está bem patente na figura de um caciz, que não hesita em derramar «o sangue precioso de Christo». A normalidade só é reposta com o regresso do imperador à cidade[87].

É certo que, uma vez em Agra, Shahjahan ordenou o derrube do que restava da igreja. Mas o *farman* que determina esse acto está longe de ser um documento linear, porquanto assegura em simultâneo a protecção dos bens dos jesuítas, remetendo para os privilégios antes concedidos por Jahangir e assegurando liberdade religiosa aos cristãos[88]. Logo depois, em 1637, os jesuítas viam restituídos os seus bens em Lahore[89]. Nessa altura, de acordo com o testemunho do padre José de Castro, a atitude do imperador perante os cristãos é outra. Trata Mirza Zulqarnain «con piu amore» e já não insiste para que se converta ao islão[90]. E o padre António Botelho, que esteve em Agra nos anos de 1640-1650, vangloria--se de então cumprir habitualmente todos os rituais religiosos próprios do dia de finados, «apesar de Mafamede, e nas barbas do Gram Mogol».

---

[86] «Das cousas que soube delRey Mogor», Surrate, 27.X.1629, in *ACE*, vol. I, p. 284.

[87] *Carta anónima 1636*, fls. 20-20v.

[88] ARSI – *Goa*, vol. 46 I, fls. 131-131v. Trata-se de um dos poucos *farmans* imperiais desta época dados em favor dos missionários ou dos portugueses que chegou até nós em persa e com a respectiva tradução portuguesa coeva («Copia em Parsio da patente del Rey Xajan Senhor do Industan passou aos Padres da Companhia de Jesus em Agra sua corte»). Publicado em persa e em inglês pelo padre FELIX – «Mughal Farmans, Parwanahs and Sanads», pp. 25-26.

[89] Padre Francisco Morandi, Lahore, 7.X.1637, ARSI – *Goa*, vol. 46 I, fl. 137v.

[90] Padre José de Castro, Agra, 24.X.1637, ARSI – *Goa*, vol. 46 I, fl. 138. Sobre Mirza Zulqarnain, o arménio colaborador dos jesuítas e dos portugueses, ver HOSTEN, H. – «Mirza zu-l-Qarnain: A Christian Grandee of the Three Great Mughals with notes on Akbar's Christian wife and the Indian Bourbons». *Memoirs of the Asiatic Society of Bengal.* Vol. V/4 (1916), pp. 115-194.

Mais, o jesuíta sublinha a liberdade de que gozavam os missionários na corte de Shahjahan, algo que muito surpreendia os arménios vindos de Constantinopla, habituados a assistir ao duro comportamento do imperador otomano perante os religiosos da sua corte[91].

Não é absolutamente seguro, aliás, que Shahjahan tenha forçado a conversão de cristãos. Sabemos que a elite imperial não vê o islão como religião de estado e que no Bengala, justamente, o oficialato mogol não procurava converter ninguém. Salvo raras excepções, mesmo durante o reinado de Shahjahan parece adoptar-se uma política de não intervenção em assuntos religiosos[92]. Os vários exemplos que acima recuperámos a propósito da liberdade religiosa concedida aos cristãos e aos missionários jesuítas mostram como Shahjahan, na linha dos seus antecessores, não seguia a *shari'a* nos exactos termos em que a defendia a «linha dura» representada pelos naqshbandis e Shaikh Ahmed Sirhindi[93].

Assim, é bem provável que, do ponto de vista estritamente religioso, o ataque a Hughli de 1632 corresponda a um momento de marcada influência da ortodoxia islâmica sobre Shahjahan. Daí a destruição da igreja da colónia portuguesa. Daí também a destruição, já em Agra, de várias esculturas em madeira representando Jesus e Maria. Reconhece-se neste último gesto uma clara intenção do imperador mogol em dessacralizar os templos dos portugueses/católicos: trazer as imagens religiosas dos vencidos para a capital do vencedor enquanto troféu de guerra é uma prática que, na Índia, remonta pelo menos ao século XIII. A figura religiosa torna-se uma figura morta, tão inofensiva quanto o soberano que a protegia. A ligação entre poder temporal e poder religioso é por demais evidente.

Não obstante, a protecção de templos consagrados a outros credos, e até o seu patrocínio após uma vitória militar, constituiu um fenómeno

---

[91] BOTELHO – *Relação*, fl. 42v.

[92] Cf. EATON – *The rise of Islam*, pp. 178-179, que se socorre inclusivamente de um exemplo dado por Manrique para demonstrar como Shahjahan, mesmo enfrentando a pressão dos mulás e sufis, não perseguiu os missionários cristãos no Bengala.

[93] Cf. ALAM, Muzaffar – «*Shari'a* and governance in the Indo-Islamic Context». In GILMARTIN, D., LAWRENCE, B. B. (eds.) – *Beyond Turk and Hindu*, cap. 9, pp. 216-245, esp. pp. 236-240 (embora o autor não se refira especificamente à política religiosa de Shahjahan quando trata o caso mogol).

corrente na cultura indo-islâmica, algo que pode ajudar a explicar a rápida recuperação de privilégios (incluindo os religiosos) dos portugueses no Bengala logo em 1633, ou a reedificação da igreja de Agra em 1636, três anos depois do seu desmantelamento[94]. O gesto extremo de Shahjahan, mandando mergulhar as esculturas cristãs no rio Jumna, terá seguramente agradado aos ortodoxos. Mas não deve surpreender que tenha desagradado a muitos dos que compunham a elite imperial de então, como bem mostra o testemunho do cronista Kambu[95].

Do lado português e cristão, também nem tudo é linear. É que alguns missionários quase dão razão ao imperador quanto ao derrube da igreja de Agra. Pondere-se a avaliação que, a quase quatro décadas de distância, António Botelho faz do episódio. O jesuíta não hesita em notar que a igreja é destruída por causa do comportamento dos prisioneiros de Hughli na cidade. Ainda na rua, antes de entrarem no templo, estes faziam «tantos arroydos e brigas entre sy que nê a porta da misericordia e rua direita de Goa se fazião mais brigas e revoltas do que aly». Os cacizes e os mulás fazem então queixa ao imperador, pedindo-lhe «que acodisse a tantas desordens, pois na sua propria corte os firinguis vivião com tanta largueza como se estivesssem em suas terras».

Na Páscoa, os cativos de Hughli colocaram na rua do colégio dos jesuítas a estátua de um judas enforcado. Julgando tratar-se de uma representação ofensiva de Maomé, os cacizes e os mulás pedem ao imperador que castigue os cristãos. Uma vez mais, Botelho reconhece alguma razão aos muçulmanos e condena os portugueses do Bengala por se comportarem como se estivessem «em suas terras»[96]. Botelho apoia-se explicitamente no juízo crítico do padre Morandi que, em 1638, após a libertação dos cativos de Hughli que se encontravam em Agra, se mostra mais preocupado do que satisfeito: «parte delles estão amancebados» e o jesuíta fala sem

---

[94] Sobre tudo quanto precede, ver EATON, Richard – «Temple desecration and Indo--Muslim States». In GILMARTIN, D., LAWRENCE, B. B. (eds.) – *Beyond Turk and Hindu*, cap. 10, pp. 246-281.

[95] KAMBU, Muhammad Salih – *'Amal-i Salih*, vol. I, p. 509, cit. por KOCH, Ebba – *Padshahnama/Windsor*, p. 180.

[96] BOTELHO – *Relação*, fl. 43.

rebuço das «desordens» que causam[97]. Em suma, estes testemunhos não quadram de modo algum com outros, construídos em redor da retórica do duro cativeiro: homens com o credo e a vida sob permanente ameaça dão aqui lugar a desordeiros que desfrutam até de excessiva liberdade.

Deixemos agora os meandros da política religiosa de Shahjahan, na sua relação com o cristianismo e com os missionários jesuítas, para nos centrarmos na reacção política do Estado da Índia ao cerco de Hughli.

O conde de Linhares, a quem os opositores não poupam críticas quanto à condução das relações com o império mogol[98], esboça uma resposta imediata ao gesto de Shahjahan. Como retaliação, o vice-rei chegou a equacionar um ataque a Surrate, porto-chave para as receitas do império. Ao longo deste capítulo, revelam-se elementos dispersos que nos permitem concluir como as relações político-económicas entre portugueses e mogóis, tendo as fronteiras marítimas da Índia timúrida como pano de fundo, são entendidas globalmente por ambos: uma crise que eclode no litoral do Bengala pode ter repercussões nos portos do Guzerate e vice-versa.

Por outro lado, era necessário tratar da libertação dos cativos de Agra. O vice-rei logo recebe listas de prisioneiros, homens que tenta remir através de «particulares diligencias por mouros, gentios e pelos Padres da Companhia». Preocupa-se nomeadamente com Gomes Barreiros e Aleixo Viegas, dados como «cabeças» da povoação portuguesa de Hughli[99]. Linhares apoia-se no testemunho de Domingos de Seixas, um morador de Negapatão que se encontrava então no Bengala e que logrou escapar. É de sua autoria um relato sobre a queda de Hughli que não chegou aos nossos dias, mas que o vice-rei remeteu para o Reino[100].

---

[97] Padre Francisco Morandi ao padre Nuno Mascarenhas, Agra, 15.IX.1638, ARSI – *Goa*, vol. 46 I, fls. 142-142v.

[98] Veja-se a *carta anónima 1636*, que faz chacota dos pretensos êxitos político--diplomáticos do vice-rei: ao triunfalismo de Linhares – «reduzi a pazes honrradas os Reys da India» –, o autor da missiva contrapõe o caso do imperador mogol que, depois de as assinar em Surrate com o Estado da Índia, «não tardou muito em quebrar as pazes, cativando os Portugueses no Gulî de Bengala» (fl. 34).

[99] Goa, 1.XII.1634, HAG – *MR*, liv. 20, fls. 28-28v.

[100] Rei ao vice-rei, Lisboa, 12.XI.1633, HAG – *MR*, liv. 19 A, fls. 124-124v.

Processo longo, esse do resgate dos cativos de Hughli, onde são muitos os que reclamam ter participado com sucesso. Veja-se o episódio de Shah 'Alauddin Muhammad, que fora sarsamata de Chaul de Cima ao tempo de Malik 'Ambar. De acordo com o testemunho do próprio, tivera de refugiar-se na fortaleza portuguesa de Chaul após uma investida de Bijapur e aí, surpreendemente, viu-se esbulhado dos seus bens pelos portugueses, que o converteram à força. Shah 'Alauddin Muhammad fugiu então para a corte mogol, onde terá narrado o caso ao imperador. Uma vez em Agra, recebe uma carta do capitão português de Chaul, pedindo-lhe que interceda pela libertação dos cativos portugueses do Bengala. O antigo sarsamata faz então requerimentos a Shahjahan e a Asaf Khan, oferecendo-se como fiador. O imperador aceitou, fazendo-o «carcereiro» dos cativos. Em carta ao provincial dos jesuítas na Índia, Shah 'Alauddin Muhammad diz-se bom mediador e dá-se como influente na corte mogol – «Crea V.P. serto que me custou muito com o rey mogor e com o nababo [Asaf Khan] sobre a soltura desta gente» – e oferece-se para outros serviços[101]. Todavia, a sua cotação na Índia portuguesa era bem mais baixa e Linhares desmente por mais de uma vez a sua versão dos acontecimentos.

Curiosamente, nenhum dos canais a que o conde de Linhares recorreu em Agra a fim de remir os cativos parece ter sido utilizado para, em simultâneo, relançar as relações de Goa com Shahjahan. De Burhanpur, o imperador interviera directamente na crise de Surrate, na mesma proporção dos interesses directos que tinha no comércio do Guzerate. Não se passou o mesmo no caso de Hughli. É que, no comércio do Bengala, a participação da família imperial cede o passo aos *subadar*s locais e aos grandes da corte, pelo que a resolução da crise de 1632 parece depender sobretudo da acção das autoridades provinciais e, bem assim, da influência de homens como Asaf Khan.

Daí que Linhares se tenha empenhado fortemente na gestão do problema a nível regional. A situação do Bengala requeria apaziguamento urgente, tanto mais que o exemplo de Hughli ameaçava propagar-se a

---

[101] Shah 'Alauddin Muhammad ao superior da Companhia de Jesus, Agra, s.d. [1634-1635]; carta vertida para português em Goa, 1.VI.1635, BL – *Add. Ms.*, 9855, fls. 153-154.

outros portos da região. Não muito depois do «successo e perda do Bandel de Golim», os portugueses eram também escorraçados de Pipli, notícia que chega ao conhecimento de Goa e de Lisboa por intermédio de uma carta de Francisco Vaz de Araújo, ouvidor daquele porto[102].

Gaspar Pacheco de Mesquita, morador de Cochim com larga experiência nos assuntos do Bengala[103], é a figura escolhida pelo vice-rei português para remediar a situação. Em reunião do Conselho do Estado, decide-se a realização da sua missão e define-se o respectivo escopo. Não obstante as ameaças, Linhares envereda claramente pelo caminho da *realpolitik* no que respeita à situação do Bengala. Em Fevereiro de 1635, confessava em carta a Filipe IV que, apesar ter «atravessado dentro no coração o agravo que nos fez em Bengala», mantinha «boa correspondencia» com Shahjahan. Preocupado com os reflexos da humilhação de Hughli nas relações do Estado da Índia com outros soberanos asiáticos, o vice-rei pensara dar um «asperissimo castigo» ao imperador mogol, mas reconhece que não tem condições para suster a retaliação que inevitavelmente se seguiria. Assim, confessa Linhares, «dissimulo e vou pairando». E, ao invés de tomar Surrate, como chegou a ponderar nos finais de 1634[104], optara antes por manter boas relações com o *mutasaddi* daquele porto[105].

Da leitura do assento da reunião do Conselho do Estado em que se debateu «a destroição do porto de Ogolim», resulta claro que Goa optou desde logo pela via da conciliação. O que o vice-rei pretende discutir com os seus conselheiros é, justamente, se se deveria adoptar ou não uma postura prudente na gestão da crise com o império mogol, ou seja, pedir explicações a Shahjahan e aos seus representantes no Bengala mas, em simultâneo, «dessimular com elle carregando a culpa aos Portugueses».

---

[102] Conde de Linhares a Filipe IV, Goa, 7.II.1633, ANTT – *LM*, liv. 30, fl. 288; Filipe IV a Linhares, Lisboa, 12.XI.1633, HAG – *MR*, liv. 19 A, fls. 124-124v.

[103] Reclama serviços ao Estado da Índia desde o tempo de D. Jerónimo de Azevedo (vice-rei ao rei, Goa, 24.II.1826, BNP – *Res.*, cod. 1817, fls. 308v-309) e foi figura-chave do restabelecimento de relações entre Goa e Mrauk-U em 1620 (cf. GUEDES, Maria Ana Marques – *A história birmano-portuguesa*, pp. 143-150).

[104] Vice-rei ao rei, Goa, 1.XII.1634, HAG – *MR*, liv. 20, fls. 28-29.

[105] O mesmo ao mesmo, Goa, 6.II.1635, HAG – *MR*, liv. 19 B, fls. 567 (pub. parcialmente em *ACE*, vol. I, p. 462, n. 1).

Do sucesso desta estratégia dependia o rápido regresso dos *firangi*s aos negócios do Bengala.

Gaspar Pacheco de Mesquita iria com «titulo de mercador», embora a sua expedição revestisse contornos político-diplomáticos evidentes. A maioria dos conselheiros manifesta-se a favor desta missão, mas é assaz curiosa a excepção do chanceler Gonçalo Pinto da Fonseca e os argumentos que sustentam o seu dissonante voto. O chanceler, um veterano das negociações com os mogóis, mostra-se contrário à realização da viagem de Gaspar Pacheco de Mesquita e não vê necessidade em se refazer a povoação portuguesa de Hughli, pois «não serviria mais que de reçeptaculo de ladrões e de homês desobedientes»[106]. De novo o estigma da rebeldia dos moradores do Bengala, quase a justificar, em Goa, a acção punitiva do imperador mogol.

Gaspar Pacheco levava cartas muitíssimo cordiais para os diferentes poderes que dominavam o litoral compreendido entre Orissa e a baixa Birmânia. A mais importante dessas missivas é dirigida ao *subadar* do Bengala, o persa Mir Muhammad Baqar. Goa entrega-se aí a um hábil jogo de palavras em torno das cortesias devidas pelos anfitriões aos convidados, notando que os portugueses estavam em paz com o *Padshah* e que a destruição de Hughli não era própria de reis e senhores, obrigados a tratar bem os seus hóspedes. Cartas idênticas levava Mesquita para o *subadar* de Orissa, Mu'taqad Khan, e para o «Moçondoly» [*Masnad-i 'Ali*] de Hijli, que os portugueses reconhecem como «muito grande servidor do Pacha»[107]. Para todos os «nababos de Bengala», Linhares terá enviado, na mesma ocasião, valiosas jóias de presente[108].

Clarificar as relações do Estado da Índia com o Arracão era o escopo da última etapa da embaixada de Mesquita. Reaproximação de todo fundamental, não apenas para assegurar os abastecimentos a Malaca, mas também para equacionar as relações com o Bengala mogol após a queda de Hughli. Porém, a missão a Mrauk-U, em que também participou

---

[106] «Conselho sobre a destroição do porto de ogolim em Bengala e ida de Gaspar Pacheco de Mesquita aquellas partes [...]», Goa, 11.III.1633, in *ACE*, vol. I, pp. 462-467.

[107] *Masnad-i 'Ali* («sublime trono»), título régio que, na esteira de 'Isa Khan, usavam todos os que se assumiam como soberanos do Bhati (EATON – *The rise of Islam*, pp. 147, 155).

[108] Goa, 22.III.1639, ANTT – *LM*, liv. 38, fl. 311.

Manrique, foi inconclusiva. Uma hipótese seria avançar para uma aliança militar tendo em vista um inimigo comum – Shahjahan. O jesuíta João Cabral, que de Hughli, em 1632, fugira justamente para o Arracão, confirma a disponibilidade do rei local para um entendimento desse tipo. Mas a cautela que o Estado da Índia colocou nas relações com o *subadar* do Bengala, aliada ao teor das instruções dadas por Linhares a Mesquita para a negociação com o soberano do Arracão, mostram que não era esse o caminho preferido de Goa[109].

A missão de Pacheco de Mesquita destinava-se antes, e seguindo os termos da própria acta do Conselho de Estado, a «aquietar estas cousas». Mesmo falhando na baixa Birmânia, o sucesso da sua acção é ineludível no que respeita ao Bengala ocidental. Por um lado, o enviado de Linhares logrou controlar minimamente os portugueses que andavam «tresmalhados» na região após a queda de Hughli, preocupação maior de Goa e Lisboa, como ressuma da correspondência trocada entre rei e vice-rei ao longo dos anos de 1630 e 1640. Depois, Mesquita tivera sucesso na aproximação às autoridades provinciais do Bengala, contribuindo decisivamente para inverter a toada bélica do ano de 1632. A resposta do *subadar* de Orissa, apreciada em reunião do Conselho do Estado em Junho de 1636, não deixa dúvidas: «pedia pella dita sua carta quizeçe o Sor visorrey mandar muitas embarcaçoens aaquelles portos, pedindo cartazes para as suas navegarem seguras para estes portos, as quais viriam correndo daqui em diante o comercio como dantes»[110].

Assim, os *firangi*s não demorariam a regressar ao Bengala com o beneplácito do próprio imperador. Mostram-no as fontes portuguesas, mas também o testemunho de outros europeus. Registe-se o lamento do inglês Thomas Colley, escrevendo de Orissa em 1633: «Those Portinggalls whilome exspelled Hugly hath found greate favor with Shawgahan, and reentered that place to the number of 20 persones; hows cavidall for theire commensing a new investment is the third part of there goods formerly

---

[109] Ceilão, 12.XI.1633, ARSI – *Goa*, vol. 49, fls. 55v-56.
[110] «Copia do Conçelho sobre o que se deve responder a duas cartas dos nababos Matecadão [Mu'taqad Khan] governador de Bengala [i.e. Orissa], e Assefação capitão geral da gente de guerra do Rey Mogor», Goa, 5.VI.1636, in *ACE*, vol. II, pp. 90-91.

cessed on, which large priviliges and tashareefes with honer the king hath bestowed on them. So that our exspecttation [of] Hugly is fursstrayt, and I feare likwise Pippoly will not by us be obtainened»[111].

De facto, a situação dos portugueses em Pipli parece ter melhorado rapidamente. Em Abril de 1634, reportando-se a notícias de Outubro do ano anterior, Linhares lamenta a rápida propagação da VOC na região. Dá o porto de Balasore como perdido e nota que os holandeses também cobiçam Hughli, «para ahy fazerem sua feitoria e nos tomar o porto para que jamais sejamos senhores delle». Em contrapartida, o monopólio português mantém-se em Pipli, dado «que o Mogor até agora lhe não quis conceder por dizer tinha dado aos portuguezes onde oje estão os que escaparão da furia de Ugolim»[112]. A 20 de Agosto de 1634, Linhares anota no seu diário uma informação complementar a este propósito: «os Portuguezes que escaparão da destruição de Ugulim, e os mais que no mogor alcanssarão liberdade de seus senhores estão todos em Piple porto do mesmo rey Mogor aonde forão muito bem reçebidos do capitão daquelle Porto». Com eles estava também um missionário jesuíta, que os acompanhara desde Hughli. Há liberdade religiosa em Pipli, mas a construção de templos cristãos continua a ser um assunto sensível para os mogóis. Assim, a missa celebra-se «em hûa Igreja de taipa cuberta de olas por não quererem os mouros que os Portuguezes edifiquem casas de pedra e cal»[113].

O vice-rei escreve sobretudo com base em notícias dadas por Gaspar Pacheco de Mesquita. Em Dezembro de 1633, o emissário de Goa ao Bengala sublinhava o entusiasmo das autoridades de Orissa, materializado em documentos oficiais, relativamente ao regresso dos *firangis* à região: «me chegou resposta do que tinha mandado fazer no bandel de urixa com esses formões de nababo, e veedor da fazenda que governa aquelle Reino [...] como estão desejozos de abrir o porto». Mesquita exulta

---

[111] Carta a Ralph Cartwright (em Balasore), Hariharpur, 17.VII.1633, in *EFI*, 1630-1633, pp. 308-309. William Bruton confirma o domínio português de Pipli em 1633 (cf. ACHARYA, Shri P. – «Bruton's account of Cuttack and Puri». *Orissa Historical Research Journal*. Vol. X/36 (1961), pp. 25-50 [38-39]).

[112] *Diário Linhares 3*, p. 81.

[113] *Ibid.*, p. 161.

com esta nova postura, dado que o porto de Pipli «he dos melhores que ha nestas partes e de maior trato»[114]. Do mesmo modo, a reconciliação em Hughli também prometia ser surpreendentemente célere. Francisco Vaz de Araújo, ouvidor do bandel de Pipli, «tivera avizo dos prezos do Golim que os querião os mouros soltar comtanto que tornassem a fazer Bandel»[115]. E admite-se até que «os successos de Bangala forão de menor perda do que a principio se entendera, e se restauraria facilmente se no Golim se tornasse a fazer Bandel como os mouros querião».

As muitas e sucessivas nomeações para Pipli confirmam esse rápido regresso[116]. As nomeações para Hughli também não tardam a sair das secretarias de Goa: Simão Gomes Pinhão recebe a 31 de Julho de 1640 os cargos de «escrivão do publico judicial e notas do porto pequeno de begalla de Ugoly e Banjá»[117] e, três anos e meio depois, Jacinto Botelho do Couto era feito capitão do «porto de Ogolim bandel novo»[118], nomeação que haveria de repetir na década seguinte[119]. No início dos anos de 1650, é seguro que existia outra capitania em Dhaka: em Janeiro de 1653, Domingues Rodrigues de Azevedo recebe como mercê a «do Loricul e Dacá e seus districtos no porto de Bengalla»[120]. E uma «Relação do sucedido

---

[114] Gaspar Pacheco de Mesquita ao conde de Linhares, s.l., 24.XII.1633, in *Diário Linhares 3*, p. 72.

[115] Rei ao vice-rei, Lisboa, 12.XII.1633, HAG – *MR*, liv. 19A, fl. 124. Também em ANTT – *LM*, liv. 31, fl. 135, pub. por Subrahmanyam na versão portuguesa de *Improvising Empire* (*Comércio e conflito. A presença portuguesa no Golfo de Bengala, 1500-1700*. Lisboa: Edições 70, 1994, doc. VIII, pp. 268-269); vice-rei ao rei, Goa, 1.XII.1634, HAG – *MR*, liv. 20, fls. 28-29; «Sobre a perda do Golim e estado em que ficavão as cousas do Bemgalla», BGUC – *Res.*, nº 459 (consultas várias), fls. 370-371; BNP – *Res.*, cod. 7640, fl. 66.

[116] Damião Godinho recebe a 30 de Agosto de 1640 a «capitania do bandel do porto de Piple e Bengala» (HAG – *Mercês Gerais*, liv. 1, fl. 94v). A 2 de Dezembro de 1641, Pero de Viana é nomeado para o cargo de «capitam do povo de bandel de Piple porto de Orya em Bengala» (servindo também de juíz dos ausentes e dos órfãos), enquanto que a 29 de Dezembro do mesmo ano António Pereira era escolhido como escrivão do ouvidor de Pipli (HAG – *Mercês Gerais*, liv. 5, resp. fls. 95 e 119). A 14 de Janeiro de 1644, fazia-se mercê por três anos a um tal Francisco Pestana – morador em São Tomé de Meliapor – «dos officios de capitão, ouvidor, e mais anexos do bandel de Piple porto de Uruxa em bengala e mais bandeis anexos» (AHU – *Índia*, cxª 28, doc. 109). 1650 para o porto de Pipli (HAG – *Mercês Gerais*, liv. 6, fl. 113).

[117] HAG – *Mercês Gerais*, liv. 1, fl. 88.

[118] 26.I.1644, AHU – *Índia*, cxª 28, doc. 109.

[119] 8.III.1653, HAG – *Mercês Gerais*, liv. 6, fl. 31.

[120] *Ibid.*, fl. 17v.

na Índia Oriental desde o fim do anno de 1643 ate de 1644» fala de 600 portugueses instalados de novo na região[121].

O que é que pode explicar esta súbita alteração? Terá Shahjahan reconhecido que a eliminação de um estabelecimento comercial importante, independentemente de quem aí domina os negócios, trazia efeitos nocivos, mais do que benéficos, para as finanças do seu império? Terá temido um recrudescimento da pirataria dos *firangis* na região? A «profecia» de Francesco Corsi em 1633 vai justamente nesse sentido: «Do Mogor virão novas do Corrão mandara depositar o fato, que se tomou aos nossos em Bengala, ja pode ser que este cão mouro queira esperar em que termo se poem as cousas de Bengala em que se cuida que mais ade perder que ganhar com os muitos assaltos em suas terras que se amde fazer»[122]. Será este, por último, o resultado de uma intervenção do influente Asaf Khan em favor dos portugueses?

Qualquer destas hipóteses, de resto largamente complementares, parecem plausíveis. Aliás, esta última sugestão ganha especial consistência à luz do excelente relacionamento entre Pero da Silva e Asaf Khan. Em 1636, o vice-rei mostra-se entusiasmado com o andamento das «couzas de Bengala», pondo Lisboa a par das boas relações que o Estado da Índia mantém com o sogro do imperador mogol[123]. No ano seguinte, como prova desse estado favorável de coisas, o vedor da fazenda de Goa regista «as alcatifas e cavallos que trouxerão os emviados de Assafacan sogro del rey mogor»[124].

---

[121] *Ibid.*, fl. 17v.

[122] Agra, 5.X.1633, ARSI – *Goa*, vol. 9 I, fl. 153.

[123] Pero da Silva a Filipe IV, Goa, 2.XII.1636; ANTT – *LM*, liv. 37, fl. 17, pub. por SUBRAHMANYAM – *Comércio e conflito*. Lisboa: Edições 70, 1994, doc. IX, pp. 269-270). A já citada crónica agostinha de 1669 (*Livro segundo da origem, extenção...*, ANTT – *Manuscritos da Livraria*, nº 1699) também dá conta da intercessão de Asaf Khan a favor dos portugueses, dissuadindo Shahjahan de levar por diante conversões forçadas de cativos de Hughli: «[...] Sofacam, muito affeiçoado aos Portuguezes, e que o conde de Linhares tinha tido grande trato, e que dos Portuguezes tinha grande notícia» (fl. 43v). O mesmo texto diz que um embaixador otomano enviado ao império mogol, bem recebido pelos portugueses em Kung, Mascate e Cinde, se terá batido junto de Shahjahan pela libertação dos prisioneiros (fls. 45v-48), versão que é confirmada pela *Carta anónima 1636*, fl. 28).

[124] José Pinto Pereira ao rei, Goa, 15.XII.1637, AHU – *Índia*, cxª 20, doc. 146. A conjugar com o testemunho do padre José de Castro: «O sogro del Rei fas muitos favores aos nossos [...]. Tem amisade com o Viso Rei da Índia e se comunicam per cartas» (Agra, 29.X.1637, ARSI – *Goa*, vol. 46 I, fl. 139v).

Entre uma data e outra, Pero da Silva lograra debelar duas pequenas crises com o seu principal interlocutor mogol que, em boa verdade, se poderiam ter transformado em incidentes de espectro largo com Shahjahan. A primeira radicava num desentendimento com Asaf Khan a propósito de uma nau que o sogro do imperador vira apreendida pelos portugueses no Mar Vermelho. A referência a este episódio num documento português de 1636[125], conjugada com uma queixa do próprio Asaf Khan ao vice-rei, dão uma ideia da gravidade da situação[126]. A segunda situação, bem mais séria, conduz-nos a uma reunião do Conselho do Estado de Março de 1637 em que se apreciou um importante pedido chegado da corte mogol. Shahjahan decidira enviar um embaixador a Istambul (Mir Sharif), mas esperava que esse dignitário – a sua comitiva e o presente que levava a Murad IV – não fossem escrutinados na fortaleza portuguesa de Mascate. A pretensão chega às mãos de Pero da Silva através de uma carta de Asaf Khan, documento que o vice-rei põe à consideração dos seus conselheiros juntamente com outros pareceres relevantes sobre o assunto. Falamos, nomeadamente, de cartas de missionários jesuítas e agostinhos e, bem assim, de duas outras enviadas de Agra por dois cativos de Hughli. Os padres legitimavam a pretensão de Asaf Khan, chamando-lhe «protector dos christãos». Os cativos clamavam pela ruptura, advogando a retenção do presente imperial em Mascate até que todos as vítimas da «perdição do Bandel» fossem libertadas. Mais, argumentavam que a intensificação das relações entre mogóis e otomanos tinha um objectivo duplo, em qualquer caso lesivo dos interesses do Estado da Índia: i) Shahjahan pretendia neutralizar os safávidas, fazendo do pacto com Istambul uma alavanca para a recuperação de Qandahar; ii) sem preocupações de monta na fronteira setentrional, o imperador mogol tinha assim condições para concluir a conquista do sul da Índia.

---

[125] «Agora estão os Padres mais apertados que nunqua, por o Asefacão os desfavoreçer, favorecendo os dantes muito com o Rey, de que he sogro; o motivo que teve foi que no estreito, segundo dis, que Portugueses lhe tomarão huma sua embarcação de Meca, que vinha muito rica; que cuidou que por via dos Padres lhe seria outra ves dada com seu recheo»; *Carta anónima 1636*, fl. 20v.

[126] «Copia do Conçelho sobre o que se deve responder a [...] Assefacão capitão geral da gente de guerra do Rey Mogor», Goa, 5.VI.1636, in *ACE*, vol. II, pp. 90-91.

Interessante, mesmo antes de analisarmos a decisão do vice-rei, sublinhar quão incisiva e verdadeira é esta análise geopolítica dos dois anónimos cativos de Hughli.

O Conselho do Estado, está bem de ver, foi prudente e decidiu-se por uma acção de *realpolitik*. Não é tanto o Decão mogol que preocupa o vice-rei e os seus conselheiros neste caso, mas antes o rendimento das alfândegas do Estado da Índia, muito dependentes dos portos imperiais, e o agora florescente comércio português com os estabelecimentos marítimos do Bengala. Arredado, assim, o desencadear de um conflito «artificial», o vice-rei opta até por oferecer escolta à comitiva mogol até Baçorá, solicitando em simultâneo ao padre José de Castro que sugerisse junto de Asaf Khan a existência de uma relação entre o favor concedido pelo Estado da Índia ao embaixador mogol que viajava para Istambul e a necessidade de ver libertados os cativos de Hughli[127].

Um *farman* de Shahjahan emitido em 1633, autorizando e regulando o regresso dos Portugueses a Hughli («Privilegios que o imperador de Dily concedeo á Igreja do Bandel de Houguli»), constitui indiscutivelmente a pedra de toque de todo este processo. Para mais, o intrigante documento só chegou até nós através de uma cópia portuguesa feita no início do século XIX – «treslado do Firmão dos 17 privilegios do Baixá escritos em edioma persiana, e junto ao mesmo a sua versão em portuguez»[128].

O documento assegura liberdade religiosa aos moradores portugueses, garantindo ainda os rudimentos de uma autonomia jurídica que cabia ao «Padre de Bandel» exercer e que se corporizava sobretudo na administração da justiça e na gestão dos bens dos defuntos. No plano económico, o *farman* estipula algumas medidas que objectivamente protege os moradores portugueses dos mercadores holandeses e fixa isenções fiscais vantajosas

---

[127] «Conçelho sobre se dar passagem ao embaxador do Mogor que vay para o Turco», Goa, 26.III.1637, in *ACE*, vol. II, pp. 169-171; FAROOQI – *Mughal-Ottoman relations*, pp. 26-27.

[128] «Privilegios, que o Imperador Mogol concedeo á caza do Bandel de Ugoly dos Padres Augustinianos da Congregação da India Oriental». *O Chronista de Tissuary*. Vol. 32 (Ago. 1868), pp. 60-62. Também em BIKER – *Tratados*, t. XII, pp. 12-17; e em Cunha Rivara, como aditamento às *Memórias sobre as Possessões Portuguezas na Asia*, de Gonçalo de Magalhães Teixeira Pinto (Nova Goa: Imprensa Nacional, 1859). Tradução inglesa por HOSTEN, H. – «A week at the Bandel Convent, Hugli». *BPP*. Vol. X/I (Jan.-Mar. 1915), pp. 36-120 [106-111].

para os primeiros. Na mesma linha, encorajando o povoamento, vão os privilégios nºs 12 («que se vierem da Europa algumas famílias casadas, que quizerem tomar alguma casa para morar neste Houguli, se lhe dará de graça, e se não tomará fretes») e 15 («que as famílias, que vierem de Europa, poderão ficar o tempo, que quizerem, e ninguem os poderá impedir quando quizer voltar para a Europa»). Mais, aos portugueses era concedida uma considerável parcela de terreno (700 *bighas*, cerca de 260 acres) nos arredores de Balagarh. Em síntese, e mesmo sem questionar a sua veracidade ou a fidelidade da tradução, o documento não é explícito quanto ao destinatário da concessão: os privilégios são dados à «Igreja do Bandel de Houguli», como reclamarão os agostinhos no século XVIII, ou aos portugueses genericamente? Para mais, alguns dos privilégios dirigem-se genericamente aos europeus e parecem destinar-se a regular, não só as relações entre portugueses e holandeses, como as relações de ambos com o império mogol.

É nesta conjuntura, em que se discutem e regulam os termos do regresso dos portugueses ao lado ocidental do delta do Ganges, que cabe esmiuçar o projecto de um tal Tomé Vaz Garrido, apresentado ao vice-rei Pero da Silva *ca.* 1637[129]. Garrido diz-se escorado na «experiência dos muitos annos que tenho de Bengala e do que tenho alcançado dos naturais da terra» e avança com um interessante plano de conquista portuguesa do Bengala. A proposta que temos em mãos enquadra-se naturalmente na linha dos projectos de conquista territorial na Ásia que se vinham multiplicando desde finais do século anterior e que, desde então, chegavam com regularidade ao Reino. Advogam invariavelmente a conquista de grandes parcelas de território na Ásia do Sueste ou no Extremo Oriente, regiões onde, justamente, a presença oficial portuguesa era mais débil. Os seus proponentes alinham as vantagens económicas e estratégicas da posse deste ou daquele reino e apresentam-no como um

---

[129] «Copia da carta que de Bengala escreveo hum Thome Vaz Garrido», s.d. [1637]; ANTT – *LM*, liv. 40, fls. 349-351. Documento incluído no apêndice documental da dissertação de doutoramento de BLANCO, Maria Manuela Sobral – *O Estado Português da Índia. Da rendição de Ormuz à perda de Cochim (1622-1663)*, vol. II, doc. LXXXVI, pp. 351-356.

verdadeiro El Dorado, capaz de restaurar financeiramente o Estado da Índia e de relançar politicamente os portugueses na Ásia[130].

O projecto de Tomé Vaz Garrido para «desterrar o Mogor destas partes» reconhece-se claramente nesta matriz. É certo que não conhecemos outros projectos de conquista dirigidos aos grandes impérios islâmicos da Ásia, e tomar uma parcela da Índia timúrida era algo que não ocorreria a muitos decisores políticos portugueses da época. Não obstante, é necessário sublinhar que o plano de Garrido diz respeito ao Bengala e, por consequência, está muito mais próximo do panorama que definimos acima do que de um eventual assalto aos potentados muçulmanos da Ásia ocidental. Para mais, o Bengala, que sempre resistira ao domínio mogol, era uma das províncias do império onde, porventura, seria mais fácil desmantelar a autoridade imperial. No mesmo sentido vai a reflexão que, duas décadas volvidas, frei Nicolau da Conceição produz também a propósito do Bengala e que foi presente ao Conselho Ultramarino. Sendo mais minucioso e indo mais longe que Garrido, o argumentário do dominicano é em tudo idêntico[131].

Consideremos então o projecto de 1637. Tomé Vaz Garrido reclama a autoridade em que, depois da perda de Hughli, foi investido por Gaspar Pacheco de Mesquita, que «me deixou em nome de Sua Magestade por capitão das dittas terras». Em simultâneo, o proponente diz-se legitimado

---

[130] Cf. BOXER, C. R. – «Portuguese and Spanish projects for the conquest of Southeast Asia». In *Portuguese conquest and commerce in Southern Asia, 1500-1750*. Londres: Variorum Reprints, 1990, nº 3, pp. 118-136; e SUBRHAMANYAM – *The Portuguese Empire in Asia, 1500--1700. A political and economic history*. Londres; Nova Iorque: Longman, 1993, pp. 122 ss.

[131] «Relação que dá o Pe. Fr. Niculao da Conceição a El-Rei Nosso Senhor que Deos Guarde, das couzas de Bengala», AHU – *Índia*, cxª 26, doc. 67. Incluída no apêndice documental da dissertação de doutoramento (inéditas) de GUEDES, Maria Ana Marques – *A História Birmano--Portuguesa para além das relações oficiais. Assimilação e aculturação nos séculos XVII e XVIII*. Lisboa: UNL, 1999. Dissertação de Doutoramento, doc. III, pp. 463-479. Ao contrário do que pensa esta autora – decerto induzida em erro pela referência expressa a D. João IV e por uma anotação à margem do documento que lhe atribui a data de 1644 –, a «Relação» foi seguramente escrita nos finais da década de 1650. Sem referir nomes, o autor alude à morte de Dara Shukoh por Aurangzeb e menciona a perseguição que este último moveu a Shâh Shuja' no Bengala. Mais, diz a certo passo «que o Mogor [Shahjahan] é homem de mais de sessenta anos, tem 4 filhos homens [Dara Shukoh, Aurangzeb, Shah Shuja' e Murad Bakhsh], cada qual em parte diversa de seu Império, ajuntão dinheiro e gente, estão com armas em punho para que tanto que seu pai morrer ponha cada um coroa»: O retrato ajusta--se na perfeição à guerra da sucessão. Um último indício: Conceição nota que os safávidas já haviam tomado Qandahar, o que não sucedeu antes de 1648.

pelos acordos que lavrara entretanto com o *subadar* do Bengala e com o «Mosondelim», que governava Hijli e Banja, acordos que o alcandoraram ao posto de «capitão destas duas terras e Bandeis do Anjelim e Banja», onde viviam quatro mil cristãos. O seu mando recaía sobre cristãos, muçulmanos e hindus e tinha ainda poderes para reunir em Banja os portugueses e os conversos que andavam espalhados pela região.

O primeiro passo era combater a principal pecha da presença portuguesa na região. Falamos da anarquia e da desunião dos moradores – dois mil portugueses e dez mil mestiços, de acordo com a estimativa de Garrido –, já que «cada qual delles queria ser Senhor absoluto [...] e com esta ambição fundados em seu dinheiro se matauão uns aos outros cada dia». Entre outros males, esse pecado impedira uma aliança atempada com os chefes locais, que teria permitido até evitar a conquista mogol. Curiosamente, o jesuíta João Cabral escrevera algo idêntico quatro anos antes: considerava então o jesuíta que, havendo ordem entre os portugueses e uma fortaleza do Estado da Índia no Arracão, «forão ja os Reinos todos de Bengala sogeitos e tributarios a Sua Magestade como o são oje ao Mogor»[132].

Perpassa da leitura do texto de Garrido uma forte sensibilidade para o reconhecimento das condições do terreno. Dá o «Jmperio grande de Bengala» como «mayor que toda a Jndia» e explica a hierarquia política da região. O autor sabe que a conquista mogol do Bengala nunca chegara a sedimentar em definitivo e que, de forma mais ou menos declarada, os movimentos de revolta estão sempre presentes. Abaixo do *subadar*, que governa a província a partir de Dhaka em nome do imperador mogol, estão os «doze boiões» (*bara bhuyan*)[133], que, por sua vez, controlam um sem número de *zamindar*s. O chefe destes «marqueses e condes», poderosos em rendas e em homens, é «Mansumicão»[134], que vive na corte do *subadar* mogol «como cattivo e tributario». Todos

---

[132] ARSI – *Goa*, vol. 49, fls. 56-56v.
[133] Cf. HOSTEN, H. – «The twelve Bhuyans or landlords in Bengal». *JASB*. n.s., 9 (Nov. 1915).
[134] Trata-se seguramente de Musa Khan, filho de 'Isa Khan que, uma vez submetido pelos mogóis ao tempo de Jahangir, passou a integrar o serviço imperial vivendo em Dhaka.

eles, esbulhados pela imposição de pesados impostos, «tem esperança de se verem livres de cattiueiro e trebuto do Mogor».

Assim, e corrigindo os erros do passado, interessaria fomentar uma aliança entre os portugueses com os «boiões», capaz de libertar a região do jugo de Shahjahan. Em simultâneo, procurar-se-ia impor a tutela do Estado da Índia porque «de melhor vontade pagarão o trebuto aos Portugueses do que ao Mogor». Parte das das rendas locais – que Garrido estima em meio milhão de xerafins/ano por cada um dos senhores da região – passaria a entrar nos cofres do Estado da Índia que, deste modo, teria meios financeiros para manter uma presença efectiva na região.

O projecto de Garrido previa a intervenção de uma armada enviada pelo Estado da Índia que conquistasse a região à sombra do esperado «aleuantamento dos Boiõis» e fizesse assentar o domínio português em três novas fortalezas. A primeira, capaz de impedir os navios da VOC de carregar em Hughli, seria levantada «neste braço de ganga que vay para Ugulim», em território fora da jurisdição do império mogol. Uma outra deveria ser construída no reino de Jessore e a derradeira na corte de Dhaka, «onde assiste o viso rey de Mogor». Aí deveria viver o capitão enviado por Goa, substituindo, na autoridade, o representante de Shahjahan: «e nesta Corte que he cabessa deste Imperio ha de assistir o Gouernador ou Capitão que Vossa Senhoria mandar, tendo em sua presença e Corte todos os mais bõiois e regulos como o faz oje o nababo de Daca». Finalmente, com a conversão maciça da região ao cristianismo, tarefa a confiar a «trezentos ou quatrocentos cultivadores» com os olhos postos nos sucessos de Ceilão e Salcete, assegurava-se o fim do domínio mogol e Goa ficava com mais poder no Bengala do que em toda a Índia.

O plano de Garrido não foi avante, como mais tarde não avançaria também o projecto de frei Nicolau da Conceição. É recusado no início de 1640 por falta de dinheiro, mas o reino não enjeita uma segunda, mais económica, sugestão que o próprio Garrido expendera nas últimas linhas da sua carta: enviar alguém para «recolher» os cristãos da região e procurar levantar uma fortaleza em lugar «isento do Mogor»[135].

---

[135] Rei ao vice-rei, Lisboa, 16.III.1640, HAG – *MR*, liv. 21 A, fl. 69; BPE, CV/2-19, fl. 62.

Assim, e não dispondo ainda da resposta de Lisboa, António Teles de Meneses começa por enviar em Março de 1640 um tal Simião Carrilho da Fonseca às «partes de Bengala» como capitão e ouvidor. Do respectivo regimento ressalta a sua experiência «das cousas do Bengala» e não restam dúvidas de que se procura repetir o padrão da viagem de Gaspar Pacheco de Mesquita: prudência e *realpolitik*. O exercício da justiça no Bengala requer cautela redobrada, «pois a hides exerçitar em terra que não hé nossa e tão afastada de minha presença, pera que a desafeisão daquela gente não cometa outra semelhante desordem como a passada a que deo causa as forças mao procedimento dos portugueses que andão por aquellas partes». O capitão português leva cartas para os *subadar*s de Bengala e Orissa, assim como para o «rey do Angelim». Os interesses económicos do Estado da Índia prevalecem, porquanto o governador pretende assegurar o abastecimento de salitre e de mantimentos a Goa, Ceilão e Malaca. Daí que se concedam regularmente cartazes ao «nababo de Dacá», que o governador português considera ser «muito amigo nosso»[136].

O esforço de controlo e de apaziguamento continuaria nos anos seguintes. Em 1641, porventura tendo já em conta a decisão de Lisboa quanto ao projecto de Garrido, o conde de Aveiras anuncia o envio «as partes de Bengala na primeira occasião que se offereçer pessoa que trate de conduzir os portugeses que la andão, e já a este fim corro em amisade com o governador que aly assiste, ainda que vivem aquelles homens em tanta liberdade que difficultozamente se reduzirão»[137].

Independentemente do grau de controlo que sobre eles a coroa exercia, o regresso dos portugueses a Hughli ainda nos anos de 1630 era, pois, irreversível. Certo, passavam a contar com a concorrência holandesa na região, problema contemplado tanto no *farman* de 1633 como no documento de 1637. A VOC dispunha de uma feitoria em Hariharpur desde 1633 e outra em Hughli a partir de 1635. Mas os anos seguintes, e

---

[136] «Regimento que se deo a Simião Carrilho da Fonsequa quando foi por capitam e ouvidor as partes de Bengala», Goa, 18.III.1640, HAG – *Regimentos e Instruções*, liv. 3, fls. 204-204v.

[137] Governador ao rei, Goa, 3.VIII.1641, HAG – *MR*, liv. 21B, fl. 520.

ao contrário do que defende Sushil Chaudhuri[138], assistem, pois, a uma recomposição da comunidade portuguesa de Hughli e a um rejuvenescimento dos seus negócios. Não é possível, com os dados disponíveis, quantificar este fenómeno. Mas todos os indicadores convergem quanto à celeridade e pujança do processo. É esse o quadro traçado por observadores europeus como François Bernier ou Nicolò Manuzzi. É esse o sentido da crónica dos agostinhos que temos vindo a seguir: «da era de 1640 athe a prezente de 1669 [...] chegarão a se ampliar tanto, que estão no mesmo estado em que antes da perda estavão»[139]. Não admira, pois, que o vice-rei escrevesse em 1667 aos *mirzas* de Balasore e Hughli, reclamando o termo das injustiças praticadas contra os vassalos do rei de Portugal e recordando o bom tratamento dispensado pelos portugueses aos vassalos do imperador mogol[140]. Sinal inequívoco da vitalidade da colónia portuguesa do estabelecimento. A figura central destes anos é um tal João Gomes de Soto, mercador suficientemente rico para pagar a reconstrução da igreja do Bandel e suficientemente arguto para manter estreitas relações com a EIC[141].

O período compreendido entre o último quartel do século XVII e os primeiros decénios do século seguinte regista um significativo conjunto de informações sobre a presença portuguesa em Hughli. A questão que domina é o permanente e violento conflito entre moradores e religiosos[142].

---

[138] Cf. «The rise and decline of Hughli – a port in Mediaeval Bengal». *BPP*. Vol. 86/1 (Jan.-Jun. 1967), pp. 33-67.

[139] ANTT – *Manuscritos da Livraria*, n° 1699, fls. 48v-49. Outro importante documento coevo testemunha esse crescimento: falamos do «Privilegio dos Portuguezes do Bandel de Uguly e mais partes de Bengala», Goa, 13.IV.1665, in *APO*, fasc. 6 (suplementos), pp. 1278-1280.

[140] Goa, 18.IX.1667; HAG – *Reis Vizinhos*, liv. 2, fl. 68v. Ver, do mesmo ano (3 Dez.), uma certidão de Francisco Cabreira de Seixas, «capitão [...] por Sua Magestade neste Bandel de Ugulim terras do Grão Mogol» (ANTT – *Manuscritos da Livraria*, n° 731, fls. 508-508v, pub. em SUBRAHMANYAM – *Comércio e conflito*, doc. XII, pp. 274-275).

[141] Para tudo quanto precede, incluindo a crítica à perspectiva de Chaudhuri, cf. SUBRAHMANYAM – «Staying On». In *Improvising Empire*, esp. pp. 237-238; e também o ainda útil CAMPOS, J. J. A. – *History of the Portuguese in Bengal*. Reed. Nova Deli: Janaki Prakashan, 1979, pp. 141-153.

[142] «Petição dos moradores do bandel de Ugolim ao rei de Portugal»; Set. 1697 (queixas de Fr. Luís da Piedade), HAG – *MR*, liv. 62, fls. 197-198, e AHU – *Índia*, cxª 72, doc. 5. Na introdução à edição que preparou da *Breve Relação dos reinos de Pegu, Arracão, Brama e*

Com esta dificuldade se funde um sem-número de problemas internos da Igreja na região, todos eles consequência do grave conflito entre o Padroado e a Propaganda: divisões entre jesuítas e agostinhos, dissenções no interior da própria Congregação Agostiniana, desobediência dos missionários do Bengala em relação à autoridade do bispo de São Tomé de Meliapor[143] e, o que não é despiciendo, discórdias graves entre os agostinhos e os «portugueses negros» quanto ao acompanhamento espiritual da comunidade[144]. Esgotando-se nas suas diferenças internas, a colónia portuguesa de Hughli terá porventura perdido algum dinamismo e, sobretudo, capacidade de reacção às novas circunstâncias. E o nascimento de Calcutá em 1698, corolário de um conflito entre a EIC e Aurangzeb que começara em 1686 justamente com a expulsão dos ingleses de Hughli, era demasiado importante para ser escamoteado.

A hegemonia inglesa no Bengala, progressivamente afirmada ao longo da segunda metade do século XVIII, relativiza sobremaneira o cerco de Hughli de 1632 e os problemas que se lhe seguiriam. Ainda assim, é curioso notar como o *farman* de Shahjahan de 1633 ganha, século e meio depois, uma enorme utilidade. Em 1784, um tal George Gearmain, morador português (luso-descendente?) de Calcutá esboça um interessante plano económico e político com o objectivo de recuperar Hughli e fazer desse estabelecimento um forte rival da colónia inglesa de Calcutá. Para tal, era necessário reclamar a restituição das «posses e privilégios, que os Mogores de Delhi concederam à Nação Portuguesa em Bengala». Esses direitos, fundados nas concessões de 1633, nunca

---

dos Impérios de Calaminhã, Siammon e Grão Mogol de Sebastião Manrique (Roma: 1648), Maria Ana Marques Guedes aborda esta questão num contexto mais amplo e releva outras fontes (Lisboa: Cotovia; CNCDP, 1997, pp. 27-29).

[143] Ver o interdito geral imposto ao bandel de Hughli por D. Francisco Laynes, a 14 de Julho de 1714, e seu posterior levantamento a 8 de Outubro do mesmo ano (MANSO, Visconde de Paiva (Levy Maria Jordão) – *Bullarium Patronatus Portugalliae Regum in Ecclesiis Africae, Asiae atquae Oceaniae*. 5 vols., Lisboa: Typographia Nationali, 1868-1879, vol. III, pp. 135-138). Os códices 41 e 42 (série Aa) do Archivio Generale Agostiniano (Roma) guardam muita documentação de finais do século XVII sobre estes assuntos.

[144] Conflito com os «cristãos pardos» bem patente nas páginas da crónica de Fr. Jorge da Presentação, escrita em 1748 (HARTMANN, Arnulf, OSA (ed.) – *Historia das Missões dos Padres Augustinianos na India nos principios do 18º seculo, escripta pelo P. Fr. Jorge da Presentação missionario*. sep. AA. Vol. LVII (1994), pp. 193-341).

até então revogadas, haviam sido gradualmente negligenciados pelos próprios religiosos agostinhos, com quem o autor mantém uma relação conflitual e a quem acusa de se vergarem aos desejos dos ingleses. Assim, importava reunir quanto antes os papéis que haviam desaparecido, fruto da incúria ou da acção do tempo, por forma a reafirmar a supremacia portuguesa entre as potências europeias da região. É que, lembra Gearmain, nenhuma delas podia brandir documentos semelhantes. As concessões feitas aos restantes europeus no Bengala reportam-se exclusivamente ao negócio dos portos, enquanto que as detidas pelos portugueses desde 1633 implicam autoridade sobre o território[145].

Uma vez mais, é de sublinhar o paralelismo com o caso de Macau, cujas origens e fisionomia coincidem em larga medida com um bandel como o de Hughli. Coetâneo do projecto de Gearmain, é o plano de afirmação da soberania portuguesa em Macau gizado por Martinho de Mello e Castro. A concretização de tal plano implicava a procura dos documentos fundadores da cidade portuguesa, à cabeça dos quais se encontraria, e se almejava recuperar, a célebre «chapa de ouro» que o «Filho do Céu» teria concedido aos portugueses aquando do seu estabelecimento em Macau[146]. Para Gearmain, o «formão» de Shahjahan tem o mesmíssimo valor que Mello e Castro confere à «chapa de ouro» do imperador chinês.

Século e meio depois da queda de Hughli, o lucro, a política e a religião continuavam a moldar os acontecimentos do Bengala mogol. O *farman* de 1633, emitido em circunstâncias que se encontram por esclarecer na íntegra, adquiriu uma longevidade que Shahjahan não esperaria certamente.

---

[145] BNP – *Res.*, cod. 8841. Para tudo isto, ver FLORES, Jorge – «Um projecto de recuperação dos interesses económicos portugueses no Bengala em finais do século XVIII: A 'representação' de George Gearmain a D. Maria I (1784)». *Ler História*. N° 43 (2002), pp. 205-236 (documento de Gearmain publicado a pp. 215-236).

[146] Documentação relevante publicada por MÚRIAS, Manuel – *Instrução para o Bispo de Pequim e outros documentos para história de Macau*. Reed. Macau: Instituto Cultural de Macau, 1988. Cf. sobre este assunto, SALDANHA, António Vasconcelos de – *A «Memória» sobre o estabelecimento dos Portugueses em Macau do Visconde de Santarém (1754). Os primórdios da discussão da legitimidade da presença dos Portugueses em Macau*. Macau: IPOR, 1995.

Conclusão

A conclusões deste capítulo não diferem substantivamente das que alcançámos para o capítulo 7. Como bem demonstra a figura de Asaf Khan, intensifica-se a ligação da élite imperial aos negócios do mar, processo em que a participação europeia é cada vez mais complexa, porque claramente entretecida nos interesses mogóis. No Guzerate, a tomada das «duas naus mouriscas» em 1630 é uma réplica da crise de 1613-1615, assim como Mir Musa representa uma espécie de duplo de Muqarrab Khan. Já para o Bengala, e ao contrário de capítulos anteriores, vale a pena reflectir mais demoradamente sobre o ataque a Hughli em 1632.

A «perdição do Bandel», constituindo um momento-chave da história da fronteira luso-mogol no Bengala, pode ser analisada de vários ângulos. Se escolhermos o prisma das motivações de Shahjahan, logo constatamos que o ataque, assim como os acontecimentos que se lhe seguiram, entronca em debates políticos e religiosos que atravessam todo o reinado de Shahjahan e a sua interpretação. A relação entre fronteira e corte é, como já assinalámos para o caso de Akbar, fundamental neste caso. A conquista de Hughli poderá ter correspondido a uma «purga», a uma vontade de eliminar a desordem «estrangeira», que era também uma «infecção» religiosa. Mas a rápida recomposição das comunidades portuguesas no Bengala depois de 1632, sancionada pelo *farman* imperial do ano seguinte, mostra que a motivação ideológica não terá sido absoluta. O que foi pensado como uma radical imposição da fronteira mogol, resultou afinal numa célere recomposição das ténues linhas de demarcação do passado. O imperador mogol é, no mínimo, um ortodoxo muçulmano com muitos matizes. É essa aliás, malgrado alguns excessos retóricos, a imagem que os textos portugueses (incluindo jesuítas) dele veiculam.

Olhando a queda de Hughli sob o prisma português, também não faltam cambiantes. Importa registar como há quase quem reconheça razão ao acto de Shahjahan, estabelecendo uma distinção entre os portugueses e os «ladrões» do Bengala. O conde de Linhares, como o próprio escreveu, «dissimula e vai pairando», optando por uma reacção muito pragmática. A missão de Gaspar Pacheco de Mesquita constitui, assim, uma iniciativa diplomática e comercial pensada para assegurar o regresso ao *statu quo* anterior a 1632.

Todavia, soluções alternativas, «duras», estiveram por estes anos em cima da mesa. O utópico projecto de conquista do Bengala apresentado por Tomé Vaz Garrido em 1637, e secundado por Fr. Nicolau da Conceição cerca de duas décadas depois, é um projecto pensado para «desterrar o Mogor destas partes». Solução drástica, não ensaiada, cujo resultado ideal consistiria num considerável alargamento territorial da influência oficial (quando não imposição de soberania) portuguesa no Bengala. Tal seria alcançado através de uma massiva presença política, militar, comercial e religiosa, assente na união de todos os portugueses da região. Talvez mais importante, e reconhecendo a identidade própria do tecido político e social que vinha dos tempos do sultanato, Garrido propõe-se tirar partido da resistência dos «doze boiões» à autoridade imperial apenas para, uma vez consumada a derrota mogol, os colocar sob a autoridade do Estado da Índia.

Tomé Vaz Garrido sonhou com um governador português com corte na capital provincial mogol, substituindo e replicando o mando do «nababo de Daca». Uma quimera, correspondendo a uma absoluta transfiguração e subversão da fronteira luso-mogol no Bengala que nunca veio a ocorrer. Os portugueses continuaram a ser meros piratas *firangis*, enquanto que a resistência local à autoridade imperial com que contava Garrido começara já a desvanecer-se. Se, na literatura bengali das últimas décadas de 1500, os mogóis são comparados a monstros que a deusa Chandi deve absolutamente vencer, já um século depois a derrota do Bengala perante a ordem mogol passa por um interessante exercício de acomodação habilmente estudado por Kumkum Chatterjee naquele que é, infelizmente, o seu derradeiro trabalho: os mogóis capitularam diante da deusa, tornando-se seus devotos[147].

---

[147] CHATTERJEE, Kumkum – «Goddess Encounters: Mughals, Monsters and the Goddess in Bengal». *Modern Asian Studies*. Vol. 47/5 (Set. 2013), pp. 1435-1487.

CAPÍTULO 10
1630-1636: O «MURO» DO DECÃO CEDE

«Xajaão» em Burhanpur, «Canejão Patane» em Ahmadnagar

A fase inicial do reinado de Shahjahan foi dominada quase em absoluto pelos problemas do Decão[1]. Neste contexto, a presença continuada do próprio imperador na fronteira meridional do seu estado – cerca de trinta meses nos primeiros oito anos de governo – não é desprovida de significado. Senão vejamos. A primeira etapa do controlo imperial do Decão, materializada na extinção de Ahmadnagar e na submissão de Bijapur e Golconda, ocorre em meados de 1636 e é justamente selada com a promoção de Daulatabad a capital imperial durante cinco meses (28 de Fevereiro a 21 de Julho). O «muro» do Decão, para usar uma imagem corrente nos textos portugueses da época, cedia um tanto nessa altura. Com a neutralização dos sultanatos, particularmente os do Decão ocidental, o império mogol e a Goa portuguesa passavam a estar frente a frente. Quase meio século depois das campanhas de Akbar na região, os mais fundos temores dos portugueses ganhavam forma.

As vitórias mogóis de 1636 haviam começado a desenhar-se uma meia dúzia de anos antes, também com a presença física do imperador na região. Em Julho de 1630, Shahjahan promove uma caçada a

---

[1] Para uma panorâmica geral da política de Shahjahan para o Decão, ver KHAN, Yar Muhammad – *The Deccan policy of the Mughuls*. Lahore: United Book Corp., 1971, pp. 166 ss; SAKSENA – *History of Shahjahan*, caps. VI e VII, pp. 126 ss; CHANDRA, Satish – *Mughal religious policies. The Rajputs and the Deccan*, cap. 5, esp. pp. 118 ss. A conjugar com as histórias dos diferentes sultanatos do Decão, adiante citadas.

leões nos arredores de Burhanpur, acto carregado de simbolismo que um pintor da corte não deixou de fixar pela imagem. De facto, é bem conhecida a importância da caça enquanto instrumento de afirmação da autoridade imperial, permitindo a mobilização de tropas e a prática de manobras militares. No caso vertente, o sucesso da caçada é apresentado como prenúncio do sucesso da campanha militar do Decão que então se iniciava[2].

Partindo de Agra em Dezembro de 1629, Shahjahan haveria de gastar dois anos em Burhanpur, cidade que, entre Março de 1630 e Março de 1632, foi elevada à condição de capital imperial. É sabido que o «Segundo Timur» aí promoveu relevantes projectos arquitectónicos. Fê-lo como príncipe, aquando das campanhas do Decão (1617, 1621), e voltava agora, já como imperador, a construir edifícios de aparato no velho forte da cidade[3]. A Goa chegavam ecos dessas obras de fundo, indiciadoras de uma permanência prolongada de Shahjahan no sul. Comenta-se a 1 de Abril de 1630 que o imperador se «forteficava em Briampor»[4]. Um mês depois, depreendia-se que «o Mogor [...] andaria devagar por aquela parte, porque avia mandado derrubar os paços em que morava e que se lhe fizesse outros em Briampor»[5]. É possível que esta notícia se reporte à construção de um novo *Diwan-i 'Amm* em Burhanpur, dado que Shahjahan, logo que ascendeu ao trono, ordenou o levantamento de novas estruturas de audiência pública em todas as capitais imperiais[6]. Mas também não é de excluir que a informação remeta para uma intervenção mais profunda, ditada por um novo discurso político-ideológico. É sabido que a Shahjahan, que fez das obras públicas uma das marcas

---

[2] Miniatura atribuída a Dawlat, ca. 1635, *Padshahnama/Windsor*, n° 46, pp. 110-111, 210-211. Sobre as múltiplas dimensões da caça no império mogol, ver GOMMANS – *Mughal Warfare*, pp. 110-111; e KOCH, Ebba – *Dara-Shikoh shooting Nilgais: Hunt and landscape in Mughal painting*. Occasional Papers, n° 1. Washington D.C.: Freer Galley of Art & Arthur M. Sackler Gallery; Smithsonian Institution, 1998.

[3] Comunicação pessoal de Ebba Koch.

[4] *Diário Linhares 1*, fl. 19.

[5] *Ibid.*, fl. 29.

[6] KOCH – *Mughal Art*, cap. 9 («Diwan-i 'Amm and Chihil Sutun: The Audience Halls of Shah Jahan»), esp. p. 229.

mais características (e dispendiosas) do seu reinado, não agradavam os edifícios mandados construir por seu pai[7].

Como quer que fosse, os portugueses não anotaram as subtilezas da linguagem política expressa na arquitectura mogol. Preocupa-os, isso sim, a deslocação do imperador a terras vizinhas, demasiado vizinhas, do Estado da Índia. Daí que registem, com esperança, todos os rumores que dão conta do regresso de Shahjahan ao norte do império. Logo a 3 de Julho de 1630, fazem crer ao vice-rei português «que o mogor se vay retirando para o Agara»[8]. Em Agosto, de Burhanpur, o jesuíta Francesco Corsi informa Goa «que o Mogor lá por fim de setembro se hira»[9]. Julho de 1631: o conde de Linhares recebe notícias de Chaul, segundo as quais se «tinha por serto partido na volta de Agrá o Mogor». E acrescenta o vice-rei: «se hé verdade tenho por nova de muita importancia»[10]. Em Outubro do mesmo ano, «dizem-me que o Mogor deixa Briampor e se vay para o Agrá cõ pensamento de ir visitar Cambaia»[11]. Em Novembro desfaz-se o equívoco – «tive aviso [...] que o Mogor se não fora para Agrá como tinha lansado fama»[12].

Ironicamente, o assalto ao Decão dos anos de 1630 é acelerado por um conflito entre Shahjahan e um proeminente nobre afegão do império cuja revolta avivou receios, velhos de quase um século, de uma ameaça setentrional à Índia mogol. De facto, o ponto de partida para o intenso envolvimento imperial na região é a deserção de Khan-i Jahan Lodi (Pir Khan era o seu nome original) que, abandonando Agra em Outubro de

---

[7] KOCH – *Mughal Art*, p. 37; MOOSVI, Shireen – «Expenditure on buildings under Shahjahan – a chapter of imperial financial history». In *PHIC*, 46ª sessão. Amritsar: 1986, pp. 285-299; ASHER, Catherine B. – *Architecture of Mughal India*, vol. I. 4 *The New Cambridge History of India*. Nova Deli: CUP, 1995, p. 172. Em Burhanpur, os últimos trabalhos de relevo no domínio da arquitectura civil haviam sido promovidos por 'Abdur Rahim Khan-i Khanan nas duas primeiras décadas do século; KOCH, EBBA – *Mughal Architecture. An outline of its history and development (1526-1858)*. Munique: Prestel, 1991, pp. 90-92); MICHELL, George, ZEBROWSKI, Mark – *Architecture and Art of the Deccan Sultanates*, vol. I:7 *The New Cambridge History of India*. Cambridge: CUP, 1999, pp. 53-54.

[8] *Diário Linhares 1*, fl. 60.

[9] *Ibid.*, fl. 89.

[10] *Diário Linhares 2*, fls. 49-49v (12 e 17.VII.1631).

[11] *Ibid.*, fl. 86.

[12] *Ibid.*, fls. 95 e 103.

1629, logo tomou refúgio no sultanato de Ahmadnagar. *Subadar* do Decão nos derradeiros anos do reinado de Jahangir, de quem fora muito próximo, Khan-i Jahan Lodi chegou a ser reconduzido nesse lugar, onde o seu desempenho havia sido assaz controverso. Todavia, não logrou adaptar-se às circunstâncias decorrentes da transição régia e a sua relação com o novo imperador cedo se deteriorou. Dada a conjuntura, este homem poderia muito bem tornar-se um segundo Sher Shah Sur mas, com toda a certeza, Shahjahan não pretendia ser outro Humayun.

A revolta de Khan-i Jahan Lodi, que preocupa o imperador durante mais de um ano, teve sequelas não despiciendas. Consequência dessa sedição, o mosaico étnico da nobreza mogol altera-se de modo sensível: os afegãos perdem claramente influência na estrutura política do império[13]. Sabemos que, numa primeira fase, são sobretudo as famílias ligadas à revolta que perdem *mansabs*. Contudo, e considerado o reinado na sua totalidade, não restam dúvidas de que os nobres afegãos contam gradualmente menos no serviço imperial[14], e só nos últimos anos de Aurangzeb parecem ter readquirido alguma proeminência[15].

As crónicas mogóis dão basto relevo à revolta de Khan-i Jahan Lodi e, sobretudo, ao seu desfecho no início de Fevereiro de 1631. No dia 3 desse mês, o afegão era morto em Sahenda, a norte de Kalinjar, por 'Abdullah Khan e Saiyid Muzaffar Khan. A sua cabeça, e a do seu filho 'Aziz Khan, são levadas à presença de Shahjahan em Burhanpur, que as manda pendurar na porta do palácio real. A morte do rebelde afegão haveria de ser celebrada pelo poeta Abu Talib Kalim, enquanto que o

---

[13] Cf. ALI, M. Athar – «Provincial Governors under Shah Jahan: an analysis». In *Medieval India: A miscellany*. Nova Iorque: Asia Publishing House, 1975, vol. III, pp. 80-112; RAHIM, M. A. – *History of the Afghans in India, A.D. 1545-1631, with special reference to their relations with the Mughals*. Carachi: Pakistan Publishing House, 1961, cap. XII, pp. 284 ss; JOSHI, Rita – *The Afghan nobility and the Mughals (1526-1707)*. Nova Deli: Vikas Publishing House, 1985, cap. 6, pp. 115 ss.

[14] Cf. ANWAR, Firdos – *Nobility under the Mughals (1628-1658)*. Nova Deli: Manohar, 2001, esp. pp. 31-33, 86-87 e 98-100.

[15] Ainda que por razões de conjuntura. Sucede que a entrada de muitos nobres de Bijapur e Golconda no serviço imperial, decorrente da conquista mogol destes sultanatos em 1686-1687, implicou também o recrutamento de afegãos que serviam no Decão (cf. ALI, M. Athar – *The Mughal nobility under Aurangzeb*. Bombaim: Asian Publishing House, 1970, pp. 20-21).

momento da sua decapitação foi pintado por 'Abid, *ca*. 1633, um retrato impressivo que não podia deixar de figurar entre as ilustrações que dão corpo ao manuscrito do *Padshahnama* do Windsor Castle e que muito tem ocupado os especialistas de arte mogol[16].

Os portugueses também seguiram com enorme atenção o desenrolar do levantamento de Khan-i Jahan Lodi. Nos finais de 1629, ou no início de 1630, o vice-rei tinha acesso a uma interessantíssima relação anónima que, dando conta do conturbado processo de ascensão de Shahjahan ao trono, elaborava sobretudo acerca da revolta de «canejão patane»[17]. De acordo com este texto, o imperador teria ficado «sentido» com o nobre afegão por este não ter vindo à sua presença após a sucessão de Jahangir. Ter-lhe-á então enviado «cartas mimosas», chamando-o à corte para tomar o seu conselho enquanto «capitão mais velho». Uma vez em Agra, Shahjahan não conseguiu ocultar por muito tempo o ódio (a palavra é utilizada por duas vezes) que sentia por Khan-i Jahan, tonando-se claro que pretendia eliminá-lo. Khan-i Jahan recorreu então à mediação de Asaf Khan e foi à presença do imperador, oferecendo-lhe «emtre dinhciro e peças de dezassete leques de rupias», para além de lhe devolver a espada que Jahangir em tempos lhe havia confiado, para «que a desse a quem com ella o serviçe». De sublinhar que, à semelhança das notícias que chegam aos portugueses a propósito do assassínio de Bulaqi (*supra*, capítulo 8), também este texto dá de Asaf Khan a imagem de alguém que não é inteiramente fiável («lhe não comvinha fiarçe delle»).

Shahjahan determinou então que se cercassem as casas de Khan-i Jahan, ao mesmo tempo que ameaçava com a pena de morte todos os seus seguidores que não passassem entretanto ao serviço imperial. Todavia, «como os Patanes são resulutos se recolherão melhoria de quinhemtos dentro nas casas do dito Canejão». Outros espalharam-se pela cidade e arrabaldes, ocultando o seu vínculo ao nobre afegão. Simbolicamente, o imperador terá enviado um grilhão («macho de ferro») a Khan-i Jahan, que persistiu em não assumir culpas. O cerco prolongou-se por uma semana.

---

[16] *Padshahnama/Windsor*, n° 16, pp. 50-51, 174-176.
[17] HAG – *MR*, liv. 13 B, fls. 452-454.

«Cousa redicula» – intervém na narrativa o próprio autor da relação – «que demtro em hũa cidade tão gramde como he a de Agara e debaixo de sua fortaleza senão atreva hũ Rei cõ tamtos milhares de gemte a emtrar as casas de hum capitão seu que só com quinhemtos homes se defendia». Neste cenário, a Khan-i Jahan só restava planear com os seus homens o abandono de Agra: fê-lo «das omze para a meia noite» de uma data não especificada no texto, mas que sabemos ter sido o dia 15 de Outubro.

Segue-se o relato dos recontros entre Khan-i Jahan e os homens encarregados por Shahjahan de o perseguir. Os embates iniciais tiveram por cenário Dholpur e as margens do rio Chambal e foram favoráveis ao nobre afegão, que eliminou vários capitães mogóis. Entre eles contava-se Raza Bahadur, que o autor do texto identifica com o homem que Shahjahan encarregara de cortar as cabeças aos príncipes em Janeiro de 1628 (*supra*, capítulo 8). A sua morte terá sido especialmente sentida pelo imperador – «tamto que vemdo seu corpo diante comessou a chorar com algumas palavras de lastima»[18]. Ao invés, o povo saudou particularmente a morte do carrasco dos membros da família imperial e insurge-se contra a perseguição movida a Khan-i Jahan: «foi universal alegria que todos os reinos tiverão pela sem rezão e imjustiça que a Canejão se fazia». Mas, no primeiro confronto entre os partidários de Khan-i Jahan e o exército imperial, o nobre afegão também perderia um filho, cuja cabeça Shahjahan exibiu numa das portas de Agra, «com guardas para que ninguem a tiraçe». Todavia, o balanço era claramente favorável a Khan-i Jahan. Dizia Linhares no final de 1630 que, neste conflito, «sempre perdeo reputação a gente do Corromo»[19].

Esta longa paráfrase permite sublinhar a riqueza das informações chegadas a Goa. Detalhes há nesta relação anónima que não figuram nas crónicas oficiais e que, muito provavelmente, foram colhidos nas conversas e rumores que corriam nos bazares de Agra. É de notar, sobretudo, o tom divergente do autor da relação que, indiscutivelmente, toma o partido do afegão em revolta. Nos textos mogóis, Khan-i Jahan é apresentado como

---

[18] Sobre o seu trajecto no serviço imperial, ver ALI, Athar – *Apparatus*, S 28, S 326, S 368, S 471. Trata-se de uma figura frequentemente incluída nas miniaturas que ilustram cenas da corte mogol ao tempo de Shahjahan (*Padshahnama/Windsor*, p. 233).

[19] Vice-rei ao rei; Goa, 12.XII.1630, HAG – *MR*, liv. 14, fl. 202.

alguém que enveredara por um caminho perigoso e desleal, um homem de mente maliciosa que entrara num estado de irracional ousadia[20]. Um sunita demasiado (e perigosamente) próximo do xiismo que, passando muito tempo na companhia de dervixes, optara pela vagabundagem e nutria aversão pelo mundo[21]. No outro extremo, o autor da relação que temos vindo a seguir nota que o imperador temia que Khan-i Jahan o desapossasse do trono. Só que neste texto, e à semelhança do que sucedera no episódio Bulaqi, é Shahjahan quem aparece como usurpador, quase se reconhecendo, em contrapartida, a legitimidade de Khan-i Jahan para tomar o poder: «he verdade que se temia o alevantamento dos patanes [...] que são muitos os que naquelles reinos há *e elles forão os Reis a quem o mogor despojou do setro e coroa*». Curiosa formulação esta, em que o acento não é posto na deposição de Humayun por Sher Shah em 1540 mas, antes, no (ilícito) fim do regime Sur aquando da restauração do imperador mogol em 1555.

O autor volta à ideia no final da sua relação, após ter narrado as escaramuças que se seguiram à fuga de Agra. Na sua versão dos acontecimentos, Shahjahan receia perseguir Khan-i Jahan porque este já arregimentara quinze mil homens de cavalo e seguia em direcção a Ahmadnagar, onde «se lhe tem ajuntado muita camtidade de patanes». Para mais, anunciavam-se rebeliões de afegãos no Bengala, «de modo que reçea se alevamte os patanes todos e queirão fazer rei a Canejão». O imperador mogol, ao invés, é retratado como um tirano medroso que não logra conquistar a confiança dos seus vassalos: fica «oje com grão cuidado e temor por não ser amado do povo».

Idêntica atitude de simpatia por Khan-i Jahan é visível em testemunhos, ainda que esparsos, de funcionários da EIC. Em Dezembro de 1630, ao darem conta da perseguição movida por Shahjahan a Khan-i Jahan Lodi, os ingleses minimizam os sucessos da acção imperial: «The King still prosecutes his warrs with Decan, and hath lately atcheived a *petty victory* against Ckaun Jehaun»[22]. E, ao descrever a morte do nobre afegão dois

---

[20] KHAN, 'Inayat – *SJN*, p. 34; LAHORI – *BN*, p. 7.

[21] *MU*, vol. I, pp. 795-804, esp. pp. 803-804.

[22] Presidente e conselho de Surrate aos feitores de Masulipatão, Surat, 3.XII.1630, in *EFI, 1630-1633*, p. 109. O itálico é nosso.

meses depois, o presidente de Surat não deixou de sublinhar a coragem e a dignidade com que Khan-i Jahan terá enfrentado o seu próprio fim:

> Ckaune Jehaune, in his flight from thence [Decão] towards his owne countrye being interrupted in his passage and pursued by Abdela Ckaun with advantage of nomber, encountred the terrour of his desperate fortunes and *with admirable courage preffred an honorable death* (wich the marks of 15 wounds well testified) before that life that must suffred the scorne and contempt of his persecutors, and so finish his daies, amongst the thickest of his enemyes fighting[23].

O sentido das informações recebidas em Goa depois da sedição – expressas no relatório que temos vindo a seguir, ou em outros documentos de que não temos hoje notícia – deve, pois, corresponder ao sentimento geral que corria no subcontinente a propósito de Khan-i Jahan e que também moldara a opinião dos agentes da companhia inglesa. Em Ahmadnagar, di-lo um informador de Linhares, fala-se de «Canajão» como «Rey que foi dos patanes e guzarates»[24]. Como adiante veremos com outro detalhe, este fenómeno terá seguramente plasmado a posição adoptada pelo vice-rei no que à condução política deste assunto diz respeito. Linhares correspondeu-se com Khan-i Jahan e, até ao desaparecimento deste – mormente no contexto da sua aliança com Ahmadnagar, activa até ao ocaso do ano de 1630 – foi sempre favorável à revolta afegã. Logo no início do conflito, por exemplo, o vice-rei não deixa de sublinhar que Khan-i Jahan é «o primeiro homem em estima que ha no reino do Mogor velho [i.e. Jahangir], em que ouve grandes vitorias»[25].

Cada vitória do «grão capitão» – é assim que os portugueses se lhe referem – corresponde a um revés do imperador mogol, forçando-o a adiar o eventual projecto de conquista das fortalezas do Norte. Como

---

[23] Os mesmos aos agentes e feitores da Pérsia, Surrate, 13.V.1631, *ibid.*, pp. 159-160. O itálico é nosso.

[24] *Diário Linhares 1*, fl. 118v.

[25] *Ibid.*, fl. 12v.

notava um jesuíta em Outubro de 1630, «emquanto o Canajão por qua andasse que não avia que temer»[26]. E uma liga entre Khan-i Jahan Lodi, Burhan Nizam Shah III e Bulaqi, sonhada por Linhares, poderia significar até o fim de Shahjahan.

A quebra do «cadeado mourisco»

Quando da sua segunda coroação, em Agosto de 1628, Shahjahan recebeu presentes e felicitações dos soberanos de Bijapur e Golconda que, à semelhança dos seus antepassados – no dizer de 'Inayat Khan –, optaram por seguir o caminho da obediência e da submissão[27]. Já com Ahmadnagar, as relações iniciais parecem ter evoluído noutro sentido. Burhan Nizam Shah III tenta disputar a Shahjahan a posse da fortaleza de Bir, ao mesmo tempo que ordena a Shahji que parta de Daulatabad, com 6.000 homens de cavalo, a fim de fomentar uma revolta em Khandesh[28]. E, não obstante, um relatório levado à presença do vice-rei português em 1629 refere que a disposição inicial de Shahjahan, tendo em consideração o apoio que o Nizam Shah lhe dera enquanto príncipe revoltoso nos anos de 1620, ia no sentido de preservar a paz com Ahmadnagar[29]. Regista a anónima *Relação dos Reis Vizinhos* que «ao prezente Soltão Corromo Rey Mogor favoreçe muito ao Rey Nizamoxa a respeito de agazalhado que lhe fez no seu Reino quando andou nelle omiziado [...] *lhe não faz por ora a guerra*, e lhe agradeçe da boa feiteza cõ que uzou naquelle tempo». Mas, pormenor não despiciendo, o imperador mogol instara Burhan III

---

[26] Informação dada por ANDRADE, António de – *ibid.*, fl. 99.
[27] KHAN, 'Inayat – *SJN*, p. 26.
[28] *Ibid.*, p. 30.
[29] Acerca do panorama de Ahmadnagar neste período final – de acentuada desagregação – da sua existência enquanto entidade política, ver SHYAM, Radhey – *The kingdom of Ahmadnagar*, pp. 297 ss; e a contribuição do mesmo autor para a *History of Medieval Deccan (1295-1724)*, obra colectiva coordenada por SHERWANI, H. K., JOSHI, P. M., Hyderabad: The Government of Andhra Pradesh, 1973, vol. I, cap. VI, pp. 223 ss. Colocando o acento no envolvimento do Estado da Índia e nas fontes portuguesas, ver PISSURLENCAR – «A extinção do Reino de Nizam Shah». *BIVG*. Vol. 27 (1935), pp. 97-124.

a libertar Fath Khan, filho de Malik 'Ambar, o que então não sucedeu[30]. Um ano volvido, Linhares já sublinhava a ingratidão do imperador mogol. Afinal, Shahjahan começara por fazer guerra «contra o Rey Melique que o amparou em seus trabalhos»[31]. Na verdade, o asilo político oferecido por Ahmadnagar a Khan-i Jahan Lodi no final de 1629 tornara a posição do sultanato assaz delicada: Shahjahan deixa Agra no início de Dezembro, tendo o reino dos Nizam Shahs por alvo.

Em Goa, o vice-rei segue, expectante, a progressão do exército mogol para sul. Trezentos mil homens, é a estimativa que lhe chega às mãos[32]. A 11 de Março de 1630, Linhares recebe notícias segundo as quais «o Mogor tinha caminhado ja mais de quinze jornadas na volta das terras do Melique, tanto por rezão da cobiça daquele reino como por aver acolhido a elle hum capitão seu casta patane por nome Canajam»[33]. Quatro dias depois, mais notícias: Shahjahan está a quatro dias de Burhanpur[34]. 24 de Março: «Reçebi novas que caminha o Mogor tres legoas cada dia não me sey rezolver que detreminação tras»[35]. E um dia depois: «as novas do Mogor não soão tam feo como pareçeo das primeiras». Ainda assim, o vice-rei envia homens, artilharia e munições para as fortalezas do Norte[36]. A 1 de Abril, Linhares é informado de que Shahjahan não avançava muito mais para sul, «e se fortificava em Briampor»[37].

Vistos de Goa, os primeiros meses do conflito parecem correr bem a Ahmadnagar. O sultanato tem um exército poderoso e conta com o auxílio de Golconda, diz-se no início de Abril[38]. Poucos dias passados,

---

[30] HAG – *MR*, liv. 13B, fls. 447-449v. Pub. por PISSURLENCAR – «A Índia em 1629. Relação dos Reis Vizinhos do que por ora passa e contão». *BIVG*. Vol. 7 (1930), p. 57 (doravante *Relação dos Reis Vizinhos*). O itálico é nosso.

[31] Vice-rei ao rei, Goa, 12.XII.1630; HAG – *MR*, liv. 14, fl. 202.

[32] O mesmo ao mesmo, Goa, 30.X.1631; ANTT – *LM*, liv. 29, nº 104, fls. 197-201v.

[33] *Diário Linhares 1*, fl. 12v.

[34] *Ibid.*, fls. 13v-14.

[35] *Ibid.*, fl. 17.

[36] *Ibid.*, fls. 17-17v.

[37] *Ibid.*, fl. 19.

[38] *Ibid.*, fl. 19. Não é certo que 'Abdullah Qutb Shah tenha oferecido assistência aos Nizam Shahs nesta ocasião. Todavia, Shahjahan haveria de atacar Golconda a partir de Orissa em 1630, tomando a fortaleza de Mansurgarh em Dezembro desse ano; cf.

circula o rumor de que Burhan Nizam Shah III e Shahjahan planeavam uma aliança com o intuito de conquistar Bijapur, propondo-se o sultão de Ahmadnagar pagar um tributo anual de 35 leques de rupias a Shahjahan e aceitando ser seu «rendeiro»[39]. É certo que os dois sultanatos estavam então desavindos. Só que Muhammad 'Adil Shah, seguramente pressionado pela facção da nobreza do seu reino que advogava uma aliança com os mogóis, havia entretanto estabelecido um acordo com Shahjahan que previa a entrega a Bijapur de cinco dos fortes de Ahmadnagar que viessem a ser tomados em troca do seu apoio na guerra contra Burhan III[40]. Tratou-se, é certo, de um entendimento efémero. Mas, enquanto durou, não deixou de ser útil a Shahjahan. Em Dezembro, já a situação começava a tornar-se desfavorável a Ahmadnagar, Linhares faz um balanço do conflito a Filipe IV, notando que o imperador mogol «avia feito tratto com o Idalcão para [...] que apertasse o Melique, nos mezes de inverno em que pareçe que por razão das chuvas se retirasse, e desfizesse os exerçitos». Todavia, a guerra continuou, «porque para aquella parte não deitou o ceo nenhũa agoa com o que cresceo a necessidade de mãtimentos, e de sede morreo muita gente e ainda alimarias porẽ foi mayor a ceqa na parte que cabe ao Melique necessitado e apertado do Idalcão que se achou mais abundante de agoa e mãtimentos, tem tido perda de grandissima consideração»[41].

Na verdade, as notícias seguintes não confirmam a concretização de uma liga entre os mogóis e Ahmadnagar contra Bijapur, antes retomam o sentido das informações anteriores. O exército imperial encetara a subida dos Gates mas, vaticina-se, não deverá passar das «portas de verara», onde as forças de Burhan III o aguardam[42]. A guerra ameaça

---

SHERWANI, H. K. – *History of the Qutb Shahi Dynasty*. Nova Deli: MM, 1974, pp. 434-435; KHAN, 'Inayat – *SJN*, pp. 48-49.

[39] *Diário Linhares 1*, fl. 21.

[40] KHAN, Y. Muhammad – *The Deccan policy*, pp. 167-168, 228-229.

[41] Vice-rei ao rei, Goa, 12.XII.1630, HAG – *LM*, liv. 14, fl. 202.

[42] *Diário Linhares 1*, fl. 22 (13.IV.1630). Notícias de idêntico teor nos dias 15 (fl. 23v), 23 (fl. 26v), 27 e 28 (fl. 28v) do mesmo mês.

prolongar-se monção adentro e «os do Mellique ficão na cabessa do Gate fabricando cazas para passarem o inverno»[43].

Mais uma vez, na pena dos portugueses, os meses seguintes parecem ser desastrosos para os mogóis. O exército imperial, fustigado pela fome e pela morte massiva de homens e cavalos, enfrenta com dificuldade as investidas de Ahmadnagar. São notícias desse teor que o conde de Linhares invariavelmente regista no seu diário. No último dia de Abril, um dos informadores de Linhares nota «que o Mogor esta em Briampor [...], e que o Melique se lhe tem oposto, e se entende se lhe rezistria porque tem muito florido exerssito»[44]. A 6 de Maio: «Tive novas que o Mogor estava mui apertado de fome e de sede, e que lhe morria muita gente, e que o Melique lhe matara dous mil homês, e lhe tomara duzentos elefantes, e quinhentos cavalos»[45]. A 19 de Maio, sabe-se «que o Mogor se vay retirando porque lhe morre muita gente no seu exerssito a fome»[46]. No primeiro dia de Julho, o vice-rei é informado de que «teve o Melique dous bons suçessos contra a gente do Mogor e que forão taes que se da ja por quieto e seguro»[47]. Também há, como é de ver, notícias dissonantes: «sete mil cavalos do Mogor tiverão um bom suçesso contra sinco mil do Melique e que os fizerão retirar», regista-se no início de Julho[48]. Todavia, os ecos de expressivas vitórias de Ahmadnagar haveriam de prolongar-se por todo esse mês. No dia 25, sabe-se que «dera ultimamente hûa tão gran'derotta no exerssito do Mogor hûa legoa de Briampor que se ficara o Mellique senhor do campo com temdas armadas». Manifestando publicamente o seu contentamento, Burhan III ordena que se distribuam doces em todas as cidades do seu reino[49]. O vice-rei deve referir-se aqui à vitória de finais do mês anterior, trazida dias mais

---

[43] *Ibid.*, fls. 61-61v.

[44] *Ibid.*, fl. 29.

[45] *Ibid.*, fl. 35; reunião do Conselho de Estado, Goa, 6.V.1630, in *ACE*, vol. I, p. 278.

[46] *Diário Linhares 1*, fls. 40v-41.

[47] *Ibid.*, fl. 59v.

[48] 4.VII.1630, *ibid.*, fls. 61-61v.

[49] *Ibid.*, fl. 75: «[...] por graças da vitoria mandara em todas suas çidades repartir cargas de asucare que he a demonstrassão de maior alegria».

tarde ao seu conhecimento também via Daulatabad: Ahmadnagar tivera «hûa sinalada vitoria em 29 de Junho em que matara mais de coatro mil homes ao mogor e lhe tomara grande bagagem»[50].

A crer nas informações que chegam a Goa, as vitórias de Burhan Nizam Shah III sobre os exércitos imperiais tornaram-no temido e respeitado na região. Surrate ia-se «intrincheirando por medo do Decany»[51], enquanto que Muhammad 'Adil Shah demonstra «grande medo» de um ataque de Ahmadnagar ao seu reino, inevitável se acaso a ofensiva mogol sobre o Decão terminasse entretanto[52]. Quanto a Golconda, o sultão de Ahmadnagar preparava-se em Novembro de 1630 para «entrar nas terras do Cutubuxaa» a fim de o forçar a pagar os trezentos mil pagodes de tributo que lhe eram devidos, pagamento que o embaixador residente de Shahjahan em Hyderabad tentava evitar que se concretizasse[53].

Para além das condições adversas que encontrou em 1630 no Decão, Shahjahan teve também de haver-se com sublevações que varreram o norte do império. Em Novembro, Goa dá conta de uma insurreição séria: «no Agará se avião rebelado mais de cem mil homês contra o mogor de diversas partes, e que lhe avião tomado quatro fortalezas». São patanes que, de acordo com «trassas e conçelhos» de Khan-i Jahan, causam «grande bulha no reino do mogor»[54]. Esta notícia é proveniente de Daulatabad e refere-se naturalmente à revolta de Kamaluddin Rohila em Peshawar, acontecimento sobre o qual 'Inayat Khan também escreve[55]. Segundo os textos portugueses, Asaf Khan terá alertado o imperador para a gravidade da situação, oferecendo-se para ficar no Decão e instando-o a regressar a Agra. Todavia, Shahjahan insiste em privilegiar a fronteira meridional, respondendo ao sogro, como fará amiúde nos anos imediatos, que mesmo se «se puzesse a risco de perder todo seu Reino não avia de

---

[50] *Ibid.*, fls. 76-76v.

[51] Reunião do Conselho do Estado («sobre as cousas de Surrate»), Goa, 3.VIII.1630, in *ACE*, vol. I, p. 284.

[52] *Diário Linhares 1*, fl. 60 (3.VII.1630) e fl. 89 (8.IX.1630).

[53] *Ibid.*, fl. 119.

[54] *Ibid.*, fls. 113v-114; 118v.

[55] KHAN, 'Inayat – *SJN*, pp. 40-41.

acodir a aquella parte deixando de fazer guerra ao Decanim». No dizer do informador de Linhares em Daulatabad, o Decão era «osso [...] que se lhe atravessara na garganta». Na capital do sultanato especulava-se até se Shahjahan viria, «em pessoa», fazer guerra a Ahmadnagar, algo que Burhan Nizam Shah III desejava verdadeiramente – ver o imperador «metido dos alares pera dentro, a fome e a sede»[56].

Mesmo as fontes mogóis dão conta de revezes nos exércitos imperiais. E a própria organização da campanha evidenciou problemas. Em Maio de 1630, o desentendimento entre Shaista Khan e A'zam Khan leva o imperador a substituir o primeiro por 'Abdullah Khan. Nos últimos dias de Novembro, é a vez de A'zam Khan ceder o lugar a Asaf Khan, que se torna então comandante de todo o exército do Balagate[57]. Esta alteração devia ser ponderada há algum tempo, porquanto Francesco Corsi já em Agosto dizia que, no final do mês seguinte, «ficaria em Briampor por nababo Assafacão»[58].

Todavia, Asaf Khan não comunga da via belicista preconizada por Shahjahan. Mostrou essa discordância ao longo de toda a campanha do Decão. Ao invés de, em situação assaz difícil, persistir na conquista de Ahmadnagar ou de qualquer outro sultanato, o sogro do imperador prefere claramente a negociação com vista à obtenção da paz. Aliás, entre Julho e Outubro, as fontes portuguesas falam amiúde da iminência de um entendimento entre o «Mogor» e o «Melique»[59]. E a impressão que se colhe noutras fontes europeias confirma este quadro. No final desse ano, um eventual acordo entre as duas partes, promovido por Asaf Khan, é visto por altos funcionários da EIC como uma forma de salvar a face dos mogóis e, até, de ocultar a verdade ao imperador. Na opinião do presidente e do conselho de Surrate, o previsível fim das guerras do Decão assentava, pois, numa mentira piedosa que era forçoso contar a Shahjahan:

---

[56] *Diário Linhares 1*, fls. 114, 118v.

[57] KHAN, 'Inayat – *SJN*, p. 39, 42-46; Lahori, *BN*, pp. 11 ss.

[58] *Diário Linhares 1*, fl. 89.

[59] *Ibid.*, fls. 61v (4 Julho), 65v (10 Julho), 66v (14 Julho); 81v (5 Agosto); 8 Setembro); fl. 98 (14 Outubro).

[...] which wee hope are now drawing to their period by the subtill contrivance of Assuff Chaun, the great favorite, who with a powerfull armye is gon out with pretended show to effect that by force which betwixt him and great ambraws of that councell they intend to performe by an underhand composition of peace, *thereby to save (as much as in them lyes) the honour of the King, who shalbee made beleeve that his power, and not his secret pollicie, shall have brought to passe soe great a victory aymed at*[60].

O momento favorável que Ahmadnagar vive em finais de 1630 abre caminho a uma eventual aliança com Goa. As propostas feitas por Burhan Nizam Shah III ao Estado da Índia chegam às mãos do conde de Linhares no início de Dezembro[61]. Diogo Saraiva é o agente do vice-rei em Daulatabad que, por sua vez, tem por principal interlocutor o próprio «governador» do reino, Saiyid Khalifa.

O sultão procede ao inventário das fragilidades de Shahjahan: no noroeste, o imperador tinha de haver-se com a revolta dos patanes e, bem assim, com a pressão exercida pelos safávidas[62]. No Decão propriamente dito, Khan-i Jahan Lodi tinha-lhe entretanto infligido uma derrota na fortaleza de Bir, matando 500 soldados do exército imperial[63]. Todavia, Burhan Nizam Shah III concebe uma liga com os portugueses sobretudo para fazer frente a Bijapur, «que maior enemigo mostra ser delle que o proprio mogor».

---

[60] Presidente e conselho de Surrate aos feitores de Masulipatnam e Banten, Surrate, 12.XI.1630, in *EFI, 1630-1633*, p. 92. O itálico é nosso.

[61] A documentação portuguesa relevante sobre este assunto é a seguinte: reuniões do Conselho do Estado de 26.XI.1630 («Sobre as cartas que vierão de Diogo Saraiva») e 1.XII.1630 («sobre o petitorio delrey Melique»), in *ACE*, vol. I, respectivamente pp. 326-328, 328-330; vice-rei ao rei, Goa, 6.XII.1630; HAG – *MR*, liv. 14, fls. 178-179; *Diário Linhares 1*, fls. 113v-114, 117, 118-121v.

[62] Ao contrário do que pretende o sultão de Ahmadnagar, as relações entre mogóis e safávidas no início do reinado de Shahjahan eram boas (ISLAM – *Indo-Persian relations*, pp. 97-98). Shah Safi despacha um embaixador para a Índia que, chegando a Lahore em 1630, haveria de ser recebido em Burhanpur em Março do ano seguinte. Trata-se de Muhammad 'Ali Beg, cuja recepção imperial no *Diwan-i 'Amm* um pintor da corte mogol representou (*Padshahnama/Windsor*, nº 17, pp. 52-53, 176-177).

[63] As crónicas mogóis dão deste episódio uma versão diversa: apesar de admitir baixas consideráveis no exército imperial, Lahori realça a derrota final de Khan-i Jahan, que fugiu para as montanhas e perdeu um sobrinho (*BN*, pp. 12-15).

Na corte de Ahmadnagar, a crer nas informações transmitidas por Saraiva, os portugueses eram tidos por protectores e libertadores do reino, enquanto que o sultão se considerava mesmo irmão do rei de Portugal[64]. Para prosseguir a guerra contra Shahjahan e Muhammad 'Adil Shah, Burhan Nizam Shah III necessita de dinheiro e, como tal, não hesita em pedir um empréstimo ao Estado da Índia. Por outro lado, ataques concertados a Bijapur não só permitiram a Ahmadnagar recuperar fortalezas como a de «Punachacana» (Pune e Chakan), como facilitariam a tomada das posições que os 'Adil Shahs possuíam no Concão. Neste contexto, o sultão estava disposto a ceder a Goa o domínio do «Concão debaixo de Chaul», os seus portos e os seus rendimentos, de modo que «neste Reino tera o Estado mais parte que o proprio Rey». O inevitável enfraquecimento de Bijapur tornaria possível, depois, a execução de um verdadeiro golpe de estado no sultanato. Burhan Nizam Shah III pretende ir sobre «a fortaleza de Vizapor a dar posse do Reino a seu sobrinho filho do sego».

O cego é Darwesh Muhammad, primogénito do sultão Ibrahim II, que Khawas Khan assim incapacitara em 1627 por forma a evitar a sua subida ao trono. O filho segundo de Ibrahim II – seu favorito, aliás – torna-se sultão Muhammad 'Adil Shah com o apoio de Khawas Khan e Mustafa Khan, enquanto que o seu irmão mais velho se refugiava em Ahmadnagar. A *Relação dos reis vizinhos* explica que Ibrahim II, desavindo com Malika Jahan, a «Rainha principal» que era filha do soberano de Golconda, mandou à hora da morte cegar o filho mais velho de ambos. O sultão tê-lo-á feito por influência de Mustafa Khan e de Khawas Khan, assim entregando o trono a Mahmud, filho de Taj Sultana, que fora «dama do paço». No entanto, é de crer que o sunita Ibrahim II pretendesse evitar a chegada ao poder de um sultão xiita[65]. O «morgado» Darwesh, irmão da mulher de Burhan Nizam Shah III e, logo, cunhado do sultão de Ahmadnagar, exilou-se em Daulatabad com os seus dois filhos de seis e quatro anos. O autor da relação chama-lhe sintomaticamente *Padshah*, e não deve

---

[64] Sobre a importância e significado deste parentesco fictício nas relações entre Goa e os potentados asiáticos, ver SALDANHA – *Iustum Imperium*, pp. 353 ss.

[65] Cf. GHAURI, I. A. – «Kingship in the sultanates of Bijapur and Golconda». *IC* (Jan. 1972), p. 45 (citando o *Basatin al-Salatin*, de Muhammad Ibrahim Zubairi).

surpreeender que, nos anos seguintes, o filho mais velho do «cego» fosse amiúde desejado como sucessor Muhammad 'Adil Shah[66].

Diogo Saraiva é um indefectível entusiasta da aliança com Ahmadnagar. Considera o informador de Linhares que, uma vez livre dos ataques de Shahjahan e de Bijapur, o sultanato será «um ramalhete de flores». A sua posição estratégica, tanto do ponto de vista económico como no plano político, é crucial. Na primeira vertente, Ahmadnagar constitui «o corassão em que os Reinos todos desta India vem a dar e sem elle não há comerssio para nenhûa parte». No que se refere à segurança da região, o reino dos Nizam Shahs assemelha-se a um «cadeado mourisco».

Para dar outra consistência económica à futura aliança, Diogo Saraiva sugere mesmo ao sultão que boicote o comércio que se fazia por terra entre Masulipatão e Surrate, substituindo esse eixo pela ligação Masulipatão-Chaul. Consequência imediata, os mercadores do Guzerate deslocar-se-iam para Ahmadnagar e para o «Concão debaxo»[67]. Procurava-se, assim, esvaziar o mais importante porto que os mogóis tinham no lado ocidental do seu império, já de si vulnerável ao poder naval português: a corte de Ahmadnagar sabia – Saiyid Khalifa «sabe tudo o que se passa em Surrate», comenta Diogo Saraiva – do episódio das «naus mouriscas» (*supra*, capítulo 9) e exultara com o sucesso dos portugueses. E era o próprio agente de Linhares que instigava Burhan Nizam Shah III a avançar por terra sobre Surrate, assegurando-lhe que o vice-rei o faria por mar[68].

A concretização desta aliança entre o Estado da Índia e Ahmadnagar passava pelo envio de um embaixador de Burhan Nizam Shah III a Goa,

---

[66] *Relação dos reis vizinhos*, pp. 55, 57.

[67] Os têxteis do norte do Coromandel eram transportados por terra até Surrate ou Dabul e daí seguiam, via marítima, para a Pérsia. Sobre a importância do porto de Masulipatão nesta época, particularmente no âmbito das suas ligações comerciais ao Índico ocidental e ao Mar Vermelho, ver ARASARATNAM, Sinnapah, RAY, Aniruddha – *Masulipatnam and Cambay. A history of two port-towns, 1500-1800*. Nova Deli: MMP, 1994; SUBRAHMANYAM, Sanjay – «Masulipatnam revisited, 1550-1750. A survey and some speculations». In BROEZE, Frank (ed.) – *Gateways of Asia. Port cities in the 13th-20th centuries*. Londres; Nova Iorque: Kegan Paul International, 1997, pp. 33-65; ID. – «Persians, pilgrims and Portuguese: the travails of Masulipatnam shipping in the western Indian Ocean, 1590-1665». *MAS*. Vol. 22 (1988), pp. 503-530; ALAM, Shah Manzoor – «Masulipatnam – a metropolitan port in the XVIIth century». *IC*. Vol. 33/3 (1959), pp. 169-187.

[68] *Diário Linhares 1*, fl. 106.

ainda que na corte nem todos estivessem de acordo com esta aproximação aos portugueses: validos do sultão havia, «inimigos dos cristãos», que deliberadamente fomentavam «desconçertos» a este propósito[69]. No entretanto, cabia a Linhares reflectir acerca das propostas que lhe chegavam de Daulatabad e discuti-las com os seus conselheiros.

O dilema do vice-rei português perpassa da documentação portuguesa da época. Por um lado, Linhares simpatiza claramente com a posição de Ahmadnagar: «o meu dezejo e o meu pareçer hera que por ajudarmos ao Melique fizecemos nos guerra ao Idalcão pello divertir», confessa no seu diário[70]. Burhan Nizam Shah III respeitara sempre os termos do tratado assinado entre o Estado da Índia e Ahmadnagar em 1577. Não pactua com os «inimigos da Europa», nem lhes abre o seus portos[71], e recusa-se a pagar tributo a reis asiáticos, incluindo os imperadores mogóis, de quem se defende há mais de quarenta anos. Considerando o aspecto estratégico, o vice-rei sublinha que Ahmadnagar «serve a este Estado de muros». O desaparecimento do sultanato poria em risco o próprio Estado da Índia, «e assim sempre podemos dizer ajudamos ao Mellique por nos ajudarmos a nos». Para mais, Linhares sabe que há condições favoráveis para erodir a autoridade do sultão de Bijapur. O vice-rei está a par da revolta de dois nobres de Bijapur que controlam a região de fronteira com Golconda – aquela onde se extraem os diamantes – e reconhecem por soberano o sobrinho do sultão[72].

De outro modo, o vice-rei encontra-se claramente condicionado pela necessidade de prosseguir a estratégia que o Estado da Índia vinha aplicando desde que Akbar, no final do século anterior, cobiçara o Decão. O melhor remédio para enfrentar as tentativas de alargamento da fronteira meridional do império mogol era estimular a união de Ahmadnagar, Bijapur e Golconda. Uma vez concertados, estes sultanatos podiam funcionar como um muro entre Goa e a Índia timúrida. Logo que Shahjahan

---

[69] *Ibid.*, fl. 106.
[70] *Ibid.*, fl. 120v.
[71] Reunião do Conselho do Estado, Goa, 27.III.1630, in *ACE*, vol. I, p. 267.
[72] *Diário Linhares 1*, fl. 109; vice-rei ao rei; Goa, 30.I.1631, HAG – *MR*, liv. 14, fl. 207.

avançou para Burhanpur, Linhares chamou o embaixador de Muhammad 'Adil Shah em Goa a fim de o persuadir da necessidade desta aliança, ao mesmo tempo que despachava cartas para Mustafa Khan no mesmo sentido[73]. Insistiria várias vezes nesse caminho ao longo dos meses seguintes[74] e voltava a fazê-lo nesta ocasião específica.

Com a sanção do Conselho do Estado, Linhares opta por uma solução intermédia, que mantém a habitual posição portuguesa, mas que não deixa de distinguir Ahmadnagar. Assim, decide corresponder ao pedido de empréstimo feito por Burhan Nizam Shah III. Um bom negócio para o Estado da Índia, aliás, já que o vice-rei se propõe emprestar 50 a 60 mil xerafins a juro de 10%, tomando por penhor o rendimento da alfândega de Chaul. Ao mesmo tempo, Linhares louva a ligação de Khan-i Jahan a Ahmadnagar, desejando que, com o apoio português, o sultão Bulaqi se lhes possa juntar. Espera ainda que a insurreição afegã no norte tenha sucesso, e não deixa de considerar que mais nobres mogóis, seguindo o exemplo de «Canejão» e outros, se poderão revoltar contra um imperador tirano. Neste sentido, admite manter contactos com «capitães do Mogor» que planeiam desertar para Ahmadnagar. Um deles escrevera-lhe notando que era cristão e que pretendia a sua amizade. Linhares apressa-se a responder-lhe, «ynclinandoo a parte do Melique para que o ajude e favoressa»[75]. Finalmente, o vice-rei não se esquece de rogar a Deus que permita a morte de Shahjahan ou de Muhammad 'Adil Shah...

Contudo, o final de 1630 haveria de trazer transformações sensíveis. Entre as mais significativas, conta-se a ruptura entre o sultão de Ahmadnagar e Khan-i Jahan Lodi. Este decide então partir para o Panjab afim de se reunir com patanes seus aliados, mas, ao atravessar o Bundelkhand, é atacado por Bikarmajit e vê morrer o seu homem de confiança, Darya Khan Rohila[76]. Os portugueses não deixaram de registar o acontecimento. No dia de Natal desse ano, o vice-rei é informado,

---

[73] *Diário Linhares 1*, fl. 12v.
[74] *Ibid.*, fls. 107, 120.
[75] *Diário Linhares 1*, fl. 121; vice-rei ao rei, Goa, 6.XII.1630; HAG – *MR*, liv. 14, fl. 178v.
[76] KHAN, 'Inayat – *SJN*, pp. 48-51.

desde Bijapur, que «a gente do Mogor desbaratara a Canajão, e lhe matara muita gente e hum filho». Em simultâneo, o sultanato de Ahmadnagar perde vigor e, pela primeira vez, surge em clara posição de fraqueza, pedindo «mizericordia ao Idalcão»[77]. Dois dias depois, notícias de Chaul: «as couzas do Melique vão de mal em pior e que estam em ruim estado»[78].

Demais, os primeiros sucessos mogóis no Decão ocorreram justamente no início de 1631. Para além da conquista de posições menores a norte de Daulatabad, como Taltum e Sutonda, a cronologia das principais vitórias é a seguinte: tomada da fortaleza de Dharur a 27 Janeiro de 1631, por A'zam Khan[79]. A 3 de Fevereiro, já o referimos, Khan-i Jahan Lodi era decapitado. Três meses depois, cai o forte de Qandahar: tendo falhado o assalto a Parenda, A'zam Khan marcha para leste e apoia Nasiri Khan no cerco a essa fortaleza, situada a noroeste de Hyderabad, que acabaria por ceder em Maio. As fontes mogóis dão um enorme destaque a estes acontecimentos e os artistas da corte também não lhes podiam ser insensíveis: Balchand pintou a queda de Dharur, enquanto que o seu irmão Payag representou o cerco a Qandahar[80]. Demais, todos estes êxitos foram comunicados pelo imperador a Shah Safi no início de 1633[81]. Em contrapartida, os portugueses não registam as vitórias do exército imperial na região: estranhamente, nem uma palavra sobre a conquista destas duas fortalezas.

Na nova conjuntura, temendo as investidas certeiras de Shahjahan, os sultanatos do Decão ocidental resolvem aliar-se. A 8 de Abril de 1631, o vice-rei nota que «o Mogor tratava de tomar tambem o reino do Idalcão, e que o mesmo Idalcão se federava cõ o Melique e fizerão as pazes e tratavão de tomar o Mogor fora»[82]. Alguns dias depois, sabe-se em Goa que o que dividia os dois sultanatos era Sholapur, fortaleza

---

[77] *Diário Linhares 1*, fl. 128v.
[78] *Ibid.*, fl. 129.
[79] KHAN, 'Inayat – *SJN*, pp. 52-55.
[80] *Padshahnama/Windsor*, resp. nº 15, pp. 48-49 e 173-174; e nº 18, pp. 54-55 e 177--179. Trata-se, bem entendido, de um lugar que se situa a noroeste de Hyderabad, e não da Qandahar do actual Afeganistão, que mogóis e safávidas disputavam ciclicamente.
[81] ISLAM – *Calendar*, vol. I, Sh. 114, pp. 249-250.
[82] *Diário Linhares 2*, fls. 20-20v.

construída na segunda metade do século XV a que os 'Adil Shahs tinham feito acrescentos e cujo rendimento anual os portugueses estimam em cem mil pagodes[83]. Ahmadnagar comprometia-se a devolvê-la a Bijapur, obrigando-se ainda a apoiar o sultanato vizinho na guerra contra os mogóis com 15.000 homens de cavalo. Muhammad 'Adil Shah rompera entretanto com Shahjahan, mandando prender o seu embaixador residente no sultanato e recuperando ainda todos os presentes que lhe havia enviado[84]. O imperador enfrentava agora uma liga anti-mogol no Decão e 'Inayat Khan não deixa de confessar que a aliança entre os Nizam Shahs e os 'Adil Shahs daria certamente muito que fazer ao exército imperial[85]. Para mais, Golconda juntava-se aos outros dois sultanatos, ensaiando uma tentativa de recuperação do forte de Mansurgarh, na fronteira com Orissa[86], e recusando pagar tributo aos mogóis. Linhares, claro está, exulta por finalmente se ter conseguido «que todos os tres reis abricem os olhos, e se unicem»[87].

Circulam, então, informações relativas aos sucessos dos sultanatos do Decão ocidental na guerra contra o exército imperial e sabe-se que alguns dos nobres do «Melique» que entretanto tinham desertado para o 'Mogor' pretendiam agora regressar[88]. Todavia, a aliança entre os dois sultanatos era frágil e precária. Em Julho, os dois sultões trocam embaixadores, mas a intensa negociação não atinge o ponto desejado: em Bijapur, a facção de Khawas Khan e Murari Pandit parece avessa a um entendimento[89]. Demais, em Setembro ainda Ahmadnagar não tinha devolvido a fortaleza de Sholapur, condição essencial para que Muhammad 'Adil Shah aceitasse a paz[90].

---

[83] Sobre Sholapur e a sua arquitectura, ver MICHELL, ZEBROWSKI – *Architecture and Art*, pp. 35-36.
[84] *Diário Linhares 2*, fls. 22v, 23v.
[85] KHAN, 'Inayat – *SJN*, p. 55.
[86] *Ibid.*, pp. 64-65.
[87] *Diário Linhares 2*, fls. 22v, 36.
[88] *Ibid.*, fl. 24.
[89] *Ibid.*, fl. 53.
[90] «[...] mandarão [Mustafa Khan e Khawas Khan] chamar o embaxador de Nizamuxá que ahi [Bijapur] está e lhe dicerão que primeiro lhes avia de entregar a fortaleza de Solapor para elles tratarem das amisades»; *ibid.*, fl. 75.

Registam-se, pois, notícias de rupturas e desentendimentos[91], frequentes ao longo de todo o ano de 1631 e que marcarão claramente o jogo da política e da guerra no Decão até 1636.

Os portugueses entendem mal a volatilidade das alianças e esta mudança sistemática de rumo. Daí o desanimado comentário de Linhares a 12 de Julho de 1631: «Da guerra do Mogor cõ o Melique e Idalcão ha tanta variedade que não ouso nem a referir»[92]. Poderíamos recuperar muitos outros do mesmo género. Um mês antes já o vice-rei tinha admitido que «não se pode entender que são amigos nem enimigos huns dos outros»[93]. Em Novembro anotava o seguinte no seu diário: «todas as couzas daquelas partes estão muy baralhadas»[94]. E em Dezembro confessava que «nenhûa cousa destes mouros creo porque a facilidade com que se concertão cõ essa mesma tornão a desconcertar e se mudão»[95].

Este aparente desnorte não é, afinal, mais do que uma consequência da enorme pressão a que estavam submetidos os dois sultanatos por via da ofensiva mogol. No que se refere a Ahmadnagar, como veremos, o ano de 1631 põe a claro sinais inequívocos do esboroamento da sua tessitura política: sultões assassinados e sultões-fantoches; poderosos «validos» e «privados» que tudo condicionam; figuras que de súbito adquirem enorme proeminência para, no momento seguinte, perderem toda a sua influência; deserções e regressos; nobres que vão constituindo pequenos feudos; facções que se batem por soluções políticas de todo divergentes, dilacerando irreversivelmente a estrutura político-administrativa do sultanato; desnorte da elite local perante a diluição do aparelho de estado.

No que respeita a Bijapur, a decadência só se anunciará em finais dos anos de 1640 e é sabido que a primeira metade do reinado de Muhammad 'Adil Shah corresponde, a vários títulos, a um momento de apogeu. Para além da realização de grandes campanhas militares no sul depois de

---

[91] *Ibid.*, fls. 25, 27v.
[92] *Diário Linhares 2*, fl. 49.
[93] *Ibid.*, fl. 35.
[94] *Ibid.*, fl. 100v.
[95] *Ibid.* fl. 110.

1636, há sobretudo que reter a concretização de um exuberante programa arquitectónico[96]. Todavia, a luta de facções – bem evidente no momento da própria subida ao trono do sucessor de Ibrahim 'Adil Shah II – é um dado constante deste período. A hegemonia política de Mustafa Khan e Khawas Khan, o seu ascendente sobre o sultão e as suas divergências, são temas frequentemente glosados pelos portugueses, que se habituam a identificar os nobres que devem fidelidade a um e a outro e, bem assim, a elaborar sobre o carácter de ambos ou acerca da sua postura perante Shahjahan. Um processo de pulverização da autoridade, que se traduz na debilidade política do sultão e no correspondente ascendente dos «validos», sendo a própria Taj Sultana, mãe de Muhammad, chamada a desempenhar um papel de ponderação. Correm por vezes notícias da morte do sultão e não raro se pondera a sua destituição. Em 1634, por exemplo, há quem o queira apear do poder por, alegadamente, ser estéril[97].

Ponderemos com maior detalhe este processo de erosão da autoridade no Decão ocidental. Quanto a Ahmadnagar, a desagregação política era agora irreversível. Poucos dias depois de Linhares receber em Goa o embaixador de Burhan Nizam Shah III, que aí se deslocara para concretizar a aliança entre o Estado da Índia e Ahmadnagar, o vice-rei toma conhecimento de uma profunda alteração política em Daulatabad. A 23 de Maio de 1631, chega a Goa a notícia de que «andão ali hûas novas posto que em secreto de que El Rey Melique Nizamuxá hé morto que o matara cõ pessonha Fatecão valido e capitam a quem elle tinha entregue todo seu governo, e que tanto que elle metera de posse do ditto governo prendera ao secretario geral e a outros poderosos»[98]. Três semanas depois, o vice-rei já dispõe de um quadro mais completo da situação:

> [...] apertarão os grandes delrey Melique cõ elle que se puzece em modo de defender seu Reino, e que para isso lhe convinha soltar o

---

[96] Cf. a síntese de EATON – *Sufis of Bijapur*, pp. 177 ss; e MICHELL, ZEBROWSKI – *Architecture and Art*, pp. 92-95.

[97] *Diário Linhares 3*, p. 124.

[98] *Diário Linhares 2*, fl. 29v.

filho do Melique Ambar conhecido por grande capitam, no que o rey veo, e solto elle prendeo ao rey, e cõ parecer dos grandes levantou por rey ao filho do mesmo Rey prezo, e comessou logo a governar comtanto acordo e valor como muitos annos o fez Melique Ambar seu pay tendo o Rey menino sua tutela, e que logo escrevera ao Rey Mogor que elle tinha prezo ao Rey e que pois era seu vassallo para que lhe fasia guerra que se tomace S.A. que elle correria na conformidade antiga, e que lhe lembrava que fugindo de seu pay só naquelle Reino achara bom acolhimento, e que offerecendo elrey Sanguir [Jahangir] a el rey Nizamuxá todas coantas terras lhe tinha tomado e todo Briampor para que lho entregacem, el rey Nizamuxá o não quis fazer antes o deffenderão[99].

Desta longa explicação do conde de Linhares, há a colher algumas ilações. É de crer que Burhan Nizam Shah III tenha sido submetido a uma maior pressão interna logo que começou a averbar derrotas militares, porventura mais pesadas devido ao desaparecimento de Khan-i Jahan Lodi e dos seus homens. Os «grandes» do reino, onde provavelmente pontificariam aqueles que eram manifestamente contrários a uma aproximação à Goa católica, olham o regresso de Fath Khan como o único caminho a seguir tendo em vista a recomposição do sultanato[100]. Inquestionavelmente, o «grande capitão» beneficiou da aura interna de seu pai. Uma vez no poder, e feita a necessária «purga» política, Fath Khan esboça uma aproximação a Shahjahan, relembrando ao imperador o apoio que o sultanato lhe havia dado quando não passava de um príncipe revoltoso.

Em simultâneo, Fath Khan fizera difundir uma versão dos acontecimentos diferente em Bijapur. Segundo o que corria na capital daquele sultanato, o filho de Malik 'Ambar espalhara que um dia, «sem ciso», Burhan Nizam Shah III lhe dissera que não queria continuar a reinar e que «ordenassem o que lhe parecesse». Fath Khan colocou então o jovem

---

[99] *Ibid.*, fl. 36. Também fl. 75 (7 Set.).

[100] Escreve 'Inayat Khan que a fraca prestação de Muqarrab Khan enquanto comandante-em-chefe das forças de Ahmadnagar levou à sua substituição por Fath Khan, entretanto libertado (KHAN, 'Inayat – *SJN*, p. 67)

filho primogénito do sultão (Husain III) no poder e logo despachou um enviado ao 'Adil Shah, pedindo os presentes que são protocolarmente devidos aos novos soberanos. Ao mesmo tempo, sublinhava que a paz entre os dois sultanatos se faria com dinheiro, dinheiro necessário para empreender a guerra contra os mogóis. Caso contrário, procuraria um entendimento com Shahjahan, a quem já comunicara as transformações ocorridas em Ahmadnagar, sendo que o imperador mogol se apressara a enviar «as pessas que são devidas ao Rey novo»[101]. Manifesto exagero de Fath Khan, dado que, como é de ver, Shahjahan não enviou presentes ao novo sultão de Ahmadnagar, antes os exigiu de Fath Khan. As crónicas mogóis notam que, uma vez conhecida a prisão de Burhan III e a disposição de Fath Khan em submeter-se a Shahjahan, este tê-lo-á pressionado a envenenar Burhan III e a remeter à corte imperial todas as pedras preciosas e jóias do sultão assassinado[102].

Como quer que fosse, a «ressurreição» de Fath Khan abriu realmente caminho a uma aliança entre Ahmadnagar e o império mogol. De súbito, Linhares acha-se na desconfortável posição de ter a seu cargo um embaixador de Ahmadnagar que implica uma despesa mensal de 25 xerafins[103] e que mais não é do que um exilado político com quem nada se pode assentar, dado que Fath Khan havia eliminado «todos os validos e governadores e ministros do conselho do rey, fazendo outros de sua mão»[104]. Atendendo à alteração de conjuntura política, os portugueses procuram pactuar com o novo regime: Linhares «corre em amizade com Fatecão», mesmo sabendo-o enfeudado a Shahjahan, e decide não pactuar com os nobres que, numa outra parte do reino, levantaram por soberano «hum irmão menor do rey cativo»[105].

Por essa altura, já a aliança entre Shahjahan e Fath Khan dava frutos. No início de Junho de 1631 chegam a Goa as primeiras notícias de

---

[101] *Diário Linhares 2*, fl. 76.
[102] KHAN, 'Inayat – *SJN*, pp. 73, 77.
[103] Vice-rei ao rei, Goa, 16.VIII.1631; ANTT – *LM*, liv. 29, nº 17, fls. 39-39v.
[104] O mesmo ao mesmo, Goa, 27.XI.1632; HAG – *MR*, liv 15, fls. 30-30v.
[105] Rei ao vice-rei, Lisboa, 12.XII.1633, HAG – *MR*, liv. 19A, fl. 57.

acções conjuntas contra Bijapur. Numa carta de resposta, o imperador mogol terá prometido ao filho de Malik 'Ambar o governo do Balagate, ao mesmo tempo que o instava a conquistar a fortaleza de Bidar, capital do sultanato bahmânida, assento dos Baridis até à extinção do seu reino em 1619 e, desde essa altura, importante posição estratégica de Bijapur no que toca à defesa da fronteira nordeste do reino dos 'Adil Shahs[106].

A crer nos informadores de Linhares, Shahjahan e Fath Khan teriam complementado a ofensiva militar contra Bijapur com engenhosas manobras diplomáticas destinadas a neutralizar politicamente o respectivo sultão. Dizia-se na capital do sultanato que o imperador mogol pressionava directamente Taj Sultana, mãe de Muhammad 'Adil Shah. Enviara-lhe uma carta, notando que o filho era «hû minino sem ciso» e que ela, sendo mulher, não podia «entender o negocio do governo». A solução seria desembaraçar-se, ela própria, dos dois homens que condicionavam o comportamento do jovem sultão e, chamando o filho à razão, voltar a enviar tributo ao império.

Depois, Shahjahan demora-se a traçar o retrato desses dois homens, cuja decapitação era condição necessária para a retoma das boas relações entre os dois estados: Khawas Khan e Mustafa Khan. Retrato deveras negativo. O primeiro «era hum cantante que ganhava sua vida cõ tanger e cantar». De facto, este homem parece ter vivido na corte de Ibrahim 'Adil Shah II enquanto músico. O ecléctico sultão sunita, que se interessou pelo hinduísmo e que procurou fazer de Bijapur um rico centro da cultura indo-muçulmana, estimulou o sincretismo cultural na sua corte e foi um destacado patrono das artes e da música. É frequentemente retratado em miniaturas da época a tocar instrumentos musicais e a sua obra *Kitab-i Nauras* dedica particular atenção às ragas indianas. Durante o seu longo reinado, muitos foram os músicos atraídos para o sultanato: Khawas Khan foi certamente um deles[107].

---

[106] *Diário Linhares 2*, fl. 33v. Sobre a importância de Bidar, ver MICHELL, ZEBROWSKI – *Architecture and Art*, esp. pp. 29-35, que fornece um plano da cidade e da fortaleza e, bem assim, várias fotografias do estado actual do enclave (figs. nºs 10-14).

[107] EATON – *Sufis of Bujapur*, pp. 70 ss, 89ss; MICHELL, ZEBROWSKI – *Architecture and art*, pp. 162-177 e fig. 125.

Quanto a Mustafa Khan, e na opinião de Shahjahan, não era mais do que um traidor. Enviara várias mensagens à corte mogol, incitando o exército imperial a conquistar o sultanato. Shahjahan só não o tinha feito «por guardar a grande amisade e correspondência que tinha cõ o Rey velho seu marido [Ibrahim II] que sempre lhe obedeceo». Mandasse a rainha alguém de confiança a Burhanpur e o imperador mostrar-lhe-ia as provas da traição. No dizer de Shahjahan, Mustafa Khan era em tudo parecido com o seu sogro «Mula Mamede, que fez perder muitas cousas e gente de guerra como ella bem sabe desdo o tempo de seu marido o rey velho»[108]. Muito interessante esta referência do imperador mogol a Mulla Muhammad Murad Lari, general do exército de Ibrahim 'Adil Shah II que, um decénio atrás, no âmbito da aliança entre Bijapur e os mogóis, se oferecera com um contingente de cinco mil homens de cavalo para perseguir o então revoltoso príncipe Khurram. Acabou por ser chacinado pelas tropas de Malik 'Ambar a caminho de Burhanpur, arrastando nesse desastre muitos soldados do exército de Jahangir[109].

Os termos da carta de Shahjahan, que só conhecemos através desta súmula portuguesa, quadram com o que as crónicas mogóis dizem de Khawas Khan. 'Inayat Khan nota que a inexperiência e juventude do sultão Muhammad o haviam feito cair nas mãos de um escravo a quem Ibrahim 'Adil Shah II fizera comandante do forte de Bijapur com o título de Daulat Khan. Uma vez desaparecido o sultão, o antigo escravo tomou indevidamente o título de Khawas Khan e passou partilhar a autoridade com um brâmane chamado Murari Pandit, mandando cegar o herdeiro do trono – Darwesh Muhammad – e casando com uma filha deste. Lahori dá uma versão idêntica, acrescentando que Khawas Khan havia sido *kalawant* (menestrel) na corte de Ibrahim II[110].

---

[108] *Diário Linhares 2*, fls. 30v, 42-42v. Sobre Mustafa Khan e Khawas Khan, ver KRUIJTZER, Gijs – *Xenophobia in Seventeenth-Century India*. Leiden: Leiden University Press, 2009, cap. 2, pp. 74 ss.

[109] SHYAM, R. – *Life and times of Malik Ambar*, pp. 107-109; LAHORI – *BN*, p. 29; *MU*, vol. II, p. 873.

[110] KHAN, 'Inayat – *SJN*, pp. 60-61, 74; Lahori – *BN*, pp. 23, 28.

Curiosamente, a imagem que as fontes portuguesas dão dos dois validos de Muhammad 'Adil Shah é, em larga medida, coincidente com a dos textos mogóis. Divergindo em quase tudo o que respeitava ao Decão, portugueses e mogóis alimentavam separadamente o desejo de ver desaparecer da cena política de Bijapur aqueles dois homens. Daí que Linhares tenha reagido com entusiasmo à carta de Shahjahan a Taj Sultana: a morte de «Mostafacão e Cavascão [...] era só o que convinha a este Estado, porque estes dous mouros danão e perturbão este Rey que he minino e não faz mais que o que elles querem». De acordo com as estimativas recebidas em Goa tinham, em 1634, o mesmo poder militar que o próprio sultão: 5.000 cavalos cada[111]. Um e outro, quando lhes pareceu necessário, não deixaram de planear o afastamento de Muhammad 'Adil Shah do poder. Em 1631, Mustafa Khan «pertendia aver as mãos hum irmão do Rey Idalxá para solicitar levantalo por Rey e com isto fazer se temido»[112]. Em 1634, Khawas Khan planeava «levantar por Rey a hum cunhado seu [i.e. do sultão]», ou seja o filho do cego que se encontrava em Ahmadnagar[113].

Colhem-se, na documentação produzida pelo Estado da Índia no final dos anos de 1620 e no início da década seguinte, informações preciosas acerca das origens e extensão do poder dos dois homens que espartilham a autoridade do sultão. Confirmam que Daulat Khan «foi musico em tempo do pay deste Rey» e que era um muçulmano «natural daquele reino». Com toda a probabilidade, Khawas Khan era um abexim já nascido na Índia, à semelhança do proeminente Dilawar Khan, regente de Ibrahim 'Adil Shah II. As fontes portuguesas insistem em notar que Khawas Khan domina os importantes circuitos internos do palácio: Linhares sublinha «que está as portas adentro com ElRey e o tem em sua mão», enquanto que a *Relação dos reis vizinhos* di-lo de «casta azeiteiro», tendo «na sua mão a copa delRey». Talvez ocupasse os cargos de *Mir Bakawal* ou de *Chashnigir*, ambos lugares cruciais no que respeita à gestão da cozinha real. Mas é de crer que os textos portugueses se reportem a um espectro

---

[111] *Diário Linhares 3*, p. 105.
[112] *Diário Linhares 2*, fl. 49.
[113] *Diário Linhares 3*, p. 266.

mais alargado de funções e competências, sempre no quadro da esfera privada. Algo mais próximo, portanto, da figura do *Hajib*[114]. É Khawas Khan que, quando Taj Sultana morre em 1634, nomeia o famoso arquitecto Malik Sandal «para que fosse vedor da Rainha molher delrey Jdalxá [Jahan Begam] e que corresse com ella como fazia com Tagi Sultan, cujas terras e fortalezas derão a dita rainha»[115]. E, à semelhança do que dizem 'Inayat Khan e Lahori, os textos portugueses realçam a cada passo a ligação privilegiada de Khawas Khan a Murari Pandit.

Mustafa Khan, por seu lado, era um velho conhecido do Estado da Índia. Havia sido *havaldar* de Pondá ao tempo de Fernão de Albuquerque. Dez anos volvidos, os portugueses reconhecem-lhe um enorme ascendente em Bijapur. Trata-se de um persa, cujo nome original é «Mamede amym» (Muhammad Amin) e que Linhares reconhece ser o «mandador do reino do Ydalcão»[116]. Ocupa-se dos assuntos «de fora» do reino. A *Relação dos reis vizinhos* di-lo «Caramaluco [*Kar-i-Mulki*] que he o cargo de secretario do estado delRey», mas também «vedor da fazenda». Linhares alarga ainda mais o espectro das suas funções: «como secretario privado, valido e governador faz tudo o que toqua ao governo». Mustafa Khan era, pois, o *vazir* do reino, com competências incertas e cuja amplitude era inversamente proporcional ao poder exercido pelo sultão[117].

---

[114] Cf. GHAURI, I. A. – «Central structure of the kingdom of Bijapur». *IC*. Vol. XLIV/1 (Jan. 1970), p. 31.

[115] *Diário Linhares 3*, p. 110.

[116] *Diário Linhares 1*, fl. 12v.

[117] Interessante confrontar estes elementos com as considerações feitas por Richard Eaton a propósito da extensão do poder do *vazir* em Bijapur («The role of the Vazir in the Kingdom of Bijapur». In ISRAEL, Milton, WAGLE, N. K. (eds.) – *Islamic Society and Culture. Essays in honour of Professor Aziz Ahmad*. Nova Deli: Manohar, 1983, pp. 209-223). Defende Eaton que, em Bijapur, o *vazir* não tem ligações consistentes à estrutura financeira do sultanato. Não sabemos, de facto, qual seria o ascendente de Mustafa Khan sobre a administração local do sultanato e as fontes portuguesas não são de grande préstimo neste particular, dado que fornecem um retrato demasiado focado na corte. Todavia, o facto de o próprio Mustafa Khan ter sido *havaldar* de Pondá e do Concão parece contrariar a afirmação de Eaton. Sabemos, também, que o embaixador residente de Bijapur em Goa em 1634 era um homem da confiança do «Mostafacão», seguramente uma escolha pessoal já que se trata de um mercador que «nunca servira officios delrey senão desta vez» (*Diário Linhares 3*, p. 108). Quanto a Khawas Khan, é certo que tinha *mahaldar*s da sua confiança no Concão (*Diário Linhares 3*, p. 172). A complexidade da administração local de Bijapur foi esmiuçada por KUKAZAWA, Hiroshi – *The Medieval Deccan. Peasants, Social Systems and States,*

A ascensão de Mustafa Khan terá determinado também uma alteração dos grupos mais poderosos no sultanato. De «nasção parsio», Mustafa Khan teria enchido o reino de persas e, na nova conjuntura, os abexins – cuja hegemonia fora evidente ao longo do reinado de Ibrahim 'Adil Shah II – afastam-se e são afastados. Ikhlas Khan («Ecalescão»), por exemplo, não aceitara continuar como vedor da fazenda: «como se governarem os parcianos não quer meter na sua massa por serem traidores»[118]. Também «Agaraza» (Agha Raza), é afastado, ainda que Ahmadnagar o quisesse ver como secretário de estado[119]. Manteve-se no reino, cultivando uma pose senatorial: «Agaraza [...] é amigo del rey Idalxá mas que não quer entremeter em couza nenhûa sua e consserva com todoso por sua velhiçe e riqueza que tem acompanha sempre a ElRey, e elle lhe faz muitas honrras, e que assy lhe pedira Elrey correçe com seu serviço porque se confiava muito delle, ao que elle lhe respondera que aonde avia muita confiança era bom viver desconfiado»[120].

São recorrentes as acusações dos portugueses às ligações de Mustafa Khan aos mogóis[121]. Mas também é curioso notar que o *vazir* foi descoberto por mais de uma vez, sem que as consequências da sua traição fossem decisivas. O diário do conde de Linhares regista que, ao receber a carta de Shahjahan, cheia de acusações de traição a Mustafa Khan, Taj Sultana tê-la-á mostrado ao suspeito. Este «respondeo atemorizado que daria tresentos pagodes e que logo entregou sincoemta mil e o mais daria em hû mes e que com isso callase a ella»[122]. Três anos depois, foi-lhe apreendida uma carta que enviava a Shahjahan aconselhando o imperador a não encetar de imediato a ofensiva sobre Bijapur «porque o Idalcão estava com muito poder». Dela tomando conhecimento,

---

sixteenth to eighteenth centuries. Nova Deli: OUP, 1991, cap. 1 («The local administration of the Adilshahi Sultanate (1498-1686)»), pp. 1-48.

[118] *Relação dos Reis Vizinhos*, pp. 55-56.

[119] *Ibid.*, p. 58.

[120] *Diário Linhares 3*, p. 108.

[121] *Ibid.*, p. 163 (24.VIII.1634); «está consertado com o Mogor para o fazer senhor do reino do Idalcão» (vice-rei ao rei, Goa, 12.XII.1630, HAG – *MR*, liv. 14, fl. 202).

[122] *Diário Linhares 2*, fl. 42v.

Muhammad 'Adil Shah decidiu retirar terras ao seu «privado» e estava mesmo determinado a confiscar-lhas todas. Para começar, tirou-lhe as terras de «Raibaga»[123] e deu-as justamente a Agha Raza. Mustafa Khan, por seu lado, terá entendido que aqueles eram tempos de coruja e não de falcão: recolheu-se na sua fortaleza, «sem ouzar sair della com medo de [o] prenderem»[124]. De resto, e tal como se dizia em Bijapur em 1634, a proximidade de Mustafa Khan relativamente aos mogóis é «para bem de ambos os estados»[125]. Traição e mediação constituem conceitos mais próximos do que aquilo que seriamos levados a supor hoje.

A desagregação da autoridade central em Bijapur reside na conturbada relação entre o sultão e os seus homens de confiança. «Entre o rey e os grandes há muitas diferêsas» e os seus dois principais validos estão dias a fio sem o visitar no palácio[126]. Passa-se isto em Agosto-Setembro de 1631, altura em que as relações entre Khawas Khan e Mustafa Khan registam grande tensão. Os documentos portugueses registam amiúde os desentendimentos entre ambos, dando também relevo aos momentos em que um prevalece sobre o outro[127]. Neste cenário de pulverização do poder, as deserções de nobres de Bijapur para o lado dos mogóis são frequentes e «os mais capitaens deste rey [Muhammad 'Adil Shah] que andão na guerra vivem duvidosos por resão do mao governo daquelle estado»[128].

Durante este período, a estratégia de Bijapur vai-se adaptando às sucessivas mudanças de conjuntura. O sultão e os seus validos temem, evidentemente, esta aliança entre Ahmadnagar e o império mogol. Quando se anuncia um qualquer ataque mogol ao sultanato, «não corre gente nem semeão e andão todos muy temidos»[129]. Em Setembro de 1631 «em Vizapôr há grande temor e medo de que o Mogor venha sobre aquelle Reino,

---

[123] Trata-se seguramente de Raigad, a sul de Pratagad, que viria a ser capital de Shivaji depois de 1672 (MICHELL, ZEBROWSKI – *Architecture and art*, pp. 55-58).

[124] *Diário Linhares 3*, pp. 6-7, 28.

[125] *Ibid.*, p. 108.

[126] *Ibid.*, fls. 59v, 75.

[127] *Diário Linhares 2*, fls. 56v, 75v («Cavascão e Mostafacão andão armados hum contra o outro»); *Diário Linhares 3*, p. 266.

[128] *Ibid.*, fl. 56v.

[129] *Ibid.*, fl. 36v.

e que não tem elles força para se defenderem»[130]. Por isso, e seguindo indicações de Fath Khan, apressam-se a nomear embaixadores para levar presentes «ao Rey Melique novo»[131]. Registam, ainda assim, algumas vitórias militares, facilitadas pela regresso de nobres do sultanato, mas também de Ahmadnagar, que até então combatiam ao lado de Shahjahan[132].

Shahjahan regressou a Agra em Março de 1632. Um curioso desenho de Peter Mundy, representando explicitamente o imperador, o seu filho Dara Shukoh e Mahabat Khan, dá conta da sua chegada à cidade[133]. A norte, Shahjahan tinha de haver-se com a ameaça de Baisunghar, assunto com que já lidámos a própósito do episódio Bulaqi (*supra*, capítulo 8). Em Junho, diz-se «que está levantado hum mogor por Rey filho de Danaxá [i.e. Baisunghar, filho do príncipe Daniyal] cõ a qual nova Corumba [Khurram] rey dos Mogores quer ir acudir a seu reino, largando Buranepor que tem ja mandado concertar seu citio»[134]. Nos anos seguintes, e ao mesmo tempo que avaliam os contornos da ameaça mogol no Decão, os registos portugueses não deixam de dar conta das preocupações de Shahjahan perante otomanos e safávidas.

Todavia, o regresso do imperador ao norte não significa menos empenho na conquista do sul. Certo, a pressão sobre o reino dos 'Adil Shahs regista porventura mais recuos do que avanços. O falhado cerco a Bijapur por Asaf Khan é prova disso mesmo. O sogro do imperador acaba por retirar, correndo rumores de que foi «por peitas que reçebeo do Dialcão o que se affirma sentido o Mogor muito; e o dispoz do cargo e ellegeo outro general que se avisa tornar a vir com grande poder sobre o mesmo reino do Dialcão»[135].

O novo general é Mahabat Khan e o seu comando constitui a chave para o irreversível esboroamento de Ahmadnagar. Sucede que a frágil

---

[130] *Ibid.*, fls. 77-77v.

[131] *Ibid.*, fl. 77.

[132] *Ibid.*, fls. 36v (14 Jun.) e 41v (23 Jun.)

[133] MUNDY, Peter – *The Travels of Peter Mundy in Europe in Asia, 1608-1667*, ed. Richard Carnac Temple, vol. II (*Travels in Asia, 1628-1634*). Londres: The Hakluyt Society, 1914, pp. 188-196 e figura nº 12.

[134] *Diário Linhares 2*, fl. 41v.

[135] Vice-rei ao rei, Goa, 27.XI.1632, HAG – *MR*, liv. 15, fl. 30v.

aliança entre Shahjahan e os Nizam Shahs não resistiu às primeiras contrariedades. Ao contrário do que pretendiam os mogóis, Fath Khan não fazia tenção de abdicar do controlo de Daulatabad. A sua posição ficou mais frágil à medida que importantes nobres de Ahmadnagar se passavam ora para o serviço imperial, ora para o lado de Muhammad 'Adil Shah. A deserção de Muqarrab Khan é, porventura, a mais significativa: decidido a não pactuar com Fath Khan, pretendia passar a Bijapur. Não obtendo resposta, colocou-se ao serviço de Shahjahan. Mas outras, igualmente importantes, que não passaram despercebidas aos portugueses: é o caso de Ya'kut Khan Sarhadi («Hacutcão Saraty»), contabilizado entre as hostes de Muhammad 'Adil Shah em 1634, mas que «foi primeiro capitão del Rey Nizamuxá». É o caso de «hum capitão alevantado de Nizamuxá chamado Sidy Rahana [Sidi Raihan]» que, na mesma altura, serve Bijapur[136].

O cerco a Daulatabad, que teve lugar entre Março e Junho de 1633, haveria de saldar-se por uma vitória de Mahabat Khan. Vitória crucial, em boa verdade. É que a fortaleza de Daulatabad era um verdadeiro colosso e a sua conquista representava uma inegável proeza militar[137]. Um italiano que a viu dirá, escassos anos depois, que «é la piu bella fortalezza che sià nel Oriente tutto»[138]. Tão impressionado quanto este italiano ficou o próprio Shahjahan que, depois de a ter visitado em 1636, passa a duvidar que exista outra fortaleza como aquela. Confessa-o a Shah Safi, em carta enviada em Abril-Maio de 1637, na mesma em que anuncia ao soberano safávida o envio de um desenho da fortaleza[139]. Não admira, por isso, que o *Padshahnama* do Windsor Castle inclua uma magnífica miniatura executada por Murar *ca.* 1635 representando o cerco a Daulatabad[140].

A queda de Daulatabad em 1633, seguida da submissão de Fath Khan, representa, pois, o fim do «cadeado mourisco». A desagregação de Ahmadnagar após a capitulação da sua capital é bem visível na anarquia

---

[136] *Diário Linhares 3*, p. 104.
[137] KHAN, 'Inayat – *SJN*, pp. 97-115.
[138] ANÓNIMO – *Partenza*, fl. 303.
[139] ISLAM – *Calendar*, vol. I, Sh. 117, pp. 254-255.
[140] *Padshahnama/Windsor*, n° 31, pp. 80-81 e 189-190.

política reinante, com vários senhores locais a procurarem reservar para si uma parte do espólio. Escreve Linhares em Janeiro de 1635: «[...] tudo aquilo esta alevantado, e cada hum procura levar os rendimentos das terras que, como Melique está tam acabado, cada hum dos seus procura ser senhor do que pode»[141]. Os portugueses, em boa verdade, são mais uns desses senhores. Adivinhando a extinção do reino dos Nizam Shahs – «cada hum tratava de se aproveitar do tempo, e que entendia não averia ja Rey Decany» – e tendo a conquista mogol por inevitável, Goa procura extinguir «as rendas e dereitos que o Rey Decany tinha nos nossos limites, e pôr para sua Magestade para depois o Mogor não ter direito sobre as ditas rendas»[142].

Ainda assim, há que contar com a reacção de Shahji. Este notável guerreiro marata, que já estivera ao serviço de Fath Khan e de Shahjahan, faz subir ao poder Murtaza Nizam Shah III em 1633 e, sob essa máscara, governa o que resta do sultanato de Ahmadanagar. Nessa altura, os portugueses em Goa comentavam justamente «que o Principe filho del rey Nizamuxá será de quinze annos incapas de gouerno, e Xagi era o que o governava»[143]. Mas o desamparo em que então se encontra é evidente. Escreve o conde de Linhares que aquando do cerco de Parenda, confrontado como um novo assalto mogol ao Decão, «Xagi não sabia por onde se recolher»[144]. Acabou por se juntar a Bijapur na defesa dessa estratégica fortaleza. Só que a sua relação com o sultão Muhammad será sempre marcada por uma mútua desconfiança.

Bijapur, 1634-1636: o fim do «osso na garganta» de Shahjahan?

3 de Março de 1634. Linhares recebe uma carta do capitão de Chaul, dando-lhe conta de «como o filho do Magor estava tres jornadas da for-

---

[141] *Diário Linhares 3*, p. 269.
[142] *Ibid.*, p. 15.
[143] *Ibid.*, p. 108.
[144] *Ibid.*, p. 15.

taleza de Doltaba [Daulatabad], donde despedira capitães com gente sobre as terras do Idalxá os quaes citiando a fortaleza de Paranda que o Idalcão tomou ao Melique a renderão e tiverão recontro cõ os capitães de Dialcão»[145]. O filho de Shahjahan a que se refere o vice-rei é Shah Shuja', que acompanhara esta ofensiva ao Decão sob a tutela de Mahabat Khan. Malgrado ser inimigo, o príncipe deixou boa impressão entre os portugueses: «mançebo de vinte dous annos de bom çizo e governo», escreve de Bijapur um informador do vice-rei em Maio, já no final da ofensiva[146]. Parenda, fortaleza situada a 100 km a noroeste de Sholapur, havia sido construída na segunda metade do século XV e constituía uma posição de crucial significado estratégico para o domínio da capital do sultanato[147]. Daí a importância do embate ocorrido na primeira metade do ano de 1634.

Ao contrário do que se passara relativamente aos cercos de Dharur, Qandahar e Daulatabad, o Estado da Índia confere um enorme destaque ao assalto mogol à fortaleza de Parenda[148]. Talvez porque o exército imperial não tivesse tido sucesso neste caso, dado que a fortaleza nunca cedeu e haveria de continuar sob a autoridade dos sultões de Bijapur mesmo depois de 1636. Talvez, também, devido ao significado estratégico da fortaleza e suas implicações na segurança de Goa: não havendo nenhuma outra posição fortificada de permeio, «tomandosse a de Paranda façilmente poderião os mogores entrarem em Vizapor», anota o vice-rei no seu diário[149]. Em contrapartida, Shahjahan terá feito por esquecer tal derrota. Não que as crónicas do seu reinado ignorem o assunto[150]. Mas o *Padshahnama* do Windsor Castle, onde não faltam miniaturas ilustrando os sucessos imperiais no Decão, nada inclui naturalmente sobre o fracassado cerco de Parenda.

---

[145] *Ibid.*, p. 15.

[146] *Ibid.*, p. 106.

[147] MICHELL, ZEBROWSKI – *Architecture and art*, pp. 35-36.

[148] Pissurlencar pôs em evidência esse facto, revelando muita da documentação que aqui utilizamos (então praticamente desconhecida), em «Antigualhas II: O cerco de Parenda». *BIVG*. Vol. 42 (1939), pp. 109-122.

[149] *Diário Linhares 3*, p. 106.

[150] KHAN, 'Inayat – *SJN*, pp. 128-136.

Durante três meses, entre o início de Março e os finais de Maio de 1634, os portugueses seguem com minúcia o desenrolar dos acontecimentos. Os recontros entre os principais «capitães do Idalxá» – Randaula Khan e Murari Pandit, sobretudo – e os rostos dos «imperialistas» – Mahabat Khan e seu filho Khan Zaman – são amiúde analisados em Goa. O cenário privilegiado é Parenda, claro está, mas há a registar uma série de crises que ocorrem em posições vizinhas e estrategicamente importantes, como sejam Pandharpur, Indapur e Shahdurg[151], esta última uma fortaleza inexpugnável que os portugueses descrevem com grande admiração: «a fortaleza de Naladurga para onde se queria hir elrey Jdalxá era tamanha como a de Vizapor que tem vinte e duas pessas pequenas de metal e vinte e sinco grandes afora de çento e oitenta mosquetes»[152].

Mais do que recuperar o fio dos acontecimentos, importa sublinhar as subtilezas políticas que, a propósito do cerco de Parenda, ecoam na capital do Estado da Índia, não se esquecendo os portugueses de registar até os estados de espírito dos protagonistas da guerra em função da ocorrência de tragédias pessoais. Lembra falar, por exemplo, do modo como descrevem a dor do sultão Muhammad 'Adil Shah perante a notícia da morte da mãe, Taj Sultana[153].

No que se refere a Bijapur, Goa entendeu durante esse período crítico que era a influência de Khawas Khan e da sua linha anti-mogol que prevalecia na capital do sultanato, em detrimento da posição de Mustafa Khan, mais favorável a uma aproximação ao império mogol[154]. De facto, é aos homens de mão de Khawas Khan que são confiadas boa parte das missões políticas, militares e diplomáticas. Murari Pandit, referido vezes sem conta nestes anos, é «grande amigo de Cavascão»[155]. Outro homem de confiança de Khawas Khan é Shaikh Dabir, encarregado das manobras

---

[151] O forte de Naldurg passou a chamar-se Shahdurg depois de ser reconstruído nos anos de 1560 (NAYEEM – *External relations*, p. 123).

[152] *Diário Linhares 3*, pp. 108, 101.

[153] *Ibid.*, pp. 101-103, 107.

[154] «[...] e que Cavascão estava muito privado delrey e fazia com elle tudo o que queria, e por elle se governava [...] Mostafacão ainda que se privava mas não tanto como Cavascão» (*Diário Linhares 3*, p. 108).

[155] *Ibid.*

diplomáticas de diversão junto dos mogóis[156] e de pressionar Golconda a não pagar tributo a Shahjahan[157]. Do lado mogol, os portugueses notaram como os responsáveis pela operação militar se rodearam de membros da elite imperial com conhecimento profundo do terreno. Assim, para reforçar a pressão sobre Bijapur, recorre-se às forças de Khwaja Sabir («Coza Sabir») – um turani, filho de 'Abdullah Khan Firoz Jang[158] – e Ihtimam Khan («Itimatecan») – um indo-muçulmano próximo de Asaf Khan[159] –, «porque sabem muito daquellas partes do Decão»[160]. Goa esteve particularmente atenta ao comportamento de Asaf Khan em todo este processo, tanto mais que o sogro do imperador tinha uma posição moderada e defendia a preservação da autonomia de Bijapur. Em Maio de 1634, escreve o vice-rei que Asaf Khan está «mal cõ Mobatecão, e quer que fique o governo delrrey Idalxá em pee»[161]. Alguns dias depois, sabe-se que Asaf Khan terá aconselhado Shahjahan a «que não tratasse mais que grangear o que avia tomado delrey Nizamuxá e fizeçe pazes com ElRey Idalxá». O acordo que Bijapur então lhe oferece é o seguinte: o sultanato continuaria a pagar tributo a Shahjahan e o imperador mogol mantinha os territórios de Ahmadnagar entretanto conquistados. Em contrapartida, Muhammad insistia na devolução de Daulatabad[162].

Mas nunca chegou a haver acordo e os mogóis também não lograram tomar Parenda. Ao invés, o exército imperial vê-se forçado a retirar e Mahabat Khan é censurado pelo imperador «por trazer de volta o príncipe [Shah Shuja'] sem capturar o forte»[163]. Tempos um

---

[156] *Ibid.*, pp. 27-28; LAHORI – *BN*, p. 29.

[157] *Diário Linhares 3*, pp. 27, 192. Como nos anos recentes, a ideia era evitar que o reino dos Qutb Shahs pagasse tributo aos mogóis, transferindo essa submissão para Bijapur. Tal daria ao sultanato mais robustez económica e maior autoridade política na região (*Diário Linhares 2*, fls. 76, 77, 81; *Diário Linhares 3*, p. 110).

[158] ALI, Athar – *Apparatus*, S 373.

[159] *Ibid.*, S 49; ANWAR, Firdos – *Nobility under the Mughals (1628-1658)*. Nova Deli: Manohar, 2001, p. 54.

[160] *Diário Linhares 3*, p. 28.

[161] *Ibid.*, p. 106.

[162] *Ibid.*, p. 109.

[163] KHAN, 'Inayat – *SJN*, p. 136.

tanto difíceis para Shahjahan, que coincidem com a revolta do rajpute Jujhar Singh, assunto a que os portugueses também não deixaram de dar relevo[164].

A vitória de Bijapur no cerco de Parenda não tardaria a ser discutida em Goa. Em Julho de 1634 já se escreve que Mahabat Khan morrera e que o assalto ao sultanato é agora confiado ao *subadar* do Guzerate, o persa Baqar Khan, que fora entretanto a Burhanpur «a fazer nova gente para continuar aquella guerra»[165]. Alguns dias depois, a informação é corrigida: Mahabat Khan ainda estava vivo, mas «não queria hir a chamado do seu Rey e esta de novo ajuntando gente com juramento feito de vir sobre o Idalcão com çincoenta mil cavallos e não descanssar até o não destroir e lhe tomar a fortaleza de Vizapor e seu reino todo»[166]. Apesar de darem conta do desagrado do imperador relativamente à ineficiência de Mahabat Khan, as fontes mogóis não dão relevo a esta intenção do Khan-i Khanan, gesto próprio de alguém que não quer perder de todo a face na corte imperial.

Independentemente do seu desfecho, o cerco de Parenda – como tantos outros momentos-chave da investida mogol sobre o Decão nos primeiros anos do reinado de Shahjahan – permitiu a Goa ver para lá das meras alterações de conjuntura provocadas pelas sucessivas movimentações dos protagonistas do conflito. Na verdade, e recorrendo a uma diversidade de fontes que debateremos mais adiante, o vice-rei e os seus conselheiros ocuparam-se da análise de aspectos verdadeiramente estruturais da campanha mogol, tanto no domínio militar como no que se refere ao complexo jogo político-diplomático que lhe subjaz. É facto que, desde os anos de 1630, Goa conhece

---

[164] «Tiue novas [...] do Mogor em que me avizão e em como o Rayá dos Graçias esta alevantado contra o Nababo e lhe faz grande guerra que como vive nos matos andão pollas aldeas arecadando tributos dos Decais e Pateis, e senão poem fogo a aldea e andão assalteando os caminhos, e agora estão muy perigozos, e assim o Nababo tem posta sua gente em campo contra esta gente» (*Diário Linhares 3*, p. 149). Sobre esta rebelião, ver RICHARDS – *Mughal Empire*, pp. 129-130.

[165] *Diário Linhares 3*, p. 147. Sobre a carreira imperial do «Vizo Rey de Amdabad Bacarcão», ver ALI, Athar – *Apparatus*, S81, 129, 522, 558, 712, 743, 803, 945, 1016, 1041, 1187, 1445.

[166] *Diário Linhares 3*, p. 149.

bem melhor a prática da guerra e o exercício do poder no Hindustão e no Decão[167].

Os portugueses entenderam naturalmente a enorme influência do clima sobre uma campanha militar na região, sabendo que a chegada da monção supõe uma paragem do conflito. Em Julho de 1634, Linhares regista no seu diário importantes vitórias de Bijapur contra o exército imperial, mas logo adverte: «se hé çerto que Mobatecão ade voltar em Outubro pouco descanssarão»[168]. O clima dita a carestia da vida, a escassez de mantimentos e, logo, a direcção dos próprios conflitos. Poucos anos antes, em 1630, vaticinava-se que o exército mogol se «perderia» contra Ahmadnagar, atendendo à «falta de agoa e mantimentos por rezão de não aver chovido este Inverno»[169].

A guerra faz-se com mantimentos, mas também com dinheiro. A abundância de dinheiro assegura a coesão de um exército, enquanto que a sua escassez pode obrigar a que a diplomacia tome o lugar da guerra. É com dinheiro que se mantêm os soldados e se seduzem os seus chefes. Atente-se no alerta feito pelo *havaldar* de Parenda ao sultão de Bijapur aquando do cerco mogol de 1634: a «fortaleza corria risco porque a gente não queria brigar por não ter dinheiro, nem couzas de comer»[170]. Do mesmo modo, para convencer um nobre de Bijapur a fazer guerra aos exércitos mogóis, o sultão «lhe dera muitas terras, e dez mil pagodes pera os gastos»[171]. Mais, os sucessos militares implicam naturalmente recompensas. Em Julho de 1634, após uma vitória sobre as forças de Mahabat Khan, o sultão de Bijapur «mandou recolher a todos

---

[167] As informações portuguesas permitem reconstruir, para uma situação concreta, a engrenagem de um qualquer conflito no Decão nesta época, tal qual a descreve em termos gerais GORDON, Stewart – *The Marathas*, pp. 37-41.

[168] *Diário Linhares 3*, p. 149.

[169] *Diário Linhares 1*, fl. 105. A Índia enfrentava então uma dura seca, causa de uma situação de fome generalizada a que tanto as fontes mogóis como os textos europeus se referem em termos verdadeiramente dramáticos (cf. DISNEY, A. – «Portuguese Goa and the Great Famine of 1630-31». In KULKARNI, A. R. *et al.* (eds.) – *Medieval Deccan history. Commemoration volume in honour of P. M. Joshi*. Bombaim: Popular Prakashan, 1996, pp. 135-155).

[170] *Diário Linhares 3*, p. 101.

[171] *Ibid.*, p. 18.

seus capitães e vir a sua prezença e lhe deu grandes merçes e pessas, e fez honrras e mimos, e os despedio»[172].

Para suportar estas despesas, para sustentar financeiramente a guerra, os soberanos não hesitam em pedir empréstimos. Vimos já como Burhan Nizam Shah III pede dinheiro emprestado aos portugueses em 1630 para poder alimentar o conflito com Shahjahan. Em 1634, condicionado pelo avanço mogol, o sultão de Bijapur também não deixará de pedir 9 leques de pagodes emprestados aos seus capitães. Curioso notar, Muhammad encara a concessão do empréstimo como uma obrigação que decorre do «contrato» (e respectivas implicações económicas) entre o soberano e os seus nobres: «aquelles que comião seus ordenados que lhos dessem cada hum de hum anno e se não que proveria os cargos per que comião em outrem»[173].

Aliás, as mudanças de campo são, não raro, determinadas pelo dinheiro. As crónicas mogóis, como é de ver, dão sempre conta da deserção de nobres dos sultanatos do Decão para o lado de Shahjahan. Ao invés, os portugueses comprazem-se em registar a passagem de nobres mogóis para o serviço de Ahmadnagar ou de Bijapur. A 6 de Janeiro de 1631, sabe-se em Goa que «se avia vindo hum capitão do Mogor com dous mil cavalos para o Melique»[174]. Em Maio do mesmo ano, assinala-se que «huns capitães do Melique que andavão fugidos delle, e em companhia do Mogor, escrevião aos do Melique que procuracem dar batalha com toda brevidade que elles se rebelarião e darião nos Mogores e os desbaratarião»[175]. Pouco depois, em Setembro, anota-se que Shahjî teria passado de novo ao serviço de Ahmadnagar, juntamente com outros três capitães e os seus cinco mil homens de cavalo. Regista-se também que três nobres mogóis – «Jacudecão», «Udagi» e «Mocarabcan» (Muqarrab Khan) –, pretendendo passar ao serviço de Burhan Nizam Shah III, foram presos e um deles morto[176].

---

[172] *Ibid.*, p. 149.
[173] *Ibid.*, p. 103.
[174] *Diário Linhares 1*, fl. 132.
[175] *Diário Linhares 2*, fl. 24.
[176] *Ibid.*, fl. 77. «Jacudecão» poderá ser Ya'kut Khan, um abexim morto em 1632-1633 com um *mansab* de 5.000/5.000 (ALI, Athar – *Apparatus*, S126, 232, 402, 853). «Udagi» é provavelmente Udaji Ram, um marata que morreu em 1633-1634 detendo idêntico *mansab* (*ibid.*, S131, 407, 1043).

Ainda assim, os mogóis parecem menos permeáveis à infidelidade política. É que os pagamentos aos soldados eram regulares e toda a estrutura militar mais organizada. Daí que, quando do cerco de Parenda por Mahabat Khan, em 1634, se sublinhe que «não havia em todo aquelle exercito nenhum capitão que fosse revel ao seu rey, nem herão pessoas que tomavão peitas»[177]. Já em 1630 o vice-rei português se impressionara com a dimensão do exército arregimentado por Shahjahan para a campanha do Decão. O segredo parece residir no pagamento a tempo e horas: «fez junta de gente de guerra que sempre tem paga, a qual hé em tão grande cantidade que parese increhivel por ser toda de cavalo»[178].

Não surpreende, pois, que Muhammad 'Adil Shah viva aterrado com a possibilidade de ser traído pelos seus homens, de os ver passar para as hostes de Shahjahan. Em Abril de 1634, suspeita que Randaula Khan, Farhat Khan e Khairiyat Khan estejam «peitados dos mogores»[179]. Outro nobre sobre quem pairam dúvidas é 'Balvalcão', «pessoa muito vallente, e dis que só elle osa de matar todos os mogores»[180], que «tem prometido de aprezetar vivo a Elrey Idalxá a Mobatecão»[181]. Apesar de tudo isso, o sultão de Bijapur crê que «Mobatecão o tinha mandado de espia»[182]. Mas o caso mais impressivo é, sem dúvida, o do marata Kheluji. As fontes mogóis registam o seu nome como estando ao serviço de Shahjahan entre 1629-1630 e 1633-1634, com um *mansab* de 5.000/5.000[183]. Todavia, as fontes portuguesas – com base em informações chegadas da corte de Bijapur – dão-no como tendo desertado de novo em Maio de 1634 para o lado de Mahabat Khan a troco de 2 leques. Tal perda parece teve um efeito devastador em Muhammad: estava «por amor disso muy triste, e que

---

[177] *Diário Linhares 3*, p. 106.
[178] Vice-rei ao rei, Goa, 12.XII.1630; HAG – *MR*, liv. 14, fl. 202.
[179] *Diário Linhares 3*, p. 50.
[180] *Ibid.*, pp. 22-23. Parece ser Bahlul Khan Miyana, um afegão que desertou do serviço imperial em 1630 (ALI, Athar – *Apparatus*, S393). A sua aproximação a Bijapur havia sido negociada por Khawas Khan, que «lhe deu em dinheiro trinta mil pagodes e terras de dous leques levando por sete vezes perante o Rey Idalxá» (*Diário Linhares 3*, p. 105).
[181] *Ibid.*, p. 105.
[182] *Ibid.*, p. 50.
[183] ALI, Athar – *Apparatus*, S 403, 855.

por dous dias inteiros não comera nada até que Cavascão e Mostafacão o conssolarão e fizerão comer»[184].

Em circunstâncias como esta, as negociações processam-se entre os homens de confiança de Muhammad e os representantes dos nobres revoltosos na capital do sultanato. O diário do vice-rei alude por mais de uma vez a esses «procuradores», cuja identidade desconhecemos. Quando na corte se sabe da deserção de Kheluji, as suas terras são de imediato confiscadas (atribuídas a Khawas Khan e Mustafa Khan) e o seu procurador é preso até prometer «que o faria vir»[185]. O mesmo se passa com os traidores Randaula Khan, Farhat Khan e Khairiyat Khan: a reacção cabe ao *divan* do sultanato, que «deshonrrou os muito diante dos seus procuradores»[186].

Daí que, a cada passo, seja necessário saber com quantos soldados se pode contar e quais os nobres em que se pode confiar. Atemorizado com a probabilidade de ter de enfrentar uma grande ofensiva mogol nos últimos meses de 1634, o sultão de Bijapur «mandou chamar todos seus capitães, fez reçenha de gente, achou ter corenta e tres mil homês de cavallo»[187]. Algum tempo antes, em Maio desse ano, os portugueses haviam recebido uma estimativa um pouco mais baixa, roçando os trinta mil homens de cavalo[188]. De facto, esta permanente contabilidade de homens e cavalos disponíveis para a guerra extravaza frequentemente as fronteiras do sultanato e é discutida com naturalidade na capital do Estado da Índia. Quando, desesperado, propõe uma aliança a Goa em 1636, Shahji faz chegar ao vice-rei um rol dos homens que o seguiam. Uma espécie

---

[184] *Diário Linhares 3*, p. 107.
[185] *Ibid.*, pp. 105, 107.
[186] *Ibid.*, p. 50.
[187] *Ibid.*, p. 153.
[188] *Ibid.*, p. 102. Qualquer dos valores é bem inferior a outros números disponíveis: à roda de 1700, Bhimsen estimou o exército de Muhammad em 120.000 homens de cavalo, descendo para 80.000 ao tempo de 'Ali II e para 2.000 no final da dinastia (EATON – *Sufis of Bijapur*, pp. 186-188). Outras estimativas apontam para números um tanto mais moderados: 80.000 cavaleiros ao tempo de Muhammad, 50.000 no reinado de 'Ali II (GHAURI, I. A. – «Organization of the army under the sultanates of the Deccan». *Journal of the Pakistan Historical Society*. Vol. 14/3 (Jul. 1966), pp. 147-171 [162]). Como quer que fosse, a dramática diminuição traduz um fenómeno de deserção em massa da nobreza de Bijapur para o lado mogol à medida que a decadência do sultanato se tornava irreversível.

de «dote», que ajudaria à decisão dos portugueses[189]. É também este o enquadramento de uma extensa e interessantíssima relação enviada da corte de Bijapur para Goa por um brâmane em Maio de 1634, indicando o nome dos nobres ao serviço do sultanato, a sua capacidade militar e, bem assim, o seu «grau» de fidelidade ao sultão. Crucial este último elemento, porquanto, recordemo-lo, não estamos em presença de um mundo de fidelidades perpétuas. Antes, movimentamo-nos num mercado militar em que pessoas e competências flutuam ao sabor da melhor proposta[190].

Quadro I
Perfil político-militar da elite de Bijapur (1634)

NOME	CAPACIDADE MILITAR	POSICIONAMENTO POLÍTICO
Murari Pandit*	2.000	fiel
'Ambar Khan	2.000	fiel
Ankus Khan	1.500	fiel
Farhat Khan	1.500	rebelde
Khairiyat Khan	1.500	rebelde
Randaula Khan	[1.500]	rebelde
Filho de Farhat Khan	1.500	[rebelde]
Ya'kut Khan Sarhadi	?	fiel
Bahlul Khan	2.000	suspeito
'Alam Khan	400	rebelde
Jujhar Rao, Abhaji e Padaji Ghatge*	3.000 («capitães de carregação»)	[fiéis]
Krishnaji (irmão de Shahji)*	3.200	[rebelde]
Kheluji (primo de Shaji)*	2.500	[rebelde]
Ambaji e Vithoji Bhonsle*	1.000 («capitães de carregação»)	[fiéis]
Dattaji Ghatge*	400 («capitães de carregação»)	[fiel]
Sambhaji Ghatge*	800	[fiel]
Atish Khan	700	[fiel]
Tippaji*	500	[fiel]
Balaji*	500 («capitães de carregação»)	[fiel]
9 «Gorpades Gentios»*	3.000	fiéis
Sher [?] Khan («Servandacão»)	500 («capitães de carregação»)	[fiel]
Ghazi Khan	600	[fiel]
Sidi Saib	1.500	[fiel]
Darwesh Muhammad	400	[fiel]
Filho de Mir 'Ali Raza	1500	[fiel]
Chand Khan Nizam	600	[fiel]
Ya'kut Khan Zawali	500	fiel
Sultão Muhammad	5.000	
Khawas Khan	5.000	
Mustafa Khan	5.000	
«capitães pequenos»	2.000	[fiéis]
Shahji*	5.000 (2.000 pertencem ao sultão)	suspeito

Fonte: *Diário Linhares 3*, pp. 104-105.

---

[189] Reunião do Conselho do Estado, Goa, 12.X.1636, in *ACE*, vol. II, p. 114.

[190] KOLFF – *Naukar, Rajput & Sepoy* (centrado nos rajputes); GOMMANS – *Mughal Warfare*; GOMMANS, J. & KOLFF, D. (eds.) – *Warfare and Weaponry in South Asia, 1000--1800*. Nova Deli: OUP, 2001; GORDON, Stewart – *Marathas, Marauders*, cap. 9 («Zones of military entrepreneurship, 1500-1700»), pp. 182-208.

A presente lista denota várias lacunas e imprecisões. Faltam seguramente nomes, porquanto alguns capitães importantes (como Shaikh Dabir e Sidi Raihan) não são aqui incluídos. Casos há (assinalados no quadro I com parêntesis rectos) em que a fidelidade deste ou daquele homem ao sultão Muhammad não é claramente registada. Em contrapartida, o autor desta relação vai por vezes mais longe e, para além da fidelidade, não deixa de se pronunciar acerca da valentia de alguns deles. Quanto há capacidade militar dos diversos nobres, os números indicados nem sempre são inequívocos[191]. E, ainda a este propósito, é de supor que os valores fornecidos pelo nosso brâmane traduzam a capacidade militar efectiva de cada um dos capitães, correspondendo a um determinado número de cavalos um determinado pagamento. De facto, e apesar da influência indo-persa ter moldado sobremaneira as instituições do Decão, a estrutura militar dos sultanatos locais não se encontrava organizada estritamente segundo o sistema *mansabdar*, pelo que não parece haver aqui paralelo com os inflacionados graus pessoais e simbólicos (*zat*) da Índia timúrida[192]. Por último, nem sempre é possível apurar o grupo étnico a que pertencem muitos dos capitães mencionados. Pelo nome, identificam-se abexins (Ya'kut Khan, Sidi Saib, Atish Khan), alguns afegãos (Bahlul Khan) e muitos maratas (menos óbvios e menos numerosos os que se fizeram muçulmanos), aqui assinalados com um asterisco.

Ponderadas estas cautelas, há duas conclusões essenciais a reter. Em primeiro lugar, deve realçar-se a força dos laços de parentesco que ligam os rostos mais visíveis da resistência ao sultão Muhammad. Sabemos que Farhat Khan – cujo filho também vai incluído nesta relação – é filho de Randaula Khan, sendo este, por seu turno, sobrinho de Khairiyat Khan. Em segundo lugar, merece nota a relevância de algumas

---

[191] Para além da omissão do contingente de Ya'kut Khan Sarhadi (1.500, presumivelmente), é de notar que o poderio militar do sultão e dos dois principais homens da corte de Bijapur não é claro: quererá o autor desta relação dizer que cada um deles dispõe de 5.000 homens de cavalo (é essa a nossa interpretação) ou esse é o número de homens que os três movimentam em conjunto?

[192] GHAURI, I. A. – «Organization of the army under the sultanates of the Deccan», pp. 152-157.

das principais famílias maratas – Ghatge, Ghorpade, Bhonsle – quanto à projecção política e militar do sultanato de Bijapur nos anos de 1630. Entre fiéis e rebeldes, falamos de um punhado de nobres que parecem movimentar um total de *ca*. 20.000 homens de cavalo, sendo que alguns dos mais proeminentes – é o caso de Shahji, do seu irmão e do seu primo – dispõem de impressivos contingentes, oscilando entre os 2.500 e os 3.200 cavaleiros[193].

Contingentes de difícil controlo, permanentemente mudando de campo. Daí, também, que as fontes portuguesas dispensem tanta atenção à sinuosa trajectória de Shahji. Em Maio de 1634, o pai de Shivaji tem um primo contra si (Kheluji) e outro do seu lado (Banaji)[194]. Em Bijapur, nessa mesma altura, questiona-se fortemente a sua fidelidade: o marata não sai de Shahabad a pretexto de proteger o sultão Murtaza III, «mas o que se dis por fora he que os mogores tem peitado o Xagi e prometido que tanto que tomarem as terras DelRey Idalxá lhe darião a elle, tomando lhe as de Nizamuxá, e assy que não saisse contra elles»[195]. Mas, um mês depois, Shahji haveria de enfrentar uma tentativa de aniquilamento por parte dos mogóis, confiada a Kheluji, sendo então socorrido por Bijapur[196]. Shahjahan muda de estratégia e tenta seduzir Shahji, pedindo-lhe que entregue o novo Nizam Shah para o casar com uma filha sua, mas o marata desconfia de traição[197].

Se passarmos dos protagonistas da guerra às estratégias da guerra, os testemunhos portugueses não são menos interessantes. Na verdade,

---

[193] O anónimo autor desta relação utiliza frequentemente a expressão «capitães de carregação» para caracterizar os contingentes de alguns maratas. Não nos foi possível apurar o significado da mesma, mas poderá estar eventualmente relacionado com os *banjaras*. Este termo designa as várias comunidades de carregadores que então desempenhavam um papel tão discreto quanto considerável na economia (e na economia de guerra) do subcontinente indiano, e cuja actividade os observadores ocidentais notaram amiúde (cf. HABIB, Irfan – «Merchant communities in precolonial India». In TRACY, James D. (ed.) – *The rise of merchant empires. Long distance trade in the early modern world, 1350-1750*. Cambridge: CUP, 1990, pp. 371-399, esp. pp. 372-379).

[194] *Diário Linhares 3*, p. 106.

[195] *Ibid.*, pp. 105-106.

[196] *Ibid.*, pp. 126-127.

[197] *Ibid.*, p. 172.

as descrições de Goa relativas ao cerco de Parenda fornecem um sem número de detalhes relativos a técnicas e a armas. Os mogóis, que marcam a sua posição no terreno através de tranqueiras («estâncias») e de trincheiras ou «cavas» (*pashib*)[198], fazem das minas (*naqb*) o seu principal instrumento de ataque à fortaleza. O conde de Linhares foi registando as muitas vezes que o exército imperial minou as sólidas paredes de Parenda[199], mas também percebeu – como os próprios conquistadores perceberam – que dificilmente se tomaria aquela posição desse modo. A 1 de Junho de 1634, o vice-rei é informado de que «os mogores se retirarão muito espaço para traz dizendo que não sabião que avião de fazer pois cõ trinta e seis minas que lhe tinha feito a não podião tomar»[200]. Demais, é sabido que os sitiados recebiam abastecimentos de lenha e de comida mesmo durante o cerco[201], o que poderia tornar o assalto mogol indefinidamente infrutífero. No final, pois, colhe-se a impressão de estarmos perante uma ofensiva militar tão demorada quanto inútil.

Ao mesmo tempo que seguia com atenção o cerco de Parenda, o vice-rei recebia informação relevante acerca das terras de Ahmadnagar nesse momento crucial que é o do esboroamento político do sultanato. De facto, o brâmane que proporcionou a Linhares uma lista dos nobres de Bijapur, enviou na mesma ocasião para Goa uma espécie de cadastro do moribundo reino dos Nizam Shahs, agora repartido entre Shahji (que mantinha a ficção de um estado de Ahmadnagar independente), o império mogol e o sultanato de Bijapur. Esta relação é da maior importância, uma vez que permite saber quem é que controlava o quê, num território pontilhado por 84 «serras» e 40 fortalezas cujo rendimento anual ronda os 90 leques de pagodes.

---

[198] *Ibid.*, pp. 22, 27.

[199] *Ibid.*, pp. 27, 28, 102, 124. Sobre as técnicas mogóis de guerra, nomeadamente a utilização de minas para o assalto aos fortes, ver GOMMANS – *Mughal Warfare*, pp. 145 ss; e IRVINE, William – *The army of the Indian Moghuls. Its organization and administration.* Reed. Nova Deli: LPP, 1994, cap. XXIV, pp. 270 ss.

[200] *Diário Linhares 3*, p. 126.

[201] *Ibid.*, pp. 109-110.

Estamos, pois, diante de uma utilíssima radiografia política de Ahmadnagar. É que o informador do vice-rei sabe exactamente como avaliar a distribuição do poder no Decão. Sabe que os muitos acidentes de relevo da região têm consequências políticas assinaláveis, porquanto é a geografia que dita a localização das posições fortificadas e, logo, o nascimento de potenciais autonomias. Daí a ligação entre serras e fortalezas estabelecida pelo anónimo brâmane. Não é por acaso que, anos mais tarde, o veneziano Manuzzi contou quase 400 fortes no Decão e no Karnataka, correspondendo tal número a uma multiplicidade de espaços políticos não raro semi-independentes. Na verdade, uma fortaleza do Decão representa bastante mais do que uma simples estrutura militar. Antes, constitui um centro de desenvolvimento local e regional e, para além do domínio que exerce sobre redes de comércio e linhas de abastecimento militar, a fortaleza é um organismo de controlo social, uma fonte de rendimento e uma entidade política[202]. Numa palavra, a fortaleza é um feudo. A fortuna dos maratas, por exemplo, é indissociável do domínio progressivo das fortalezas do Maharashtra. Do mesmo modo, não se entende o nexo das permanentes disputas entre Ahmadnagar e Bijapur se não se atender ao apetite mútuo por determinadas posições fortificadas, como sejam Sholapur ou Parenda. E a obsessão dos mogóis pelo Decão percebe-se melhor contemplando a coerência da rede de fortificações de que se foram paulatinamente apropriando.

Vejamos como tudo isto se articula com a lista de 1634 que temos em mãos[203]:

---

[202] Ver, sobre este assunto, GOMMANS – *Mughal Warfare*, pp. 136-141; e GORDON, Stewart – *Marathas, Marauders*, cap. 4 («Forts and social control in the Maratha State»), pp. 82-98.

[203] Jadunath Sarkar deu-lhe relevo logo em 1940, a partir dos trabalhos de Pissurlencar (*House of Shivaji. Studies and documents on Maratha history: Royal period*. Reed. Calcutá: Orient Longman, 1978, pp. 37-38).

Quadro II
Cadastro político-económico de Ahmadnagar (1634)

FORTALEZAS / TERRAS	PROPRIETÁRIOS	RENDIMENTO ANUAL (em pagodes)
Daulatabad	Shahjahan	9 leques
Galna	Shahjahan	1 leque
Shahgadh	Shahjahan	1 leque
Jalnapur	Shahjahan	1 leque
Bir	Shahjahan	3 leques
Dharur	Shahjahan	1 leque
Qandahar (terras e fortalezas)	Shahjahan	3 leques
Udgir	Shahjahan	1 leques
Berar	Shahjahan	20 leques
Ahmadnagar	Shahjahan	1 leque
Junnar	Shahji	3 leque
Shahabad	Shahji	1 leque
«Terras do Concão»	Shahji	11 leques
Nasik e Triambak	Shahji	1 leque
Chamargonda	Shahji	75.000
Chakan	Shahji	1 leque
Terras não especificadas	Shahji	3 leques
Paranda	Muhammad	3 leques
Akalkot	Muhammad	3 leques
Pune	Muhammad	75.000
Indapur	Muhammad	50.000
Nilanga	Muhammad	1 leque
14 terras e fortalezas	Muhammad	9 leques
«Terras do Concão»	Muhammad / Shahji	3 leques
Sholapur	Muhammad / Sidi Raihan	6 leques
Ausa	Muhammad / Sidi Raihan	1 leque

Fonte: *Diário Linhares 3*, pp. 103-104.

Daqui se retiram também ilações importantes. Dos 89 leques de rendimento anual que representa – em anos pacíficos e de boas monções, claro está – o esquartejado reino de Ahmadnagar, praticamente metade dessa quantia (41 leques) está nas mãos dos mogóis em 1634. De facto, Shahjahan controla o interior leste do sultanato, num corredor que se prolonga de Galna a Qandahar e que bordeja a fronteira do sultanato de Golconda. Se descontarmos a riqueza do reino de Berar, que o brâmane inclui nesta lista como uma espécie de apêndice de Ahmadnagar, ressuma sobretudo a extraordinária importância económica de Daulatabad (9 leques).

Shahji, por seu turno, absorve quase um terço das rendas do sultanato, dado que, aos quase 21 leques correspondentes às terras que controla directamente, ainda junta 3 leques relativos a «terras do Concão» que partilha com o sultão de Bijapur. Falamos de uma extensa parcela do território de Ahmadnagar, compreendida entre Nasik e Triambak a norte a Chamargonda a sul, com Junnar no miolo e as saídas para o mar que as valiosas terras do Concão (avaliadas em 14 leques) representam.

Por sua vez, o ascendente de Bijapur sobre o território do seu vizinho setentrional está longe de ser impressivo. Falamos de pouco mais de 27 leques, sendo que pelo menos 10 leques se reportam a terras controladas por terceiros sob a autoridade nominal do sultão Muhammad. Geograficamente, este controla uma parcela da fronteira entre Ahmadnagar e o antigo reino de Bidar, justamente aquela que melhor poderia assegurar a defesa da capital do reino dos 'Adil Shahs. O destaque vai para as estratégica e economicamente relevantes posições de Parenda e Sholapur, mas não deixa de ser curioso notar que Pune – geneticamente ligada aos maratas – também está sob a alçada de Muhammad.

Todavia, as marcas da debilidade de Bijapur nesta verdadeira corrida regional ao espólio do reino nizam shahi são por demais evidentes nas fontes portuguesas. Um primeiro exemplo de falta de autoridade: entre as terras de Ahmadnagar cujo rendimento não é avaliado quantitativamente na lista que temos vindo a seguir, contam-se algumas «pequenas cõ as quaes estão levantados os tanadares, e havaldares que elle poz e não cossentê que entrê nellas pessoa nenhũa, e dizem que quando ouver rey çerto para o Reino de Nizamuxá que a elle obedeçerão». A situação das terras controladas por Sidi Raihan é ainda mais sugestiva: o abexim, que viria a desempenhar um papel político assaz relevante no sultanato na transição para os anos de 1640, «comia [...] absolutamente as terras de Solapor» e, em Ausa, «não deixava entrar nellas pessoa que não fosse sua»[204]. Quanto a Indapur, que aparece nesta relação como

---

[204] *Diário Linhares 3*, p. 104.

território controlado por Bijapur, estava seguramente sob o domínio quase autónomo do *deshmukh* local. Não sendo assim, como interpretar o pedido de auxílio que este, apertado pelos exércitos mogóis, endereça ao sultão Muhammad em Agosto de 1634, dispondo-se a dar-lhe em troca o controlo da fortaleza[205]? Um derradeiro caso, tão revelador como os anteriores: confrontado com mais uma investida mogol em Junho de 1634, Murari Pandit mandou «saber do Divão se lhe avião os capitães de seguir ou não»[206].

Como tantos outros indicadores disponíveis, este punhado de exemplos mostra à saciedade como o governo central de Bijapur – mesmo no auge do poder deste ou daquele sultão – não lograva controlar directamente boa parte das terras do sultanato. A fidelidade, pois, era comprada e negociada a cada momento. Fazia-se de permanentes cedências e vantagens. Para mais, a cartografia de poderes e autoridades representada no quadro II não tardaria a modificar-se. É que, ao invés de desistir do Decão após o insucesso de Parenda, Shahjahan lançou uma nova e definitiva ofensiva sobre Bijapur, selada pela submissão do sultanato ao império em 1636.

Ainda em Agosto de 1634, os portugueses têm notícia de que Shahjahan pretende, ele próprio, marchar sobre o Decão, dada a incompetência dos seus capitães[207]. Alguns dias depois, já se sabe em Goa que o imperador tinha «tirado de seu capitão geral das guerras do Decany a Mobatecão, e dado o cargo a outro» e os portugueses não acham improvável que o Khan-i Khanan se revolte[208]. O «outro» é o seu próprio filho, Khan-i Zaman. Mas, apesar de as relações entre ambos serem tensas e de, em boa verdade, a carreira de Mahabat Khan ter já terminado, o facto é que

---

[205] «[...] mandando pedir o Dessamuquo de Indur a ElRey Idalxá lhe mandasse gente em seu socorro que elle lhe entregaria a fortaleza do dito Indur [...]» (*ibid.*, p. 155). Sobre os poderes e atribuições do *deshmukh* e a sua relação com os sultões de Bijapur, ver FUKAZAWA, H. – *The Medieval Deccan*, cap. 1, pp. 12-25.

[206] *Diário Linhares 3*, pp. 127-128.

[207] *Ibid.*, p. 163. Uns dias antes comenta-se na corte de Muhammad a notícia de que «o Mogor manda de novo cincoenta mil homês de cavallo cõ intêto de tomar desta vez aquelle reino o qual Rey esta metido em grande confuzão e aperto» (*ibid.*, p. 153).

[208] *Ibid.*, p. 172.

Shahjahan não substituiu o pai pelo filho no governo do Decão antes da morte daquele em Novembro[209].

Como quer que fosse, a avalanche imperial sobre o Decão era inevitável. A 7 de Outubro escreve-se em Goa «que o Mogor vem contra Vizapor, corte do Idalcão, da qual esta ja somente nove legoas»[210]. Três dias depois, o conde de Linhares registava que «Mobatecão se vinha para aquellas partes com oito mil cavallos»[211]. Só que os rostos mogóis desta nova ofensiva sobre Bijapur serão já outros: Khan-i Zaman, novo governador do Balagate (entre Daulatabad e Ahmadnagar); e Asaf Khan, que recebera entretanto o título de *Khan-i Khanan*[212]. A eles se junta 'Abdullah Khan Firoz Jang, o poderoso turani que governava o Bihar com sucesso e que também participou nesta decisiva campanha meridional. Em Janeiro de 1635 notava-se em Goa que «o Mogor que ficava perto com seu exerçito de Burampôr com algus corenta mil cavallos, e por general Abdulacan, o qual tinha jurado perante o mogor de pôr tudo aquillo a ferro e fogo»[213].

Os sucessos imperiais, porém, não dependem em exclusivo da tenacidade de Shahjahan e dos seus generais. Internamente, a vida política de Bijapur sofrera entretanto uma importante inflexão, com sequelas não despiciendas. Khawas Khan fora assassinado e Mustafa Khan torna-se então o *peshwa* do sultanato. A sua proeminência representa também a vitória de uma linha política que aposta no apaziguamento das relações com Shahjahan. A submissão do sultanato era agora uma simples questão de tempo e seria coroada com uma deslocação do próprio imperador mogol às terras do Sul. A segunda, em escassa meia dúzia de anos. Shahjahan deixa o Norte da Índia nos últimos meses de 1635 e instala a sua corte em Daulatabad em Fevereiro do ano seguinte, causando grande alarme tanto na corte de Muhammad

---

[209] KHAN, 'Inayat – *SJN*, p. 140.
[210] *Diário Linhares 3*, p. 191.
[211] *Ibid.*, p. 192.
[212] *Ibid.*, p. 155; KHAN, 'Inayat – *SJN*, pp. 140, 147-148.
[213] *Diário Linhares 3*, p. 266.

como no Palácio da Fortaleza. Pero da Silva, o novo vice-rei português, dá conta da situação a Filipe IV nos meses que precedem a submissão de Bijapur aos mogóis: apesar do sultão ter pago o tributo que estava em atraso, o imperador enviara um exército ao Decão, escreve em finais de Fevereiro de 1636. Muhammad pede auxílio aos portugueses e o vice-rei decide corresponder, por forma a evitar a perigosa vizinhança de Shahjahan[214]. Mais notícias quinze dias depois: o soberano mogol deixara Agra à frente de um exército de 60.000 de cavalo e enviara um embaixador a Bijapur, instando o sultão a abandonar Ahmadnagar e a pagar 30 milhões de pagodes de tributo ao império. A corte de Muhammad ficou dividida, mas o sultão resolveu obedecer por forma a não perder o reino[215].

Era claro, porém, que Shahjahan não se contentaria com o pagamento do tributo. Pero da Silva suspeita, alarmado, que o imperador mogol avançará até ao Sul da Índia, porquanto corria o rumor que pretendia legar dois impérios aos seus filhos. Desaparecendo os sultanatos do Decão, nada obstava a esse avanço e a Goa portuguesa ficava verdadeiramente em perigo. Mas o império mogol seguiu um caminho intermédio: nem eliminação desses estados nem simples cobrança de um tributo. Alternativamente, forçava-se Bijapur e Golconda à assinatura de documentos de submissão que, muito embora assegurassem a sobrevivência formal das respectivas dinastias, as subordinavam de todo à hegemonia mogol. Ainda assim, é importante notar, como vinca um estudo recente de Roy Fischel, que tanto Muhammad 'Adil Shah como 'Abdullah Qutb Shah procuraram, nos anos imediatamente anteriores a 1636, tratar Shahjahan como igual no plano retórico, não aceitando o sultão de Bijapur elementos cruciais de reconhecimento da soberania mogol como a *khutba* (sermão) e a *sikka* (cunhagem de moeda)[216]. Interessante postura e imagem esta do sultão Muhammad, que os portugueses nunca lograram captar.

---

[214] Vice-rei ao rei, Goa, 25.II.1636, ANTT – *LM*, liv. 33, nº 25, fl. 257.
[215] O mesmo ao mesmo, Goa, 10.III.1636, *ibid.*, nº 26, fl. 258.
[216] Excelente tratamento da questão em FISCHEL – *Society, Space*, pp. 252-263.

De acordo com o documento de submissão (*'Ahdnama*) de Bijapur, firmado em 1636, Shahjahan dividia com Muhammad o reino de Ahmadnagar, cabendo a Bijapur o domínio de terras tão importantes como as do Concão, Parenda e Sholapur. Respeitar a fronteira de Golconda, sem exigir tributo ao reino dos Qutb Shahs, é outra das cláusulas. Em simultâneo, Muhammad ficava obrigado ao pagamento de um *peshkash* anual de 20 leques de rupias ao império. Finalmente, a «domesticação» do sultanato passava pela neutralização dos seus elementos mais «subversivos»: Shahji e Sidi Raihan, que deviam entregar as terras sob o seu domínio[217].

Os portugueses adaptam-se então ao novo desenho político da região. Claramente perdedor nesta nova conjuntura, Shahji propõe uma aliança a Goa em 1636: pede refúgio para a mulher e filhos em Chaul e está decidido a prescindir de terras de Ahmadnagar em favor do Estado da Índia. O problema é discutido em Conselho do Estado: sabe-se que o marata só sobreviveu entretanto à vaga mogol porque era amigo de Khan-i Zaman e conselheiros há que sublinham a vantagem de uma aproximação a um «gentio». Não obstante, a maioria teme problemas, porquanto Shahji tem contra si o sultão Muhammad e o imperador Shahjahan em simultâneo. Pragmaticamente, deixam cair a proposta[218].

Depois da vitória de 1636, admitem os portugueses, Shahjahan «ficara Senhor absoluto de todas as Provincias d'entre o Indo e Ganges»[219]. Numa carta endereçada a Muhammad 'Adil Shah cerca de dois anos antes, Shahjahan falava em estender a autoridade até ao Sri Lanka[220]. O velho projecto de Akbar estava, pois, mais perto de concretizar-se. À partida, Goa não mais podia evitar a *Pax Mogolica* manipulando os sultanatos do Decão.

---

[217] Cf. NAYEEM – *External relations*, pp. 161-166; KHAN, Yar Muhammad – *The Deccan policy*, pp. 234-241. Para o caso de Golconda, ver SHERWANI – *History of the Qutb Shahi dynasty*, pp. 436-438. Interessante a troca de correspondência entre Shahjahan e Muhammad, incluída na crónica *Padshsah Buranji* (*Annals of the Delhi Badshahate*), pp. 141-143).

[218] Reunião do Conselho do Estado, Goa, 12.X.1636, in *ACE*, vol. II, pp. 113-115.

[219] Rei ao vice-rei, Goa, 18.II.1640, in *ACE*, vol. II, p. 560.

[220] Carta traduzida e estudada por FISCHEL – *Society, Space*, pp. 253-254.

Conclusão

O avanço decisivo de Shahjahan sobre o Decão – bem expresso na importância dada a Burhanpur enquanto corte imperial (1630-1632) – não é dissociável, na sua primeira fase, da revolta de Khan-i Jahan Lodi (1629-1631). O espectro do regresso dos afegãos aos subcontinente indiano, uma presença que quase acabara com o império mogol precisamente um século antes, haveria de pairar sobre a cabeça de Shahjahan ao longo desses anos. Os portugueses testemunharam e «vibraram» com os sucessos de «Canejão patane» no Guzerate e em Ahmanagar e ouviram falar de revoltas sérias no Bengala e em Agra. Vistos de Goa, estes acontecimentos dão de Shahjahan a imagem de um soberano receoso a quem falta legitimidade para reinar e que, por consequência, não logra nunca conquistar a confiança dos seus súbditos: «por ser tirano esta mui mal quisto, e aborrecido de todos e os mais capitães agravados e descontentes», escrevia Linhares em 1630[221].

A conjuntura, portanto, jogava à partida a favor do Estado da Índia, esperançado que estava na viabilidade de uma aliança entre Khan-i Jahan Lodi, Bulaqi e o sultão de Ahmadnagar. Como corolário, o projecto de «guerra económica» gizado por Diogo Saraiva, o agente de Linhares na capital do reino Nizam Shahi: boicotar a ligação comercial Masulipatão--Surrate, substituindo-a pelo eixo Masulipatão-Chaul, com a consequente asfixia do Guzerate. O que Saraiva então propõe, e que nunca foi por diante, faz lembrar os projectos de D. frei Aleixo de Meneses e Diogo do Couto, discutidos no capítulo 6. E, quando em Goa se reconheceu que Ahmadnagar – o «cadeado mourisco» do Decão, uma verdadeira fronteira entre dois mundos – ia mesmo cair nas mãos de Shahjahan, não faltou quem sugerisse a transferência das «rendas e dereitos que o Rey Decany tinha nos nossos limites» para o rei de Portugal, assim evitando que o «Mogor» os tomasse posteriormente[222]. Para lá do processo e do resultado,

---

[221] Vice-rei ao Rei, Goa, 4.XI.1630, HAG – *MR*, liv. 14, fl. 175.

[222] PISSURLENCAR, P. – «Tentativas dos Portugueses para a ocupação do Conção (séculos XVI, XVII, XVIII)». *Anais da Academia Portuguesa da História*. II série, vol. 6 (1955), pp. 425-436.

o que importa sublinhar é que sempre houve lugar na capital do Estado da Índia para a discussão de estratégias ofensivas relativas ao Decão que, em última instância, poderiam estancar o avanço imperial na região e subverter em absoluto a fronteira entre portugueses e mogóis a sul.

Mas, e isso sabia-se em Goa, a determinação de Shahjahan em conquistar o Decão era absoluta. Em Agosto de 1634, «o Corromo tinha arvorada sua bandeira para vir sobre Decan, dizendo pois tantos capitães seus não podião consseguir o seu intento que avia elle mesmo de hir a esta empreza»[223]. Quando Asaf Khan se bate pela negociação como forma de resolver o problema de Bijapur, Shahjahan rejeita liminarmente esse caminho, fazendo ver ao sogro que «elle era Rey muy poderoso, e avia de emprender tudo o que quizeçe»[224]. Numa outra ocasião, ao escrever uma carta à mãe do sultão de Bijapur (Taj Sultana), o imperador mogol terá advertido asperamente a sua interlocutora: «se lhe parecia a ella que elle estava fraco para fazer guerra que se desenganasse con tal pensamento porque elle era elrey de Dely que lhe não faltava tudo o quizece por mais perda que tivesse com gente de guerra que o seu Reino era infinito para isso»[225]. «Rei muito poderoso», «rcino infinito».... Mesmo em português, as palavras de Shahjahan reflectem a imagem que um imperador mogol tem de si e do seu império. Interessante ainda o facto de Shahjahan se reclamar rei de Deli, cidade a que nem seu pai nem seu avô se quiseram associar, mas que – como se verá no próximo e último capítulo – acabaria por ser indissociável do seu trajecto político[226].

O imperador mogol não logrou conquistar a fortaleza de Parenda em 1634, mas acabou por vergar o reino dos Adil Shahs em 1636. O «muro» do Decão cedeu então (pouco? muito?), e os dados do problema alteraram-se com o desaparecimento de Ahmadnagar e a submissão de Bijapur. Para

---

[223] *Diário Linhares 3*, p. 163.

[224] *Ibid.*, p. 109.

[225] *Diário Linhares 2*, fl. 42v.

[226] Roy Fischel interpreta de modo diverso, embora não incompatível, o uso da expressão «rei de Deli» pelos soberanos do Decão. Para este historiador, os sultões empregam esse título como forma de «acantonar» simbolicamente os mogóis no norte da Índia, evitando reconhecer a universalidade da sua autoridade conforme a retórica imperial pretendia (FISCHEL – *Society, Space*, pp. 262-263).

Goa, e independentemente do que se seguiu a 1636, o que da primeira metade dessa década ficava era a falência da velha ideia de uma liga dos sultanatos contra o império. Porventura mais importante, pelo menos para o historiador de hoje, ficou a observação e o registo escrito de um conjunto de fenómenos que, de forma muito evidente nesse período, regularam a configuração política, social e espacial do Decão ocidental. Falamos da extrema volatilidade do mercado das armas e das fidelidades em tempos de ruptura e, bem assim, da «dança» de rendas e terras entre Ahmadnagar, Bijapur e o império mogol. Falamos também da centralidade da fortaleza – na sua estreita relação com as «serras» que cada uma delas domina – enquanto elemento definidor de múltiplas fronteiras[227]. Os dois quadros que apresentámos e interpretámos no presente capítulo ajudam a entender melhor tudo isto.

---

[227] A asserção de Fischel segundo a qual as fronteiras entre os sultanatos do Decão não sofreram alterações sensíveis, até pela falta de «apetite territorial» que cada um deles tinha em relação aos vizinhos, é difícil de sustentar para os primeiros anos da década de 1630 (*ibid.*, pp. 23-24, 228).

CAPÍTULO 11

EPÍLOGO. «PARTENZA DEL RE GRAN MOGOR DELLA CITTÀ D'AGRA PER LA CITTÀ DI LAOOR» (1638)

De novo a Ásia Central

Em Agosto ou Setembro de 1638, um italiano anónimo, natural do Piemonte, assistiu à partida de Shahjahan de Agra para Lahore[1]. Já aqui se falou bastas vezes das diversas mudanças de capital do império desde os anos de 1570 e já muito se escreveu acerca dessas «cidades portáteis» dos mogóis, que corporizam o imperativo político-cultural de mobilidade da pessoa do imperador[2]. Todavia, o texto em presença constitui seguramente uma das fontes que melhor descrevem a «coreografia» da transferência de capital imperial e que mais detalhadamente retratam a corte mogol em movimento.

Depois de os astrólogos terem apurado qual o dia mais auspicioso para a partida, o imperador faz a escolha dos filhos que o haveriam de acompanhar na jornada e dá instruções ao «tesoureiro» (o *diwan-i kul* era, à data, Afzal Khan Shirazi) para antecipar dinheiro, tanto aos príncipes como a todos os nobres do serviço imperial. O pagamento é feito em duas vezes e destina-se à compra de animais, carros e bagagens. Os artífices

---

[1] ANÓNIMO – *Partenza*, fls. 300-312. As crónicas mogóis fixam a partida de Agra no dia 27 de Agosto de 1638 (16 Rabi' II 1048), enquanto que o piemontês menciona especificamente o dia 12 de Setembro.

[2] GABORIEAU, Marc – «Villes de toiles et villes de pierre: les capitales mogholes étaient--elles des camps?». In CLÉMENT, Pierre *et al.* (eds.) – *Cités d'Asie: Les cahiers de la recherche architectural*, 35/36 (1994), pp. 15-34. Ver também a síntese interpretativa de GOMMANS – *Mughal Warfare*, pp. 100 ss.

que trabalham nas *karkhana*s da corte – tanto nas do imperador, como nos ateliers dos príncipes – preparam-se para integrar a expedição que se anuncia, levando consigo as obras inacabadas[3]. Entretanto, Shahjahan vai ao «serralho» e escolhe as mulheres de cuja companhia pretende disfrutar em Lahore. Outro problema logístico a resolver, porquanto algumas destas mulheres deslocam-se acolitadas por meio milhar de escravos e eunucos.

A engrenagem desta viagem é, pois, assaz complexa. Oitocentas elefantas são requisitadas para transporte e, para além de elefantes de guerra equipados com «castelos», seguem ainda seiscentos machos como «guarda do rei». Viajam também quinhentos camelos e dez mil bois, destinados a carregar as tendas. Como tantos outros observadores ocidentais, o piemontês demonstra um enorme fascínio pelas tendas dos mogóis. A tenda imperial – «cosa sontuosissima et incredible» – é montada sobre um fosso cavado por cinco mil homens[4]. Por sua vez, o magnífico trono do rei é carregado por quatro elefantes[5].

O cortejo começa a mover-se à meia-noite do dia 6 de Setembro e prolonga-se por uma distância de 8 milhas. Estimativa do próprio autor da *Partenza*, que também calcula que a cidade imperial em movimento corresponde a 6-7 milhas de largura, albergando cerca de 125 mil pessoas. Alguns dias depois, em dia e hora fixada pelos astrólogos da corte, Shahjahan deixa Agra. Quando o elefante que o transporta se começa a mover, o eunuco que conduz o animal lança moedas de prata à população que enche um e outro lado da estrada e que vai saudando o imperador. As pessoas devem saudá-lo do chão, pois o «Segundo Timur» não admite que ninguém o veja de uma janela ou de um terraço – «a fin che nessuno fosse piu alto del Re»...

---

[3] Sobre esta instituição, ver o estudo de VERMA, Tripta – *Karkhanas under the Mughals. From Akbar to Aurangzeb. A study of economic development*. Nova Deli: Pragati Publications, 1994.

[4] Sobre as tendas mogóis, ver ANDREWS, Peter Alford – «The generous heart of the mass of clouds: The court tents of Shah Jahan». *Muqarnas*. Vol. 4 (1987), pp. 149-165; AZIZ, Abdul – *Thrones, Tents and their furniture used by the Indian Mughuls*. Lahore: ed. autor, s.d.

[5] ANÓNIMO – *Partenza*, fl. 309. Não sabemos se este seria aquele a que os europeus chamam o «trono do pavão»: inaugurado em Agra no mês de Março de 1635, era uma verdadeira obra de regime, pensado e executado no contexto da afirmação da autoridade do novo imperador.

O relato do piemontês, cuja paráfrase se poderia prolongar, é uma leitura a conjugar, por exemplo, com a análise de uma pintura do manuscrito de Windsor do *Padshahnama*, representando a deslocação da caravana imperial em sentido inverso – entre Lahore e Agra – em 1634[6]. Por outro lado, é impossível deixar de registar um sem número de semelhanças entre a *Partenza* e um texto posterior do padre António Botelho. O jesuíta, que escreve já nos primórdios do reinado de Aurangzeb, assistira à partida de Shahjahan de Agra para Deli em Abril de 1648. O imperador ia então inaugurar a nova capital do seu império (Shahjahanabad), mas o missionário, acabado de chegar a Agra, não percebeu imediatamente o significado desse acto, confessando mesmo «que pouco cazo, e nenhum conceito fazia deste abalo del Rey pera o Dely». Todavia, caminhando na companhia do padre Francisco Morandi, cruzou-se na rua com um criado de Mirza Zulqarnain, que «nos disse que esperassemos pera vermos o que nunca tinhamos visto, e sabe Deus quando o tornareis, e não percais esta ocazião de verdes a El Rey Mogol com toda a sua Corte que ao meyo dia em ponto havia de sahir do seu Paço pera o Dely». Os dois jesuítas vestiram-se então à moda da terra – «nos mandou mandou fazer a toda a pressa toucas a modo de Parsios, e nos lançou hum pambory a cada hum (que he hum pano de ceda de cores, que botão os Mouros graves sobre a cabaya a modo de capa)» – e, da sacada de uma casa, assistiram a um espectáculo que se prolongaria por cinco horas e que Botelho descreve pormenorizadamente[7].

Regressemos a 1638. Diz o piemontês que, de acordo com a indicação dos astrólogos, Shahjahan «andava ad habitare per sette anni e quatro mesi» em Lahore. Não permaneceu aí mais de meio ano, entre Novembro de 1638 e Maio do ano seguinte. Contudo, e até à inauguração de Shahjahanabad em 1648, o imperador privilegiou sempre capitais imperiais cuja posição geográfica era propícia para lidar com os problemas da Ásia Central. Desses dez anos, quase oito foram repartidos pelas capitais do norte: Lahore, Kabul e Caxemira (Srinagar). E, se considerarmos a totalidade

---

[6] *Padshahnama/Windsor*, n° 34, pp. 86-87, 194-195.

[7] BOTELHO – *Relação*, fls. 28-30. Este excerto do texto de Botelho foi vertido para inglês por COSTA, Anthony da – «A Jesuit Account of the Transfer of the Mughal Court from Agra to Delhi in 1648». *Indica*. Vol. 35/1 (1998), pp. 57-65.

do reinado, verificamos que o imperador não mais escolheu uma capital do sul, excepção feita a uma brevíssima estadia em Ajmer em Novembro de 1654 para uma última peregrinação ao túmulo de Khwaja Mu'inuddin Chishti[8]. Diz o padre António Botelho, escrevendo depois da guerra da sucessão, que os paços reais de Burhanpur estavam «ja velhos por haver muitos annos, dez do tempo del Rey Janguir, não vão aly os Reis habitar alguns meses, como no tempo del rey Hacabar, e Janguir seu filho»[9]. O missionário ignora a permanência de Shahjahan na cidade entre 1630 e 1632, mas não restam dúvidas de que, nos primórdios do reinado de Aurangzeb, Burhanpur mais não era do que uma antiga e desnecessária capital nos confins meridionais do império[10].

A decisão de construir Shahjahanabad, tomada em 1639 e encerrando múltiplos significados, também se prende com este contexto. Deli representa o primeiro centro de poder islâmico na Índia e Shahjahan pretende traduzir, no espaço e na arquitectura, a sua estreita ligação ao *Dar al-Mulk Dihli* («o assento do império»), intenção também denunciada nas visitas que empreendeu à cidade em 1634, 1635 e 1638[11]. Fá-lo agora, promovendo a (rápida) construção de uma nova capital cerimonial, claramente virada a norte e concebida para funcionar enquanto eixo do mundo[12]. A ideologia imperial expressa na arquitectura haveria de «contaminar» o padre Botelho, que afirma: «El Rey Xajan fundou a cidade

---

[8] Seguimos o mapa de movimentos das capitais imperiais durante o reinado de Shahjahan preparado pelos editores do *Padshahnama/Windsor*, p. 11.

[9] BOTELHO – *Relação*, fl. 19.

[10] Todavia, a pujança económica da cidade – independente deste fenómeno de secundarização política – haveria de entrar século XVIII adentro; cf. GORDON, Stewart – *Marathas, Marauders*, cap. 8 («Burhanpur: entrepot and hinterland, 1650-1750»), pp. 163 ss. O mesmo é válido para Burhanpur enquanto centro religioso, nomeadamente no que respeita ao estabelecimento de sufis na cidade (GREEN, Nile – *Making Space. Sufis and Settlers in Early Modern India*. Nova Deli: OUP, 2012, pp. 159-161).

[11] KOCH – *Mughal art and imperial ideology*, cap. 6 («The Delhi of the Mughals prior to Shahjahanabad as reflected in the patterns of imperial visits»), esp. pp. 170-171.

[12] Cf. BLAKE, Stephen – *Shahjahanabad. The sovereign city in Mughal India, 1639-1739*. Nova Deli: CUP, 1993, esp. cap. 2, pp. 26 ss; NAQVI, Hamida Khatoon – «Shahjahanabad, the Mughal Delhi, 1638-1803. An introduction». In FRYKENBERG, R. E. (ed.) – *Delhi through the ages. Essays in urban history, culture and society*. Nova Deli: OUP, 1986, pp. 143-151; e EHLERS, Eckart, KRAFFT, Thomas (eds.) – *Shahjahanabad/Old Delhi. Tradition and colonial change*. Nova Deli: Manohar, 2003.

junto do Dely, a quem poz por nome Janabat [Shahjahanabad], que quer dizer Pouvoação de todo o mundo»[13].

O texto do anónimo piemontês nada nos diz sobre as opções geoestratégicas de Shahjahan. E, no entanto, a «partenza» do imperador para Lahore em Setembro de 1638 representa, simbolicamente, a valorização da fronteira setentrional do império. Dizia Asaf Khan em 1641 que, uma vez resolvidos os problemas do Decão, o imperador planeava ocupar-se dos uzbeques[14]. A viragem é notória, em diferentes planos. Encontra-se reflectida, por exemplo, nas mudanças introduzidas na composição da nobreza mogol. Os detentores de *mansabs* oriundos da Ásia central ocuparam, ao tempo de Shahjahan, mais e melhores posições administrativas, assim atenuando a tradicional hegemonia dos persas. Se atentarmos nos cargos de maior relevo, os nobres turanis chegam mesmo a ultrapassar frequentemente os persas a partir do final da primeira década de reinado[15].

As relações com a Pérsia constituem o nó górdio desta nova etapa do reinado de Shahjahan[16]. Qandahar, que se encontrava sob autoridade dos safávidas desde 1622, voltou a constituir parcela do império mogol em 1638. Em Fevereiro desse ano, o governador safávida 'Ali Mardan Khan – que tinha sérios problemas na corte do Shah e que os mogóis procuravam seduzir desde 1636 – entregou a fortaleza aos exércitos de Shahjahan e o imperador mogol viu a *khutba* ser lida em seu nome em Qandahar[17]. Os desenvolvimentos da situação no Khurasan levam Shahjahan a concentrar aí muitos homens e recursos. Diz o piemontês que pouca gente acompanhou Shahjahan na viagem de Agra para Lahore em 1638, porquanto o grosso dos homens se encontrava então na Pérsia[18].

---

[13] BOTELHO – *Relação*, fl. 34.

[14] Carta a Hasan Khan (em Herat), s.d. (post. Jan. 1641), in ISLAM – *Calendar*, vol. I, Sh. 132, pp. 278-279.

[15] Cf. ALI, M. Athar – «Provincial Governors under Shah Jahan. An Analysis». In *Medieval India: A miscellany*, vol. III, pp. 80-112 (p. 83 e quadro nº 1).

[16] Ver ISLAM – *Indo-Persian relations*, cap. VI, pp. 97 ss.

[17] KHAN, Mohammad Afzal – «Safavis in Mughal Service: the Mirzas of Qandahar». *IC*. Vol. 72/1 (1998), pp. 59-81.

[18] ANÓNIMO – *Partenza*, fl. 310.

Nos anos que se seguiram, as relações entre Shahjahan e Shah Safi esfriaram significativamente. 'Ali Mardan Khan permanecerá o principal obstáculo à boa vizinhança entre os dois estados, dado que os safávidas não deixarão nunca de o olhar como um traidor. Para mais, Shahjahan recebeu-o em Lahore em finais de Novembro de 1638 e atribuiu-lhe um *mansab* de 5.000 *zat*/5.000 *suwar*, que chegaria mais tarde a 7.000 *zat*/7.000 *suwar*, fazendo do antigo governador de Qandahar um dos mais importantes nobres do império[19]. O padre Botelho dá deste homem um retrato faustoso, coincidente com o que registam as fontes mogóis. Segundo o jesuíta, 'Ali Mardan Khan teria negociado a rendição de Qandahar com Shahjahan de modo a manter a sua riqueza uma vez na Índia mogol. O imperador aceitou e Botelho evoca o testemunho de um arménio, que teria visto sairem de Qandahar 300 camelos carregados de prata. E remata: «El Rey Xajan sempre fez muito cazo deste Umbrao Alimardan, e lhe deu grandes lugares em seu Reino, estando eu ainda no Mogol, e tão grandioso que os caldeirõis em que se cozia arrôs, e carne do seu lascar, erão de prata»[20].

Ainda que os soberanos safávida e mogol mantivessem a distância, o certo é que contactos entre os dois estados prosseguiram por intermédio de altos funcionários de um e de outro lado. Tal correspondência era necessária para sustentar a política mogol para a Ásia central, dado que, sem abrir mão do domínio de Qandahar, Shahjahan pretendia, ainda assim, assegurar o apoio safávida para a invasão da Transoxania. Não obstante, Shah 'Abbas II haveria de recuperar Qandahar onze anos depois, em Fevereiro de 1649. A crer em António Botelho, Shahjahan costumava dizer que Qandahar «era como meretrix, porque hoje era minha, e amanhã do Persa»[21]. Na verdade, por três vezes, e sem sucesso, o imperador tentou recuperar a cidade: 1649, 1652 e 1653. Bom observador o missionário jesuíta, que diz a este propósito: «os Mogoles, como aquelle clima he mui frio, e elles pouco sofredores de trabalho, só em seis mezes do

---

[19] ALI, Athar – *Apparatus*, s.v.; *MU*, vol. I, pp. 186-194.
[20] BOTELHO – *Relação*, fl. 32.
[21] *Ibid.*

anno a cituavão, e cercavão, e levantado o cerco ficava tempo pera os Persas se reformarê»[22]. Na verdade, nas três campanhas de Qandahar, os mogóis recuaram sempre que o Inverno se aproximava e, mesmo durante o período em que as campanhas se desenrolavam, o abastecimento dos exércitos mogóis a partir de Cabul foi sempre um problema de difícil solução. E, logo em 1638, o autor da *Partenza* sublinhava que Qandahar havia sido ganho «per danaro», não por guerra[23].

A reconquista de Qandahar aos mogóis em 1649 teve um enorme impacto na literatura safávida, a ponto de ser apresentada como a própria conquista da Índia. O ambiente de euforia que leva à recuperação de Qandahar está bem patente na construção do palácio de Chihil Sutun em Isfahan, concluído no ano de 1647, e no sugestivo programa político que as suas pinturas murais denunciam. O ênfase é colocado na relação dos safávidas com os seus vizinhos orientais, um conjunto de pinturas que, significativamente, ocupa a parte central do palácio, edifício pensado para as celebrações do Ano Novo e, bem assim, para acolher as recepções a embaixadores. Aí topamos com uma pintura que retrata a recepção dada por Shah 'Abbas II a Nazr Muhammad Khan, que se deslocou à corte safávida por forma a obter o apoio persa para a recuperação do trono após a conquista do Balkh por Shahjahan. A imagem da corte safávida enquanto refúgio político repete-se, sintomaticamente, na representação de Shah Tahmasp acolhendo Humayun[24]. Os safávidas aparecem, assim, como soberanos superiores, monarcas magnânimos que acolhem monarcas menores e desafortunados. Mogóis e uzbeques, como é de ver, fazem parte deste último grupo.

Paralelamente a Qandahar e à gestão das relações com o Irão safávida, outro ponto crucial da política de Shahjahan tem que ver com o alargamento do seu império para norte a expensas dos uzbeques[25]. O imperador, vimos

---

[22] *Ibid.*

[23] ANÓNIMO – *Partenza*, fl. 310.

[24] BABAIE, Sussan – «Shah 'Abbas II, the conquest of Qandahar, the Chihil Sutun, and its Wall Paintings». *Muqarnas*. Vol. II (1994), pp. 125-142, fig. 5.

[25] Cf. ANSARI, A. – «Shah Jahan's Northwestern Policy». *Journal of the Pakistan Historical Society*. Vol. 5/2 (Abr. 1957), pp. 113-123; ALI, M. Athar – «The objectives behind the Mughal

sublinhando esse fenómeno, considerava-se o segundo Timur e procurava recuperar os territórios da Ásia Central que constituíam a pátria dos timúridas. Mais do que uma prioridade geopolítica, a estratégia setentrional do imperador mogol encerra uma evidente carga simbólica: vitórias sobre os safávidas em Qandahar e sobre os uzbeques no Balkh possibilitariam aos mogóis esbater um antigo complexo de inferioridade que radicava no maior *pedigree* desses seus dois vizinhos. Num caso e noutro, há a considerar também razões de índole económica e estratégica. A rota terrestre entre o norte da Índia e a Pérsia, via Qandahar, é por estes anos tanto ou mais proveitosa do que a rota marítima[26]. Já no que se refere à Ásia Central, cuja economia estava umbilicalmente ligada à da Índia mogol[27], era absolutamente necessário assegurar o controlo dos abastecimentos de cavalos ao império[28].

Tendo perdido Qandahar, os safávidas temem as movimentações de Shahjahan em direcção à Transoxania. Em 1640, de Herat, Hasan Khan escreve ao sogro do imperador mogol por forma a apurar o que há de verdadeiro nos rumores que então correm: dizia-se que Shahjahan, saído da sua capital dois anos antes, vinha punir os uzbeques que haviam atacado Cabul logo após a sua subida ao trono, se é que não pretendia mesmo conquistar o Turquestão – «o cemitério dos seus antepassados»[29].

---

expedition into Balkh and Badakhshan 1646-47». In *PIHC*, 29ª sessão. Patna: 1968, pp. 162-
-168; FOLTZ, Richard – *Mughal India and Central Asia*, esp. cap. 7; GOMMANS – *Mughal Warfare*, pp. 179 ss; BURTON, A. – *The Bukharans*, pp. 229 ss.

[26] Cf. STEENSGAARD, Niels – «The route through Qandahar: the significance of the overland trade from India to the West in the seventeenth century». In CHAUDHURY, Sushil, MORINEAU, Michel (eds.) – *Merchants, Companies and Trade. Europe and Asia in the early modern era*. Cambridge: CUP, 1999, pp. 55-73; SANTEN, H. W. van – «Trade between Mughal India and the Middle East, and Mughal monetary policy, c. 1600-1660». In HAELLQUIST, Karl Reinhold (ed.) – *Asian trade routes. Continental and maritime*. Londres; Copenhaga: Curzon Press; Scandinavian Institute of Asian Studies, 1991, pp. 87-95; Sobre o difícil mas inevitável trecho entre Qandahar e Isfahan, ver FLOOR, Willem – «Arduous Travelling: The Qandahar-Isfahan highway in the seventeenth century». In FLOOR, W., HERZIG, E. (eds.) – *Iran and the World in the Safavid Age*, cap. 12, pp. 207-235.

[27] Cf. LEVI, Scott C. – *The Indian diaspora in Central Asia and its trade, 1550-1900*. Leiden: Brill, 2002, esp. caps. I e II, pp. 13 ss; ALAM, Muzaffar – «Trade, state policy and regional change: Aspects of Mughal-Uzbek commercial relations», c. 1550-1750». *JESHO*. Vol. XXXVII/2 (1994), pp. 202-227; BURTON – *The Bukharans*, pp. 443-452.

[28] GOMMANS, Jos – «The horse trade in eighteenth-century South Asia». *JESHO*. Vol. XXXVII/3 (1994), pp. 228-250.

[29] Pub. in ISLAM – *Calendar*, vol. I, Sh. 129, pp. 274-275.

Seis anos volvidos, em Julho de 1646, dá-se a ocupação do Balkh pelo príncipe Murad Bakhsh. Shahjahan entusiasma-se com o feito, a ponto de anunciar a Shah 'Abbas II a tomada próxima de Samarcanda e Bukhara[30]. Mas a assinatura de um tratado entre mogóis e uzbeques, em 1647, apenas consagrava a extensão da fronteira do império mogol até *ca.* 50 kms a norte de Cabul. Shahjahan não esteve nunca perto de ameaçar a capital do canato nem tão pouco a cidade onde Timur se encontrava sepultado. E, sabemo-lo hoje, a sua tentativa em alargar substancialmente as fronteiras do império para norte representou uma sangria económica sem retorno[31].

O mar e o Sul

Focado na recuperação do «cemitério dos seus antepassados», tocado pela nostalgia, Shahjahan não mais se envolveu directamente na complexa geopolítica do sul do império. A fisionomia das relações entre a Índia portuguesa e a Índia mogol parece modificar-se um tanto por esses anos, daí o termo do presente livro. Mas também seria perfeitamente legítimo prolongar a investigação por mais meio século, acompanhando a evolução da relação entre o Estado da Índia e o império mogol até esse momento decisivo que é o da conquista de Bijapur e Golconda em 1686-1687.

No dizer do vice-rei Pedro da Silva, com a extinção de Ahmadnagar e a submissão dos restantes sultanatos do Decão em 1636, Shahjahan «ficara Senhor absoluto de todas as Provincias d'entre o Indo e Ganges»[32]. Mas não era ainda a conquista total a província, e a verdade é que a fronteira meridional do império mogol haveria de estabilizar durante algum tempo. *Subadar* da província durante vários anos e por duas vezes (1636-1644, 1652-1657), o príncipe Aurangzeb – a quem fora concedido o estatuto

---

[30] Lahore, Set. 1646, *ibid.*, vol. I, Sh. 141, pp. 293-294.
[31] Sobre o Balkh e a frente ocidental do império mogol neste período, ver GOMMANS – *Mughal Warfare*, pp. 179-187.
[32] Rei ao vice-rei, Lisboa, 18.II.1640, in *ACE*, vol. II, P. 560.

de adulto em 1634 – será doravante a figura-chave da política mogol para a região. Já imperador, e na sequência do final da guerra com os rajputes³³, Auranzgeb acaba por se instalar em definitivo em Aurangbad, arredores da fortaleza de Daulatabad, em 1681. É desde aí que reina sobre o império até à sua morte em 1707, e lá ficou sepultado³⁴. Aurangbad enquanto capital imperial, e a longa e continuada permanência do imperador nessa cidade, constituem um marco na consolidação política e na maturação socio-cultural do domínio mogol da região. O simples facto de constituir o centro das operações militares imperiais no Decão, como bem demonstrou Simon Digby, fazia de Aurangbad o principal polo do processo de «mogalização» do sul³⁵.

Nas décadas seguintes ao desaparecimento da dinastia Nizam Shahi e à subordinação dos 'Adil Shahs e dos Qutb Shahs, o império teria de optar por uma de duas vias no Decão: de um lado, podia zelar pelo cumprimento dos tratados de 1636, contentando-se com a neutralização dos sultanatos ainda independentes e assim libertando homens e recursos da fronteira meridional pacificada para os turbulentos limites setentrionais do império. Alternativamente, era possível insistir no alargamento da Índia mogol para sul, o que significava eliminar Bijapur e Golconda. Shahjahan era partidário da primeira opção. Já Auranzgeb, mesmo contando com a oposição de seu pai, procurou sempre forçar o segundo caminho, ainda que, uma vez imperador, tenha demorado três décadas a consumar a incorporação daqueles sultanatos no império³⁶. Assim, e no imediato, os sultanatos do

---

³³ Cf. HALISSEY, Robert C. – *The Rajput rebellion against Aurangzeb. A study of the Mughal Empire in Seventeenth Century India*. Columbia; Londres: University of Missouri Press, 1977.

³⁴ Sobre Aurangbad, na sua estreitíssima relação com Aurangzeb, ver GREEN – *Making Space*, pp. 170-185.

³⁵ DIGBY, Simon (trad. e ed.) – *Sufis and Soldiers in Awrangzeb's Deccan. Malfuzat-i Naqshbandiyya*. Nova Deli: OUP, 2001, pp. 6-7. Sobre o papel crucial do exército na operacionalização da vasta rede de comunicações terrestres do sistema imperial e na ligação entre si das áreas mais recônditas do império, assegurando em simultâneo uma integração considerável das populações locais, ver GOMMANS – *Mughal Warfare*, pp. 197-199. Sobre as causas e consequências políticas e económicas da escolha de uma capital imperial no sul e virada para o Concão, ver MALEKANDATHIL, Pius – *The Mughals, the Portuguese and the Indian Ocean*, cap. 7, pp. 140-159.

³⁶ Ver CHANDRA, Satish – «The Deccan Policy of the Mughals (II) – Under Aurangzeb». In ID. – *Essays on Medieval Indian History*, cap. 21, pp. 461-484.

Decão viram a sua fronteira norte livre de ameaças depois de 1636, pelo que lhes foi possível organizar vigorosas campanhas expansionistas para sul, disputando poder e território aos potentados hindus que repartiam a herança política de Vijayanagar no Karnataka. Do lado de Bijapur, a figura do marata Shahji foi crucial na concretização dessa estratégia, enquanto que em Golconda idêntico papel foi desempenhado pelo persa Muhammad Sa'id. Voltaremos a falar de ambos.

A conjuntura é agora outra, o que também vale para os portugueses. Por um lado, esta progressão de Bijapur para sul preocupa os vice-reis de Goa, que, na disrupção dos equilíbrios políticos da região, antecipam consequências sérias quanto ao abastecimento da capital do Estado da Índia[37]. Mas, mais importante do que a nova situação a sul, era seguramente o que tinha mudado na fronteira norte do sultanato. De facto, o ano de 1636 representa de certo modo o fim da estratégia que Goa vinha praticando face a um Decão ameaçado pelos mogóis desde o final do século anterior: promover a união entre os sultanatos por forma a suster a ofensiva imperial. Ora, Ahmadnagar desaparecera de todo, enquanto que Bijapur gozaria de uma quase trégua mogol na vintena de anos seguinte. Atendendo às novas circunstâncias, procurar condicionar a evolução política do Decão ocidental deixava de constituir o nó górdio da estratégia do Estado da Índia na região.

Doravante, a Índia portuguesa temerá muito mais a pressão de Aurangzeb sobre as cidades da Província do Norte[38]. E, uma vez imperador, para mais confrontado com o problema marata, não deixaria de intensificar essa pressão[39]. O mote é o cerco mogol a Damão em 1638, ponto de partida para um sistemático assédio às posições portuguesas na região, conforme alertava João Soares Vivas nos anos imediatos. Acresce o problema do pagamento do «chouto» de Damão, «foro» ou «pensão» que os mogóis depois de 1638

---

[37] Vice-rei ao rei, Goa, 6.III.1639, in *ACE*, vol. III, pp. 653-654.

[38] Veja-se a «Instrução para o Padre Visitador da Comp.ª de Jesus sobre as cousas que em Surrate [...] hade tratar»; Goa, 25.I.1639, HAG – *Regimentos e Instruções*, liv. 3, fls. 128-129.

[39] Cf. FERNANDES, Agnelo – *The Portuguese and the Mughals, 1627-1707*, cap. 4. Copiosa documentação nos vols. III e IV dos *ACE* relativamente à pressão exercida por Aurangzeb sobre as posições portuguesas do Norte.

insistem que lhes é devido pelo Estado da Índia[40]. Durante algum tempo ainda, confrontados com esta nova situação – em que os conflitos já não giram necessariamente em torno de Surrate e da sua valência económica e marítima, nem são tratados prioritariamente com o respectivo *mutasaddi* – os portugueses procuram interlocutores de acordo com as lógicas de mediação que vinham dos primeiros anos do reinado de Shahjahan. Recorrem, por exemplo, a um dos filhos do entretanto falecido Asaf Khan, que vivia em Daulatabad e era próximo de Aurangzeb[41].

Golconda constituía uma segunda novidade. Até então, este sultanato pesara pouco no jogo político entre Hindustão e «Firangistão». No entanto, a crescente importância do reino dos Qutb Shahs – tanto na sua vertente continental como enquanto potência marítima – transforma um tanto a fisionomia do Decão, conferindo maior proeminência ao seu lado oriental. Muhammad Sa'id é, em larga medida, o rosto desta pujança. Filho de um mercador persa, tornou-se muito próximo do sultão 'Abdullah Qutb Shah, chegando a primeiro-ministro em 1638 e recebendo então o título de *Mir Jumla*[42]. Doravante, e por consequência, a relação dos portugueses com Golconda será um dos assuntos que mais ocupa a atenção dos responsáveis do Estado. A hegemonia comercial-marítima alcançada por Mir Jumla – assente na fortuna do porto de Masulipatão e numa rede persa de negócios e de influência política que adquire uma extraordinária extensão – não podia deixar de se entrecruzar com os interesses de Goa, que, por estes anos, tinha nos abastecimentos a Ceilão uma das suas prioridades[43].

---

[40] Sobre a questão do «chouto», ver SALDANHA, António Vasconcelos de – *Iustum Imperium*, pp. 677-682; e PISSURLENCAR, P. – «Antigualhas IV. A origem do Tributo Chouto». *BIVG*. Vol. 42 (1939), pp. 126-135.

[41] Ver as actas das reuniões do Conselho do Estado realizadas em Goa nos dias 9.XII.1638 (*ACE*, vol. II, pp. 244-245) e 6.VIII.1641 (*ibid.*, vol. II, p. 317).

[42] Cf. SARKAR, Jagadish Narayan – *The Life of Mir Jumla, the general of Aurangzeb*. Nova Deli: Rajesh Publications, 1979.

[43] Cf. SUBRAHMANYAM, Sanjay – «Persians, Pilgrims and Portuguese: The Travails of Masulipatnam Shipping in the Western Indian Ocean, 1590-1665». *MAS*. Vol. 22/3 (1988), pp. 503-530. ID. – «Masulipatnam revisited, 1550-1750: A survey and some speculations». In BROEZE, Frank (ed.) – *Gateways of Asia. Port cities of Asia in the 13th-20th centuries*, Londres; Nova Iorque: Kegan Paul International, 1997, pp. 33-65. O abastecimento a Ceilão constitui justamente o escopo da missão do agostinho Francisco Ribeiro a Hyderabad em

O ocaso do século traria novos contornos a este fenómeno. Após a extinção do sultanato de Golconda em 1687[44], a ameaça mogol ao Estado da Índia é pela primeira vez equacionada segundo um outro prisma geográfico: o Coromandel. É que a queda de Hyderabad e a investida de Aurangzeb até ao extremo sul da Península Indiana – que se estendeu a Jinji em 1698 – poderia muito bem significar a queda de São Tomé de Meliapor. Os portugueses haviam perdido a cidade para os Qutb Shahs em 1662 mas, após um período de assédio europeu (ocupação francesa entre 1672-1674, concessões feitas aos holandeses), o sultão de Golconda reconhecia em Outubro de 1686 o direito dos portugueses a estabelecerem-se de novo em São Tomé[45]. Daí a estratégia dos moradores portugueses da cidade, exibindo o *farman* que então lhes fora concedido por Abu'l Hasan logo que pressentem a *Pax Mogolica*[46]. Instalados em Madrasta, os ingleses procederam do mesmo modo, procurando assegurar junto de Aurangzeb e Shah 'Alam (r. 1707-1712) a legitimação das concessões territoriais que vinham sendo feitas desde 1645 à EIC pelo sultanato agora incorporado no império[47]. Goa faz por escorar as pretensões dos moradores de São Tomé[48], e a questão dos direitos portugueses na região – mais tarde reforçados junto dos mogóis por intercessão de D. António José de Noronha – haveriam de ser brandidos perante os ingleses no último terço do século XVIII. É esse o nexo da *Narração recupilada da cidade de Santo Thomé*

1641 (Goa, 22.V.1641, HAG – *Regimentos e Instruções*, liv. 4, fls. 11-11v). Também é matéria sempre presente na instrução dada a João Pinheiro de Gamboa em 1649 (Goa, Abr.-Mai. 1649, HAG – *Regimentos e Instruções*, liv. 5, fls. 22v, 25v).

[44] Ver a obra clássica de RICHARDS, J. F. – *Mughal Administration in Golconda*. Oxford: Clarendon Press, 1975.

[45] Ver ARANHA, Paolo – «From Meliapor to Mylapore, 1662-1749: The Portuguese presence in São Tomé between the Qutb Shahi conquest and its incorporation in British Madras». In JARNAGIN, Laura (ed.) – *Portuguese and Luso-Asian Legacies*, vol. 1: *The Making of the Luso-Asian World: Intricacies of Engagement*. Singapura: Institute of Southeast Asian Studies, 2011, pp. 67-82.

[46] «Tradução do formão que El Rey de Golcondá passou aos Portuguezes para pouvoarem Melliapor», 18.XII.1686, in *ACE*, vol. IV, pp. 573-574.

[47] Cf. COHN, Bernard – «The British and the Mughal Court in the seventeenth century», 1977 (inédito), pp. 41 ss.

[48] D. Rodrigo da Costa ao rei, Goa, 24.I.1689, in *ACE*, vol. IV, pp. 574-575; o mesmo ao mesmo, Goa, 23.I.1689, *ibid.*, pp. 576-577.

de Mailapor e suas Aldeas, texto justamente atribuído a Noronha e escrito à roda de 1770-1771[49].

Mas a redobrada atenção com que os olhos de Goa seguem tanto a evolução de Golconda como o trajecto de Mir Jumla não se prende apenas com este aspecto. A posição continental do sultanato nos anos decisivos anos de 1650 é verdadeiramente escrutinada na capital do Estado da Índia. É nessa altura que, incompatibilizado com o sultão 'Abdullah, Mir Jumla passa ao serviço do príncipe Aurangzeb que, por sua vez, aproveita a morte de Muhammad 'Adil Shah em 1656 para desencadear a invasão de Bijapur. O assunto agitou sobremaneira os portugueses, que o chegam a discutir no Conselho Ultramarino[50]. Como quer que fosse, Goa corresponde-se amiúde com o «nababo Mirizi Mula»[51] e dele teve sempre uma excelente imagem: «Este mouro he riquissimo e tem cabeça, se viver conquistará o reino de Cotubaxá seu Rey cõ a confederação que fez cõ o Mogor»[52].

Olhemos agora as últimas duas décadas da vida política de Bijapur, em articulação com os interesses de Goa. Bijapur continuou a comprar a paz com os mogóis através do pagamento de tributos progressivamente mais pesados. Foi testemunha desse fenómeno o padre António Botelho, que viveu na corte de Muhammad no dealbar dos anos de 1650 e que dá conta das extorsões mogóis a Bijapur: «vi e esperimentey quanto este Rey dava a El Rey Mogol [...] e dizião os ben entendidos da Corte del Rey Idalxá, que todo o preciozo de sua Corte hia pera o Mogol»[53]. É essa também a impressão de Manuel Mascarenhas Homem em 1656: o sultão de Bijapur está habituado a «se remir por dinheiro», mas – vaticina o governador português – não aguentará muito mais de um ano, «porque todos seus tezouros tem hido parar por este estilo ao Mogor»[54]. E não aguentou. A debilidade física e política de Muhammad, indisfarçável

---

[49] BPE – cod. CXVI/1-37, pub. in NORONHA, D. António José de – *Obras Políticas*, ed. Carmen M. Radulet. Lisboa: FO, 2001, pp. 55 ss.
[50] Lisboa, 10.XI.1656, AHU, *Índia*, cxª 41, doc. 107.
[51] Governadores interinos ao rei, Goa, 28.XII.1657, in *ACE*, vol. III, p. 616.
[52] Manuel Mascarenhas Homem a D. João IV, Goa. 12.II.1656, *ibid.*, pp. 608-609.
[53] BOTELHO – *Relação*, fl. 27v.
[54] Carta a D. João IV, Goa, 12.II.1656, in *ACE*, vol. III, p. 609.

desde finais da década de 1640, acentuara a pressão de Aurangzeb sobre o sultanato, que se viu forçado a aceitar um segundo e humilhante acordo com os mogóis em 1657. Mas é necessário notar que, mesmo após a conquista de Bijapur em 1686 – à semelhança do que sucedeu em Golconda depois de 1687, onde a população nunca se conformou com a deposição do sultão Abu'l Hasan[55] –, o domínio mogol não seria pacificamente aceite. Textos há que dão de Aurangzeb uma imagem assaz negativa, sendo por demais evidente o ressentimento relativamente aos que chegam do norte da Índia. Num *Chakki Nama* em urdu de finais do século XVII, o governo de Aurangzeb é sinónimo de corrupção e de subversão da ordem social[56].

A todas estas novidades acresce uma última, que porventura representa uma das mais importantes cesuras em presença. Os anos de 1640 assistem à lenta entrada em cena de um novo protagonista colectivo, capaz de revolver o panorama político do subcontinente indiano. Falamos, naturalmente, dos maratas[57]. Seguimos no capítulo anterior, a partir dos textos portugueses, a primeira fase da interessante carreira política de Shahji, oscilando habilmente entre o serviço a Ahmadnagar, Bijapur e ao império mogol. Shahji manter-se-ia em cena até à morte em 1664, mas depois de 1636, e tendo em conta o que então acordaram Muhammad e Shahjahan, este notável guerreiro marata vê-se afastado das terras do Maharashtra. Mantendo-se ao serviço de Bijapur, Shahji daria corpo à estratégia expansionista deste sultanato para sul, o que não excluiu conflitos cíclicos com Muhammad 'Adil Shah. Ainda assim, uma fonte portuguesa dá-o como próximo do sultão em 1654[58], e é sabido que serviu de mediador entre o sultanato e Shivaji (r. 1674-1680) no início da década seguinte.

---

[55] RICHARDS – *Mughal Administration in Golconda*, pp. 71-74. Leve-se ainda em linha de conta a importância da resistência liderada por um «bandido» como Papadu (EATON – *A Social History of the Deccan*, cap. 7 («Papadu (fl. 1695-1710): social banditry in Mughal Telangana»), pp. 155-176.

[56] Cf. EATON – *Sufis of Bijapur*, pp. 271-273.

[57] Extensa bibliografia sobre o assunto. Fundamentais as visões de conjunto de GORDON, Stewart – *The Marathas, 1600-1818*, vol. II.4 *The New Cambridge History of India*. Nova Deli: CUP, 1993; e KULKARNI, A. R. – *The Marathas (1600-1848)*. Nova Deli: Books & Books, 1996.

[58] «Instrução para o Rdo. Pe. Gonçalo Martins [...]», Goa, 16.IV.1654, in *ACE*, vol. III, p. 570.

Nascido em 1630, este filho de Shahji constitui a figura de referência do poderio marata, líder carismático que impressionou correlegionários, inimigos e observadores neutros[59]. Os problemas que levantou em Bijapur, logo em 1644, constituem a primeira marca de um inexorável processo de afirmação da sua autoridade a partir da região de Pune e que alcançou uma inédita vertente marítima[60]. Menos de vinte anos volvidos, os progressos eram assinaláveis: Shivaji desempenhou um papel considerável no esboroamento político do sultanato de Bijapur, como a invasão do Concão em 1657 bem ilustra.

Nessa altura, já os maratas constituíam um problema maior também para os mogóis e o início do reinado de Aurangzeb é, a este propósito, um momento significativo: Shivaji derrotou Shaista Khan – *subadar* do Decão e tio do imperador – na batalha de Chakan em 1663, para alguns meses depois desencadear um ataque a Surrate[61]. O saque dessa cidade portuária do Guzerate por Shivaji em 1664 não terá tido naturalmente o impacto do saque de Deli por Nadir Shah em 1739. Mas representou um enorme revés para Aurangzeb e para as pretensões imperiais na província. Em 1665 comentava-se com propriedade em Goa: «Sivagi [...] faz guerra ao Mogol e Idalxá e ninguê pode cõ elle»[62]. Shivaji voltaria a saquear Surrate em 1670, podendo ler-se na *The London Gazzette* dois anos depois que o marata, «having beaten the Mogul in several battels,

---

[59] Sobre Shivaji, ver SARKAR, Jadunath – *Shivaji and his times*. Reed. Bombaim: Orient Longman, 1997; KAMBLE, B. R. (ed.) – *Studies in Shivaji and his times*. Kolhapur: Shivaji University, 1982; e a controversa obra de LAINE, James W. – *Shivaji: Hindu King in Islamic India*. Nova Deli: OUP, 2003. A figura de Shivaji marcou profundamente os observadores ocidentais da época, que lhe dedicaram muitas páginas. De todos esses textos, ressuma a *Vida e Acçoens do famoso e felicissimo Sevagy*. Lisboa Ocidental: Oficina de Música, 1730, uma biografia composta pelo goês Cosme da Guarda (cf. SEN, Surendra Nath – *Foreign Biographies of Shivaji*. Reed. Calcutá: K. P. Bagchi, 1977).

[60] KULKARNI, A. R. – «Marathas and the Sea». In MATHEW, K. S. (ed.) – *Studies in maritime history*. Pondicherry: Pondicherry University, 1990, pp. 92-100.

[61] Num trabalho assaz discutido e criticado, M. N. Pearson faz coincidir a decadência do império mogol com a ameaça marata, materializada nestes dois revezes infligidos a Aurangzeb («Shivaji and the decline of the Mughal Empire». *JAS*. Vol. 35/2 (Fev. 1976), pp. 221-235). No que se refere às relações entre mogóis e maratas no período posterior à morte de Shivaji, ver KULKARNI, G. T. – *The Mughal-Maratha relations: Twenty five fateful years (1682-1707)*. Pune: Deccan College, 1983.

[62] Notícias da Índia, 1.I.1665, in *ACE*, vol. IV, p. 555.

remains almost master of that Countrey»⁶³. Doravante, será impossível equacionar a política do Decão e as vicissitudes dos limites meridionais e marítimos do império mogol sem levar em conta os maratas. Goa sabe que assim é, e as intensas relações que manteve com Shivaji e com os seus sucessores – assunto que já não cabe nos limites desta obra – são disso prova⁶⁴.

Assim enquadradas, as relações entre a Índia portuguesa e a Índia mogol evoluíram neste período tendo sobretudo o Guzerate e a fronteira da Província do Norte como pano de fundo. Relações que passaram pelo recrudescimento de contactos diplomáticos formais entre Goa e a capital imperial, da assinatura de um tratado em 1667 às embaixadas trocadas nas duas primeiras décadas do século XVIII⁶⁵. Este novo momento, do qual é impossível dissociar a mediação de uma figura tão crucial quanto complexa como a de Dona Juliana Dias da Costa⁶⁶, conheceu um interessante paralelo holandês com a embaixada de Ketelaar à corte mogol em 1711⁶⁷. Mas a conjuntura é já muito diferente daquela que moldara as relações entre os dois impérios a partir do Guzerate entre os anos de 1570 e a década de 1630.

---

⁶³ Extracto de uma carta escrita de Aleppo, *The London Gazette*, n° 757, 17 a 20.II.1672.

⁶⁴ Para as relações entre portugueses e maratas, ver PISSURLENCAR, P. – *The Portuguese and the Marathas*. Bombaim: State Board for Literatre and Culture, 1975; KULKARNI, A. R. – *Medieval Maratha Country*. Nova Deli: Books & Books, 1996, cap. 7 («Shivaji and the Portuguese»), pp. 117-137; e LOBATO, Alexandre – *Relações Luso-Maratas, 1658-1737*. Lisboa: CEHU, 1965.

⁶⁵ Ver PISSURLENCAR, P. – «Últimas embaixadas portuguesas à Côrte Mogol». *BIVG*. Vol. 42 (1939), pp. 109-122; HERAS, H. – «A Treaty between Aurangzeb and the Portuguese». *BPP*. Vol. XXXVII/71-72 (Jul.-Dez. 1928), pp. 13-23; e o artigo (pouco mais do que informativo) de SAMPAIO, Zélia Maria Cordeiro Silvestre – «Relações diplomáticas entre o Estado da Índia e o Império Mogol na governação do Vice-Rei Vasco Fernandes César de Meneses (1712-1717)». *Clio – Revista do Centro de História da Universidade de Lisboa*. Vols. 18-19 (2008-2009), pp. 245-270.

⁶⁶ Ver GRACIAS, J. A. Ismael – *Uma dona portugueza na Côrte do Grão-Mogol. Documentos de 1710 e 1719 precedidos d'um esboço histórico das relações políticas e diplomáticas entre o Estado da Índia e o Grão-Mogol nos séculos XVI-XVII*. Nova Goa: Imprensa Nacional, 1907; e o artigo de ZAMAN, Taimya R. – «Visions of Juliana: A Portuguese Woman at the Court of the Mughals». *Journal of World History*. Vol. 23/4 (Dez. 2012), pp. 761-791.

⁶⁷ KUENEN-WICKSTEED, D. (trad.), VOGEL, J. PH. (ed.) – «Embassy of Mr. Johan Josua Ketelaar, Ambassador of the Dutch East India Company to the Great Moguls – Shah 'Alam Bahadur Shah and Jahandar Shah». *JPHS*. Vol. X, pt. I (1929), pp. 1-94.

O Bengala, por seu turno, tornou-se em pleno uma província mogol na transição para a segunda metade do século XVII[68]. Com a conquista de Chatigão por Shaista Khan em 1666, e a consequente derrota dos piratas *firangis*, culminava porventura um paulatino processo de «mogalização» da região iniciado *ca*. 1610, e que parece ter conhecido no ataque a Hughli de 1632 um momento-chave no que à presença portuguesa diz respeito[69]. Tal processo, diluindo sobremaneira a ameaça portuguesa ao domínio imperial do delta, diluiu em simultâneo os traços de uma fronteira luso--mogol no Bengala que remontava aos anos de 1570.

Como avaliar, à roda de 1640, os temores desenvolvidos desde o último terço do século XVI a propósito de uma possível conquista mogol das posições portuguesas no subcontinente, Goa incluída? Quais as hipóteses concretas de, no ponto de chegada desta obra, o Hindustão vir ainda a «engolir» o «Firangistão»? Dir-se-ia que, adoptando o prisma português, as expectativas iniciais eram bem piores do que aquilo que vieram a ser os resultados setenta anos volvidos. É certo que, como acabámos de sublinhar, a «mogalização» do Bengala significou de algum modo a «domesticação» dos portugueses do delta do Ganges. Mas também é seguro que os verdadeiros embates entre o império mogol e o Estado da Índia – aqueles que poderiam ser decisivos do ponto de vista de quem equaciona o problema em Goa ou em Lisboa – ocorreram no lado ocidental da península indiana. Ora, e malgrado os vários momentos de acentuada convulsão, o facto é que a pressão mogol sobre o Guzerate e a «Província do Norte» tornou-se bem mais débil na segunda metade do século XVII, muito por força da afirmação de um novo protagonista político e militar: «o Marata». No Decão ocidental, a eliminação de Bijapur em 1686 e a queda definitiva do «muro» que protegeu Goa durante um século também não haveria, afinal, de ter consequências drásticas. Os vice-reis portugueses souberam

---

[68] EATON – *The Rise of Islam and the Bengal Frontier*, p. 158.

[69] SARKAR, J. – «The Feringi Pirates of Chatgaon, 1665 A.D.». *JASB*. N.s., vol. 3/6 (1907), pp. 419-425; CHARNEY, Michael W. – «Crisis and Reformation in a Maritime Kingdom of Southeast Asia: Forces of Instability and Political Disintegration in Western Burma (Arakan), 1603-1701». *JESHO*. Vol. 41/2 (1998), pp. 185-219; MALEKANDATHIL, P. – *The Mughals, the Portuguese and the Indian Ocean*, cap. 9, pp. 185-204.

lidar com o controlo mogol de Pondá desde 1689[70], e o desaparecimento do último dos «reis vizinhos» a separar o Hindustão do «Firangistão» não implicou a queda da capital do Estado da Índia.

Nesta última fase, que entrou século XVIII adentro, a diplomacia formal parece ter ganho terrreno à *realpolitik* no que às relações entre o império mogol e o Estado da Índia diz respeito. Em 1714, um vice-rei de Goa podia escrever o seguinte, sem que tal causasse excessivo alarme: «A potencia do Mogor, [...] despois que conquistou todo o Industan, se avizinhou tanto das terras do Estado, que ficarão commuas as rayas de hum, e outro dominio». Aquilo que os portugueses tentavam evitar desde os anos de 1570 – que as raias dos dois estados se tocassem em algum momento – sucedera finalmente. O império mogol tinha entretanto alcançado a sua dimensão máxima, mas era agora um gigante com pés de barro, afectado simultaneamente por problemas internos e externos. Chegado a Goa em 1712, a solução pensada pelo vice-rei Vasco Fernandes César de Meneses (1712-1717) para lidar com essa situação de excessiva vizinhança foi sobretudo diplomática: assegurar «boa correspondencia com este monarcha»[71], que é o que se vinha procurando fazer desde os anos de 1660. E chegou mesmo a obter do imperador Farrukhsiyar (r. 1713-1719) um *farman* que determinava a cedência de Pondá aos portugueses[72]. Ironicamente, e com o «muro» do Decão derrubado há muito, a fronteira meridional entre Hindustão e «Firangistão» acabou por estabilizar às portas de Goa. Mas, mais de um século antes, tal não se podia adivinhar.

Epílogo: o urso e a baleia

O que revelam estes cerca de setenta anos de configuração, e sucessivas reconfigurações, da(s) fronteira(s) entre a Índia mogol e a Índia portuguesa?

---

[70] FERNANDES, Agnelo – *The Portuguese and the Mughals*, pp. 92-94.

[71] Vice-rei ao rei, Goa, 14.I.1714, pub. em GRACIAS, J. A. Ismael – *Uma Dona Portuguesa na Corte do Grão-Mogol*, p. 124.

[72] Pub. em SAMPAIO, Zélia – «Relações diplomáticas entre o Estado da Índia e o Império Mogol», p. 262 (discussão da cedência de Pondá a pp. 259-265).

O império mogol, juntamente com a China Ming e Qing, constituiu seguramente o mais importante desafio terrestre que o Estado da Índia teve de enfrentar. Os primeiros sinais de preocupação datam dos anos de 1530, quando da intervenção de Humayun no Guzerate. Porém, é o decisivo alargamento do império mogol para sul e em direcção ao mar depois de 1570 que alarma em definitivo os portugueses. Subitamente, Goa vê-se confrontada com um império que ameaça confundir-se com o subcontinente indiano, e o que está verdadeiramente em causa desde então é fim do próprio Estado da Índia. Se quisermos fazer uso de uma sugestiva imagem que deriva da reflexão de Halford John Mackinder (1861-1947) para outro período e outro contexto geopolítico, o urso ficava diante da baleia[73]. O urso mogol, continental, face a face com a baleia portuguesa, marítima, ainda que esta se preocupasse muito mais com aquele do que o inverso.

A partir dessa altura, as conjecturas políticas dos portugueses passam a contemplar um número considerável de estados, regiões e grupos étnicos com os quais, em circunstâncias «normais», os sucessivos vice-reis e governadores de Goa nunca se teriam preocupado. De facto, pensar numa estratégia de defesa relativamente aos mogóis significa também tentar conhecer melhor a fronteira setentrional desse império. Quanto mais escolhos o «Mogor» tivesse de enfrentar a norte, mais controlado estaria o seu apetite a sul. Assim, os movimentos de otomanos e safávidas – até aí observados no âmbito de outras prioridades estratégicas – passam a ser ponderados em função das suas relações com os mogóis. Os uzbeques, da longínqua Bukhara, entram no quotidiano dos responsáveis do Estado da Índia, que se regozijam com os êxitos político-militares de 'Abdullah Khan nos anos de 1580-1590 e que seguem com apreensão um boato relativo à sua morte em 1588. Prever as investidas de Akbar sobre o Decão, e até – como se chega a temer – sobre Ormuz e o Cinde, significa falar de Samarcanda, de Qandahar, de Cabul, de Srinagar e das

---

[73] KEARNS, Gerry – *Geopolitics and Empire. The Legacy of Halford Mackinder*. Oxford; Nova Iorque: OUP, 2009; SCALEA, Daniele – *Halford John Mackinder: dalla geografia ala geopolitica*. Roma: Fuoco Edizioni, 2013.

insurreições das tribos afegãs. Não restam dúvidas de que a percepção portuguesa da geografia política e étnica da Ásia do Sul se alargou muitíssimo em função do problema mogol.

Na mesma linha, os processos de convulsão política e social ocorridos no cerne do império, e que chegam ao conhecimento de Goa sobretudo por intermédio dos missionários jesuítas que vivem na corte mogol desde 1580, são seguidos pelo Estado da Índia com a maior atenção. Assim se entende o interesse dispensado aos rumores que ciclicamente correm na Índia acerca da morte ou da doença deste ou daquele imperador. Daí, também o entusiasmo com que os portugueses acompanham os períodos de transição dinástica que se adivinham mal um imperador envelhece e os seus filhos encetam a luta pelo trono. Sucedeu com todos, de Akbar a Aurangzeb, e até depois deste. Ainda relacionado com este aspecto, está outro fenómeno crucial: o da regular circulação dos soberanos mogóis pelos respectivos domínios enquanto instrumento de reforço da sua autoridade, e do compreensível temor que tais deambulações sempre causavam entre os portugueses[74]. Para quem segue esses movimentos de Goa, a estabilidade da fronteira luso-mogol periga verdadeiramente de cada vez que um imperador visita o Guzerate ou se instala no Decão.

Procurar atingir os pés de barro do gigante mogol foi sempre a estratégia portuguesa. O regimento dado por Pero da Silva a António Teles de Meneses, nomeado capitão da armada e das fortalezas do Norte em 1639, constitui um eloquente testemunho a este propósito. Atendendo à pressão que Aurangzeb vinha exercendo sobre as praças portuguesas da região, o vice-rei sugere que se procure minar o exército mogol por dentro, explorando brechas na sua heterogénea composição étnica – Pero da Silva entendeu a diversidade como desunião – e identificando «colonizados» que almejassem libertar-se do jugo mogol: «vendo-se se por algum meio pode meter em divisão o mesmo exercito do inimigo porque como hé composto de mouros, e gentios, Mogores e Decanins, e de outras nações magoadas pella perda de seus reis, e reinos, porventura que não

---

[74] Para um interessante paralelo chinês, ver PERDUE, Peter – *China Marches West*, pp. 409-429.

faltem capitães particulares que movão discordias»[75]. É conhecida, por exemplo, a predilecção dos portugueses relativamente aos afegãos face aos mogóis. Uma preferência que se manifesta na década de 1540, que está bem presente quando da rebelião de «Canejão patane» noventa anos depois, e que passa por contrapor a «legalidade» política dos primeiros à ilegítima autoridade dos segundos. O «Mogor» enquanto opressor de «nações», do Guzerate ao Bengala e da Ásia Central ao Decão, é um tópico que os portugueses cultivam de forma consistente.

Na gestão das suas fronteiras com os mogóis, os portugueses passaram não raro da condição de espectadores atentos à de talentosos actores. No Decão, linha terrestre que divide a Índia mogol da Índia portuguesa, espécie de biombo que separa o Hindustão do «Firangistão», as cautelas do Estado da Índia são sistemáticas durante o período considerado. A estratégia consiste na permanente conciliação dos três sultanatos da região – Bijapur e Ahmadnagar sobretudo, mas também Golconda – contra os mogóis. Tarefa difícil, dadas as constantes rivalidades entre si, o que facilita a intervenção de estados mais robustos sobre eles exercendo um ascendente efectivo ou simbólico, como é o caso do império mogol e do império safávida. Mais, o ambiente de implosão política que se vive recorrentemente nos sultanatos do Decão, obrigando Goa a um laborioso exercício de avaliação do poder de facções, indivíduos e grupos étnicos, muito dificultou a organização «monitorizada» de uma resistência firme e colectiva ao «Mogor». Em suma, o «muro» do Decão foi sempre muito difícil de suster.

Mas, porventura mais do que procurar conciliar sultanatos em permanente desunião, o «feito» português no Decão consistiu em ocultar dos mogóis essa sua sistemática intervenção na política interna e regional. Na verdade, a preocupação constante de Goa é, evitando ardilosamente que o «Mogor» identifique as suas manobras no Decão, nunca romper com os herdeiros de Timur na Índia. Discreção, pragmatismo, flexibilidade e ambiguidade são as palavras-chave para entender a política portuguesa no Decão face à ameaça mogol. Expressões como «esconder a mão» e usar

---

[75] Goa, 1.V.1639, HAG – *Regimentos e Instruções*, liv. 3, fls. 149-153v [152].

de «cautela de segredo», proferidas num Conselho do Estado de 1632 em que se discutiu o eventual auxílio militar a fornecer a Bijapur contra os exércitos imperiais[76], repetem-se em muitos outros documentos coevos do Estado da Índia. E a verdade é que as fontes mogóis, que falam dos portugueses a propósito do Guzerate e do Bengala, nunca os mencionam no cenário do Decão. Terá o «Mogor» alguma vez percebido que houve sempre uma mão portuguesa em Bijapur e Ahmadnagar? Custa a crer que não.

Impedir o avanço mogol sobre Goa implica apoiar «heróis regionais», como Chand Bibi e Malik 'Ambar. Significa também tentar curto-circuitar casamentos que não raro se projectam, ou anunciam, entre príncipes mogóis e princesas dos sultanatos. Supõe, como se equacionou no ano de 1630 pela pena de Diogo Saraiva, minar a fortuna de Surrate, procurando substituir esse porto por Chaul no que às ligações comerciais a Masulipatão respeita. A política defensiva portuguesa é feita com muita imaginação e acção. O provável assassínio de Murad a mando de D. Francisco da Gama em 1599, ao jeito da «guerra preventiva» dos nossos tempos, constitui um bom exemplo. Um gesto que não teve consequências apenas no plano regional, antes se projectou no devir do império mogol. O mesmo é válido para a relação dos portugueses com a revolta de Khan-i Jahan Lodi e com o(s) falso(s) Bulaqi(s), já ao tempo de Shahjahan. O conde de Linhares troca correspondência com ambos, procurando, em ligação com os sultanatos do Decão, esboçar projectos de resistência regional e global ao imperador mogol. Na verdade, a ideia não é apenas manter a fronteira meridional da Índia timúrida a uma distância segura de Goa. O objectivo é mesmo apear Shahjahan do poder. A política defensiva portuguesa é amiúde ofensiva, radicando até em projectos de improvável conquista territorial e, portanto, de reversão da fronteira entre *firangis* e «mogores» em favor dos primeiros. Assim se deve ler o projecto de controlo do porto de Dabul como antecâmara da ocupação do Concão, sugerido por Diogo de Couto em 1608.

Passemos agora ao horizonte marítimo: Guzerate e Bengala. Num caso e noutro, registam-se crises «sísmicas» nas relações entre portugueses e

---

[76] «Conselho sobre o socorro que se mandou ao Idalxá», Goa, 3.IV.1632, in *ACE*, vol. I, pp. 414-415.

mogóis. Entre a entrada triunfal de Akbar em Surrate no início de 1573 e a ascensão de Jahangir em 1605, o Estado da Índia acompanhou – quando não encorajou – as manifestações hostis à ordem imperial no Guzerate. Nos portos da nova província mogol assistir-se-ia entretanto a vários momentos de conflito aparente entre os dois lados. Contamos pelo menos três ao longo do período que nos ocupa: década de 1580, 1613-1615 e 1630. De facto, o paralelismo com a instabilidade de um qualquer vulcão activo parece poder aplicar-se com propriedade neste caso. Trata-se, em boa verdade, de uma relação tensa entre dois vizinhos cujos interesses rivalizam e colidem amiúde, sendo necessário, senão «terapêutico», provocar periódicos momentos de ruptura. Demais, é sabido que, ao contrário do que sucedeu no Decão ocidental, os portugueses nem sempre «esconderam a mão» no Guzerate. A afirmação dos seus interesses económicos, mas também a defesa do crédito e da reputação do Estado da Índia, passa pelo controlo da navegação entre o Guzerate e os Estreitos, materializado na concessão de cartazes. Tal significa vigiar o mar, inspeccionar navios, promover bloqueios, atacar portos e, até, como se equacionou em mais de uma ocasião, planear tomar um porto tão importante como Surrate. O cartaz, correspondendo a um instrumento que vinca a autoridade portuguesa sobre o mar, e que os mogóis acabam por reconhecer sempre que pedem e recebem tais salvo-condutos, constitui claramente um marcador da fronteira entre Hindustão e «Firangistão».

No Bengala também é lícito falar-se de crises sísmicas. Contamos outras três: anos de 1580, 1625-1626 e, claro está, a tomada de Hughli em 1632. Só que aqui, em boa verdade, raramente é o Estado da Índia a controlar os acontecimentos. De facto, os problemas causados pelos «Portugueses vadios» em 1625-1626 e, mais ainda, o episódio de Hughli em 1632, estão claramente fora das suas possibilidades de intervenção. Aqui, a defesa do crédito e da reputação do Estado da Índia passa por uma enorme prudência, como se infere da missão de Gaspar Pacheco de Mesquita ao terreno, logo na sequência da «perdição do Bandel». Ainda que porventura tentador, o plano de conquista do Bengala então proposto por Tomé Vaz Garrrido não poderia, consequentemente, ser aceite em Goa. Pensado sobretudo em função das solidariedades locais que os portugueses poderiam concitar (tendo em conta o mau nome dos mogóis na região, considera Garrido), o quimérico projecto visava fazer dessa província mogol uma província portuguesa e católica. Uma radical transformação da fronteira, impossível todavia de concretizar. A estratégia do Estado da Índia passa, antes, por dissociar habilmente Goa dos actos dos portugueses da terra, de resto apresentados pelas fontes locais como indistintos dos piratas que enxameiam o litoral da província. Assim, e imperando de novo uma atitude pragmática, os portugueses do Bengala são repetidamente «mostrados» a Shahjahan como a negação dos «verdadeiros» portugueses. Curioso notar, a corte imperial também não tem os bengalis por «verdadeiros» mogóis. No Bengala, à fronteira entre portugueses e mogóis, deve aduzir-se uma fronteira entre portugueses eles próprios.

Posto isto, e vista da capital do Estado da Índia, qual o perfil da fronteira entre «Firangistão» e Hindustão? É primordialmente uma fronteira de tensão, de vigilância, de violência antecipada e de guerra contida. Muito do que se disse no capítulo 1 acerca dos vários significados de fronteira para os actuais historiadores e cientistas sociais não era simplesmente pensado ou praticado na Goa dos séculos XVI e XVII quando se tratava de lidar com o «Mogor». Mas não quer isto dizer que não tenham existido momentos e espaços «multiculturais» em que a exclusão cedeu o passo à inclusão, em que a negociação se sobrepôs ao conflito, em que a rigidez se diluiu na porosidade. Pense-se nas relações de comércio, na troca de presentes e na circulação de objectos carregados de significado «civilizacional» como livros, gravuras e mapas, no debate entre religiões, no trabalho dos tradutores. Tudo isto teve lugar no Guzerate como no Bengala, em Goa como nas cidades imperiais. Acresce o próprio movimento de pessoas, com os mogóis «portas adentro» nas cidades da Província do Norte e na capital do Estado da Índia, enquanto que missionários e aventureiros deambulavam pelo império e viviam na corte mogol. Não constituirá exactamente uma *contact zone* ou um *middle ground*, mas é decerto mais do que uma férrea demarcação entre dois espaços politicos.

Há, na relação entre portugueses e mogóis nas três frentes geográficas estudadas neste livro, múltiplas fronteiras em presença. Existe uma fronteira física, que é visível – ainda que naturalmente desprovida das demarcações precisas da fronteira contemporânea – e que comporta uma leitura política. No Guzerate, evidentemente menos no Bengala, tal demarcação corporiza-se no mar e no seu domínio reclamado pelo Estado da Índia. No Decão, os portugueses acreditam que as «portas de Varara» constituem uma linha divisória «natural», um marco geográfico capaz de explicar a separação política entre o Decão e o Hindustão e, logo, de poupar Goa à conquista mogol. Apesar de os portugueses claramente terem entendido as suas relações de vizinhança com os mogóis nos três espaços em questão como constituindo um todo, um complexo de vasos comunicantes, a verdade é que «a baleia» foi forjando diferentes estratégias para enfrentar «o urso» em cada cada uma dessas fronteiras. A fronteira marítima ocidental suporta, até certo ponto, tensão e confronto. Já a fronteira marítima oriental requer prudência e recuo, enquanto que a fronteira continental meridional é por excelência o domínio da dissimulação e da *realpolitik*.

Com esta fronteira geográfico-política, óbvia, entrecruzam-se muitas outras. Fronteira religiosa, como no Decão xiita, mais identificado com o soberano safávida do que com o imperador mogol, que progressivamente invade o seu espaço político, mas, em qualquer circunstância, um Decão xiita vizinho de uma Goa católica. Fronteira de género, até, quando a resistência anti-mogol no Decão fica nas mãos de figuras femininas – como Chand Bibi, de Ahmadnagar, ou Taj Sultana, de Bijapur – e portugueses e mogóis discorrem acerca do valor das mulheres na guerra e no governo. Ou quando em Goa se insiste que Ibrahim 'Adil Shah II é incapaz de suster o avanço mogol por ser um sultão efeminado. Fronteira étnica, com o Estado da Índia a observar (e por vezes a imaginar) as regiões de fronteira do império mogol enquanto somatório de várias «nações» que, exibindo forte identidade regional, desafiam justamente a *Pax Mogolica*. Ver-se-iam os portugueses, eles próprios, como mais uma dessas nações? Vê-los-iam assim os mogóis, como mais uma nação a incorporar[77]?

---

[77] Uma comparação com a situação de Macau perante a China Ming pode ser esclarecedora: a concessão pelo imperador Tianqi (r. 1621-1627), em 1623, do «privilegio de naturaes da China» aos portugueses de Macau constituiu um perigo para cidade, mais do que uma distinção (cf. FLORES, Jorge – «China e Macau: de surgidouro a cidade». In MARQUES, A. H. de Oliveira (ed.) – *História dos Portugueses no Extremo Oriente*. Lisboa: FO, 2000, vol. I, t. II, p. 251).

Apêndices

A

REINOS E REINADOS

Imperadores mogóis

Babur	1526-1530
Humayun	1530-1540
Interregno Sur	1540-1555
Sher Shah	1540-1545
Islam Shah	1545-1554
Muhammad Shah	1554-1555
Humayun	1555-1556
Akbar	1556-1605
Jahangir	1605-1627
Shahjahan	1627-1658
Aurangzeb	1658-1707

Reis de Portugal

D. Manuel I	1495-1521
D. João III	1521-1557
D. Sebastião	1557-1578
D. Catarina, regente	1557-1562
Cardeal D. Henrique, regente	1562-1568
D. Henrique	1578-1580
D. Filipe II (I de Portugal)	1580-1598
D. Filipe III (II de Portugal)	1598-1621
D. Filipe IV (III de Portugal)	1621-1640
D. João IV	1640-1656

Vice-reis e governadores do Estado da Índia*

D. Vasco da Gama*	1524
D. Henrique de Meneses	1524-1526
Lopo Vaz de Sampaio	1526-1529
Nuno da Cuânha	1529-1538
D. Garcia de Noronha*	1538-1540
D. Estevão da Gama	1540-1542
Martim Afonso de Sousa	1542-1545
D. João de Castro*	1545-1548
Garcia de Sá	1548-1549
Jorge Cabral	1549-1550
D. Afonso de Noronha*	1550-1554
D. Pedro de Mascarenhas*	1554-1555
Francisco Barreto	1555-1558
D. Constantino de Bragança*	1558-1561
D. Francisco Coutinho*	1561-1564
João de Mendonça	1564
D. Antão de Noronha*	1564-1568
D. Luís de Ataíde (conde de Atouguia)*	1568-1571
D. António de Noronha*	1571-1573
António Moniz Barreto	1573-1576
D. Diogo de Meneses	1576-1578
D. Luís de Ataíde (conde de Atouguia)*	1578-1581
Fernão Teles de Meneses	1581
D. Francisco de Mascarenhas*	1581-1584
D. Duarte de Meneses*	1584-1588
Manuel de Sousa Coutinho	1588-1591
Matias de Albuquerque*	1591-1597
D. Francisco da Gama (conde da Vidigueira)*	1597-1600
Aires de Saldanha*	1600-1605
D. Martim Afonso de Castro*	1605-1607
D. Frei Aleixo de Meneses	1607-1609
André Furtado de Mendonça	1609
Rui Lourenço de Távora	1609-1612
D. Jerónimo de Azevedo*	1612-1617

---

* Com um asterisco vão assinalados os que foram vice-reis.

D. João Coutinho (conde do Redondo)*	1617-1619
Fernão de Albuquerque	1619-1622
D. Francisco da Gama (conde da Vidigueira)*	1622-1628
Conselho	1629
D. Miguel de Noronha (conde de Linhares)*	1629-1635
Pedro da Silva*	1635-1639
António Teles da Silva e Meneses	1639-1640
D. João da Silva Telo de Meneses (conde de Aveiras)*	1640-1645
D. Filipe de Mascarenhas*	1645-1651
Conselho	1651-1652
D. Vasco de Mascarenhas (conde de óbidos)	1652-1653
D. Brás de Castro (usurpador)	1653-1655
D. Rodrigo da Silveira (conde de Sarzedas)	1655-1666

Imperadores safávidas

Isma'il I	1501-1524
Tahmasp	1524-1576
Isma'il II	1576-1577
Muhammad Khudabanda	1578-1586
Regências	1586-1587
'Abbas I	1587-1629
Safi I	1629-1642
'Abbas II	1642-1666

Sultões otomanos

Sulaiman I (O Magnífico)	1520-1566
Selim II	1566-1574
Murad III	1574-1595
Mehmet III	1595-1603
Ahmad I	1603-1617
Mustafa I	1617-1618
Uthman II	1618-1622
Mustafa I	1622-1623
Murad IV	1623-1640
Ibrahim	1640-1648

Soberanos do Canato Uzbeque

Janibegids

Pir Muhammad I	1556-1561
Iskandar Bahadur	1561-1583
'Abdullah II	1583-1598
'Abdul Mu'min	1598
Pir Muhammad II	1598-1599

Ashtarkhanids

Yar Muhammad	1599-1600
Jani Muhammad	1600-1603
Baqi Muhammad	1603-1605
Wali Muhammad	1605-1611
Imam Quli Bahadur	1611-1641

Sultões do Guzerate

Mahmud I	1458-1511
Muzaffar Shah II	1511-1526
Bahadur Shah	1526-1537
Mahmud II	1537-1554
Ahmad III	1554-1561
Muzaffar Shah III	1561-1572

Sultões do Bengala

Husainshahis

Husain Shah	1493-1519
Nusrat Shah	1519-1532
Fîiruz Shah	1532-1533
Mahmud Shah	1533-1538

Regime Sur

Sher Shah	1538-1545
Islam Shah	1545-1554
Muhammad Shah	1554-1555

Ghiyasuddin I (Bahadur Shah)	1556-1560
Ghiyasuddin II (Jalal Shah)	1560-1563
Ghiyasuddin III	1563-1564

Karranis

Taj Khan Karrani	1564-1565
Sulaiman Karrani	1565-1572
Bayazid Karrani	1572
Da'ud Karrani	1572-1575

Sultões de Khandesh
(dinastia Faruqi)

Miran Mubarak Shah II	1537-1566
Miran Muhammad Shah II	1566-1576
'Adil Khan IV	1576-1597
Bahadur Shah	1597-1601

Sultões de Bijapur
(dinastia 'Adilshahi)

Ibrahim I	1535-1558
'Ali I	1558-1580
Ibrahim II	1580-1627
Muhammad	1627-1656
'Ali II	1656-1672
Sikandar	1672-1686

Sultões de Ahmadnagar
(dinastia Nizamshahi)

Burhan I	1510-1553
Husain I	1553-1565
Murtaza I	1565-1588
Husain II	1588-1589
Isma'il	1589-1591

Burhan II	1591-1595
Bahadur	1595-1600
Murtaza II	1600-1610
Burhan III	1610-1631
Husain III	1631-1633
Murtaza III	1633-1636

Sultões de Golconda
(dinastia Qutbshahi)

Ibrahim	1550-1580
Muhammad Quli	1580-1611
Muhammad	1611-1626
'Abdullah	1626-1672
Abu'l Hasan	1672-1687

B

GLOSSÁRIO

Abexim — De *habashi*, abissínio. Os abexins eram escravos negros originariamente trazidos da Etiópia para o Concão por mercadores árabes. Os muçulmanos eram invariavelmente sunitas. Ver também *sidi*.

Amir — Nobre; oficial ocupando posição elevada no sistema administrativo mogol. *Umara* no plural, daí resultando «umbraos» em português e formas equivalentes noutras línguas ocidentais.

Baneane — De *vaniyan*, mercador. Os portugueses aplicam o termo, indistintamente, aos mercadores hindus e jainas do Guzerate.

Bigha — Unidade de medida de terra fixada por decreto imperial e variando consoante as províncias. No Bengala correspondia a um terço do acre.

Caciz — Forma portuguesa de *qazi*. Juíz que zela pelo cumprimento da lei islâmica e que tem a seu cargo várias funções civis.

Dam — Moeda de cobre, cujo valor face à rupia variou consoante as épocas. Durante boa parte do nosso período, 40 *dams* equivalem a uma rupia.

Darbar — Audiência imperial; recepção na corte mogol.

Deshmukh — Responsável hereditário por uma *pargana* no Decão. Trata-se de uma figura nuclear da administração local dos sultanatos, porquanto lhe cabia arrecadar a receita, zelar pela defesa e segurança e resolver litígios.

Diwan-i 'Amm — Hall para as audiências públicas existente nos palácios imperiais da Índia mogol.

Diwan-i Khass — Hall para as audiências privadas existente nos palácios imperiais da Índia mogol.

Faquir — Do árabe *faqir*, «pobre». Termo que originalmente se aplicava aos mendicantes muçulmanos e, por extensão, aos ascetas hindus (*sadhu*). Espiritualistas que enveredam pela renúncia e pela contemplação. Também dervixe (*darvish*).

Farman — Termo persa que deriva de *farmudan*, «ordenar». «Formão» ou «firmão» em português. Trata-se de um mandado imperial escrito que podia revestir várias categorias e variantes. Enquanto ordens formais e escritas, os *parvanas* e os *sanads* são documentos com ele relacionados. Ver também *nishan*.

Faujdar — Funcionário imperial com responsabilidades militares num determinado distrito (*sarkar*).

Ghusal Khana — Aposentos privados onde o imperador tratava de assuntos de estado com os príncipes e com os dignitários mais proeminentes.

Hajj	Peregrinação a Meca, um dos cinco deveres fundamentais de qualquer muçulmano.
Hakim	Responsável por uma província ou outra circunscrição administrativa e territorial no império mogol. Ver também *suba*, *subadar*.
Havaldar	Na estrutura administrativa local dos sultanatos do Decão, é o responsável de distrito, nomeado directamente pelo sultão.
Hun	Moeda de ouro que circulava no Decão, equivalendo a 4 rupias. Ver *pagode*.
Jagir	Concessão administrativa de uma parcela de terra no regime mogol que supõe a atribuição do seu rendimento ao respectivo beneficiário (*jagirdar*).
Jama'	Renda, receita. Entre outros sentidos, aplica-se à estimativa da renda total do império mogol.
Jharoka	Janela onde os imperadores mogóis se mostravam aos seus súbditos.
Jogi/yogi	Do sânscrito *yogin*, «jogue» em português. Asceta hindu com poderes sobrenaturais; mendicante que opta pela permanente errância. Também calândar (*qalandar*).
Kafir	«Cafre» em português. Incréu. Um não muçulmano para um muçulmano.
Khalisa	Terras cujas rendas revertem directamente a favor do imperador e do tesouro imperial.
Khanazad	Literalmente, «filho da casa». Reporta-se especificamente aos oficiais mogóis que eram discípulos (*murid*) hereditários do imperador.
Khil'at	Termo persa designando o traje cerimonial («manto de honra») que um soberano superior oferece (e faz vestir publicamente) a um outro, considerado seu vassalo. Prática corrente no mundo islâmico desde o século XI, que não tardou a penetrar em muitas cortes hindus. «Tomar cabaia» é como os portugueses designam amiúde esse gesto ritual de submissão.
Khutba	Oração de Sexta-feira, em que o nome do soberano legítimo do reino é mencionado e louvado.
Khwabgah	«Casa dos sonhos». Quarto (ou pavilhão) de dormir do imperador mogol.
Kos/Karoh	Medida de distância utilizada na Índia, equivalente a *ca.* 4 kms.
Kotwal	Comandante da polícia.
Lascar	Do persa *lashkar*: exército, campo.
Leque	*Lakh*. O equivalente a cem mil rupias.
Mahaldar	Responsável por uma *mahal*, unidade (territorial ou não) para a arrecadação de rendas.
Mansab	Grau expresso numa escala numérica que, no sistema burocrático mogol, determina o estatuto, o pagamento e o contingente militar dos nobres do império. Cf. *zat* e *suwar*.
Mansabdar	Aquele que detém um *mansab*.
Muhr	Moeda de ouro do império mogol. De circulação restrita, era sobretudo utilizada para entesouramento ou enquanto presente (*nazr*) dos nobres ao imperador.
Mulá	Doutor da lei, religioso muçulmano.
Mutasaddi	Termo genérico para oficial, especificamente utilizado para designar o funcionário responsável pela alfândega dos portos de Surrate e Cambaia.
Nauruz	Ano Novo persa.

Nishan	Mandado emitido por um príncipe da casa real (frequentemente o próprio herdeiro do trono), com o propósito de confirmar um *farman* imperial já emitido sobre um determinado assunto e nos mesmos termos.
Padshah	Imperador. «Paxá» em português.
Pagode	Moeda de ouro valendo 360 reis. O mesmo que pardau de ouro.
Pargana	Pequena divisão administrativa rural do império mogol (subdistrito).
Patamar	Correio, mensageiro.
Peshkash	Presente; tributo devido por um subordinado ao seu superior.
Peshwa	Primeiro ministro nos estados do Decão.
Rupia	*Ripiya*. Moeda de prata que constituía a principal unidade monetária da Índia mogol. Ver também *dam*.
Saguate	Do hindustani-persa *saughat*, «presente». A palavra, cuja origem deverá ser mongol, passou depois ao turco, russo, persa, a diversas línguas da Índia e, finalmente, da Europa latina.
Salama/salema	do arábe *salam*, «paz», «salvação». Saudação, cortesia.
Sarkar	Unidade territorial e administrativa do império mogol correspondente ao distrito.
Sarsamata	*Sar-samatu*. Governador distrital nos sultanatos do Decão.
Sidi	Nome dado na Índia ocidental aos muçulmanos oriundos de África oriental, que usualmente ascendiam a importantes posições políticas nos estados do Decão. Adquiriram particular relevância os *sidi*s de Janjira, na costa do Concão.
Sijda	Prostração praticada pelos discípulos sufis perantes os seus mestres e que o imperador Akbar implementou na sua corte.
Suba	Província do império.
Subadar	Governador provincial mogol.
Sufi	Místico muçulmano que põe o acento no ascetismo e no conhecimento esotérico. Nascido em Basra logo nos alvores do islão, o sufismo não tardou a penetrar na Índia, estruturando-se em diversas ordens, como sejam os naqhsbandis e os chishtis.
Suwar	Grau numérico que indica o número de homens a cavalo que cada nobre mogol devia manter ao serviço do imperador para a guerra.
Thanadar	Comandante de um posto militar (*thana*).
'Ulama	Ulemá. Plural de *'alim*, homem especializado na *Shari'a* e nas ciências religiosas do islão. Juízes e teólogos colectivamente responsáveis pela observância da ortodoxia num estado islâmico.
Vakil	Primeiro-Ministro.
Vazir	Ministro encarregado das finanças e da arrecadação das receitas do império (também *divan*).
Xerafim	Do persa *ashrafi*. Moeda de prata de origem mameluca, adoptada pelos portugueses na Índia (ou pardau de tangas). Equivale a 300 reis.
Wilayat	Domínio, país habitado, território com governo.
Zamindar	Proprietário rural na Índia mogol.
Zat	Grau numérico pessoal de um oficial mogol.

Bibliografia

FONTES

Fontes Manuscritas

ESPANHA

Archivo General de Simancas (Simancas)

- *Estado-Portugal*: legajos 390, 391, 392, 393, 419, 436, 437.
- *Secretarias Provinciales*: legajo 2648; livs. 1479, 1551, 1552.

Archivo Histórico de la Compañia de Jesus de la Província de Toledo (Alcalá de Henares)
- E-2: 104, 8 (leg. 885); E-2: 104, 12 (leg. 896); E-2: 104, 17 (leg. 1194.1).

Biblioteca Nacional de España (Madrid)
- Ms. 1752 (fls. 192-226); 3015 (fls. 63-69); 8187 (fls. 2v-14v); 8940; 9971 (fls. 579-580v); 11088 (fls. 181-221v).

Real Academia de la Historia (Madrid)
- *Jesuítas* - Tomos: 9/3692 (T. 119); 9/3716 (T. 143, doc. 8); (9/3759 (T. 186).
- *Jesuítas* - Legajos: 9/7236 (leg. 11-10-3/21).

Real Biblioteca (Madrid)
- II/2185, doc. 40 (fls. 62v-65); II/2228, doc. 73 (fls. 109v-110).

FRANÇA

Archives de la Societé des Missions Étrangères de Paris
- *Inde*, vols. 952, 953, 954, 955, 956, 967.

Bibliothèque nationale de France (Paris)
- *Collection Dupuy*: 587, fls. 300-312 («Partenza del Re Gran Mogor della Citta d'Agra [...]», 1638).
- *Fonds Portugais*: 8, 23, 33, 35, 44, 51, 59.

ÍNDIA

Historical Archives of Goa (Panagi, Goa)
- *Assentos do Conselho da Fazenda*: livs. 2 (1160); 3 (1161); 4 (1162); 5 (1163); 6 (1164).
- *Consultas do Serviço de Partes*: livs. 2 (1042); 3 (1043); 4 (1044).

- *Livro da receita da venda dos saguates que recebiam os Governadores deste Estado* (1688-1724): 2521.
- *Mercês Gerais*: livs. 1 (412); 2 (413); 4 (415); 5 (416); 6 (417); 8 (419).
- *Monções do Reino*: livs. 5 (7); 6A (8); 7 (10); 8 (11); 9, 10, 11 (12), 12 (13); 13A (14); 13B (15); 14 (16); 15 (17); 16A (18); 17 (20); 18 (21); 19A (22), 19B (23); 20 (26); 21A (27); 21B (28); 22B (30); 23A (31); 26A (35); 26B (36).
- *Regimentos e Instruções*: livs. 3 (1420); 4 (1421); 6 (1423).
- *Reis Vizinhos*: livs. 1 (969); 2 (970).

INGLATERRA

The British Library (Londres)
- *Add. Ms*: 9855, 28360, 28432, 61358.
- *Cotton Charter*: XXIV, 33.
- *Cotton Ms*: Titus B. VII.

ITÁLIA

Archivio Generale Agostiniano (Roma)
- Aa 41, Aa 42.

Archivio Generale OCD (Roma)
- *Missiones*: plut. 238a, plut. 238c, plut. 238d, plut. 261a, plut. 261d, plut. 261p, plut. 263g, plut. 268a, plut. 268m, plut. 268n, plut. 268o.

Archivio Generale OFM (Roma)
- *Fondi Misti – Missiones*: M/94.

Archivio della Pontificia Università Gregoriana (Roma)
- Ms. 86.

Archivum Romanum Societatis Iesu (Roma)
- *Goana*: 9 I, 14, 15, 17, 18, 32 I, 33 I, 33 II, 34 I, 34 II, 46 I ('Mogor'), 46 II ('Mogor'), 48, 49, 50, 55, 56.
- *Lus*: 58 I
- *Opera NN*: 259.

Archivo della Sacra Congregazione per l'Evangelizzazione dei Popoli (Roma)
- *Scritture Originali Riferite nelle Congregazioni Generali*: vols. 189, 190, 191, 192, 230, 237.
- *Scritture Riferite nei Congressi – Indie Orientali e Cina*: vols. 1, 2, 3, 4, 40.
- *Miscellanea*: vol. 63.

Biblioteca Nazionale Centrale Vittorio Emmanuele II (Roma)
- *Fondo Gesuitico*: 1228, n° 16.
- *Fondi Minori*: 622, Ms. Varia 48.

PORTUGAL

Arquivo Histórico Ultramarino (Lisboa)
- *Papéis avulsos*: *Índia*, cx[a]s 1 a 73.

- Códices: *Conselho Ultramarino*, cods. 208, 210, 211, 218, 281, 282, 285, 435, 436, 445, 500.

Arquivo Nacional da Torre do Tombo (Lisboa)

- *Cartório da Casa Real*, maço 49-B, cxª 7420, capilha 897 («Tratado da corte e Caza de Iamguir Pachá», 1610-1611).
- *Casa Cadaval*: liv. 26.
- *Colecção de S. Lourenço*: vols. 4 e 5.
- *Coleccção de S. Vicente*: vol. 19.
- *Corpo Cronológico*: parte I, maços 106 a 109, 116; parte III, maço 26.
- *Livros das Monções*: livs. 21 a 37.
- *Manuscritos da Livraria*: nº 1699.
- *Miscelâneas Manuscritas de Nossa Senhora da Graça de Lisboa*: cxª 2, t. 3; cxª 2, t. 1-C; cxª 6, t. 2-E.

Biblioteca da Academia das Ciências de Lisboa (Lisboa)

- Série Vermelha: cods. 280, 479, 533, 623, 770.

Biblioteca da Ajuda (Lisboa)

- *Jesuítas na Ásia*: 49-V-18.
- *Miscelâneas Manuscritas*: 50-V-34, 51-VII-30, 51-VIII-21; 51-VII-12 (Diário do conde de Linhares).

Biblioteca Geral da Universidade de Coimbra (Coimbra)

- *Reservados*: cods. 170, 459, 601, 677.

Biblioteca Nacional de Portugal (Lisboa)

- *Reservados*: cods. 176, 257, 846, 939, 1784, 1817, 1973, 1975, 1976, 1986, 7640, 8841, 11358, 11410, 13347; Ms. 164, nº 14.

Biblioteca Pública de Évora (Évora)

- CV/1-3d; CV/2-15; CV/2-19; CXV/2-8; CXV/2-9; CXVI/2-3, CXVI/14 (António Barbosa, *Breve Tratado do Morro de Chaul*, 1635).
- *Fundo Rivara*: armários III e IV, nº 33, 9º; armários V e VI, nº 7, 22º.

VATICANO

Archivio Segreto Vaticano (Cidade do Vaticano)

- *Confalonieri*, vol. 31.

Biblioteca Apostolica Vaticana (Cidade do Vaticano)

- *Vat. Lat.* 6723, fls. 11-14v.

Fontes Impressas

Europeias

ACHARYA, Shri P. – «Bruton's account of Cuttack and Puri». *The Orissa Historical Research Journal*. Vol. X/36 (1961), pp. 25-50.

ALI, Mubarak (ed.) – *The English factory in Sind, extracts regarding Sind from William Foster's 'The English Factories in India'*. Jamshoro (Cinde): Institute of Sindology, 1983.

ALLEN, P. S. – «Four letters by Austin of Bordeaux». *JPHS*. Vol. IV/1 (1916), pp. 3-17.

ALONSO, Carlos, O.S.A. – «Novísimo florilégio documental sobre los agustinos en Persia (1608-1622)». *AA*. Vol. 50 (1987), pp. 45-119.

— «Agustinos en la India. Relaciones y listas de religiosos inéditas (1624-1642)». *AA*. Vol. 37 (1974), pp. 241-196.

— «El convento agustiniano de Ispahan durante el periodo 1621-1671. Documentación inédita». *AA*. Vol. 26 (1973), pp. 247-308.

— «Nueva documentación inédita sobre las misiones agustinianas en India y en Persia (1571-1609)». *AA*. Vol. 33 (1970), pp. 309-393.

— «Stato delle Missioni Agostiniane nelle Indie Orientali secondo una relazione inedita del 1640». *AA*. Vol. 25 (1962), pp. 291-325.

ANANIA, Giovanni Lorenzo d' – *L'Universale Fabrica del Mondo, overo Cosmografia*. Veneza: Muschio, 1582.

ANSARI, Mohammad Azhar – *European Travellers under the Mughals 1580-1627)*. Nova Deli: Idarah-i Adabiyat-i Delli, 1975.

AZEVEDO, Luís Marinho de – *Apologéticos discursos em defesa da memória e boa fama de Fernão de Albuquerque, governador que foi da Índia*. Lisboa: Manoel da Sylva, 1641.

BAIÃO, António – *A Inquisição de Goa. Correspondência dos inquisidores da Índia (1569--1630)*, vol. II. Coimbra: Imprensa da Universidade, 1930.

BALBI, Gasparo – *Viaggio dell'Indie Orientali, di Gasparo Balbi* (Veneza, 1590); *Viaggi di C. Federici e G. Balbi*, vol. IV *Il Nuovo Ramusio. Raccolta di viaggi, testi e documenti relativi ai rapporti fra l'Europa e l'Oriente*, ed. Olga Pinto. Roma: Istituto Poligrafico dello Stato, 1962. Ver também CARACI, Ilaria Luzzana.

BARBOSA, Duarte – *O Livro de Duarte Barbosa*, ed. Maria Augusta da Veiga e Sousa. Lisboa: IICT; CNCDP, 1996-2000, 2 vols.

BARROS, João de – *Ásia. Dos feitos que os Portugueses fizeram no Descobrimento dos Mares, e Conquistas das Terras do Oriente*, Décadas 1 a 4, eds. Hernâni Cidade, Manuel Múrias. Lisboa: AGC, 1945-1946.

BARTOLI, Daniello – *Missione al Gran Mogòr (1663)*, ed. Bruno Basile. Roma: Salerno Editrice, 1998.

BEAULIEU, Augustin de – cf. LOMBARD-JOURDAN, Anne.

BERNIER, François – *Travels in the Mogul Empire, AD 1656-1668*, eds. Archibald Constable, Vincent A. Smith. Reimp. (1ª ed., 1934). Nova Deli: LPP, 1994.

BEST, Thomas – *The voyage of Thomas Best to the East Indies, 1612-14*, ed. William Foster. Reed. (1ª ed. 1934). Nova Deli: MMP, 1997.

BEYLERIAN, Arthur – «Cinq lettres inédites de D. Frei Aleixo de Meneses, Archevêque de Goa». *ACCP*. Vol. VI (1974), pp. 573-604.

BIKER, Júlio Firmino Júdice – *Collecção de Tratados e Concertos de Pazes que o Estado da Índia Portuguesa fez com os reis e senhores com quem teve relações nas partes da Ásia e África Oriental desde o princípio da conquista até ao fim do século XVIII*. Lisboa: Imprensa Nacional, 1881-1887, 14 tomos.

BIRDWOOD, George, FOSTER, William – *First letter book of the East India Company: 1600--1619*. Londres: Bernard Quaritch, 1893.

BOCARRO, António - *Década 13 da Historia da India*. Lisboa: Academia Real das Ciências, 1876, 2 vols.

— *Livro das Plantas de todas as Fortalezas, Cidades e Povoações do Estado da Índia Oriental* [1635], ed. Isabel Cid. Lisboa: INCM, 1992, 3 vols.

BOTERO, Giovanni - *Delle Relationi Universali*. Veneza: Alessandro Vecchi, 1618.

BOULLAYE LE GOUZ, *Les voyages et observations du Siuer de la Boullaye Le-Gouz*, ed. Jacques de Maussion de Favières. Paris: Ed. Kimé, 1994.

BOWREY, Thomas - *A Geographical account of Countries round the Bay of Bengal, 1669 to 1679*, ed. Richard Carnac Temple. Reed. (1ª ed. 1905). Nova Deli: MMP, 1997.

Breve Relaçam das Cristandades que os Religiosos Agostinhos têm à sua conta nas partes da Índia Oriental. Lisboa: António Alvarez, 1630.

BRUTON, William - *Newes from the East Indies; or a Voyage to Bengalla, one of the greatest kingdomes under the high and mighty Prince Pedesha Shassallem; usually called the Great Mogul* (...). Londres: John Oakes, sold by Humphrey Blunden, 1638. (reeditado em 1745 por Thomas Osborne. Reimp. em 1755, ed. Hakluyt Society em 1809-1812). Cf. também ACHARYA, S. P.

CAMPS, Arnulf, O.F.M. – «An unpublished letter of Father Christoval de Vega, S.J. Its importance for the history of the second Mission to the Mughal Court and for the knowledge of the Religion of the Emperor Akbar». *Studia Orientalia*. Vol. I (1956), pp. 181-192, reed. in *Studies in Asian Mission History, 1956-1998*. Leiden: E.J. Brill, 2000, pp. 47-59.

CARACI, Ilaria Luzzana - *Scopritori e Viaggiatori del Cinquecento e del Seicento*, tomo I (Il Cinquecento), vol. 40 - tomo I de *Letteratura Italiana. Storia e Testi*, dir. Raffaele Mattioli et al. Milão; Nápoles: Riccardo Ricciardi Editore, 1991.

CARERI, Francesco Gemelli - *Giro del Mondo [...]*. Nápoles: Giuseppi Roselli, pt. III (*Nell Indostan*), 1700. Cf. também SEN, S.

CARRÉ, Abbé - *The travels of Abbé Carré in India and the Near East, 1672 to 1674*, ed. Charles Fawcett. Reimp. Nova Deli; Madrasta: AES, 1990, 3 vols.

Cartas do Iapam (...), & de outras cousas tocantes ás partes da India, & ao grão Mogor. Lisboa: Simão Lopez, 1593.

CASTANHEDA, Fernão Lopes de - *História do Descobrimento e Conquista da Índia pelos Portugueses*, ed. Manuel Lopes de Almeida. Porto: Lello & Irmão, 1979, 2 vols.

CASTILHO, António de - *Comentario do Cerco de Goa e Chaul, no anno de MDLXX, Viso Rey Dom Luis de Ataide*. Lisboa: Antonio Gonçalves, 1573.

CASTRO, D. Fernando de - *Crónica do vice-rei D. João de Castro*, eds. Luís de Albuquerque, Teresa da Cunha Matos. Tomar: Escola Superior de Tecnologia de Tomar, 1995.

Compendio de algumas cartas que este anno de 1597 vierão dos Padres da Companhia de Jesus, que residem na India, e Corte do grão Mogor, e Reynos da China, e Japão, e no Brasil em que se contem varias cousas. Lisboa: Alexandre de Siqueira, 1598.

CORREIA, Gaspar - *Lendas da Índia*, ed. Manuel Lopes de Almeida. Porto: Lello & Irmão, 1975, 4 vols.

CORREIA-AFONSO, John, S.J. - *Letters from the Mughal Court. The first Jesuit Mission to Akbar (1580-1583)*. Bombaim: Heras Institute of Indian History and Culture, 1980.

— «Bijapur four centuries ago as described in a contemporary letter». *Indica*. Vol 1 (Mar. 1964), pp. 81-88.

CORTESÃO, Armando, ALBUQUERQUE, Luís de - *Obras Completas de D. João de Castro*. Coimbra: Academia Internacional da Cultura Portuguesa, 1968-1981, 4 vols.

CORTESÃO, Armando, MOTA, A. Teixeira da – *Portugaliae Monumenta Cartographica*. Lisboa: Comissão para as Comemorações do V Centenário da Morte do Infante D. Henrique, 1960, 6 vols. (5 + 1 índices).

CORYAT, Thomas – cf. FOSTER, William, 1985.

COUTO, Diogo do – *Ásia. Dos feitos que os Portugueses fizeram no Descobrimento dos Mares, e Conquistas das Terras do Oriente*, Décadas 4 a 12 (+ vol. de índices). Lisboa: Livraria Sam Carlos (reimp. da edição da Régia Oficina Tipográfica, 1778-1781), 1974.

— *Décadas*, ed. António Baião. Lisboa: Sá da Costa, 1947, 2 vols.

— *Década Quarta da Ásia*, coord. Maria Augusta Lima Cruz. Lisboa: CNCDP; FO; INCM, 1999, 2 vols.

— *Diogo do Couto e a Década 8ª da Ásia*, ed. Maria Augusta Lima Cruz. Lisboa: CNCDP; INCM, 1987, 2 vols.

— *O Primeiro Soldado Prático*, ed. António Coimbra Martins. Lisboa: CNCDP, 2001.

— *O Soldado Prático*, ed. Manuel Rodrigues Lapa. 3ª ed. Lisboa: Sá da Costa, 1980. (trata--se da edição do 'Segundo Diálogo').

COUTRE, Jacques de – *Andanzas asiáticas*, eds. Eddy Stolz, B. N. Teensma, J. Werberckmoes. Madrid: Historia 16, 1990.

— *Como remediar o Estado da Índia? Being the Appendices of the Vida de Jacques de Coutre*, ed. B. N. Teensma. Leiden: Leiden Centre for the History of European Expansion, 1989.

COVERTE, Robert – *A True and almost incredible report of an Englishman*. Londres: Printed by William Hall, for Thomas Archer and Richard Redmer, 1612. Ed. Facsimilada. Amesterdão; Nova Iorque: Da Capo Press, 1971.

Documentação Ultramarina Portuguesa. Lisboa: CEHU, 1960-1967, 5 vols.

DOWNTON, Nicholas – *The voyage of Nicholas Downton to the East Indies, 1614-15*, ed. William Foster. Reed. (1ª ed. 1939). Nova Deli: MMP, 1997.

FEDERICI, Cesare – *Viaggio di M. Cesare de i Fedrici, nell'India Orientale, et oltra l'India* (Veneza, 1587); *Viaggi di C. Federici e G. Balbi*. Vol. IV – *Il Nuovo Ramusio. Raccolta di viaggi, testi e documenti relativi ai rapporti fra l'Europa e l'Oriente*, ed. Olga Pinto. Roma: Istituto Poligrafico dello Stato, 1962. Ver também CARACI, Ilaria Luzzana.

FEYNES, Henri de – *An exact and curious survey of all the East Indies, euen to Canton, the chiefe cittie of China; all duly performed by land by Monsieur de Monfart [...]; wherein also are described the huge dominions of the great Mogor, to whom that honorable knight, Sir Thomas Roe, was lately sent ambassador from the King*. Londres: Thomas Dawson, 1615.

FINCH, William – cf. FOSTER, William, 1985.

FITCH, Ralph – cf. FOSTER, William, 1985.

FOSTER, William (ed.) – *Early Travels in India, 1583-1619*. Reed. (1ª ed. 1921). Nova Deli: Oriental Books Reprint Corporation, 1985.

— *Letters Received by the East India Company from its servants in the East, transcribed from the original correspondence series of the India Office Records, 1602-1617*. Reimp. (1ª ed. 1896-1902). Amesterdão: N. Israel, 1968, 6 vols.

— *A Supplementary calendar of documents in the India Office relating to India or to the Home affairs of the East India Company, 1600-1640*. Londres: India Office, 1928.

— *The English Factories in India, 1618-1669*. Oxford: Clarendon Press, 1906-1927, 13 vols. Ver também ALI, Mubarak.

FRYER, John – *A new account of East India and Persia, being nine year's travels, 1672-1681*, ed. William Crooke. Londres: The Hakluyt Society, 1909-1915, 3 vols.

GARCIA, José Ignacio de Abranches – *Archivo da Relação de Goa, contendo vários documentos dos séculos XVII, XVIII, e XIX* [...], Parte II (*Século XVII, 1641-1700*). Nova Goa: Imprensa Nacional, 1874.

Gavetas (As) da Torre do Tombo. Lisboa: CEHU, 1960-1977, 12 vols.

GODINHO, Padre Manuel – *Relação do novo caminho que fez por terra e mar vindo da Índia para Portugal no ano de 1663*, ed. A. Machado Guerreiro. Lisboa: INCM, 1974.

GOUVEIA, António de – *Relaçam, em que se tratam as guerras e grandes victorias que alcançou o grande Rey da Persia Xá Abbas do grão Turco Mahometto, & seu filho Amethe* [...]. Lisboa: Pedro Craesbeeck, 1611.

GRACIAS, J. A. Ismael – *Uma dona portugueza na corte do Grão-Mogol. Documentos de 1710 a 1719* [...]. Nova Goa: Imprensa Nacional, 1907.

GUERREIRO, Padre Fernão de – *Relação anual das coisas que fizeram os padres da Companhia de Jesus nas suas missões*, ed. Artur Viegas. Coimbra; Lisboa: Imprensa da Universidade; Imprensa Nacional, 1930-1942, 3 vols.

GUNE, V. T. – *Assentos do Conselho da Fazenda, 1613-1621*, vol. I, pt. 1. Goa: Directorate of Historical Archives & Archaeology, 1979.

GUZMÁN, Luis de, S.J. – *Historia de las Missiones que han hecho los Religiosos de la Compañia de Jesús, para predicar el sancto Evangelio en la India Oriental, y en los Reynos de la China y Japón*. Alcalá de Henares: por la biuda de Iuan Gracian, 1601, 2 vols.

HAMILTON, Alexander – *A new Account of the East Indies* (Edimburgo: Printed by John Mosman, and sold at the King's printing-house, 1727), ed. William Foster. Reimp. (ed. Londres, 1930). Amesterdão; Nova Iorque: N. Israel; Da Capo Press, 1970, 2 vols.

HAWKINS, William – cf. FOSTER, William, 1985.

HERBERT, Thomas – *Some Yeares travels [...] describing especially the two famous empires, the Persian and the Great Mogull...* (Londres: Printed by Richard Bishop for Iacob Blome and Richard Bishop, 1638); *Travels in Persia*, ed. William Foster. Londres: Robert M. McBride & Company, 1929 (não inclui, todavia, a parte relativa ao império mogol).

HOSTEN, Henry S.J. – «Fr. N. Pimenta's Annual Letter on Mogor. (Goa, Dec. 21 1599)». *JPASB*. n.s. Vol. XXIII (1927), pp. 57-65.

— «Fr. N. Pimenta, S.J., on Mogor (Goa, 1 Dec., 1600)». *JPASB*. n.s. Vol. XXIII (1927), pp. 67-82.

— «Fr. N. Pimenta's Annual of Margão, Dec. 1, 1601». *JPASB*. n.s. Vol. XXIII (1927), pp. 83-107.

— «Eulogy of Father Jerome Xavier, S.J., a missionary in Mogor (1549-1617)». *JPASB*. n.s. Vol. XXIII (1927), pp. 109-130.

— «Some letters of Fr. Jerome Xavier, S.J., to his family (1593-1612)». *JPASB*. n.s. Vol. XXIII (1927), pp. 131-136.

— «Three letters of Fr. Joseph de Castro, S.J., and the last year of Jahangir (Aug. 24, 1626- -Aug. 15, 1627)». *JPASB*. n.s. Vol. XXIII (1927), pp. 141-166.

— «Jesuit Letters from Bengal, Arakan & Burma (1599-1600)». *BPP*. Vol. XXX/59-60 (Jul. -Dez. 1925), pp. 52-76.

— «Fr. A. Monserrate' Account of Akbar». *JASB*. n.s. Vol. VIII/5 (Mai. 1912), pp. 190-221.

INGOLI, Francesco – *Relazione delle Quatro Parti del Mondo*, ed. Fabio Tosi. Roma: Urbaniana University Press, 1999.

JARRIC, Pierre du, S.J. – cf. PAYNE, C. H.

JESUS, Frei Felix de – *Primeira parte da Chronica e Relação do principio que teve a Congregação da Ordem de S. Agostinho nas Indias Orientais*, ed. Arnulf Hartmann,

O.S.A., «The Augustinians in Golden Goa. A manuscript by Felix of Jesus, O.S.A.». *AA*. Vol. XXX (1967), pp. 1-147.

JOURDAIN, John – *The Journal of John Jourdain, 1608-1617*, ed. William Foster. Reed. (ed. Londres: Hakluyt Society, 1905). Nova Deli: AES, 1992.

LAET, Joannes de – *De Imperio Magni Mogolis...* [1631], trad. J. S. Hoyland, anot. S. N. Banerjee – *The Empire of the Great Mogol*. Reed. (1ª ed. 1928). Nova Deli: Oriental Books Reprint Corporation, 1974; *A contemporary Dutch chronicle of Mughal India*. Trad. Brij Narain, S. R. Sharma, Calcutá: Susil Gupta, 1957.

LINHARES, Conde de – *Diário do 3º conde de Linhares, vice-rei da Índia*. Lisboa: Biblioteca Nacional, 1937-1943, 2 tomos.

Livro das cidades e fortalezas que a Coroa de Portugal tem nas partes da India (...), ed. Francisco P. Mendes da Luz. Lisboa: CEHU, 1960.

LOMBARD-JOURDAN, Anne – «À propos d'Augustin de Beaulieu. Quelques documents inédits». *Archipel*. Vol. 56 (1998), pp. 145-156.

MALONY, Ruby – *European merchant capital and the India economy. Surat factory records, 1630-1668*. Nova Deli: Manohar, 1992.

MANDELSO, Jean Albert de – cf. OLEARIUS, Adam.

MANRIQUE, Frei Sebastião – *Breve Relatione de I regni di Pegu, Arracan, e Brama, e degli Imperij del Calaminan, Siamom e gran Mogor* (Roma: 1648); *Breve relação dos reinos de Pegu, Arracão, Brama, e dos Impérios de Calaminhã, Siammon e Grão Mogol*, ed. Maria Ana Marques Guedes, trad. Raffaella d'Intino. Lisboa: Cotovia; CNCDP, 1997.

— *Itinerario de las Missiones del India Oriental* (Roma: A la instancia de Guillelmo Halle, 1653); *Itinerário de Sebastião Manrique*, ed. Luís Silveira. Lisboa: AGC, 1946, 2 vols.; *The Travels of Sebastien Manrique*, eds. C. E. Luard, H. Hosten. Reimp. (ed. original Londres: The Hakluyt Society, 1927). Nendeln (Liechtenstein): Kraus reprint Ltd., 1967, 2 vols.

MANUCCI, Nicolò – *Storia do Mogor or Mogul India*. Trad. William Irvine. Reed. Nova Deli: Oriental Books Reprint, 1981, 4 vols.; *Storia del Mogol di Nicolò Manuzzi Veneziano*, ed. Piero Falchetta. Milão: Franco Maria Ricci, 1986, 2 vols.

MATOS, Artur Teodoro de (ed.) – *Diário do conde de Sarzedas, vice-rei do Estado da Índia (1655-1656)*. Lisboa: CNCDP, 2001.

— (ed.) – *O Tombo de Damão, 1592*. Lisboa: CNCDP-CEDG, 2001.

— (ed.) – *O Tombo de Chaul, 1591-1592*. Lisboa: CNCDP-CEDG, 2000.

— (ed.) – *O Tombo de Diu, 1592*. Lisboa: CNCDP-CEDG, 1999.

— (ed.) – *Documentos Remetidos da Índia ou Livros das Monções*, vol. I (1625-1627), vol. II (1625-1736). Lisboa: CNCDP-CEDG; CHAM, 2000-2002. (a documentação não é publicada integralmente, antes sumariada).

MATOS, Luís de – *Imagens do Oriente no século XVI. Reprodução do códice português da Biblioteca Casanatense*. Lisboa: INCM, 1985.

MEERSMAN, A. – «A Dutch translation of an unknwon letter of F. Corsi S.J., missionary to the Great Moghul». *Karnatak Historical Review*. Vol. 5 (1940), pp. 1-4.

MILDENHALL, John – cf. FOSTER, William.

MONSERRATE, Antonio, S.J. – *The commentary of Father Monserrate, S.J., on his journey to the court of Akbar*. trad. J. S. Hoyland, ed. S. N. Banerjee. Reimp. (1ª ed., 1922). Nova Deli: AES, 1992; *Ambaixador a la cort del Gran Mogol. Viatges d'un jesuïta català del segle XVI à l'Índia, Pakistan, Afganistan i Himalàia. Antoni de Montserrat*, ed. e trad. (catalã) Josep Luís Alay. Lleida: Pagès editors, 2002.

MORELAND, W. H. – *Relations of Golconda in the early seventeenth century*. Londres: The Hakluyt Society, 1931.

MUNDY, Peter – *The Travels of Peter Mundy in Europe in Asia, 1608-1667*, ed. Richard Carnac Temple. Vol. II (*Travels in Asia, 1628-1634*). Londres: The Hakluyt Society, 1914.

NUNES, Leonardo – *Crónica de Dom João de Castro*, ed. J. D. M. Ford. Cambridge (MA): Harvard University Press, 1936.

OLEARIUS, Adam – *Relation du voyage d'Adam Olearius en Moscovie, Tartarie, et Perse [...]; contenant le voyage de Mandelslo aux Indes Orientales*, (trad. francesa a partir do alemão por A. de Wicquefort). 2ª ed. Paris: Antoine Dezallier, 1679, 2 tomos.

ORTA, Garcia da – *Colóquios dos Simples e Drogas da Índia* (fac-símile da ed. do Conde de Ficalho, 1891). Lisboa: INCM, 1987, 2 vols.

PATO, Raimundo António de Bulhão, REGO, António da Silva – *Documentos Remettidos da Índia ou Livros das Monções*. Lisboa: Academia Real das Ciências; INCM, 1880-1982, 10 tomos. Cf. também MATOS, Artur Teodoro de (ed.).

PAYNE, C. H. (ed.) – *Akbar and the Jesuits. An account of the Jesuit Missions to the court of Akbar by Father Pierre du Jarric, S.J.* Reed. (1926). Nova Deli: LPP, 1999.

— (ed.) – *Jahangir and the Jesuits, with an account of Benedict Goes and the mission to Pegu, from the relations of Father Fernão Guerreiro, S.J.* Reed. (1ª ed. 1930). Nova Deli: MMP, 1997.

PELSAERT, Francisco – *Jahangir's India. The Remonstrantie of Francisco Pelsaert*, eds. W.H. Moreland e P. Geyl, reimp. (ed. 1925). Nova Deli: LPP, 2001. Edição neerlandesa: *De Geschriften van Francisco Pelsaert over Mughal Indië 1627: Kroniek en Remonstrantie*, eds. D. H. A. Kolff, H. W. van Santen. Haia: Martinus Nijhoff, 1979.

PEREIRA, António Pinto – *História da Índia no tempo que a governou o VisoRei Dom Luís de Ataíde*, ed. Manuel Marques Duarte (facsímile da ed. 1617). Lisboa: INCM, 1987.

PERUSCHI, Giovanni Battista, S.J. – *Informatione del regno et stato del Gran Re di Mogòr, della sua persona, qualità et Costumi e delli buoni segni et congietture della sua conversione alla nostra Santa Fede*. Roma: L. Zannetti, 1597.

PISSURLENCAR, Panduronga S. S. – *Assentos do Conselho do Estado*. Bastorá-Goa: Tipografia Rangel, 1953-1957, 5 vols.

— *Agentes da diplomacia portuguesa na Índia (Hindus, muçulmanos, judeus e parses)*. Bastorá-Goa: Tipografia Rangel, 1952.

— *Regimentos das fortalezas da Índia*. Bastorá-Goa: Tipografia Rangel, 1951.

— «A Índia em 1629. Relação dos Reis Visinhos do que por ora passão e contão». *BIVG*. Vol. 7 (1930), pp. 52-61.

PRAKASH, Om – *The Dutch Factories in India, 1617-1623. A collection of Dutch East India Company documents pertaining to India*. Nova Deli: MMP, 1984.

PRESENTAÇÃO, Padre Frei Jorge da – *História das missões dos Padres Augustinianos na Índia nos principios do 18º seculo*, ed. Arnulf Hartmann, O.S.A. Sep. *AA*. Vol. LVII (1994), pp. 193-341.

Primor e Honra da Vida Soldadesca no Estado da India. Lisboa: Jorge Rodrigues, 1630; ed. Laura Monteiro Pereira, Maria Augusta Lima Cruz. Ericeira: Mar de Letras, 2003.

PURCHAS, Samuel – *Hakluytus Posthumus or Purchas his Pilgrims. Contayning a history of the World in Sea Voyages and Lande Travells by Englishmen and others*. Glasgow: James MacLehose and Sons, 1905-1907, 20 vols.

PYRARD DE LAVAL, François – *Voyage de Pyrard de Laval aux Indes Orientales (1601-1611)*, eds. Xavier de Castro, Geneviève Bouchon (conforme a edição de 1619). Paris: Chandeigne,

1998, 2 vols.; *Viagem de Francisco Pyrard de Laval*, trad. J. H. da Cunha Rivara, ed. A de Magalhães Basto (conforme a edição de 1679). Porto: Livraria Civilização, 1944, 2 vols.

Raguagli d'Alcune Missioni fatte dalli Padri della Compagnia di Giesu nell'Indie Orientali, cioè nelle Provincie di Goa, e Coccinno, e nell'Africa in capo verde. Roma: Bartolomeo Zannetti, 1615.

REBELLO, Padre Amaro – *Compendio de algumas cartas que este anno de 97 vierão dos Padres da Companhia de IESU, que residem na India, & corte do grão Mogor, [...] em que se contem varias cousas*. Lisboa: Alexandre de Siqueira, 1598.

REGO, António da Silva – *Documentação para a história das Missões do Padroado Português do Oriente, Índia*. Lisboa: FO; CNCDP, 1991-2000, 12 vols. (+ 1 vol. índices) (reimp. da ed. AGU, 1947-1958).

RENNES, Ambrose de, HOSTEN, H. – «Relation of the Capuchin Missions in Egypt, Syria, Mesopotamia, Persia and East India (1644-1647)». *BPP*. Vol. XXXVII/73-74 (Jan.-Jun. 1929), pp. 99-110.

RIVARA, J. H. da Cunha – *Archivo Portuguez Oriental*. Nova Goa: Imprensa Nacional, 1857--1876, 6 fascs. (10 vols.) (rep. facsimilada, Nova Deli: AES, 1992).

ROE, Thomas – *The Embassy of Sir Thomas Roe to India, 1615-1619*, ed. William Foster. Reimp. (ed. 1926). Nova Deli: MM, 1990.

SAINSBURY, Ethel Bruce, FOSTER, William – *A calendar of court minutes of the East India Company, 1635-1639*. Oxford: Clarendon Press, 1907.

SAINSBURY, W. Noël – *Calendar of State Papers, Colonial Series, East Indies, 1513-1616, 1617-1621*. Londres: Institute of Historical Research, 1864, 1870, 2 vols.

SANCEAU, Elaine *et al.* – *Colecção de São Lourenço*. Lisboa: CEHU, 1973-1983, 3 vols.

SASSETTI, Filipo – *Lettere da Vari Paesi, 1570-1588*, ed. Vani Bramanti. Milão: Longanesi, 1970.

— *Lettere dall'India (1583-1588)*, ed. Adele Dei. Roma: Salerno Editrice, 1995. Ver também CARACI, Ilaria Luzzana.

SEN, S. – *Indian travels of Thévenot and Careri*. Nova Deli: National Archives, 1949.

SILVA Y FIGUEROA, García de – *Epistolario diplomatico*, ed. Luis Gil. Carceres: Institution Cultural «El Brocence», 1989.

SILVEIRA, Luís – *Livro das plantas das fortalezas, cidades e povoações do Estado da Índia Oriental [...]. Contribuição para a história das fortalezas dos portugueses no Ultramar*. Lisboa: IICT, 1991.

SILVEIRA, Francisco Rodrigues – *Reformação da milícia e governo do Estado da Índia Oriental*, eds. Benjamin N. Teensma, Luís Filipe Barreto, George Davison Winius. Lisboa: FO, 1996.

SOUSA, Francisco de – *Oriente Conquistado a Jesus Cristo pelo Padres da Companhia de Jesus da Província de Goa*, ed. Manuel Lopes de Almeida. Porto: Lello & Irmão, 1978.

STRACHAN, Michael, PENROSE, Bors – *The East India Company Journals of Captain William Keeling and Master Thomas Bonner, 1615-1617*. Minneapolis: University of Minnesota Press, 1971.

TAVERNIER, Jean-Baptiste – *Travels in India*, ed. William Crooke, trad. Valentine Ball. Reed. Nova Deli: MM, 1995, 2 vols.

TERRY, Edward – cf. FOSTER, William.

THÈVENOT, Jean de – *Voyages de M. de Thévenot contenat la relation de l'Indostan, des nouveaux Mogols et des autres peuples et pays de Indes*. Paris: Louis Bilaine, 1684. Cf. SEN, S.

TOSI, Clemente – *L'India Orientale. Descrittione Geografica & Historica*. Roma: Felice Cesaretti, 1676, 2 vols.

TRINDADE, Paulo da – *Conquista Espiritual do Oriente*, ed. Fr. Félix Lopes. Lisboa: CEHU, 1962-1967, 3 vols.

True (A) Relation of strange and admirable accidents which lately happened in the kingdom of the Great Magor or Mogul. Londres: Thomas Archer, 1622.

VALLE, Pietro della – *Viaggi di Pietro della Valle il Pellegrino* (Roma, 1650); *I Viaggi di Pietro della Valle. Lettera dalla Persia*, vol. VI *Il Nuovo Ramusio. Racolta di viaggi, testi e documenti relativi ai rapporti fra l'Europa e l'Oriente*, eds. F. Gaeta, L. Lockhart. Roma: Istituto Poligrafico dello Stato, 1972.

Vida e Acções de Mathias de Albuquerque, capitão e Viso-Rei do Estado da Índia, ed. Antonella Vignati. Sep. *ML*. Vol. 15 (Jun. 1998), pp. 139-245; vol. 17 (Jun. 1999), pp. 269-360 (a partir do manuscrito da BNP).

WHEELER, J. Talboys – *Early Travels in India (16th & 17th centuries). Reprints of rare and curious narratives of old travellers in India* [...]. Reimp. Nova Deli: Deep Publications, 1974 (inclui S. Purchas e Linschoten).

WICKI, Joseph – «Duas relações sobre a Índia portuguesa nos 1568 e 1569». *Studia*. Vol. 8 (Jul. 1961), pp. 133-220.

— «Duas cartas oficiais de vice-reis da Índia, escritas em 1561 e 1564». *Studia*. Vol. 3 (Jan. 1959), pp. 1-54.

— WICKI, Joseph, GOMES, John (eds.) – *Documenta Indica*. Roma: IHSI, 1948-1988, 18 vols.

WITHINGTON, Nicholas – cf. FOSTER, William, 1985.

XAVIER, Jerónimo – *Mir'at al-quds (Mirror of Holiness): A Life of Christ for Emperor Akbar. A Commentary on Father Jerome Xavier's Text and the Miniatures of Cleveland Museum of Art, Acc. No. 2005.145*, ed. Pedro Moura Carvalho, trad. e anot. de Wheeler M. Thackston. Leiden: Brill, 2011.

XAVIER, Jerónimo – *Fuente de Vida. Tratado Apologético dirigido al Rey Mogol de la India en 1600*. Donostia (San Sebastián): Universidad de Deusto; Instituto Ignacio de Loyola, 2007.

Indo-Persas (traduções em línguas ocidentais)

AHMAD, Nazir – «Letters of the rulers of the Deccan to Shah Abbas of Iran». In *Medieval India: A Miscellany*. Nova Iorque: Asia Publishing House, 1969, vol. I, pp. 280-300.

AHMAD (KHWAJA), Nizamuddin – *The Tabaqat-i-Akbari. A history of India from the early Musalman Invasions to the thirty-eighth year of the Reign of Akbar*. Trad. Brajendra Nath De, Baini Prashad. Reimp. (1ª ed. 1911-1939). Nova Deli: LPP, 1992, 3 vols.

ALVI, Sajida Sultana – *Advice on the art of governance. Mau'izah-i Jahangiri of Muhammad Baqir Najm-i Sani. An Indo-Islamic mirror for Princes*. Nova Iorque: State University of New York Press, 1989.

ANSARI, M. A. – *Administrative documents of Mughal India*. Nova Deli: B. R. Publishing Corporation, 1984.

BABUR, Zahiruddin Muhammad – *The Baburnama. Memoirs of Babur, Prince and Emperor*, trad. e ed. Wheeler Thackston, int. Salman Rushdie. Reed. Nova Iorque: The Modern Library, 2002.

BADAYUNI, 'Abdul Qadir – *Muntakhabu-t-Tawarikh*. Trad e ed. George S. A. Ranking, W. H. Lowe, Wolseley Haig. Reimp. (1ª ed., 1898-1925). Nova Deli: Renaissance Publishing House, 1986, 3 vols.

BEACH, Milo Cleveland, KOCH, Ebba (ed.), THACKSTON, Wheeler (trad.) – *King of the World. The Padshanama: An Imperial Mughal Manuscript from the Royal Library, Windsor Castle*. Londres: Azimuth Editions; Sackler Galley, 1997.

BEGAM, Gulbadan – *The History of Humayun (Humayun Nama)*, ed. e trad. Annette S. Beveridge. Reed. (1ª ed. 1900). Nova Deli: Atlantic Publishers, 1990.

BREND, Barbara – *The Emperor Akbar's Khamsa of Nizami*. Londres: BL, 1995.

BHUYAN. S. K. (ed.) – *Annals of the Delhi Badshahate, being a translation of the old Assamese chronicle 'Padshah-Buranji'*. Gauhati (Assam): Government of Assam, 1947.

BRIGGS, John – *History of the rise of the Mahomedan Power in India till the year A.D. 1612, translated from the original Persian of Mahomed Kasim Ferishta*. Reimp. (1ª ed. 1829). Nova Deli: LPP, 1997, 2 vols.

DABIR, Hajji – *Zafar ul Walih bi Muzaffar wa Ali. An Arabic history of Gujarat*, ed. e trad. M. F. Lokhandwala. Baroda: Oriental Institute, 1970.

DIGBY, Simon (trad. e ed.) – *Sufis and Soldiers in Awrangzeb's Deccan. Malfuzat-i Naqshbandiyya*. Nova Deli: OUP, 2001.

— (ed.) – *Wonder Tales of South Asia. Translated from Hindi, Urdu, Nepali and Persian*. Jersey: Orient Monographs, 2000.

ELLIOT, H. M., DOWSON, John – *The History of India as told by its own historians. The Muhammad Period*. Reimp. (1ª ed., 1867-1877). Nova Deli: LPP, 1996, 8 vols.

FAZL, Abu'l *The A'in-i Akbari*. trad. H. Blochmann, H. S. Jarrett, ed. D. C. Phillott, Jadunath Sarkar. Reimp. (1ª ed. 1927). Nova Deli: LPP, 2001, 3 vols. (em 2).

— *The Akbar Nama*, trad. Henry Beveridge. Reimp. (1ª ed., 1902-1939). Nova Deli: LPP, 1993, 3 vols (em 2).

— *Insha-i*. Cf. HAIDAR, M.

FIRISHTA – cf. BRIGGS, John.

FOLTZ, Richard – *Conversations with Emperor Jahangir, by «Mutribi» al-Asamm Samarqandi*. Costa Mesa (CA): Mazda Publishers, 1998.

HAIDAR, Mansura (ed. e trad.) – *Mukatabat-i-'Allami (Insha'i Abu'l Fazl). Letters of the Emperor Akbar*. Nova Deli: MMP; ICHR, 1998.

HALIM, A. – «An account of the celebrities of Bengal of the early years of Shahjahan's reign given by Muhammad Sadiq». *Journal of the Pakistan Historical Society*. Vol. I/4 (Out. 1953), pp. 338-356.

ISLAM, Riazul – *A calendar of documents on Indo-Persian Relations (1500-1750)*. Teerão; Carachi: Iranian Culture Foundation-Institute of Central & West Asian Studies, 1982, 2 vols.

JAHANGIR, Nuruddin Muhammad – *The Jahangirnama. Memoirs of Jahangir, Emperor of India*, trad. e ed. Wheeler Tackston. Washington D.C.; Nova Iorque: Smithsonian Institution (Freer Gallery of Art & Arthur Sackler Gallery; OUP, 1999.

— *Tuzuk-i-Jahangiri, or Memoirs of Jahangir*, trad. Alexander Rogers, ed. Henry Beveridge. Reed. (1ª ed. 1909-1914). Nova Deli: MM, 1978.

KHAN, 'Ali Muhammad – *Mirat-i Ahmadi. A Persian history of Gujarat*. Trad. e ed. M. F. Lokhandwala. Baroda: Oriental Institute, 1965.

KHAN, 'Inayat – *The Shah Jahan Nama of 'Inayat Khan*, ed. e trad. A. R. Fuller, W. E. Begley, Z. A. Desai. Nova Deli: OUP, 1990.

KHAN, Yusuf Husain – *Farmans and Sanads of the Deccan Sultans (1408-1687 A.D.)*. Reed. (1ª ed. 1963). Hyderabad: State Archives, 1980.

— *Selected Documents of Shah Jahan's Reign, 1634-58 A.D.* Hyderabad: Daftar-i Diwani, 1950.

KHAN, Saqi Must'ad – *Maasir-i-'Alamgiri. A history of the Emperor Aurangzib-'Alamgir (Reign 1658-1707 AD)*, ed. Jadunath Sarkar. Reed. (1ª ed. 1947). Nova Deli: Oriental Books Reprint Corporation, 1986.

KHAN, Shah Nawaz – *The Maathir-ul-umara, being biographies of the Muhammadan and Hindu officers of the Timurid sovereigns of India from 1500 to about 1780 A.D.*, trad. H. Beveridge. Reed. Nova Deli: LPP, 1999, 2 vols.

LAHORI, 'Abdul Hamid – *Badshah Nama*. Cf. ELLIOT E DOWSON, vol. VII.

MA'SUM, Mir – *Ta'rikh-i-Sind*. Cf. SIDDIQI, M. Hasan.

MOOSVI, Shireen – *Episodes in the life of Akbar: Contemporary records and reminiscences*. Nova Deli: National Book Trust, 1994.

MUHAMMAD, Sikandar ibn – *Mirat-i Sikandari. A study in the medieval history of Gujarat*, trad. Fazlullah Lutfullah Faridi. Reimp. Gurgaon (Haryana): Vintage Books, 1990.

MUNSHI, Iskandar Beg – *History of Shah 'Abbas the Great (Tarik-e 'Alamara-ye 'Abbaso)*, trad. Roger Savory. Boulder (Colorado): Westview Press, 1978, vol. II.

MUTRIBI – cf. FOLTZ (Richard).

NAGAR, Ishwar Das – *Futuhat-i-Alamgiri*, trad. M. F. Lokhandwala, Jadunath Sarkar; ed. Raghubir Sinh, Quazi Karamtullah. Vadodara: Oriental Institute, 1995.

NATHAN, Mirza – *Baharistan-i-Ghaybi: A History of the Mughal Wars in Assam, Cooch Behar, Bengal, Bihar and Orissa during the Reigns of Jahangir and Shah Jahan*, trad. M. I. Borah. Gauhati (Assam): Government of Assam, 1936, 2 vols.

Padshah Buranji – Cf. BHUYAN, S. K.

QANDAHARI, Muhammad 'Arif – *Tarikh-i-Akbari*, ed. e trad. Tasneem Ahmad. Nova Deli: Pragati Publications, 1993.

REHATSEK, E. – «A letter of the Emperor Akbar asking for Christian Scriptures». *The Indian Antiquary*. Vol. XVI (Abr. 1877), pp. 135-139.

RICHARDS, John F. (ed. e trad.) – *Document forms for official Orders of Appointment in the Mughal Empire*. Cambridge: 'E. J. W. Gibb Memorial', 1986.

SARAN, Richard D., ZIEGLER, Norman P. (eds.) – *The Mertiyo Rathors of Merto, Rajasthan. Select Translations bearing on the History of a Rajput Family, 1462-1650*. Ann Arbor: University of Michigan, Centers for South And Southeast Asian Studies, 2001, 2 vols.

SARKAR, Jagadish Narayan – *The military despatches of a seventeenth century general, being an English translation of the Haft Anjuman of Munshi Udairaj*. Calcutá: Scientific Book Agency, 1969.

SCHIMMEL, Annemarie, WELCH, Stuart Cary (eds.) – *Anvari's Divan. A pocket book for Akbar*. Nova Iorque: The Metropolitam Museum of Art, 1983.

SIDDIQI, Mahmudul Hasan – *History of the Arghuns and Tarkhans of Sind (1507-1593). An annotated translation of the relevant parts of Mir Ma'sum's* Ta'rikh-i-Sind *[...]*. Cinde: University of Sind-Institute of Sindhology, 1972.

TIRMIZI, S. A. I. – *Mughal Documents*. Nova Deli: Manohar, 1989-1995, 2 vols.

— *Edicts from the Mughal Harem*. Nova Deli: Idara-i Adbiyat Delli, 1979.

Estudos

AGRAWAL, C. M. – *Hindu officers under Akbar*. Nova Deli: Indian Publishers & Distributors, 2001.

AHMAD, Manan – «Adam's Mirror. The Frontier in the imperial imagination». *Economic & Political Weekly*. Vol. XVVI/13 (26 Mar. 2011), pp. 60-65.

AHMAD, Nazir – «Muhammad Sadiq Isfahani, an official of Bengal of Shah Jahan's time». *Indo-Iranica*. Vol. 24/3-4 (Set.-Dez. 1971), pp. 102-124.

«Adil Shahi Diplomatic Missions to the Court of Shah Abbas». *IC*. Vol. 43/2 (1969), pp. 143--161.

AHMED, Zulfiqar (ed.) – *Notes on Punjab and Mughal India (Selections from Journal of the Punjab Historical Society)*. Lahore: Sang-E-Meel Publications, 1988.

AKHTAR, M. Jawaid – «Trade and society in Gujarat – a Dutch account, c. 1617». In *PIHC*, 55ª sessão. Nova Deli: 1995, pp. 319-323.

— «Shahjahan's Farmans to the Dutch». In *PIHC*, 48ª sessão. Panaji: 1988, pp. 251-260.

ALAM, Muzaffar – *The languages of political Islam in India, c. 1200-1800*. Nova Deli: Permanent Black, 2004.

— «The culture and politics of Persian in precolonial Hindustan». In POLLOCK, Sheldon (ed.) – *Literary Cultures in History. Reconstructions from South Asia*. Berkeley (CA): University of California Press, 2003, pp. 131-198.

— «*Akhlaqi* Norms and Mughal Governance», in ALAM, M., DELVOYE, Françoise 'Nalini', GABORIEAU, Marc (eds.) – *The making of Indo-Persian culture: Indian and French Studies*. Nova Deli: Manohar-Centre de Sciences Humaines, 2000, pp. 67-95.

— «The Pursuit of Persian: Language in Mughal Politics». *MAS*. Vol. 32/2 (1998), pp. 317-349.

«Trade, state policy and regional change: Aspects of Mughal-Uzbek commercial relations, c. 1550-1750». *JESHO*. Vol. XXXVII/2 (1994), pp. 202-227.

ALAM, Muzaffar, SUBRAHMANYAM, Sanjay – *Writing the Mughal World. Studies on Culture and Politics*. Nova Iorque: Columbia University Press, 2011.

— ALAM, Muzaffar, SUBRAHMANYAM, Sanjay – «Letters from a Sinking Sultan». In THOMAZ, Luís Filipe (ed.) – *Aquém e Além da Taprobana. Estudos luso-orientais à memória de Jean Aubin e Denys Lombard*, Lisboa: CHAM, 2002, pp. 239-269.

— ALAM, Muzaffar, SUBRAHMANYAM, Sanjay – «A Place in the Sun: Travels with Faizi in the Deccan, 1591-1593». In GRIMAL, François (ed.) – *Les sources et le temps. Sources and time: A colloquium*. Pondicherry: Institut Français de Pondicherry; EFEO, 2001, pp. 265-307.

— ALAM, Muzaffar, SUBRAHMANYAM, Sanjay – «Witnessing transition: Views on the end of the Akbari Dispensation». In PANIKKAR, K. N. *et al.* (eds.) – *The Making of History. Essays presented to Irfan Habib*. Nova Deli: Tulika, 2000, pp. 104-140.

— ALAM, Muzaffar, SUBRAHMANYAM, Sanjay – «Uma sociedade de fronteira do século XVI: Perspectivas Indo-Persas no Decão Ocidental». *Oceanos*. Nº 34 (Abr.-Jun. 1998), pp. 88-101.

— ALAM, Muzaffar, SUBRAHMANYAM, Sanjay – «From an Ocean of Wonders. Mahmud bin Amir Wali Balkhi and his Indian Travels, 1625-1631». In SALMON, Claudine (ed.) – *Récits de voyage des Asiatiques. Genres, mentalités, conception de l'espace* (actas do colóquio, 1994). Paris: EFEO, 1996, pp. 161-189.

— ALAM, Muzaffar, SUBRAHMANYAM, Sanjay – «L'État moghol et sa fiscalité, XVIe-XVIIIe siècles». *Annales, HSS*. Vol. 1 (Jan.-Fev. 1994), pp. 189-217.

— ALAM, Muzaffar, SUBRAHMANYAM, Sanjay (ed.) – *The Mughal State, 1526-1750*. Nova Deli: OUP, 1998.

ALAM, Shah Mansur – «Masulipatnam – A Metropolitan Port in the seventeenth century». *IC*. Vol. XXXIII/3 (Jul. 1959), pp. 169-187.

ALAVI, Rafi Ahmad – *Studies in the History of Medieval Deccan*. Nova Deli: Idarah-I Adabiyat--I Delli, 1977.

ALEXANDROWICZ, Charles Henry – *An Introduction to the history of the Law of Nations in the East Indies (16th, 17th and 18th centuries)*. Oxford: Clarendon Press, 1967.

— «Mogul Sovereignty and the Law of Nations». *The Indian Year Book of International Affairs*. Vol. IV (1955), pp. 316-324.

ALI, M. Athar – *Mughal India. Studies in polity, ideas, society & culture*. Nova Deli: OUP, 2000.

— «Muslims' perception of Judaism and Christianity in Medieval India». *MAS*. Vol. 33/1 (1999), pp. 243-255.

— «The use of sources in Mughal historiography». *JRAS*. 3ª s. Vol. V/3 (Nov. 1995), pp. 361-373.

— «The Mughal Polity – A critique of revisionist approaches». *MAS*. Vol. 27/4 (1993), pp. 699-710.

— «Political structures of the Islamic Orient in the sixteenth and seventeenth centuries». In HABIB, Irfan (ed.) – *Medieval India*. Vol. 1: *Researches in the history of India, 1200--1750*. Nova Deli: OUP, 1992, pp. 129-140.

— «The religious world of Jahangir». In *PIHC*, 51ª sessão. Calcutá: 1990, pp. 286-299.

— *The apparatus of Empire. Awards of ranks, Offices and Titles to the Mughal Nobility (1574-1658)*. Nova Deli: OUP, 1985.

— «Akbar and Islam (1581-1605)». In ISRAEL, Milton, WAGLE, N. K. (eds.) – *Islamic Society and Culture. Essays in honour of Professor Aziz Ahmad*. Nova Deli: Manohar, 1983, pp. 123-134.

— «The Passing of Empire: The Mughal Case». *MAS*. Vol. 9/3 (1975), pp. 385-396.

— «Provincial Governors under Shah Jahan: An analysis». In *Medieval India – A Miscellany*. Nova Iorque: Asia Publishing House, 1975, vol. III, pp. 80-112.

— *The Mughal Nobility under Aurangzeb*. Reimp. (1ª ed. 1968). Bombaim: Asia Publishing House, 1970.

ALI, Mubarak – *The Court of the Great Mughuls (based on Persian sources)*. Lahore: Book Traders, 1986.

— «The Titles of the Mughul Nobility». *Journal of the Pakistan Historical Society*. Vol. XXVIII/3 (Jul. 1980), pp. 186-195.

— «The Mughul Court Ceremonies». *Journal of the Pakistan Historical Society*. Vol. XXVIII/1 (Jan. 1980), pp. 42-61.

ALI, Muhammad Mohar – *History of the Muslims of Bengal*. Riade: Imam Muhammad Ibn Sa'ud Islamic University, 1985, 2 vols.

ALI, Shanti Sadiq – *The African dispersal in the Deccan: From medieval to modern times*. Nova Deli: Orient Longman, 1996.

ALLAUDDIN, Shaikh, ROUT, R. K. – *Libraries and Librarianship during Muslim Rule in India*. Nova Deli: Reliance Publishing House, 1996.

ALMAGIÀ, R. – «Giovan Battista e Gerolamo Vecchietti, viaggiatori in Oriente». In *Rendiconti dell' Academia Nazionale dei Lincei* (classe di scienze morali, storiche e filologiche). Vol. XI/fasc. 11-12 (1956), pp. 313-350.

ALONSO, Carlos, O.S.A. – «EL P. Simón de Moraes pionero de las misiones agustinianas en Persia (+1585)». *AA*. Vol. 42 (1979), pp. 343-372.

— «Los Agustinos y Propaganda Fide durante el primer bienio (1622-1623). Documentos inéditos». *AA*. Vol. 38 (1975), pp. 339-359.

— «Primer proyecto de Propaganda Fide para la créacion de un obispado en Bengala (1624--25)». *Augustinianum*. Vol. 6 (1966), pp. 77-90.

ALVI, Sajida Sultana – *Perspectives on Mughal India. Rulers, Historians, 'Ulama and Sufis*. Nova Deli: OUP, 2012.

— «Shi'ism in India during Jahangir's reign: some reflections (followed by the text of a Qit'ah)». *Journal of the Pakistan Historical Society*. Vol. XXVII/1 (Jan. 1979), pp. 39-49.

AMES, Glenn J. – *Renascent Empire? The House of Braganza and the Quest for Stability in Portuguese Monsoon Asia, ca. 1640-1683*. Amesterdão: Amsterdam University Press, 2000.

ANDREWS, Peter Alford – «The Generous Heart or the Mass of Clouds: The Court Tents of Shah Jahan». *Muqarnas*. Vol. 4 (1987), pp. 149-165.

ANOOSHAHR, Ali – «Dialogism and Territorialism in a Mughal History of the Islamic Millenium». *JESHO*. Vol. 55 (2012), pp. 220-254.

ANSARI, A. – «Shah Jahan's Northwestern Policy». *Journal of the Pakistan Historical Society*. Vol. 5/2 (1957), pp. 113-123.

ANSARI, Mohd. Azher – «The encampment of the Great Mughals». *IC*. Vol. XXXVII/1 (Jan. 1963), pp. 15-24.

— «Social condition at the Court of Akbar and its influence on society». *IC*. Vol. XXXIII/2 (Abr. 1959), pp. 124-138.

— «Palaces and Gardens of the Mughals». *IC*. Vol. XXXIII/1 (Jan. 1959), pp. 50-72.

ANTUNES, Gina Maria – *Os abexins no Decão e no Guzerate no século XVI: Escravos e senhores*. Lisboa: UNL, 1997. Dissertação de Mestrado.

ANWAR, Firdos – *Nobility under the Mughals (1628-1658)*. Nova Deli: Manohar, 2001.

ANWAR, M. Siraj – «The Safavids and Mughal relations with the Deccan states». In *PIHC*, 52ª sessão. Nova Deli: 1992, pp. 255-262.

ARASARATNAM, Sinnappah, RAY, Aniruddha – *Masulipatnam and Cambay. A History of two port-towns, 1500-1800*. Nova Deli: MMP, 1994.

ARLINGHAUS, Joseph Theodore – *The Transformation of Afghan Tribal Society: Tribal Expansion, Mughal Imperialism, and the Roshaniyya Insurrection, 1450-1600*. Durham: Duke University, 1988. Dissertação de Doutoramento.

ASHER, Catherine B. – *Architecture of Mughal India*, vol. I.4 *The New Cambridge History of India*. Cambridge: CUP, 1995.

AZIZ, Abdul – *The Imperial Treasury of the Indian Mughals*. Lahore: ed. autor, 1942.

— «Thrones, Chairs and Seats used by the Indian Mughals». *JIH*. Vol. 16 (1937), pp. 181-228.

— *Thrones, Tents and their furniture used by the Indian Mughuls*. Lahore: ed. autor, s.d.

BABAIE, Sussan – «Shah 'Abbas II, the conquest of Qandahar, the Chihil Sutun, and its wall paintings». *Muqarnas*. Vol. 11 (1994), pp. 125-142.

BABAYAN, Kathryn – *Mystics, Monarchs, and Messiahs. Cultural Landscapes of Early Modern Iran*. Cambridge (MA); Londres: Harvard University Press, 2002.

BACQUÉ-GRAMMONT, Jean-Louis – «Les affaires mogholes vues par un ambassadeur özbek à Istanbul vers 1550». In LEMERCIER-QUELQUEJAY, Ch. *et al*. (eds.) – *Passé turco-tatar, Présent soviétique. Études offertes à Alexandre Bennigsen*. Paris; Lovaina: EHESS; Peeters, 1986, pp. 165-173.

BAILEY, Gauvin Alexander – *Art on the Jesuit Missions in Asia and Latin America, 1542--1773*. Toronto: University of Toronto Press, [1999].

— «The *Truth-Showing Mirror*: Jesuit Catechism and the Arts in Mughal India». In O'MALLEY, John W., S.J., et al. (eds.) – *The Jesuits. Cultures, Sciences, and the Arts, 1540-1773*. Toronto; Londres: University of Toronto Press, 1999, pp. 380-401.

— «The Indian Conquest of Catholic Art. The Mughals, the Jesuits, and Imperial Mughal Painting». *Art Journal* (Primavera 1998), pp. 24-30.

— *The Jesuits and the Grand Mogul: Renaissance Art at the Imperial Court of India, 1580--1630*. Washington, D.C.: Freer Gallery of Art-Arthur M. Sackler Gallery, Smithsonian Institution, Occasional Papers, 1998, vol. 2.

— «The Lahore Mirat Al-Quds and the Impact of Jesuit Theatre on Mughal Painting». *South Asian Studies*. Vol. 13 (1997), pp. 31-44.

— «A Mughal Princess in Baroque New Spain. Catarina de San Juan (1606-1688), the *china poblana*». *Anales del Instituto de Investigaciones Estéticas*. Vol. 71 (1997), pp. 37-73.

— Counter reformation symbolism and allegory in Mughal painting. Cambridge (MA): Harvard University, 1996, 2 vols. Dissertação de Doutoramento.

— «The Catholic shrines of Agra». *Arts of Asia*. Vol. 23/4 (Jul.-Ago. 1993), pp. 131-139.

BALABANLILAR, Lisa – *Imperial Identity in the Mughal Empire. Memory and Dynastic Politics in Early Modern South and Central Asia*. Londres: I. B. Tauris, 2012.

BANERJI, R. D. – *History of Orissa from the earliest times to the British Period*. Calcutá: R. Chatterjee, 1931, 2 vols.

BAYLY, C. A. – *Empire and information. Intelligence gathering and social communication in India, 1780-1870*. Cambridge: CUP, 1997.

BEACH, Milo Cleveland – *Mughal art and Rajput painting*, vol. I:3 *The New Cambridge History of India*. Reed. Cambridge: CUP, 2000.

— *Early Mughal painting*. Cambridge (MA); Londres: Harvard University Press, 1987.

— *The Imperial Age. Paintings for the Mughal Court*. Washington, D.C.: Freer Gallery of Art, Smithonian Institution, 1981.

— «The Gulshan Album and its European sources». *Museum of Fine Arts, Boston Bulletin*. Vol. LXIII/332 (1965), pp. 63-91.

BEGLEY. Wayne E. – «Four Mughal Caravanserais built during the reigns of Jahangir and Shah Jahan». *Muqarnas*. Vol. 1 (1983), pp. 167-179.

BEVERIDGE, H. – «Von Poser's Diary in Persia and India». *The Imperial and Asiatic Quarterly Review*. 3ª s. Vol. XXIX/57 (Jan. 1910), pp. 96-100.

BHANU, Dharma – «The Raushania movement and the Mughals». *IC*. Vol. XXVI/2 (Abr. 1952), pp. 57-67.

BHARGAVA, Viveshwar Sarup – *Marwar and the Mughal Emperors*. Nova Deli: MMP, 1966.

BHATIA, L. M., BEHARI, Kailash – «The Mughal court etiquette and matters of protocol». *JIH*. Vol. LVI/1 (Abr. 1978), pp. 111-118.

BHATTACHARYYA, Sudhindra Nath – *A history of Mughal North-East frontier policy. Being a study of the political relation of the Mughal Empire with Koch Bihar, Kamrup and Assam*. Reed. (1ª ed. 1929). Calcutá: Punthi-Pustak, 1994.

BHATTASALI, Nalini Kanta – «Bengal's chief's struggle for independence in the reigns of Akbar and Jahangir». *BPP*. Vol. 35 (Jan.-Jun. 1928), pp. 25-39.

BILGRAMI, Rafat M. – *Religious and quasi-religious departments of the Mughal period, 1556--1707 AD*. Nova Deli: MMP, 1984.

BINNEY, Edwin – *Indian miniature paintings from the collection of Edwin Binney 3rd: The Mughal and Deccani Scholls*. Portland (OR): Portland Art Museum, 1973.

BLAKE, Stephen P. – *Shahjahanabad: The sovereign city in Mughal India, 1639-1739*. Reed. (1ª ed. 1982). Cambridge: CUP, 1993.

— «Courtly culture under Babur and the early Mughals». *JAH*. Vol. 20/2 (1986), pp. 193-214.

— «The Patrimonial-Bureaucratic Empire of the Mughals». *JAS*. Vol. XXXIX/1 (Nov. 1979), pp. 77-94.

BLANCO, Maria Manuela Sobral – *O Estado português da Índia. Da rendição de Ormuz à perda de Cochim (1622-1663)*. Lisboa: Faculdade de Letras, Universidade de Lisboa, 1992, 2 vols. Dissertação de Doutoramento.

BRAND, Michael, LOWRY, Glenn D. – *Akbar and Fatehpur-Sikri*. Bombaim: Marg Publications, Marg Publications, 1987.

— *Akbar's India: Art from the Mughal City of Victory*. Nova Iorque: The Asia Society Galleries, 1985.

BURKE, Peter – «The Philosopher as Traveller: Bernier's Orient». In ELSNER, J., RUBIÉS, J. P. (eds.) – *Voyages and visions. Towards a cultural history of travel*. Londres: Reaktion Books, 1999, pp. 124-137.

BURTON, Audrey – *The Bukharans. A Dynastic, Diplomatic and Commercial History, 1550--1702*. Nova Iorque: St. Martin's Press, 1997.

CALMARD, Jean (ed.) – *Etudes Safavides*. Paris; Teerão: Institut Français de Recherche en Iran, 1993.

CAMPS, Arnulf, O.F.M. – *Studies in Asian Mission History, 1956-1998*. Leiden: E. J. Brill, 2000.

— *Jerome Xavier, S.J., and the Muslims of the Mogul Empire. Controversial works and missionary activity*. Schönek-Beckenried (Suíça): Nouvelle Revue de Science Missionaire, 1957.

CANBY, Sheyla R. – *Princes, Poets & Paladins. Islamic and Indian paintings from the collection of Prince and Princess Sadruddin Aga Khan*. Londres: British Museum Press, 1998.

— (ed.) – *Humayun's Garden Party, Princes of the House of Timur and early Mughal painting*. Bombaim: Marg Publications, 1994.

CARVALHO, Pedro Moura – «O papel pioneiro de Goa na difusão de tradições europeias nas cortes mogol e safávida». In *Exotica. Os Descobrimentos portugueses e as Câmaras de Maravilhas do Renascimento* (catálogo da exposição, MCG). Lisboa: FCG, 2001, pp. 69-79.

CASALE, Giancarlo – *The Ottoman Age of Exploration*. Nova Iorque; Oxford: OUP, 2010.

CAVALLERA, C. – *Matteo de Castro Mahalo (1594-1677), primo vicario apostolico dell'India*. Roma: Pont. Ist. Missionologico di Propaganda, 1936.

CHAKRABORTHI, Phanindra Nath – *Rise and growth of English East India Company. A study of British mercantile activities in Mughal India*. Calcutá: Punthi Pustak, 1994.

CHANDRA, Satish – *Essays on Medieval Indian History*. Nova Deli: OUP, 2003.

— *Parties and politics at the Mughal court, 1707-1740*. Reed. (1ª ed., 1959). Nova Deli: OUP, 2002.

— *Medieval India. From Sultanat to the Mughals*, parte II: *Mughal Empire (1526-1748)*. Nova Deli: Har-Anand Publications, 1999.

— *Mughal religious policies, the Rajputs & the Deccan*. Nova Deli: Vikas Publishing House, 1993.

CHATTERJEE, Kumkum – «Goddess Encounters: Mughals, Monsters, and the Goddess in Bengal». *MAS*. Vol. 47/5 (Set. 2013), pp. 1435-1487.

— *The Cultures of History in Early Modern India: Persiantization and Mughal Culture in Bengal*. Nova Deli: OUP, 2009.

CHAUHAN, R. R. S. – *Africans in India. From slavery to royalty*. Nova Deli: Asian Publications Services, 1995.

CHAUDHURI, K. N. – *The trading world of Asia and the English East India Company, 1660--1760*. Nova Deli; Cambridge: CUP, 1978.

— «Some reflections on the town and country in Mughal India». *MAS*. Vol. 12/1 (1978), pp. 77-96.

CHAUDHURY, Sushil – «The rise of decline of Hugli – a port in Mediaeval Bengal». *BPP*. Vol. LXXXVI/1 (Jan.-Jun. 1967), pp. 33-67.

CHOKSY, Jamsheed K., HASAN, M. Usman – «An emissary from Akbar to 'Abbas I: Inscriptions, texts, and the career of Amir Muhammad Ma'sum al-Bhakkari». *JRAS*. 3ª s. Vol. I/1 (1991), pp. 19-29.

CHOUDHURY, Makhan Lal Roy – *The Din-I-Ilahi or the Religion of Akbar*. 4ª ed (reimp. 2ª ed. 1952). Nova Deli: MMP, 1997.

COHN, Bernard S. – *Colonialism and its forms of knowledge. The British in India*. Princeton: Princeton University Press, 1996.

— *An Anthropologist among the historians and other essays*. Reed. (1ª ed., 1987). Nova Deli: OUP, 1994.

— «The Mughal, court rituals, and the theory of authority in the 16th and 17th centuries», 1977 (inédito, policopiado).

— «The British and the Mughal Court in the seventeenth century», 1977 (inédito, policopiado).

COMMISSARIAT, M. S. – *A history of Gujarat, with a survey of its monuments and inscriptions*, vol. II: *The Mughal Period, from 1573 to 1758*. Bombaim: Orient Longman, 1957.

CORREIA-AFONSO, John – «Documents of the first Jesuit mission from Goa to the Great Mughal». In ALBUQUERQUE, Luís de, GUERREIRO, Inácio (eds.) – *Actas do II Seminário Internacional de História Indo-Portuguesa*. Lisboa: IICT, 1985, pp. 293-299.

— «More about Akbar and the Jesuits». *Indica*. Vol. 14/1 (Mar. 1977), pp. 57-62.

Chronicle (A) of the Carmelites in Persia and the Papal Mission of the XVIIth and XVIIIth centuries. Londres: Eyre & Spottiswoode, 1939, 2 vols.

CRUZ, Maria Augusta Lima – «A 'Crónica da Índia', de Diogo do Couto». *ML*. Vol. 9 (Jul. 1995), pp. 338-391.

CUBBE, Mariam de Ghantuz – «La Fondazione della missione dei Carmelitani Scalzi a Goa (1619)». In FASANA, Enrico, SORGE, Giuseppe (eds.) – *Civiltà Indiana ed impatto europeo nei secoli XVI-XVIII. L'apporto dei viaggiatori e missionari italiani*. Milão: Jaca Book, 1987, pp. 127-160.

CUNHA, João Manuel de Almeida Teles e – Economia de um império. Economia política do Estado da Índia em torno do mar arábico e golfo Pérsico. Elementos conjunturais: 1595--1635. Lisboa: UNL, 1995. Dissertação de Mestrado.

DALE, Stephen Frederic – *The Muslim Empires of the Ottomans, Safavids, and the Mughals*. Cambridge: CUP, 2010.

— *The Garden of Eight Paradises. Babur and the Culture of Empire in Central Asia, Afghanistan and India (1483-1530)*. Leiden: Brill, 2004.

— «The legacy of the Timurids». *JRAS*. 3ª s. Vol. VIII/1 (Abr. 1998), pp. 43-58.

DAS, Asok Kumar – *Mughal painting during Jahangir's times*. Calcutá: The Asiatic Society, 1978.

DAS, Harihar H. – *The Norris Embassy to Aurangzeb (1699-1702)*, ed. S. C. Sarkar, Calcutá: Firma K. L. Mukhopadhyay, 1959.

DAVDAR, Abolghasem – *Iranians in Mughal Politics and Society, 1606-1658*. Nova Deli: Gyan Publishing House, 1999.

DAY, Upendra Nath – *The Mughal Government, AD 1556-1707*. Reed. (1ª ed., 1969). Nova Deli: MM, 1994.

— *Medieval Malwa. A political and cultural history, 1401-1562*. Nova Deli: MM, 1965.

DELOCHE, Jean – *La circulation en Inde avant la révolution des transports*. Paris: EFEO, 1980, 2 vols.

— *Recherches sur les routes de l'Inde au temps des Mogols (Étude critique des sources)*. Paris: EFEO, 1968.

DESAI, Vishakha N. – «Painting and Politics in Seventeenth-Century North India: Mewar, Bikaner, and the Mughal Court». *Art Journal*. Vol. 49/4 (Inverno 1990), pp. 370-387.

DESOULIÈRES, Alain – «Mughal diplomacy in Gujarat (1533-1534) in Correia's *Lendas da India*». *MAS*. Vol. 22/3 (1988), pp. 433-454.

— «La communauté portugaise d'Agra (1633-1739)». *ACCP*. Vol. XXII (1986), pp. 145-173.

DIGBY, Simon – «Beyond the ocean: Perceptions of overseas in Indo-Persian sources of the Mughal period». *Studies in History*. n.s., vol. 15/2 (1999), pp. 247-259.

— «Some Asian wanderers in seventeenth century India: An examination of sources in Persian». *Studies in History*. n.s., vol. 9/2 (Jul.-Dez. 1993), pp. 247-264.

— «The Sufi Shaikh as a source of authority in Mediaeval India». In GABORIEAU, Marc (ed.) – *Islam et societé en Asie du Sud*. Paris: EHESS, 1986, pp. 57-77.

DISNEY, Anthony – «The Viceroy as entrepreneur: The Count of Linhares at Goa in the 1630's». In PTAK, R., ROTHERMUND, Dietmar (eds.) – *Emporia, commodities and entrepreneurs in Asian maritime trade, c. 1400-1750*. Estugarda: Franz Steiner Verlag, 1991, pp. 427-444.

— «Famine and famine relief in Portuguese India in the sixteenth and early seventeenth centuries». *Studia*. Vol. 49 (1989), pp. 255-281.

— *The Portuguese in India and other studies, 1500-1700*. Farhnam (Surrey); Burlington (VT): Ashgate, 2009.

DUTTA, Sushil Chandra – *The Northeast and the Mughals, 1661-1714*. Nova Deli: D. K. Publications, 1984.

EATON, Richard M., *A Social history of the Deccan, 1300-1761. Eight Indian Lives*, vol. I.8 *The New Cambridge History of India*. Cambridge: CUP, 2005.

— *Essays on Islam and Indian History*. Reed. Nova Deli: OUP, 2002.

— *The rise of Islam and the Bengal frontier, 1204-1760*. Reed. (1ª ed. 1993). Nova Deli: OUP, 1997.

— *Sufis of Bijapur, 1300-1700. Social roles of Sufis in Medieval India*. Reed. (1ª ed. 1978). Nova Deli: MMP, 1996.

— «The role of the Vazir in the kingdom of Bijapur». In ISRAEL, Milton, WAGLE, N. K. (eds.) – *Islamic Society and Culture. Essays in Honour of Professor Aziz Ahmad*. Nova Deli: Manohar, 1983, pp. 209-222.

ECKART, Ehlers, KRAFFT, Thomas (eds.) – *Shahjahanabad/Old Delhi. Tradition and colonial change*. Nova Deli: Manohar, 2003.

FALK, Toby, ARCHER, Mildred – *Indian Miniatures in the India Office Library*. Londres; Nova Deli; Karachi: Sotheby Parke Bernet; OUP, 1981.

FAROOQI, Naimur Rehman – *Mughal-Ottoman relations: a study of political and diplomatic relations between Mughal India and the Ottoman Empire, 1556-1748*. Nova Deli: Idarah--i-Adabiyat-i Delli, 1989.

FAROOQUE, Abul Kahir Muhammad – *Roads and communications in Mughal India*. Nova Deli: Idarah-i Adabiyat-i Delli, 1977.

FAROQHI, Suraiya – *Approaching Ottoman history. An introduction to the sources*, Cambridge: CUP, 1999.

FARUQI, Khwaja Ahmad – «The first jesuit mission to the court of Akbar». *IC*. Vol. LV/3 (Jul. 1981), pp. 155-160.

FARUQUI, Munis D. – *The Princes of the Mughal Empire, 1504-1719*. Cambridge: CUP, 2012.

FELIX, Padre, O.M.C. – «The Jesuit Missions in Lahore». *JPHS*. n.s. Vol. V/2 (1916), pp. 55-99.

— «The Mughal Seals». *JPHS*. s.n. Vol. V/2 (1916), pp. 100-125.

— «On the Persian Farmans granted to the Jesuits by the Moghul Emperors, and Tibetan Newari Farmans granted to the Capuchin Missionaries in Tibet and Nepal». *JPASB*. n.s. Vol. VIII/9 (Set. 1912), pp. 325-332.

FERNANDES, Agnelo – The Portuguese and the Mughals, 1627-1707. Bombaim: Universidade de Bombaim, 1987. Dissertação de Doutoramento.

FISCHEL, Roy – Society, Space, and the State in the Deccan Sultanates, 1565-1636. Chicago: University of Chicago, 2012. Dissertação de Doutoramento.

FISCHEL, Walter Joseph – «Jews and Judaism at the Court of the Moghul Emperors in Medieval India». *Proceedings of the American Academy for Jewish Research*. Vol. VIII/18 (1949), pp. 137-177.

FISHER, Michael H. – «The East India Company's 'supression of the native dak'». *IESHR*. Vol. XXXI/3 (Jul.-Set. 1994), pp. 311-348.

— «The office of Akhbar Nawis. The transition from Mughal to British forms». *MAS*. Vol. 27/1 (1993), pp. 45-82.

— «The Resident in Court ritual, 1764-1858». *MAS*. Vol. 24/3 (1990), pp. 419-458.

FLOOR, Willem – *The Dutch East India Company (VOC) and Diewel-Sind (Pakistan) in the 17th and 18th centuries (based on original Dutch records)*. Carachi; Islamabad: Institute of Central & West Asian Studies (University of Karachi)-Lok Virsa, 1993-1994.

FLOOR, Willem, HERZIG, Edmund (eds.) – *Iran and the World in the Safavid Age. International Contact and Political Development in Early Modern Persia*. Londres; Nova Iorque: I. B. Tauris, 2012.

FLORES, Jorge – «Dois retratos portugueses da Índia de Jahangir: Jerónimo Xavier e Manuel Godinho de Erédia». In FLORES, Jorge, SILVA, Nuno Vassallo e (eds.) – *Goa e o Grão Mogol* (catálogo da exposição, MCG). Lisboa: FCG, 2004, pp. 44-67.

— «Entre bandel e colónia. O regresso dos Portugueses a Hugli, *ca*. 1632-1820». In THOMAZ, Luís Filipe (ed.) – *Aquém e Além da Taprobana. Estudos luso-orientais à memória de Jean Aubin e Denys Lombard*. Lisboa: CHAM, 2002, pp. 331-347. Versão inglesa: «Relic or springboard? A note on the 'rebirth' of Portuguese Hughli, *ca*. 1632-1820». *IESHR*. Vol. 39/4 (2002), pp. 381-395.

— «Um projecto de recuperação dos interesses económicos portugueses no Bengala em finais do século XVIII: a 'representação' de George Gearmain a D. Maria I (1784)». *Ler História*. Vol. 43 (2002), pp. 205-236.

— FLORES, Jorge, SUBRAHMANYAM, Sanjay – «Rei ou bode expiatório? A lenda do sultão Bulaqi e a política mogol do Estado da Índia (1630-1635)». *AHAM*. Vol. III (2002), pp. 199-229. Versão inglesa, revista e substancialmente aumentada: «The Shadow Sultan:

Succession and Imposture in the Mughal Empire, 1628-1640». *JESHO*. Vol. 47/1 (2004) pp. 80-121.

— FLORES, Jorge, SALDANHA, António Vasconcelos de *Os Firangis na Chancelaria Mogol. Cópias portuguesas de documentos de Akbar (1572-1604)*. Nova Deli: Embaixada de Portugal, 2003.

— FLORES, Jorge, SILVA, Nuno Vassallo e (eds.) – *Goa e o Grão Mogol*. Lisboa: FCG, 2004.

FRIDMANN, Yohanan – *Shyakh Ahmad Sirhindi, na outline of his tought and a study of his image in the eyes of posteriority*. Montreal: McGill University, 1971.

FRYKENBERG, R. E. (ed.) – *Delhi through the ages: essays in urban history, culture and society*. Nova Deli: OUP, 1986.

FOLTZ, Richard C. – *Mughal India and Central Asia*. Carachi: OUP, 1998.

FOSTER, William – «President's Fremlen's Journal, 1638-39». *JIH*. Vol. IV/1-3 (1926), pp. 307-316.

FUKAZAWA, Hiroshi – *The Medieval Deccan. Peasants, Social Systems and States (sixteenth to eighteenth centuries)*. Nova Deli: OUP, 1991.

GABORIEAU, Marc – «Les oulémas/soufis dans l'Inde Moghole: Anthropologie historique de religieux musulmans». *Annales ESC*. Vol. 5 (Set.-Out. 1989), pp. 1185-1204.

(ed.) – *Islam et societé en Asie du Sud*. Paris: EHESS, 1986.

GALLOP, Annabel Teh – «The Genealogical Seal of the Mughal Emperors of India». *JRAS*. 3ª série. Vol. 9/1 (Abr. 1999), pp. 77-140.

GASCOIGNE, Bamber – *A brief history of the Great Moghuls*, reed. (1ª ed., 1971). Londres: Robinson, 2002.

GHANI, Muhammad 'Abdu'l – *A history of Persian language & literature at the Mughal Court, with a brief survey of the growth of Urdu language*. Reed. (1ª ed. Allahabad, 1930). Westmead: Gregg International Publishers Ltd., 1972, 2 vols.

GHAURI, Iftikhar Ahmad – «Kingship in the Sultanates of Bijapur and Golconda». *IC*. Vol. XLVI/1 (Jan. 1972), pp. 39-52; Vol. XLVI/2 (Abr. 1972), pp. 138-151.

— «Central structure of the kingdom of Bijapur». *IC*. Vol. XLIV/1 (Jan. 1970), pp. 19-33.

— «Muslims in Deccan: A historical survey». *Islamic Literature*. Vol. 13 (Mai. 1967), pp. 25-38.

— «Regency» in the Sultanates of Bijapur and Golconda». *Journal of the Pakistan Historical Society*. Vol. XV/1 (1967), pp. 19-37.

— «Organization of the Army under the Sultanates of the Deccan». *Journal of the Pakistan Historical Society*. Vol. XIV/3 (Jul. 1966), pp. 147-171.

— «Local government under the sultanates of Bijapur and Golconda». *Journal of the Research Society of Pakistan*. Vol. 3 (Jan.-Abr. 1966), pp. 43-66.

GILMARTIN, David, LAWRENCE, Bruce B. (eds.) – *Beyond Turk and Hindu. Rethinking religious identities in Islamicate South Asia*. Nova Deli: India Research Press, 2002.

GITLIN, Jay, BERGLUND, Barbara, ARENSON, Adam (eds.) – *Frontier Cities: Encounters at the Crossroads of Empire*. Filadélfia: University of Pennsylvania Press, 2012.

GOKHALE, Balkrishna Govind – *Surat in the seventeenth century. A study in Urban History of pre-modern India*. Bombaim: Popular Prakashan, 1979.

— «Burhanpur: Notes on the history of an Indian city in the XVIIth century». *JESHO*. Vol. XV/3 (Dez. 1972), pp. 316-323.

GOKHALE, B. K. – «Ahmadabad in the XVIIth century». *JESHO*. Vol. XII/2 (1969), pp. 187-197.

GOLE, Susan – *Indian maps and plans, from the earliest times to the advent of European surveys*. Nova Deli: Manohar, 1989.

GORDON, Stewart – *Marathas, Marauders, and State Formation in eighteenth-century India*. Nova Deli: OUP, 1998.

— «Robes of honour: A 'transactional' kingly ceremony». *IESHR*. Vol. XXXIII/3 (Jul.-Set. 1996), pp. 225-242.

— *The Marathas, 1600-1818* (vol. II. 4 *The New Cambridge History of India*). Cambridge: CUP, 1993.

— (ed.) – *Robes of honour. Khil'at in Pre-Colonial and Colonial India*. Nova Deli: OUP, 2003.

GOMMANS, Jos – *Mughal Warfare. Indian Frontiers and High Roads to Empire, 1500-1700*. Londres; Nova Iorque: Routledge, 2002.

— «The horse trade in eighteenth-century South Asia». *JESHO*: XXXVII/3 (1994), pp. 228-250.

— & KOLFF, Dirk H. A. (eds.) – *Warfare and Weaponry in South Asia, 1000-1800*. Nova Deli: OUP, 2001.

GREEN, Nile – *Making Space. Sufis and Settlers in Early Modern India*. Nova Deli: OUP, 2012.

GUPTA, I. P. – *Urban Glimpses of Mughal India. Agra, the Imperial capital (16th & 17th centuries)*. Nova Deli: Discovery Publishing House, 1986.

HABIB, Irfan – *The agrarian system of Mughal India, 1556-1707*. Reed. (1ª ed. 1963). Nova Deli: OUP, 1999.

— «Postal communications in Mughal India». In *PIHC*, 46ª sessão (Amritsar, 1985). Nova Deli: 1986, pp. 236-252.

— «*Mansab* salary scales under Jahangir and Shah Jahan». *IC*. Vol. CIX/3 (1985), pp. 203-228.

— *An atlas of the Mughal Empire. Political and economic maps with detailed notes, bibliography and index*. Nova Deli: OUP, 1982.

— «The technology and economy of Mughal India». *IESHR*. Vol. XVII/1 (Jan.-Mar. 1980), pp. 1-34.

— «Cartography in Mughal India». In *Medieval India - A Miscellany*. Nova Iorque; Aligarh: Asia Publishing House; Aligarh Muslim University, 1977, vol. 4, pp. 122-134.

— «The Family of Nur Jahan during Jahangir's reign – a political study». In *Medieval India. A Miscellany*. Londres: Asia Publishing House, 1969, vol. I, pp. 74-95.

— «The Mansab System, 1595-1637». In *PIHC*, 29ª sessão. Patiala: 1967, pt. I, pp. 228-249.

— (ed.) – *Medieval India 1. Researches in the History of India, 1200-1750*. Nova Deli: OUP, 1999.

— (ed.) – *Akbar and his India*. Reed. (1ª ed. 1997). Nova Deli: OUP, 1998.

HAIDAR, Mansura – *Indo-Central Asian Relations: From Early Times to Medieval Period*. Nova Deli: Manohar, 2004.

— *Central Asian heritage in the Mughal polity*. Nova Deli: Aakar Books, 2003.

— *Central Asia in the sixteenth century*. Nova Deli: Manohar, 2002.

— «Relations of Abdullah Khan Uzbeg with Akbar». *Cahiers du Monde Russe et Soviétique*. Vol. XXIII/3-4 (Jul.-Dez. 1982), pp. 313-331.

— «The Sovereign in the Timurid State (XIVth-XVth centuries)». *Turcica. Revue d'Études Turques*. Vol. VIII/2 (1976), pp. 61-82.

HAMBLY, Gavin – «The Emperors' clothes: Robing and 'robes of honour' in Mughal India». In GORDON, Stewart (ed.) – *Robes of Honour. 'Khil'at' in Pre-colonial India*. Nova Deli: OUP, 2003, pp. 31-49.

— «A note on the trade in eunuchs in Mughul Bengal». *Journal of the American Oriental Society*. Vol. 94/1 (Jan.-Mar. 1974), pp. 125-130.

— *Cités de l'Inde Moghole. Delhi, Agra et Fatehpour Sikri*, (ed. original inglesa, 1968). Paris: Albin Michel, 1970.

HAMBYE, Edward. R. – «The first Jesuit Mission to emperor Akbar». In TROLL, Christian W. (ed.) – *Islam in India. Studies and Commentaries*. Nova Deli: Vikas Publishing House, 1982, pp. 3-13.

HARDY, Peter – *Historians of Medieval India. Studies in Indo-Muslim historical writing*. Reed. (1ª ed. 1960). Nova Deli: MMP, 1997.

— «The authority of Muslim kings in mediaeval South Asia». In GABORIEAU, Marc (ed.) – *Islam et la societé en Asie du Sud*. Paris: EHESS, 1986, pp. 37-55.

HARLEY, J. B., WOODWARD, David (eds.) – *The History of Cartography*, vol. II, liv. 1: *Cartography in the Traditional Islamic and South Asian Societies*. Chicago; Londres: The University of Chicago Press, 1992.

HASAN, Farhat – *State and Locality in Mughal India. Power Relations in Western India, c. 1572-1730*. Cambridge: CUP, 2004.

— «The Mughal Fiscal system in Surat and the English East India Company». *MAS*. Vol. 27/4 (1993), pp. 711-718.

— «Anglo-Mughal Commercial relations at Surat, uptil the first half of the seventeenth century». In *PIHC*, 51ª sessão (Calcutta University). Calcutá: 1990, pp. 272-281.

— «Mughal Officials at Surat and their relations with the English and the Dutch Merchants: Based on a collection of Persian Documents of the Reigns of Jahangir and Shahjahan». In *PIHC* (Golden Jubilee Session). Gorakhpur: 1989-1990, pp. 284-293.

— «Two official documents of Jahangir's reign relating to the English East India Company». In *PIHC*, 46ª sessão (Amritsar, 1985). Nova Deli: 1986, pp. 333-334.

HASAN, Ibn – *The central structure of the Mughal Empire and its practical working up to the year 1657*. Reed. (1ª ed. Londres: 1936). Nova Deli: MM, 1980.

HASAN, K. N., HAIDER, Mansura – «Letters of Aziz Koka to Ibrahim Adil Shah II». In *PIHC*, 27ª sessão (Allahabad, 1965). Aligarh: 1967, pp. 161-167.

HASAN, S. Nurul – «Zamindars under the Mughals». in FRYKENBERG, Robert Eric (ed.) – *Land control and social structure in India History*. Reed. (1ª ed. 1969). Nova Deli: Manohar, 1979, pp. 17-31.

HASSAN, Mohammad Mahzar – «The fall of Asirgah – a critical study». *IC*. Vol. LI/3 (Jul. 1977), pp. 201-208.

HERAS, H., S.J. – *Indological Studies*, Bernard Anderson & John Correia-Afonso, S.J., eds. Nova Deli; Bombaim: Promilla & Co. Publishers; Heras Institute of Indian History and Culture, 1990.

— «A Treaty between Aurangzeb and the Portuguese». *BPP*. Vol. XXXVII/71-72 (Jul.-Dez. 1928), pp. 13-23.

— «Three Mughal Paintings on Akbar's religious discussions». *Journal of the Bombay Branch of the Royal Asiatic Society*. n.s. Vol. III (1927), pp. 191-202.

— «The Portuguese alliance with the Muhammadan kingdoms of the Deccan». *Journal of the Bombay Branch of the Royal Asiatic Society*. n.s. Vol. I (1925), pp. 122-125.

— «The Emperor Akbar and the Portuguese settlements in India viewed through a contemporary document». *The Indo-Portuguese Review*. Vol. VI (1923-1924), pp. 19-22.

HESS, ANDREW C. – *The Forgotten Frontier: A History of the Sixteenth-Century Ibero-African Frontier*. Reed. (1ª ed. 1978) Chicago; Londres: The University of Chicago Press, 2010.

HODGSON, Marshall G. S. – *The Venture of Islam. Conscience and History in a World Civilization*, vol. 3: *The Gunpowder Empires and Modern Times*. Chicago; Londres: The University of Chicago Press, 1974.

HOSTEN, H. S., S.J. – «Akbar's Queen Mary». *BPP*. Vol. XXXIV/67-68 (Jul.-Dez. 1927), pp. 97-105.

«A week at the Bandel Convent, Hugli». *BPP*. Vol. X/1 (Jan.-Mar. 1915), pp. 105-120.

— «Fr. Jerome Xavier's *Persian Lives of the Apostles*». *JPASB*. n.s. Vol. X/2 (Fev. 1914), pp. 65-84.

«Father A. Monserrate's description of Delhi (1581), Firoz Shâh's tunnels». *JPASB*. Vol. VII/4 (Abr. 1911), pp. 99-108.

— «Frey João da Cruz, O.S.A. (+1638)». *JPASB*. n.s. Vol. VII/3 (Mar. 1911), pp. 53-56.

«List of Portuguese Jesuit Missionaries in Bengal and Burma (1576-1742)». *JPASB*. n.s. Vol. VII/2 (Fev. 1911), pp. 15-35.

— «List of Jesuit Missionaries in 'Mogor' (1580-1803)». *JPASB*. n.s. Vol. VI/10 (Nov. 1910), pp. 527-542.

HUSAIN, Afzal – *The Nobility under Akbar and Jahangir. A study of family groups*. Nova Deli: Manohar, 1999.

— «The letters of Hakim Abul Fateh Gilani – an unexplored source of Akbar's Reign». In *PIHC*, 44ª sessão. Nova Deli: 1984, pp. 189-197.

— «Growth of Irani elements in Akbar's nobility». In *PIHC*, 36ª sessão. Aligarh: 1975, pp. 166-179.

HUTCHINSON, Lester – *European freebooters in Moghul India*. Londres: Asia Publishing House, 1964.

IRVINE, William – *The Army of the Indian Moghuls. Its organization and administration*. Reed. (1ª ed., Londres: 1903). Nova Deli: LPP, 1994.

ISLAM, Riazul – *Indo-Persian Relations. A study of the political and diplomatic relations between the Mughul Empire and Iran*. Teerão: Iranian Culture Foundation, 1970.

— «Akbar's intellectual contacts with Iran (based on two rare Persian letters)». In ISRAEL, Milton, WAGLE, N. K. (eds.) – *Islamic Society and Culture. Essays in honour of Aziz Ahmad*. Nova Deli: Manohar, 1983, pp. 351-373.

JONES, Dalu (ed.) – *A mirror of Princes: the Mughals and the Medici*. Bombaim: Marg Publications, 1987.

JOSHI, P. M. - «The Portuguese on the Deccan (Konkan) coast: sixteenth to seventeenth centuries». *JIH*. Vol. XLVI/1 (Abr. 1968), pp. 65-88.

— «Asad Beg's return from Bijapur and his second mission to the Deccan, 1604-1606». In Rao, V. D. (ed.) – *Studies in Indian History: Dr. A. G. Pawar Felicitation Volume*. Bombaim: Kolhapur, 1968, pp. 136-155.

— «Johan van Twist's mission to Bijapur, 1637». *JIH*. Vol. XXXIV/2 (Ago. 1956), pp. 111-137.

— «Muhammad Adil Shah (1627-1656) and the Portuguese». *JIH*. Vol. XXXIII/1-3 (1955), pp. 1-10.

— «Asad Beg's Mission to Bijapur, 1603-1604». In SEN, S. N. (ed.) – *Mahamahopadhyaya Professor D. V. Potdar Sixty-First Commemoration Volume*. Poona: D. K. Sathe, 1950, pp. 184-196.

JOSHI, P. M., NAYEEM, M. A. (eds.) – *Studies in the Foreign relations of India (from the earliest times to 1947). Prof. H. K. Sherwani Felicitation Volume*. Hyderabad: Government of Andhra Pradesh, 1975.

JOSHI, Rita – *The Afghan Nobility and the Mughals (1526-1707)*. Nova Deli: Vikas Publishing House, 1985.

KARIM, Abdul – «Bhati as mentioned by Abul Fazl and Mirza Nathan». In HABIBULLAH, A. B. M. – *N.K. Bhattasali Commemoration Volume*. Dacca: Dacca Museum, 1966.

— *Dacca, the Mughal Capital*. Dacca: Asiatic Society of Pakistan, 1964.

KARIM, Khondkar Mahbubul – «Economic conditions in Bihar and Bengal under Shahjahan». *Journal of the Pakistan Historical Society*. Vol. XIV/III (Jul. 1966), pp. 180-187.

— *The Provinces of Bihar and Bengal under Shahjahan*. Dacca: Asiatic Society of Bangladesh, 1974.

KEENE, Manuel, KAOUKJI, Salam – *Treasury of the World. Jeweled Arts of India in the Age of the Mughals. The Al-Sabah Collection, Kuwait National Museum*. Londres: Thames & Hudson, 2001.

KHAN, A. D. – *Diplomatics of the Soyurghal Farman of the Great Mughals (1556-1707)*. Allahabad: Quemer Publications, 1994.

KHAN, Ahsan Raza – *Chieftains in the Mughal Empire during the reign of Akbar*. Simla: Indian Institute of Advanced Study, 1977.

KHAN, Kunwar Refaqat Ali – *The Kachhwahas under Akbar and Jahangir*. Nova Deli: Kitab Publishing House, 1976.

KHan, Iqtidar Alam – *The political biography of a Mughal Noble: Munim Khan Khan-i--Khanan, 1497-1575*. Nova Deli: MM, 1973.

— «The Nobility under Akbar and the development of his religious policy, 1560-80». *Journal of the Royal Asiatic Society of Great Britain and Ireland*. Vol. 1/2 (1968), pp. 29-36.

— (ed.) – *Akbar and his age*. Nova Deli: Northern Book Centre; ICHR, 1999.

KHAN, Yar Muhammad – *Iranian influence in Mughul India*. Lahore: ed. autor, 1978.

— *The Deccan Policy of the Mughals*. Lahore: United Book Corporation, 1971.

KHOSLA, Ram Prasad – *Mughal Kingship and Nobility*. Reed. (1ª ed., 1934). Nova Deli: Idarah-i Adabiyat-i Delli, 1976.

KHUHRO, Hamida (ed.) – *Sind through the centuries*. Carachi: OUP, 1981.

KOLFF, Dirk H. A. – *Naukar, Rajput & Sepoy. The ethnohistory of the military labour market in Hindustan, 1450-1850*. Cambridge: CUP, 1990.

— «La nation chrétienne à Surat au début du XVIIe siècle». In GOUTALIER, Régine (ed.) – *La femme dans les sociétés coloniales*. Aix-en-Provence: Université de Provence, 1984.

KOCH, Ebba – «The Symbolic Posession of the World: European Cartography in Mughal Allegory and History Painting». *JESHO*. Vol. 55/2-3 (Jun. 2012), pp. 547-580.

— *Mughal Art and Imperial Ideology. Collected Essays*. Nova Deli: OUP, 2001.

— «Netherlandish naturalism in Imperial Mughal painting». *Apollo*. Vol. CLII/465 (Nov. 2000), pp. 29-37.

— *Mughal architecture. An outline of its history and development (1526-1858)*. Munique: Prestel, 1991.

KRUIJTZER, Gijs – *Xenophobia in seventeenth-century India*. Leiden: Leiden University Press, 2009.

KULKARNI, A. R. – *The Marathas (1600-1848)*. Nova Deli: Books & Books, 1996.

— «Marathas and the Sea». In MATHEW, K. S. (ed.) – *Studies in Maritime History*. Pondicherry: Pondicherry University, 1990, pp. 92-100.

KULKARNI, G. T. – «Land revenue settlement under the Nizam Shahis (1489-1636), with special reference to Malik Ambar. A preliminary study». In *PIHC*, 52ª sessão. Nova Deli: 1992, pp. 369-377.

— *The Mughal-Maratha Relations: Twenty-five fateful years (1682-1707)*. Pune: Deccan College, Post-Graduate Research Institute, 1983.

KUMAR, Anil – *Asaf Khan and his times*. Patna: Kashi Prasad Jayaswal Research Institute, 1986.

KUMAR, Raj – *India under Shah Jahan*. Nova Deli: Anmol Publications, 2000.

KUNT, I. Metin – «The later Muslim Empires: Ottomans, Safavids, Mughals». In KELLY, Marjorie (ed.) – *Islam: The religious and political life of a world community*. Nova Iorque: Praeger, 1984, pp. 113-136.

LACH, Donald, KLEY, Edwin J. Van – *Asia in the Making of Europe*, vol. III: *A Century of Advance*, livro 2: *South Asia*. Chicago; Londres: The University of Chicago Press, 1998.

LAL, K. S. – *The Mughal Harem*. Nova Deli: Aditya Prakashan, 1988.

LAMBTON, A. K. S. – *Theory and practice in Medieval Persian government*. Londres: Variorum, 1980.

LEACH, Linda York – *Mughal and other Indian paintings, from the Chester Beatty Library*. Londres: Scorpion Cavendish, 1995, 2 vols.

LEFÈVRE, Corinne – «The *Majalis-i Jahangiri* (1608-11): Dialogue and Asiatic Otherness at the Mughal Court». *JESHO*. Vol. 55/2-3 (Jun. 2012), pp. 255-286

— «Jahangir et son frère Sah 'Abbas: compétition et circulation entre deux puissances de l'Asie musulmane de la première modernité». In HERMANN, D., SPEZIALE, F. (eds.) – *Islam in the Indo-Iranian World during the Modern Epoch*. Berlim; Teerão: Klaus Schwarz; IFRI, 2010, pp. 23-56.

— «Pouvoir et noblesse dans l'empire moghol. Perspectives du règne de Jahangir (1605--1627)». *Annales. HSS*. Ano 62, n° 6 (Nov.-Dez. 2007), pp. 1287-1312.

LEVI, Scott C. – *The Indian diaspora in Central Asia and its trade, 1550-1900*. Leiden: Brill, 2002.

LITTLEFIELD, Sharon E. – The object in the gift: Embassies of Jahangir and Shah Abbas. Minnesota: The University of Minnesota, 1999, 2 vols. Dissertação de Doutoramento.

LOBATO, Alexandre – *Relações luso-maratas, 1658-1737*. Lisboa: CEHU, 1965.

LOSTY, J. P. – *Indian Book Painting*. Londres: BL, 1986.

LUNDBAEK, Torben et al. (eds.) – *Sultan, Shah, and Great Mughal. The history and culture of the Islamic world* (catálogo da exposição). Copenhaga: The National Museum, 1996.

LUZ, Francisco Paulo Mendes da – *O Conselho da Índia. Contributo ao estudo da administração do ultramar português*. Lisboa: AGU, 1952.

MACLAGAN, Edward – *Os Jesuítas e o Grão Mogol*. Trad. port. (ed. original inglesa, Londres: Burn Oates & WashBourne Ltd., 1932). Porto: Livraria Civilização, 1946.

MAHMUD, S. Hasan – «The Mughals and a merchant-jeweller of Ahmedabad». In *PICH*, 46ª sessão (Amritsar, 1985). Nova Deli: 1986, pp. 300-307.

MAHAJAN, T. T. – *Khandesh under the Mughals, 1601-1707*. Nova Deli: Galaxy Publications, 1991.

MALEKANDATHIL, Pius – *The Mughals, the Portuguese and the Indian Ocean: Changing imageries of maritime India*. Deli: Primus Books, 2103.

MARCOCCI, Giuseppe, PAIVA, José Pedro, *História da Inquisição Portuguesa, 1536-1821*. Lisboa: Esfera dos Livros, 2013.

MARIOTTI, Adriano – «La prima missione dei Gesuiti alla corte di Akbar (1580-1583)». In FASANA, Enrico, SORGE, Giuseppe (eds.) – *India tra Oriente e Occidente. L'apporto dei viaggiatori e missionari italiani nei secoli XVI-XVIII*. Milão: Jaca Book, 1991, pp. 75-100.

MARKOVITS, Claude (ed.) – *Histoire de l'Inde moderne, 1280-1950*. Paris: Fayard, 1994.

MARTINS, Rui Cunha – A fronteira antes da sua metáfora: cinco teses sobre a fronteira hispano-portuguesa no séc. XV. Coimbra: Universidade de Coimbra, 2005. Dissertação de Doutoramento.

MATOS, Artur Teodoro de, MATOS, Paulo Lopes – «Cristãos contra muçulmanos no mar de Surrate: Navios, mercadorias e valores de um assalto em 1630». In *Memórias da Academia de Marinha*. Lisboa: Academia de Marinha, n° XI, 1999, pp. 3-39.

MAYARAM, Shail – «Mughal state formation: The Mewati counter-perspective». *IESHR*. vol. XXXIV/2 (Abr.-Jun. 1997), pp. 169-195.

MAZZAOUI, Michel – ed., *Safavid Iran and Her Neighbors*. Salt Lake City (UT): The University of Utah Press, 2003.

MCFARLAND, J. – «Monserrate's map of India». *The New Review*. Vol. X (1939), pp. 473-486.

MESERVE, Margaret – *Empires of Islam in Renaissance Historical Thought*. Cambridge (MA): Harvard University Press, 2008.

MICHELL, George, Zebrowski, Mark – *Architecture and Art of the Deccan Sultanates*, vol. I. 7 *The New Cambridge History of India*. Cambridge: CUP, 1999.

MILLER, Barbara Stoller (ed.) – *The Powers of Art: Patronage in Indian Culture*. Nova Deli: OUP, 1992.

MISHRA, Hare Khrishna – *Bureaucracy under the Mughals, 1556 A.D. to 1707 A.D.* Nova Deli: Amar Prakashan, 1989.

MISRA, Neeru – *Succession and Imperial Leadership among the Mughals, 1526-1707*. Nova Deli: Konark Publishers, 1993.

MITCHELL, Colin Paul – *Sir Thomas Roe and the Mughal Empire*. Carachi: OUP, 2000.

MOHIUDDIN, Momin – *Muslim communities in Medieval Konkan (610-1900 A.D.)*. Nova Deli: Sundeep Prakashan, 2002.

— *The Chancellery and Persian Epistolography under the Mughals, from Babur to Shah Jahan (1526-1658). A study on Insha, Dar al-Insha and Munshis, based on original documents*. Calcutá: Iran Society, 1971.

MOIN, A. Azfar – *The Millennial Sovereign: Sacred Kingship and Sainthood in Islam*. Nova Iorque: Columbia University Press, 2012.

MOOSVI, Shireen – *The economy of the Mughal Empire, c. 1595. A statistical study*. Nova Deli: OUP, 1987.

— «Mughal Shipping at Surat in the first half of the seventeenth century». In *PIHC*, 51ª sessão. Calcutá: 1990, pp. 308-320.

MORELAND, W. H. – *India at the Death of Akbar. An economic study*. Reed. Nova Deli: Sunita Publications, 1989.

— *From Akbar to Aurangzeb. A study in Indian Economic History*. Reed. Nova Deli: Vinod Publications, 1988.

— «From Gujarat to Golconda in the reign of Jahangir». *JIH*. Vol. XVII/2 (Ago. 1938), pp. 135-150.

— «Johan van Twist's Description of India». *JHI*. Vol. XVI/1-3 (1937), pp. 63-77.

— «A Dutch account of Mogul Administrative Methods». *JIH*. Vol. IV/14 (1925), pp. 69-83.

MOSCA, Matthew W. – *From Frontier Policy to Foreign Policy. The Question of India and the Ttransformation of Geopolitics in Qing China*. Stanford (CA): Stanford University Press, 2013.

MUKHIA, Harbans – *Historians and historiography during the reign of Akbar*. Nova Deli: Vikas Publishing House, 1976.

MURR, Sylvia – «La politique au 'Mogol' selon Bernier: appareil conceptuel, réthorique stratégique, philosophie morale». In POUCHEPADASS, J., STERN, H. (eds.) – *De la royauté à l'État dans le monde indien*. Paris: EHESS, 1991, pp. 239-311.

NAIK, Chhotubhai Ranchhodji - *'Abdu'r-Rahim Khan-i Khanan and his literary circle*. Amehdabad: Gujarat University, 1966.

NANDA, Meera - *European travel accounts during the reigns of Shahjahan and Aurangzeb*. Kurukshetra: Nirmal Book Agency, 1994.

NAQVI, H. K. - *History of Mughal government and administration*. Reed. Nova Deli: Kanishka Pub. House, 1990.

— «Incidents of rebellions during the reign of Emperor Akbar». In *Medieval India - A miscellany*. Bombaim: Asia Publishing House, 1972, vol. II, pp. 152-186.

NAQVI, Sadiq - *The Iranian Afaquies. Contribution to the Qutb Shahi and Adil Shahi Kingdoms*. Hyderabad: A. A. Hussain Book Shop, 2003.

NAQVI, S. M. Raza - «Shah Abbas and the conflict between Jahangir and the Deccan States». In *Medieval India. A Miscellany*. Londres: Asia Publishing House, 1969, vol. I, pp. 272-279.

NATH, R. - *Fathepur Sikri. Form, Techniques & concepts*. Jaipur: The Historical Research Publications, 1988.

NAYEEM, M. A. - *External Relations of the Bijapur Kingdom (1489-1686 A.D.). A study in Diplomatic history*. Hyderabad: Bright Publishers, 1974.

NIÑO JESÚS, P. Frei Florencio del - *En Ormuz y en el Mogol (1608-1624). Su fundación, sus embajadas, su apostolado*. Pamplona: Editora Pamplona, 1930.

NIZAMI, Azra - *Socio-religious outlook of Abu'l Fazl*. Londres: Asia Publisinh House, 1972.

NIZAMI, Khaliq Ahmad - *Akbar and religion*. Nova Deli: Idarah-i Adabiyat-i Delli, 1989.

— *On history and historians of Medieval India*. Nova Deli: MM, 1983.

— «Naqshbandi influence on Mughal rulers and politics». *IC*. Vol. XXXIX/1 (Jan. 1965), pp. 41-52.

— «Faizi's Masnavi on Akbar's conquest of Ahmadabad». *Medieval India Quarterly*. Vol. V (1963), pp. 133-152.

OKADA, Amina - *Indian Miniatures of the Mughal Court*. Nova Iorque: Harry N. Abrams, Inc., Publishers, 1992.

— (ed.) - *Miniatures de l'Inde impériale. Les peintres de la cour d'Akbar (1556-1605)* (catálogo da exposição, Museu Guimet). Paris: Ed. de la Réunion des musées nationaux, 1989.

PEARSON, Michael N. - *Pious passengers. The Hajj in earlier times*. Nova Deli: Sterling Publishers, 1994.

— *Merchants and rulers in Gujarat. The response to the Portuguese in the sixteenth century*. Berkeley; Los Angeles; Nova Deli: University of California Press; MM, 1976.

— «Shivaji and the decline of the Mughal Empire». *JAS*. Vol. XXXV/2 (Fev. 1976), pp. 221-235.

— «Political participation in Mughal India». *IESHR*. Vol. IX/2 (1972), pp. 113-131.

PERDUE, Peter - *China Marches the West. The Qing Conquest of Central Eurasia*. Cambridge (MA); Londres: The Belnak Press of Harvard University Press, 2005.

PETRUCCIOLI, Attilio - *La città del sole e delle Acque. Fathpur Sikri*. Roma: Carucci Editore, 1988.

PHILIPPS, W. R., BEVERIDGE, H., HOSTEN, H. - «The Marsden Mss. in the British Museum». *JPASB*. n.s. Vol. VI/8 (Ago. 1910), pp. 437-461.

PHUL, Raj Kumar - *Armies of the Great Mughals, 1526-1707*. Nova Deli: Oriental Publishers, 1978.

PISSURLENCAR, Panduronga - *The Portuguese and the Marathas*. Bombaim: State Board for Literature and Culture, 1975.

— «Tentativas dos Portugueses para a ocupação do Concão (séculos XVI, XVII e XVIII)». *Anais da Academia Portuguesa da História*. II série. Vol. 6 (1955), pp. 425-436.

— «Antigualhas II: O cerco de Parenda». *BIVG*. Vol. 42 (1939), pp. 109-122.

— «Últimas embaixadas portuguesas à Côrte Mogol». *BIVG*. Vol. 38 (1938), pp. 143-185.

— «A extinção do Reino de Nizam Shah». *BIVG*. Vol. 27 (1935), pp. 97-124.

— «A Índia em 1629. Relação dos Reis Vizinhos do que ora passa e contão». *BIVG*. Vol. 7 (1930), pp. 52-61.

— «Prince Akbar and the Portuguese». *BPP*. Vol. XXXV (1928), pp. 163-169.

POWELL, Avril – «Artful Apostasy? A Mughal Mansabdar among the Jesuits». In ROBB, Peter (ed.) - *Society and Ideology. Essays in South Asian History presented to Professor K. A. Ballhatchet*. Reimp. (1ª ed. 1993). Nova Deli: OUP, 1993, pp. 72-96.

PRAKASH, Om – *European Commercial enterprise in pre-colonial India* (vol. II.5 *The New Cambridge History of India*). Cambridge: CUP, 1998.

— «Archival source material in the Netherlands on the History of Gujarat in the early modern period». In *Moyen Orient & Océan Indien XVIe-XIXe siècles*. Vol. 10 (*Sources européennes sur le Gujarat*, ed. Ernestine Carreira), 1997, pp. 141-151.

— «The Dutch Factory at Vengurla in the seventeenth century». In KULKARNI, A. R. *et al.* (eds.) – *Mediaeval Deccan History. Commemoration Volume in Honour of P.M. Joshi*. Bombaim: Popular Prakashan, 1996, pp. 185-191.

— *The Dutch East India Company and the Economy of Bengal, 1630-1720*. Nova Deli: OUP, 1988.

— «Foreign merchants and Indian mints in the seventeenth and early eighteenth century». in RICHARDS, John F. (ed.) – *The Imperial Monetary System of Mughal India*. Nova Deli: OUP, 1987, pp. 171-192.

PRASAD, Beni – *History of Jahangir*. Londres: OUP, 1922.

PRASAD, Rajiva Nain – *Raja Man Singh of Amber*. Calcutá: The World Press Private LTD., 1966.

QAISAR, Ahsan Jan – *The Indian response to European technology and culture (A.D. 1498-1707)*. Reed. (1ª ed,. 1982). Nova Deli: OUP, 1998.

— «Depiction of the Jesuit Priests and the Portuguese in Mughal paintings». *Revista de Cultura*. 2ª série. Vol. 13/14 (1991), pp. 317-327.

— «Shipbuilding in the Mughal Empire during the seventeenth century». *IESHR*. Vol. V/2 (Jun. 1968), pp. 149-170.

QANUNGO, Kalikaranjan – *Sher Shah and his times: An old story retold*. Bombaim: Orient Longmans, 1965.

QUINN, Sholeh A. – *Historical writing during the reign of Shah 'Abbas. Ideology, imitation and legitimacy in Safavid Chronicles*. Salt Lake City (UT): The University of Utah Press, 2000.

QURESHI, Ishtiaq Husain – *Akbar. The Architect of the Mughul Empire*. Carachi: Ma'aref Ltd., 1978.

— *Ulema in politcs: A study relating to the political activities of the Ulema in the South Asian Subcontinent from 1556-1947*. Carachi: Ma'ref, 1972.

— «India under the Mughals». In HOLT, P. M., LAMBTON, Ann K. S., LEWIS, Bernard (eds.) – *The Cambridge History of Islam*. Cambridge: CUP, 1970, vol. 2A, pp. 35-66.

— *The administration of the Mughul Empire*. Nova Deli; Patna: Janaki Prakashan, s.d. [1966].

RAHIM, Muhammad Abdur – «Chittagong under the Pathan Rule in Bengal, 1538-1580». *Journal of the Royal Asiatic Society of Bangladesh*. Vol. 21/2 (1976), pp. 54-75.

— *The History of the Afghans in India A.D. 1545-1631 (with especial reference to their relations with the Mughals)*. Carachi: Pakistan Publishing House, 1961.

RAHMAN, M. L. – *Persian Literature in India during the time of Jahangir and Shah Jahan*. Baroda: The M.S. University of Baroda, 1970.

RAMASWAMY, Sumathi – «Conceit of Globe in Mughal Visual Practice». *Comparative Studies in Society and History*. Vol. 49/4 (2007), pp. 751-782.

RASHID, Sh. Abdur – «Ottoman-Mughul relations during the seventeenth century». *Journal of the Punjab University Historical Research*. Vol. XIV (Jun. 1962), pp. 67-78.

RAY, Aniruddha – *Adventurers, Landowners and Rebels. Bengal, c. 1575-c.1715*. Nova Deli: MM, 1998.

RAY, B. C. – *Orissa under the Mughals: From Akbar to Alivardi, a fascinating study of the socio-economic and cultural history of Orissa*. Calcutá: Punthi Pustak, 1981.

RAYCHAUDHURI, Tapan – *Bengal under Akbar and Jahangir. An introductory study in social history*. Reimp. ed. 1966 (1ª ed. 1953). Nova Deli: MM, 1969.

— RAYCHAUDHURI, Tapan, HABIB, Irfan (eds.) – *The Cambridge Economic History of India*, vol. I: *c. 1250-c. 1750*. Reed. (1ª ed., Cambridge: CUP, 1982). Nova Deli: Orient Longman; CUP, 1984.

REGO, António da Silva – «O início do segundo governo do vice-rei da Índia D. Francisco da Gama, 1622-1623». *Memórias da Academia das Ciências de Lisboa, Classe de Letras*, vol. XIX (1978), pp. 323-345.

— «A primeira missão religiosa ao Grão Mogol». In *Temas sociomissionológicos e históricos*. Lisboa: JIU, 1962, pp. 63-93.

RENICK, M. S. – «Akbar's first Embassy to Goa. Its diplomatic and religious aspects». *Indica*. Vol. 7/1 (Mar. 1970), pp. 33-47.

REZAVI, Syed Ali Nadeem – «The Mutasaddis of Surat in the seventeenth century». In *PIHC*, 44ª sessão (University of Burdwan, 1983). Nova Deli: 1984, pp. 214-222.

RICHARD, François – «Les manuscripts persans rapportés par les frères Vechietti et conservés aujourd'hui à la Bibliothèque Nationale». *Studia Iranica*. Vol. IX/2 (1980), pp. 291-300.

RICHARDS, John F. – *The Mughal Empire*. vol. I:5 *The New Cambridge History of India*. Reed. (1ª ed. 1993). Cambridge: CUP, 1995.

— *Power, administration and finance in Mughal India*. Londres: Variorum Reprints, 1993.

— «Norms of Comportment among Imperial Mughal Officers». In METCALF, Barbara Daly (ed.) – *Moral Conduct and Authority. The place of 'Adab' in South Asian Islam*. Berkeley (CA): University of California Press, 1984, pp. 255-289.

— «The formulation of Imperial authority under Akbar and Jahangir». In RICHARDS, J. F. (ed.) – *Kingship and authority in South Asia*. Madison: University of Wisconsin, 1978, pp. 285-326.

— «The Imperial crisis in the Deccan». *JAS*. Vol. XXXV/2 (Fev. 1976), pp. 237-263.

— *Mughal Administration in Golconda*. Oxford: Clarendon Press, 1975.

— (ed.) – *The Imperial Monetary System of Mughal India*. Reed. Nova Deli: OUP, 2000.

RIVARA, J. H. Cunha – «O Idalxá, 1629-1633». *O Chronista de Tissuary*. N° 2 (Fev. 1866), pp. 37--43; n° 3 (Mar. 1866), pp. 65-74; n° 4 (Abr. 1866), pp. 89-100; n° 5 (Maio 1866), pp. 117-121.

RIZVI, Saiyid Athar Abbas – *A history of Sufism in India*. Reed. Nova Deli: MMP, 1986, 2 vols.

— *Religious and intellectual history of the Muslims in Akbar's reign, with special reference to Abu'l Fazl (1556-1605)*. Nova Deli: MM, 1975.

— «The Mughal Elite in the sixteenth and seventeenth century». *Abr-Nahrain*. Vol XI (1971), pp. 69-104.

— *Muslim revivalist movements in Northern India in the sixteenth and seventeenth centuries*. Agra: Agra University, 1965.

ROBINSON, Francis – «Ottomans-Safavids-Mughals: shared knowledge and connective systems». *Journal of Islamic Studies*. Vol. 8/2 (1997), pp. 151-184.

ROGERS, J. M. – *Mughal Miniatures*. Londres: British Museum, 1993.

ROSS, E. Denison – «The manuscripts collected by William Marsden with special reference to two copies of Almeida's *History of Ethiopia*». *Bulletin of the School of Oriental Studies*. Vol. II (1921-1923), pp. 513-538.

RUBIÉS Joan-Pau – *Travel and Ethnology in the Renaissance. South India through European Eyes, 1250-1625*. Cambridge: CUP, 2000.

SAKSENA, Banarsi Prasad – *History of Shahjahan of Dihli*. Allahabad: Central Book Depot, 1968.

— «A few unnoticed facts about the early life of Malik Amber». In *PIHC*, 5ª Sessão, 1941, pp. 601-603.

SALDANHA, António Vasconcelos de – *Iustum Imperium. Dos Tratados como fundamento do império dos Portugueses no Oriente. Estudo de história do direito internacional e do direito português*. Macau: FO; IPOR, 1997.

SANTEN, Hans Walther van – «Trade between Mughal India and the Middle East, and Mughal Monetary Policy, c. 1600-1660». In HAELLQUIST, Karl Reinhold (ed.) – *Asian Trade Routes. Continental and Maritime*. Londres; Copenhaga: Curzon Press; Scandinavian Institute of Asian Studies, 1991, pp. 87-95.

— De Verenigde Oost-Indische Compagnie in Gujarat en Hindustan, 1620-1660. Leiden: Universidade de Leiden, 1982. Dissertação de Doutoramento.

SANTOS, Catarina Madeira – *«Goa é a chave de toda a Índia». Perfil político da capital do Estado da Índia (1505-1570)*. Lisboa: CNCDP, 1999.

SANTOS HERNÁNDEZ, Angel – S.J., *Jeronimo Javier S.J. Apostol del Gran Mogol y Arzobispo electo de Cranganor, en la India, 1549-1617*. Pamplona: ed. Gómez, 1958.

SARAN, Paramatma – *The Provincial government of the Mughals, 1526-1658*. Reed. (1ª ed., 1941). Bombaim: Asia Publishing House, 1973.

SARKAR (Jadunath – *Shivaji and his times*. Reed. (1ª ed., 1952). Bombaim: Orient Longman, 1997.

— *House of Shivaji. Studies and documents of Maratha History: Royal period)*. Reed. (1ª ed., 1940). Calcutá: Orient Longman, 1978.

— *Studies in Aurangzib's reign*. Reed. (1ª ed., 1912). Nova Deli: Sangam Books, 1989.

— *History of Aurangzib, mainly based on Persian sources*. Reed. (1ª ed., 1912): Bombaim: Orient Longman Ltd, 1973-1974, 5 vols.

— «A description of North Bengal in 1609 A.D.». *BPP*. Vol. XXXV/69-70 (Jan.-Jun. 1928), pp. 143-146.

— (ed.) – *The History of Bengal*, vol. II: *Muslim Period, 1200 A.D.-1757 A.D.*. Reed. (1ª ed. 1948). Nova Deli: B.R. Publishing Corporation, 2003.

— «Travels in Bihar, 1608 A.D.». *Journal of the Bihar and Orissa Research Society*. Vol. V/4 (1919), pp. 597-603.

— «The Feringi Pirates of Chatgaon, 1665 A.D.». *JASB*. n.s. Vol. 3/6 (1907), pp. 419-425.

SARKAR, Jagadish Narayan – *Mughal Polity*. Nova Deli: Idarah-i Adabiyat-i Delli, 1984.

SCHIMMEL, Annemarie – *Islam in the Indian subcontinent*. Leiden: E.J. Brill, 1980.

SETH, Rashmi – Some aspects of the economy of Sind in the seventeenth century. Nova Deli: Jawaharlal Nehru University, 1981. Dissertação de Doutoramento.

SHARMA, Sri Ram – *The religious policy of the Mughal Emperors*. 3ª ed. (1ª ed., 1940). Nova Deli: MMP, 1988.

SHERWANI, H. K. – *History of the Qutb Shahi Dynasty*. Nova Deli: MM, 1974.

— «The reign of Abdul-lah Qutb Shah (1626-1672). Economic Aspects». *JIH*. Vol. XLII/2 (Agosto 1964), pp. 443-470; Vol. XLII/3 (Dez. 1964), pp. 677-697.

— «Deccani diplomacy and diplomatic usage in the middle of the fifteenth century». *JIH*. Vol. XVI/1 (Abr. 1937), pp. 27-49.

SHERWANI, H. K., JOSHI, P. M. (eds.) – *History of Medieval Deccan (1295-1724)*. Hyderabad: The Government of Andhra Pradesh, 1973-1974, 2 vols.

SHYAM, Radhey – *The Kingdom of Khandesh*. Nova Deli: Idarah-i Adabiyat-i Delli, 1981.

— *Life and times of Malik Ambar*. Nova Deli: MM, 1968.

— *The Kingdom of Ahmadnagar*. Nova Deli: Motilal Banarsidass, 1966.

SIDDIQUI, Iqtidar Husain – *Mughal relations with the Indian ruling elite*. Nova Deli: MM, 1983.

— «Diplomatic relations between the rulers of Delhi and Gujarat during the sixteenth century». In *Medieval India. A Miscellany*. Bombaim: Asia Publishing House, 1975, vol. III, pp.113-126.

— *History of Sher Shah Sur*. Aligarh: P.C. Dwadas Shreni, 1971.

— *Some aspects of Afghan despotism in India*. Aligarh: Three Men Publication, 1969.

SIDDIQI, Muhammad Zameeruddin – «The Intelligence Services under the Mughals», in *Medieval India. A Miscellany*. Bombaim: Asia Publishing House, 1972, vol. II, pp. 53-60.

— «The institution of the Qazi under the Mughals». In *Medieval India: A Miscellany*. Londres: Asia Publishing House, 1969, vol. I, pp. 240-259.

SILVA, John A. d' – «The Rebellion of Prince Khusru according to Jesuit sources». *JIH*. Vol. V/2 (Ago. 1926), pp. 267-281.

SINGH, Chetan – *Region and Empire: Panjab in the seventeenth century*. Nova Deli: OUP, 1991.

SINGH, Mahendra Pal – *Town, market, mint and port in the Mughal Empire, 1556-1707 (an administrative-cum-economic study)*. Nova Deli: Adam Publishers & Distributors, 1985.

SINGH, O. P. – *Surat and its trade in the second half of the 17th century*. Nova Deli: University of Delhi, 1977.

SINHA, Surendra Nath – *Subah of Allahabad under the Great Mughals, 1580-1707*. Nova Deli: Jamia Millia Islamia, 1974.

SKELTON, Robert (ed.) – *The Indian Heritage: Court Life & Arts under Mughal Rule* (catálogo da exposição). Londres: V&A, 1982.

SMART, Ellen S. – «Akbar, illiterate genius». In LOHUIZEN-DE-LEEUW, J. E. van (ed.) – *Studies in South Asian Culture*, vol. IX: Joanna G. Williams (ed.), *Kaladarsana. American studies in the Art of India*. Leiden: Brill, 1981, pp. 99-107.

SMITH, Vincent A. – *Akbar the Great Moghul*. Reed. (1ª ed. 1918). Nova Deli: S. Chand, 1962.

SRIVASTAVA, A. L. – «Amber's Alliance with Akbar. An estimate of Raja Bharmal». *JIH*. Vol. XLVI/1 (Abr. 1968), pp. 27-34.

STEIN, Burton – *Vijayanagara*, vol. I.2 *The New Cambridge History of India*. Cambridge: CUP, 1990.

STEENSGARD, Niels – «The route through Qandahar: the significance of the overland trade from India to the West in the seventeenth century». In CHAUDHURY, Sushil, MORINEAU, Michel (eds.) – *Merchants, Companies and Trade. Europe and Asia in the Early Modern Era*. Cambridge: CUP, 1999, pp. 55-73.

STREUSAND, Douglas E. – *The formation of the Mughal Empire*. Nova Deli: OUP, 1989.

STRONGE, Susan – «'Far from the arte of painting': An English amateur artist at the court of Jahangir». In CRILL, Rosemary et al. (eds.) – *Arts of Mughal India. Studies in honour of Robert Skelton*. Londres; Amehdabad: V&A; Mapin Publishing, 2004, pp. 129-137.

— *Painting for the Mughal Emperor. The art of the book, 1560-1660*. Londres: V&A, 2002.

SUBRAHMANYAM, Sanjay – *Courtly Encounters. Translating Courtliness and Violence in Early Modern Eurasia*. Cambridge (MA); Londres: Harvard University Press, 2012.

— *Impérios em concorrência. Histórias conectadas nos séculos XVI-XVII*. Lisboa: Instituto de Ciências Sociais, 2012.

— *Three Ways to be Allien. Travails & Encounters in the Early Modern World*. Waltham (MA): Brandeis University Press, 2011

— *Explorations in Connected History. Mughals and Franks*. Nova Deli: OUP, 2005.

— *Explorations in Connected History. From the Tagus to the Ganges*. Nova Deli: OUP, 2005.

— «'Persianization' and 'Mercantilism': Two themes in Bay of Bengal History, 1400-1700». In PRAKASH, Om, LOMBARD, Denys (eds.) – *Commerce and culture in the Bay of Bengal, 1500-1800*. Nova Deli: Manohar; ICHR, 1999, pp. 47-85.

— «The Viceroy as Assassin: The Portuguese, the Mughals and Deccan Politics, c. 1600». In SUBRAHMANYAM, Sanjay (ed.) – *Sinners and Saints. The Successors of Vasco da Gama*. Nova Deli: OUP, 1998, pp. 162-203.

— «A 'Crónica dos Reis de Bisnaga' e a 'Crónica do Guzerate': dois textos indo-portugueses do século XVI». In FLORES, Jorge M. (ed.) – *Os Construtores do Oriente Português* (catálogo da exposição). Lisboa: CNCDP, 1998, pp. 131-153.

— «Masulipatnam revisited, 1550-1750: A survey and some speculations». In BROEZE, Frank (ed.) – *Gateways of Asia. Port Cities of Asia in the 13th-20th centuries*. Londres; Nova Iorque: Kegan Paul International, 1997, pp. 33-65.

— «'The life and actions of Mathias de Albuquerque' (1547-1609): A Portuguese source for Deccan history». *Portuguese Studies*. Vol. 11 (1995), pp. 62-77.

— «A matter of alignment: Mughal Gujarat and the Iberian World in the transition of 1580--81». *ML*. Vol. 9 (Jul. 1995), pp. 461-479.

— «A note on the Kabul Kingdom under Muhammad Hakim (1554-1585)». *La Transmission du savoir dans le monde musulman périphérique*. Vol. 14 (Jun. 1994), pp. 89-101.

— «The Mughal state: Structure or process? Reflections on recent western Historiography». *IESHR*. Vol. XXIX/3 (Jul.-Set. 1992), pp. 291-321.

— «Iranians abroad: Intra-Asian Elite migration and early Modern State Formation». *JAS*. Vol. 51/2 (1992), pp. 72-95.

— «The Portuguese, Thatta and the external trade of Sind, 1515-1635». *Revista de Cultura*. 2ª série. Vols. 13-14 (1991), pp. 48-58.

— «Persians, Pilgrims and Portuguese: The Travails of Masulipatnam Shipping in the Western Indian Ocean, 1590-1665». *MAS*. Vol. 22/3 (1988), pp. 503-530.

SZUPPE, Maria (ed.) – *L'héritage timouride. Iran-Asie centrale-Inde, XVe-XVIIIe siècles*. Tachkent; Aix-en-Provence: Édisud, 1997.

TAMASKAR, B. G. – *Life and work of Malik Ambar*. Nova Deli: Idarah-i Adabiyat-i Delli, 1978.

TELTSCHER, Kate – *India Inscribed. European and British writing on India 1600-1800*. Reed. (1ª ed. 1995). Nova Deli: OUP, 1999.

TERPSTRA, H. – *De Opkomst Der Westerkw Artieren van de Oost-Indische Compagnie (Surrate, Arabie, Perzie)*. 's-Gravenhage: Martinus Nijhoff, 1918.

THOMAS, Edward – *The Chronicles of the Pathan Kings of Delhi*. Nova Deli: MM, 1967.

THOMAZ, Luís Filipe – «A crise de 1565-1575 na história do Estado da Índia». *ML*. Vol. 9 (Jul. 1995), pp. 481-519.

— «La présence iranienne autour de l'Océan Indien au XVIe siècle d'après les sources portugaises de l'époque». *Archipel*. Vol. 68 (2004), pp. 59-158.

TIRMIZI, A. A. – «Tarikh-i-Salatin-i-Gujarat». *Medieval India Quarterly*. Vol. V (1963), pp. 33-45.

TIRMIZI, S. A. I. – *Some aspects of medieval Gujarat*. Nova Deli: MM, 1968.

TOBY, Ronald P. – «Imagining and Imaging 'Anthropos' in early-modern Japan». *Visual Anthropology Review*. Vol. 14/1 (Primavera-Verão 1998), pp. 19-44.

— *State and diplomacy in early modern Japan. Asia in the development of the Tokugawa Bakufu*. Reed (1ª ed., 1984). Stanford (CA): Stanford University Press, 1991.

TOPSFIELD, Andrew, BEACH, Milo Cleveland – *Indian paintings and Drawings from the collection of Howard Hodgkin*. Reed. (1ª ed. 1991). Londres: BM, 1994.

TRACY, James – «Asian Despotism? Mughal Government as seen from the Dutch East India Company Factory in Surat». *Journal of Early Modern History*. Vol. 3/3 (Ago. 1999), pp. 256-280.

TUCCI, G. – «Mercanti Veneziani in India alla fine del secolo XVI». In *Studi in Onore di Armando Sapori*. Milão: Istituto Edit. Cisalpino, 1957, vol. II, pp. 1091-1111.

VARMA, Ramesh Chandra – *Foreign policy of the Great Mughals (1526-1727 A.D.)*. Agra: Shiva Lal Agarwala, 1967.

— «The tribal policy of the Mughals (Akbar to Aurangzeb)». *IC*. Vol. XXVI (1952), pp. 13-34.

VELLOSO, J. E. Souza – «Notícia histórica acerca da feitoria de Ugoly (Hooghly)». *Oriente Português*. Vol. III (1907), pp. 38-48, 129-134.

VERMA, Dinesh Chandra – *History of Bijapur*. Nova Deli: Kumar Brothers, 1974.

VERMA, Som Prakash – *Mughal Painters and their work. A bibliographical survey and comprehensive catalogue*. Nova Deli: OUP, 1994.

VERMA, Tripta – *Karkhanas under the Mughals. From Akbar to Aurangzeb. A study in economic development*. Nova Deli: Pragati Publications, 1994.

WADE, Bonnie C. – *Imaging sound. An ethnomusicological study of music, art, and culture in Mughal India*. Chicago; Londres: The University of Chicago Press, 1998.

WELCH, Stuart C. – *India: Art and culture, 1300-1900* (catálogo da exposição). Nova Iorque: The Metropolitan Museum of Art; Holt, Rinehart and Winston, 1985.

— *Imperial Mughal painting*. Nova Iorque: George Braziller, 1978.

WELLESZ, Emmy – *Akbar's religious thought as reflected in Moghul paintings*, Londres: Allen & Unwin, 1972.

WESSELS, C. – *Early Jesuit travellers in Central Asia, 1603-1721*. Reed. (1ª ed. Haia: Nijhoff, 1924). Nova Deli: Book Faith India, 1998.

WICKI, Josef – «Matias de Albuquerque, 16° vice-rei da Índia (1591-1597)». *Studia*. Vol. 48 (1989), pp. 77-100.

ZAIDI, Sunita I. – «Problems of the Mughal Administration in Sind during the first half of the seventeenth century». *IC*. Vol. LVII/2 (Abr. 1983), pp. 153-162.

ZAMAN, M. K. – «Akbar's Gujarat Campaigns – a military analysis». In *PIHC*, 55ª sessão (Aligarh, 1994). Nova Deli: 1995, pp. 313-318.

ZEBROWSKI, Mark – *Deccani Painting*. Berkeley (CA): University of California Press, 1983.

ZIEGLER, Norman Paul – Action, power, and service in Rajasthani culture: a social history of the Rajputs of the middle period Rajasthan. Chicago: The University of Chicago, 1973. Dissertação de Doutoramento.

ŽUPANOV, Ines G. – *Disputed Mission. Jesuit Experiments and Brahmanical Knowledge in seventeenth-century India*. Nova Deli: OUP, 1999.

Obras de Referência

ALBUQUERQUE, Luís de, DOMINGUES, Francisco Contente (eds.) – *Dicionário de história dos descobrimentos portugueses*. Lisboa: Círculo de Leitores, 1994, 2 vols.

Bibliotheca Asiatica. Londres: Maggs Bros, nº 452, 1924.

Boletim da Filmoteca Ultramarina Portuguesa, vols. 1 a 50 (CD-ROM. Lisboa: CNCDP, col. 'Ophir', nº 3).

COOLHAAS, W. Ph. – *A critical survey of studies on Dutch Colonial History*. 2ª ed. (revista por G. J. Schutte). Haia: Martinus Nijhoff, 1980.

DALGADO, Sebastião Rodolfo – *Glossário luso-asiático*. Coimbra: Imprensa da Universidade de Coimbra, 1919-1921, 2 vols.

Encyclopédie de l'Islam, eds. H. A. R. Gibb *et al*. Leiden; Paris: E. J. Brill; G. Maisonneuve, 1960, 10 vols..

FIGANIÈRE, Frederico Francisco de la – *Catálogo dos manuscriptos portuguezes existentes no Museu Britânico*. Lisboa: Imprensa Nacional, 1853.

FITZLER, M. A. Hedwig, ENNES, Ernesto – *A Secção Ultramarina da Biblioteca Nacional*. Lisboa: Biblioteca Nacional, 1928.

FREEMAN-GRENVILLE, G. S. P. – *The Islamic and Christian Calenders, AD 622-2222 (AH 1-1650)*. Reading: Garnet Publishing, 1995.

GOMMANS, Jos; BES, Lennart, KRUIJTZER, Gijs – *Dutch sources on South Asia, c. 1600-1825*. Vol. I: *Bibliography and archival guide to the National Archives at the Hague (The Netherlands)*. Nova Deli: Manohar, 2001.

Guia de fontes portuguesas para a história da Ásia. Lisboa: CNCDP; FO; INCM, 1998-1999, 2 vols.

KHALIDI, Omar – *Dakan under the Sultans, 1296-1724: A Bibliography of Monographic and Periodical Literature*. Wichita (Kansas): Hydarabad Historical Society, 1987.

KHAN, Shafaat Ahmad – *Sources for the History of British India in the seventeenth century*. Londres: OUP, 1926.

LEÃO, Francisco G. Cunha (coord.) – *O Índico na Biblioteca da Ajuda. Catálogo da documentação manuscrita referente a Moçambique, Pérsia, Índia, Malaca, Molucas e Timor*. Lisboa: CNCDP-CEDG; IPPAR-BA, 1998.

Manuscritos do 'Fonds Portugais' da Biblioteca Nacional de França, Lisboa: CNCDP-CEDG, 2001.

MARSHALL, Dara Nusserwanji – *Mughals in India. A bibliographical survey*, vol. I: *Manuscripts*. Bombaim: Asia Publishing House, 1967.

MATOS, Luís de – *Das relações entre Portugal e a Pérsia, 1500-1758*. Lisboa: FCG, 1972.

MCCOOG, Thomas M., S.J. – *A guide to Jesuit Archives*. St. Louis; Roma: The Institute of Jesuit Sources- IHSI, 2001.

PISSURLENCAR, Panduronga S. S. – *Roteiro dos Arquivos da Índia Portuguesa*. Bastorá: Tipografia Rangel, 1955.

REGO, António da Silva – *Fontes para a história do antigo Ultramar português*. Vol. I: *O Estado da Índia*, tomo I: *Bibliotecas Nacional de Lisboa, da Ajuda e Arquivo Histórico Ultramarino*. Lisboa: Academia Portuguesa da História, 1978.

RIVARA, J. H. da Cunha – *Catálogo dos Manuscritos da Biblioteca Pública Eborense*. Lisboa: Imprensa Nacional, 1850, 3 vols.

SHARMA, Sri Ram – *A Bibliography of Mughal India (1526-1707)*. Reed. (1ª ed., Bombaim: 1938). Filadélfia: Porcupine Press, 1977.

SOMMERVOGEL, Carlos, S.J. – *Bibliothèque de la Compagnie de Jésus*. Bruxelas; Paris: Oscar Schepens; Alphonse Picard, 1890-1932, 11 vols.

STREIT, Robert, O.M.I. – *Bibliotheca Missionum*. Munique: Aachen, vols. IV, 1928; V, 1929.

TARAPOREVALA, V. D. D., MARSHALL, D. N. – *Mughal bibliography. Select Persian sources for the study of Mughals in India*. Bombaim: New Book Co., 1962.

TOVAR, Conde de – *Catálogo dos manuscritos portugueses ou relativos a Portugal existentes no Museu Britânico*. Lisboa: Academia das Ciências, 1932.

VAN VEEN, Ernst, KLIJN, Daniël – *A guide to the sources of the history of Dutch-Portuguese Relations in Asia (1594-1797)*. Leiden: Institute for the History of European Expansion, 2001.

YULE, Henry, BURNELL, A. C. – *Hobson-Jobson. A Glossary of Colloquial Anglo-Indian Words and Phrases*. Reed. (1a ed. 1886). Londres; Boston: Routledge; Kegan Paul, 1985.

MAPAS

1. O império mogol em 1605
in Munis D. Faruqui, *The Princes of the Mughal Empire, 1504-1719*, p. 32,
© 2012 Cambridge University Press. Cortesia da Cambridge
University Press.

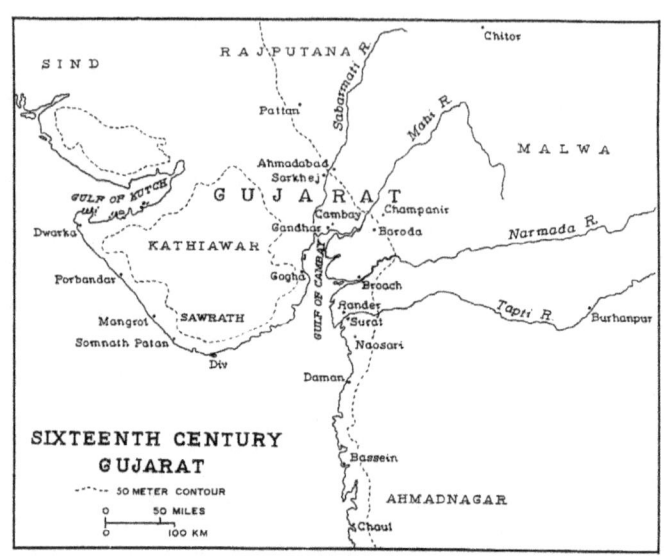

2. O Guzerate no século XVI
in M. N. Pearson, *Merchants and Rulers in Gujarat: The Response to the Portuguese in the Sixteenth Century*, p. 59, © 1976 by the Regents of the University of California. Cortesia da University of California Press

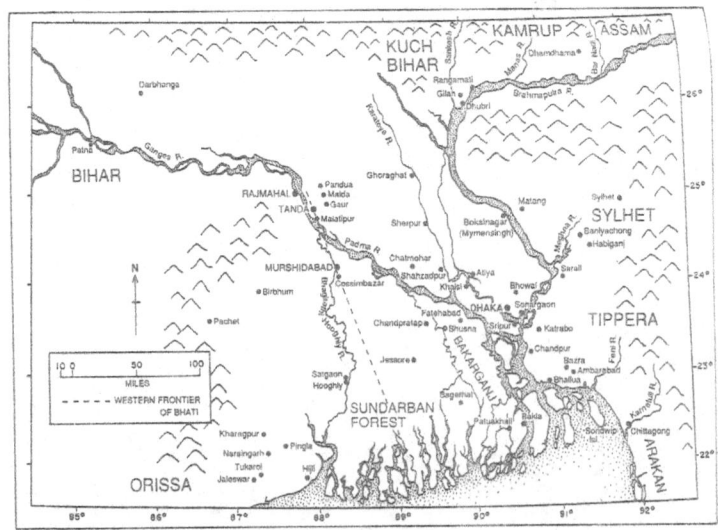

3. O Bengala no período mogol
in Richard M. Eaton, *The Rise of Islam and the Bengal Frontier, 1204--1760*, p. 139, © 1993 by the Regents of the University of California. Cortesia da University of California Press

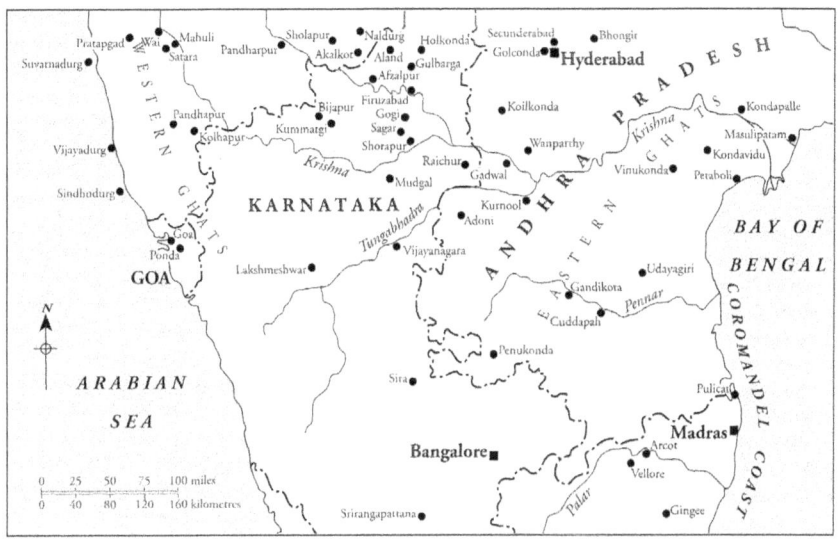

4. O Decão setentrional no período dos sultanatos
in George Michell e Mark Zebrowski, *Architecture and Art of the Deccan Sultanates*, p. xxii, © 1999 Cambridge University Press.
Cortesia da Cambridge University Press

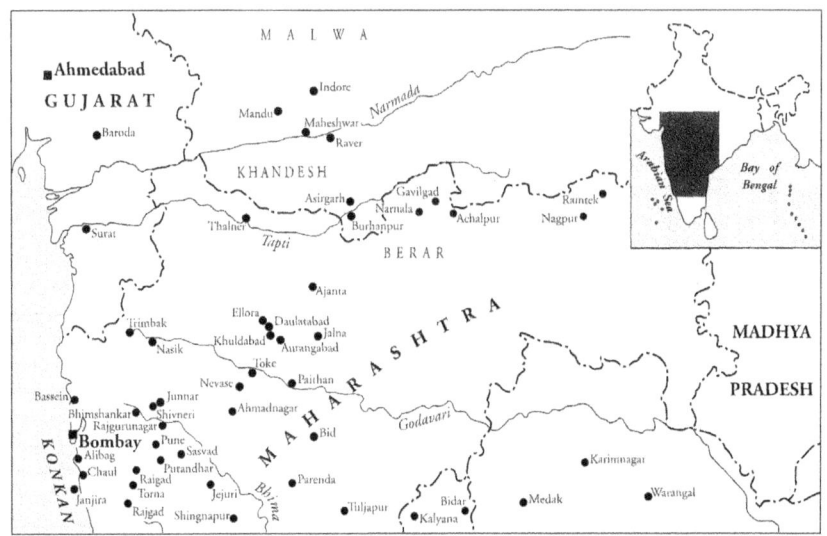

5. O Decão meridional no período dos sultanatos
in George Michell e Mark Zebrowski, *Architecture and Art of the Deccan Sultanates*, p. xxiii, © 1999 Cambridge University Press.
Cortesia da Cambridge University Press

ÍNDICE ONOMÁSTICO

A

'Abdul Qadir Badayuni, Mulla (cronista mogol), 114, 120, 136, 137, 168, 170, 172, 331.

'Abdullah, 119, 138, 139, 476.

'Abdullah Khan (soberano Uzbeque), 85, 137, 143, 155, 161, 162, 163, 164, 165, 167, 168, 169, 171, 172, 175, 176, 177, 187, 188, 189, 190, 410, 420, 482.

'Abdullah Qutb Shah (sultão de Golconda), 342, 416, 458, 474.

Abhaji, 449.

'Abid (pintor mogol), 284, 411.

'Abdur Rahim Khan-i Khanan, 116, 142, 173, 181, 182, 183, 206, 209, 217, 225, 239, 258, 301, 339, 409, 444, 456.

Abu'l Fazl ibn Mubarak, Shaikh (cronista mogol), 41, 52, 85, 103, 109, 110, 114, 117, 126, 128, 133, 137, 138, 146, 147, 153, 158, 163, 168, 175, 177, 180, 183, 185, 193, 197, 200, 217, 219, 231, 237, 238, 331.

Achyutadevaraya (soberano de Vijayanagar), 67.

Acquaviva, Claudio (padre), 118, 127, 129, 131, 138, 144, 173, 174, 175, 177, 212, 220, 222, 223, 279, 294, 295.

Acquaviva, Rodolfo (Padre), 120, 133, 138, 178.

Adriaens, Heijndrick, 268.

Aguião, Diogo Lopes de, 70, 71, 72, 81.

Ahmad, Khwajgi Sultan, 222.

Ahmad, Nizamuddin, 168.

Ahmad, Saiyid, 74.

Ahmed, Manan, 43.

Akbar (imperador mogol), 32, 33, 35, 37, 41, 42, 44, 48, 49, 52, 63, 68, 78, 79, 83, 85, 86, 87, 88, 90, 91, 92, 94, 95, 96, 98, 101, 102, 103, 104, 105, 106, 107, 108, 109, 110, 111, 112, 113, 114, 115, 116, 117, 118, 119, 120, 121, 122, 123, 125, 126, 127, 128, 129, 130, 131, 132, 133, 134, 135, 136, 137, 138, 139, 140, 141, 142, 143, 144, 145, 146, 147, 148, 149, 150, 151, 152, 153, 154, 155, 157, 158, 159, 160, 161, 162, 163, 164, 165, 167, 168, 169, 171, 172, 173, 174, 175, 176, 177, 178, 179, 181, 182, 183, 184, 185, 186, 187, 188, 189, 190, 191, 193, 194, 197, 199, 200, 201, 203, 204, 205, 206, 209, 211, 212, 213, 214, 215, 216, 217, 218, 219, 220, 221, 222, 223, 224, 225, 226, 227, 228, 229, 230, 231, 233, 237, 239, 242, 246, 266, 267, 269, 274, 282, 283, 285, 286, 287, 298, 300, 301, 318, 319, 321, 322, 323, 325, 330, 331, 337, 342, 348, 352, 376, 377, 404, 407, 424, 459, 466, 482, 483, 486.

Akbar, Mir 'Ali, 364, 365.

Akhtar, Buland, 351.

Al-Bhakkari, Amir Muhammad Ma'sum, 189.

'Alam, Khan, 276.

Albuquerque, Fernão de (governador do Estado da Índia), 237, 254, 255, 259, 260, 261, 262, 263, 305, 306, 312, 435.

Albuquerque, Matias de (vice-rei do Estado da Índia), 140, 156, 184, 201, 203, 204, 205, 207, 208, 211, 214.

Aldworth, Thomas, 283, 295.

'Ali 'Adil Shah I (sultão de Bijapur), 193, 208.

'Ali 'Adil Shah II (sultão de Bijapur), 448.

'Ali, Hakim, 193.

'Ali, Khwaja Muhammad Tahir 'Imaduddin Hasan ibn Sultan, 153.

'Ali, Masnad-i, 389.

'Ali, Miran Shah, 208.

'Ali, Mulla Sultan, 76.

Álvares, Gonçalo (padre), 107.

Álvares, João (padre), 37, 145, 175, 177, 227, 263.

Ambaji, 449.

'Ambar, Malik, 218, 225, 226, 235, 236, 237, 238, 240, 241, 242, 256, 258, 259, 260, 261, 263, 265, 266, 267, 270, 387, 416, 430, 432, 433, 485.

Amin, Mir Muhammad, 243, 263, 435. Ver também Mustafa Khan.

Anaga, Maham, 87.

Anaia, Pero de, 147, 148, 149.

Anania, Giovanni Lorenzo d', 113.

Andijani, Qulij Khan, 132, 140, 285.

Andrade, António de (padre), 236, 259, 269, 276, 326, 359, 368, 369, 370.

Anjos, frei Gregório dos, 379.

Ansari, Bayazid, 162.

Ansari, Jalaluddin, 162.

Araújo, Francisco Vaz de, 388, 392.

Argote de Molina, Gonzalo, 75.

Asad Beg Qazwini, 225, 237.

Ashraf, Khwaja, 177.

'Askari, 57.

Ataíde, D. Estêvão de, 288.

Ataíde, Gabriel de, 77.

Ataíde, D. Luís de (vice-rei do Estado da Índia), 94, 97, 98, 107, 119.

Aurangzeb (imperador mogol), 31, 48, 124, 125, 221, 317, 320, 321, 322, 331, 334, 335, 337, 342, 348, 357, 363, 376, 397, 402, 410, 465, 466, 471, 472, 473, 474, 475, 476, 477, 478, 483.

Ave Maria, frei Manuel da, 379.

Azeredo (ou Azevedo), António de, 184, 214, 224, 225, 207.

Azeredo (ou Azevedo), Baltazar de, 225, 367.

Azevedo, Domingues Rodrigues de, 392.

Azevedo, D. Jerónimo de (vice-rei do Estado da Índia), 240, 241, 242, 244, 247, 248, 250, 254, 258, 289, 291, 292, 293, 294, 296, 298, 299, 300, 301, 359, 388.

Azevedo, Manuel de, 343.

B

Babur, Zahiruddin Muhammad (padshah de Cabul), 31, 32, 33.

Babur, Zahiruddin Muhammad (imperador mogol), 51, 52, 53, 54, 59, 60, 79, 84, 91, 96, 98, 104, 124, 317, 318, 327, 334.

Baghela, Raja Ram Chand, 91.

Bahadur Shah (sultão do Guzerate), 38, 54, 55, 56, 57, 58, 59, 60, 61, 62, 64, 67, 73, 79, 80, 82, 89, 142, 143, 208, 209, 214, 218, 219, 220, 245, 246, 331, 332, 335, 348.

Bahadur Shah I (imperador mogol). ver Shah 'Alam I.

Bahadur, Raza, 412.

Bahadur, Riza, 344.

Bailey, Gauvin A., 47, 276.

Baisunghar, 286, 331, 335, 336, 345, 352, 353, 438.

Bakhsh, Dawar, 323, 324, 325, 327, 329, 330, 342. Ver também Bulaqi.

Bakhsh, Murad, 320, 397, 471.

Balaji, 449.

Balbi, Gasparo, 113.

Balchand, 426.

Banaji, 451.

Bangham, Nicholas, 262, 355.

Baqar, Mir Muhammad, 389.

Bárbaro, J., 75.

Barbosa, António, 206.

Barbosa, Duarte, 335.

Barreiros, Gomes, 386.

Barreto, António Moniz, 113.

Barreto, Francisco, 89.

Barreto, Sebastião (padre), 269, 313.
Barros, António de (visitador), 201, 202.
Barros, João de, 66, 75, 83, 84.
Basawan (pintor mogol), 110.
Beach, Milo, 47, 325, 375, 376.
Beaulieu, Augustin de, 275.
Beg, Darwesh, 250.
Beg, Farrukh, 110.
Beg, Husain Quli, 117, 118.
Beg, Kamran, 254.
Beg, Khushhal, 318.
Beg, Kwaja Kalan, 172.
Beg, Mirza Jani, 182, 183.
Beg, Muhammad, 250, 254.
Beg, Muhammad 'Ali, 421.
Beg, Shah Quli, 250.
Beg, Ulugh, 75, 253.
Berckout, Joan, 356, 363.
Bernier, François, 320, 401.
Bhan, Chandar, 372.
Bharamal (chefe do clã Kachhwaha), 91.
Bhimsen, 448.
Bhramara, Shah, 336.
Bi-Kesi, Munla, 318.
Bichitr (pintor mogol), 330.
Biddulph, W., 295.
Bihzad, Ustad, 76.
Bikarmajit, 425.
Bocarro, António, 290, 299, 300, 378.
Bordeaux, Augustin, de, ver Hiriart, Augustin.
Borges, Duarte (ouvidor de Malaca), 229.
Borges, Francisco (padre), 107.
Borges, João (padre), 300.
Botelho, António (padre), 320, 383, 385, 465, 466, 468, 476.
Bragança D. Constantino de (vice-rei do Estado da Índia), 88, 95, 155.
Broecke, Pieter van den, 326.
Buhari, Hafiz Tanish, 168.
Bukhari, Mahmud, 105.

Bukhari, Saiyid Hamid, 132.
Bulaqi (Príncipe Mogol), 48, 170, 288, 317, 323, 325, 326, 327, 328, 329, 330, 332, 333, 334, 335, 336, 337, 338, 339, 340, 341, 342, 343, 344, 345, 346, 347, 348, 349, 350, 351, 352, 352, 354, 411, 413, 415, 425, 438, 460, 485.
Burhan Nizam Shah I (sultão de Ahmadnagar), 70.
Burhan Nizam Shah II (sultão de Ahmadnagar), 195, 198, 199, 200, 201, 202, 203, 204, 205, 206, 207, 214, 236, 331.
Burhan Nizam Shah III (sultão de Ahmadnagar), 240, 254, 415, 417, 418, 419, 420, 421, 422, 423, 424, 425, 429, 430, 431, 446.
Burton, Audrey, 168.

C

Cabral, António, 109, 110.
Cabral, Francisco (padre), 150, 169, 175, 177, 178, 179, 180, 185, 203, 208, 321, 378, 390, 398.
Caldeira, António, 263.
Calvo, Vasco, 378.
Caminha, Rui Gonçalves de, 77, 78.
Camps, Arnulf, 47, 174.
Careri, Gemelli, 334, 335.
Carlos (D.), ver Baysunghar.
Carlos V, 280.
Carneiro, Paulo, 306.
Cartwright, Ralph, 391.
Carvalho, Baltazar, 181.
Carvalho, Domingos, 310.
Castanheda, Fernão Lopes de, 57, 58, 60, 66, 84.
Castilho, António de, 94.
Castro, António Mendes de, 78, 106.
Castro, D. Fernando de, 57, 71.
Castro, D. João de, 68, 69, 70, 71, 72, 73, 74, 75, 76, 77, 78, 81, 82, 84, 99, 106, 335.
Castro, José de (padre), 267, 281, 294, 295, 382, 383, 393, 395.

Castro, Martinho de Mello e, 403.

Catarina (D.), 95.

Chakravarti, Mukundaram, 156.

Chand Bibi, 209, 210, 211, 212, 213, 214, 215, 218, 225, 234, 485, 488.

Chatterjee, Kumkum, 44, 405.

Chaudhuri, Sushil, 401.

Chenggong, Zheng, 374.

Chrishti, Khwaja Mu'inuddin, 127, 466.

Chrishti, Shaikh Salim, 101.

Clement, Gregory, 324, 327, 329.

Colbert, 275.

Colley, Thomas, 390.

Conceição, frei Nicolau da, 321, 397, 399, 405.

Conde de Aveiras (vice-rei do Estado da Índia), 400.

Conde da Castanheira, 59, 60.

Conde de Linhares (vice-rei do Estado da Índia), 32, 206, 338, 339, 340, 341, 342, 345, 346, 347, 348, 349, 350, 351, 352, 360, 361, 365, 367, 368, 369, 370, 371, 375, 377, 382, 386, 387, 388, 389, 390, 391, 392, 393, 404, 409, 412, 414, 415, 416, 417, 418, 420, 421, 423, 424, 425, 427, 428, 429, 430, 431, 432, 434, 435, 436, 440, 445, 452, 457, 460, 485. Ver também D. Miguel de Noronha.

Conde de Vila Verde, 348.

Conde do Redondo, 305.

Contarini, A., 75.

Correia-Afonso, John, 47.

Correia, Baltazar, 82.

Correia, Cosme, 84, 85.

Correia, Gaspar, 66.

Corsi, Francesco (jesuíta), 259, 273, 295, 303, 381, 393, 409, 420.

Corsi, Raffaello, 295.

Corte Real, António Monteiro, 244, 245.

Coryat, Thomas, 275.

Costa, Dona Juliana Dias da, 479.

Costa, Jorge da, 264.

Coutinho, D. Francisco de (vice-rei do Estado da Índia), 95.

Coutinho, D. João (vice-rei do Estado da Índia), 257, 259, 260, 309. Ver também Conde do Redondo.

Coutinho, Manuel, 77.

Coutinho, Manuel de Sousa (Governador do Estado da Índia), 156, 157, 165, 198, 201.

Couto, Diogo do, 66, 75, 84, 85, 88, 96, 97, 106, 107, 109, 113, 140, 141, 142, 170, 171, 172, 198, 230, 245, 246, 270, 335, 348, 460, 485.

Couto, Jacinto Botelho do, 392.

Coutre, Jacques de, 213, 244, 248, 262, 275, 362, 365.

Cristo, frei António de, 379.

Cron, Ferdinand, 244, 362.

Crossley, Pamela Kyle, 124.

Cruz, Frei Gaspar da, 97.

Cruz, frei João da, 379.

Cruz, frei Manuel da, 380.

Cruz, Maria Augusta Lima, 205.

Cunha, Nuno da (governador do Estado da Índia), 54, 56, 57, 58, 62, 63, 141, 348.

Cunha, Vasco da, 76, 77.

Curzon (Lord), 39.

D

Da'ud, 115.

Dabir, Hajii, 219.

Dabir, Shaikh, 442, 450.

Dalavay, Khrisna, 254.

Daniyal (príncipe mogol), 131, 206, 217, 223, 224, 225, 246, 286, 319, 327, 332, 346, 438.

Dara Shukoh (príncipe mogol), 34, 319, 320, 357, 397, 438.

Das, Durga, 322.

Das, Kishan, 303, 304.

Das, Sur, 106, 124.

Daula, I'timad ud, 256.

Davanzati, Bernardo, 113.

DE Laet, Johannes, 333.

Denbigh (Lord), 371.

Digby, Simon, 472.
Doshi, Keshava, 366.
Downton, Nicholas, 295.
Drake, John, 363.

E

Eaton, Richard, 116, 290, 435.
Edwards, William, 285, 295.
Elliot, H. M., 202.
Encarnação, frei Francisco da, 379.
Erédia, Manuel Godinho de, 211.

F

Faizi, Abu'l Faiz ibn Mubarak (poeta, irmão de Abu'l Fazl), 105, 146, 202, 206, 217.
Farid, 53, 65.
Faroqhi, Suraiya, 135.
Farrukhsiyar (imperador mogol), 481.
Febvre, Lucien, 39.
Federici, Cesare, 113.
Fernandes, Agnelo, 45.
Fernandes, Gaspar (padre), 144, 145, 172.
Fernandes, Gonçalo, 82.
Ferreira, Miguel, 78.
Fidalgo, Gregório Pereira, 322, 342, 348.
Fielding, William (1º conde de Denbigh), 371.
Figueiredo, Simão de (padre), 314.
Filipe (D.), ver Tahmuras.
Filipe II (I de Portugal), 96, 133, 138, 139, 141, 143, 152, 156, 161, 166, 168, 184, 204, 205, 231, 270, 280, 302, 352.
Filipe III (II de Portugal), 150, 191, 200, 204, 214, 218, 223, 224, 225, 239, 241, 242, 244, 245, 247, 248, 249, 250, 251, 253, 254, 257, 258, 260, 270, 279, 280, 283, 288, 289, 291, 296, 309.
Filipe IV (III de Portugal), 254, 258, 261, 262, 263, 268, 269, 326, 345, 348, 349, 355, 371, 388, 393, 417, 458.

'Firishta', Muhammad Qasim Hindushah Astarabadi (cronista), 194, 197, 237, 246.
Fischel, Roy, 458, 461.
Fitch, Ralph, 151, 152, 153, 155, 274.
Fonseca, Gonçalo Pinto da (chanceler do estado da Índia), 297, 298, 299, 300, 389.
Fonseca, Simão Carrilho da, 400.
Foster, William, 333.
Fredricx, Maerten, 268.
Fremlen, William, 363.
Fukazawa, Hiroshi, 243.

G

Gabriel, 85.
Galvão, António, 96.
Gama, D. Francisco da (vice-rei do Estado da Índia), 144, 145, 149, 150, 151, 159, 166, 168, 176, 184, 185, 187, 188, 189, 190, 204, 211, 212, 213, 214, 215, 216, 217, 218, 224, 227, 228, 229, 231, 234, 237, 246, 258, 262, 263, 264, 265, 266, 267, 268, 269, 276, 290, 306, 307, 325, 326, 355, 485.
Gama, Manuel da, 77.
Gamboa, João Pinheiro de, 475.
Garcês, João, 118.
Garrido, Tomé Vaz, 396, 397, 398, 399, 400, 405, 486, 487.
Gearmain, George, 402, 403.
Ghatge, Dattaji, 449.
Ghatge, Padaji, 449.
Ghatge, Sambhaji, 449.
Ghuri, Amin Khan, 132.
Gilani, Abul Fath, 130.
Godinho, António de Sousa, 155, 156, 157.
Godinho, Damião, 392.
Godinho, Manuel, 67, 68.
Góis, Bento de (jesuíta), 172, 175, 220, 221, 223.
Gommans, Jos, 42.

549

Gonçalves, António, 58, 63.

González Clavijo, Ruy, 75.

Goor, Jurrien van, 326.

Govardhan, 124.

Gregório XII, 120.

Grimon, Leon (ou Leão Grimão), 172, 173.

Gulbada Begam, 63, 134, 318.

Guarda, Cosme da, 478.

Guerreiro, Fernão (padre), 151, 221, 222, 227.

Gujarati, Shaikh Mustafa, 127.

Gurshap (Príncipe mogol), 327, 344, 351.

H

Habibullah, Haji, 113, 114, 132, 133, 222.

Hadi, Muhammad, 325.

Haji, Waqqas, 345.

Hakim, Mirza, 139.

Hakim, Mirza Muhammad, 122, 130, 131, 132, 162, 319.

Hamida Banu Begam, 87.

Hammam, Hakim, 163, 164.

Hanafi, 327.

Hasan, 'Imaduddin, 153.

Hasan, Abu'l, 235, 284, 331, 475, 477.

Hasan, Farhat, 293.

Hasan, Shaikh, 283.

Hashim, 238.

Hawkins, William, 279.

Haziri (poeta), 94.

Henrique (D.), ver Hoshang.

Henrique III, 75.

Henriques, Francisco (Padre), 102, 120.

Heras, Henry, 47.

Herbert, Thomas, 333.

Hess, Andrew, 41.

Heuten, Wouter, 268.

Himu, 87.

Hindal, 63, 65.

Hiriart, Augustin, 275, 346.

Homem, Manuel Mascarenhas, 476.

Hopkinson, Joseph, 324, 329.

Hoshang (príncipe mogol), 286, 327.

Hosten, Henry, 47, 121, 379.

Hasan, Abu'l, 238.

Humayun (imperador mogol), 32, 53, 55, 56, 57, 58, 59, 60, 61, 62, 63, 65, 66, 67, 71, 73, 74, 76, 78, 79, 83, 84, 85, 86, 88, 90, 96, 99, 104, 105, 112, 131, 141, 169, 245, 318, 319, 327, 410, 413, 469, 482.

Husain Nizam Shah I (sultão de Ahmadnagar), 194.

Husain Nizam Shah II (sultão de Ahmadnagar), 195, 197, 198, 199.

Husain Nizam Shah III (sultão de Ahmadnagar), 431.

Husain, Ibrahim, 110.

Husain, Mira (filho de Murtaza Nizam Shah I), 194.

Husain, Shah, 88.

Husain, Shaikh, 177.

I

Ibrahim 'Adil Shah I (sultão de Bijapur), 82.

Ibrahim 'Adil Shah II (sultão de Bijapur), 194, 195, 201, 212, 213, 214, 223, 224, 225, 234, 244, 245, 246, 247, 248, 249, 250, 251, 252, 257, 259, 261, 262, 263, 264, 265, 267, 270, 422, 429, 432, 433, 343, 436, 488.

Ibrahim Nizam Shah, 208

Ibrahim Qutb Shah, 331.

'Imaduddin, 305.

Impey, Oliver, 376.

'Isa, Mirza, 305.

Isfahani, 'Alau'ddin, 309.

Iskandar Beg Munshi (cronista safávida), 349.

Isma'Il Nizam Shah (sultão de Ahmadnagar), 198, 199.

Iturén, Thomas de, 176.

J

Jahan, Malika, 422.

Jahan Begam, 435.

Jahanara (princesa mogol), 357.

Jahangir (imperador mogol), 35, 41, 42, 44, 48, 107, 115, 123, 126, 129, 142, 146, 162, 217, 228, 235, 236, 238, 239, 240, 242, 243, 245, 246, 247, 250, 253, 254, 255, 256, 257, 259, 260, 261, 262, 265, 267, 268, 269, 270, 273, 274, 275, 276, 277, 278, 279, 280, 281, 282, 283, 284, 286, 287, 288, 289, 291, 293, 294, 295, 296, 297, 298, 299, 300, 301, 302, 303, 304, 305, 306, 307, 309, 314, 315, 316, 317, 319, 323, 324, 326, 327, 328, 329, 330, 332, 333, 337, 338, 339, 341, 342, 343, 349, 352, 355, 356, 363, 367, 370, 383, 398, 410, 411, 414, 430, 433, 466, 486.

Jalala, ver Jalaluddin Ansari.

Jam, 141, 143.

Jamaluddin, Mir, 223, 224, 246.

Jambo, ver Jam.

Jang, 'Abdullah Khan Firoz, 443, 457.

Jareco, Jago, 142.

Jeffries, Robert, 236, 265.

Jesus, frei Tomé de, 380.

Jesus, José Aleixo de, 381.

Jesus, Sebastião de (padre), 253, 255, 268.

João III (D.), 53, 60, 61, 94, 348.

João IV (D.), 380, 397, 476.

Jorge, Fernão, 82.

Jumla, Mir, 474, 476.

K

Kabir, Muhammad, 67.

Kabuli, Ma'sum Khan, 129.

Kahn, Mu'taqad, 390.

Kalim, Abu Talib (poeta), 410.

Kambu (cronista), 385.

Kamran, Mirza, 53, 319.

Kangxi (imperador chinês), 374.

Karrani, Sulaiman, 115.

Kerridge, Thomas, 284, 295.

Keshav, o velho, 110.

Keshavdas (poeta), 44.

Ketelaar, J. J. 479.

Khadija (princesa), 194.

Khalifa, Saiyid, 421, 423.

Khan-i A'zam, 326, 372, 420, 426.

Khan-i Jahan Lodi, 239, 338, 340, 342, 343, 344, 347, 353, 367, 375, 409, 410, 411, 412, 413, 414, 415, 416, 419, 421, 425, 426, 430, 460, 485.

Khan-i Zaman, 328, 442, 456, 457, 459.

Khan, 'Abdul Mu'min, 162, 177, 188.

Khan, 'Alam, 54, 69, 73, 449.

Khan, 'Ali Mardan, 467, 468.

Khan, 'Ambar, 449.

Khan, 'Aziz, 410.

Khan, 'Inayat (cronista), 372, 381, 419, 427, 430, 433, 435.

Khan, 'Isa, 154, 155, 157, 159, 311, 389, 398.

Khan, Abhang, 212, 213, 214, 215, 218.

Khan, Adham, 87.

Khan, Amin, 141, 143.

Khan, Ankus, 449.

Khan, Araish, 318.

Khan, Asad, 68, 195, 201.

Khan, Asaf, 256, 268, 302, 324, 325, 326, 327, 328, 329, 330, 332, 333, 334, 339, 343, 344, 357, 358, 363, 367, 370, 371, 387, 393, 394, 395, 404, 411, 419, 420, 438, 443, 457, 461, 467, 474, .

Khan, Atish, 449, 450.

Khan, Bahlul, 449, 450 .

Khan, Bairam, 86, 87, 88, 92, 142.

Khan, Baqar, 444.

Khan, Chand, 348.

Khan, Changiz, 98, 106.

Khan, Da'ud, 116, 117, 311.

Khan, Darya, 69, 73, 74.

Khan, Daulat, 434.

Khan, Dilawar, 434.

Khan, Diyannat, 305.
Khan, Farhat, 447, 448, 449, 450.
Khan, Fath, 416, 430, 431, 432, 438, 439, 440.
Khan, Ghazi, 449.
Khan, Habsh, 254.
Khan, Hamid, 218.
Khan, Hasan, 467, 470.
Khan, Husain Quli, 91, 110.
Khan, Husain ver Khan, Sahib.
Khan, I'timad, 98, 105, 112, 133.
Khan, Ibrahim (subadar do Bengala), 309, 310, 311.
Khan, Ihtimam, 309, 443.
Khan, Ikhlas, 208, 238, 436.
Khan, Iradat, 325.
Khan, Islam (subadar do Bengala), 307, 309, 311.
Khan, Isma'il Quli, 118.
Khan, Jahangir Quli (subadar do Guzerate), 275.
Khan, Jalal, 72.
Khan, Jamal, 199.
Khan, Jhujhar, 98.
Khan, Khafi, 372.
Khan, Khairiyat, 447, 448, 449, 450.
Khan, Muhammad, 176.
Khan, Khanazad, 313, 314.
Khan, Khawas, 422, 427, 429, 432, 433, 434, 435, 437, 442, 447, 448, 449, 457.
Khan, Lodi, 115.
Khan, Mahabat, 313, 328, 329, 330, 340, 344, 438, 439, 441, 442, 443, 444, 445, 447, 456.
Khan, Mansur, 236.
Khan, Mirza, 199.
Khan, Mu'tamad, 238.
Khan, Mu'taqad (subadar de Orissa), 389.
Khan, Muhammad, 469.
Khan, Muhammad Sadiq, 182.
Khan, Mukarram, 313.

Khan, Mun'im, 90, 116, 117.
Khan, Muqarrab, 275, 278, 279, 280, 281, 282, 283, 284, 285, 286, 287, 288, 289, 290, 291, 294, 295, 297, 298, 299, 300, 301, 303, 306, 314, 315, 363, 404, 430, 438, 446.
Khan, Musa, 311, 398.
Khan, Mustafa, 422, 425, 432, 433, 434, 436, 437, 442, 448, 449, 457.
Khan, Muzaffar, 141, 142, 143.
Khan, Naqib, 278.
Khan, Nasir, 181, 426.
Khan, Niyabat, 117.
Khan, Pir Muhammad, 87.
Khan, Pir, ver Khan-i Jahan Lodi.
Khan, Qasim (subadar do Bengala), 309, 310, 340.
Khan, Qulij Muhammad, 132.
Khan, Qutbuddin Muhammad, 132, 137, 139, 140, 141, 285.
Khan, Raja 'Ali, 202.
Khan, Randaula, 442, 447, 448, 449, 450.
Khan, Rumi, 54.
Khan, Sa'dullah, 336, 356.
Khan, Sadiq, 157, 194.
Khan, Saiyid Kabir, 246, 247.
Khan, Saiyid Muzaffar, 410.
Khan, Salabat, 194, 195, 196, 197.
Khan, Shah Nawaz (cronista), 243, 248, 249, 265, 267, 284, 303.
Khan, Shahbaz, 157.
Khan, Shaista, 420, 478, 479.
Khan, Shar, 55.
Khan, Shihabuddin Ahmad, 132, 140.
Khan, Sulaiman, 77.
Khan, Sultan Mahmud, 88, 89.
Khan, Ulugh, 70, 73.
Khan, Ya'kut, 446, 450.
Kheluji, 447, 448, 449, 451.
Krishna, 348.
Khudabanda, Muhammad, 281.

Khurram (príncipe mogol, futuro imperador Shahjahan), 235, 236, 238, 239, 256, 258, 259, 261, 268, 269, 270, 277, 284, 285, 303, 304, 311, 312, 313, 316, 320, 323, 324, 325, 327, 328, 329, 339, 353, 355, 356, 362, 381, 433, 438. Ver também Shahjahan.

Khushhal, Hakim, 305.

Khusrau (príncipe mogol), 320, 323, 325, 330, 339, 340, 350.

Khwandamir, 63.

Kirmani, Mirza Muzaffar, 350.

Koch, Ebba, 47, 375, 377, 408.

Koka, Mirza 'Aziz, 108, 112, 127, 132, 133, 141, 145, 146, 147, 148, 149, 150, 198, 246, 275, 283, 325, 326, 339. Ver também Khan-i a'zam.

Krieger, Georg, 256, 257, 258.

Krishnaji Bhonsle (irmão de Shahji), 449.

L

Lacrzio, Alberto, 174.

Lahori (cronista mogol), 372, 421, 433, 435.

Lari, Mulla Muhammad Murad, 265, 433.

Latif, 'Abdul, 307.

Lattimore, Owen, 38, 39.

Laynes, D. Francisco, 402.

Leachland, John, 362.

Leão, Francisco (padre), 344, 345, 348, 350.

Lee, Dirck van der, 323, 324.

Lefèvre, Corinne, 35.

Leitão, Duarte (Padre), 173, 174, 175, 178.

Lemos, Jorge de, 148, 149.

Lima, D. António de, 187.

Lima, Miguel de Abreu de, 96, 112.

Lisboa, João Rodrigues (cristão-novo), 361.

Lobo, D. Diogo, 244, 264.

Lobo, D. Filipe, 264.

Lopes, David, 93.

Lopes, Fernão, 366.

López, Gregorio, 352.

Luís XIV, 275, 279.

M

Ma'sum, Mir Muhammad, 89, 177, 183.

Macedo, Bernardo de (padre), 157.

Machado, António, 295.

Mackinder, Halford John, 482.

Maclagan, Edward, 47.

Magno, Alexandre, 125.

Magog, 97.

Mahmud II (sultão do guzerate), 58, 65, 68, 69, 73, 76, 89, 106, 335.

Mahmud, Khwaja, 74.

Mandelslo, J. A., 331.

Manju, Mian, 208.

Manohar, 121.

Manrique, Sebastião, 349, 379, 384, 390.

Mansur, 110, 288.

Mansur, Shah, 139.

Manuzzi, Niccolò, 320, 332, 335, 401, 453.

Marlowe, Christopher, 75.

Martins, Pedro (padre), 173.

Mascarenhas, D. Francisco de (vice-rei do Estado da Índia), 152, 153, 281.

Mascarenhas, Nuno (padre), 386.

Mascarenhas, Pero, 51.

Mehmet III (sultão otomano), 188.

Melo, Afonso de, 66.

Melo, Luís de Brito de, 292, 296.

Melo, Martim Afonso de, 374.

Membré, Michel, 83, 108.

Mendonça, André Furtado de, 279.

Mendonça, Luís de, 143, 182, 165, 167, 199.

Meneses, D. Frei Aleixo de (arcebispo de Goa e governador do Estado da Índia), 213, 245, 270, 321, 460.

Meneses, António Teles de (capitão da armada e das fortalezas do Norte), 400, 483.

Meneses, D. Duarte de (vice-rei do Estado da Índia), 140, 141, 152, 167, 198, 280.

Meneses, Fernando de (padre), 113, 125, 158, 193.

Meneses, Gaspar Carvalho de, 305.

Meneses, D. Henrique de (governador do Estado da Índia), 51.

Meneses, Vasco Fernandes César de, 481.

Mercuriano, Everardo (padre), 35, 113, 125, 131, 133, 193.

Mesquita, Gaspar Pacheco de, 388, 389, 390, 391, 392, 397, 400, 405, 486.

Methold, William, 349, 364.

Millward, James, 40.

Miran (sultão de Khandesh), 220.

Miranda, Susana Münch, 149.

Mirza, Ibrahim Husain, 105, 108.

Mirza, Muhammad Sultan, 104, 105.

Mirza, Muhammad Zaman, 169, 170, 171, 172.

Mirza, Muzaffar, 175.

Miyana, Bahlul Khan, 447.

Monserrate, Antonio (padre) (ou Antoni de Montserrat), 35, 102, 107, 108, 120, 121, 122, 123, 125, 127, 129, 131, 132, 136, 138, 139, 162, 173, 175, 177, 215.

Monteiro, António, 287, 288.

Morandi, Francisco (padre), 383, 385, 386, 465.

Mosca, Mathew, 41, 42, 43.

Mu'azzam, 321.

Muhammad 'Adil Shah (sultão de Bijapur), 238, 417, 419, 422, 423, 425, 427, 428, 429, 432, 433, 434, 437, 439, 440, 442, 443, 446, 447, 448, 449, 450, 454, 455, 456, 457, 458, 459, 476, 477.

Muhammad Qutb Shah (sultão de Golconda), 250.

Muhammad, Darwesh, 422, 433, 449.

Muhammad, Shah 'Alauddin (sarsamata de Chaul de Cima), 387 .

Muhammad, Sikandar ibn, 57, 70, 98.

Mu'inuddin, Khwaja, 284.

Mu'inuddin, Shaikh, 366, 367.

Mulk, Makhdumul, 135.

Mulk, Sharif, 243.

Mundy, Peter, 331, 438.

Munshi, Mir, 318.

Murad (Príncipe mogol), 135, 136, 137, 207, 209, 211, 212, 216, 217, 218, 319, 485.

Murad III (sultão otomano), 136, 149, 165.

Murad IV (sultão otomano), 332, 394.

Murar (pintor mogol), 439.

Murtaza Nizam Shah I (sultão de Ahmadnagar), 82, 93, 194, 196, 197.

Murtaza Nizam Shah II (sultão de Ahmadnagar), 218, 225, 236, 250, 451.

Murtaza Nizam Shah III (sultão de Ahmadnagar), 440.

Murtaza, Saiyid, 195, 198.

Musa, Mir, 285, 359, 361, 362, 363, 364, 365, 366, 367, 368, 369, 370, 404.

Mutribi, 275.

Muzaffar Shah II (sultão do Guzerate), 54.

Muzaffar Shah III (sultão do Guzerate), 98, 103, 106, 107, 132. Ver também Muzaffar Khan.

Muzaffar, Saiyid, 138, 139.

Na'ima, Mustafa, 332.

N

Nabais, André de, 278.

Nabdi, Mirza, 351.

Nabi, Shaikh 'Abdul, 135.

Nadir Shah, 478.

Naqvi, 252, 254.

Narasimha Raya II (soberano de Vijayanagar), 36.

Narram 326.

Narsingh (pintor mogol), 110, 127.

Nathan, Mirza, 44, 309, 310, 311, 312, 316.

Nayak, Ajju, 240.

Neto, Pero, 82.

Nicote, Filipe de Brito e, 68, 308.

Nihavandi, Khwaja 'Abdur Baqi, 183.

Nizam, Chand Khan, 449.

Nizami, 115.

Noronha, D. Afonso de, 68.
Noronha, D. Antão de, 95.
Noronha, D. António de, 109.
Noronha, D. António José de, 475, 476.
Noronha, D. Bernardo de 77.
Noronha, Constantino de Sá de, 377.
Noronha, D. Garcia de, 155.
Noronha, D. Jerónimo de, 70.
Noronha, D. Miguel de. Ver Conde de Linhares.
Norris, Sir William, 331.
Nunes, Brás (padre), 157.
Nunes, Fernão, 37.
Nur Jahan (imperatriz mogol), 256, 273, 278, 323, 324, 325, 333.
Nusrat Shah (sultão do Bengala), 64, 81.

O

Ocem, D. Francisco Coutinho de, 359, 368, 370.
Okada, Amina, 124.
Orta, Garcia da, 76, 82.

P

Pais, Domingos, 37.
Pais, Francisco, 149.
Pandit, Murari, 427, 433, 435, 442, 449, 456.
Parekh, Bhimji, 305.
Parekh, Kaneji, 305.
Parwez (príncipe mogol), 239, 240, 246, 256, 323.
Pasha, Hadim Suleyman, 69.
Pasha, Koja Sinan, 136.
Payag, 426.
Payanda, Mirza, 182.
Pearson, Michael N., 46, 478.
Pedroso, Brito, 241.
Pelsaert, Francisco, 274, 326.

Penha, Garcia de la, 75.
Perdue, Peter, 40, 41.
Pereira, António (padre), 359, 361, 366, 392.
Pereira, António Pinto, 97, 98, 105.
Pereira, Eanes, 154.
Pereira, Gil Eanes (padre), 117, 118, 138, 155.
Pereira, Jacinto (padre), 291, 311.
Pereira, José Pinto, 393.
Pereira, Manuel de Lacerda, 167, 195, 196.
Pereira, Pedro Álvares (secretário do Conselho de Portugal), 149.
Pereira, Silvestre Gonçalves, 264.
Peres, Lourenço (padre), 102.
Pestana, Francisco, 392.
Pimenta, Nicolau (padre), 219, 220, 222, 223, 285, 287.
Pimentel, Diogo Mesquita, 56.
Pinhão, Simão Gomes, 392.
Pinheiro, Manuel (padre), 145, 175, 177, 247, 256, 259, 270, 279, 280, 281, 282, 286, 288, 289, 294, 299, 303, 304.
Pinto, Paulo, 152.
Pires, Domingues, 119.
Pires, Sancho, 82.
Pissurlencar, Panduronga, 45, 441, 453.
Pitt, William, 349.
Polo, Marco, 85.
Poser, Heinrich von, 236, 256, 275, 326.
Powell, Avril, 290.
Prakash, Om, 324.
Pratapaditya, Raja, 311.
Pratt, M. Louise, 40.
Presentação, Frei Jorge da, 402.
Preste João, 84, 95.

Q

Qandahari, Muhammad 'Arif (cronista), 106, 109, 116.
Qaqshal, Baba Khan, 129.
Qazwini, Asad Beg, 224.

Qazwini, Safi bin Wali, 292.
Qianlong (imperador chinês), 35.
Quli, Khwaja Pir, 82.
Quli, Shah, 194.
Quraish, Mir, 163.
Qurchi, Mirza 'Ali Beg, 187.

R

Rai, Amrit, 44.
Raihan, Sidi, 439, 450, 454, 455, 459.
Ram, Udaji, 446.
Rao, Jujhar, 449.
Rastell, Thomas, 346, 354, 362.
Raza, Agha, 243, 436, 437.
Raza, Mir 'Ali, 449.
Rebelo, Diogo, 66.
Reimão, Paulo (padre), 350.
Resende, Garcia de, 31, 96.
Ribeiro, Estevão, 173, 174, 175.
Ribeiro, Francisco, 474.
Ribeiro, Vicente (cristão-novo), 361.
Ricci, Bartolomeu, 173.
Rivara, J. H. Cunha, 147.
Rocha, Amaro (ou Mauro) da, 208.
Rodrigues, João, 82.
Rodrigues, Nuno, 223.
Roe, Thomas (embaixador inglês), 258, 274, 283, 371.
Rohila, Darya Khan, 425.
Rohila, Kamaluddin, 419.
Rolim, Pero Barreto de, 88.
Ruano, 82.
Rudolfo II, 281.
Rumlu, Yadgar Sultan, 187.
Ruzzake, Meea, 329.

S

Sá, Simão de, 177, 187.

Sa'dullah, 204.
Sa'id, Muhammad, 359, 473, 474, ver também Mir Jumla.
Sabir, Khwaja, 443.
Safar, Khwaja, 69.
Sahib, Shah, 331.
Saib, Sidi, 449, 450.
Saldanha, Aires de (vice-rei do Estado da Índia), 145, 191, 221, 222, 223, 224, 225, 247.
Salih, Hakim Muhammad, 358.
Salim (Príncipe), 145, 173, 174, 178, 205, 228, 276, 320, 321. Ver também Jahangir.
Sama, Khwajgi Sultan, 221.
Sampaio, Gaspar de Melo de, 293.
Sampaio, Lopo Vaz de, 51.
Sampaio, Vasco Peres de, 66, 88.
Sandal, Malik, 435.
Sande, Duarte de (padre), 103, 112, 113, 114, 127, 154, 158.
Santa Ana, frei Diogo de, 377.
Saraiva, Diogo, 340, 341, 421, 422, 423, 460, 485.
Sarhadi, Ya'kut Khan, 439, 449, 450.
Sarkar, Jadunath, 453.
Sassetti, Filippo, 113, 151.
Sebastião (D.), 94, 95, 96, 97, 205, 352.
Seixas, Domingos de, 386.
Seixas, Francisco Cabreira de, 401.
Sequeira, Luís de, 294.
Serrão, Manuel, 220.
Shah 'Abbas I (imperador safávida), 151, 161, 164, 165, 166, 176, 180, 187, 188, 189, 201, 202, 232, 249, 250, 251, 252, 253, 254, 255, 267, 268, 269, 271, 276, 349, 360.
Shah 'Abbas ii (imperador safávida), 468, 469, 471.
Shah 'alam I (imperador mogol), 321, 475.
Shah Isma'il I (imperador safávida), 59, 60, 84, 251.
Shah Safi (imperador safávida), 349, 350, 375, 421, 426, 439, 468.
Shah Shuja' (príncipe mogol), 320, 397, 441, 443.

Shah Tahmasp (imperador safávida), 66, 83, 84, 108, 164, 166, 194, 251, 469.

'Abdullah Qutb Shah (sultão de Golconda), 342, 416, 458, 474.

Shah, A'zam, 321.

Shah, Fath, 196, 197.

Shah, Mahmud, 64, 66, 67, 74, 77.

Shah, Shahrukh, 171, 172.

Shahjahan (imperador mogol), 34, 41, 48, 79, 114, 170, 210, 217, 285, 303, 307, 314, 315, 319, 320, 321, 322, 324, 325, 327, 328, 329, 330, 331, 332, 333, 334, 335, 336, 337, 338, 339, 340, 342, 344, 345, 346, 347, 348, 349, 350, 351, 352, 353, 354, 356, 358, 359, 360, 363, 365, 366, 367, 368, 369, 370, 371, 372, 373, 374, 375, 376, 377, 378, 379, 381, 382, 383, 384, 385, 386, 387, 388, 390, 393, 395, 397, 399, 402, 403, 404, 407, 408, 409, 410, 411, 412, 413, 417, 419, 420, 421, 422, 423, 424, 426, 427, 429, 430, 431, 432, 433, 434, 436, 439, 440, 441, 442, 443, 444, 446, 447, 451, 454, 456, 457, 458, 459, 460, 461, 463, 464, 465, 466, 467, 468, 469, 470, 471, 472, 474, 477, 485, 487.

Shahji Bhonsle, 415, 440, 446, 449, 451, 452, 454, 455, 459, 473, 478, 477.

Shahryar (príncipe mogol), 323, 324, 325, 326, 327, 332, 346.

Shahrukh, Mirza (ou Shah), 162, 169.

Sharif, Mir, 394.

Shirazi, Afzal Khan, 463.

Shivaji Bhonsle, 437, 451, 477, 478, 479.

Siddi 'Ali Reïs (almirante otomano), 83, 318.

Sikandar, 54.

Silva y Figueroa, García, 257, 297, 301.

Silva, Manuel da, 364, 375, 382.

Silva, Pero da (vice-rei do Estado da Índia), 381, 393, 394, 396, 458, 471, 483.

Silveira, Francisco Rodrigues, 148, 173, 229, 230, 231.

Simmel, Georg, 39.

Sinay, Papalete, 306.

Singh, Jujhar, 444.

Singh, Karan, 256.

Singh, Mirza Raja Jai, 329.

Singh, Rai Suraj, 329.

Singh, Raja Jai, 329.

Singh, Raja Man, 157, 163, 181, 339.

Singh, Udai, 91.

Sirhindi, Shaikh Ahmed, 384.

Slade, James, 326, 327.

Smart, Ellen S., 123.

Smith, Sir Thomas, 258.

Soares, Diogo, 245.

Soares, Francisco, 259.

Sodrinho, Rui, 204.

Soleimão I (imperador otomano), 95.

Soto, João Gomes de, 401.

Sousa, António de, 69, 72.

Sousa, D. Francisco de, 253, 255, 268.

Sousa, Gonçalo de (padre), 253, 261, 268.

Sousa, Jerónimo de, 78.

Sousa, Jorge de, 264.

Sousa, Manuel de Faria e, 378.

Sousa, Martim Afonso de, 54, 57, 59, 60, 62, 63, 68, 99, 112.

Spence, Jonathan D., 336.

Stronge, Susan, 47.

Subrahmanyam, Sanjay, 46, 47, 140, 216, 249, 348.

Sultani, Malik Ya'qut, 220.

Sur, Islam Shah, 68, 69, 70, 71, 72, 73, 74, 75, 76, 81, 99, 106.

Sur, Sher Shah, 65, 66, 67, 68, 69, 71, 72, 73, 76, 79, 83, 84, 91, 410, 413.

Surjan, Raja, 91.

Surjan, Rao, 44.

T

Tabatabai (cronista), 197.

Tabrezi, Husain Beg, 250.

Tack, Joan, 356, 363, 373, 374.

Tahmuras (príncipe mogol), 111, 286. 327.

Taj Sultana, 422, 429, 432, 434, 435, 436, 442, 461, 488.

Tamerlão, ver Timur.

Tarkhan, Mirza 'Isa, 88, 119.

Tavares, Pero, 117, 118, 119.

Tavernier, Jean-Baptiste, 334.

Távora, D. João de, ver também Muqarrab Khan.

Távora, Rui Lourenço de (vice-rei do Estado da Índia), 239, 240, 241, 258, 260, 276, 280, 281, 282, 286, 288, 289, 290, 306.

Teive, Diogo de, 94.

Teles, Aires, 110, 111, 112, 113.

Teles, António (capitão da armada do Norte), 381.

Thomaz, Luís Filipe F. R., 92.

Tianqi (imperador chinês), 488.

Tibau, Sebastião Gonçalves, 308.

Timur, 34, 52, 75, 124, 125, 330.

Tippaji, 449.

Tokugawa Ieyasu, 281.

Toyotomi Hideyoshi, 108, 280, 281.

Turab, Mir Abu, 134.

Turbati, Muzaffar Khan, 130.

Turner, Frederick, 38, 40.

U

Ulhoa, Francisco de, 203.

V

Vadhel, Siva, 143.

Vaisya, Hari, 364.

Valignano, Alexandre (padre), 281.

Van Dyck, Sir Anthony, 371.

Varejão, Duarte Delgado, 156, 165, 166, 168, 189, 190, 197, 198.

Vaz, Gomes (padre), 37, 226, 227.

Vega, Cristóbal de la (padre), 173, 174, 175, 177, 178, 179.

Velho, Bartolomeu, 79, 80, 99.

Velho, Manuel, 359, 369.

Viana, Pero de, 392.

Vicente, Rui, 138.

Viegas, Aleixo, 386.

Viegas, Galaz, 62, 335.

Vieira, Cristóvão, 378.

Vignati, Antonella, 200.

Vithoji Bhonsle, 449.

Vivas, João Soares, 473.

Vora, Virji, 364.

W

Wadhel, Sagram, 143.

Wali, Mir Abu Turab, 132.

White, Richard, 40.

Wicki, José, 95.

Winwood, Sir Ralph, 258.

X

Xavier, Francisco (Padre), 32.

Xavier, Jerónimo (padre), 114, 123, 128, 145, 150, 169, 170, 175, 176, 177, 178, 179, 185, 186, 205, 212, 220, 221, 239, 270, 278, 287, 294, 295, 297, 300, 314, 321.

Y

Yongzheng (imperador chinês), 336.

Yusuf, Muhammad, 349.

Z

Zaman, Mirza Muhammad, 55, 58, 63.

Zawali, Ya'kut Khan, 449.

Zainuddin (cronista), 93.

Zheng Chenggong, 374.

Zulqarnain, Mirza, 383, 465.

Zupanov, Ines, 380.

ÍNDICE TOPONÍMICO

A

Achém, 27, 93, 356, 377.

Adem, 135.

Afeganistão, 43, 163, 426.

Agra, 32, 48, 54, 55, 62, 63, 65, 67, 71, 72, 73, 75, 81, 101, 102, 103, 111, 122, 144, 145, 177, 184, 189, 193, 217, 221, 222, 236, 237, 239, 260, 268, 273, 274, 276, 281, 282, 286, 288, 289, 291, 295, 313, 320, 323, 324, 326, 327, 328, 329, 330, 332, 338, 339, 346, 356, 358, 362, 363, 375, 376, 377, 378, 379, 383, 384, 385, 387, 394, 408, 409, 411, 412, 413, 416, 419, 438, 458, 460, 463, 464, 465, 467.

Ahmadabad, 56, 57, 75, 76, 106, 108, 111, 115, 127, 141, 142, 273, 274, 293, 295, 296, 328, 329, 330, 356, 373.

Ahmadnagar, 34, 35, 48, 70, 73, 75, 81, 82, 89, 92, 93, 94, 165, 193, 194, 195, 197, 198, 199, 200, 201, 202, 203, 204, 205, 207, 208, 209, 211, 212, 213, 214, 215, 217, 218, 219, 223, 225, 232, 234, 236, 237, 239, 240, 241, 242, 243, 244, 245, 247, 249, 250, 252, 253, 254, 255, 256, 257, 258, 259, 260, 261, 262, 263, 265, 267, 270, 332, 338, 340, 342, 345, 348, 353, 407, 410, 413, 414, 415, 416, 417, 418, 419, 420, 421, 422, 423, 424, 425, 426, 427, 428, 429, 431, 434, 436, 437, 438, 439, 440, 443, 445, 446, 452, 453, 454, 455, 457, 458, 459, 460, 461, 462, 471, 473, 477, 484, 485, 488.

Ajmer, 87, 92, 127, 131, 328, 350, 466.

Akalkot, 454.

Akbarnagar, 307.

Alcácer-Quibir, 153.

Amber, 91.

Angelim, 400.

Arracão, 38, 78, 156, 157, 308, 309, 311, 320, 331, 389, 390, 398.

Asir, ver Asirgah.

Asirgah, 219, 220, 221, 232, 237.

Assam, 44, 65, 269, 307, 336, 337, 353.

Augsburgo, 276.

Aurangabad, 48, 256, 472.

Ausa, 454, 455.

Azerbeijão, 164, 251.

B

Baçaim, 56, 58, 70, 76, 80, 89, 90, 109, 203, 223, 225, 226.

Baçorá, 97, 395.

Badakhsan, 162, 169, 170, 171, 172, 332.

Bagdad, 267.

Balagarh, 396.

Balagate, 81, 82, 217, 226, 420, 432, 457.

Balasore, 391, 401.

Balkh, 162, 332, 345, 469, 470, 471.

Balsar, 364.

Baltistan, 165.

Banja, 398.

Bantem, 421.

Barcelor, ver Basrur.

Baroche, 105, 108, 109, 132, 141, 142, 274, 343, 364, 365, 369.

Baroda, 274.

Basrur, 92.

Bengala, 31, 33, 38, 43, 44, 48, 49, 58, 64, 65, 66, 67, 68, 75, 76, 77, 78, 79, 80, 81, 97, 99, 100, 103, 104, 113, 115, 116, 117, 122, 129, 130, 131, 144, 153, 154, 155, 156, 157, 158, 159, 160, 161, 169, 181, 190, 221, 227, 239, 239, 269, 270, 273, 307, 308, 309, 310, 311, 312, 313, 314, 315, 316, 320, 340, 342, 353, 355, 358, 372, 373, 374, 375, 376, 377, 378, 379, 381, 384, 385, 386, 387, 388, 389, 390, 391, 392, 393, 395, 396, 397, 398, 399, 400, 402, 403, 404, 405, 413, 460, 480, 484, 485, 486, 487, 488.

Berar, 92, 195, 203, 209, 211, 218, 231, 232, 454.

Bhagirathi, 122, 156.

Bhakal, 78.

Bhakkhar, 328, 329.

Bhallua, 308.

Bhath, 91.

Bhati, 157, 221, 389.

Bidar, 92, 201, 222, 262, 331, 432, 455.

Bihar, 55, 64, 67, 129, 457.

Bijapur, 34, 48, 70, 82, 89, 92, 93, 95, 193, 194, 196, 201, 207, 210, 212, 213, 222, 223, 224, 234, 236, 237, 238, 240, 241, 243, 244, 245, 246, 247, 248, 249, 250, 251, 252, 254, 255, 256, 257, 258, 259, 260, 261, 262, 263, 264, 265, , 267, 270, 277, 304, 338, 342, 345, 346, 350, 353, 362, 366, 367, 370, 371, 387, 407, 410, 415, 417, 421, 422, 423, 426, 427, 428, 432, 433, 434, 435, 436, 437, 439, 440, 441, 442, 443, 444, 445, 446, 447, 448, 449, 450, 451, 452, 453, 455, 456, 457, 458, 459, 461, 463, 471, 472, 473, 476, 477, 478, 480, 484, 485, 488.

Bir, 212, 415, 421, 454.

Birmânia, 33, 308, 309, 316, 389, 390.

Briampor, 418, 420, 430.

Bukhara, 33, 137, 161, 164, 167, 168, 190, 471, 482.

Bundelkhand, 425.

Burhanpur, 48, 72, 81, 202, 217, 218, 219, 220, 221, 223, 231, 232, 236, 261, 262, 274, 360, 371, 387, 407, 408, 409, 410, 416, 421, 424, 433, 438, 444, 457, 460, 466.

C

Cabo da Boa Esperança, 80.

Cabul, 31, 32, 51, 53, 87, 90, 96, 122, 123, 129, 130, 131, 159, 161, 162, 163, 169, 170, 171, 172, 190, 267, 269, 284, 346, 347, 353, 465, 469, 470, 471, 482.

Cairo, 165.

Calcutá, 402.

Cambaia, 59, 60, 61, 67, 70, 71, 74, 76, 80, 97, 106, 107, 108, 110, 111, 112, 113, 132, 140, 141, 144, 145, 147, 153, 158, 207, 220, 261, 273, 274, 279, 282, 284, 285, 288, 296, 343, 354, 362, 364, 365, 369, 409.

Camboja, 97.

Canará, 92.

Cantão, 378.

Castela, 75.

Caxemira, 31, 122, 165, 167, 174, 175, 176, 186, 212, 267, 349, 350, 353, 465.

Ceilão, 37, 227, 296, 377, 400, 422, 454, 474, 478.

Chamargonda, 454, 455.

Chambal (rio), 122, 412.

Champaner, 56.

Chatigão, 31, 66, 78, 122, 154, 155, 156, 159, 221, 308, 480.

Chaul, 70, 71, 72, 73, 76, 81, 82, 84, 85, 89, 90, 93, 94, 152, 165, 167, 195, 196, 197, 199, 203, 204, 205, 208, 212, 223, 226, 230, 241, 255, 258, 259, 270, 343, 344, 345, 347, 387, 409, 422, 423, 425, 426, 440, 459, 460, 485.

Chaul de Cima, 241, 260, 263, 343, 345, 387.

Chausa, 65.

China, 37, 42, 43, 80, 97, 124, 176, 314, 315, 336, 364, 374, 378, 482, 488.

Chitor, 55, 76, 91, 92.

Chunar, 63, 91.

Cinde, 31, 33, 46, 48, 58, 66, 80, 83, 85, 88, 89, 99, 122, 142, 148, 165, 172, 180, 181, 182, 184, 185, 187, 190, 191, 221, 231, 296, 297, 301, 315, 358, 393, 482.

Cochim, 118, 388.

Concão, 89, 121, 184, 246, 354, 422, 435, 454, 455, 459, 478, 485.

Coreia, 41.

Constantinopla, 93, 95, 148, 384.

Coromandel, 423, 475.

Cuttack, 311.

D

Dabul, 24, 244, 245, 246, 255, 260, 263, 264, 270, 347, 348, 423, 485.

Damão, 58, 88, 89, 90, 96, 109, 112, 133, 140, 148, 184, 218, 279, 294, 295, 299, 305, 306, 360, 361, 363, 366, 369, 473.

Danda, 89, 246, 257, 258, 260, 270.

Dandarajpuri, 194.

Daulatabad, 48, 72, 81, 195, 221, 225, 256, 331, 340, 341, 407, 415, 419, 420, 421, 422, 424, 426, 429, 439, 441, 443, 454, 457, 472, 474.

Decão, 34, 35, 36, 37, 38, 43, 44, 48, 49, 53, 54, 63, 81, 82, 92, 93, 94, 95, 99, 106, 137, 139, 142, 161, 169, 189, 190, 194, 197, 198, 200, 201, 202, 203, 205, 207, 208, 211, 212, 216, 217, 218, 219, 220, 221, 222, 223, 224, 225, 226, 227, 230, 231, 232, 233, 234, 235, 236, 237, 238, 239, 240, 243, 246, 250, 251, 252, 253, 256, 257, 258, 259, 260, 261, 262, 264, 266, 267, 268, 269, 270, 271, 284, 303, 304, 311, 320, 324, 327, 331, 338, 339, 342, 345, 346, 347, 354, 363, 367, 370, 375, 395, 407, 408, 409, 410, 419, 420, 421, 424, 426, 427, 429, 434, 441, 443, 444, 445, 446, 447, 450, 453, 457, 458, 460, 461, 462, 467, 471, 472, 473, 474, 478, 479, 481, 483, 484, 484, 485, 486, 488.

Deli, 31, 52, 54, 55, 59, 60, 64, 65, 72, 79, 80, 82, 83, 84, 87, 88, 97, 102, 104, 122, 283, 318, 333, 339, 340, 342, 353, 356, 363, 402, 461, 465, 466, 467, 478.

Dhaka, 307, 372, 392, 398, 399, 400, 405.

Dharur, 426, 441, 454.

Dholpur, 122, 412.

Diu, 56, 57, 58, 59, 62, 68, 69, 74, 75, 80, 89, 90, 94 110, 111, 112, 113, 133, 140, 141, 143, 145, 146, 147, 148, 150, 152, 158, 165, 167, 182, 184, 186, 187, 199, 205, 245, 246, 291, 293, 295, 301, 306, 335, 342, 360, 366.

E

Etiópia, 237.

Évora, 145.

F

Farghana (principado), 52.

Fars, 251, 349.

Fathabad, 103.

Fathpur Sikri, 48, 101, 102, 103, 104, 107, 108, 110, 114, 117, 118, 120, 121, 122, 123, 126, 127, 129, 130, 131, 136, 138, 151, 152, 193, 268.

Florença, 79.

França, 274.

G

Galna, 454.

Ganges (rio), 32, 33, 58, 78, 116, 122, 159, 181, 221, 371, 373, 396, 459, 471, 480.

Gates, 219, 229, 417, 418.

Gaur, 67, 78, 116.

Geórgia, 164.

Goa, 32, 34, 37, 38, 45, 49, 52, 62, 66, 68, 71, 73, 75, 77, 78, 80, 81, 83, 85, 88, 89, 92, 93, 96, 100, 104, 107, 111, 112, 113, 114, 118, 120, 121, 122, 126, 133, 136, 137, 138, 139, 141, 144, 145, 149, 150, 151, 152, 153, 154, 155, 156, 157, 158, 159, 160, 161, 162, 165, 166, 168, 170, 171, 173, 174, 175, 176, 177, 181, 184, 187, 189, 190, 191, 193, 197, 198, 199, 200, 201, 203, 204, 205, 207, 209, 210, 212,

214, 217, 219, 220, 221, 223, 224, 225, 226, 227, 228, 229, 230, 231, 232, 233, 234, 236, 239, 240, 241, 242, 244, 245, 246, 247, 248, 249, 254, 255, 257, 259, 262, 263, 264, 267, 268, 270, 271, 274, 278, 279, 280, 281, 282, 283, 286, 287, 288, 289, 291, 292, 293, 294, 296, 297, 298, 302, 303, 304, 305, 312, 314, 315, 316, 321, 323, 337, 338, 339, 340, 342, 343, 344, 345, 346, 347, 348, 350, 351, 353, 354, 357, 360, 361, 362, 364, 365, 366, 367, 368, 369, 370, 371, 374, 378, 380, 381, 383, 385, 387, 388, 389, 390, 391, 393, 399, 400, 407, 408, 409, 412, 414, 416, 419, 421, 422, 423, 424, 426, 429, 431, 434, 435, 440, 441, 442, 443, 444, 446, 449, 452, 456, 457, 458, 459, 460, 461, 462, 473, 475, 476, 478, 479, 480, 481, 482, 483, 484, 485, 487, 488.

Gogha, 298, 302, 303, 304, 343.

Golconda, 31, 34, 92, 95, 210, 214, 222, 238, 240, 244, 250, 252, 253, 258, 262, 269, 331, 342, 345, 346, 353, 355, 407, 410, 415, 416, 419, 422, 424, 427, 443, 454, 458, 459, 471, 472, 473, 474, 475, 476, 477, 484.

Golfo Pérsico, 88, 148, 180, 184, 191, 268.

Golim, ver Hughli.

Guar, 64, 65, 66.

Guzerate, 33, 38, 44, 45, 46, 47, 48, 49, 52, 54, 55, 57, 58, 61, 63, 64, 67, 68, 69, 70, 71, 73, 74, 75, 76, 78, 79, 80, 81, 82, 84, 85, 88, 89, 91, 97, 98, 99, 100, 103, 104, 105, 106, 107, 108, 109, 110, 111, 112, 113, 114, 115, 121, 126, 127, 129, 132, 133, 137, 138, 139, 140, 141, 142, 143, 144, 146, 147, 148, 149, 150, 158, 159, 160, 161, 162, 169, 184, 190, 191, 221, 222, 228, 239, 244, 245, 273, 274, 275, 277, 278, 279, 281, 284, 285, 291, 293, 297, 298, 299, 301, 302, 303, 304, 306, 307, 309, 314, 315, 320, 323, 325, 326, 330, 332, 331, 335, 348, 353, 354, 356, 358, 359, 360, 363, 364, 367, 369, 370, 374, 377, 386, 404, 423, 444, 460, 478, 479, 480, 482, 483, 484, 485, 486, 487, 488.

Gwalior, 87.

H

Hariharpur, 400.

Herat, 164, 188, 470.

Hijaz, 135.

Hijli, 398.

Hindu Kush, 164.

Hindustão, 34, 35, 45, 47, 52, 87, 88, 103, 122, 124, 143, 232, 233, 315, 318, 355, 445, 480, 481, 484, 487, 488.

Honawar, 92.

Honor, ver Honawar.

Hughli, 81, 122, 145, 156, 309, 311, 312, 313, 314, 347, 356, 372, 373, 374, 375, 376, 377, 378, 379, 380, 381, 382, 384, 385, 386, 387, 388, 389, 390, 391, 392, 393, 394, 395, 396, 397, 399, 400, 401, 402, 403, 404, 480, 486.

Hunan, 336.

Hyderabad, 419, 426, 474, 475.

I

Idar, 108.

Indapur, 442, 454, 455.

Indo (rio), 32, 88, 99, 122, 471.

Insulíndia, 260.

Irão, 41, 66, 79, 82, 83, 96, 164, 166, 179, 201, 202, 250, 252, 253, 254, 268, 271, 275, 342, 349, 353, 469.

Iraque, 251.

Isfahan, 33, 254, 255, 268, 469, 470.

Istambul, 83, 137, 171, 332, 353, 394, 395.

Itália, 276.

J

Jaffna, 155.

Jahangirnagar, 307.

Jaipur, 129.

Jalna, 256.

Jalnapur, 454.

Japão, 41, 114, 280, 376, 378, 380.

Jaunpur, 87.

Jessore, 310, 311, 399.
Jinji, 31, 475.
Judá, 152, 292, 302, 305, 370.
Jumna (rio), 385.
Junagadh, 148.
Junnar, 454, 455.

K

Kairana, 283.
Kalinjar, 55, 91, 410.
Kamrup, 307.
Kanauj, 65.
Karnataka, 453, 473.
Kashgar, 176.
Khadki, 256.
Khaiber, 161.
Khandesh, 70, 200, 202, 211, 217, 218, 219, 220, 223, 232, 415.
Khirki, 256.
Khurasan, 164, 176, 189, 251, 305, 467.
Korlai, 203.
Kotte, 68.
Kuch Bihar, 307.
Kulab, 171.
Kung, 393.

L

Ladakh, 165.
Lahore, 48, 53, 83, 87, 122, 136, 145, 149, 150, 161, 163, 165, 167, 169, 172, 173, 175, 176, 182, 184, 185, 186, 187, 189, 190, 200, 203, 205, 212, 229, 238, 255, 268, 295, 296, 317, 324, 325, 326, 330, 332, 346, 347, 350, 363, 383, 421, 463, 464, 465, 467, 468.
Lahori Bandar, 88, 89, 254.
Lisboa, 31, 68, 79, 95, 96, 121, 122, 154, 170, 186, 188, 204, 224, 225, 239, 244, 239, 244, 260, 281, 292, 304, 322, 337, 341, 347, 378, 388, 390, 393, 400, 480.

Londres, 360.

M

Macau, 37, 373, 374, 376, 403, 488.
Madrasta, 475.
Madurai, 380.
Maharashtra, 453, 477.
Malabar, 36, 93, 107, 229, 298.
Malaca, 97, 191, 229, 287, 312, 377, 380, 389, 400.
Malwa, 54, 55, 91, 121, 198, 273.
Mandu, 55, 57, 58, 61, 70, 71, 72, 76, 258, 259, 273, 363.
Mangalor, 92.
Manohar, 146.
Mansurgarh, 416, 427.
Mar Vermelho, 33, 46, 93, 133, 136, 137, 140, 149, 150, 158, 165, 185, 203, 204, 260, 277, 281, 291, 292, 293, 298, 302, 315, 355, 357, 394.
Marrocos, 61.
Marvar, 44, 142.
Mascate, 165, 186, 191, 393, 394.
Masulipatão, 78, 269, 295, 331, 340, 355, 356, 359, 413, 421, 423, 460, 474, 485.
Mathura, 122.
Meca, 33, 88, 109, 114, 134, 135, 136, 137, 138, 147, 148, 149, 150, 158, 171, 298, 350, 355, 357, 368, 382.
Medina, 134, 135, 382.
Mediterrâneo, 166.
Mewar, 91, 256, 258, 259, 284.
México, 352.
Milão, 107.
Moçambique, 288.
Molucas, 93.
Morro de Chaul, 200, 204, 205, 207, 214, 242, 345.
Mrauk-U, 388, 389.
Multan, 87, 132, 182, 346.

N

Nagasaki, 376.
Naldurg, 442.
Nallur, 155.
Narbada (rio), 122.
Nasik, 454, 455.
Nauraspur, 241, 249, 25, 257, 264, 265.
Negapatão, 386.
Nilanga, 454.

O

Orissa, 33, 181, 190, 312, 377, 389, 390, 391, 392, 400, 416, 427.
Ormuz, 46, 75, 82, 88, 97, 120, 165, 170, 172, 184, 186, 187, 190, 191, 201, 250, 251, 253, 254, 255, 268, 297, 298, 315, 360, 378, 482.

P

Pandharpur, 442.
Pangim, 282.
Panipat, 31, 32, 51, 54, 87, 122.
Panjab, 53, 161, 182, 318, 425.
Paquistão, 43.
Parenda, 426, 440, 441, 442, 443, 444, 445, 447, 452, 453, 454, 455, 456, 459, 460, 461.
Patane, 74, 76.
Patna, 73, 290.
Pegu, 68, 221, 231.
Pequim, 336.
Pérsia, 32, 112, 122, 163, 164, 165, 166, 167, 168, 180, 187, 254, 278, 322, 332, 333, 334, 335, 337, 346, 349, 350, 414, 423, 467, 470.
Peshawar, 419.
Piemonte, 333, 463.
Pipli, 154, 181, 312, 391, 392.
Pondá, 243, 249, 260, 263, 264, 435, 481.

Por, 293, 296.
Porbandar, ver Por.
Pratagad, 437.
Pune, 127, 422, 454, 455, 478.

Q

Qabulistan ver Afeganistão.
Qandahar, 43, 53, 80, 84, 122, 164, 165, 175, 182, 187, 189, 190, 238, 252, 253, 254, 255, 267, 268, 269, 271, 349, 353, 394, 397, 426, 441, 454, 467, 468, 469, 470, 482.
Qazwin, 171, 172, 333.

R

Raigad, 437.
Rajastão, 44, 78, 91, 101, 103, 105, 122, 127.
Rajmahal, 64, 307.
Ranthambor, 91, 92.
Revdanda, 203, 241, 260, 343.
Roma, 95, 121, 138, 175, 219, 286.

S

Sahenda, 410.
Samarcanda, 51, 97, 471, 482.
Sandwip, 155.
São Tomé de Meliapor, 155, 392, 402, 475.
Sarnal, 110.
Satigão, 66, 77, 78, 117, 118, 138, 154, 155, 156, 313, 373.
Shaanxi, 336.
Shahabad, 451, 454.
Shahdurg, 442.
Shahgadh, 454.
Shahjahanabad, 465, 466, 467.
Shiraz, 223.
Sholapur, 194, 426, 427, 441, 453, 454, 455, 459.

Sichuan, 336.
Siripur, 308.
Sri Lanka, 459, ver Ceilão.
Srinagar, 176, 465, 482.
Sundarbans, 77, 78.
Sundiva, 308, 310.
Surrate, 69, 105, 107, 108, 109, 110, 113, 127, 132, 134, 138, 139, 141, 158, 265, 273, 277, 280, 284, 287, 289, 291, 292, 293, 294, 295, 297, 298, 299, 300, 301, 302, 303, 304, 305, 306, 315, 323, 324, 326, 328, 329, 330, 340, 343, 346, 350, 353, 357, 358, 359, 360, 361, 362, 363, 364, 365, 366, 368, 369, 370, 372, 375, 386, 387, 414, 419, 420, 423, 460, 474, 478, 485, 486.
Sutonda, 426.
Swally, 326, 364.
Sylhet, 372.

'Umarkot, 85.

V

Veneza, 75, 83.
Vijayanagar, 36, 37, 62, 67, 68, 92, 95, 221, 227, 331, 473.
Vindhya, 232.

Y

Yemen, 137.

T

Tabriz, 164
Talikota, 36, 92.
Taltum, 426.
Tamisa (rio), 301.
Tanda, 116, 118, 122, 129, 154, 156, 157.
Thatta, 88, 89, 122, 182, 185, 381.
Tibete, 108.
Tirumala, 68.
Tirupati, 68.
Transoxania, 52, 124, 468, 470.
Triambak, 454, 455.
Tripura, 155, 308.
Turakoi, 116
Turquestão, 470.
Turquia, 221.

U

Udaipur, 91.
Udgir, 454.

www.ingramcontent.com/pod-product-compliance
Lightning Source LLC
Chambersburg PA
CBHW052044290426
44111CB00011B/1607